古今

（五）

復刻本說明

* 本期刊依《古今文史半月刊》合訂本全套復刻，為使閱讀方便，原刊每六期為一冊，復刻本則每十二期為一冊；復刻本的尺寸亦由原書的 16×23 公分，擴大至 19×26 公分。
* 本期刊因尺寸放大，但每期封面無法符合放大尺寸，故每期封面皆對齊開口，使裝訂邊的留白較多。
* 本期刊第一集書前加入導讀。
* 本期刊為復刻本，內文頁面或有少數污損、模糊、畫線，為原書原始狀況，不另註；唯範圍較大者，則另加「原書原樣」圖示 原書原樣，以作說明。

文史雜誌的尤物——朱樸與《古今》及其他

蔡登山

在上海淪陷時期，他一手創刊《古今》雜誌，網羅諸多文士撰稿，使《古今》成為東南地區最暢銷也最具有份量的文史刊物，他就是朱樸（字樸之，號樸園，亦號省齋）。他在《古今》創刊號寫有〈四十自述〉一文，根據該篇自述及後來寫的〈樸園隨譚〉、〈記蔚藍書店〉，我們知道他生於一九〇二年，是江蘇無錫縣景雲鄉全旺鎮人。全旺鎮在無錫的東北，距元處士倪雲林的墓址芙蓉山約有五里之遙，居民大都以耕農為生，讀書的不過寥寥一二家而已。而朱樸卻出身於書香門第，他的父親述珊公為名畫家，他本來希望朱樸能傳其衣鉢，但看到他臨習《芥子園畫譜》臨得一塌糊塗，認為不堪造就，遂放棄了初衷。朱樸七歲入小學，成績不壞。十歲以後由鄉間到城裡，進著名的東林書院（高等小學），因得當時國文教授龔伯威先生的特別賞識，對於國文一門，進步最快。高小畢業後，他赴吳江中學讀書，不到一年轉入輔仁中學就讀。一年後，考入吳淞中國公學商科。一九二二年夏季從中國公學畢業，本想籌借一千元赴美留學，結果到處碰壁，不克如願。後來承楊端六先生的厚意，介紹他進商務印書館《東方雜誌》社任編輯，那時他年僅二十一歲。

當時的《東方雜誌》社共有四位編輯：錢經宇、胡愈之、黃幼雄、張梓生。錢經宇是總編輯；胡愈之專事譯文兼寫關於國際的時事述評（他用的筆名是「化魯」）；黃幼雄襄助胡愈之做同一性質的工作；張梓生專寫關於國內的時事述評。朱樸進去之後，錢經宇要他每期主編「評論之評論」欄，兼寫關於經濟財政金融一類的時事述評。社址是在寶山路商務印書館的二樓一間大房間，與《教育雜誌》社、《小說月報》社、《婦女雜誌》社、《民鐸雜誌》社同一房間。朱樸說：「那時候的《教育雜誌》社有李石岑（兼《民鐸雜誌》）和周予同；《小說月報》社有鄭振鐸；《婦女雜誌》社有章錫琛和周建人；此外還有

各雜誌的校對等共有一二十人之多；濟濟蹌蹌，十分熱鬧。……當時在我們那一間大編輯室裡，以我的年紀為最輕，頗有翩翩少年的丰采。鄭振鐸那時也還不失天真，好像一個大孩子，時時和我談笑。他和他的夫人高女士在一品香結婚的那天，請嚴既澄與我二人為男儐相，我記得那天大家在一起所攝的一張照片，好像現在還保存在我無錫鄉間的老家裡呢。」

在《東方雜誌》做了一年多的編輯，經由衛聽濤（渤）的介紹，朱樸到北京英商麥加利銀行華帳房任職。當時華經理（即買辦）是金拱北（城），是有名的畫家，所以賓主之間，亦頗相得。

一九二六年夏，他辭去北京麥加利銀行職務，應友人潘公展、張廷灝之招，任上海特別市政府農工商局合作事業指導員之職。後因友人余井塘之介紹得識陳果夫，朱樸說：「陳先生對於合作事業頗為熱心，因見我對於合作理論有相當研究，遂於十七年（一九二八）夏以中央民眾訓練委員會的名義，派我赴歐洲調查合作運動，於是渴望多年的出國之志，方始得償。當我出國的時候，我開始對於政治感到無限的興趣和希望。那時國民黨有所謂左派與右派之分，左派領袖是汪精衛先生，右派領袖是蔣介石先生。我對於汪先生一向有莫大的信仰，我認為孫先生逝世後祇有汪先生才是唯一的繼承者。那時汪先生正隱居在法國，我在赴歐的旅途中，旦夕打算怎樣能夠追隨汪先生為黨國而奮鬥。」於是到了巴黎幾個月後，朱樸先認識林柏生，之後又經過幾個月，才由林柏生介紹晉謁汪精衛，那是在曾仲鳴的寓所。

在巴黎期間，朱樸除數度拜謁合作導師季特教授（Prof. Charles Gide）暨參觀各合作組織外，並一度赴倫敦參觀國際合作聯盟會及各大合作組織，復一度赴日內瓦參觀國際勞工局的合作部，得識該部主任福古博士（Dr. Facquet）及幫辦哥侖朋氏（M. Colombain），相與過從，獲益不少。一九二九年春，陳公博由國內來巴黎，經汪精衛介紹，朱樸初識陳公博。後來並陪他到倫敦去遊歷，兩星期後陳公博離英他去，朱樸則入倫敦大學政治經濟學院聽講。

一九二九年夏秋之間，朱樸奉汪精衛之命返回香港，到港的時候正值張發奎率師號稱三萬，由湖南南下，會同桂軍李宗仁部總共約六萬人，從廣西分路向廣州進攻，「張、桂軍」當時亟須奪取廣州來擴充勢力，準備同蔣介石分家，割據華南。不料後來因軍械不濟的緣故，事敗垂成。

香港掌故大家高伯雨說：「我和省齋相識最久，遠在一九二九年在倫敦就時相見面，但沒有什麼交情。一九三○年我從英國回上海一轉，在十四姊家中又和他相值，原來那時候他正避難在租界裡，住在我姊姊處。那天他還約

了史沫特萊女士來吃茶，我和她談了兩個多鐘頭。」對此朱樸在〈人生幾何〉一文補充說道：「至於伯雨所說的關於史沫特萊女士一節倒是的確的，而且非常之秘密，因為她那時正寓居於上海法租界霞飛路西的一層公寓內，我們不但是『打倒獨裁』的同志，並且是好抽香煙好喝咖啡的同志。所以，我常常是她寓所裡的座上客，我一到她那裡她總是親手煮咖啡給我喝的。那時候她和孫中山夫人宋慶齡女士來往非常親密，她曾屢次說要為我介紹，可是因為不久我就離開上海到香港來了，卒未如願。」

這次倒蔣的軍事行動雖未成功，但汪精衛並不灰心，他頗注意於宣傳工作，遂命林柏生、陳克文、朱樸三人創辦《南華日報》於香港，林柏生為社長，陳克文與朱樸為副社長。朱樸說：「當時我與柏生、克文互相規定每人每星期各寫社論兩篇並值夜兩天，工作相當辛勞。所幸編輯部內人才濟濟，得力不少，如馮節、趙慕儒、許力求等，現在俱已嶄露頭角，有聲於時。那時候汪先生也在香港，有時候也有文字在《南華日報》上發表，所以這一個時期《南華日報》的社論，博得讀者熱烈的歡迎。還有副刊也頗為精彩，尤其是署名『曼昭』的〈南社詩話〉一文，陸續登載，最獲一般讀者的佳評與讚賞。」

一九三〇年夏，汪精衛應閻錫山及馮玉祥的邀請到北平召開擴大會議，朱樸亦追隨同往，任海外部秘書。同時並與曾仲鳴合辦《蔚藍畫報》於北平，頗獲當時平津文藝界的好評。同年冬，汪精衛赴山西，朱樸奉命重返香港。道經上海時，因中國公學同學好友孫寒冰的夫人之介紹，認識了沈瑞英女士。一九三一年春，汪精衛赴廣州主持非常會議，朱樸被任為文化事業委員會委員。寧粵雙方代表在上海開和平會議，朱樸事先奉汪精衛命赴上海辦理宣傳事宜。一九三二年一月三十日與沈瑞英於上海結婚。兩年間留滬時間居多，雖掛著行政院參議、農村復興委員會專門委員、外交部條約委員會委員等名義，但實際上並沒做什麼事。

一九三四年六月，朱樸奉汪精衛之命，以行政院農村復興委員會特派考察歐洲農業合作事宜的名義出國。朱樸說：「汪先生因該會經費不充，所以再給我一個駐丹麥使館秘書的職務。我赴歐後先到倫敦，適張向華（發奎）將軍亦在那裡，闊別多年，暢敘至歡。數日後我隨他到荷蘭去遊覽。後來，張將軍離歐赴美，我即經由德國赴丹麥。我在丹麥三、四個月，普遍參觀了丹麥全國的各種合作事業，所得印象之深，無以復加。」一九三六年，張發奎在浙江江山新就閩、贛、浙、皖四省邊區清剿總指揮之職，來函相招。於是朱樸以一介書生，乃勉入戎幕。

一九三七年春，他奉汪精衛命為中央政治委員會土地專門委員再兼襄上海《中華日報》筆政。同年「八・一

三」事變發生，朱樸奉林柏生命重返香港主持《南華日報》筆政。不久，林柏生亦由滬來港。一九三八年春節樊仲雲也由滬到港，隨即在皇后大道「華人行」七樓租房兩間，開辦「蔚藍書店」。「蔚藍書店」其實並不是一所書店，它乃是「國際編譯社」的外幕。而「國際編譯社」直屬於「藝文研究會」，該會的最高主持人是周佛海，其次是陶希聖。「國際編譯社」事實上乃是「藝文研究會」的香港分會，負責者為林柏生，後來梅思平亦奉命到港參加，於是外界遂稱林柏生、梅思平、樊仲雲、朱樸為「蔚藍書店」的四大金剛。其中林柏生主持一切總務，梅思平主編國際叢書，樊仲雲主編國際週報，朱樸則主編國際通訊。助編者有張百高、胡蘭成、薛典曾、龍大均、連士升、杜衡、林一新、劉石克等人。「國際編譯社」每星期出版國際週報一期，國際通訊兩期，選材謹嚴，為研究國際問題一時之權威。國際叢書由商務印書館承印，預計一年出六十種，編輯委員除梅思平為主編外，尚有周鯁生、李聖五、林柏生、高宗武、程滄波、樊仲雲、朱樸等。當時所謂「四大金剛」，他們除了本店的職務外，尚兼有其他職務。如林柏生為國民政府立法院委員、《南華日報》社長；梅思平為中央政治委員會法制專門委員；樊仲雲為《星島日報》總主筆；朱樸為中央政治委員會經濟專門委員。

一九三八年十二月二十九日汪精衛發表「豔電」，於是和平運動立即展開。朱樸被派秘密赴滬，從事宣傳工作，經一兩個月的籌備，和平運動上海方面的第一種刊物《時代文選》於次年三月二十日出版。同年八月二十八日，汪偽中國國民黨在上海舉行第六次全國代表大會，朱樸被選為中央監察委員，復擔任中央宣傳部副部長。同年八月至九月間，接辦上海《國際晚報》（後因工部局借故撤銷登記證而被迫停刊。）十月一日創辦《時代晚報》，由梅思平任董事長，到一九四〇年九月一日才遷到南京出版。一九四〇年三月三十日汪精衛在南京成立偽「中華民國國民政府」，其組織機構仍用國民政府的組織形式，汪精衛任行政院院長兼代主席。此時朱樸被任為交通部政務次長。先是中央黨部也將他調任為組織部副部長。五月二十六日中國合作學會在南京成立，朱樸被推為理事長。

一九四一年一月十一日，朱樸的夫人在上海病逝；同年十月十六日長子榮昌亦歿於青島。一年之中喪妻喪子，給他以沉重的打擊，萬念俱灰之下，他先後辭去中央組織部副部長和交通部政務次長的職務，僅擔任全國經濟委員會委員一類的閒職。一九四二年三月二十五日，朱樸在上海創辦了《古今》雜誌，他在〈《古今》一年〉文中說：「回憶去年此時，正值我的愛兒殤亡之後，我因中心哀痛，不能自已，遂決定試辦這一個小小刊物，想勉強作

為精神的排遣。」他又在〈滿城風雨話古今〉文中說：「有一天，忽然闊別多年的陶亢德兄來訪，談及目前國內出版界之冷寂，慫恿我出來放一聲大砲。自惟平生一無所長，只有對出版事業略有些微經驗，且正值精神一無所託之際，遂不加考慮，立即答應。」他在〈發刊辭〉中說：「我們這個刊物的宗旨，顧名思義，極為明顯。自古至今，不論是英雄豪傑也好，名士佳人也好，甚至販夫走卒也好，只要其生平事蹟有異乎尋常不很平凡之處，我們都極願盡量搜羅獻諸於今日及日後的讀者之前。我們的目的在於彰事實、明是非、求真理。所以，不獨人物一門而已，他如天文地理，禽獸草木，金石書畫，詩詞歌賦諸類，凡是有其特殊的價值可以記述的，本刊也將兼收並蓄，樂為刊登。總之，本刊是包羅萬象、無所不容的。」

《古今》從第一期到第八期是月刊，到第九期改為半月刊，十六開本，每期四十頁左右。朱樸在〈《古今》兩年〉文中說：「當《古今》最初創刊的時候，那種因陋就簡的情形決非一般人所能想像的。既無編輯部，更無營業部，根本就沒有所謂『社址』。那時事實上的編輯者和撰稿者只有三個人，一是不佞本人，其餘兩位即陶亢德周黎庵兩君而已。創刊號中一共只有十四篇文章，我個人寫了四篇，亢德兩篇，黎庵兩篇，竟占了總數之大半；其他如校對、排樣、發行，甚至跑印刷所郵政局等類的瑣屑工作，也都由我們三人親任其勞，實行『同艱』『共苦』的精神。……那種情形一直賡續到十個月之後才在亞爾培路二號找到了社址（這是承金雄白先生的厚意而讓與的），於是所謂的『古今社』者才名副其實的正式辦起公來。」《古今》從第三期開始由曾經編輯過《宇宙風乙刊》的周黎庵任主編（其實是從籌備開始，只是沒公開掛名而已。），朱樸說：「我與黎庵沒有一天不到社中工作，不論風雨寒暑，從未間斷。就我個人的經驗來說，生平對於任何事務向來比較冷淡並不感覺十分興趣的，可是對於《古今》，則剛剛相反，一年多來如果偶而因事離滬不克到社小坐的話，則精神恍惚，若有所失。」

周黎庵在〈《古今》兩年〉文中說：「我編《古今》有一個方針，便是善不與人同，戰後作家星散，在上海的只有這幾個人。雖然他們的文章寫得好，但因為每一家雜誌都可以有他們的作品，便算不得名貴了，於是《古今》便開發北方……每期總刊載幾篇北方名家的作品，北方開發成功之後，我覺得還不足以維持《古今》獨有的風格，近期更有碩果僅存的珍貴史料和大江南北無與抗手的書畫刊載，可以說是《古今》特殊的貢獻。」

經過朱樸、周黎庵的努力邀約，在一九四三年七月《古今》夏季特大號（第二十七、二十八合刊）的封面上開列了一個「本刊執筆人」的名單：

汪精衛、周佛海、陳公博、梁鴻志、周作人、江康瓠、趙叔雍、樊仲雲、吳翼公、瞿兌之、謝剛主、謝興堯、徐凌霄、徐一士、沈啟无、紀果庵、周越然、龍沐勛、文載道、柳雨生、袁殊、金梁、金雄白、諸青來、陳乃乾、陳寥士、鄭秉珊、予且、蘇青、楊鴻烈、沈爾喬、何海鳴、胡詠唐、楊靜盦、朱劍心、邱艾簡、陳旭輪、錢希平、陳耿民、何戡、白銜、病叟、南冠、陳亨德、李宣倜、周樂山、張素民、左筆、楊蔭深、魯昔達、童家祥、許季木、默庵、靜塵、許斐、書生、小魯、方密、何淑、周幼海、余牧、吳詠、陶亢德、周黎庵、朱樸。

在這份六十五人的名單中，除南冠、吳詠、默庵、何戡、魯昔達是同屬黃裳一人外，可謂名家雲集。其中以汪精衛、周佛海、陳公博、梁鴻志、江亢虎、趙叔雍、樊仲雲等為首，顯示出《古今》與汪偽政權的千絲萬縷的關係。學者李相銀在《上海淪陷時期文學期刊研究》書中，就指出：「無論是汪精衛的『故人故事』，還是周佛海的『奮鬥歷程』，無不是在訴說自己的輝煌過去。……作為民族國家的罪人，他們與日本侵略者媾和並將此視為『豐功偉業』大肆吹噓，不過是為自己荒謬的言行尋找『合法』的外衣而已。其實他們又何嘗不知此舉早為世人所不齒，必將等來歷史的審判。他們焦慮不安的內心充滿了對於『末日』的恐懼，除了借助於文字聊以排遣之外，還能有何良策呢？就此而言，《古今》無疑成了他們『遣愁寄情』的最佳言說空間，《古今》的文學追求也因此被『政治化』。」而舊派文人和學者如吳翼公、瞿兌之、周越然、龍榆生、謝剛主、謝興堯、徐凌霄、徐一士、陳旭輪、陳乃乾等人佔了相當的比重，體現出雜誌的「古」的色彩。這其中有許多是專研掌故之學的，如明末四公子之一冒辟疆之後人——冒鶴亭他的〈孽海花閒話〉在《古今》第四十一期起連載九期；而晚清大學士瞿鴻機之子瞿兌之出身宰輔門第，故舊世交遍天下，是民國筆記小說的重要代表人物；徐一士出身晚清名門世家，與兄徐凌霄均治清代掌故，所著《凌霄一士隨筆》與瞿兌之的《人物風俗制度叢談》、黃秋岳的《花隨人聖庵摭憶》並稱為「三大掌故名著」。謝剛主原名謝國楨，是明史專家；謝興堯則主要從事太平天國史研究，他對《水滸傳》作者的考證，從胡適考證的遺漏之處入手，認為《水滸傳》最根本的問題是作者問題，發幽探微，溯古追今，既有史實，又有史識。而周越然在二十世紀上半葉，是無人不知的大藏書家，其書室名為「言言齋」，於一九三二年毀於「一・二八」之役，但他並不因此而稍挫，他移居西摩路（今陝

西北路），繼續廣事搜購，不數年又復坐擁書城。他偏嗜禁書，寫有〈西洋的性書與淫書〉等文。陳乃乾則早年從事古舊書業經營，所經眼的版本書籍特別多，撰著了不少有關版本目錄學方面的專著，並在《古今》上發表了許多目錄學、版本學方面的學術文章。

紀果庵在《古今》第三十期（一九四三年九月一日出版）的〈海上紀行〉一文，談到他們在朱樸的「樸園」雅集的情況：「次日上午我先到黎庵兄處會齊，往樸園，老樹濃蔭，蟬聲搖曳，殊為人海中不易覓到的靜區。樸園主人前在京時曾見過一面，但未接談，這番重見到他清癯的面容，與具有隱士嘯傲之感的風格，不覺未言已使我心折。我常想晉宋之交，有栗里詩人，與遠公點綴了美麗的廬山，五斗米雖不能使他折腰，而我輩卻呻吟於六斗之下（公務員配給米以六斗為限），古今世變，還是相去有間的，然如樸園之集，固亦大不易得，並非我輩『群賢畢至』，良以濁世可以談談的機會與心情太不容吾人日日如此耳。亢德已至，因有他約，先去。隨後來的有矍鑠的周越然先生，推了光頂風趣益可撩人的予且先生，丰度翩翩的文載道柳雨生二兄，和我最喜歡讀其文字的蘇青小姐，樊仲雲先生則最後至，於是談話馬上熱鬧起來，予且先生在抄寫樸園主人的八字預備一展君平手段，越翁則談到方九霞劫案，載道大說其墨索公辭職的新聞，聲宏而氣昂，蘇青小姐只有在一邊微笑，用小型扇子不住的扇著。我這個北方大漢，插在裏邊，殊有不調和之感，只好聽著似懂不懂的上海話，一面欣賞吳湖帆送給樸園主人的對聯，（聯曰：顧視清高氣深穩，文章彪炳光陸離。）和書架上的書籍，大部是清代筆記掌故和清印的書帖之屬，主人脾胃，可睹一斑，其與吾輩相近，亦頗顯然也。時主人持出《扇面萃珍》一冊，與黎庵討論《古今》封面材料，此集乃廉南湖小萬柳堂所藏，均明清珍品。主人因談到吳芝瑛女士的字，據云乃是捉刀，余亦久有所聞，而不如主人所知之證據確鑿。飯已擺好，我竟僭越的被推首席，可惜自己不能飲酒，白白辜負主人及黎庵的相勸之意。老饕既飽，本該『遠颺』，（昔人喻流寇云，『饑則來歸，飽則遠颺。』）奈外面紛傳，馬路將要戒嚴，『下雨天留客』，適有饋主人以西瓜者，不免益使老饕堅其不去之心。西瓜吃畢，蘇青女士的文章來了，她掏出小巧精緻的紀念冊，定要樊公題字，樊公未有以應，叫我先寫幾句，我只得馬馬虎虎，塗鴉一番，大意好像是發揮定公詩：『避席畏聞——著書都為——』數語的意思，未免平凡得很。主人堅執請樊公執筆，樊公索詞於我，我忽然說：『您寫纔成白雪桑重綠，割盡黃雲稻正青罷。』樊公未作可否，我已竟感到荊公此語，太露鋒芒，豈唯對樊公不適，即給人題字，亦復欠佳，乃急轉語鋒曰：隨便寫個

『文章千古事，得失寸心知』好了，不是蘇青小姐的文章大可『千古』嗎？樊公乃提筆一揮而就。三點了，不好意思再坐下去，於是告辭了雅潔的樸園……」

對於《古今》的創辦，上海電影製片廠離休老幹部、上海作家協會會員沈鵬年在《行雲流水記往》一書中另有一說，他云：「朱樸畢竟出身於書畫世家，深知『國寶』級的兩宋古書畫的價值。而當時號稱『前漢』（汪精衛屬『後漢』）的大漢奸梁鴻志家藏兩宋古書畫，他覬覦之心，無時或已。便以《古今》約稿為名，頻頻登門訪梁。」梁鴻志出身閩侯望族，曾祖父梁章鉅，號茝林，官至江蘇巡撫，是嘉道間名震朝野的收藏家，外祖林壽圖，號歐齋，工書畫及詩詞。梁鴻志早年結識北洋皖系大紅人、安福系王揖唐，王賞識梁鴻志的詩才，拉其入安福國會任財務副主任，梁鴻志因此搜刮了不少安福俱樂部的公款，後來王揖唐又舉薦梁鴻志任段祺瑞秘書。段歸隱上海，梁就用安福系的巨額贓款也在上海置花園洋房一所，並以祖傳宋代古玩三十三件（一說是兩宋蘇東坡、黃山谷、米南宮、董源、巨然、李唐等書畫名家真跡三十三種），名其居曰「三十三宋齋」。沈鵬年認為這些國寶級的珍藏，不能不令朱樸為之咋舌。因此朱樸在《古今》創刊時，就約得梁鴻志的文章〈爰居閣脞談〉並將其排在首篇，足見其是別有用心的。

後來朱樸更因此得識了梁鴻志的長女，沈鵬年說：「一九四二年四月的一天，朱樸要周黎庵陪伴同去鑑賞。至梁宅適主人外出，由其女梁文若招待。這就是朱樸致文若第一封『情書』中所說『兩年多以前曾經多少友好的熱心介紹，始終未能謀面，而這一次竟於無意之間一見傾心』的這一次。朱樸致文若信中寫道：『我因精神無所寄託遂創辦《古今》以強自排遣，卻不料無形中竟因此獲得了你的重視和青睞。』『在茫茫塵海之中能夠獲得你，可說不虛此生了。』從一九四二年四月至一九四四年三月，整整兩年的苦心追求，文若小姐下嫁朱樸，朱樸成為梁鴻志的『乘龍快婿』。『三十三宋齋』的『肥水』也能分得『一杯羹』。他創辦《古今》的目的初步得逞。」

一九四四年三月三日下午三時，朱樸與梁文若結婚，證婚人原定周佛海，後來因周佛海有事不克前來，改為梅思平主持。據參與盛會的文載道說，新郎著藍袍玄褂，新娘則僅御紅色旗袍，不冠紗也不穿高跟鞋，有許多人頗讚美這種儀式之儉樸而莊嚴。因為梁鴻志與朱樸交友廣闊，因此賀客盈門，有冒鶴亭、趙時棡（叔孺）、譚澤闓、吳湖帆、龔心釗（懷西）、林灝深（朗谿）、夏敬觀、劉翰怡、廖恩燾、顏惠慶、張一鵬、鄭洪年、朱履龢、聞蘭亭、諸青來、李拔可、嚴家熾等名人。另文化界來的有：趙正平、樊仲雲、周化人；新聞界有：金雄白、陳彬龢、

袁殊、鄭鴻彥、許力求；銀行界有：馮耿光、周作民、李思浩、葉扶霄、錢大槐、盧澗泉、張慰如、吳蘊齋；軍警界有：唐蟒、蕭叔宣、張國元、唐生明、臧卓、熊劍東、蘇成德、林之江等；女賓到的有周佛海夫人楊淑慧，陳公博夫人李勵莊，前「標準美人」現唐生明夫人徐來，以及繆斌、任援道、梅思平、丁默邨的夫人等。還有兩位是朱履龢、李祖虞夫人，都是崑曲的名手。更難得的是京劇大師梅蘭芳也來了。文載道說：「聽說這次爰居閣主（案：梁鴻志）贈與樸園（案：朱樸）的觀禮，也不是世俗的金錢飾物，而是最合樸園愛好的金石古玩。計有宋哥窯水盂全座，漢玉一枚，乾隆仿宋玉兔朝元硯一方，精品雞血章成對。」

朱樸在〈樸園日記——甲申銷夏鱗爪錄〉文中說：「（一九四四年）八月十五日，下午到《古今》社，鶴老送贈《梁節庵遺詩》一冊，盛意可感。《古今》第五十三期出版，封面刊登孫邦瑞君所貽鄭蘇戡之『含毫不意驚風雨，論世真能鑒古代』一聯，頗為大方。……八月二十三日，上午赴中行，與震老閒談時事，感慨良多。下午與文若赴爰居閣，邀外舅（案：梁鴻志）同往孫邦瑞處觀畫。今日所觀者有沈石田畫二卷，董香光畫軸及冊頁各一件，王煙客冊頁九幀，惲南田畫一卷，皆精品。石谷二卷俱係中華時代之力作，頗為外舅所讚美。……邦瑞富收藏，今日因時間匆促，不克飽鑒為憾，異日當約湖帆再往訪之。」孫邦瑞是民國著名書畫收藏家，他與吳湖帆交誼甚篤，且結通家之好，所收藏名跡多經吳湖帆鑑定並題跋。沈鵬年說：「據說孫邦瑞家藏的精品經梁、朱『鑒賞』以後，梁、朱用『金條』為誘餌，反覆談判，威嚇利誘，被掠奪而去……類此者何止孫氏一家？這就是朱樸之用《古今》為幌子，先瞄上梁家『三十三宋齋』，然後再網羅海上著名收藏家的珍品，這就是他辦《古今》最終的真正目的。……朱樸通過《古今》人財兩得，名利雙收。把《古今》停刊以後，集中精力，找到退路，最後去『香港買賣書畫』。」

一九四四年十月《古今》在出版第五十七期後停刊，朱樸離開滬寧的政治圈，他以平民身份幽居北平，以賞玩字畫為樂事。他在〈憶知堂老人〉文中說：「一九四四年《古今》休刊後我舉家遷居北京，到後即往拜訪。」又在〈多難祇成雙鬢改〉文中說：「甲申之冬，余北遊燕都，知堂老人邀讌苦茶庵，陪座者僅張東蓀、王古魯。席間，余出紙索書，主人酒餘揮毫，為集陸放翁句『多難祇成雙鬢改，浮名不作一錢看』十四字相貽，感慨遙深，實獲我心。聯旁並附小跋曰：『樸園先生屬書小聯，余未曾學書，平日寫字東倒西歪，俗語所謂如蟹爬者是也。此只可塗抹村塾敗壁，豈能寫在朱絲欄上耶？惟重雅意，集吾鄉

放翁句勉寫此十四字，殊不成樣子，樸園先生幸無見笑也。民國甲申除夕周作人』虛懷若谷，讀之愧然。」

朱樸在一九四七年到了香港，有論者說他在抗戰勝利前就到香港是不確的。除了他自己在〈人生幾何〉文中說：「我由北京來港是一九四七年，並非一九四八年。」外，香港《大人》、《大成》雜誌創辦人沈葦窗也說：「一九四七年，省齋將來香港，湖帆曾有意同行，於是時常晤面，磋商行止。湖帆有煙霞癖，因此舉棋不定，省齋先於四七年冬來港，我到港後和他時時飲茶，談次總要提起湖帆，認為南張北溥，先後到了海外，若湖帆到港，便成三國鼎峙之局，海外畫壇那就更加熱鬧了！」。

名作家董橋在《故事》一書中說：「朱省齋名樸，字樸之，無錫人，我一九七〇年年尾在香港報上讀到他去世的消息。他早歲浮沉政海，中年後來香港買賣書畫，與張大千、吳湖帆友善，《星島日報》社長林靄民請過他編《人物週刊》。省齋與張大千五十年代在香港過從甚密，也許還不斷有過書畫上的買賣。」張大千「《歸牧圖》題識提到的蘇東坡《石恪維摩贊》，大千竟然又是靠朱省齋奔走買進來的。此《贊》曾經由省齋的外舅梁鴻志收藏，四十年代末期忽然在香港為省齋發現，立即轉告大千，大千願意傾囊以迎，懇求省齋力為介說；幾經磋商，卒為所得。」一九五〇年朱樸和譚敬「同寓香港思豪酒店。一天，譚敬忽遭覆車之禍，身涉訴訟，急於用錢，打算出讓全部藏品。那時張大千正在印度大吉嶺避暑，省齋馳書通報，大千立刻回電說：『山谷伏波神祠詩卷，弟寤寐求之者已二十餘年，務懇代為竭力設法，以償所願！』省齋接電話後幾經周折，終於成事。」

沈葦窗在〈朱省齋傷心超覽樓〉文中說：「我草創《大人》雜誌，省齋每期為我寫稿，更提供許多書畫資料。那時，省齋在王寬誠的寫字樓供職，薪水甚少，但有一間寫字間卻很大，他每天下午到那裡去轉一轉，看看西報，主要的工作是為王寬誠鑑定書畫。因此，他於一九五七、一九六〇都回過上海，又到北京，而在最後一次他回香港經過深圳之時，卻遇見一件驚心動魄的事情，從此，他就不敢再北上了。原來省齋到北京，遇見瞿兌之，瞿家有一件齊白石的山水畫長卷，是他家的一段故事，名為《超覽樓禊集圖》……兌之晚年，境遇不佳，省齋卻對此卷念念不忘，因之和兌之磋商，以人民幣四百元讓到手上，……省齋得此畫後，十分得意，已在畫右下角，鈐上陳巨來為他刻的『朱省齋書畫記』印章，並在北京覓人攝影。不料在返港之際，在深圳遇見虎而冠者，從行李中搜出此物，認為盜竊國寶，罪無可逭，幾欲繩之於法。幸得長袖善舞最近在港逝世之某君為之緩頰，方保無事。省齋告我，當時心膽俱裂，確實有此情景，畫件當然沒收，後

來再沒有下落了！省齋當年曾說，此件到港可值萬金以上，如今看來，十百倍都不止，而省齋從此得怔忡之疾，一九七〇年十二月九日歿於九龍寓邸，享年六十有九。」

朱省齋十幾年來先後出版《省齋讀畫記》、《書畫隨筆》、《海外所見名畫錄》、《畫人畫事》、《藝苑談往》五本專談書畫的書籍。他在一九五四年出版的《省齋讀畫記》〈弁言〉中說：「作者並不能畫，惟嗜此則甚於一切。十餘年前在滬常與吳湖帆先生相往還，初得其趣；近年在港，隨張大千先生遊，朝夕過從，獲益更多。竊謂本書之作，雖未敢媲美《江村銷夏錄》、《庚子銷夏記》等名著，但對於同好之士，或能勉供參考之一助也。」他在《藝苑談往》〈引言〉中又說：「雖然文不足取，但是所謂敝帚自珍，覺得也還有其出版之價值。尤其書中如〈石濤繁川春遠圖始末記〉、〈董北苑瀟湘圖始末記〉、〈關於顧閎中韓熙載夜宴圖的故事〉、〈黃山谷伏波神祠詩畫卷始末記〉諸篇，其中所述，雖不敢自詡謂鄙人『獨得之秘』，但因都曾經身預其事，知之較切，自非如一般途聽道說，摭人唾餘者之可比。」

與朱樸有數十年友誼的金雄白說：「在香港二十餘年中，他已成為中國古代文物的鑑賞專家。以他的天賦聰明，兼得他丈人長樂梁眾異氏之指點，又因先後與吳湖帆、張大千交遊，耳濡目染之餘，又寖饋於此，乃卓然有成。近來他的著作中，也十九屬於談論古今的書畫人物，遠至美國，每遇珍品，輒先央其作最後的鑑定，以為取捨之標準。」而對於書畫之鑑定，朱樸寫有一長文〈論書畫賞鑑之不易〉，他認為賞鑑者，乃是一種極專門又極深奧的學問，普通一般的書畫家不一定也是賞鑑家，而所謂收藏家者，更不一定就是賞鑑家。余恩鑅在其《藏拙軒珍賞目》序文說：「近來市肆家變幻百出，遇名畫與題跋分裂為二，每有畫真跋假，以畫掩字；畫假跋真，以字掩畫。又有前朝無名氏畫，妄填姓名；或因收藏家以印章題跋為證據，依樣雕刻，照本描摹。直幅則列滿邊額，橫卷則排綴首尾，類皆前朝印璽名人款識，施之贗本。而俗眼不察，至以燕石為瓊瑤，下駟為駿骨，冀得厚資而質之。」因此朱樸最後總結說：「賞鑑是一件難事，而書畫的賞鑑則尤是難事之難事，應該是萬古不磨之論。董其昌有言曰：『宋元名畫，一幅百金；鑑定稍訛，輒收贗本。翰墨之事，談何容易！』真是一點也不錯。」

古今文史半月刊第四十九期至第五十四期

目次

第四十九期　民國三十三年六月十五日

第五十期　民國三十三年七月一日

第五十一期　民國三十三年七月十六日

第五十二期　民國三十三年八月一日

第五十三期　民國三十三年八月十六日

第五十四期　民國三十三年九月一日

古今文史半月刊第五十五期至第五十七期

目次

古今

文史半月刊

第四十九期

晉侯鐘毛公鼎元亮琴庚……中郎碑右軍帖少陵詩摩詰畫

吳湖帆題

原書原樣

古今

文史半月刊

第四十九期

中華民國三十三年六月十六日出版
社長　朱樸
主編　周黎庵
發行者　古今出版社　上海威海（亞爾培）路二號
發行所　古今出版社　上海威海（亞爾培）路二號　電話：七三七八八號
印刷者　中國科學印刷公司
經售處　中央書報發行所暨全國各大書坊報販
上海雜誌聯合會第十號會員雜誌
零售每册中儲券三十元
國民政府宣傳部登記證滬誌字第七六號
第一警察局登記證C字一〇一二號

預定	
款項先繳	照價八折
半年三百元	全年六百元

病後

周佛海

這次一場大病，幾幾乎把性命都斷送了。現在還能偷生人間，眞是奇蹟。不過這樣危險的情形，都是病後醫生告訴我的。我自己在當時，決不知道而且沒有感覺到嚴重到這個程度。

在我一生之中，這次是第三次害大病了。第一次彷彿是九歲的時候。那時我父親宦遊福建，我隨母親住在沅陵鄉下。當時究竟害的是甚麼病，不僅現在記不起來，就是當時也未見得能夠診斷的明白。鄉下，不單是沒有西醫的影子，就是中醫，也是鳳毛麟角。至於高明的醫生，更是打起火把也找不着。在鄉下糊裏糊塗請着不三不四的醫生醫治了一個多月，不單沒有起色，而且一天一天的沉重。於是用着轎子抬到城裏的親戚家中，去訪求名醫。當時所謂西醫，只有福音堂裏的一個洋人。誰相信這個外國鬼子呢？老實說，那位美國洋人，恐怕醫道也不見得高明。遠親中間，有一位姓張的拔貢，在城裏設塾授徒，兼行醫道。他的醫道，微微有些名氣。於是就請他診視。大約也醫了一個多月，我這條小命，就被他救活了。我還記得我好了之後，父親還遠遠的由福建寄回許多東西，送他做謝禮。這位張老先生的音容笑貌，我現在還很清楚的記得。這便是我有生以來的第一次大病。第二次是民國十七年十一月間。這個時候，我正辭去中央陸軍軍官學校政治部主任，到上海辦新生命月刊。有一天正在月刊社編閱稿件，忽然覺得頭重身熱。回到家中，就發了高度的熱度，不能不睡下了。當時就請留日同學顧壽白診視。他雖然是留東習醫的，而當時却在商務書館任編輯，並沒有開業。他診斷我是傷寒。傷寒，就是所謂腸窒扶斯，據說沒有特效藥可以醫治，全靠看護和養生。我們當時雖從雜居的卡德路祥福里的亭子間，搬到那時確實甚爲「摩登」而有衛生設備的霞飛坊，獨家居住，生活比較舒適，但是經濟的力量，究竟不容許我雇用特別看護婦。一切看護之責，只好偏勞淑慧了。前前後後，也鬧了一個多月，纔慢慢有起色。這便是我有生以來的第二次大病。兩次大病，都不是專當醫業的醫生，而是儒而兼醫的先生所治愈，雖然是偶然，却也很湊巧了。

這次的大病，病根早伏在幾個月之前。自從去年十一月由日本回國之後，就覺胸前窒塞，呼吸困難。淑慧放心不下，請醫生把身體各部，用X光線一一檢查，據說都很正常而健康，不過心臟稍有擴大之勢，却也不甚嚴重。但是以後氣喘胸塞，却一天一天的嚴重起來，朋友們都要我休息，醫生不待說是勸得更厲害。但是我的身體，那裏是我自己的呢？我那裏有隨時休息的自由呢？要會的客，不能不會；要開的會，不能不開；要看的公事，不能不看，要說的話，不能不說，要嘔的氣，不能不嘔。其中最傷神的要算是說話和嘔氣了。在這種情形之下，那裏可以任意休息？不過醫

生還是請的，藥還是吃的。有些朋友說西醫好，有些說還是中醫見效。我是性急的人，西醫幾天醫不好，就換中醫；中醫幾天不見效，又換西醫。甚至中醫剛出門，西醫馬上就隨着進來了。有時上午服西藥，下午服中藥。這樣烏烟瘴氣的鬧了幾個月。好在飯也能吃，覺也能睡，事也能做，不過氣喘胸塞，血壓過高而已，所以沒有認爲是怎樣嚴重的問題。

三月四號，忽然傷起風來，頭痛鼻塞，全身不適，五號更甚。但是決沒有因此停止工作。不僅照常做事，而且因爲一件要緊的臨時發生的事，不能不到上海。當天夜車赴滬，在車上又受了涼。六七兩號，忙了兩天，七號晚咳嗽大作，數小時不停，直到深夜四時，纔漸漸睡着。預定八號下午飛京，所以早上九時仍舊出門到行辦事。不過咳嗽情形，較之前晚，稍爲緩和。下午一時至機場，因爲南京下雨不能飛行，遂改乘下午火車返京。返京以後，氣喘胸塞，雖然仍舊，而咳嗽却已大減。因此不在意中，仍舊照常活動。三月十二日 總理逝世紀念，前往謁陵。先一晚我和公博約好，早點動身。因爲上坡不易，如果人都來齊，行動不大方便。最好乘着還沒有人到的時候，我們可以緩步徐行。我七時即起，換上新國民服，驅車到陵園。不料公博早已上去。我慢慢的拾級而上，氣喘並不因之增加，也不覺得吃力。我暗中自慰道，「我的身體還算不壞」。祭陵之後，還要往祭革命烈士。下坡的時候，我和公博前行，後面隨着一大羣同志。大家步履很快，我們走在前面，也就欲慢而不可得了。於是如飛的跑下山坡，乘車赴靈谷寺。下車之後，在人羣的前面，又是如飛的跑來跑去，全身出汗，加之冷風一吹，回家後就覺得不能支持，於是只好睡下。凑巧那天是星期日，可以休息了一個下午。十三日晨起，咳嗽雖然時發時止，但是並沒加劇。上午先後赴財部和中儲，照常辦事。下午召開物資統制審議委員會。這個會，照例是要長時間的，常常下午三時開起，開到晚上七時以後。當天，我深怕不能支持，暗中打算如果中途實在不行，可以另請一位委員代我主席，我便可溜回休息。僥倖那天，只開了兩小時餘，就散會回家，但已精疲力竭了。回家不久，田尻公使打電話來，希望見面。我實在不能會客了，約定次日上午十一時，在中儲見面。我打算次日行政院會議完畢，到中儲去和他晤談。當天晚上，咳嗽加劇，幾乎終宵沒有睡着。次晨出席行政院會議時，四肢非常無力，宣讀議案，幾至不能成聲了。散會到中儲，與田尻公使談話，當然是勉強支撐。他看我精神不佳，只談半小時，即行辭去。自從八號回京以後，朋友多說傷風咳嗽，中醫較佳，於是請了兩位中醫診治。中醫當然不用寒熱表量溫度，我自己也糊糊塗塗，沒有量過，而且決不相信會發熱。十四日下午我自己拿表來量，原來已有了三十八度多。於是我自己知道眞病了。心理作用眞厲害！不知道有熱度的時候，還隨隨便便，沒有認眞當做病去醫，知道了有熱度，立即覺得咳嗽加劇，病勢加重，不可再不認眞醫治了。我本定十六日赴滬的，現在決定中止，並電話淑慧，立即來京。入晚，眞的，咳嗽更厲害了，沒有停過三分鐘。急了，去請同仁會醫院院長土屋博士。我以前有病，都是他看的。這次因爲是小的傷風咳嗽，不願意麻煩他這位頂忙的醫生。現在却不能不請他了。凑巧那晚他不在家，又沒有留下去處，他家裏人也沒有法子去尋。當晚竟徹夜咳嗽，沒有止過。十五日上午，他來了。診視之後，不發一言，面有憂色。我問他一星期內，是否可愈。他輕描淡寫的說恐怕要多費些

時間。下午再來看一次。當晚病勢好像愈益加重。聽說淑慧當晚夜車晉京，次晨可到。次晨，我的神志有些不清了，彷彿淑慧來了，彷彿土屋又來診視。不久之後，彷彿床的四周，立着三四個穿黃色軍服的人，幾個穿白衣的看護婦，我覺得他們甚爲忙亂。在我床上架了一個架子，要照X光線。照的時候，他們要我停止呼吸，我居然也會停止。好久之後，覺得有個身材高大的穿軍服的人對我說道：「請閣下安靜的睡着，不要亂動。看護婦留着伺候。」後來我纔知道土屋博士，看我病太沉重，一個人不敢作主，去和日本軍總司令部的軍醫部長商量。軍醫部長桃井中將，遂會同土屋博士帶了兩名軍醫官，兩個看護婦前來診治。後來又聽說他們曾經商量了半天，究竟入院還是在家。各有好處，也各有不便。最後他們遂決定在家，他們輪流每天上午、下午和晚上，來看三次，並留兩名看護婦服侍。以後因爲兩人忙不過來，又添了一人。和我說話的那位身材高大的軍官，便是桃井中將。後來大家談起來，都以爲這次的病，僥倖是發作在南京，如果發作在上海，恐怕要一命嗚呼了！因爲在上海一定人多口雜，你說這個醫生好，他說那個醫生行。甲舉荐中醫，乙介紹西醫。病急亂求醫，亂服藥，那有不敗事的道理！

原來我這次的病，是急性肺炎，兼之以心臟病，來勢很猛。桃井中將治了幾天，也不敢作主，遂報告日本大使館，電東京專請名醫來華診治。日本陸軍當局和大東亞省商量，遂請帝大教授，心臟病權威坂口博士，即日飛京。因爲天氣的關係，兩三天不能飛，直到二十三日纔到京診治。僥倖這幾天之中，病勢已穩定，沒有加劇，熱度且稍下降。桃井和土屋，都是坂口的學生，所以醫生雖然有三個人，意見却容易一致，決沒有某人堅持自己的主張，某人客氣，不發表意見的毛病。三人盡量發表意見，然後由坂口下結論。所以這次的大病，順利的治愈，這也是個原因。否則，各持已見，恐怕連藥方也不能開出了。

看護得法，也是這次病愈的一個原因。三位看護婦，實在認眞，實在負責，晝夜不息的輪流侍候。尤其是看護長中島女士，更是細心，更是親切。病劇的時候，她甚至於急得連飯都吃不下，病勢鬆動，她便喜形於色。不單是我個人，就是我一家，對她們都很感激。因爲有了她們，家中自淑慧以下許多人，省了多多少少的事。她們一直看護到五月一號，纔告辭回院。

病勢嚴重的時候，當然絕對禁止見客，就是輕鬆以後，普通的人，仍不許見，公博等朋友來，也不過寥寥數語而已，到了四月二號以後，纔能於臥榻上與公博商量處決要事，三號以後，始准看報。

坂口博士，看見我已經脫了危險時期，四月五日，特來告辭，謂東京事忙，打算六號赴滬，七號飛回。他於診治最後一次後，告訴我說，這次不死，眞是奇蹟。因爲患肺炎的人，每分鐘呼吸到四十次以上，已經危險了，如到了五十次以上，必死無疑。而我有三天，竟到了六十二三次！現在肺炎雖已告愈，心臟仍不健全，所以他又告訴我許多病後養生的方法。他路過上海時，去看公博，說我這次得救，不是他們醫生的力量，乃是我的運氣。他要公博轉告我，運氣只能有一回，希望我以後特別注意。這位六十多歲的老翁，爲我飛來飛去，心裏眞是不安。

以後便一天一天的進步了。中間雖然病翻了兩次，惹得大家緊張了兩回，但是旋即平復。於是練習在床上起坐，練習下床行走，練習吃乾飯，精神一天好似一天。醫生以前每日來三次，四月一號以後，每日兩次，七號以後，每日便只來一次了。每次診治我右脅下面時，桃井和土屋，兩位都很認眞，我心裏覺得很懷疑。直到四月二十三號，土屋纔告訴我右脅下，有肋膜炎的現象，以前不敢告訴我。直到二十日，纔聽不出有肋膜炎的症兆。

看護婦打開紗窗，飛進來許多柳絮，忽然感到春已暮了。要看護婦扶到窗前一看，花園中已是錦草如茵，綠葉成蔭子滿枝的時候了。今年桃紅柳綠的良辰美景，我竟在病榻中銷磨過去，不能賞玩，眞是辜負了大好春光。

朋友都來慶賀，都說大難不死，必有後福。其實，我這次不死，是幸或是不幸，還是問題。也許天不許我輕容易的脫離苦海，要在苦海中，使我再受些磨折，再受些災難，纔讓我離此濁世，也未可知。也許天不許我壽終正寢，而必使我將來橫遭慘死，或死於非命，亦未可料。記得民國二十年或二十一年的時候，楊暢卿（永泰）和熊式輝奉召由滬飛贛，剛纔起飛，就失事墜地，兩人墮地重傷，醫了好幾月，纔能復原。我看見暢卿，也以大難不死，必有後福的話祝賀他。他以爲這話靠不住，並告訴我他廣東鄉下的一件事。有一老翁，臨河家居，某晚山洪暴發，屋宇沖倒，某翁臥一床板上面，流了幾十里，被人救出。不到半年，晚上出外大解，失足跌入糞坑中，因而致死。某翁不死於清流，而死於糞坑，所以前次之不死，不能說是幸了。說這個故事的暢卿，以後在三省勦匪總部，雖也大權獨攬，煊赫一時，不能不說是後福，但是結果還是在漢口被人暗殺，飲彈而亡。我決不希望後福。在這戰火延及全世界的時候，誰也不要希望享福。而且在人民陷於水深火熱的時候，個人希望享福，仁者的用心，也不應如此。我當認爲這次已經死了。今後的我，已經不是我的我了。所以今後更可以不顧成敗利鈍，不問毁譽得失，本着自己的信念，爲國家效忠，爲民族努力，以免負此殘生。

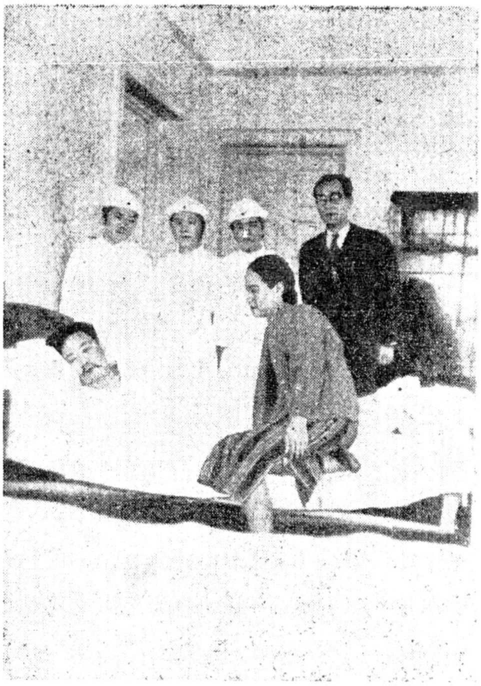

病榻留影

病後聊記這次的經過，以作將來的紀念。

（五月二十六日）

雨窗談書

謝剛主

今年舊京春天的天氣，非常的奇怪，一直到三四月裏還脫不了棉衣，到了初夏的時光，天氣稍晴和起來，但是每天括著大風，把稷園的牡丹，都湮沒在風沙裏面，顯不出來她的美姿，嬌紅粉碧凄慘著對著斜陽，眞是有美人落寞之感。昨天的晚上，恰是星期六，雖然天氣感覺著燥熱，可是滿天的星宿，映著朦朧的殘月，我想明天天氣一定好了，借著星期的機會，去找幾個朋友，順便到稷園，看一看牡丹。但是清早還沒有起牀，便聽見窗外淒漓的雨聲，旣至起來以後，雨下得越大，街上這樣的泥濘，怎樣能去找朋友，稷園更去不成的了。便隨便繙閱案頭的舊書，實在是沒有什麼目的，不過聊以遣日，但是所藏的幾本破爛的書籍，雖然是敝帚自珍，可是左瞻右顧，手披目驗，感著有不少的興趣。偶然想到舊日獲得水雲書屋刻本姜白石詩詞合集，上邊李越縵有一段跋語茲逡錄於下：

『戊午臘月二十五日晴，日嚴寒，冰終日不解，至夕陽下舂，映庭下積雪，淸艷兩絕，忽意山水間，大有可賞者，欲一至近郈游眺，苦以俗事不得去。又平生未貫著屐，遂亦中止，柮鑪茗椀，坐念恝然。迺抽架上書閱之，得歷代官制考，以其稱引不能無誤，因節取博士及郎中兩官，爲審定辨明，箏之越縵堂日記中，忽忽已更鼓動矣。考據繁難，殊苦眩瞀。令奴子以生栗及冰豆乳瀹鷄洎，置火湯喫之。東坡食玉糝羹，謂人間決無此味矣。飯畢攜燭擁被，復取是集，其絕句恍如殘雪在地，寒江不流，山木明瑟，夕暉淡然，寒鳥浴冰缺處，作珠玉聲也。白石以詞名，而詩實高出數倍，律體則非所長耳。』

我很喜歡𢘆伯先生這幾句話，我時常繙閱這本書，彷彿能領會到越縵的興致，和見了此老面的一樣。我常以爲愛好書籍，固然是爲著讀書求知，但是也可以說由書籍審美的欣賞，而得到生命的寄託。能明白這種心情的，要算是王靜安師 。在他靜庵文集續編宋代之金石學後論上說：

『宋自仁宗以後，海內無事，士大夫政事之暇，得以肆力學問，其時哲學，科學，史學，美術各有相當之進步。士大夫亦各有相當之素養，賞鑒之趣味，與研究之趣，思古之情，與求新之念，互相錯綜，此種精神，於當時之代表人物，蘇軾沈括黃庭堅黃伯思諸人著述中在在可以遇之，其對古金石之興味，一面賞鑑的，一面研究的也。』

得了一部好書，或一本好碑帖，就如同得到一張名畫，或如看見一個美人一樣，抄校或古刻的善本書，更足以欣賞引起思古之幽情；並不是因爲得了這本書，可以得到貴重的史料，做一篇好文字，也不是因爲

得了珍貴的秘籍，就可以誇耀於人。爲欣賞而愛好書籍碑版，前乎此者，在宋代趙明誠夫婦，便是一個好例子。趙明誠金石錄序上說：

『嗚呼自三代以來，聖賢遺迹，著於金石者多矣，蓋其風雨侵蝕與夫樵夫牧童，毀傷淪棄之餘，幸而存者，止此爾。是金石之固，猶不足恃，然則所謂二千卷者終歸於磨滅，而余是書，有時而或傳也。孔子曰：飽食終日，無所用心也，難矣哉，不有博奕者乎，爲之猶賢乎已，是書之成，其賢於無所用心，豈特博奕之比乎。』

讀書校碑的癖好，亦正如好博奕，而癖好之深確在博奕以上。他的夫人李易安居士金石錄後序上說：

『後屏居鄉里十年，仰取俯給，衣食有餘，連守兩郡竭其俸入，以事鉛槧，每獲一書，即同共勘校整集籤題，得書畫彝器亦摩玩舒卷，指摘疵病，夜盡一燭爲率，故能紙札精緻，字畫完整，冠諸收書家。余性偶强記，每飯罷坐歸來堂，烹茶指堆積書史，言某事之某書，某卷第幾葉第幾行，以中否角勝負，爲飲茶先後，中即舉杯大笑，至茶傾覆懷中，反不得飲而起，甘老是鄉矣。故雖處憂患困窮而志不屈。』

他們倆，一唱一和，的確可以見到他們夫婦愛書之篤；也可以說他們眞知篤好，識得書中的趣味。自此以後，有不少嗜書的人，如明代的胡應麟，可算得嗜書的一個，其他諸家，更不在少數，但我覺得有鑑賞的能力，而有嗜書的風趣，莫過於淸乾嘉間的黃丕烈和顧千里。有不少的人，罵他爲佞宋，但唯其能佞宋，他所以能知之眞而好之篤；他不但佞宋，而且古人的片紙隻字，他都加以愛惜，蕘圃藏書題識卷十陽春白雪跋云。

『余生平喜購書，於片紙隻字，皆爲之收藏，非好奇也，蓋惜字耳。徒謂古人慧在文字，如遇不全本而棄之，從此無完日矣。故余於殘缺者，尤加意焉。戲自號曰抱守老人。』

抱守老人之藏書，他本無意於求名，祇是他的一種嗜好，他的羣書題跋，不過記得書的原委，本無意於撰述。他的藏書題跋，生前也無意於收拾，近來流傳的蕘圃藏書題識，和藏書題識續錄，都是後人替他纂輯的，恐怕現在遺漏未有編入的還不少。惟其他無意於著述，不作矜特之語，所以他作的文字，看起來，有似通非通的地方，可是骨子裏別具一格；而且他的文字，有他的味道，或他的風趣。藏書題識卷十南峯樂府跋云：

『己巳春三月，余爲武林之遊，三上城隍山，索觀古書於集古齋，蓋其主人在杭城書賈中爲巨擘，而去歲又新收開萬樓書，故不憚再三至也。最後爲立夏前一日，與錢塘何夢華偕行，小憇臨江之樓山，舊多茶肆，並有點心之佳者，主人煮茗相待，取簑衣餅，韭菜餅於旁肆，以繼晨飧，心頗樂焉。因邀坐在店後小樓，見南峯樂府，太平樂府，籤出架上，手探之，乃明舊刻，遂與他書捆載而歸。歸家遍檢諸家書目，偶及孝慈堂書目有之，序次目錄先後書名本數正合，可見書之得失顯晦，有定數也。』

這篇文字，幸虧是蕘翁做的，要是換了別人，恐怕要爲古文家所笑了。可是蕘翁鑑別的書籍，有那麼樣的多，收藏又那麼樣的廣，後來流傳下來的古書，如果有士禮居的圖章，或思適齋主人的題跋，彷彿給我

們立了一張保票，教我們鑑別古籍得了不少的便利，對於保存古籍，黃顧兩家的功勞，實不可沒。到乾嘉而後，南邊常熟的瞿氏鐵琴銅劍樓，和北方聊城楊氏海源閣半爲黃顧兩家流傳下來的遺書。自海源被劫以後，碩果僅存的祇有瞿氏鐵琴銅劍樓了。自瞿楊兩家藏書而後，南北的藏家，固然很多，洎乎清末民初若在北方的藏書家而論，要算是李木齋盛鐸氏了。李氏沒後，其藏書大半歸北京大學圖書館，總算是物得其所。到了現在的藏書家，還是保存乾嘉正統派的風度，那不能不數著傅沅叔太世丈和周叔弢先生。傅氏藏書的博大，和周氏藏書的精深，都是世無倫比的，藏園的藏書，早已聞名於世，人所共知，亦不勞吾人繁絮的介紹，他近年所得到的善本最有名的便是宋監本周易正義，和蜀本南華經。以七十之高齡，用宋刋和明抄本校對了一千卷的文苑英華並編輯了數百卷的宋蜀文輯存。丹鉛校書，午夜不倦，祇要認識藏園老人，或到過藏園的人，就可以想見，綠蔭滿屋，清潔的書齋裏坐著一位清癯的老人，在那裏吟哦校書矻矻不倦，對於書籍的僞訛，一字不肯放過，而引進後輩，又那麼樣的態度誠懇，在現在的時光，實在沒有像他老人家古道可風的人了。雖然七十開外的老人，步履還非常矍健，有時常跑到香山或頤和園去養靜。我有時問他：『您老人家又到西山去遊山去了。』他老人家很和藹的回答道：『我什麼是去遊山不過去避囂去罷了。』可是從山中回來，皮包中就多手校的好幾卷書，或新作的好幾篇文章。洛陽的少年，實在還沒有他老人家精力這樣的飽滿。至於藏園老人近十餘年來的行實見於他撰的藏園居士六十自述和七十自述，可以窺見一般，茲引一節於後：

『至於丹鉛校錄，志在畢生，前記所編，已逾萬卷。丁丑以後，游事漸稀，點勘羣書，用以遣日，區區微尙，私淑何盧，降及顧黃，亦所嚮慕。偶逢諸家校本，嘗事臨迻，或覩古槧秘鈔，爲世稀見者，亦手加勘對，求其異同，正其譌失。時復訂一辭而闢大義，或得異解而破羣疑，爲役雖勞，而其樂無藝，積月累年，續校所得，又數千卷。……』

藏園的批校羣書，傳諸將來，豈但私淑何盧，眞堪與顧黃媲美了。

我述完了藏園，我不得不介紹周叔弢先生，叔弢是皖中華冑，可是爲人精明謹愼，持身如同清素，一點沒有布兒喬亞的派頭，自莊嚴堪，藏了不少的佳槧，可是孤芳自賞，決不因此誇耀於人；也不願意人們認他爲藏書家。但是認識他的，沒有不感覺他是一位很誠篤的朋友。雖然平津伊邇，因爲一緬相借，有時候可以見到面。有一次我與至友某君一同到他家裏去，看了不少的好書，從下午談起一直談到旁晚，便約我們到興亞二區一家西餐館去吃晚飯，雖然是胡樂吳歙，聲音嘈雜，但是止不住我們的談鋒。他開始給我們講宋刋浙本，閩本蜀本的不同，中統大德本的異趣，舊本的抹欄，和避諱的剜補，舊本明抄，柳大中葉林宗鈔本如何之可貴。所謂一個好書，必須裝訂精，原刻原印，有收藏的圖章，名人的題跋，合乎這個條件，才算一部完全的善本，一部好書，彷佛是一軸名畫，一個美人，修短合度，婉約生姿，可近而不可即，這纔是稱心的佳品。話這樣的滔滔不絕，我彷佛上了一堂板本學的課程，壁上的鐘已鳴過了十二點，叔弢先生的話頭，仍未止住，興味猶濃，我看着時近午夜，祇好告辭，良友益人，勝於讀十年書也。

如今再說到我個人喜歡藏書的嗜好，一個寒儉的書生，既然談不到宋元佳槧，也談不到舊本名鈔。不過閒暇時間，好看幾本破書，時間既久，到也堆了盈架疊屋，嗜痂自甘，教方家看來，不值一睬。但是歷年所搜輯的叢殘，偶然自已認爲滿意的，便是破碎的史料，明淸人的筆記，和唐宋以來的詩詞。無聊的時候，拿他來做一種消遣品，便可以渡過鎮長的永日，免去了不少無聊的應酬，久而久之，於故紙堆中，得了不少的佳趣。尤其感覺有興趣的，便是抄書與校書，其次便是隨便的瀏覽，無意中得了一點新鮮的故事，彷彿吃橄欖，偶然於苦中得到一點甜頭，說來固很可笑，但是有嗜書同好的朋友，不妨一試，如果得不到什麼趣味，至少還受不了什麼損失。

鈔書這件事，昔顧亭林先生已很讚美他。顧先生說：『著書不如鈔書』。但是抄書必須有條理，若是茫然瞎抄，這就被顧先生譏爲廢銅了，在昔古人好鈔書的人，也不在少數，偶讀南史列傳卷三十一齊王蕭鈞傳云：

『鈞常手自細書寫五經，部爲一卷，置於巾箱中，以備遺忘。侍中賀玠問曰：殿下家自有墳索，復何須蠅頭細書，別藏巾箱中？答曰：巾箱中有五經，於檢閱既易，且一更手寫，則永不忘，諸王聞而爭效，爲巾箱五經，巾箱五經自此始也。』

一更手寫則永不忘，的是讀書的良鍼，但是在現在的時光，事務紛繁，那有功夫去手寫五經，如果就性之所近，或所見異書，偶然鈔錄兩三卷也是好的。近年來，因爲喜歡搜輯書林的掌故，偶然把叢書刋刻的源流，和藏書家的資料，分類抄輯下來，以作擷撰叢書攷的材料，不覺東抄西抹，堆積起來已近盈尺。偶自繙閱，也可以說近年讀書的成績。還記得前幾年，我在北平圖書館的時候，得看見黃蕘圃施北研兩君合校的歸潛志，那時我正讀金史，就把原本借他來迻錄在知不足齋叢書本歸潛志上，偶記歸潛堂記：有這樣一段，『骨肉數口，舊書一囊，由銅壺過燕山，入武川幾一載，始得還鄉里。』我想銅壺恐非地名，及讀施校本乃知銅壺爲銅臺之誤，一字之微，其裨益於史學如此。

年來由校書，而喜歡校碑，這也是因爲學習漢隸，偶然買了幾種漢碑，便引起校碑的趣味，金石文字固可裨益史乘，如泰山都尉孔宙銘。宙爲孔融之父，三國志注僅書其父名宙，有此一碑，可以補孔氏的家乘。豫州從事孔褒碑，褒以留舍張儉被害之人，足以補范史之缺。至如武班碑和武梁祠堂畫像，知書碑者爲紀伯元而刻畫良功爲衛改，以上見翁方綱兩漢金石記和牟房佛金山館秦漢碑跋。可以補出來不少的史料。回想起來，我不過喜歡寫幾個字吧了，對於金石學，實在毫無根柢。有時買到一二部漢碑，也不過爲臨池之用，我還記得，有一次買到一部藝苑鑑眞社影印衡方碑的底本，都尉將三字未損，後面附著張叔未的題跋，又買到王澍藏羅紋紙舊拓乾字未穿本的曹全碑，後面有王澍與熙載的題跋，這都是平常易見的漢碑，沒有什麼稀罕，但是沒有事的時候，窗明几靜，拿來時一摩娑，便深覺可意。因爲我是喜歡臨張遷表頌的，東里潤色四字不損本的張遷碑，那裏能尋得到，就是偶然發現了，也非寒素所能望其項背的，友人陸和九先生，知道我喜臨此碑，便讓給我宿字不損未剪本的張遷碑。那天晚上，我帶回來，就舖在地上，逐一的番校，不但䈉種宿三字未損，君崇其恩的恩字不損，西門舞帶的帶的，尙見上

半，而諱字下半微顯雙垂，的係嘉道年間的拓本，那時我心中得到莫名的愉快。並且我們知道如果是後人作僞硬補的考據，便可以看見墨色的添補，或石花的不同。由此看來校書和校碑這件事，和學幾何學有一樣的關係，用逐層證明的方法，細心的研究，至少使我們心平氣靜，心細如絲，養成了人生沈穩安詳的態度，不致於心粗氣浮了。

復次，我要說的，便是隨便的瀏覽，不佞對於文字訓詁，素少問津，所以像段玉載說文解字註，和郝懿行的爾雅義疏，輕易不敢去讀他，因爲讀得不細心反得要望洋生歎了。偶然讀到知堂老人的藥堂雜文，他盛誇郝蘭皋的曬書堂文集和筆錄，我雖然有郝氏遺書，但是已蛛網塵封，多年不去動他了，我馬上取來細讀，纔發現郝蘭皋先生不但是一位有風趣的學者，而且是很幽默的人。在他筆錄裏便有這兩條，一條是入厠讀書；一條是拏人磕頭。筆錄卷三云：

『歸田錄載：錢思公言，平生好讀書，坐則讀經史，臥則讀小說，上厠則閱小詞。謝希深亦言，宋公垂每走厠必挾書以往，諷誦之聲，琅然聞於遠近。余讀而笑之，入厠脫褌，手又攜卷，非惟太褻，亦苦甚忙，人即篤學，何至乃爾耶。』

又卷六，風俗奢靡條云：

『尤西堂云：喪禮或弔生，或弔死，非親則友，未有施之路人者，今吳俗有喪發帖徧請，多不識一面者，不弔則已慢，弔之者則已濫；然與其濫也寧慢，吾惡夫拜之無名也。蜀中一前輩，見之詫曰：爾蘇人叵耐拏人來磕頭，聞者無以答。（艮齋雜說四）余謂拏人磕頭，白事尚可，至爲本身作壽，亦復拏人磕頭，斷不安也。』

我看了這兩條，不禁令人絕倒，知此老大有幽默。至卷四綴栗，梅漿，杏酪諸條，述故都風味，亦復極有意致。我還記得有一年傅沅叔太世丈，囑我修綏遠通志，尋覓綏遠魏晉時代地理之沿革，繙閱羣史，茫無所得，偶讀晉書載記十三苻堅傳，便得這一條：

『初堅之將爲赦也，與王猛苻融密議於露臺，悉屏左右，堅親爲赦文，猛融供進紙墨，有一大蒼蠅入自牖間，鳴聲甚大，集於筆端，驅而復來，俄而長安街巷，市里人相告曰：官今大赦，有司以聞。堅驚謂融猛曰：禁中無耳屬之理，事何從泄也。於是敕外窮推之，咸言有一人，衣黑衣，大呼於市曰：官今大赦，須臾不見。堅歎曰：其向蒼蠅乎！聲狀非常，吾固惡之。諺曰：欲人勿知，莫若勿爲，聲无細弗聞，事未形而必彰者，其此之謂也。』

蒼蠅變的黑衣童子，與綏遠地理沿革有什麼相干，不過我那時繙書的時候，眞是弄得我頭昏腦亂，偶然發現了這一條，心中感覺非常的有趣，好像服了涼清散，頭腦頓覺著清爽，我素來知道晉書近於小說，因之發憤把晉書，點讀了一過，雖然有不少可以發笑的地方，但是都沒有這一條記得清楚，因此我對於讀書的經驗得到這樣的結果：有心的尋覓，不如無意的創獲。我這篇文字是隨意的拉雜的寫下去，當我吃過晚飯以後，正在開始繼續寫做的時候，因爲是星期日，大家都在家裏悶了一天，我的小姪兒在窗戶外邊喊著說：『天上出了星星，明天可以晴了』。既使我一口氣把這篇文字寫完，出到門外一看，雨雖然是住了，可是陰沉沉的天氣，仍然是一團漆黑，惟有壁上的鐘，在那裏滴滴打打的作響，夜靜更深萬籟俱寂，連一個人聲也沒有了。

談清人竊書

紀果庵

陸以湉冷廬雜識記竊人書爲己書者甚多，如郭象之竊向秀，虞預之竊王隱，何法盛之竊褚生，宋齊邱之竊譚子，皆宋以前事，其中郭之竊向，論者甚多，亦有爲之申辨者，如錢遵王讀書敏求記，吳檢齋先生經典釋文疏證，劉盼遂申郭篇等均是。但其讞早定，殊不易覆，蓋由經典釋文所引向書佚文，往往與郭本合，實鐵證也。（參閱燕京學報第二十八期楊明照「郭象莊子注是否竊自向秀檢討」及壽普暄先生「由經典釋文試探莊子古本」兩文）王隱晉書早佚，何法盛所竊晉中興書亦不見，宋齊邱爲譚景升弟子，南唐人，所傳化書，專講道家養生之術，乃竊其師者，見四庫提要雜家類存目。宋元以來，竊書者更多，漢惠帝武帝時，求天下遺文，獻者賞以幣祿，故僞書紛起，莫得主名，則汲汲爲利者也。後世篡人之作，多是爲名，不知一經發覆，狼狽轉加。淸人重考據，貴實學，朝野相扇，風會所趨，達官顯宦，或使幕客代已編著，或則代爲刻書，崑山徐氏代納蘭氏編刻通志堂經解，其最著者，厥後如畢秋帆制府，阮芸台宮保，著刻書籍，動盈千卷，豈其精力，別有過人之處，亦假手賓客耳。苟無攘名之心，斯亦非惡。他如譚瑩爲伍崇曜刻粵雅堂叢書，繆荃孫爲張南皮撰書目答問，又盡人皆知，不待覼縷。茲所欲談，蓋另有一輩專竊人書而倖享大名者，往往數十百年之後，其紕漏始見。無怪近人著述，有斥漢學家爲廉恥太差者，雖不可一概而論，要之，踏實精硏之述作，非率爾可就，又名心太熾，因利乘便，攫取豪奪，自所不免耳。

一 谷應泰明史紀事本末與張陶庵石匱書

冷廬雜識直斥谷書竊取陶著，蓋取邵廷采之說而詞加甚焉。四庫提要云：「考邵廷采思復堂集明遺民傳，稱山陰張岱，嘗輯明一代遺事爲石匱藏書，應泰作紀事本末，以五百金購請，岱慨然予之。又稱明季稗史雖多，體裁未備，罕見全書，唯談遷編年張岱列傳兩家具有本末，應泰并采之以成紀事，取材頗備，集衆長以成完本，其用力亦可謂勤矣。」葉廷琯吹綱錄有異詞，其說曰：「舊傳應泰有竊書之謗，孫氏讀書脞錄述姚際恒語云：明史紀事本末本海昌一士人所作，亡後爲某人以計取攘爲己書，其書後總論一篇，乃募杭諸生陸圻作，每篇酬以十金，始知其說起於姚立方庸言錄，所謂某者即指應泰，唯海昌與張岱里籍不符，孫氏謂此說不知所據。至近時陸定圃教授以湉冷廬雜識中，儕諸虞預竊王隱晉書，郭象竊向秀莊子注之列，而云張岱石匱書谷應泰得之，改名明史紀事本末，蓋即本之姚說，而參以提要所云也。然余嘗見鄭芷畦今水學略內一條云：曩從朱竹垞先生遊，一日語予曰：谷氏紀事本末徐蘋村著，蘋村諸生時爲谷識拔，故以此報之。然谷氏以私撰受累，蘋村得脫幸然矣。余謂竹垞與徐谷同時

，能指實其人其事，自必見聞甚確，不作無稽之談，且茈畦亦非輕信人言之人，視姚漫指爲海昌士人及亡後計取者不同，是此書之撰自徐倬而非張岱，得由報贈，而非冒竊，似可信矣。至遺民傳所云谷購張書，亦非虛語，蓋由應泰初思輯紀事一書，蘋村聞之，而知所以報，即托谷名購張書爲藍本，纂成紀事以獻，應泰受之，乃聘麗京撰論刊木，故世但傳應泰之購書輯史，而不知有蘋村，然則提要但聞其始事，所言者應泰撰書之本計；竹垞及見其終事，所言者應泰得書之實迹也。第私撰受杲事，竹垞未及詳言，提要亦不著一語，此當更從昔人紀載中求之。」據此，谷書雖非竊之陶庵，究非己作則明甚。謝剛主先生晚明史籍考云：「是書多謂出諸張岱手，晚近所見張岱石匱書，一爲紀傳，一爲紀事本末，顯爲二書，想張氏曾與谷氏編撰之役，而自爲一書；又其書如東林黨議條，與蔣平階之東林始末全同，則未知抄襲之迹如何？蓋晚明史乘，互有傳鈔，或全書而僅抄其一二帙，而另立一名，亦往往而有也。」謝氏又曾記所見張宗子石匱書本（其書半歸朱逖先，半歸江蘇國學圖書館），確係正史式之紀傳體，而非紀事本末體，則前人所云谷書竊張云云，不攻自破矣。

然谷書果非出於抄襲乎？據李光璧先生「谷氏明史紀事本末探源」所考，則什之八九出於「皇明鴻猷錄」及「永陵傳信錄」「昭代武功篇」等書，而略加增損。皇明鴻猷錄十六卷，明高岱撰，岱嘉靖時人。起高祖開國，迄世宗中興，所錄凡六十事，前敍後論，每事以四字標題，嘉靖以前，谷書皆以此爲藍本，李氏舉多處原文參互比較，最爲詳明，可稱定論（見中和月刊三卷十二期）。永陵傳信錄六卷，明戴笠傳，專紀嘉靖一朝之事，凡高錄所未備者，谷即取之是書，李氏有章目比較表，頗簡確。昭代武功篇，明范景文撰，起洪武，迄萬曆。李氏云，其嘉靖以前，多襲鴻猷錄，唯萬曆朝事爲谷氏所取資，李氏亦有回目比較表。至於論贊，除麗京所作外，據李氏所考，尚有襲東林始末（謝氏已言之）及幸存錄諸書者，總之，谷氏此書，絕不出於創製，則可斷言也。

二　王鴻緒明史稿與萬季野史稿

明史自康熙間設館纂修，至乾隆間始成，總裁數易，年歲屢更，糾紛之多，爲各史最。而王鴻緒攘竊萬季野之史稿以爲橫雲山人史稿事，尤爲士林所不齒。李晉華「明史纂修攷」（燕京大學本），黃雲眉「明史纂修考略」（金陵大學學報）皆有專章論之，茲撮其說如次：康熙廿一年，命湯斌徐乾學王鴻緒等爲總裁，二十五年，王鴻緒以母喪回籍，旋復召任總裁，二十六年，鴻緒又丁父憂，三十三年再任總裁，總計十年之中，總裁易至十人以上。而王鴻緒任職最久，先是，徐元文領史館總裁，明史開館已數年，未有成就，徐乃發憤纂編，萬斯同以布衣與修明史，即館元文家，爲之核定史稿，歷十二年而史稿粗成，凡四百十六卷，全書粗具眉目。元文卒，史館由鴻緒專領。鴻緒分任核定列傳，稔知斯同曾爲元文删定是稿，乃延斯同於家，以其事委之。列傳外，本紀陳廷敬任之，志書張玉書任之。歷數年，已分彙成帙。後熊賜履領監修，檄鴻緒之列傳諸稿，備錄奏進，唯迄未勘爲定本。康熙四十年後，史館主要人物，相繼凋謝，鴻緒亦以奏請改立皇太子事，被休致。回籍時，竟將全部史稿攜去，以數年之力

，點竄全部列傳稿，增損爲二百五卷，於康熙五十三年進呈，其進明史稿疏云：「自公家息歸田，欲圖報稱，因重理舊篇，搜殘補闕，薈萃其全，復經五載，成列傳二百五卷。其間是非邪正，悉據已成公論，不敢稍逞私臆。但年代久遠，傳聞異辭，臣不敢自信爲是，謹繕寫全稿，齎呈御覽，宣付史館，以備參攷。」其意直將全稿冒爲已有。至康熙六十年，又刪徐元文稿之表志本紀等，勒爲本紀十九卷，志七十七卷，表九卷，并前所進列傳二百五卷共爲三百十卷，於雍正元年進呈，王氏之意，本擬即以此爲明史定本，不意鴻緒故後，其子孫鏤板，板心刻有橫雲山人史稿字樣，遂礙頒發，未諧夙願。及雍正七年，重開史館，續事修纂。唯館中旣無其他底稿及史料，乃以王稿爲主，略事增減，或稍變其論贊，至十三年告成，即今三百三十六卷之欽定明史也。按季野先生以遺民參史局，其用心甚苦，黃梨洲先生送萬季野北上詩曰：「四方聲價歸明水，一代賢奸託布衣」，所期許尤厚，不意其所成就，被人攘盜如此。先生博聞彊識，史館諸人，無不佩服，崑山徐氏兄弟，敬禮甚至。每論事，輒曰：「萬先生之言如此」，其見重可知。先生故於京邸，無子，弟子錢名世衰絰爲喪主，而盡掠其遺書十餘萬卷，時論鄙之，先生所遭，可謂不幸矣。

三　杭大宗道古堂集與全祖望結綺亭集

杭大宗乾隆元年鴻博，文名籍甚，史學尤精，然其人多無行，士林薄之。徐時棟烟嶼樓文集云：「杭堇浦與全謝山，二人以才學相投契，最爲昵密，客京師維揚，無日不相見。談笑辯論，相服相稱嘆，數十年無間言也。旣而謝山膺東粵制府之聘，往主端溪書院，堇浦同時爲粵秀書院山長，謝山自束修外，一介不取，雖弟子餽時物，亦峻拒之，而堇浦則綑載湖筆數萬，乞粵中大吏函致其僚屬，用重價強賣與之，謝山遺書規誡，謂此非人師所宜，不聽，謝山歸以告揚州馬氏兄弟，他日堇浦至馬氏，秋玉昆季甚詰堇浦，堇浦不敢辨，而怨謝山切骨，而謝山不知也。謝山旣卒，其弟子如蔣樗庵董小鈍諸君，念其師摯友莫堇浦若，乞之銘墓，堇浦使來索遺集，與之，久無報章，屢索還遺集，終不報，而堇浦道古堂文集雕本出矣。諸君視其目，有結綺亭集序，忻然檢讀，則若譽若嘲，不解所謂，細繹之，又似謝山有敗行者，皆大驚怪，又遍觀其他文，則竄謝山文爲已作者六七篇，於是知堇浦賣死友，而不知其賣之之故，旣而自維揚來者，道其詳於樗庵，始恍然大悟。」謝山以史學爲一代宗師，生平遭逢不偶，晚年又染惡疾，幸馬氏小玲瓏山館主人時時佽助，其歿時，至無以爲殮，弟子董小鈍作年譜云：「病日甚，曹孺人含淚欲進參而無力，乃以耆舊詩稿本質之有力者（指盧青崖抱經樓），得參半兩進之，神氣稍振。……自此臥榻不復出戶，……所鈔文集五十卷，命移交維揚馬氏叢書樓。又十日不復能言。又兩日，乃逝。衣衾匠木，先一日才具，然無以償值。乃遣人齎赴及遺書告之維揚，而馬嶰谷（日琯）先生亦適於前十日逝世，幸哲弟半槎敦古誼，告之同社，共得百金爲賻，然僅足資參苓及附身之費，而葬具猶未備，不得已，盡出所藏書萬餘卷，歸之盧鎬族人，得白金二百，……奉柩入槨。……明年五月二十六日，曹孺人亦卒，孫桐，稺弱，不十年，桐之父盡失所遺房屋，墓旁僅有田十二畝亦失去，寒食中元，幾無一奠，而純所匃堇浦之志竟不報，并所遺馬氏文集十册亦歸堇浦，索之再三而終不應，是則可爲長慟者矣。」對杭氏不滿之辭，溢於言表。且所說志墓文

集等事，與烟嶼樓集合。予甚擬買道古堂集與鮚埼亭集一勘，而不能得，蔣天樞先生爲全謝山新年譜，序云，另有著述一卷，專羅此事材料，惜亦未見，亂世爲學，蓋甚難也。

世駿又有三國志補注，與同里趙一淸東潛之三國志注補多雷同，據鄭天挺先生考證，應是杭氏先創此稿，趙氏踵而改正潤色，後兩稿并行，名亦少異，實非杭氏襲趙者。趙氏所校水經，爲戴東原所襲竊，其生平遭遇，與全氏將毋同，此三國志注補之公案，不知有無他說，姑記於此，以俟更考。（鄭氏文見北大國學季刊五卷四期）

四　畢氏續資治通鑑與邵二雲

續通鑑者，明有薛應旂，王宗沐，陳桱諸家，淸徐乾學作後編，雖優於王薛，而所見書籍未備，不無疏漏之處。畢秋帆命幕府某，續爲之，大率就徐本稍爲損益，無大殊異，畢未愜心，屬邵二雲訂正。先生爲之布署，頓改舊觀，書成，章實齋代畢致書錢大昕懇爲覆審，有云：「宋元編年之役，垂二十年，始得粗就檃括，拾遺補闕，商榷繁簡，不無搔首苦心。……按陳王薛三家紛紛續宋元事，乃於遼金正史東而不觀，僅據宋人紀事之書，略及遼金繼世年月，其爲荒陋，不待言矣。徐崑山書最爲晚出，一時相與同功，如萬甬東閻太原胡德淸諸君，又皆深於史事，宜若可以爲定本矣；顧永樂大典藏於中秘，有宋東都則丹稜李氏長編足本未出，（指李燾續通鑑長編）南渡則井研李氏（指李心傳）繫年要錄未出，元代則文集說部散於大典中者，亦多逸而未見，於書雖稱缺略，亦其時事使然，未可全咎徐氏。……茲幸値右文盛治，四庫搜羅，典章大備，遺文秘册有數百年博學通儒所未見，而今可借抄於館閣者，……今宋事據丹稜井研二李氏而推廣之，又據旁籍以補其遺，亦十居三四矣。元事多引文集，而說部則愼擇其可徵信者。爲書凡二百卷，……鄙見區區自謂此書差有功於前哲。……邵與桐校訂頗勤，然商定書名則請姑標宋元事鑑，……蓋取不敢遽續通鑑。……鄙以爲，馬鑑而後，續者似可不以通鑑爲諱，且書之優劣不在名目異同，……名爲通鑑而書之可嗣涑水與否，則存乎後人之衡度矣。」邵與桐即二雲，章實齋蓋亦與修此書之役，而爲之發凡起例者。觀此，則續通鑑邵章二氏之力最多。邵故後，章爲作傳云：「已故總督湖廣尚書鎭洋畢公沅嘗以二十年功屬某客續宋元通鑑，大率就徐氏本稍爲損益，無大殊異。公未愜心，屬君（邵）更正，君出緒餘，爲之覆審，其書即大改觀，時公方用兵，書寄軍營，讀之，公大悅服，手書報謝，謂逈出諸家續鑑上也。公旋薨於軍，其家所刻續鑑乃賓客初定之本，君之所寄，公薨後家旋籍沒，不可訪矣。」章子貽選注云：「先師（邵）爲畢公覆審續鑑，其義例詳家君代畢公論通鑑書，與畢氏所刻謹就徐氏增損之本逈異，聞邵氏尚有殘稿，恐未全耳。」此皆言邵爲畢重校續鑑之事，而又皆言畢之所刻，乃非邵書。撲朔迷離，滋人疑竇，胡適之先生章實齋年譜謂此不可信，辨之云：「適按此事有可疑處，續通鑑初刻於嘉慶二年丁巳，即畢沅死之年，時邵晉涵已死了一年。畢沅家之抄沒在嘉慶四年己未，是時續鑑尚未刻成，僅百三卷而止。後一年，嘉慶五年，馮集梧買得原稿全部，及不全板片，惜其未底於成，，爲補刻百十七卷，次年三月刻成，共二百二十卷

。是先生（章）作邵傳之時（嘉慶五年），續鑑并未有刻本，先生傳中所說，與貽選注中所說，似皆未可憑信。此一可疑。況代致錢大昕書乃壬子所作，去刻書之時，尙隔六年，而書中已言邵與相校訂頗勤的話，（據王昶與畢沅論續鑑書，亦謂邵早參與）。是邵氏校訂之本已成於壬子之前，不容至己未付刻時猶用賓客初訂之本，此二可疑。先生作邵傳之年，即馮集梧買得續鑑原稿及殘板之年，原稿尙在，先生說邵本『公薨後家旋籍沒，不可訪矣』的話，似亦無據。此三可疑。」有此疑點，故後人多謂畢氏欲以邵書攘爲己作者。夫達官貴人，欲以著述沽名，如不韋淮南，要亦無損，特不可故作狡辭，掩人之功而不著耳。（朱希祖先生不以胡說爲然，著有續資治通鑑考，一時未能查出在何刋物，故缺之。）

五　戴東原校本水經注與趙一淸

戴東原卓然經師，三百年來，治漢學者不祧之祖。然其所校水經注，實竊自趙一淸東潛，近日王靜安孟心史諸先生論之至詳，殆不容辨。戴氏校本，自謂出於永樂大典，凡改正今本三千七百餘字，補缺二千一百餘字，刪去一千四百餘字，矜伐甚至。趙東潛，杭郡人，名誠夫，字一淸，東潛其字，與杭世駿，全謝山爲友，生平著述甚多，所校水經注，尤精密，與全氏所見往往相合，全亦每與商榷。唯其書因無力刋刻，沒後多年，始由梁玉繩爲之梓行，時戴校本已早出，戴弟子段玉裁疑之，因移書梁氏責讓，以爲趙氏竊其師書。梁雖未復，而魏默深張石舟（穆）則深爲不平，魏氏書趙校水經注後云：（見周昌壽思益堂日札引）「考趙氏書未刋以前，先收入四庫全書，與刋無二。是戴氏在四庫館先覩預竊之明證，若謂趙氏後人采取於戴，則當與四庫著錄之本，判然不符而後可，豈四庫亦爲後人所追改乎？」又云：「戴氏臆改經注字句，輒稱永樂大典本，而大典現貯翰林院，源曾從友親往翻校。即係明朱謀瑋等所見之本，不過多一酈序，其餘刪改字句，皆係戴之僞託。」所說甚洽。梁任公先生戴氏著述考雖提及此而不敢論斷（自稱未見大典本），長沙王先謙刋合校本水經注，言及此而爲兩可之詞。至王靜安先生「聚珍本戴校水經注跋」始力發其覆，蓋其時大典本水經注已行於世，凡戴所改者，大典本皆與通行本同，絕不似戴氏所云錯落之甚。王氏云：「戴氏自云據大典补之，今大典本具在，戴氏所補乃不同於大典本，而反同於全趙本，謂非見全趙之書不可矣。考趙氏書之得著錄四庫，當在東原身後，而其書之入四庫館，則遠在其前；案浙江采進遺書總目，成於乾隆三十九年，其凡例內載浙江進書凡十二次，前十次所進書目通編爲甲乙至壬癸十集，而第十一第十二次所進者，則編爲閏集，今考趙氏水經注釋及沈釋旃水經注集釋訂譌，均在戊集中，則必爲第十次以前所進之書，亦必前乎三十九年矣，而東原入館，在三十八年之秋，其校水經注成在三十九年之冬，當時必見趙書無疑。然余疑東原見趙氏書，尙在乾隆戊子（三十五年）修直隸河渠書之時。東原修此書，實承東潛之後，當時物力豐盛，趙氏河渠書稿百三十卷，戴氏河渠書稿百十卷，并有數寫本。又趙校水經注，全氏雙韭山房錄有二部，則全氏校本趙氏亦必有之，水經注爲纂河渠書時第一要書，故全趙二校本，局中必有寫本無疑。東原見之，自必在此時矣。……東原撰官本提要所舉釐訂經注條例三則，至簡至賅，較之全趙二家說，尤爲親切，則東原於此事似非全出因襲，且金宇文虛中，蔡正甫明馮開之，已發此論，固不必見全趙書而

始爲之也。余頗疑東原既發現此事，遂以趙書爲己一家之學，後見全趙書與己同，不以爲助而反爲仇，故於其校定酈書也，爲得此書善本計，不能不盡采全趙之說，而對於其人其書，必泯其迹而後快，於是盡以諸本之美歸之大典本，盡掠諸家厘訂之功以爲己功，其弟子輩過尊其師，復以意氣爲之辯護，忿戾之氣相召，遂來張石舟輩竊書之譏，亦有以自取之也。東原學問才力固自橫絕一世，然自視過高，驚名亦甚……其著他書，亦往往述其所自得而不肯言其所自出。其生平學術出於江愼修，……亦未嘗篤再三之誼，但呼之曰婺源老儒江愼修而已。其治酈學也亦然。黃胡全趙諸家之說，戴氏雖盡取之，而氣矜之隆，雅不欲稱述諸氏，是固官書體例宜然，然其自刊之本，亦同官本，則不可解也。……以視東潛之祖述謝山，謝山之於東潛，稱道不絕口者其雅量高致固有間矣！由此氣矜之過，不獨厚誣大典本，抹殺諸家本，如張石舟之所譏，且有私改大典，假託他本之迹，如蔣氏所藏大典本第一卷有塗改四處，河水一，『遐記綿邈』『遐』『邈』二字中，唯辶辶二偏旁係大典原本，段貌二文，皆係刮補，乃從朱王孫箋。又『令河不通利』，『令』字大典作『今』，乃從全趙二本改『今』字下半作『令』，『天魔波旬』大典與諸本同，乃改『天』字首筆作『夭』，以實其校語中妖夭字通之說。河水二『自析支以西，溪於河首，左右居也』，大典與諸本同，作『在右居也』，乃從全趙二本改在字爲左。蓋戴校既托諸大典本，復慮後人據大典以駁之也，乃私改大典原本，以實其說，其僅改卷首四處者，當以其不勝改而中止也。此漢人私改蘭台漆書之故智，不謂東原乃復爲之。」此說證據確然，已無可易，而孟心史先生更著「戴本水經注所舉脫文衍文」一章，刊之國學季刊（六卷二號），詳戴氏襲趙爲僞託於大典者，一一摘發，並加說明，遂使戴氏復生，亦無以辨矣。（大典本已由商務影印，人人可覩，唯王氏所云剜改者無從辨識耳。戴所自校處，據孟氏云，僅將原文一十，一百，一千，一萬等句之「一」字刪去，如一萬二千五百一十五，戴本則作萬二千五百十五，他准此，自稱其簡潔，殊無謂也。）

六　王履泰畿輔安瀾志與戴東原趙東潛

戴氏曾於直隸總督方觀承幕中奉命修直隸河渠書一百十一卷，故後，其稿爲王履泰所竊。然方修此書，先聘趙東潛，後始聘戴，故又有戴竊於趙之議，段玉裁爲文辨之，經韻樓集卷七直隸河渠書辨云：「戴東原師卒於乾隆丁酉，遺書皆歸曲阜孔戶部葒谷（繼涵），直隸河渠書六十四冊，葒谷裝爲二十四冊，計百單二卷。以卷帙重大，故葒谷未能刻，藏於家，葒谷於吾師爲摯友，……故遺書收藏刊刻引爲己任也。始桐城方恪敏公總督直隸，聘吾師修此書，未竟而恪敏薨，嘉慶十四年，有吳江捐職通判王履泰，進獻畿輔安瀾志一書，蒙恩賞錄，今武英殿刊行，實竊取戴書，刪改而成者。履泰係直督周公元理親戚，周公係方公後任，於時葆巖制府（方維甸，觀承子，後亦爲直督）方十二齡，故書稿入於周氏，而王氏得之，吾師之子中孚，意欲赴闕伸辨而未能，爰於孔府攜書稿二十四冊至蘇州，屬余校定，……余披讀往復，見其書繁重，因思吾師唯戊子年在恪敏處，一年內何以能成書之多至此，每與李松雲太守言此，必有底稿，斷非出戴師一人之手也。是年冬……杭州何夢華來言，直隸河渠書乃趙東潛作，

於戴先生無涉，往者孔葒谷丈收入戴氏遺書中誤也。余以二十四册者示之，彼云趙氏之書尙多一倍，不止此也，余曰：吾故疑吾師一年內不能成書至百二卷之多，今足下云趙書乃更信此，則趙爲草創而戴爲删定乎？十六年春，松雲……以武英殿聚珍板畿輔安瀾志相示，知其確爲竊取戴書而删繁就簡，……頓失廬山眞面。蓋此書之美在繁，而彼盡將夾行細注删去，令考訂古今者俱悵悵焉在幽室之中，是可惜也。……松雲云，東原先生非攘竊人書者，若非東原大爲删潤，斷不抄其副本，自稱已書，蓋趙草創而戴删改必矣。松雲所見，正與余合。古人改定他人之作，有並存集中者，如韓盧之月蝕詩是也，今者二公之書，固當並存。……」此說戴取趙書，彰彰明甚，雖曰大加删潤，豈可並主名而沒之？古人著述，殆亦不爾！果如是則王之删戴，其揆一也，焉可遽命爲竊邪？段氏之辨，固不利於王，尤不利於戴矣！孟心史先生在跋「杭世駿三國志補注與趙一淸三國志注補」一文中，堅持戴氏攘趙之論，其轍與水經注同，並擬爲專文辨之，惜未得見，丁丑以後，先生忽歸道山，今日欲明此學術公案，竟莫由問津，爲可痛也。

七　傅澤洪行水金鑑與鄭芷畦

行水金鑑一百七十五卷，傅澤洪撰，洪字稺君，鑲紅旂漢軍，官至分巡淮揚道按察司副使，是書成於雍正間，四庫提要云：「全祖望作鄭元慶墓志，以爲出元慶之手，疑其客遊澤洪之幕，或預編纂，然別無顯證，未之詳也。」鮚埼亭集十九，鄭芷畦窆石志云：「芷畦生平著述，尙有行水金鑑，爲河道傅君所開雕，盛行，顧罕知其出於芷畦也。」即提要說之所據。鄭氏一生坎坷，遊幕謀食，全氏云：「芷畦之學如此，而一生運蹇，寄鼻息於高牙大纛之間，與所謂刑名錢榖之輩，旅進旅退，糊口代耕，視當世槐棘間人物，僅僅以數首制舉文字弋獲功名，高坐危言，晏然自以爲千佛名經中尊宿，可爲慟哭！」其同情之慼甚深。鄭氏所作尙有禮記緝注，四禮參同，湖錄今水學略（？）等書，似皆未刋，寒士爲人作嫁，而結局往往如此，又不獨鄭氏爲然也。清史稿傅澤洪入文苑傳，寥寥數言，僅記其有行水金鑑一書，正史之不可盡信，斯又一端矣。

上所香記，皆一時記憶所及，若莊廷鑨以買朱國禎明史而襲其名，致遭大獄，凡此之類，皆未闌入。考竊書者或由師友相攘，或由作客依人，遂被汨沒，而後者爲尤多。然究其動機，既罔不出諸名利；積久褫白，轉復狼藉。愧不能暇取古今類此之事，一一爬梳，俾發潛德之幽光，而見文人之厄遇耳，有志之士，曷一爲之！

關於越縵堂藏書

陶承杏

讀四十二期古今，載文載道君所作，「記飲冰室藏書目」文內，有「猶憶金息侯氏曾有文記述越縵堂藏書的遷移，涉筆至此，不知道李氏的書到現在究竟怎樣了？如果下次能得到參考，頗想寫一文以記李越縵的藏書」云云。寒齋適藏有浙江省議會擬購李氏藏書議案，越縵堂日記正補，及北平圖書館月刊全份，對於李氏藏書之由來及歸宿，均有來龍去脈可尋，爰掇述成文。

李氏為同光著名學者，於書無所不窺。日記載：「予性喜書，幼即私購之，乃苦家貧，迄今出所藏尚不能汗牛馬。生平無他嗜好，出入起居，無非皇皇於書，一飲一食，亦非此不樂，有一必讀之書未置者，即若為深恥之事，往往形之夢寐。」其愛書之切，有如此者。又載：「偕節子（即大興傅以禮，著華延年室題跋。）至清風弄口書坊，購得呂東萊讀詩記一部，嚴氏詩輯一部，呂東萊大事記一部，朱竹垞明詩綜一部，范文正忠宣恭獻父子集一部，惠定宇後漢書補注一部，淸白士集一部，計直四番金。蓮士嘗規予曰：買書雖似雅事，實人生嗜慾之一端，其無裨於俯仰則一也。節子亦謂以急需之錢，易緩讀之書，去揮霍浪費者僅一間，皆足稱藥石之言，從而不改，吾末如何。同人中犯此病者，惟予與季貺兩人，往往相悔相戒，而卒相營且相競。」可謂「其癖亦不可醫者也矣」。李氏產固不豐，咸豐己未北遊，將入貲為部郎，而為人所紿，喪其資，落魄京師，母恭人亟鬻田成之，至是傫然寒士矣。然對所愛之書，仍不惜典質以求。記載：「日來貧甚，今晨命奴子卷絮被質錢十五千，適間月攜武進臧玉林經義雜誌一書來，遂以購之。昔吾家元忠令婢卷褥質酒，時人嘆其率素，若僕者，可謂不墜家風矣，書此一笑。」有時亦對書而怨。記載：「夜理味水樓書籍，扃之匱中。余四五年來，獨居此樓寢興，手一編不釋。昔人以書為良友，余直以書為妻孥，今茲悉置，可謂無人心矣，然致余貧寠，實惟此君，去復誰怨。」李氏間亦與友易書，稍吃虧，則在記中呼屈。記載：「以秦淮海全集六冊，張淸恪刻司馬溫公集六冊，謝疊山全集兩冊，鄒行士文一冊，與蓮士易孫淵如平津館叢書甲集六冊，湯文正擬明史分修稿八冊，大吃虧。而出此者，司馬非傳家集，秦謝兩集，紙槧不佳故也。然所易者，皆係全部中之一集，終讓他便宜，眞大吃虧。」全部日記中對於收購書籍之源流及作者，均有詳細敘述，若彙而鈔之，當能繼晁陳二氏以傳，固不讓周中孚之鄭堂讀書記也。且氏不獨購書，亦甚惜書：「喜整理卷帙，有折角裂腦者為怏怏數日不能置。友人借觀，或不忍拂其意，勉出之，而胸中常若有事不能自釋。」對於書籍，均加印記。記載：「頗喜用印記，每念此物流轉不常，日後不知落誰手，雪泥鴻爪，少留因緣，亦使後世知我姓名。且寒士得此數卷，大非易事，今日留此記識，不特一時據為己有，即傳之他人，亦或不即滅去，此亦結習難忘者也。嗚呼，措大作此生活，不覺沾沾自喜，長安貴游，日夜奔走牛

馬閒者，烏知世界中有此事耶。」頗有坐擁百城，傲視王侯之槪。晚年寓所門聯有：「保安寺街，藏書十萬卷」之語，其書籍之富，可見一斑矣。惟氏因困於資，且其所藏，但期切於實用，故宋元佳槧，絕無僅有，即明淸兩朝精刻本，亦殊不多見也。

民國七年，其子承侯故後，全部遺書，經其友人徐維則，族人李鍾駿，爲之整理檢點，抄目封藏，計二十八箱，九千一百餘册，內中手批手校之書，共二百餘種，約二千七百餘册，考證經史，殊可珍奇。其家屬擬得價出售，而踵門請價者絡繹，且有外人亦來詢問。當時浙江省當局聞悉，即派委員沈鏡蓉會同紹興縣教育會長茹秉銓，至李宅開箱查看，並與商酌估價。家屬因係公家收購，允以一萬元出讓，省公署據覆後，以是項書籍，攸關地方文化，應由公家購置，發交圖書館，庶保全文獻，與嘉惠後學，一舉兩全，所需書價，即擬在八年度特別預備金項下支撥，抄附書目，（坊間所售越縵堂書目，即由此傳抄。）咨請省議會議決施行，詎竟遭議會否決，不果購。十二年孟秋，經陶心雲先生之嗣孫緝明，介於滿洲金梁，（即息侯，光緒甲辰進士，原爲杭州駐防瓜爾佳氏。）亦未果購。十三年，諸貞壯（即諸宗元，著有大至閣詩）言，杭州書肆，已有越縵之書，絡續散見。民十七，由北平圖書館全部收藏，並由館員王重民君整理，就其批校書中，迻錄纂輯，成越縵堂讀史札記三十卷，文集三十卷，均由該館刊行。又讀書記二卷，散見館刊第一卷各期，該館並廣告徵求李氏遺著，擬輯爲李氏全書，以成一家之學。民二十二年，該館又經顧頡剛先生之介，購入越縵手稿，計喪服傳經節要一册，越縵經說上一册，復社紹興姓氏錄一册，蘿庵游賞小志一册，柯山漫錄一册，困學樓叢抄一册，越縵山房叢稿一册，知服堂讀書學略二册，越縵筆記一册，蘿庵日抄一册，越縵堂日記一册，越縵堂集二册，湖塘林館駢體文鈔初集一册，越縵堂外集一册，庚寅病榻小草一册，越縵箋牘一册，共十六種，十八册，其已有刊本者只三種（見二十二年十月十二日大公報）。故李氏之書，該館可謂集大成矣。事變後，不知有否損失？吾紹自經庚辰之劫，故家舊物，散出不尠，加以杭州書賈多爲吾邑士著，對於吾邑藏書諸家，無不洞悉源委，利用此次事變，或乘主人之遠避，或畀家屬以多金。致名貴珍本，無不經杭估往。如山陰平步青刻印諸書，幾已傾其所有，民二十八年新出之紹興縣志資料，亦盡爲賈人絡續外運，本地人欲求本地人之著作，恐將至外國，始可求得矣。李氏日記原稿六十四册，亦於前年由杭州書賈分批賣出，余均見之，因索價鉅萬，實非窮書生如余者，得能問津。平步青日記，余亦見之，內容不及越縵遠甚，然有關掌故之事亦甚多，該書聞售與知堂老人，顧老人於著述之餘，將該日記中有價值之作，札刊以供同好。余因愛讀李氏日記之故，故遇日記之有能力可購者，無不羅致，歷年收集結果，稿本日記，已達百餘種，少者僅一二年，多者結連至三四十年，其內容之佳，間有不亞於李氏者，暇當另爲文記之。北平圖書館所輯之越縵堂讀書記及李越縵先生著述考，除散見館刊外，並無單行本，余均抄有副本，顧有人發起印行，則李氏藏書，容或因故散失，而其精力所集，仍可長留人間也。

×　×　×

述知白齋墨譜

壽石工

知白齋墨譜二卷，濰縣郭思嘉著，吳隱一序，推崇備至。譜爲珂羅版印，雜亂無章，眞贗互見，可取惟在攝影，纖毫畢呈，攝影外並無一字記載，不得謂之譜也。首列邵格之二笏，一乾坤一氣四字，隸書，陽識兩行，邵格之藏墨，永樂元年造，楷書，背繪十二辰，亦陽文也。二菊花通景畫，左下方雲水烟霞四字，右側隙處永樂元年四字，頂欵邵格之藏，皆陽識。二墨膠輕烟清，形質渾樸，采絢五色，古雅鮮明，兼而有之，歎觀止矣。程君房圓墨，漆衣，面乾卦，下龍行雨施四字，背繪雲龍，側程君房製，佳品也。汪崑須紫茸香圓墨，面紫茸香三篆字，下隸字三行，子墨子，汪氏崑源鑒定，背畫熊一，此墨形質與大約方弗，確爲隆萬間物。方于魯三笏，一畫一墨，面瑞葵並蔕四字楷書，長方印方于魯畫一墨，背即圖也。通體漆衣，墨精圓墨一，面此二字草書，背墨仙，側方于魯製，又斷墨一笏，漆衣，兩面八寶花紋，兩側有方于魯製及乙未陽識，上端失去十分之二，致可惋惜。黃昌伯文昌宮圓墨，面文昌宮三隸字，雙邊闌，背人物畫，側微磨，只餘一黃字，屢見昌伯此墨，辨之甚晰，質似稍勝建元也。吳文伯青麟髓二笏，漆邊漱金，面青麟髓三篆書，下楷書二行，明天啓甲子，吳文伯監製，背行書二行，憶爾之墨，遊藝思玄，秘發奚珪，千秋永傳，董其昌銘，側有丁巳二字陽識。葉玄卿二笏，皆漆邊漱金，一牛舌式，通景龍形，隙處葉玄卿製四字，上頂青麟髓三字，一長方，面螺舟二楷書，下小印蒼蒼室，背即圖也。側葉玄卿製，上頂蒼璧二字，玄卿墨流傳甚少，以玄字不改者爲明製，其作元卿者，則二房孫元英之類所仿，是康熙而非明矣。汪豈凡小圓墨，面龍鳳形，中間先天氣三字，背太極圖，八卦繞之，左側萬曆丙辰年造，右側汪豈凡珍藏，此墨絕似小華道人小品，知隆萬去嘉靖未遠也。程鳳池七笏，世寶二，一，面世寶二字，程鳳池按易水倣古法製，小印二，贊仲，背字四行，源深于易，流長于素，初成百鍊，玄歷于祺，玄之又玄，守之暉吉，普化萬靈，醖宜重襲，烏金珍異，馨聞帝室，豫章龔一程撰，右側丙子年，左側金壺液。二，橢圓，面世寶，下程鳳池仿古法，墨分三行，背西望流膏如玉乳，凝爲玄霜發光紫，豈其天鳳媒是汝，唐文季銘，九如一，牛舌，中九如二篆字，日月岡陵松柏等十，四小篆字繞之，背鳳池二篆字，四周繪日月岡陵松柏等形，烏金一，通景龍形，上方烏金，鳳池，松樹一背八百爲春，八百爲秋，木石居兮鹿豕遊，任歲年之悠悠。許國贊，側程鳳池製，齊齡瑞一，函此三字橫列，字下四行，出爻外，超寰中，爲蒼爲白，守黑其衷，稟陽而陽，至解歷五百之昌隆，並千年兮無窮，吳孔嘉贊，背繪柏鹿，側欵程鳳池製，千歲苓一，面此三字，隸書，另三行行書，鱗盤鬐肆，華瓣節堅，開千年之凝脂，爲安期餐霞之烟，一彼先後之天，永年所固然，畢懋康

贊，側新安程鳳池製，黃庭流韻，函繪換鵝故事，題此四字，草書，背贊三行半，欵半行，千秋楷法，首推右軍，當其寄興，乃換鵝羣，黃庭一頁，久重墨林，繪之蛾綠，實獲我心。簡崖葉良儀贊。小印令侯，此曾見吳天章有之，大小不一式，而題贊皆葉良儀也，此當是吳製之一。吳嗣宗大圓墨，面繪九如圖，有九如圖鄭重畫陽文字，背錄天保定爾亦孔之固至無不爾或承共十一行，另跋三行半，有聖君仁壽之語，欵石浪吳嗣宗識，墨質極淳樸堅，惜已斷裂耳。牛舌一笏，通景龍文，金衣，隙處小印青麟髓，文憲製，此汪文憲也。曩於廡三衡墨志見其名，墨則初見，質理之緻，色采之淳，雖小華何以過之。吳孔昭大圓墨，面鳳九雛三字，金藍相間，雙邊，闌下方吳孔昭倣古法墨七小字陽識，背繪雲鳳之形，此墨漆闊邊，有淸乾隆御墨一種即以此爲祖本，曩見意園所藏孫玉泉洞庭秋月，潘嘉客鸑鷟，方弗似之。程季元青麟髓，牛舌，通景畫龍，函青麟髓三小字，背左下方程季元製四小字，右角伯楨鐫三小字，此亦大約建元之亞也。朱一涵青麟髓，面此三字，下小字二行，玫古齋朱一涵監製，背圖龍鳳，側海陽汪堯受鐫陽識，吳鴻漸墨二笏，一兩面盤螭，面中隙處爲玄神二字，背文林一品四字，亦在隙中，兩側花紋絕細，上端桑林里造四字，二玄虬脂二笏，面此三字隸書，小印儀卿氏，背字一行半，潛烟篇雲，精凝氣融，輝谿潤谷，煥爾惟龍，字體絕肖覼京兆，側桑林季子鴻漸製陽識，上端庚申二字，亦陽識。翁敬山一笏，面神品二字，下新安翁敬山製，分二行，背繪瓶花三友，瓶面虎環絕精雅，通體漆衣，其形製與邵瓊林黃昌伯相伯仲也。汪元一大國香，面淸朝柱石四字，長方印，汪氏元一，背繪石山，左上方天國香三小字，側蘇玄超陽識三字，日月九道大圓墨，確爲隆萬間製，無欵，且亦裂損殘缺矣。以上諸墨，皆明製之精者，雖間有斷裂，無害於神物也。程君房大方墨有天啓甲子年欵，贋鼎也。蓋有淸中葉仿製以備禮品者，程氏選製爲道光以後物，古歙程氏多矣，著者何以與大約並列，愼已。研墨一笏，有君房欵，而背小印，詹氏仿製無疑，其製當在咸同間。方于魯八稜二笏，面九錫銘，背即圖，雜雲紋，側丙子年製，纖而黯黮，恐不確，百子圖墨亦市品之不足觀者。又于魯雙鳳大方墨，亦丙子八稜類，又石漆四笏，署欵方氏，而形質均非，吳去塵國寶六笏，確爲後人所仿，浴硯齋空蒙不潔之名，寃哉枉也。此外有淸製者，吳吳生八稜方墨，面洛書背，字四行，戴九履一，左三右七，二四爲肩，六八爲足，澄碧齋墨，此墨有胡星聚大意，康熙製不失明之矩矱者也。玉禾堂一笏，面此三字，背古歙程馨九製，斟酌膠杵去明未遠，程公瑜尊勝幢八笏，一尊勝幢，行書，下二行楷書，歙程公瑜製，背字二行，日重光，月重輪，星重輝，海重潤，二尊勝幢，草書，下歙程公瑜墨，隸字二行，背字四行，玉毫光滿，炳朗無外，三千大千，恒沙世界，如意摩尼，琦花寶蓋，璀璨三辰，顯現四大，出照認本來，誰謂虛空或壞，三尊勝幢，行書，下程公瑜墨，隸書，分二行，背面圖係畫瓶花之象，四尊勝幢，隸書，另行眞實齋，歙程公瑜易水法墨一行半，亦隸書也。背金剛幢輪四楷字，橫列，下繪二輪，五尊勝幢，行書，下程公瑜墨隸書，分二行，背繪八仙人六尊勝幢，行書，下程公瑜製楷書，分二行，背畫八寶，七臂閣竹節，面尊勝幢，隸書，背公瑜氏，亦隸書也。八尊勝幢，楷書，背字二行，歙程公瑜按易水法製，面背各有一螭在上，製作工絕，公

瑜康熙時名齊守默素功，頗自矜慎，墨不苟造，意園致周蒼生牋所謂康熙製墨，或勝啓禎，程氏公瑜尤巨擘也。吳守默墨僅六笏，一安期生，以醉墨洒石上遂成桃花，延綠齋，小印守默，側欵吳守默氏造，上端墨仙二字，二橢圓，王肅注易故事，題越女二篆字，背字三行，王肅注易東齋，夜有仙出，自稱越王女，贈一丸墨，文思大進。連珠小印延綠，側吳守默造，上端墨仙二字，三小稜方墨，面繪張長史故事，題張長史三字，小圓印延綠，背草書三行，揮毫落紙如雲烟，守默氏，側延綠齋吳氏眞賞，上端墨仙二字，四柱杖老人，題坡仙二字，背非人磨墨墨磨人，楷書，另行吳守默製，小印延綠，上端墨仙，五太白故事，左方題李青蓮三字，背字一行，興來灑筆會稽山，側延綠齋墨，上端墨仙二字，六莊周故事，右方題漆園叟三字，背婆娑數株樹，側延綠齋墨，上端墨仙二字，守默製墨，名亞素功，而矜慎絕似公瑜，技亦相埒，宋雪堂西陂六景黃海山花蓋均出守默焉。餘清軒一笏，是諸城劉統勳家造，方柱，面餘清軒家藏五字，小印眞賞二字，背槎河山莊主人清玩，側康熙丁亥年製，續夢堂墨方柱，面此三字，隸書，背張杞園寫書墨，兩側康熙庚午新安曹素功製，曹素功紫英墨圓柱，通景盤螭，上端紫英曹素功製六字。素功黃山圖零墨二笏，一浮邱峯，背字二行，千瓣共攢簇，孔竅中玲瓏，絕頂俯江海，一氣常濛濛，兩側紫玉光歙曹素功揀選頂烟。二蓮華峯，背字二行，仙人去已遠，上有古仙跡，石洞閟清幽，松花綴空碧，沈德潛題，兩側紫玉光歙曹素功揀選頂烟。以上諸墨皆清康熙中所製，去明殆一間耳，乾隆御墨多種，文淵閣詩，四扇面之一，二凌雲向日，玉粹軒製，三文源閣詩，四雲行雨施，萬國咸寧圓墨，五遂初堂藏墨，六致性殿墨圓，七磨盡思王才八斗，八稜橫墨，八顆和軒大墨，九古華軒鳳墨，十，喚卿呼子謂多事大墨，十一，敬勝齋玩日愒時斯社珍，橢圓墨，十二，景祺閣，天保九如大墨，十三，延趣樓與茶奚必較新陳，大橢圓墨，十四，樂壽堂超超六法顯精神扇面墨，十五，含經堂歷歷千言照今古，圭式墨，十六，用佐文房執比倫，藴眞齋八稜墨，十七，國寶大牛舌墨，十八，含光室黼黻昭文大墨，十九，樂壽堂璲式墨，二十，木芙蓉詩大墨，二十一，艷友御墨，二十二，曉艷寒香御墨，二十三，螭虎龍橢圓墨，二十四，歸昌葉瑞墨，二十五，仿孫隆墨牛舌式，二十六，仿孫琳牛舌墨。以上乾隆御墨，大半雙欵可觀，德雨山房一笏，背萬年青盆景，兩側大清乾隆年製，劉墉珍藏，詩禮堂王氏藏墨，背繪松柏之屬，左側乾隆丁卯年，右側新安曹素功代製。汪氏貢墨一笏，面聖朝至寶，雙龍繞之，背萬年青盆景，題太平一統萬年青，側臣汪由敦恭進，天子萬年一笏，背一龍，側臣那蘇圖恭進，太平如意一笏，與天子萬年方弗，惟無欵耳，此乾隆製之較精者也。十六尊者像墨，僅餘十三，第一笏序亦無之，此本在墨中之禮品不足論者，又素功黃山圖僅餘十笏，此亦徽人以之媵女嫁者，絕無佳品，可斷言也。素功紫玉光七笏方柱，是乾隆製，而質較粗，素功八仙一套，禮品中亦非上乘，嘉慶以後製品，有庚辰年欵者二笏，似程怡甫製品，亞節菴學嶂九龍天都上升四笏，恐是堯千矣。貯雲堂高素候造三笏，不知其人，詹素文飽乾元之流亞，類印心石屋一笏，節菴製者，有道光三年欵，紫英四笏德酬製也。文苑精華二笏，一秋牡丹，一鵝羣，潘怡和製，其不逮潘怡甫者，時爲之也。江南名勝十二笏，汪近聖造，近聖爲純廟造墨頗享盛名

，自製者多不逮，膠與烟油與杵爲之也。程步青集賢齋墨，尚有墨氣，師竹山房是曹毓東造，著者以之殿本編，至確至允。自此以還，曹氏遷於海上，一落千丈矣。卷中尚有題耕織圖大方墨一笏，青白之氣，撲人眉宇，膠非膠，烟非烟，油不油，杵不杵矣。素功壓勝墨，是後來仿製者，胡裕盛寸王與咸同之胡開文同，胡開文夢筆生花賢五老圖咸同間物，寶墨齋軫石烏玉圭光鎭尺譜仙竹簡宜情八笏。寶墨齋所見至夥，正如徐子晉說，無一不與土塊等耳，不知皆出詹氏素亭手乎。詹子雲龍門，詹益三之古松心琴墨二笏，詹小竹五百斤油，粥粥諸詹，詎足與言墨者，節菴竟有乾隆三十年欵者，當時函璞齋尚未成立也，尤可笑已。總之郭氏藏墨，精品至夥，而郭氏非知墨之人，雜撥所存，拓此二本，其用心良是，惜無鑒家爲之抉擇詮次耳。余故爲表而出之，意正在抉擇詮取也，並時尠知墨者，願質同好，請證吾言。

郭氏此書，近印與初印者不同。曩見底本，有孫玉泉寥天一一笏。通體蛇皮紋，古澤可鑑。近印者則取一吳鴻漸玄虬脂代之，故此笏重見。微聞郭氏藏墨，有每種多至四笏八笏者，類皆留一二笏，餘悉陸續售出，亦有不在譜內而併脫手者，附記於此。玉泉墨已於戊寅歸余齋，歡喜志之。卷中若干笏，不知今歸誰氏，或散佚矣。噫嘻。

黃賓虹先生山水畫冊序

陳柱尊

歙黟之間，天下之奇山水也。聚百千奇峯，拔地摩天於數百里中。山膚盡而秀骨出，空青之所凝，眞靈之所蓄，黃精、朱砂、乳牀、玉英，百折之瀑，萬怪之石，千祀之松，不足以盡之也，則鬱而爲畸人，爲詩客，爲畫士，其遠而在古者，吾不得而見之矣，求之並世，則黃先生賓虹其人也。余識先生於三十載前。時方弱冠，先生年長於余三之一，長身鶴步，奇氣鬱勃眉宇間，蓋黃嶽之精，以一身聚之者，一見相與高睨大談，舉所摹元人精品以贈，遂爲忘年爾汝之交，則嘗竊窺先生之學，自六書音訓九流四部之言無不究，其溢而爲術藝，自聲詩古籀篆刻書法之倫無不精，而尤以畫名高天下。先生之畫，承新安家法，遠追宋元，近取石田玄宰二瞻石溪，冶於一鑪，超乎象外，不薄西法，不縛一家，元氣淋漓，探元人之骨髓而有之，然其邁往之概，又有出於元人蹊徑之外者。少長黃嶽，盡吸三十六峯之奇，既以造化爲師矣，猶以爲未足，東走滄溟，采石華，拾海月，杖策天台雁宕間，觀石梁龍湫之瀑，西上夔巫，踏峨眉之積雪，既復遊匡廬，登泰岱，挹五老之袖，拍丈人之肩，又嘗兩放桂林陽朔之舟，觀峯如劍，出胸次而入腕下，舒之爲巨幅，約之爲尺卷，萬象森羅，無所不有，蓋先生之畫，畫中之天地也。猶憶曩時，隨先生買棹灘江，百灘雷吼，雲根束筍立，眉月浸江，萬翠如玉，高鬟倒影，驚視疑絕世人，相與扣舷長歌，駭潛虬而嘆霜竹，忽忽若前日事，而先生年已八十有一矣。鬚髯畢白，奇氣益振，因念古者米友仁黃大癡文衡山皆以畫家享大年，論者謂得烟雲之供養，若先生者非耶。頃海上故人如王秋湄吳仲坰諸謀所以壽先生者，索先生之畫爲展覽於扈，傅君恕菴因擇其尤異者，得二十幅，用海西留眞術印爲一帙，而徵一言於余。余惟先生身歷萬劫，老當益壯，有類於姑射神人，大浸稽天而不溺，大旱金石流土山焦而不熱者，天將益昌其詩若畫，其爲壽未有艾也，遂不辭而爲之序，以侑先生壽筵之一觴云。

孽海花閒話（八）

冒鶴亭

彩雲恰從城外湖南會館。看了堂會戲回來。

湖廣會館。在虎坊橋。凡堂戲。必至上燈。文卿甫散値歸。如何能散戲。此亦不合情事。

原來葦如這幾年在京沒事。倒很研究了些醫學。讀幾句湯頭歌訣。看兩卷本草從新。

本書於陸潤庠，多尖刻語，如第十一回，譏其不識說文，及自云與何邵公沒有交情，可謂形容盡致，至謂其讀幾句湯頭歌訣，看兩卷本草從新，則殊非事實也，陸太翁懋修，家世岐黃，深於醫學，有一事足概其生平，而爲人所鮮知者，因論醫及之，民國四年，移宮之說甚盛，陸方小病，謂此時吾可以死矣，日自定一方，使家人市藥服之，家人以其知醫，不之怪也，逾半月，而病不可爲，乃延蘇人汪逢春診之，汪視舊方，則一日大涼，一日大熱之藥，於是始知其實自殺也，病革時，徐世昌來問疾，陸拱手請致語袁世凱，勿加郵典，隨語家人曰，我附身衣內，有小紙包，是辮繩，我自往一間房所購者，勿忽遽遺之也，言訖而瞑，其人雖不學，其大節則凜凜，余挽詩所謂地下鬼猶依帝座，路旁人敢薄科名也。

又結了朱陳新好。

洪陸爲兒女親家，文卿子爲陸壻，名洛，以蔭官工部郎中。

却把個文園病渴的馬相如。竟做了玉樓赴召的李長吉了。

文卿歿在癸巳年，下文即接朝鮮東學黨之亂，相差一年。

去叫雯青的長子金繼元到京。

金繼元爲洪洛。

叫北洋大臣威毅伯。先派了總兵魯通一。統了盛軍馬步三千。提督言紫朝。領淮軍一千五百人前去救援。

魯通一即二十三回之衛達三，言紫朝爲葉志超，案是時李鴻章得朝鮮請兵平亂之電告，所遣派者，除水師外，爲直隸提督葉志超，率太原總兵聶士成，帶淮軍一千五百人出發，此云衛葉，誤也。

藉口那回天津的攻守同盟條約。也派大鳥介圭 。帶兵逕赴漢城。

光緒乙酉，條約訂定，將來朝鮮若有變亂重大事件，中國派兵，應先行文知照，及其事定，即行撤回，不再留防，大鳥介圭時爲駐韓公使，方回國，急於五月初，帶兵四百餘名，由陸路赴漢城，商輪兵輪，先後載四千餘人續至，統將爲陸軍少將大島義昌，我駐韓總理袁世凱，囑韓廷阻止，無效。

後來黨匪略平。我國請其撤兵。不但不撤兵。反不認朝城爲我國藩屬。又約我國協力干預他的內政。

外務省初得我國公使汪鳳藻照會，即復稱從未承認朝鮮爲中國之屬邦，至是仁川漢城亂事已定，乃倡言由兩國派委員改革朝鮮內政，設置必要之警備兵，蓋以共管朝鮮之難題相難也，同時由大鳥介圭，提出改革五綱領二十六條目於韓廷。

時威毅伯雖然續派了馬裕坤。帶了毅軍。左伯圭統了奉軍。由陸路渡鴨綠江。到平壤設防。

馬裕坤爲馬玉崑，左伯奎爲左寶貴，案是時葉志超駐牙山，續派衞汝貴統盛軍馬步六營進平壤，馬玉崑統毅軍二千進義州，由大東溝登岸，此云馬左，亦誤。

聽說朝王虜了。朝妃囚了。牙山開了戰了。

先是大鳥介圭，對韓廷提出哀的美敦書，迫令廢華約，逐華兵，即由大島義昌，以兵入漢城，擁立大院君李昰應，流閔妃之族於遠方惡島，並在牙山外，開砲擊沉我所雇運兵械之英商輪船高陞，戰端遂開，時甲午六月二十三日也，七月一日，遂同時宣戰。

無怪有名的御史韓以高。會了全臺。在宣武門外松筠庵開會。提議參劾哩。

韓以高爲安維峻，以六月十八日，片參軍機及總署，此云牙山開戰後，稍誤。

上回南北會操時候。威毅伯的奏報。也算得舖張揚厲了。

鴻章以甲午四月間，奏報閱軍情形，軍容甚盛，不數月，殲於黃海，此最痛心之事，茲將北海軍兵力，列表於後：

隊分職分	船名	船式	噸數	馬力	速力	砲數	船員	進水年分
主戰艦隊	定遠	鐵甲	七、三三五	六、〇〇〇	一四、五	二二	三三〇	光緒八 一八八二
	鎮遠	同	七、三五五	六、〇〇〇	一四、五	二二	三三〇	同
	經遠	同	二、九〇〇	三、〇〇〇	一五、五	一四	二〇二	光緒十三 一八八七
	來遠	同	二、九〇〇	五、〇〇〇	一五、五	一四	二〇二	同
防守艦隊	致遠	巡洋	二、三〇〇	五、五〇〇	一八、〇	二三	二〇二	光緒十二 一八八六
	靖遠	同	二、三〇〇	五、五〇〇	一八、〇	二三	二〇二	同
	濟遠	同	二、三〇〇	五、五〇〇	一八、〇	二三	二〇三	光緒九 一八八三
	平遠	同	二、二〇〇	一、五〇〇	一四、五	一一		同
	超勇	同	一、三五〇	二、四〇〇	一五、〇	一八	一三〇	光緒七 一八八一
	揚威	同	一、三五〇	二、四〇〇	一五、五	一八	一三〇	同
	鎮東	砲船	四四〇	三五〇	八、〇	五	五五	光緒五 一八七九
	鎮西	同	四四〇	三五〇	八、〇	五	五五	同
	鎮南	同	四四〇	四四〇	八、〇	五	五五	同
	鎮北	同	四四〇	四四〇	八、〇	五	五五	同
	鎮中	四	四〇〇	七五〇	八、〇	五	五五	光緒七 一八八一
	鎮邊	同	四四〇	八四〇	八、〇	五	五五	同
練習艦	康濟	同	一、三〇〇	七五〇	九、五	一一	一二四	光緒七 一八八一
	威遠	同	一、三〇〇	八四〇	一二、〇	一一	一二四	光緒三 一八七七

補助艦

泰安	同	一、二五八	六〇〇	一〇、〇	五	一八〇	光緒二 一八七六
鎮海	同	九五〇	四八〇	九、〇	五	一〇〇	同治十 一八七一
操江	同	九五〇	四〇〇	九、〇	五	九一	同治五 一八六五
湄雲	同	五七八	四〇〇	九、〇	四	七〇	同治八 一八六九

附水雷船

(船名)	(船式)	(噸數)	(速力)
左隊一號	一等水雷	一〇八	二四
左隊二號	同	同	一九
左隊三號	同	同	一九
右隊一號	同	同	一八
右隊二號	同	同	一八
右隊三號	同	同	一八

牙山者，朝鮮之縣邑，値漢城西南一百五十里，仁川之左腋，沔江之口，羣島羅列，與我山東之成山頭相値，葉志超以援兵久不至，海道已梗，乃移師公州，使聶士成守牙山東北五十里之成歡，被側面攻陷，志超亦棄公州，渡大同江，至平壤，與大軍合，猶揑報勝仗，以是士成賞勇號，志超亦賞翎管小刀荷包火鐮，以示優異云。以上第二十四回。

我和高中堂。自奉派會議朝城交涉事後。天天到軍機處。

六月初十日，諭戶尙翁同龢，禮尙李鴻藻，與軍機大臣，總理衙門，會同詳議韓事，從奕劻之請也。

却被景親王。

景親王爲奕劻，是高宗子永璘之後，由貝勒以是年晉封親王。

恰好我的姪孫弓夫。

弓夫即翁弢夫，名斌孫。

必須另簡資深望重的宿將。如劉益焜劉瞻民等。

劉益焜爲劉坤一，劉瞻民爲劉銘傳。

還要停止萬壽的點綴。

慈禧六旬萬壽，在甲午年十月十日。

陸軍統帥。最好就派劉益焜。

坤一以欽差大臣守榆關，關內外各軍，統歸節制，當時京師以劉坤一拚命守榆關，對衛達三含寃赴菜市也。

何太眞既然自告奮勇。何妨利用他的朝氣。

我今做了一篇征討的摺子。

文廷式於六月四日，奏陳明賞罰增海軍審邦交戒觀望四策，爲廷臣主戰之最早者，張謇別有疏參李鴻章，在九月，下云謇連著者誤。

載兵去的英國高陞輪船。已經擊沉了。

我雇英國商輪凡三艘，曰愛仁，曰飛鯨，曰高陞，分運兵械至牙山，乃間諜在津賄通電報生，將師期洩露，愛仁飛鯨先到，高陞以七月二十三日，駛近牙山口外之豐島，被擊沉，而運送軍械之操江差船亦被擄。

牙山大營也打了敗仗了。

吳大澂在湘撫任內，電請赴韓督戰，優詔允之。

威毅伯始終迴護丁雨汀。樞廷也非常左袒。海軍換人。目前萬辦不到。

李鴻章奉旨以丁汝昌畏葸無能，巧滑避敵，難勝統帶之任，諭令遴選勝任之員，鴻章於二十九日奏覆，詳述海軍情形，作海軍力之比較，以缺乏快船，故不敢輕於一擲，但令游弋渤海內外，以作猛虎在山之勢，並以海軍將才難得，各將領中，尙無出汝昌之右者云。

金玉書畫。固是他的生平嗜好。

大澂在陝學任內，得愙鼎，自號愙齋，收藏金石書畫甚富。

山西辦賑。

大澂與丁壽昌黎兆棠辦山西賑務，事在丁丑年，事竣，賞侍讀學士銜。

鄭州治河。

大澂於鄭州，防河築壩，事在戊子年，事竣，實授河東河道總督。

吉林劃界。

大澂以庚辰春，加卿銜，隨同將軍銘安，赴吉林勘界，時伊犁交涉未竣，俄越東邊設卡也。

北洋佐軍。

大澂於甲申四月，以通政使會辦北洋事宜，同時陳寶琛會辦南洋事宜，張佩綸會辦福建海彊事宜，均專摺奏事。

玨齋却祇出使了一次韓城。辦結了甲申金玉均一案。又會同威毅伯。和遼國伊伊丞相。定了出兵朝城彼此知會的條約。

大澂以甲申朝鮮亂事，派往查辦，明年，伊籐博文來天津，訂定條約，即朝鮮有變，兩國派兵，先互行文知照之約也。

刻了一篇槍砲準頭說。

大澂防屯吉林時，習槍法，成槍法準繩一書，刊布之，非槍砲準頭說也，孫子十家疏，未見。

如編修汪子昇。中書洪英石。河南知縣魯師曾。連著畫家廉菉夫。骨董掮客余漢青。都追隨而來。

汪子昇爲王同愈，字勝之，洪英石爲翁琪綬，字印若，魯師曾疑魯悅，廉菉夫爲陸恢，字廉夫，余漢青爲徐熙，字翰卿，其父名康，即著前塵夢影錄，元和江氏刻入靈鶼閣叢書者。

添保了幾個湘軍宿將。韋廣濤李九光柳書元等。索性把俞虎丞也加入了。

韋廣濤爲魏光燾，李九光爲李光玖，柳書元爲劉樹元，俞虎丞爲余虎恩。

祇見一個一寸見方。背上縷着個伏虎鈕的漢銅印。製作極精。翻過正面。刻着度遼將軍四個奇古的繆篆。

以度遼將軍印歸大澂者，爲安吉吳俊卿，時俊卿方投効也，此云徐翰卿所購，誤。

陸軍方面。言魯馬左四路人馬。第一次正式開戰。被殺得轆亂旗靡。祇有左伯圭在玄武門死守血戰。中彈陣亡。

葉志超從牙山退平壤，擁萬四千人，所部將則衛汝貴，馬玉崑，左

寶貴，豐陞阿，八月十六日，平壤陷，寶貴死之，志超退安州，陸戰之敗，敗於此役。

海軍方面。丁雨汀領了定遠鎭遠致遠十一艦。在大東溝大戰。又被打得落花流水。沉了五艦。祇有致遠管帶鄧士昶。血戰彈盡。誤中魚雷。投海而死。

丁雨汀即第十八回之丁汝昌，字禹廷，鄧士昶爲鄧世昌，是時我戰艦十一艘，以噸數言，彼僅得我之七成，然艦小於我，速率大於我，大砲少於我，而快砲則多於我，經遠致遠揚威超勇沉，餘者鎭遠定遠來遠靖遠濟遠平遠廣丙七艘，入旅順修理，彼僅西京丸，爲定遠擊沉，致遠管帶鄧世昌，當船受傷時，鼓輪欲撞吉野丸，與之俱沉，不中，中魚雷，世昌死之，濟遠管帶方永謙逃時，與揚威相撞，揚威遂沉，永謙遁入旅順後，李鴻章電令就地正法，又當北洋大閱海軍時，英人曾勸鴻章，添購快船二艘，時方以萬壽，撥海軍經費三千萬，修頤和園，同龢長戶部，亦藉口欵絀，英船遂爲人所購，其一吉野，此次黃海之戰，擊沉我艦多艘者也。

朝旨把言詹逮問。

葉衛先後拿交刑部後，多方運動，刑尙薛允升，力主伸國法，汝貴斬於市，志超卒免死監禁。

威毅伯也拔去三眼花翎。褫去黃馬褂。

當議譴時。張之萬尙力爭，而李鴻藻翁同龢主之甚力。

起用了老敬王會辦軍務。

恭王以甲申法越事出軍機，至是兪禮侍李文田之請，九月一日，遂派管理總理衙門事務，會同幫辦軍務。

添派宋欽領毅軍。劉成佑領銘軍。依唐阿領鎭邊軍。都命開赴九連城。

宋欽爲宋慶，劉成佑爲劉長佑，依唐阿爲依克唐阿，然是時與宋慶依克唐阿守九連城者，爲劉盛休，非劉長佑，宋慶恇怯，不能守，九月二十八日，城陷。

連破了鳳凰岫巖。直到海城。

十月二日鳳凰城陷，二十二日岫巖州陷，十一月十六日海城陷。

編輯後記

編者

周佛海先生身繫天下重望，今春一病幾殆，海內外人士，莫不關切病狀，今幸喜占勿藥，經本社去函索文，即以自述其臥疾經過『病後』一文見付，俾示世之關心先生者。

本期得談書籍版本之作三篇，因爲並刊。謝剛主先生旅居春明，雅好藏弆，嘗自稱其室曰持籌籀史之齋，又與北方今日兩大藏書家江安傅氏建德周氏游，其精博可想。紀果庵先生精研史籍，考訂周詳，淸人竊書數重公案，均爲爬剔無遺，其用力之勤，令人歎服。壽石工先生北方名印人，南中讀衆想亦不乏知者。自西洋文具傳入，墨之用途遂狭，在今日而言墨譜，恐不免曲高之嘆矣。

冒鶴亭先生『孽海花閑話』即將刊畢，尙有『續孽海花閑話』不久亦可殺青，在本刊發表，特爲預告。

近來紙價又告飛騰，本刊不得已酌增售價，藉資挹注，事非得已，祈讀者亮之。

河朔古蹟

瞿兌之

吾國好古之士，每偏於文字。凡古物之有文字者愛之貴之，珍若球圖，而無文字者則棄之如遺。又獨重可以取攜能經久之物。玉也泉也璽也，譜而錄之，剖析無弗至。而名人所遺之居室也，車服器用也，求如外國之能保存原狀不使稍損者蓋絕無焉。吾國所謂古蹟，大都不過流俗相傳鑿空無稽之談，初無實物可指，甚可慨也。

以往之政府既不負保存古蹟之責，至多只於某人之墓刊一諭禁樵采，某人故里立一石題一名而已。私家則所注意而弗失者，祠墓而已，書籍字畫而已。祠墓或尚易維持，書籍字畫亦不過數傳而即零散。其差能護持不墜於歷劫之中者，惟有寺觀。蓋寺觀多肇自唐宋，其所藏法物皆有來歷，人間他處所決不得見。然天災人禍推剝相乘，所存者亦不啻星鳳矣。

頃見河朔考古圖識二册，爲顧君燮光所著，上海合衆圖書館印行。乃顧氏自甲寅至辛酉客河北道署時親赴舊彰德衛輝懷慶三屬所調查攝影。其原片已經破碎，此本遂成孤本，故至可珍貴。但河朔三府自明末以來未經重大兵災，又介在太行王屋與大河之間，與外間稍形隔絕。其於保存古蹟猶爲最易。而民國十年以前，法紀未盡偭失，物力猶頗豐盈，其所得如此已極不異。若求之他處，恐並此亦不可得。且即以此三府之地而論，自民國十餘年後，亦紛紛以摧殘寺廟神像爲事，又屢經變故，圖中所存之景亦必又成過眼烟雲矣。

詳觀其中屬於建築者，如汲縣明潞王之崇本書樓，俗呼望京樓，高十丈餘，廣四周均六丈餘，垣壁頗堅，每面僅一門，而臺上建一綽楔。又如沁湯縣沐澗山之魏夫人粧閣，建於巨石之上，其石上下皆合，而中分爲二，誠爲奇觀。吾國建築多以木製不能歷久，縱屬古代相沿之舊祠廟，亦必經後世改造。故欲判斷其屬於何代所建，必須具專門學識，就其木質及形體作風而考察之。據中國營造學社所調查，惟薊縣之獨樂寺係木建築之屬於遼代者，尚未見更古於此之木建築。此編中之一樓一閣皆無木質，故可信其必爲原型也。

其屬於畫像者，一爲汲縣之寶曇寺所藏明紙本五色盤線繡像。上方題字雖未甚工，亦爲明人手蹟。而像之繡於紙上者，亦從未見於他處。一爲濬縣大伾山壺天道院所藏康熙中知縣劉奉新畫像。其像有帽無頂，有袍無端罩，猶是雍正以前制度。雖時代不爲甚遠，而畫像之能保存者似此亦不多見。一爲安陽天寧寺之丈餘絹畫，皆道家故事，俗傳吳道子畫。蓋凡天神像皆襲道子之法故即以道子之名歸之，各處號稱吳道子畫者皆此類也。相州爲唐宋大鎮，明之趙王封邑。意者非宋天禧即明嘉靖道教盛行時之物也。一爲修武縣漢獻帝廟中之獻帝像。雖屬模本，亦必明代物，已破碎晦黯，僅存梗概，恐未易保存矣。獻帝讓國，至魏明帝時始以天年終，仍以天子禮葬禪陵。不意其猶有遺容存於二千年後。地下有知，不知其與隔河相對之魏家陵墓作何感想。

其屬於樹木者，一爲修武百家巖寺之檀門。樹據石崖，大可十圍，根若車輪，一發五幹垂陰數畝，旁很怒挺一根，去地五尺許，橫插寺壁，高倚寺門之楣，人由根下入寺，故稱檀門。唐杜鴻漸撰寺碑稱爲奇檀，蓋自唐以前久有此樹矣。一爲武陟縣東之元槐。據碑載嘉靖七年枯，十五年復榮，裂爲兩株，老幹虬結，夭矯參天，寺廊刊乾嘉中人題詠詩甚多。一爲孟縣韓文公墓前之唐柏，蓋以韓墓之故幸得存也。

其屬於器皿者亦絕少，惟濟源湯廟之琉璃獅爐二，高三尺餘，審爲明物。又濟源紫微宮三彩磁閣高六尺餘，及天慶宮三彩磁鑪，均似元明物。又安陽縣署所存銅壺滴漏係洪武永樂時造。

曾國藩評議當時人物

左公

『好議論人長短』，雖爲智者所不取；但無『知人』之明，也是一個極大的缺陷，尤其是『獨當一面』的領袖人物，苟不能『識人』，萬事就沒有成功希望。曾國藩爲清代最偉大的傑出人才，匪特是一個政治家，而且還是一個軍事家，其對於民族的功罪問題，姑置不論，但是他的學問道德思想以及品行是值得我們崇拜景仰的。作者在十年前，每於編譯之餘，翻閱曾國藩全集，至午夜不倦，對於他的用人、行政、治軍、馭將，無不欽佩他手段的高超。但研究個中原因，最重要的，乃在曾國藩能『識人』，就是有知人之明，起用下屬，均有相當的標準。或謂其閱人已深，有以致之，其實完全靠他的聰明，一個素不相識的人，走到他的面前，談不了幾句話，就能看出他的優劣和長短。所以曾氏評議當時人物，或褒或貶，無不切到好處。茲將曾氏對於當時人物的種種評語，抄錄如下，以供同好。

（一）胡林翼

一、『閣下長處，在舍己從人；固不啻舍短而從長，有時並人之短者，而亦從之。』——覆胡宮保書

二、『胡潤帥躬吐握之風，廣蒸蒸之孝；求善若渴，衆流仰鏡。』——覆汪梅村書

三、『胡中丞於久經謀定之局，每至臨時變其初計。……大抵宮保德性之堅定，遠勝於往年，而主意不甚堅定，猶不免往年游移之見。左季翁謂其多謀少斷，良爲不誣。閣下當力持初議，以「堅定」二字，輔宮保之不逮，國藩亦從容諷勸，勿爲人言所動。』——覆李希菴書

四、『知胡宮保於二十六亥刻仙逝，痛心之至。憂國之誠，進德之猛，好賢之篤，馭將之厚，察吏之嚴，理財之精，何美不備！何日不新，天下寧復有逮斯人者耶！』——覆周壽山書

五、『潤帥用一糜爛衆棄之鄂，締造支持，變爲富強可宗之鄂。即謀皖之舉，亦自胡帥出謀發慮，今皖事稍有基緒，而斯人云云……其箴言書院未竟之事，弟與希菴二人代爲主持。潤帥之整飭吏治，全在破除情面，著誠去僞八字。』——覆毛寄雲書

六、『近見潤帥於經濟有大志，其才德足以發其志。中道乘捐，豈獨吾黨之不幸。』——覆郭筠仙書

（二）李筱泉

一、『筱泉精細圓適，其從國藩也極久，其爲國藩謀也極忠。往年擬專摺保之。曾爲羅忠節兩次言之。忠節亦極力贊成。』——致胡潤芝書

二、『筱泉外圓內方，尤可剛柔互用。』——同上

（三）李鴻章

『李筱泉之弟少荃，名鴻章，丁未編修，

其才與氣似可統一軍。擬令其招准南之勇，操練馬隊。渠久客呂鶴翁處福元翁處，閱事過多，不敢輕於任事。」——覆胡宮保書

（四）左宗棠

『弟當軍事危迫之際，明知事不能行，每每不自持，而陳說及之。胡潤帥昔年亦多不能自持之時，獨閣下向無此失。從未出決辦不到之主意，未發强人之難之公牘，故知賢弟等多矣。』——覆左宗棠書

（五）曾溫甫

一、『舍弟溫甫，熟於史事，識解過人，』——致郭雨三書

二、『志趣高邁，讀史頗熟，方冀其日就平實，有所樹立。豈意三河之變，遽罹浩劫，先軫歸骨，實增隱痛。』——同上

（六）張凱章

一、『閣下質樸沉毅，足以任重致遠，惟兵事閱歷較少。張凱章觀察精細沉實，先行後言，閣下與之相處，似可將中軍瑣事，一一研究，總以「質實」二字爲主。以閣下之熟於鄉土，凱章之志於戎行，又皆脚踏實地，躬耐勞苦，必能交換資益，力拯時艱。』——覆宋子允書。

二、『凱章辦事，皆從淺處實處着力，於勇情體貼入微，閣下與之共事，望亦從淺處實處下手。』——同上

（七）宋滋九

『宋滋九侍講，樸實耐勞，好善若渴，實爲朋輩不可多得之才。亦爲珂鄉培裨風氣之彥，國藩去年得與其共事，常以務實相切磋。』——與王子懷書

（八）鮑春霆

一、『春霆之才，善於戰守，而不善於料理外事；慣於平原，而不慣於深山窮谷；宜於坐營，而不宜於屢次移動。』——覆楊厚菴書

二、『春霆之才識，不宜令其獨當一面，若打仗籌餉用人奏事四者，皆由其一手經理，則春霆必急遽雜亂易於動氣。』——同上

（九）江岷樵

『岷樵之爲人，孝友肫肫，交友有信，與士卒同甘苦，臨陣常居人先，死生患難，實可仗倚。即此次身受矛傷，亦足以明其非退怯之人。惟屬相國，濡滯沾沾，又斷非能以事權全屬岷樵。岷樵去年，墨絰從戎，國藩曾以書責之。謂其大節已虧；此次傳聞之言，不能遽以尺一，遠相苛責。待聽睹稍眞，然後再論可耳。』——書札卷一

（十）塔齊布

『今歲在省，於武員中，賞識塔副將，實以今日武營習氣，退縮浮滑，恬不事事，驕蹇散漫，如搏沙者不能成飯，太息痛恨，求如塔將之血性奮發，有志殺賊者，實爲僅見，以是屢加器許。』——與吳甄甫書

（十一）王璞山

一、『敝友王璞山忠勇男子，十九日爲書抵我，誓率湘中子弟，慷慨興師，即入江西，一以憤廿四之役，爲諸人報仇雪辱；一以爲國家掃此逆氣，克復三城，盡殲羣醜，以紓宵旰之憂，其書熱血激風雲，忠肝貫金石。』——與江岷樵書

二、『張潤農有用之才，然尙不如王璞山之結實可靠。璞山忠勇冠羣，馭衆嚴明；然局量較隘，祇堪裨將。以視岷樵之智勇兼全，器局閎遠，則非其倫矣。』——與吳甄甫書

（十二）劉峙衡

『峙衡之短處，在所見閒偏，其長處在雖偏而不私。峙衡之令人怨處，在好當面罵人，其令人感處，在好救人之危急。』——與羅宣伯書

（十三）沈葆楨

『心地謙而手段辣，將來事業，當不減其舅。』——與胡宮保書

（十四）李雲崖

『雲崖打仗，出則向前，入則殿後，此一端已有可爲統領之質，又有血性，而不忘本，有誠意而不擾民。若加意培養磨鍊，將來或可成大器也。』——覆李希菴書

（十五）李次青

『次青擅長過人之處極多，惟弟與閣下知之最深。而短處則患在無知人之明，於在高位者，猶或留心察看，分別貞邪。至於位卑職小，出己之下者，則一援善善從長之義，無復覺得奸邪情僞，凡有請託，無不曲從。即有詭狀發露，亦必多方徇容，此次青之短。將來位愈高，終不免爲其所累。』——致沈幼丹書

（十六）儲石友

『儲君石友之爲人，僕取其誠樸，而忠義之氣，與足下宜相鍼芥。又有守備周鳳山者，膽勇過人，亦知大義。』——與王璞山書

（十七）其他

『倭艮峯前輩，見過自訟，言動無妄。吳竹如比部天質木納，貞足幹事，同鄉黎月橋前輩，至性肫肫。陳岱雲行已知恥。馮樹堂有志力學，皆勉於篤實者也。』——書札卷一

五月十二日抄於滬濱

夏季北京的家常菜

識因

偶然憶起北京唱蓮花落的曲子有云：「要吃飯，家常飯，要穿衣，粗布衣。」此兩語至可玩味，蓋絢爛者易引人，而不能持久，平淡者少刺激性，日日伴之，不覺其妙，一旦隔離，未有不悵然者矣。

凡少年荒唐之浪子，大夢一醒，一定唱出「野花不如家花香」的論調，亦即此意也。旅居故都已久，生活習慣幾與之同化，覺得古城中酒樓飯莊以「春」名者多至十數，反不如家中廚子所做的菜飯可口，長夏無俚把筆記之，聊與南中戚友共作「故都春夢」耳。

北京的規矩普通人家飯食都是早頓麵食，晚上吃飯。到了夏季，麵食除了麵條、餅、包子、饅頭、蒸餃子、煮餃子、盒子、餡餅以外，又添上一樣「糊塌子」，就是把西葫蘆，黃瓜或青倭瓜擦成絲兒，和麵糊，打上兩三個雞蛋，和好，在鐺上塌成小茶碟大的餅，蘸蒜醋吃，外焦裏軟，很是不錯。可是烙的時候廚子站在灶旁一烤，眞是受罪。吃麵條除了家裏有生日或紅白棚裏，大概沒有什麼人吃油膩滾燙的「打滷」，或是其熱非常的「川滷」。普通是用芝麻醬，炸醬油，燒茄子或燒羊肉拌麵，很細的「把兒條」，用涼水一過，用芝麻醬，芥末，老醋一拌，再加上切細的黃瓜絲，芹菜絲的麵碼，又酸又辣，吃到嘴裏冷冷的，眞叫清爽。炸醬油又叫「炸汁子」，用好醬油，加上羊肉絲或蝦子炸好，用牠拌麵，燒茄子用大蝦米或豬肉紅燒茄子，加上毛豆，放寬汁水來

拌麵，由街上羊肉床子上買來燒羊肉或羊脖子多要湯，也照樣可以下麵吃。夏天餃子就不大吃煮的了，大概都改成燙麵蒸餃。餡子大概是西葫蘆，冬瓜，扁豆，茄子，倭瓜爲最多，羊肉冬瓜或羊肉西葫蘆最普通。晚飯的時候家家都熬菉豆湯，用豆湯泡飯，就着鹹雞蛋，鹹鴨蛋或是淸醬肉，不再作旁的菜就吃飽了。家裏飯館裏都有荷葉粥，可是家裏荷葉粥只用荷葉蓋在鍋上，熱氣一蒸，粥自然變成黃綠色，有荷葉香，館子裏是用小鍋熬荷葉水對上去，顏色深，也許有點苦，不如家裏的好。家常飯菜不過是在茄子，冬瓜，毛豆，扁豆，秦椒，黃瓜，蓓藍這幾樣上想法子，茄子有葷素好多種作法。

從新年以後菜市上就有洞子貨的茄子出賣；不過有包子那們大，不是普通人家吃得起。五月節以後茄子不貴了，大家才能吃，葷的素的有好多樣吃法，紅燒茄子是把茄子切成片，用油炸過，用肥瘦適中的豬肉切成片，放寬汁水，加上團粉，把茄子片加入燒好，加口磨丁和青毛豆或嫩蠶豆爲配，顏色鮮明，頗能引人食慾，北海仿膳齋出名的菜就是燒茄子。有人不用豬肉，改用大蝦米，也很好。

再有一個法子就是「釀茄子」，把茄子削去外皮，切成二三分厚的片兒，用刀劃上些橫豎的紋，用油炸過，把肥豬肉剁成碎丁，用醬油和好，一層肉一層茄片夾雜放在大海碗裏在火上蒸爛，味兒濃厚，頗爲下飯，只是好淡素的人不很歡迎。

其他作法如把茄子切成絲，用羊肉絲炒成，作好加老醋，胡椒末，叫「炒假鱔魚絲」。再有把茄子切成斜方塊，用沙鍋，不加油，只用鹽水加黃豆煮成，叫做「淸醬茄」。熗茄絲加韮菜，叫「老虎茄」。還有一法是把茄子切片，夾上和好剁碎的豬肉或羊肉，用麵糊一裹炸好，就叫「炸茄餃」。有時茄片切得厚了，炸不透，吃到嘴裏，覺有生茄子味，不大好吃。

用大海茄放在灶口一燒，燒熟了，剝去外皮，裏面已經爛了，加上芝麻醬一拌，或加黃瓜絲或加熟毛豆，拌好涼吃，叫「拌茄泥」。淡素宜人，最爲可口，眞是夏季的好家常菜。

冬瓜最大的用處是作餡兒吃，其次用小冬瓜蒸冬瓜鐘，或冬瓜雞，家常的吃法就是羊肉川冬瓜湯，羊肉用好醬油煨好，最後下肉，做成以後湯鮮肉嫩，加上老醋胡椒，是夏天最鮮的湯。

毛豆除了肉絲炒毛豆外，沒有別的吃法，就是「毛豆丸子」，把生毛豆和羊肉剁成碎末兒，混合拌好，加些團粉，作成丸子，放湯川毛豆丸子，湯也很鮮。更有一法把生毛豆用小石磨磨成漿，加上花椒油熬熟，叫「小豆腐」，這是鄉下傳到北京的吃法，平常人家不大愛吃。

夏天遇見連陰天的日子，出不了門，想喝兩杯酒，過陰天，沒有別的下酒，把毛豆用花椒鹽水一煮，放涼了，一手端杯，一手拈豆，一人獨酌固好，兩三知心且談且飲也好。若是手摸空盤，豆子已盡，或是瓶罄，杯乾，酒興未闌，望瓶生歎，惆悵不已。此中意趣決非大方肉，大碗酒者所能夢見，亦非列鼎而食者所堪告語。或謂毛豆下酒不免寒乞相，豈其然乎。

× × ×

上海郵政管理局暫准登記證第四〇〇號

周佛海先生散文集

古今叢書之一

往矣集

白報紙精印・增訂第九版

往矣集目次

往矣集出版以來，以內容充實，筆鋒瑰奇，深得國內外讀者之歡迎，故一年以來行銷已逾兩萬餘册，爲出版界所僅見之紀錄；其盛況已無待煩言。著者在日譯本序文中有云：「出版之後，在一年之內，竟出到第八版，這雖然比不上民國十七年我出版『三民主義之理論的體系』時的盛況，但是在近數年來的出版界中，也可說是稀有的現象」。尤不難見此書之價值。茲以增訂九版業已問世，凡愛讀著者文章者，不可不先覩爲快。

每册實價一百元

內刊銅版精印插圖多幅

周越然 周作人 陳乃乾 紀果庵 謝剛主等八家合集

古今叢書之二

蠹魚篇

筆調雋永清麗・材料豐富珍秘

本社於往矣集出版以後，因鑒於目前出版界之沈寂，爰有古今叢書之二蠹魚篇問世，內容所談皆係古今書市之變遷，藏家之生平，及梓林之掌故史乘。作者諸君，不惟俱係當代聞名作家，且又南北各占其半。手此一編，即可爲通人，不致爲書賈所欺。蓋以我國文化之悠久，著述之浩繁，正有待於學人輩之爬羅剔抉，故本集於文苑之意義即不難想見。茲以第二版出書後，存書又已不多，凡關心學術文獻者，請即捷足先得。

每册實價七十元

蠹魚篇目錄

古今合訂本

第七册業已出版
第八册即將出版

每册實價貳百元正

本期每册實價叁拾伍元

古今

文史半月刊

第五期

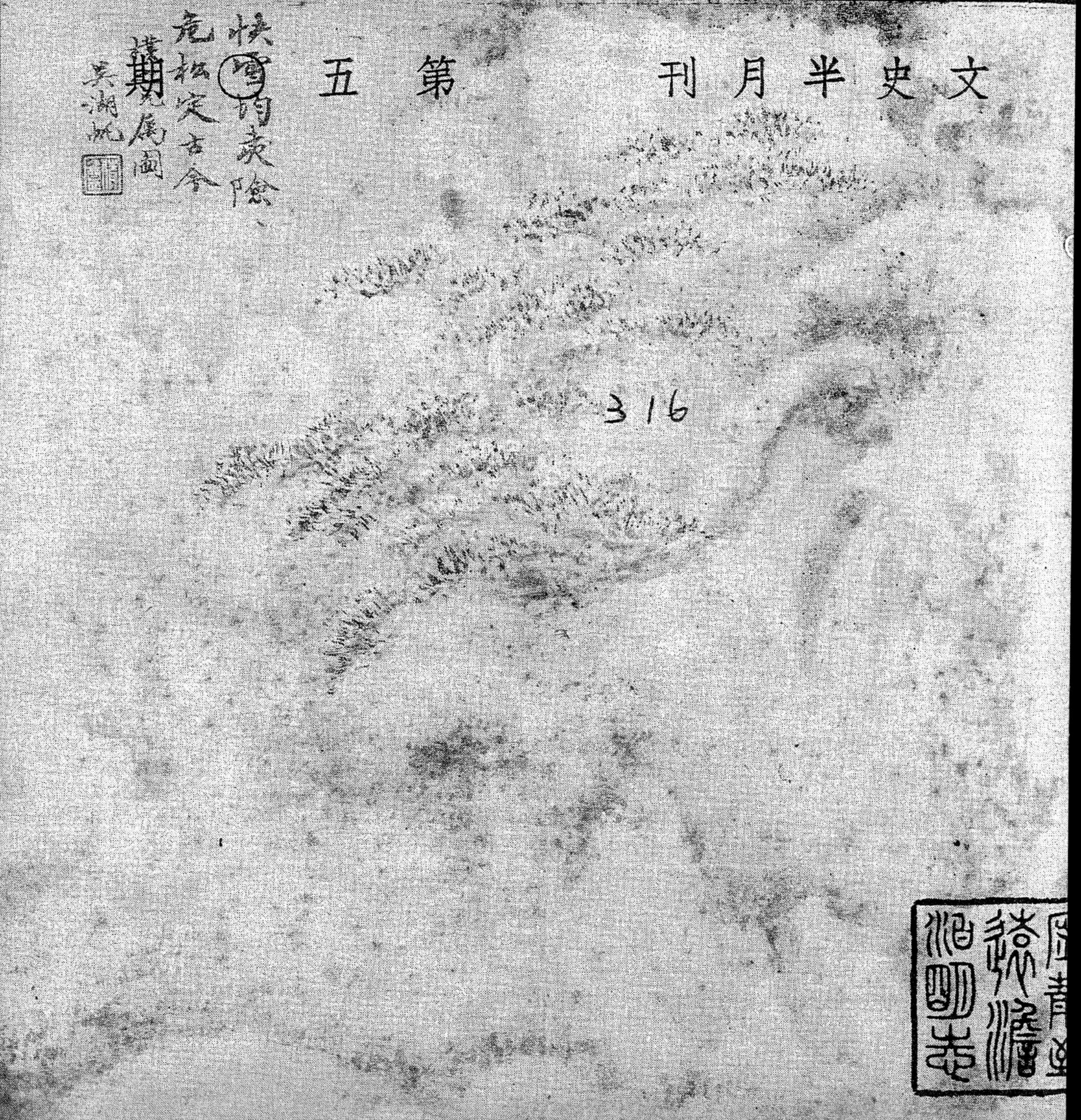

古今

文史半月刊

第五〇期

中華民國三十三年七月一日出版

社長　朱樸

主編　周黎庵

發行者　古今出版社　上海咸陽（亞爾培）路二號

發行所　古今出版社　上海咸陽（亞爾培）路二號　電話：七三七八八號

印刷者　中國科學印刷公司

經售處　中央書報發行所暨全國各大書坊報販

上海雜誌聯合會第十號會員雜誌

零售每冊中儲券三十五元

國民政府宣傳部　登記證滬誌字第七六號

第一警察局　登記證C字一〇一二號

預定　款項先繳　照價八折　半年三百元　全年六百元

我的雜學

知堂

五

我學外國文，一直很遲，所以沒有能够學好，大抵只能看看書而已。光緒辛丑進江南水師學堂當學生，纔開始學英文，其時年已十八，至丙午被派往日本留學，說是去學建築，不得不再學日本文，則又在五年後矣。我們在學校學英文的目的爲的是讀一般數理化及機器書籍，所用課本最初是華英初階以至進階，參考書是考貝紙印的華英字典，其幼稚可想，此外西文還有什麼可看的書全不知道，許多前輩同學畢業後把這幾本舊書拋棄淨盡，雖然英語不離嘴邊，再也不一看橫行的書本，正是不足怪的事。我的運氣是同時愛看新小說，因了林氏譯本知道外國有司各得哈葛德這些人，其所著書新奇可喜，後來到東京又見西書易得，起手買一點來看，從這裏得到了不少的益處。不過我所讀的却並不是英文學，我只是借了這文字的媒介雜亂的讀些書，其一部分是歐洲弱小民族的文學。當時日本有長谷川二葉亭與昇曙夢專譯俄國作品，馬場孤蝶多介紹大陸文學，我們特別感到興趣，一面又因民報在東京發刊，中國革命運動正在發展，我們也受了民族思想的影響，對於所謂被損害與侮辱的國民的文學更比强國的表示尊重與親近。這裏邊，波蘭、芬蘭、匈加利、新希臘等國最是重要，俄國其時也正在鬧革命，雖非弱小而亦被列入。那時影響至今尚有留存的，即是我的對於幾個作家的愛好、俄國的果戈理與伽爾洵，波蘭的顯克威支，雖然有時可以十年不讀，但心裏還是永不忘記，陀思妥也夫斯奇也極是佩服，可是有點敬畏，向來不敢輕易翻動，也就較爲疎遠了。摩斐耳的斯拉夫文學小史，克羅巴金的俄國文學史，勃蘭特思的波蘭印象記，賴息的匈加利文學史論，這些都是四五十年前的舊書，於我却是很有情分，回想當日讀書的感激歷歷如昨日，給予我的好處亦終未亡失。只可惜我未曾充分利用，小說前後譯出三十幾篇，收在兩種短篇集內，史傳批評則多止讀過獨自怡悅耳。但是這也總之不是徒勞的事，民國六年來到北京大學，被命講授歐洲文學史，就把這些拏來做底子，而這以後七八年間的教書，督促我反復的查考文學史料，這又給我做了一種訓練。我最初只是關於古希臘與十九世紀歐洲文學的一部分有點知識，後來因爲要教書編講義，其他部分須得設法補充，所以起頭這兩年雖然只擔任六小時功課，却眞是日不暇給，查書寫稿之外幾乎沒有別的事情可做，可是結果並不滿意，講義印出了一本，十九世紀這一本終於不曾付印，這門功課在幾年之後也停止了。凡文學史都不好講，何況是歐洲的，那幾年我知道自誤誤人的確不淺，早早中止還是好的，至於我自己實在却仍得着好處，蓋因此勉强讀過多少書本

，獲得一般文學史的常識，至今還是有用，有如教練兵操，本意在上陣，後雖不用，而此種操練所餘留的對於體質與精神的影響則固長存在，有時亦覺得頗可感謝者也。

六

從西文書中得來的知識，此外還有希臘神話。說也奇怪，我在學校裏學過幾年希臘文，近來翻譯亞坡羅陀洛思的神話集，覺得這是自己的主要工作之一，可是最初之認識與理解希臘神話却是全從英文的著書來的。我到東京的那年，買得該萊的英文學中之古典神話，隨後又得到安特路朗的兩本神話儀式與宗教，這樣便使我與神話發生了關係。當初聽說要懂西洋文學須得知道一點希臘神話，所以去找一兩種參考書來看，後來對於神話本身有了興趣，便又去別方面尋找，於是在神話集這面有了亞坡羅陀洛思的原典，福克斯與洛士各人的專書，論考方面有哈理孫女士的希臘神話論以及宗教各書，安特路朗的則是神話之人類學派的解說，我又從這裏引起對於文化人類學的趣味來的。世間都說古希臘有美的神話，這自然是事實，只須一讀就會知道，但是其所以如此又自有其理由，這說起來更有意義。古代埃及與印度也有特殊的神話，其神道多是鳥頭牛首，或是三頭三臂，狀形可怕，事跡亦多怪異，始終沒有脫出宗教的區域，與藝術有一層的間隔。希臘的神話起源本亦相同，而逐漸轉變，因為如哈理孫女士所說，希臘民族不是受祭司支配而是受詩人支配的，結果便由他們把那些都修造成為美的影象了。「這是希臘的美術家與詩人的職務，來洗除宗教中的恐怖分子，這是我們對於希臘的神話作者的最大的負債。」我們中國人雖然以前對於希臘不曾負有這項債務，現在却該奮發去分一點過來，因為這種希臘精神即使不能起死回生，也有返老還童的力量，在歐洲文化史上顯然可見，對於現今的中國，因了多年的專制與科舉的重壓，人心裏充滿着醜惡與恐怖，這種一陣清風似的祓除力是不可少，也是大有益的。我從哈理孫女士的著書得悉希臘神話的意義，實為大幸，只恨未能盡力紹介，亞坡羅陀洛思的書本文譯畢，註釋恐有三倍的多，至今未曾續寫，此外還該有一冊通俗的故事，自己不能寫，翻譯更是不易。勞斯博士於一九三四年著有古希臘的神與英雄與人，他本來是古典學者，文章寫得很有風趣，在一八九七年譯過新希臘小說集，序文云在希臘諸島，對於古舊的民間習俗頗有理解，可以算是最適任的作者了，但是我不知怎的覺得這總是基督教國人寫的書，特別是在通俗的為兒童用的，這與專門書不同，未免有點不相宜，未能決心去譯他，只好且放下。我並不一定以希臘的多神教為好，却總以為他的改教可惜，假如希臘能像中國日本那樣，保存舊有的宗教道德，隨時必要的加進些新分子，有如佛教基督教之在東方，調和的發展下去，豈不更有意思。不過已經過去的事是沒有辦法了，照現在的事情來說，在本國還留下些生活的傳統，劫餘的學問藝文在外國甚被寶重，一直研究傳播下來，總是很好的了。我們想要討教，不得不由基督教國去轉手，想來未免有點彆扭，但是為希臘與中國再一計量，現在得能如此也已經是可幸的事了。

七

安特路朗是個多方面的學者文人，他的著書很多，我只有其中的文學史及評論類，古典翻譯介紹類，童話兒歌研究類，最重要的是神話學類，此外也有些雜文，但是如垂釣漫錄以及詩集却終於未曾收羅。這裏邊於我影響最多的是神話學類中之習俗與神話，神話儀式與宗教這兩部書，因爲我由此知道神話的正當解釋，傳說與童話的研究也於是有了門路了。十九世紀中間歐洲學者以言語之病解釋神話，可是這裏有個疑問，假如亞利安族神話起源由於亞利安族言語之病，那麼這是很奇怪的，爲什麼在非亞利安族言語通行的地方也會有相像的神話存在呢。在語言系統不同的民族裏都有類似的神話傳說，說這神話的起源都由於言語的傳訛，這在事實上是不可能的。言語學派的方法既不能解釋神話裏的荒唐不合理的事件，人類學派乃代之而興，以類似的心理狀態發生類似的行爲解說，大抵可以得到合理的解決。這最初稱之曰民俗學的方法，在習俗與神話中曾有說明，其方法是，如在一國見有顯是荒唐怪異的習俗，要去找到別一國，在那裏也有類似的習俗，但是在那裏不特並不荒唐怪異，却正與那人民的禮儀思想相合。對於古希臘神話也是用同樣的方法，取別民族類似的故事來做比較，以現在尚有留存的信仰推測古時已經遺忘的意思，大旨可以明瞭，蓋古希臘人與今時某種土人其心理狀態有類似之處，即由此可得到類似的神話傳說之意義也。神話儀式與宗教第三章以下論野蠻人的心理狀態，約舉其特點有五，即一萬物同等，均有生命與知識，二信法術，三信鬼魂，四好奇，五輕信。根據這裏的解說，我們已不難了解神話傳說以及童話的意思，但這只是入門，使我更知道得詳細一點的，還靠了別的兩種書，即是哈忒蘭的童話之科學與麥扣洛克的小說之童年。童話之科學第二章論野蠻人思想，差不多大意相同，全書分五目九章詳細敘說，小說之童年副題即云民間故事與原始思想之研究，分四類十四目，更爲詳盡，雖出版於一九〇五年，却還是此類書中之白眉，夷亞斯萊在二十年後著童話之民俗學，亦仍不能超出其範圍也。神話與傳說童話元出一本，隨時轉化，其一是宗教的，其二則是史地類，其三屬於藝文，性質不同，而稍其解釋還是一樣，所以能讀神話而遂通童話，正是極自然的事。麥扣洛克稱其書曰小說之童年，即以民間故事爲初民之小說，猶之朗氏謂說明的神話是野蠻人的科學，說的很有道理。我們看這些故事，未免因了考據癖要考索其意義，但同時也當作藝術品看待，得到好些悅樂，這樣我就又去蒐尋各種童話，不過這裏的目的還是偏重在後者，雖然知道野蠻民族的也有價值，所收的却多是歐亞諸國，自然也以少見爲貴，如土耳其、哥薩克、俄國等。法國貝洛耳，德國格林兄弟所編的故事集，是權威的著作，我所有的又都有安特路朗的長篇引論，很是有用，但爲友人借看，帶到南邊去了，現尚無法索還也。

八

我因了安特路朗的人類學派的解說，不但懂得了神話及其同類的故事，而且也知道了文化人類學，這又稱爲社會人類學，雖然本身是一種專門的學問，可是這方面的一點知識於讀書人很是有益，我覺得也是頗有趣味的。在英國的祖師是泰勒與拉薄克，所著原始文明與文明之起源都是有權威的書。泰勒又有人類學，也是一冊很好入門書，雖是一八八一年的初版，近時却還在翻印，中國廣學會曾經譯出，我於光緒丙午在上海買到一部，不知何故改名爲進化論，又是用有光紙印的，未免可惜，後來恐怕也早絕版了。但是於我最有影響的還是那金枝的有名的著名弗來若博士。社會人類學是專研究禮教習俗這一類的學問，據他說研究有兩方面，其一是野蠻人的風俗思想，其二是文明國的民俗，蓋現代文明國的民俗大都即是古代蠻風之遺留，也即是現今野蠻風俗的變相，因爲大多數的文明衣冠的人物在心裏還依舊是個野蠻。因此這比神話學用處更大，他所講的包括神話在內，却更是廣大，有些我們平常最不可解的神聖或猥褻的事項，經那麼一說明，神秘的面幕倏爾落下，我們懂得了時不禁微笑，這是同情的理解，可是威嚴的壓迫也就解消了。這於我們是很好很有益的，雖然於假道學的傳統未免是有點不利，但是此種學問在以僞善著稱的西國發達，未見有何窒礙，所以在我們中庸的國民中間，能够多被接受本來是極應該的吧。弗來若的著作除金枝這一流的大部著書五部之外，還有若干種的單冊及雜文集，他雖非文人而文章寫得很好，這頗像安特路朗，對於我們非專門家而想讀他的書的人是很大的一個便利。他有一冊普須該的工作，是四篇講義專講迷信的，覺得很有意思，後來改名曰魔鬼的辯護，日本已有譯本在岩波文庫中，仍用他的原名，又其金枝節本亦已譯出。弗來若夫人所編金枝上的葉子又是一冊啓蒙讀本，讀來可喜又復有益，我在夜讀抄中寫過一篇介紹，却終未能翻譯，這於今也已是十年前事了。此外還有一位原籍芬蘭而寄居英國的威思忒瑪克教授，他的大著道德觀念起原發達史兩冊，於我影響也很深。弗來若在金枝第二分序言中曾說明各民族的道德與法律均常在變動，不必說異地異族，就是同地同族的人，今昔異時，其道德觀念與行爲亦遂不同。威思忒瑪克的書便是闡明這道德的流動的專著，使我們確實明瞭的知道了道德的真相，雖然因此不免打碎了些五色玻璃似的假道學的擺設，但是爲生與生生而有的道德的本義則如一塊水晶，總是明澈的看得清楚了。我寫文章往往牽引到道德上去，這些書的影響可以說是原因之一部分，雖然其基本部分還是中國的與我自己的。威思忒瑪克的專門巨著還有一部人類婚姻史，我所有的只是一冊小史，又六便士叢書中有一種結婚，只是八十葉的小冊子，却很得要領。同叢書中也有哈理孫女士的一冊希臘羅馬神話，大抵即根據希臘神話論所改寫者也。（六月五日）

讀藥堂雜文

文載道

一

幾年來愛讀藥堂先生文，幾已成爲一種嗜好，因此凡先生筆鋒所及，總是細心閱讀，一遍不足，繼之以二，益之以三……。我不敢說對藥堂有怎樣心得或瞭解，但作爲一個忠實的愛好者則自問尙勉強來得。因此寒齋書篋中最多的也還是苦雨齋的集子，不過還無法搜到全部，如其早期出的「苦雨齋小書」，有一二册迄今仍付闕然。實在說，藥堂先生也應該有部系統的結集了。不論他是早期晚期，譯的作的。像有幾篇語絲時代所作的隨筆雜文，鄙見以爲都該搜羅進去，這樣才更能看到藥堂的作風及業績之整體。

因文字的表現與傳布，使人與人之間的距離得以比較的縮短，進而有所理會，這是文字的最大效用，最具體的明證。然而嚴格的說，這又談何容易呢？因爲在相反方面，文字正足以使彼此的距離加深。這一點，觀於一般青年對藥堂作品之表示冷淡，就是好的說明，甚至有許多從前愛讀知堂作品的，後來看見他作品中略有苦澀之味，與悠閒冲淡的印象，以及摘抄舊書的幾種關係，也難免有程度上的深淡之分了。

這些原是見仁見智，不易遽下結論，且如藥堂所說「拙文貌似閒適，往往誤人」，和「近見日本友人議論拙文，謂有時讀之頗感苦悶，鄙人甚感其言」云云（見藥味集序），則在知堂自己正復「不自諱言其苦」，而讀者對之自尤「頗感苦悶」了。

算起來以區區的年齡學問及生活方式各方面，多少與知堂有些距離，而且根本無一面之緣，對先生的私的一面也異常隔膜，今所以仍有其深切的愛好者，或者正是著者所譬喻的，像結緣豆那麼的一二顆緣份而已。

查宇宙風社出版瓜豆集結緣豆之末有云：

「（上略）寫文章本來是爲自己，但他同時要一個看的對手，這就不完全與人無關係，蓋寫文章卽是不甘寂寞，無論怎樣寫得難懂，意識裏也總期待有第二人讀，不過對於他沒有過大的要求，卽不必要他來做嘍囉而已。……古人往矣，身後名亦復何足道，唯留存二三佳作，使今人讀之欣然有同感，斯已足矣，今人之所能留贈後人者亦止此，此均是豆也。幾顆豆豆，吃過忘記未爲不可，能略爲記得，無論轉化作何形狀，都是好的，我想這恐怕是文藝的一點効力，他只是結點緣罷了。我卻覺得很是滿足，此外不能有所希求，而且過此也就有點不大妥當，假如想以文藝爲手段去達別的目的，那又是和尙之流矣……。」

將文藝看得如此平凡，却又如此明徹。此在「以文藝爲手段去達別的目的」的人，當然不能同意，但是在對文藝別無過大的野心的人——卽所謂「不能有所希求的」另外的一輩，實在覺得切貼而中棨，說出了大家要說的話。中國向來「開科取士」，四民之中卽以士爲最尊嚴清高的階級。於是會略弄筆頭的人，就憑此而貪緣奔走，想達各種分外的目的，而文藝苦矣寃矣。至於其他的階級對待一般寫作的人，似乎也是不甚公平，不是看得過高就是被貶爲「呆鳥」，眞近乎「四體不勤五穀不

分」之流，而且這時候要想聲明歇業，却又像苦雨翁所慨嘆的，同於浙東的墮民一樣，無論如何是不可能的了。

本來人各有志，要想昇官發財原是方法甚多，悉聽尊便。不過以文藝爲手段，把它當作擺渡到彼岸的橋，總覺得兩方面都不大好。從前嘗讀文木山房主人的儒林外史，深以臨末四位會寫字的，賣火紙筒的，開茶館的，設裁縫舖的季（遐年）王（太）蓋（寬）荆（元）的作風感到羨慕。因爲他們都能自食其力，對社會別有本分的貢獻，而憑手藝來打發生活，所以空下來讀書下棋寫字，只當作一種消遣或求智，也並不想登「儒林」，這樣對文學既不至有什麼損害或踐踏，而自己的溫飽應幾也可保持。因此繞過來的結論是文學之外尙須另有職業，猶如相信宗教的人，儘管日夕忙着於自己的職務，如做官，開店，教書，以至販夫走卒的辛苦營生，但對其信仰一樣不至於動搖遊離，空閒時再來到敎堂做禱告，往佛寺進香還是可以得到精神上的寄託。此則藥堂在苦口甘口第二段中也說：（藝文雜誌十一月號）

「第一想說的是，不可以文學作職業。本來在中國夠得上職業的，只是農工商這幾行，士雖然位居四民之首，爲學乃是他的事業，其職業卻仍舊別有所在，達則爲官，現在也還稱公僕，窮則還是躬耕，或隱於市井，織屨賣藥，非工則商耳。若是想以學問文章謀生，唯有給大官富賈去做門客，呼來喝去，與奴僕相去無幾，不唯辱甚，生活亦不安定也。」

以下接說在東京聽章太炎氏講學時，章氏即敎訓學生們將來切不可以所學爲謀生之具，必須別有職業以糊口，學問事業乃能獨立，不至因外界的影響而動搖以至墮落，其意以爲可將中醫當作職業，於讀書人的學習上很爲便利容易云云。這麼說可見士這個名稱，在職業上根本是不成立的了。而言之諄諄，誠不愧爲苦口甘口。這於上引的一段可以發明，而於他在舊書回想記引言所云，將讀書譬爲「有如抽紙烟的人，手嘴閒空，便似無聊，但在鄙人則是只圖遮眼」之說也相闘合，雖則難免有謙遜的地方，但讀書能抱定這等態度，也復大佳耳。

將這些總括起來，正逕通着藥堂幾年來所一再宣稱的，希望能在誠摯與老實上下功夫，疾虛妄而憎浮誇，不欺騙文藝僱客，——尤其是青年讀者的一貫思想。而青年讀者反多不諒解，遂使他對幾年來「奉行文藝政策以文學作政治手段」之輩，益深自疾惡矣。

這不妨回過來讀一下苦口甘口的全文，就覺得老人並未完全忽視青年，隔絕青年，而大部分正是對年輕的讀者及作者所下的箴言。如其劈頭所說：「平常接到未知的青年友人的來信，說自己愛好文學，想從這方面努力做下去，我看了當然也喜歡，但是要寫回信卻覺得頗難下筆，只好暫時放下，這一擱就會再也找不出來，終於失禮了。這正合於一句普通的成語，叫做『一言難盡。』」——這種審愼與虛心，在不含成見（我近來益覺成見之可畏，因此對於凡以成見而看人論事者，只能「又當別論」。）的青年，多少能加以理會吧。這就是說，至少限度，藥堂這篇文章的立論是否爲青年所適合，姑且不談，然而他並未像一般持有成見的人所想像的怎樣遠離青年，甚至憎厭青年則是顯然的事。自然，因爲他不懷什麼野心雄圖，要他怎樣隨着青年附和合拍，也一樣的不容易了。

這些意思，在苦竹雜記後記裏，也說得很分明。如答南京陽君書中

有云，「國家興亡，自當負一份責任，若云現在吶喊幾聲准我免罪，自愧不曾學會畫符念咒，不敢奉命也。」又在「責任」之末有云，「自己所說的話當能實踐，自己所不能做的事可以不說，這樣地辦自然會使文章的虛華減少，看客掉頭而去，但同時亦使實質增多，不誤青年主顧耳。」這話說得何等老實負責，對於青年亦未嘗不念茲在茲，但也許說的太老實了，有許多人即難免掉頭而去，而且不勝其悻悻色。此亦可見在混亂浮囂的時代，往往叫人老實不得。因此一部分人，就掉轉詞鋒隨機媚俗，「吶喊幾聲」，（吶喊並非要不得，毛病却是出在就只「幾聲」上面。）而藥堂却依然是一副中庸矜持之態，始終將筆桿放在「情理」的標準之上，那麼，在另一方面，自然要形成對壘之勢了。

二

我的這篇小文，固然談不到什麼「書評」，但我還要略加補充在這裏。

從前我也曾經寫過讀藥堂其他文集的一二篇隨感。除了摘引原書之外，有的地方難免有許多讚嘆流連之詞，這雖只是個人的意見，而且以先生的學問地位，有所褒貶，對於他，也不至於有什麼得失損益，不過因個人歷年來的傾慕與歡喜，借禿筆以資紀錄而已。但別人却以為這頗近於恭維或阿私，原因是既有「是」的地方，當然也不應去其「非」之所在，這樣方是「批評」的原則。這話不是沒有理由，然而對於根本談不上什麼「批評」的我，却不甚合適。這不是我的客氣，也不想卸責。說得籠統一點，像這一類文字，不過是很平常的讀書隨筆罷了。至於既稱批評（或作書評），確需要有嚴謹的眼光，公正的態度，「爬羅剔抉」，兼籌並顧，對於作者及其作品，批評家眞有生殺予奪的權威。像我從前所看見的，有幾篇批評，就呈着怒目橫眉的顯赫之姿，並且結果必引起一場激烈的筆戰。

我自然沒有這樣的雄心，至於筆鋒所以常帶好感的緣由，我想也很平常。因為我們既然對某一個作者，某一本書要想說幾句話，則除了上述的這一種謹嚴不苟的立場之外，其次，無非因為對這個作者與作品，日積月累地有着比較深切的印象與感情；蓋中心藏之本非一朝一夕矣。例如在飄搖的風雨之夜，燈定更深，四廂寂然，心想這該是夜讀的上好背境了，於是隨手取出架上的閒書來，倚着枕席醰醰地讀下去。如果是未讀過的，彷彿如逢豁然開朗的天地，已讀過的，也像他鄉之遇故知。慢慢的再來查攷這位作者的生平，或者買他其他的集子來讀，到了日脚一多，自然而然的胸中有了一些要說的話，一旦形諸筆墨，恰如在豁然開朗的天地中順手採得一支小草，一顆果實，或者在故交之前作幾句鄉談，來一點寒暄，此外也就更無什麼作用了。這是極平凡的事，世間原不乏此例。然而能够將這例子表顯得恰到好處的，說起來倒又不能不推藥堂自己了。這從他之題名「夜讀抄」一集即可概見。曹聚仁先生在「文思」中有讀「夜讀抄」的札記云：

「夜讀抄所提到的那幾種書。……（書名略）都不是什麼大著作，長長短短，都說到一點，原不是影戲牌頭，借此裝點自己門面。正如樹蔭底下閒談，說起故交消息，好好壞壞，夾雜批評一點，自覺親切有味。」

曹先生雖好臧否人物及著述，但也可謂少所許可，這幾句話尤其覺

得有意思，勝過我的這大堆嚕囌萬萬。——是的，我寫了五六張紙，却還不會觸着本題。好在我不過以這本「藥堂雜文」作引子，目的還是想海闊天空的亂談一陣，紀錄一點讀書的餘感。如藥堂在「讀書的經驗」末有云：「因爲我終於只是一個讀書人，讀書所得就只這一點，如不寫點下來，未免可惜」。一個人對於自己「所得」，太看重固然近乎夜郎自大，但所謂敝帚自珍之感，却亦不可缺少。讀書不能說是容易輕便的事，然一視爲畏途，也終於白首無成。說到底，名人指導，嚴師督責，都不能收理想的效果，而只且能限於啓蒙時期，主要還賴於自己的取舍理解，此觀於藥堂之出身江南水師學堂即是一例。這裏可以借用「藥堂雜文」序中一節話，——論古文與新文學的相互關繫上，有可供我們參攷貫通之處：

「說到古文，這本來並不是全要不得的東西，正如前清的一套衣冠，自小衫袴以至袍褂大帽，有許多原是可用的材料，只是不能再那樣的穿戴，而且還穿到汗汙油膩。新文學運動的時候，雖然有人嚷嚷，把這衣冠撕穿了扔到茅廁裏完事，可是大家也不會這麼做，只是脫光了衣服，像我也是其一，赤條條的先在浴堂洗了一個澡，再來挑揀小衣襯衫等洗過了重新穿上，開衩袍也縫合了可以應用，只是白細布夾襪大抵換了黑洋襪了罷，頭上說不定加上一頂深茶色的洋氈帽。中華民國成立後的服色改變，原來也便是這樣，似乎沒有什麼可以奇怪的地方。朝服的舍利孫成爲很好的冬大衣，藍色實地紗也何嘗不是民國的合式的常禮服呢。不但如此，孔雀補服做成椅靠，圓珊瑚頂拏來鑲在手杖上，是再好也沒有的了，問題只是不要再把補服綴在胸前，珊瑚頂裝在頭上，用在別處是無所不可的。我們的語體文大概就是這樣的一副樣子，實在是怪寒傖的，洋貨未嘗不想多用，就生活狀況看來還只得利用舊物，頂漂亮的裝飾大約也單是一根珊瑚杖之類罷了。假如這樣便以爲是復古，未免所見太淺，殆猶未曾見過整本的古文，有如鄉下人見手杖以爲是在戴紅頂了。」

這所說的雖是今古文的問題，却就是我們對於學問的態度。換言之，與其空口的嚷着扔到茅厠裏去，何如截長補短的將這件舊衣服利用過來。五四時代熱烈的對桐城謬種選學妖孽的破壞，固然其功不在禹下，但接下來應該是怎麼建設了。前幾年亦有人提出文學遺產的問題，雖然遺產的數目稀少到寒傖可憐，但總之也說明了中國人總究不能離開中國的東西，以此爲中心，則吸收一點西洋的新鮮空氣才不至變成奇裝異服了。藥堂的上列的議論，在剪裁的方法上是否完全合於時代，是另一問題，但原則上却應該大家站起來舉手贊成。而且，我們都知道藥堂在五四時代原是和舊勢力舊思想殺過一陣，對於西洋東洋的文化風習也有其卓特的瞭解，對於中國的所謂「國學」不待說更是造詣極深。現在，以具備着這幾個重要條件的人，却發表了這樣的意見論調，似乎也可以使我們明白，這些袍褂冠蓋並非就是一脚踢開所能濟事的。最顯明的，便是他自己從這些東西裏面所體會出來的利弊損益，「赤條條的先在浴堂洗了一個澡，再來挑揀小衣襯衫等洗過了重新穿上……」的經歷，可以給我們作最誠實的參鑑。記得郭紹虞先生在語文通論（開明板）中的新文藝運動應走的新途徑裏說：

「我很不願意純用感情無條件的排斥舊文學；不僅如此，對於一些摭拾陳胡二周在民國八九年間所發表的言論奉爲正則以輕詆舊文學者，有時反覺其隨聲附和淺薄得無謂。在文學革命初期的言論，不妨有矯枉過正之處；迨

至文學革命既有相當的成功，則不應猶襲陳言，故步自封，同一言論，出於陳胡二周錢劉諸人之口則可，出於現時人之口則便有商量的餘地。這不是崇拜偶像，這卽是時代的關係。所以我不很依附陳胡諸人之後塵以抹煞舊文學，但是很願平心靜氣探求舊文藝何以仍有殘餘勢力之原因。我常以爲自文學革命運動發生以來以至現在也近二十年了，其主張不可謂不正，其勢力不可謂不厚，其成績也不可謂不大，但何以社會對之猶有相當的輕視。此種情形，決不可忽視，而我又不欲歸之於社會的惰性，以守舊責人，所以我很願意探求其原因，以明瞭他的癥結所在。」

這些意思固極足重視，且與大部分人的意思相合。因爲新文藝之必須抬頭，和慢慢的代一切古舊陳腐的文字思想而統一文壇，該是沒有問題的事。不過歷史的演進有時倒性急不得，必須按照他的程序才水到渠成。因此，先將自己赤條條的跳到澡堂中洗一個澡，是一個辦法，將舊物（是舊物而不是廢物）利用，再加上新材料新手法，做成一件合於多數人觀瞻及實用的衣服，也是一條途徑，說不定正是在取消或溶化古文的一種手段，相反而實相成，一面唯恐其不「消」，一面唯恐其不「長」，似矛盾而實則和諧。這又如郭先生所說：「所以我以爲新文藝在現在，正應走上新途徑，進至新階段；而此所謂新途徑新階段云者，正也不妨取循環的方式，走上似乎陳舊的途徑，以吸收文言文所以適於應用的優點。」結論則說：「所以我們所要注意的，不是如何的歐化問題，乃是如何土化的問題。上文所謂似舊而實新者，即在這一點。」這都是一件事情的幾面說法。

不過要注意的是，這些論調表面上確極有爲復古家張目的危險，那豈不連五四時代一點艱辛慘澹的成績都放棄了嗎？因此，我覺得主要的還在於中間的思想問題，文字只是一種手段而已。當年胡陳諸氏所以提倡白話文而打倒文言文，卽特別的因文言文中所附麗所隸屬的種種三綱五常，虛玄古怪的鬼話濫調之不合於時代，古文一日不消滅，則這些鬼話濫調就有蔓草難除之勢。所以，問題還在這裏面所包涵的思想是怎樣，假如能夠沒有問題，則縱使在形式方面略爲舊一點（能夠更新自然更好），還是無礙於中國新文學的前途。如藥堂所說，「還有一層，值得特別指出的是，現今的語體文是已經洗過了一個澡來的，雖然仍舊穿的是大衫小衫以至袍子之類，身體却是不同了。這一點是應當看重的，我看人家的文章常有一種偏見，留意其思想的分子，自己寫時也是如此」。於此，我們不禁想起了中國過去的幾部舊的章回小說，以及後來的鴛鴦蝴蝶的作品。它們所寫出的同樣是白話文，如水滸紅樓的對白，當代作家中殆難趕得上其生動靈活，只是講到整部作品的思想精神，依現代人生活標準看來，至少是百分之九十的不適合吧。可見要緊的還是所謂「立意」，至於作家表現的方法不妨依各人所習慣的而定。藥堂在漢文學的前途上亦說：

「……其結果卽爲白話文，或曰語體文，實則只是一種新式漢文，亦可云今文，與古文相對而非相反，其與唐宋文之距離，或尙不及唐宋文與尙書之距離相去之遠也。這樣說來，中國新文學爲求達起見利用語體文，殆毫無疑問，至其采用所謂古文與白話等的分子，如何配合，此則完全由作家個人自由規定，但有唯一的限制，卽用漢字寫成者是也。」

但這「完全由作家個人自由規定」云云，似乎也應該有一個條件，卽古文不妨吸收採用，然究以大家看得懂爲限度。正如採用歐化的句法

一般。否則，倘無一定的限制，就我掉爛古文而他搬弄中國人所難懂的西洋腔調，勢非豫先訓練讀者的能力不可，那也不足爲訓。藥堂的原意或許並非這樣，不過文壇中確乎有此現象，偶然的想到附筆及之。

三

以上第一節中所提到的多是題外話，第二節中略引藥堂對漢文學的見解。按本書共分三分，第一分，是關於漢文學的傳統，中國思想問題，中國文學上的兩種思想，漢文學的前途等理論文字，爲近年來所不易見者。第二，第三兩分爲常見之讀書隨筆和回憶故舊之作，最後有勤藝堂題跋抄及名人書簡鈔存。除自作附記外，即載前人的跋。藥堂素來喜歡尺牘題跋，而越縵又是其鄉先輩（雖則是不大佩服），或遂因此附錄，像瓜豆集中所附的主諸庵小品一般。我對於李悉伯的好讀書固知敬服，但却缺少親切之感，日記中所表現的動輒罵人，雖可說是士夫積習，但那種自命不凡目無餘子的氣概，却是百載之下猶令人有迫壓窒息之感也。書簡末附載李氏的戲擬六朝人與婦書一通，因爲全文都是駢體，所以對我更外行，也更無興趣。藥堂稱其「越縵此二書蓋是故意爲文，故文辭華瞻，而情意誠懇反不及前錄，且其用意無非爲納妾辯解，其夫婦之間本已冷落，今又談此事，宜其益見支絀矣。」男子納妾，在從前專制時代本極尋常，（且慢，請問眼前共和時代呢？）然而一有辯解，反見其作態過甚。前在梅景書屋曾見洪文卿的原信，亦係爲其納妾（時未納賽金花，或即是其張本也）辯護者，即已有此感想，雖則我們也很同情舊時代中婚姻不自由不滿意之苦，但在女子那一方也何嘗不是這樣呢。藥堂一向對婦女問題——如不能說是有怎樣業績，也總可說是很有興趣吧，以前在雜誌文集上時有見其此類作品，今雜文中亦收女學一席話，讀列女傳，觀世音與周姥，女人軼事，蔡文姬悲憤詩，皆直接間接的與婦女問題有關。如讀列女傳中有一節話，曾引李越縵諷俞正燮的節婦說及妬非女人惡德論之說，而加簡評云：「越縵俗儒，滿腹都是男子中心的思想，其以俞君語爲偏譎本不足異，唯比擬爲出於周姥則極有意思，本是排調却轉成賞譽矣。以周公制禮，而能得周姥之意，非忠恕一貫豈能至此，可不謂之大賢乎。有如此平正通達的見識，可以談婦女問題，無有偏執，亦可以寫新列女傳，讀之益人神智，惜乎未曾下筆，至今無能代者，可爲嗟嘆也。」列女傳是一部古書，而藥堂讀之却有新鮮的議論，可見要緊的還是在作家自己的思想。

其他尚有許多文字，限於篇幅，自不必多作文抄公了。而藥堂文字的魅力，就在吸引讀者可以至幾遍之多。記得憶廢名刋在古今之初，我見了頗覺其苦澀，後來與編者談起，却說這一類的文字才是藥堂最不可及處。旋又一讀再讀，才如啖諫果般之回味無窮。又憶從前晤到陶亢德先生，也說他在編宇宙風時，每一次的校藥堂樣，即覺有一次的勝處。凡此非文章、思想、見解的錘練有素，就決不會令人發生這樣的興趣，恰如其讀初潭集而批評李卓吾一樣，「思想的和平公正有什麼憑據呢？這只是有常識罷了，說得更明白一點便是人情物理。懂得人情物理的人說出話來，無論表面上是什麼陳舊或新奇，其內容一樣的實在，有如眞金不怕火燒，顚撲不破，因爲公正所以也就是和平。」想不作文抄公而居然又抄上這一段，實在也眞有欲罷不能之勢耳。（六月九日午後）

讀緣督廬日記(上)

挹彭

有人說某位學者的心理年齡祗有五歲，但我們則反是，生理年齡雖然才二十幾歲，心境總要在四十歲以上了，少年的綺麗固不存在，即中年之豪放也沒有，倒是在淡遠中略帶悵惘之情，好像在人生的路上，並不是走得快，而是有一大段路沒走；至少也是『十年一覺揚州夢』的那個十年綺夢在我們不曾有過，看一切事情總是漆黑的一面。比如說看書最喜歡『晚明』和『南宋』，這所謂思古之情，滄桑之感了；尤其對於晚清，更覺有一種親切之感，對於『遺老』有著很深的同情，當然這並不是以前『保皇黨』的心理，若說思古，則道咸同光宣迄今不過百餘年，上而較『晚明』『南宋』，尙不可謂古；若說滄桑之感吧，以年齡論未免迂闊可笑，且事實也有不合處，陳衍『石遺室詩話』卷九云：

> 自前清革命，而舊日之官僚，伏處不出者，頓添許多詩料，『黍離麥秀』『荆棘銅駝』『義熙甲子』之類，搖筆卽來，滿紙皆是，其實此時局光無故實，用典難於恰切，前清鐘虡不移廟貌如故，故宗廟宮室，未爲禾黍也；都城未有戰事，銅駝未嘗在荆棘中也；義熙之號雖改，而未有稱王稱帝之劉寄奴也；舊帝后未爲瀛國公謝道清也；出處去就，聽人自便，無文文山謝疊山之事也，余今年出都，有和秋岳一絕句云：「未須天意憐衰草，豈望人間重晚晴，春興田園吾自足，義熙端不託泉明」，故今日世界，亂離爲公共之戚，興廢乃一家之言。

石公此論雖是說詩，實際上確是如此，好像勝國諸公，也多此一舉了，嘗與友人談到『遺老』這個名詞好像是一件很雅的東西，千載難逢，一有機會，正好囂雅，我根本就覺得受過儒家教養的諸公，當然知道嚴夷夏之辨了，但像『海藏樓』之不忘故君，『楊雪橋』之輯詩話，『嘉業堂』之刋布明人遺集，這實在是一個大矛盾，然而自我輩觀之彌覺可憫，所以表示莫名的同情也，是亦爲『左派』諸公所不喜，黎庵先生曾舉出『聽水齋』的『不須遠說乾嘉盛，說到同光已惘然』，梁節庵也有『何必追傷乾道事，重論光緒已辛酸』之句，蘇戡渡遼後丙子有『與陳仁先傅治薌徐愈齋會飮』四首，其二云：

> 諸老銷沉等可哀，酒餘話舊苦低回，新京殘客能相見，喚起同光百感來。（話及沈文肅劉忠誠李文忠張文襄諸老）

諸公身歷世變，感慨萬端，與我輩之出處已異，悵惘亦自有別，尤其『海藏樓』日者曾說他當有晚遇，此詩作於乙亥乞休後，沉痛已極，每與二三長輩談光宣遺事，輒吟此數聯，而爲之欷歔不置，今年開歲過市肆得盛伯希祭酒七言聯一付，懸之齋壁，友人或說非是精品，或說『意園』不以字名云云；不佞的意思全不在是，爲的煮茗靜對，好像此中有人呼之欲出，『喚起同光百感來』也。

此種心情之來源——也可說是受了某一種『毒』吧——說起來讓陋

得很，就是：『越縵堂』『翁文恭』『湘綺樓』『緣督廬』這幾部日記，再其次就是『同光體』的詩集，還有一些晚清筆記和『孽海花』兩部小說，從文想到人，從人想到事，則不能不重有所感矣！

『緣督廬日記鈔』十六卷，前天剛把他讀完，原稿據作者在日記裏說自同治庚午（九年）至民國丁巳（六年）前後四十八年共四十三冊，行世之本係由王季烈『次第移錄，於已梓行之古今詩體，及米鹽凌雜，往來酬酢，無關宏旨之言，與夫規誨親朋之失，年丈不願示人，以傷忠厚者皆節去之，成書一十六卷，約得原稿十之四』，（王序），其中多談金石碑板，及記師友之授受，幷及朝章掌故，蓋此四十八年中，有『甲申』『甲午』『戊戌』『庚子』『辛亥』諸大節目，葉氏雖文采風華不及李越縵譚復堂，掌故亦不如李氏之淵雅，但已頗可窺一代之風氣而覘世變也。

葉氏係光緒己丑進士，論者謂嘉慶己未而後，以己丑得人爲最，其時潘翁主持風會，抡揚風雅，屢掌文衡，桃李遍天下，金石碑板之學大盛，潘翁均爲己丑朝考閱卷大臣，而葉氏與潘文勤師生之誼投分最深，同時師友如汪柳門，吳愙齋，盛伯希，端匋齋，繆藝風，沈寐叟，江建霞，王廉生諸人，皆以金石名家，可謂極一時之選。光緒丁亥(十三)汪柳門任廣東學政，招葉氏赴粵襄校，時吳愙齋亦巡撫廣東，葉記有云：

『謁清卿中丞，遍示所藏彝器，內外簽押房，羅列幾滿』。

『至撫署見中丞，案牘之旁羅列者皆古瓷也，中丞指示，此哥，此官，此汝，此定，又出二杯曰：此柴窰也，末學管見所不敢知，唯唯而已』。

乙丑（十五年）葉氏在京應會試，有記云：

『得鄭盦師書，以克鼎拓本一紙見貽，屬爲釋文；甫展函，建霞來傳示廉生書，述師意甚急，如不應命，以後所索拓本，皆將謝絕』。

宣統己酉（元年），葉氏乞休卜居吳門，時端匋齋總制兩江，曾爲常熟瞿氏鐵琴銅劍樓藏書徵入京師圖書館事（詳後），至蘇約葉氏往談，記云：

『十年不見，鬢蒼然矣，書畫金石圖籍之外，公事私事無一語，諄諄以鐵琴銅劍樓爲託』。

有清中葉以後，廣開捐例，名器不尊，仕進淆濫，但入官大多仍以正途爲重，也就是所謂學而優則仕了，至於是否確『優』固另是一問題，但我們從這裏看到科舉制度的另一面，即是內而樞臣，外而疆吏，以至學人士大夫上上下下仍是一片雍雍肅肅，文治氣象，國家的用人仍以讀書人爲多，所以雖在仕途淆濫的末葉，還能保持一種讀書的風氣，這不能不歸之於科舉之功，現在不用說求之樞臣疆吏，即辟雍庠序之中，也早不見有此風氣了，我們不能僅注意一部『官場現形記』或一部『二十年目睹之怪現狀』，固然那也是事實，有人把清社之屋或者歸罪於『清流黨』之譏抨朝政，大言誤國，我們也不能完全反對此種說法，但後來朝野不再有『清流黨』了，一切又如何呢？記得好像顧炎武說過：『風俗之厚薄奚自乎？自乎一二人之所向而已』，數十年來不用說主持風會的樞臣不可得，即求一償事之書生亦不可得矣！

燕京自元明即久爲人文薈萃之區，翁李諸公日記，多記廠肆書業，部曹士夫，每退食餘暇，日必趨車閱市，開卷令人嚮往不已，李蒓客日記每言書價之變遷，並慨言其時多『不務實得虛長浮聲』之士大夫，葉氏

亦屢言文物寖衰，但以視今日每下愈況，一瀉千里之文物凋敝，何啻天壤，廠肆視三十年前固然倒閉者已多，即每年新正廠甸市集，亦漸就零落；尤以今年，散在內城之書販，多未設攤，而殘羮冷炙，披沙揀金，比之去年，已有隔世之感，葉氏丁亥客粤在郋亭學使幕中，有記云：

『署中市玉，其賈愿者也，與之言作而吁曰：今非昔比矣，自瑞中堂督粤時，苞苴盛行，業此者利市三倍，今自督撫以下，皆不收禮，雖有珠璣翡翠安所用之，今安得有瑞中堂哉！言此若甚戚者，余聞業伽楠者柯紹基，亦爲瑞中堂而設，今亦閉歇矣。』

廠甸之火神廟，即專爲珠寶商集，不俟每年新正閱市，向不到其處，蓋與魯迅先生心理一樣，怕失神磞㨋攤子也，聽說前幾年珠寶行的生意比書業仍要冷淡數倍，但今年忽然反常，這所謂『反常』當然是好起來的意思，據該行人談，今年利市約二三倍，並爲本行人始料所不及云。歲朝會有一新貴介友人問及下走，願斥千金可能得一宋板資治通鑑否？以爲餽歲之用，但不知藏園老人能慨然割愛不？越縵老人若在又當慨嘆『是又書籍之一厄也』『此亦世變之一端也』。苦雨翁在前幾年，每年也是廠甸的老主顧，可惜近年來不但沒有『廠甸』那樣的小品給我們讀，即在別的文章裏也未談到，這未免爲敍『春明夢餘錄』者所致憾也。今年在廠甸時曾想到，『苦雨翁大概會來吧』？因之又想到王漁洋的古夫于亭雜錄裏說：

『昔在京師，士人有數謁予，而不獲一見者，以告崐山徐尚書健庵，徐曰：此易耳，但值每月三五，於慈仁寺市書攤候之，必相見矣，如其言，果然。』

又據簳蔭雜記載孔尙任燕台雜興云：『彈鋏歸來抱膝吟，侯門今似海門深，御車掃徑皆多事，只向慈仁寺裏尋』，即是說漁洋龍門高峻，人不易見，於慈仁寺書攤，乃得一瞻顏色。王文簡躋高位而祭酒文壇，自然使我們聯想到苦雨翁。回到家裏檢出『人間世』來看『廠甸』一文，那時又正是『人間世』創刋開十年來『言志派』的風氣，前幾期並有蔡鶴廎，錢疑古，桐花芝豆堂大詩翁，及沈氏兄弟，疊韵唱和苦雨翁的廝韵自壽詩。現在蔡劉錢諸公相繼下世，不禁耆老凋零之感，林沈諸君也阻隔川山，懷人天末，想起來好像又有『乾嘉風雅李隨園』的光景，劉半農序『初期白話詩稿』說五四諸將，在他覺得已是三代以上的人了，今日重檢舊志，晚學如予，不禁有『貞元朝士已無多』，『喚起同光感來』之嘆也！

葉氏記有關於當時收藏家的逸聞，也頗爲我所愛讀。

宜都楊惺吾與義州李保恂在同光間鑑藏金石書畫，屹爲海內兩大家，端匋齋每有所得，非請二人鑒定不自信，所以現在流傳的金石印本，凡會在匋齋許者，大抵都有楊李二氏題跋，惺吾並精輿地之學，光緒初年隨黎蒓齋使日本，正値明治維新伊始，國人唾棄舊學，惺吾頗以賤價得善本，滿載連艫而歸，充棟數十間，黎蒓齋輯刋之『古逸叢書』多出其手，並刋有『日本訪書志』，『留眞譜』，但是此公好作僞欺世，頗爲當時的士論所不滿，葉德輝說他以『販鬻射利爲事』，『留眞譜』及『日本訪書志』大都『原翻雜出，魚目混珠，蓋彼將欲售共欺，必先有此二書，使人取證』，並且據日人說楊氏刻留眞譜，往往見他人之書，抽其中一二頁，以便撫刻，果如所言，『則非士君子之行矣』。葉記於

楊氏所得之書，並其人亦頗致不滿，光緒甲申九月十六日於留眞譜第二册，有『寫本論語多至十許種，莫名其妙也』之語，頗奈人尋味，次日又記云：

『鄭庵丈以香嚴書見示，「一切經音」已屬黎星使購寄二部，印本甚精，而直祗十六元，鄂來之本，幸居停卽以贈彼，故無後言，否則將以僕爲黎邱之鬼矣，楊君嗜利至於如此，眞出意料之外，卽作書爲翼甫言之，翼甫抗爽無城府，不言恐爲所欺也』。

初七日記云：

『得翼甫書，知星吾不允送書來，而欲僕前往，其所謂宋元槧亦皆不可恃』。

初九日記云：

『又得翼甫書，知前函爲星吾督寫，其人之離奇閃爍，無與倫比，此事費唇舌數月，終爲畫餅耳。元刊篇韵，惟翠巖精舍刊玉篇，南山書院刻廣韵最精，所謂金本者亦元人刊其精者耳，宋槧論語邢疏，欲得善價，而不知其書之陋也，又有影鈔楊上善太素經不全本，謂爲中土遺書，而鄭盦丈有其全本也，宋本藏經以番佛三千尊售之宋軍門，欲其補全卽藏其目，翼甫以爲飽叔衡侯念椿之不如，誠哉是言也』。

十二月二十四日記云：

『翼甫來談，爲言星吾之詭譎絕頂，目錄之學亦絕頂，其宋本藏經，改易目錄售於宋軍門德鴻，旣爲一衲子道破，復作罷論，其所居宜都城磚甚古，皆刻字攜之東瀛，善價而沽，翼甫得其小字本藝文類聚，至費二十金，可謂昂矣』。

觀以上所記，則楊氏以『販鬻射利爲事』，得一佐證，後光緒三十三年，歸安陸氏皕宋樓藏書盡歸東瀛岩崎氏靜嘉堂，島田楨彥氏說：

『昔遵義黎蒓齋駐節吾邦，與宜都楊君惺吾，購求古本，一時爲之都市一空。數窮必復，陸氏之書，雖鈌其四庫附存本，「道藏」及「明季野乘」，而余知今之所獲，倍蓰於昔之所失也』。

蓋以爲此役聊足報復，頗現得色，汾陽王儀通推丞，所以有『坐使靜嘉騰寶氣，人生快事讓君驕』之句，則又慨乎言之矣，而楊氏晚年，避亂轉徙，數十棟之藏書，時被家人盜賣，子不能讀，作官負債累累，惺吾至欲賣書償之，並及身守其全而不可能，殆亦可謂之果報歟？

歸安陸心源先後著粵閩督糧道，李慈銘桃花聖解庵日記光緒元年二月初九日邸鈔後註云：

『有湖州舉人陸心源者，入貲爲廣東督糧道，貪穢著聞，被劾開鈌引見，閩浙總督李鶴年，奏調至福建差委，復署糧道，遂專閩事，招搖納賄，權出布按兩司上，至屢與巡撫王凱太齮，去年凱太請入覲，未至乞病，亦以此也，及潘霨入覲，頗爲當路者言之，心源因被劾，復詔開署鈌引見，鶴年怒，遂亦因事劾霨，有詔查辦，霨因乞假還蘇州就醫，而御史恭鏜復疏請：凡開鈌送部者不得藉事逗留，意亦在心源也，鶴年懼，因兩解之，故霨遂請養疾，而心源亦歸湖州矣。心源己未舉人，好爲詩古文而不工，多蓄金石書畫，以爲璧譽，其鄉人言其險薄鄙詐，劣跡甚衆，一郡皆不齒之，然聚書極多，凡四庫所著錄及存目者，聞悉已購得，僅少三種云。』

史教與詩教

何梅岑

怪傑尼采在「論歷史對於人生的利害一文中」極力讚頌着「忘却」的偉大，他要人從歷史的羈絆中解放出來，因爲創造是一種超歷史性的（擺脫因襲的）的活動，歷史過剩的結果，活人就要被死人葬埋了（根據尼采選集日譯本第一卷創元社版）。照尼采的話，現代的中國人似乎最合乎他的理想，因爲他們不假學習就很善於「忘却」了。不用往遠裏說，近三十年來幾件大事的原委，拿來問人，就不見得有多少人回答得清楚，至於家中兩世以上的事，子孫已茫無所知，更是很普遍的現象，學校學生最討厭的科目，歷史正居其一，入學考試歷史測驗題答案中把蘇軾當做蘇武的老弟而他們的爸爸便是蘇秦，足與京戲連陞三級的店主東媿美者，更是數見、慣見，不新鮮的事了，中國的歷史自然也是太長，很有點兒過剩，然而並沒羈絆住現代中國人。他們「忘却」了，不錯，可是他們的創造呢？沒有，沒有，他們忘却了過去，但同時也忘却了「自已」。自然，這「忘却」我知道有時是實際生存上所必要，現代中國人可怕的回憶也實在太多了，有所忘却才能强顏活下去。就以我自已來說也正仗着有所「忘却」才能活下三十多年來，長成這麼大的一個人。然而以「忘却」爲技術的生活，是多可憐的生活，這是「逃避」，和「創造」正相反，魏晉之際阮籍、劉伶、嵇康之流就是逃於沈冥，想拿「忘却」來打發日子的，可是阮籍到底免不了起草上司馬昭的勸進九錫文，嵇康且遭了殺頭之禍，他兒子紹更「忘却」了殺父之讐，爲司馬氏殉身。

其實從尼采的傳記看來，他自已正是深研歐洲文化的歷史，尤其是希臘羅馬的古典文化而大有所得，才建設他思想的基礎，只要看着他最初的名著「悲劇的誕生」就可知其古典學問的淵博，他對於歷史的厭惡，對於「忘却」的讚頌，正因爲他擺脫不開，忘却不了成人欣羡孩子的無知，正因爲自已的智識，已然發展到過剩的程度了。這猶之他以病廢之身而高唱那霸氣縱橫不可一世的超人論，都是心理分析上所謂自餒意結的作用。

李白詩：「前水與後水，古今相續流」，人類生活在本質上和其他動物不同的條件，這相續性便是其一，時間的感覺，我不知在動物心理上是否存在，可是牠們的確沒有傳承的能力，一代的經驗不管如何豐富也是及身而止，若以人來說，許多文化上的業蹟實建於此種感覺上面不斷不息和「無常」搏鬥，以進求「永恒」，其整個的表現，我們便稱之曰歷史。時間的觀念，昔人每以流水爲喻，「源泉滾滾，不舍晝夜」，無可執着，無可劃分，「抽刀斷水水更流」，所謂世紀、時代都是人類爲記憶的方便而强爲假定耳，我們不能跳出時間來談生活，也就不能跳出歷史而談生活，因爲生活本身便是人類在時間上賡續的活動，離開時間

而言活動，其虛妄不下於離開空間而言存在也。況且從現代的新宇宙觀講來，空間觀念也是由時間而發生的，那麼存在的意義也就不能只依空間來決定了。譬如一個人大夢方覺，一時茫然不知此身何屬，必要定神一想，才能利用舊經驗使自己省悟出是正在甚麼地方。這樣說來回憶不僅是追懷「過去」，且是認識「現代」的必要的過程，歷來革新運動時常以復古開端，歐洲的文藝復興起自研究希臘羅馬文獻的人文學派，中國維新革命兩大運動起於公羊經學和浙東史學的提倡與明遺民著作的刊行，都足以證明這個說法。還是借用尼采的話吧，我要的是為生活服務的歷史，不要為歷史服務的生活，我們要的是「生之記憶」，不是「死之記憶」，社會上何嘗沒有許多人在以古事為談助，掌故軼聞之書且因此大增市價，然而古董趣味與歷史精神實有毫釐千里之差也。「方死方生」是宇宙的矛盾現象，也正是新事物形成必經的過程。此方的毀滅也許恰是彼方的生長。真的歷史精神乃是一種進化觀念，並非骸骨的迷戀，美史家羅濱孫 Rabinson 的新史學中對此有很好的闡發，過去中國的學者具此見解者惟王船山與焦理堂耳。歷史學所以為現代青年人所厭棄，就因牠不能和現實生活聯系起來，而是幾乎和動物礦物一樣呆板枯燥的學問。牠所講的是人類活動的結果，種種已然死了的「事」之屍骸，而看不見這些「事」在牠活着時候的神采，更看不見，使這些「事」活起來的人的力量。所謂「史」者至多像埃及墳墓中的木乃伊罷了。那裏也許有不少骨董家愛好的珍寶，卻找不到活鮮鮮的「心」與「生命」。其實在歷史的洞窟中正如哈葛德一本通俗小說巖窟女王（原名 She，林琴南譯為「三千年艷屍記」，數年前美人演成影片，曾看一次，忘其譯名）中所述，有一個沉睡的多年的美麗生命在那兒等着你復活。那便是史中之詩——那正如羅曼羅蘭在史劇愛與死的搏鬥序文中所說「是無限熱情的淵泉」。

史與詩從世界文學史上觀察，本出一源，初民狩獵歸來有所擒獲，聚泉燔食，飽食之後，圍火團坐講說祖先英雄故事，繼之歌舞，以為頌讚；講說是史，歌頌就是詩了，這猶在文字發明應用之前也。就著之竹帛的成「文」著作而言，史詩也是世界文學最先見的體製，印度的馬哈布拉他 Mahabharata 拉馬耶那 Ramayana，希臘的荷馬史詩，北歐的 Sagas，日耳曼民族的尼布龍歌 Nibelungenlied 都是明顯的證據，我國文學史獨無長篇史詩，論者解釋不一，或者遠古也曾有過，不過因為簡策笨重文字的繁難不宜保留長篇記載，（甲骨文只卜辭，金文亦只銘文），遂爾失傳，也未可知。可是詩經的「頌」裏如「篤公劉」等篇仍可看出史詩的痕跡來，以後散文漸興而敘事仍先於議論，諸子之書多以春秋取名，如晏子春秋呂氏春秋等是，可見仍是史的變態，敘述之中對於某人某事之神采聲容每作刻意的描寫，則仍是史詩的遺緒，雪萊的詩之擁護中就把希臘「英雄傳」作者普魯達克 Plutarck 等當作詩人，中國左傳，史記諸敘戰事，寫人物，記人情委曲世態變幻，栩栩鮮活，使人歌泣，其作用也是詩的，美學的，非倫理的，教訓的。斤斤於筆削褒貶把「春秋」這部簡略的史綱當作孔子的「判例」，竟自援引為斷獄根據，這是漢朝儒生極荒謬極滑稽的辦法，無怪竇太后罵轅固說：「安得司空城旦書乎」！（見漢書儒林傳）「史」與「詩」自此以後漸漸分離，各自走了厄運。等到史自私家著作成了官書，詩卻自風謠樂府成個人

抒情之具，其末流弄得史失生命，詩無內容，一歸枯槁，一成空虛，史只是考據資料，詩只是遊戲筆墨了。這不止是文化史的頹廢，影響於國民生活者，實極鉅大，現代中國人信心和活力的喪失，祖國愛同胞愛的僵死，這不見得不是一大原因，史與詩的再生也是中華民族再生的機運吧？自然我們不是想翻轉過去，再來一回中國的依利亞與德賽，那成績是不能超過流行的彈詞，鼓書之上的，最後的一位古典詩人吳芳吉氏不就想嘗試而未見成功麼？用韻語來演述故事的時代畢竟早已過去了，我們所謂詩是廣義的，所指的是其精神而非其格律，詩的精神便是意境的創造，這和史原即相通，司馬遷史記，班固漢書等所以能雄視百代者，就在其能構成許多意境，成了一種人生之詩，後漢書晉書南北史之類雖氣魄不逮，也還時有造境的能力，神韻綿邈，耐人玩味。近古以來司馬光通鑑，歐陽修新五代史尚有情致，近世則全祖望祖結埼亭集，敘寫明季節義之士聲光烈烈實為詩人的史筆。至於詩人屈原、庾信、杜甫、吳偉業、黃遵憲等哀時感事之作，却也便是一個時代的心之歷史了，桑他耶那 Santayana 主張宗教的詩化，見於他的名著「宗教與詩」，本了以上的理由我們也肯定了歷史的詩化。這和科學的歷史並無衝突，就如天文學者更能欣賞宇宙的崇閎之美也。假如有幾個儍人相信教育這一個名詞，眞有他的意義，而不僅是為教師造飯碗，替學生造畢業證書，而預備飯碗時，似乎應該想一想史教與詩教在下一代國民生活上所能有的作用，所應有的任務。即便為了「暫時」也要把眼光放到「永遠」，沒有「永遠」也就沒有「暫時」，「暫時」不過是「永遠」的一段！自然這不是說讓學生都念念史漢甚至於看看綱鑑易知錄，再熟讀唐詩三百首，十八家詩鈔，中國立刻就得了救，乃是要現在的青年有一點史心與詩心。有一點史心時，就可知宇宙以相續而成，現下的生命雖極渺小，極輕微，然而上有遠源，下有長流，值得信守，值得奮進；有一點詩心時，知道小己之外尚有別人，都在這無限大流中顛來簸去，他們也有生老病死之變哀樂怨怒之情，設身處地以我度人不禁惻惻發悲憫心。

十九世紀末葉，北歐小國丹麥正當受難之際，起來一位哲人，格龍維氏，以教育振拔其國，他的事蹟早已有國人介紹，其中梁漱溟氏所述雖著語不多，却最為扼要中肯，格龍維主義的精采就在把教育不當作灌輸而當作感發，這似乎是近代教育家老生常談，不過他却是民族本位的，歷史本位的，他說「教育家的任務就是把民族歷史的靈魂傳給下代」，他所用以傳達的工具便是他所說的「活的語言」，那也就是我們所說的「詩」，只有詩才是足以傳達靈魂與秘的語言。我國主張以史為教的，當推章太炎氏，章氏叢書中有不少論此的名篇，而其文章悲壯頓挫，都可算得上品的散文詩，近來則錢賓四氏也大倡尊史之論，沉摯熱烈，一往情深，不過章錢兩氏對於中國民族的觀念猶未脫所謂春秋大義，與現代的民族意識頗有不同耳。

「悵望千秋一灑淚，蕭條異代不同時」（杜甫詩），眞有史心和詩心的人，其胸襟是何等曠遠而磊落呢？在羅素的著作裏我們看見了下面一段文章：

「從靈魂和外面世界這個可怕的衝突，就生出棄絕，智慧，同慈悲；一種新生命就隨他們的產生而開始了。把我們所不能抵抗的，好像拿做傀儡玩的那些外力——死，變遷，過去的不可復得，人

們的無能為力，當看見宇宙從虛空稈到虛空的瞎眼般的匆匆——拿到我們靈魂的神聖深處，去感覺這些外力，去了解牠們，就可以把他們征服了。

這也是『過去』所以具有這們大的魔力。她那悄然不動的畫圖是美得像深秋神秘的晴明，——『過去』並不變更，也不再用勁了，同但肯一樣，在生命的起伏不定的狂熱之後，牠好好的睡着了；凡是熱中的，貪婪的情調，凡是細微的，暫時的事情，都已消失得無影無蹤了，美麗的，可以永生的東西，却從裏面發出光明，像夜裏的明星。牠的美麗，對於一個不值得享受牠的靈魂是不能忍受的；但對於一個戰勝了『命運』的靈魂，是走進宗教的鑰匙」——「一個自由人的崇拜」，故梁遇春氏譯文。

這是多美麗的一篇史的讚美詩呀！只有能欣賞陳伯玉登幽州台歌的羅素才能為此，可是，記住！只有一個戰勝了命運的靈魂才值得享受這個美麗。

×　×　×

張佩綸與李鴻章

懺庵

回顧六十年前之甲申，為中法之役，時先舅父管鏡人（諱辰燮），以丁丑進士，出宰福建順昌縣，與先母管太夫人，往來詩函，月不間斷，所述時局官情，語該而詳，閩省為中法開釁之地，曾亦述及，其時余年尚幼，每喜讀舅氏書，蓋其詞達而意摯，令人有願見顏色之思。曾將來函，收拾保藏，彙裝成冊，尚未散失，並徵集親友題詞，頃檢閱函冊，內有關於法人犯閩，共存三札：

其一云：「（上略）朝廷已派左宗棠為欽差大臣，督辦福建軍務，穆圖善楊昌濬為幫辦，張佩綸為會辦，兼船政大臣，閩省軍務，當望日有起色，但海防漸緊，左侯布置一切，無甚經濟，為暮氣所乘，不復曩時光燄矣。」

其二云：「（上下略）七月三日，法兵先升紅旗示戰，中國兵船未應，及法船開炮，先打揚武輪船，繼將永保飛雲福勝建勝等船，一概擊沉，我方所用木排，置有洋油火甑，用燒法船者，又備小輪，置有火筒水雷者，都被沒收，官兵大敗，當開戰時，雷雨交作，湖水狂漲，炮聲不絕於耳，是役聞華兵共死二千人，初四日攻船政局法兵登岸，奪去銅炮兩門，戰事已開，不可收拾矣。」

其三云：「（上略）中法失和以來，民心惶惑，商賈蕭條，兩國軍火之費，餉需之繁，死亡之衆，固不待言，頃聞朝廷以人心厭亂，民志久懸，與其久事兵戎，不若與法言和，近悉已派李傅相與天津法領事密議，外間傳說，法人尚無苛求，僅以臺灣某埠，租用若干年，收取關稅，特國體大損，杞憂正未艾也。」

上述關於中法戰爭數則，其餘有評論閩省政治之非，玆從略。回溯六十年前狀態，覺國事之危機

已迫，函冊題詞，內有燕谷老人五律兩首，其詩云：

亂世撥治本，狂言廢孝親，誰知立國紀，端賴慕終身；
杯捲相與守，風雲任日新，澄清天下志，攬轡仰斯人。
飄零雷岸墨，蕭灑雪唐詩，飽氏洵多雅，秦郎亦善辭；
羊曇揮痛淚，無忌似雄姿，僅此闡幽意，都歸錫類思。

野史所載，對於執政者之褒貶，較爲詳實，中法一役，張佩綸未嘗量度時勢，事前既無把握，臨陣倉皇潛逃，當時閩人有在馬江立一張佩綸敗績紀恥碑，旋被御史參革受譴，李少荃相國，力爲斡旋，並以愛女嫁之。孽海花第十四回云：

崙樵就坐在床邊，一面和肅毅伯談公事，瞥見桌子上一本錦面的書，上寫着綠窗繡草，下面題着祖玄女史弄筆，崙樵趁肅毅伯一個眼不見，輕輕拖了過來，翻了幾張，見字跡娟秀，詩意清新，知道是小姑娘的手筆，心裏羨慕不已，忽見兩首七律，題是基隆，你想崙樵此時怎不觸目驚心的呢？唐卿道，這兩首詩，到不好措詞，多少要罵崙樵了，小燕道，到不然，他的詩開頭道：

基隆南望淚潛潛，聞道元戎匹馬還。

扈橋拍掌道：一氣便得勢，憂國之心盎然言表，小燕續念道：

一戰豈容輕大計，四邊從此失天關。

劍雲道：責備嚴禁，的是史筆，小燕又念道：

焚車我自寬房琯，乘障誰教使狄山：宵旰甘泉猶望捷，羣公何以慰龍顏。

大家齊聲叫好，小燕道：第二首，還要出色哩！念道：

痛哭陳詞動聖明，長儒長揖傲公卿，論才宰相籠中物，殺賊書生紙上兵；宜室不妨留賈席，越臺何事請終纓；豸冠寂寞犀渠盞，功罪千秋付史評。

韻高道：這兩首詩意，情詞悱惻，議論和平，這小姑娘，到是崙樵的知已。」

孽海花之肅毅伯（即李少荃）莊崙樵（即張佩綸）對於中法開釁後之措置失宜，描寫得有聲有色，張佩綸以欽差會辦軍務，兼船政大臣，乃沉舟於馬江，喪師於基隆，不戰而潰，致使法人猖獗，閩人恨之入骨，時爲編修潘炳年會同閩藉在京官員三十九人，公揭彈劾，其參摺云：

翰林院編修臣潘炳年會同閩藉京員三十九人，公揭謹奏，爲大臣玩寇棄師，僨軍辱國，朋謀罔上，怯戰潛逃，請旨查辦，以伸國法，以服人心，恭摺仰祈聖鑒事：

竊臣等以馬江敗後，迭接閩信，俱言張佩綸聞警逃竄，當以挫敗情形，衆目昭著，朝廷明鑒萬里，諒諸臣不敢再有揑飾，是以未敢率行上聞，玆恭讀八月初一日諭旨，方審該大臣前後奏報，種種虛揑，功罪顚倒，乖謬支離，與臣等所接閩信，判然歧異，不得不爲我皇太后皇上披瀝陳之……初一日法人遞戰書於揚武管帶張成，張成達乏，秘不發命，初二日各國領事商人均下船，衆知必戰，入請亟備，張佩綸斥之，嗣洋教習邁達，告學生魏瀚明日開仗，魏瀚畏張佩綸之暴，不敢白，初三日見法船升火起椗，始馳告，而法已照會未刻開戰，張佩綸怖遣魏瀚，向孤拔乞緩，以詰朝爲請，比登敵舟，而炮聲已發，我船猶未起椗裝藥，敵發巨炮七，福新振威福

勝建勝殊死戰，相繼碎沉，餘船放火自焚，是役也，燬輪船九，龍槽船十餘，小船無數，伏波藝新兩船逃回，亦自擊沉，林浦陸勇盡潰，而法人僅沉魚雷一，此初三日大敗情形也。張佩綸甫聞炮聲，即從船局後山潛逃，是日大雷雨，張佩綸跣足而奔，中途仆，親兵曳之行，抵鼓山麓，鄉人拒不納，匿禪寺之下院，距船廠二十餘里，適奉廷諭到，督撫索張佩綸不得，遣弁四出探報，懸賞千金，乃得之。（中略）以張佩綸平日侈談兵事，際此中外戰局伊始，身膺特簡，臨事必有把握，及閱閩信，陳其種種謬戾，則喪師辱國之罪，張佩綸實爲魁首，何以言之，朝廷以督撫不知兵，簡張佩綸與劉銘傳往，劉銘傳渡臺，即封煤廠，撤法人，張佩綸出都，即聞其快快，到閩後，一味驕倨，督撫畏其氣燄，事之維謹，排日上謁，直如衙參，竟未籌及防務，至法船駛入馬尾，倉卒入告，張得勝緝得引港奸細請辦，張佩綸置而不理，各將請戰，又以奉旨禁勿先發爲詞，臣等不知各口各擊之諭旨，何日電發，不應初三日以前，尙未到閩，即使未到，諭旨禁其先發，非幷輪船起椗，管駕請發軍火而悉禁之也。身爲將帥，足未嘗登於輪船，聚十一艘於馬江，環以自衛，各輪船管帶，迭諫屯艦之非，張佩綸斥之，入白開戰之信，張佩綸又斥之，事急則乞緩於敵，如國體何，聞炮而先逃，如軍令何，中岐即馬尾，彭山即鼓山後麓，張佩綸自言其走，欲混爲一，如地勢迴隔何……張佩綸所恃爲粵援之人，聞私電有閩船可燼，閩廠可燬，豐潤學士必不可死，則張佩綸早存不死之心，無怪乎調度乖張於先，聞戰潛逃於後，敢肆無忌憚如此也。若不嚴予懲辦，何以謝死士之二千餘人，何以儆沿海七省之將帥，臣等既有所聞，理合據實公揭，伏乞皇太后皇上聖鑒施行，無任惶恐，謹奏。

張佩綸在朝時，爲清流黨中稜鋒最著，氣燄薰天，言事多率直，自然大張清議，揭中所指爲粵援者，指李合肥，張南皮而言，當其失職受譴，遣戍察哈爾待罪，李相曾爲疏解，即蒙釋歸，迨入直督幕，又爲言官參逐，至庚子拳匪之亂，李相奉派爲議和大臣，乃調用張佩綸，始賞給編修，孽海花第十四回又云：

現在敢替崙樵說話，就是肅毅伯，如今成了翁壻，不能不避這點嫌疑，你們想，誰敢給他出力呢。

然張佩綸之復職，仍得李相之力，當中法議和時，湘鄉曾侯尙在，李相每商陳於曾侯，見曾文正書札三十三卷第二十五、八頁復李中堂書云：

法國有調兵前來，重理津案之說，上海探報已屢言之，總署來函，亦經道及。該國此時，內難未靖，豈其無故敗盟，遽爾稱兵，聞其與布國議和，應賠之欵甚鉅，民窮財盡，無從籌給，或者借此虛疑恫喝，冀可稍得兵費……

法國如必求逞於府縣，則無寧敗盟釁兵耳。日本通商章程修好條規，粗爲涉閱，雖較英法等國，無所增減，而辭氣稍爲平順，比泰西之狼狽狡悍，或少易處……（黎庵按：以上曾函，乃辦理天津教案事，爲作者悞認，若甲申，曾已騎箕矣。）

基上兩信，曾侯能洞悉中外形勢，遽與法國言和，簽訂條約，認爲示弱，是清廷之用人失當，不明國際情勢，致成大錯，六十年來追本窮源，誤於中法之役，而演成甲午庚子之變，至辛亥而清廷淪亡矣。

孽海花閒話（續完）

冒鶴亭

補上龔平高揚藻。又添上一個廣東巡撫耿義。

耿義爲剛毅，與翁李同入軍機。

一直到開了年。正月元宵後。纔浩浩蕩蕩的出了關門。直抵田莊台。進偪海城。

大澂以乙未正月出山海關，抵田莊台，李光玖駐二台子，魏光燾駐三台子，劉樹元駐四台子，環海城而軍者，兩將軍，依克唐阿，長順，一巡撫，吳大澂，一提督，宋慶，共百餘營，六萬餘人，而牛莊陷，當時京師以翁同龢兩番放鶴，對吳大澂一味吹牛。

（以上第二十五回。）

方知道他被御史參了三欵。

大澂以軍餉不至久駐山海關，至十二月爲御史高燮會張仲炘糾參。

好在唐卿新派了總理衙門大臣。

鳴鑾與敬信，派在總理衙門行走，事在甲午七月。

十多年的情分。

彩雲以光緒丁亥歸文卿，至癸巳，文卿死，無十多年。

雯青有一部元史補證的手稿。是他一生的心血。一向欄在彩雲房裏。

元史譯文證補一書，實未譯完，文卿生前，將已譯未譯稿本，統交沈子培，託其續成，子培以託武進屠敬山，久久不歸，催之亦不理，乃由陸鳳石將其已譯者先刋布，子培深恨敬山，近年敬山蒙兀兒史，已出版矣，此云稿在彩雲房裏，非也。

金寶兩妃的貶謫。老師是知道的了。今天早上。又把寶妃名下的太監高萬枝。發交內務府撲殺。

珍瑾兩妃，以祈請干預降貴人，甲午十月二十九事，明日，慈禧面諭軍機大臣，以珍妃位下太監高萬枝，諸多不法，交內務府慎刑司立斃杖下。

恰好太后的倖臣西安將軍永潞。也來京祝嘏。太后就把廢立的事。和他商量。永潞說。祇怕彊臣不伏。

永潞即榮祿，廢立之說，盛於戊戌政變之後，以江督劉坤一有君臣之分早定，中外之口難防一電而止，其後大阿哥之立，傳聞樊雲門爲榮祿所獻策，此時兩宮不知則有之，遽云廢立，尚早。

那時他他拉氏。也有兩個女兒在宮中。就是金妃寶妃。

秀女如何能在宮中。

清帝便結了婚。歸了政。

事在光緒己丑年。

（以上第二十六回。）

皇后梳頭房太監小德張。

隆裕時，小德張權力，不下於李蓮英。

領着玉瀾堂裏喂養的一隻小袖狗。

宮中喜蓄洋狗，耆壽民語余，德宗在瀛台時，歲暮，內務府大臣繼祿，見窗簾下截已壞，易以新者，越日，慈禧以他事召繼祿，賞其勤，以一洋狗賜之，繼祿謝恩出，捧狗當胸，狗亂竄，唯恐其中道逸，至手被咬，頸被抓，朝珠散於地，外褂亦破，自樂壽堂至宮門，行里許，始得上車，狼狽不可言，心知爲易簾之故，玩弄之也，若德宗以死狗置皇后被裏，事太兒戲，我未之聞。

她特地叫繆素筠。畫了一幅金輪皇帝袞冠臨朝圖。

繆素筠爲雲南人，以畫得幸於慈禧，然所畫皆花卉，無人物，光緒戊申，兩宮幸農事試驗場，余隨班接駕，曾見其人，漢裝裹足，已五六十餘歲。

寇連材。

寇連材後以太監上書言事，違祖制，杖斃，相傳與文廷式有連。

道光十四年十月初十日生。

慈禧生道光十五年，非十四年，射狐事未聞。

白雲觀就是他納賄的機關。高道士就是他作惡的心腹。

白雲觀爲邱長春眞人所居，每年正月十九日，京師游人最盛，高道士名峒元，結交內監，招權納賄，福興居有一著名菜，以薺菜泥及雞茸，製成太極圖，爲高道士設也。

侍郎錢端敏常璘。

常璘即長麟，其後與鳴鑾以離間兩宮，同日革職。

把淮軍夙將倪鞏廷。調進關來。

倪鞏廷爲聶士成，字功亭。

門生聽說江蘇同鄉。今天在江蘇會館。公讌威毅伯的參贊馬美菽烏赤雲。

馬美菽即第二回之馬眉叔，烏赤雲爲伍廷芳，字秩庸。

赤雲道。孫子曰。知彼知己。百戰百勝。

伍廷芳不甚讀中國書，嘗與余言，於論語只知孔子說過己所不欲，勿施於人兩句，是從外國書翻譯得來。

你們可發一電。給羅道積丞。曾守潤孫。

羅積丞爲參贊羅豐祿，字稷臣，曾潤孫俟攷。

適間得福參贊世德的來電。

福世德爲科世達，美國人。

已雇了公義生義兩艘。

鴻章當日乘德商兩船，爲禮裕公義。

第二天。就交換了國書。移入行館。第三天。正式開議。

交換國書，在春帆樓，爲乙未二月二十四日。（以上第二十七回。）

幸虧我國一個大俠天弢龍伯。

天弢龍伯，爲宮崎寅藏。

伊伊陸奥兩大臣。得了消息。慌忙親來慰問謝罪。地方文武官員。也來得絡繹不絕。第二天日皇派遣醫官兩員。並皇后手製

裹傷綳帶。

鴻章歸時，經方尚留與陸奥談話，聞報，陸奥急偕伊藤來慰問，日皇派醫官來，日后賜御製之綳帶，並看護二人。

這日正是山口地方裁判所。判决小山六之介謀刺罪案。

刺鴻章之兇手小山豐太郎，經審判結果，證明純屬謀殺未遂，並無指使者，按律起訴，處以無期徒刑。

這就是陳千秋。是有名的革命黨。支那青年會的會員。

陳千秋是長素大弟子，戊戌政變之前，偕長素曾遣偕其弟廣仁，詣興中會磋商合作，其後興中會改爲同盟會，康創設保皇會，始成水火，此云革命黨，則當屬之陳淸，非康門之陳千秋也。

以上第二十八回。

原來此時兩廣總督。就是威毅伯的哥哥李大先生。

李大先生爲李瀚章。

在上海破獲了青年會運廣的大批軍火。軍火雖然全數扣留。運軍火的人。却都在逃。

乙未以前，民黨無運大批軍火事，惟惠州汕尾港一役，由日人萱野長知，購定軍械，附幸運丸接濟許雪秋起事，以無帆船接應，遂赴香港，復由香港將軍械運回日本，爲日本警察所扣留，明年，幸運丸與他輪撞沈於門司港外，日人以不幸運稱之，下文云，德國公司船上，被稅關搜出無數洋槍子藥，誤也，此項軍械，由馮自由先付日金一萬餘元，餘欵概由山下汽船會社主人三上豐夷担保淸償，此云邱菽園所助，亦誤，其事在光緒丁未年五月，若乙未九月在香港保安輪船拿獲之紅毛泥桶，內裝小洋槍子藥一案，則陸皓東等同時拿獲，皓東死之，此爲民黨流血之最先者。

是王紫詮派。

王紫詮爲王韜。

他有個舊友。叫做曾根的。

曾根爲曾俊虎，自稱原籍山東，爲先儒曾子後裔，著有太平天國戰記一書，乙未後，陳少白東渡始識之，此時出之太早。

是熱心扶助貴國改革的俠士南萬里君。也是天弢龍伯的好友。

南萬里爲平山周可，天弢龍伯爲宮崎寅藏，光緒丙申丁酉間，與宮崎均以犬養毅荐，派赴中國調查各省民黨情形，平山向北京，宮崎向香港，下文云，宮崎到北方，平山到南方，誤也，戊戌政變，梁啓超逃入東交民巷日本使館，即平山之力，宮崎即著三十三年落花夢之白浪滔天，其兄名宮崎彌藏，下文云，令兄宮崎豹二郎，即是人，然亦出之太早，又日本人有南溟緒方，曾著中國工商業考者，此恐是誤以南溟爲平山，故射名南萬里也。

湖南是哥老會老巢。我這回去。結識了他的大頭目畢嘉銘。陳說利害。把他感化了。又解釋了和三合會的世仇。

畢永年爲湖南人，其介哥老三合會龍頭李雲彪等，合於興中會，在光緒已亥冬，其後李等以興中會給不至，乃與保皇會合，畢憤投普陀爲僧，此列之乙未，亦嫌太早。

星加坡裘叔遠。

裘叔遠爲邱煒萲，字菽園。

廣東城內國民街上。有一所高大房屋。裏頭崇樓傑閣。好像三四進。這晚上坐着幾十位青年志士。

廣東無國民街，時尤烈方任廣雅書局內之廣東輿圖局測繪生，因得借用該書局內南園之抗風軒，爲秘密聚會所，會員寥寥。

演台上走下來的。正是副議長楊雲衢君。

楊雲衢爲楊飛鳳，字衢雲，興中會初成立，楊爲會長，非副議長也，楊初學機械，斷右手三指，轉習英文，卒業後，爲香港國家書院教授，旋充招商局書記長，於香港設輔仁文社，後始改爲興中會，光緒庚子，三洲田失敗，爲粵吏派人刺殺，兇手陳林，後亦爲粵吏假他事殺之以滅口。

左邊二位。却是歐世傑何大雄。

何大雄爲胡漢民，初名衍鴻，時尚在侯官沈氏教讀，庚子中舉後，由粵省派赴日本學法政，始由共堂弟毅生，介紹入同盟會，此時不得在坐。

堅如願以一粒爆裂藥。和着一腔熱血拋擲於廣東總督之頭上。

史堅如後以庚子九月，埋炸藥於撫署後樓房，謀炸署督德壽，事發捕斬，年方二十，是時在坐，亦嫌早，史爲道光庚子翰林澄之後，其花園在雙槐洞，被封，粵督告示，有出身士族，如果父兄認眞拘束，何致若是之語。

內地則南關陳龍。桂林超蘭生。

陳龍爲陳夔石，超蘭生爲趙聲，陳字少白，革命最早，丁未防城之役，粵督派統領郭漳率兵二營，營標統趙聲率兵一營，馳赴欽州往援，趙駐廉州，始通於革命黨，此時不應出之，趙爲江蘇丹徒人，此云桂林，亦誤。

他說姓摩爾肯。

摩根，英國人，己亥庚子間來中國，陳少白李紀堂招待之於香港，其後摩以革命黨經濟漸困，供給不周，頗有去志，香港保皇黨員聞之，陰助以旅費，摩遂與保皇黨員發生關係，然未幾保皇黨供給亦斷，摩於是悵然歸國，此云摩爾肯，譯音不同，然出之太早。

姓陸名崇溎。號皓冬。

陸崇桂爲陸中桂，號皓東。（以上第二十九回。）

那天是內務府紅郎中官慶家的壽事。

官慶爲慶寬。

貞貝子貞大爺。一定要叫他和敷二爺合串四杰村。

貞大爺爲載振，敷二爺爲載搏，案宗室中能串戲者，首推鎭國公溥侗，世稱紅豆館主人者是也，次爲肅親王善耆，又次爲載洵載濤兩貝勒，載振搏兄弟，均不能串戲，且是時年尙幼也，載振後以挾妓謝姍姍，納妓王翠喜，先後爲御史張元奇趙炳麟所參，姍姍驅逐出京，翠喜則覆奏云天津商人王竹林所納妾，趙以言事不實，回原衙門行走，載振亦自請罷農工商部尙書之職，而外傳因買王翠喜納於載振，而以道員新放黑龍江巡撫之段芝貴亦罷，啓霖旣奉旨回翰林衙門，乃乞歸，余輩公餞之於龍樹院，翰林院侍讀學士惲毓鼎亦在座，且同攝影，尋惲奏參軍機大臣瞿鴻禨，謂其交通報館，授意言官，報館指汪康年，言官則趙啓霖也，瞿以是出軍機，此亦光緒朝一大公案。（以上第三十回。）（全文完）

吳梅村與晦山和尚

陳旭輪

愚述本文動機有三：(一)學士大夫，生丁季世，出處進退，周章狼狽。明清鼎革之際，尤多畸士逸民可歌可泣之事，吾輩今日誦其詩，讀其書，大有一往情深之慨。曹子桓有言，既傷逝者，行自念也。(二)讀樸之先生致其夫人梁文若女史第一書（見古今第四十期），有『兩三年來，我受盡了人間所有的災難和苦痛，若非涵養有素看破一切的話，早該跳海自盡或者披髮入山了』，流衲雖深感其詞意之沉痛，但竊以爲披髮入山者似不能與跳海自盡者相提並論。因披髮入山者，歷稽史乘，似乎涵養有素者爲多。遠者勿論，當代高僧，衲所曾參請者如諦閒，如印光，如弘一，如應慈，如太虛，諸老法師，又如歐陽竟无居士，孰非有光風霽月之懷，抱悲天憫人之志願。即如區區自二十歲先慈棄養後，痛經家庭血淚，飽嘗社會白眼，二十六年來絕少怨天尤人之意，今忽逃於世外者，久困病魔，樗櫟庸才，無所可用，入山習靜，自甘廢棄焉耳。(三)近又閱僉忍君所著吳梅村的私情詩（古今四十七期），不覺見獵心喜。雖五閱月來癱瘓在床，久絕思維，亦不能握管，然於明清滄桑之間之學人文士及逃禪入山之遺逸，若澹歸和尚之金堡，藥地和尚之方以智，蘗庵和尚之熊開元等，時往來於胸膈間，爰翻雅記，撏撦故實，口授小沙彌書之，獺祭而成此篇，不加臆議者，魏叔子有言，事後論人，局外論人，此學者大病，衲庶可免夫。若夫當代學人，於明清之際史事極深研幾，號稱權威者，如孟心史先生（森），已作故人。吾家援庵先生（垣），遠居北平，無緣請益。謝剛主君（國楨）著晚明史籍考，所采甚備，頗多新經發見流傳者，衲無緣識荆，僅於硯友王以中（庸）兄處，知其爲一篤實之學者，海上若王培蓀前輩，周黎庵君。周君淵源家學，曾著『清明集』一書。王老先生海上著名藏家，插架既富，數十年寢饋於明末清初之詩文集數百部，凡明清間人物遺事，如數家珍。曩在海上，數數摳衣請益，其誘掖後進，不厭不倦，視世之純盜虛聲者，尤足以風云。此篇所述，得之於王先生之啓示爲多。衲有志研究明清史書而力不逮，識之以誌予愧焉。

『鎮洋縣志』：吳偉業，字駿公，號梅村。幼有異質，篤好史漢，文不趨俗。同里張溥見而奇之，因留受業。崇禎庚午（三年）領鄉薦，辛未會試第一，莊烈帝批其卷曰，正大博雅，足式詭靡。殿試第二，授翰林院編修。乙亥（八年）充纂修官，時有姦民首告復社事，當軸陰主之，欲盡傾東南名士，偉業疏論無少避。丙子主湖廣試。己卯陞南京國子監司業，會黃道周論楊嗣昌奪情事，受廷杖，偉業具槖饘，遣太學生涂仲吉入都訟冤，旨嚴詰主使，幾不免。庚辰（十三年）晉中允諭德。癸未（十六年）轉庶子。未幾，拜少詹事，甫兩月謝歸。至清順治癸巳（

十年）總督馬國柱疏薦，授秘書院侍講，奉勅纂修孝經演義，陞國子監祭酒，丁嗣母憂歸。旋以江南奏銷議處，適遂初志，所居舊爲王士騏（字冏伯，世貞子，著有醉花庵詩）賁園，花木蓊然，有林泉之勝，與四方士友觴詠其間，十有餘年，康熙十年辛亥卒，年六十三。王撰（時敏子字異公著有三餘集）『自訂年譜』：順治十年上巳，吳中愼交同聲兩社，並興大會於虎邱，奉梅村先生爲宗主。梅村賦禊飮社集四首，同人傳誦，次日復有兩社合盟之舉，山塘畫舫鱗集，冠蓋如雲，集半塘寺訂盟，四月復會于鴛湖。是秋九月，梅村應召入都，實非本願，而士論多竊議之，未能諒其心也。

『劉獻廷廣陽雜記』：順治間，吳梅村被召，三吳士大夫皆集虎邱會餞，忽有少年投一函，啓之，得絕句云：千人石上坐千人，一半清朝一半明，寄語婁東吳學士，兩朝天子一朝臣。舉坐爲之默然。

『吳梅村年譜』：先生屬疾時，作令書，乃自敍事略曰：吾一生遭際，萬事憂危，無一刻不歷艱難，無一境不嘗辛苦，實爲天下大苦人。吾死後，斂以僧裝，葬鄧尉靈巖相近，墓前立一圓石曰詩人吳梅村之墓。（『蘇州府志』祭酒吳偉業墓在蟠螭山陳廷敬銘前志在靈巖山麓誤）

『王士禎池北偶談』吳梅村祭酒，辛亥元旦夢上帝召爲泰山府君，是歲病革，有絕命詞云：忍死偷生廿載餘，而今罪孽怎消除，受恩欠債須塡補，縱比鴻毛也不如。時浙僧水月能前知，挐舟迎之，至曰，公元旦夢告之矣，何必更問老僧？遂卒。

『尤侗艮齋雜說』：吳梅村文采風流，照映一時，及入清，迫於徵辟，復有北山之移。予讀其詩詞樂府，故國之思，流連言外，臨終前有賀新郎一詞云：『萬事催華髮。論龔生，天年竟夭，高名難沒。吾病難將醫藥治，耿耿胸中熱血。待灑向，西風殘月。剖却心肝今置地。問華陀，解我腸千結。追往恨，倍淒咽。　故人慷慨多奇節。爲當年，沉吟不斷，草間偷活。艾灸眉頭瓜噴鼻，今日須難訣絕。早患苦，重來千疊。脫屣妻孥非易事，竟一錢不值，何須說。人世事，幾完缺。』其悔恨可知矣。論者略其跡諒其心可也。錢澄之『田間詩集』寄吳梅村詩：曾記陪京謁後塵，驚看天上謫仙人。淸姿對雪遙相映，彩筆當筵捷有神。已向南廂悲舊史，誰憐東閣有殘賓。當時末坐今頭白，爭怪先生鬓早新。（其一）秣陵烟樹已全空，回首登臨似夢中。祗課詩篇銷晚歲，別塡詞曲哭秋風。同時被召情偏苦，往事傷懷句每工。却憶清江楊伯起，屢辭麻詔薦婁東。（其二）婁水扁舟憶昔遊，遙憐風物漢時秋。山濤啓事眞無故，庾信哀時豈自由。音樂解來翻引恨，壐書徵後迴添愁。淮王仙去遺雞犬，佳句頻吟涕泗流。（其三）聞道林泉足嘯歌，近來酬唱興如何。江東詞客才華盛，嶺外逋臣忌諱多。自把詩篇忘歲月，欲趨壇坫阻風波。如今亂定人俱老，咫尺文園肯不過。（其四）按四詩辛亥年作，即梅村辭世之年，不知尚及見否也。沈受宏『白漊集』哭梅村師詩：天上空闈記玉樓，南朝宮闕井槐秋。是非百代從靑史，哀樂千場送白頭。山客累惟多辟召，詩人名自作風流。松陰碑碣他年墓，官爵傷心話故侯。（其一）茫茫滄海刼餘身，遺恨心肝抱苦辛。自追三徵夢聖代，未輕一死爲衰親。南朝宮闕悲瓊樹，北極衣冠記紫宸。留得茂陵末命在，西山題墓作詩人。（其二）『嘉定詩鈔』金慰祖吳梅村墓詩：古松離立蔭佳城，祭酒荒阡落日晴。兩代詩名元好問，畢生心事沈初明。留身豈

爲前朝史，綏寇彌傷勝國兵。蔓草寒烟餘悵快，玉京道壝亦榛荆。趙翼『甌北詩鈔』題吳梅村集詩：才高綺歲早登科，俄及滄桑劫運過。仕隱半生慚散跡，興亡一代黍離歌。死遲空羨淮王犬，名盛難逃惠子騾。猶勝絳雲樓下老，老羞變怒罵人多。（其一）國亡時早養親還，同是全生跡較閒。幸未名登降表內，已甘身老著書間。訪才林下程文海，作賦江南庾子山。剩有沉吟偷活句，令人想見淚痕斑。（其二）

吳偉業『梅村詩集』贈願雲師詩序云：願雲二十而與予游，甲申聞變，常相約入山，予牽帥不果，而師已悟道，受法於雲門具和尙。今夏從靈隱來，止城西之太平庵，云將遠游廬嶽，貽書別予，以兩人年踰不惑，衰老漸至，世法夢幻，惟出世大事，乃爲眞實學道一着，不可不勉。予感其言，因作此詩贈之，并識予愧也。曉雨西山來，松風滿溪閣。忽得吾師書，別予訪廬嶽。分攜出苦語，殷勤謂同學。兄弟四十餘，衰遲已非昨。寄身蒼崖巔，危苦愁失脚。萬化皆虛空，大事惟一着。再拜誦其言，心顏抑何怍。末運初迍邅，達人先大覺。勸吾非不早，執手生退却。流連白社期，慚負青山約。君親既有愧，身世將安託。今觀吾師行，四海一芒屩。大道本面前，即是眞極樂。他年跌深巖，白雲養寂寞。一偈出千山，下界鐘磬作。故人叩松關，匡床坐酬酢。不負吾師言，十年踐前諾。

『太倉州志』：王瀚，字原達，少補諸生，有至性，澹於嗜欲，執父喪，哀毁過禮。甲申之變，毁衣冠，祝髮於浮屠，卒徙居廬山，改名戒顯，字願雲，又稱黃梅頟破，晦山樵者，能詩文，方以智撰『藥地炮莊』，戒顯序之。

『靈隱寺志』：晦山戒顯禪師，臨濟宗，字願雲。入金陵華山禮三昧老人（寂光）祝髮受具，徧參天童雪嶠諸大老，復參靈隱具和尙於皋亭，大悟雲門拄杖語，遂嗣法焉。初隱廬山，次開法雲居，一住十載，嗣住東湖薦福。黃梅四祖，臨皋安國，武昌寒溪，荆州護國，撫州疎山，化行江楚，道望大著。康熙丁未具老人遷雙徑，命師繼席靈隱，著有語錄詩文若干卷，盛行於世。

『婁東耆舊傳』：王瀚，字原達，受業於張采，爲諸生有名，國變，哭學棄衣，焚書籍，作恭謝聖廟入山詩，遂爲僧。從靈隱三昧老人證菩提果，號晦山大師，名戒顯，字願雲，住雲居山楚黃梅之四祖道場。迨具德和尙欲往徑山，乃招之於梅，取靈隱付之，庚寅夏入廬山，遂主席江右。瀚雖入空門，悲憤激烈，曾檄討從賊諸臣云：春夜宴梨園，不思凝碧池頭之泣，端陽觀競渡，誰弔汨羅江上之魂。讀者俱爲扼腕。

『建昌縣志』：晦山戒顯禪師，太倉王姓，爲諸生時，固已慕出世之學，往來金粟天童，契機於密雲（悟）。密雲名之曰通晩，字致知，歲餘，父尋之歸，逼爲婚娶，非其願也。父沒，妻亦繼亡，賦罷菴詩百首，決意出塵。甲申禮三昧律師祝髮，徧參海內宗者，終以未得透徹，不敢妄受記莂，謁具德（禮）鉗錘特異，直造焉，猛參歲餘，屢遭痛棒，一日聞興化打維那公案，頓徹綱宗，具喜甚，說偈付法。師自此韜晦游方，辛卯應請雲居，繼遷寒溪雙峯，還靈隱，終於佛日，塔於雲居之鉢盂山。師博學強記，三教書無所不覽，尤精墨妙，兼通六家書。其篤嗜無生，蓋天性也。晩作禪門鍛錄十三篇，語錄十二卷，文集二十卷，意義眞切，寒暑疾厄，不廢參請，故得人之盛，軼於諸方云。

『焚餘補筆』：王原達，性好佛，崇禎甲申之變，作詩謝文廟。忝列諸生踐極年，義應君父生死連。薄言草莽無官責，敢卸衣冠哭聖前。讀罷捲堂羞國士，身同左袒幸敷天。孤蹤願謝宮牆籲，甘作山農神石田。（其一）素心多載想盧能，獨係高堂久未曾。國事一朝論鼎沸，浮名何惜付層冰。聊將毀服存吾義，從此棲禪學老僧。拭取青山無累眼，好清世務理禪燈。（其二）遂入山爲僧，名戒顯。乙酉六月，州官陸遜之自淮歸，云淮陽有德宗上人，知未來事，陸以太倉問之，德宗以州有再來人王和尚庇過，再不犯兵革，蓋指瀚也，竟不被慘禍云。又『啓禎遺詩』侯汸宿靈隱贈願雲詩：古亭鳴澗記來眞，忽見澄潭映碧新。劫火再與靈鷲寺，儒宗今現法王身。松台印月知何夕，禪榻移燈話昔塵。私愧支硎雖足老，浪拋二十二年春。『婁東詩派』錢嘏靈隱訪願雲和尚詩：亂雲影裏訪祇林，三十年來一夢深。南渡江山留佛國，西湖花鳥定禪心。伊蒲何處餘商蕨，梵唄於今是越吟。縱悟蓮花無盡劫，可能回首不霑襟。王崇簡『青箱堂集』呈靈隱願雲和尚詩：碧霄龍步杳難求，重過香山話昔遊。澗瀑落雲廬嶽寺，海潮翻日浙江樓。心空塵網三千界，名老詞場六十秋。眞是右軍家學在，綠天書法擅風流。陸世儀『桴亭詩集』願雲和尚歸里詩：一別廿年久，歸逢非偶然。頭顱悲各異，肝膽喜同憐。劫火未應熄，浮生寧苟全。何時上廬岳，攜手白雲巔。（其一）誰謂分流異，探源彼此同。花拈窗外草，杯度舞雩風。大地任成壞，吾心無始終。相看各一笑，明月正當空。（其二）

陳瑚『確庵文集』願雲和尚歸里詩：當年哭廟解儒衣，踏盡名山一笑歸。黃鶴樓中新句好，白牛壇上故人稀。蛙空色相宵長靜，花斷聲聞曉亂飛。束髮論交頭共白，含悽不語對斜暉。沈受宏『白漊集』願雲和尚東歸詩：早年名姓在詞場，回首乾坤劫火荒。自脫衣冠還故國，便攜瓶鉢走諸方。瀑泉久住鑪峯寺，海日新開鷲嶺堂。成佛却尋生長地，勝他錦繡晝歸鄉。周茂源『鶴靜堂集』晦山和尚過松詩：離垢能超萬象先，著書猶記義熙年。身投法海存忠孝，手闢靈山作聖賢。是處幸逢金策駐，從今常見主毫鮮。慚予窮子歸無路，何日方乘大願船。錢澄之『田間詩集』安國寺即事懷晦山大師詩：出郭偶尋安國寺，登樓遙憶晦山師。已成覆院千竿竹，悔失當門數畝池。得法比丘行托鉢，寄單居士臥吟詩。懸知靈隱秋光好，正是蒲團壓客時。又智證菴魏子存修供願雲大師茶話有作：精舍臨溪白舫通，魏公修供晦山翁。花闌早灌先秋露，竹院爭承滿坐風。因果誘人閒說鬼，詩篇入聖不談空。多生慧業如何斷，綺語從今且勿工。（其一）兩峯最好是清秋，準擬相尋得再游。師已出山飛錫杖，我猶臥病滯扁舟。道尊靈隱三千衆，坐斷雲居四百州。黃鶴樓中詩劃滅，傳來猜着老堂頭。（其二）閻爾梅白耷山人集答晦山和尚詩：梨衣隨處現金繩，先後雲居兩道膺。林下無邊持鉢士，山中幾個讀書僧。湖光顚倒天地塔，花氣氤氳佛手燈。勿作語言文字看，四威儀外說三乘。顧夢麟『織簾居稿』得願雲禪師雲居書寄詩：乾坤道旁店，日月水上沫。刹那不自保，何況三年別。書來檢書尾，名氏故舊列。各問少病惱，師闢道尋熱。前書及數人，二人已云沒。今書數人內，三人亡也忽。王吳周白首，唐郟尚元髮。其餘書不言，指復三四屈。鬼伯一催促，如燈自吹滅。因書發深省，師意至痛切。即此是雲居，聞師已說法。

虞山三峯寺藏弃晦山和尚墨跡兩件。據寺志卷十八雜識類載，其一

云：晦山禪師臨定武蘭亭帖墨蹟一冊，此順治庚子師住雲居寫贈登九道契者。登九姓錢，太倉人。後有西廬老人跋云，淸雋高邁，靈心妙腕，皆從般若中流出，較凡俗相去何啻萬里。且於登九年親翁徜知之合，其拋撒逗漏固宜。昔有法師書多寶經，筆端舍利如雨，此冊出古宿手，想亦當然，宜同法寶，晨夕以香花供養，勿作翰墨觀可耳。癸丑王時敏題（按癸丑康熙十二年）。其二：晦山禪師登廬山五老峯絕頂歌墨蹟手卷。此卷康熙癸亥（二年）在雲居書贈與三道兄者，後自有跋，及鈐記在焉。歌曰：『匡廬逢九日，登高興無窮。奇山都踏徧，直上五老峯。峯拔地幾千丈，裂開混沌剸鴻濛。禹門斷折天柱落，鵬鶚鶱湧爭强雄。或如猛獸或奇鬼，又或劍戟屠蛟龍。零峯碎崿晝不得，噴來萬疊天芙蓉。不知何代人，稱之爲五老。五翁雖老何曾老，鐵額銅頭未潦倒。唐突虛空跨蠡湖，呑吐烟雲亘昏曉。年尊日月暫，氣灝乾坤小。兒孫五嶽等後昆，曾元三島夷仙巧。我今登此望吳越，蒼茫雲海封滃泬。擧頭但見靑漢低，手捫金烏叫天闕。天乎天乎生人何太俗，况醉迷城繫家獄。雄山勝水不肯登，五老有靈叱齷齪。今日登高始最高，千峯頂山揮雲濤。雲開萬里晴竟日，下界豈直如秋毫。太崢嶸，看不歇，久瞰懸崖心胆裂。天晚且歸烟寺眠，他時再到且奇絕。』晦山詩不多見，沈文愨（德潛）『國朝詩別裁』：載戒顯登黃鶴樓詩七律一首，注云，起有撼山岳呑雲夢之槪，具此胸襟手筆，不管崔顥題詩在上頭也，惜無詩稿，於卷軸中得之，其贊美如此。錄是詩亦猶此意也。是卷向爲吾邑張氏藏弆，後爲趙次公所得，捨藏於寺。

× × × ×

荔枝與楊梅

徐一士

夏日佳果，荔枝最負盛譽。粵閩均產荔枝，四川亦有之。白樂天（居易）「荔枝圖序」云：『荔枝生巴峽間。樹形團團如帷蓋，葉如桂，冬靑，華如橘，春榮，實如丹，夏熟，朵如葡萄，核如枇杷，殼如紅繒，膜如紫綃，瓤肉瑩白如冰雪，漿液甘酸如醴酪。大略如此，其實過之。若離本枝，一日而色變，二日而香變，三日而味變，四五日外色香味盡去矣。』名文狀名果，珍美嬌貴，寫來極其不凡，讀之使人饞涎欲滴。詩句則白氏之「嚼疑天上味，嗅異世間香」，杜牧之（牧）之「一騎紅塵妃子笑，無人知是荔枝來」，蘇子瞻之「日啖荔枝三百顆，不辭長作嶺南人」，爲世傳誦，亦均足爲此果聲價上之渲染。其他見於紀述及歌詠者，多不勝擧，類皆甚致嘆美，他果罕其倫比也。

然不喜荔枝而加以貶詞者，亦非無其人。如梁應來（紹壬）「兩般秋雨盦隨筆」卷三云：『余向慕嶺南荔支之美。戊子二月至廣州，三月至潮陽，其時荔支尙未實也。偶於大令王潛庵先生（鼎輔）席上談及之，先生曰：「子毋然！荔支於北不如葡萄，於南不如楊梅，徒浪得虛名耳。」余初聞而未信，比還至惠州，舟中啖之，果然，乃知先生之語眞定評也。因爲詩紀其事，中有句云：「媵來西域纔爲婢，賣到南村合是奴！」』即對荔枝大加貶抑，不辭唐突焉。（戊子蓋謂道光八年。）

更考之，則前乎梁氏者，毛大可（奇齡）亦對荔枝甚表不滿。毛氏

「西河詩話」卷二云：『予在閩食欖支，值五月將晦，以急歸不能待，連日購食，終不愜意。土人謂候早故味劣，又謂遠佳故近惡。予不謂然。夫時近夏仲，不爲先候，猶是外府所致，殼紅肪白，如卵如晶，衣掀肌見爪到液流之際，不爲失稔，而吞納一過，津澁氣腥，大不如人言所云，則直謂之曰不大佳可耳。時同食者，諸暨駱士遴，予門楊臥，皆謂予言然，各紀以詩。張杉嘗云白楊梅佳於欖支。予未食欖支時，嘗問杉其味。杉曰：「子第食楊梅差似，但比白楊梅小減耳。」予謂寧食楊梅勿食欖支。楊梅出予邑最佳。唐鄭公虔云：「越州宵山有白熟楊梅。」宵山者蕭山之誤。』毛梁二氏之說，可云同調，異乎向來對荔枝之品評，蓋口之於味，固有難於盡同者。

楊梅產江浙等處，亦夏果之有名者，特聲譽猶稍遜於荔枝耳。江文通（淹）「楊梅贊」云：『寶跨荔枝，芳軼木蘭。懷蘂挺實，涵黃糅丹。鏡日繡壑，照霞綺巒。爲我羽翼，委君玉盤。』推崇楊梅，雖已以跨荔爲言，然似藉荔枝以重楊梅之聲價，與毛梁輩之特貶荔枝，意義上蓋爲有間。至江後之詠述楊梅者，多以荔枝相擬，固絕好之陪襯也。爲荔枝與楊梅爭長，事有趣者，如陶秀實（穀）「淸異錄」云：『閩士赴科，臨川人赴調，會京師旗亭，各舉鄉產。閩士曰：「我土荔枝，眞壓枝天子，釘坐眞人，天下安有並駕者？」撫人不識荔枝之未臘者，故盛主楊梅。閩士不忿，遂成喧競。旁有滑稽子徐爲一絕云：「閩誇玉女含香雪，吳美星郎駕火雲。草木無情爭底事，青明經對赤參軍。」』可供噱助。（臨州爲撫州治。）

毛梁不喜荔枝，前此則文徵明（壁）不食楊梅，事亦可述。閻秀卿「吳郡二科志」文苑中列文氏，所紀有云：『食性多禁，尤不喜楊家果，人或笑之，作解嘲詩。其詞曰：「南風微微朝夜吹，暑雨未到此山□。此時珍果數何物，五月楊梅天下奇。纖牙彷彿嚼冰雪，染指頃刻成胭脂。論名列品俱第一，我不解食猶能知。天生我口慣食肉，淸緣却欠楊梅福。冰盤滿浸紫葳蕤，常年只落供今目。千金難致漠北寒，北人老去空垂涎。渠方念之我棄捐，食性吾自知吾偏。十年枉却蘇州住，坐令同儕笑廝鄙。幾回欲作解嘲詩，曾未沾唇心不死。葉生生長楊梅塢，眼看口啖日千顆，願從君口較如何，補作西崦楊梅歌。」』自謂食性之偏，說法與毛梁之貶荔枝不同。

毛梁所紀，一軒楊梅而輕荔枝，一兼謂荔枝不如葡萄。汪鈍翁（琬）之論，則正美楊梅以擬葡萄。其「說鈴」云：『客指燕地蒲萄，問予吳中何以敵此。予答曰：「橘柚秋黃，楊梅夏紫。」言之已使津夜橫流，何況身親剖摘？』又云：『昔陳昭問庾信蒲萄味何如橘柚，信曰：「津夜奇勝，芬芳減之。」尉瑾曰：「金衣素裏，見苞作貢，向齒自消，良應不及。」然則蒲萄橘柚舊已齊名，獨未有以楊梅敵者，止見江淹一頌耳。既已齒及，足令此果長價。』名果品題，亦足備覽。

蘇子瞻似嘗於名果之擬荔枝，右楊梅而左葡萄，蓋或言西涼葡萄可對閩廣荔枝，蘇氏以爲未若吳越楊梅也。又憶宋人詠楊梅有「味方河朔葡萄重，色比盧南荔子深」之句。均可作汪說之補充資料。

時屆夏日，聊寫「荔枝與楊枝」一篇，以應時令。至品第二果之甲乙，余之意見若何，則孤陋拘墟，儉於口福，不敢强作解人，漫事平章也。

桑陰隨記

戴驥磐

蝯齋詩話，錢瞻伯與諸詞人晚坐湖上，分韻得梟字，賦曰，却憐殊月好，頻擲不成梟，後歲餘竟坐法死，吾鄉顧錫九，常吟投生未必成雄業，奇死方能獲盛名一聯，後亦以革命死南通，言爲心聲，有不期然而然者。

余友葛彬彥，流寓黃州時，有丐女死窮巷中，與衆視之，破筐中充故紙，皆平日詩歌，語涉鄙俚，無甚可誦，唯父母同懷抱，當年解笑嚬，今朝翻白眼，不及路旁人，夫死無生業，冰霜涕淚零，一朝腸萬斷，頭髮不能靑，點點嗟來食，勞勞巾上塵，誰憐飄泊者，猶是綺羅身，三首略見身世。

戚庭楨，字貢甫，負債致羈押，妻錢氏哀於邑令，書吏爲言能詩，令指詠庭中牡丹，錢口號曰，曾領羣芳直到今，東風吹綠轉庭陰，非關國色能嬌態，造化端憑雨露深，令設法脫其夫。

瑞安高林槎，業師死無子，有女嫁同里薛姓，貧甚，女又善病，高屢助之，賴以存活，女病革謝以詩曰，十年支病骨，殘息賴扶存，願作銜環鳥，他生重報恩，言有餘憾，姜瓊英，吳門世家女，能詩，嫁餘杭談祖勳，五年夫死，無所出，奉翁姑孝，民國癸亥，翁姑相繼亡，殯殮訖，忽自縊死，絕命詩云，粧鏡塵封謝翠鈿，冰心敢與月俱姸，爲憐白髮雙親老，忍淚呑聲十九年。

余過滬，遇吉林達惠喬，出雪蕉山房集一冊，詩不甚佳，有鏡銘曰，唯其明也，可以燭吾神，唯其清也，可以鑒吾身，硯銘曰，與墨斯芳，與筆斯古，藐爾頑石，乞靈風雨，筆銘曰，有毛之圓，有竹之直，善惡毫端，智者是執，頗富規箴意。

喬允箴，故孝廉秋田子，幼貧甚，常寄食吳小鳳校書家，後數十年身顯，吳適窘投之，喬已不識，小鳳奉以詩曰，綠陰籬落護榴花，橋轉垂楊是妾家，記否靑衫憔悴日，憑欄閒語啗枇杷，喬改顏趨拜爲禮。

余昔遊學金陵，校傍鷄鳴寺，爲齊梁舊跡，去臺城咫尺，登豁蒙樓，望玄武湖，澄白如鏡，小艇乘波，烟樹涵日，課餘同學，輒笑歌其上，余每謂同學曰，此地有詩情，有畫意，惜無妙手淋漓盡之，戊午過金陵，遍覽舊迹，登臺城，秋風衰柳，意緒茫茫，舊游雲散，不禁花落水流之慨，曾占一絕云，白雲起暮空，迴望生秋思，衰柳風蕭蕭，獨上臺城寺。

史梅溪雙雙燕詞，紅樓歸晚，看足柳昏花暝，應自棲香正穩，便忘了天涯芳信，愁損玉人，日日畫欄獨凭，有無限低徊之致，張功甫謂情詞俱到，織綃泉底，去塵眼中，有瑰奇警邁清新閒婉之長，而無詭蕩汚淫之失，確搔着癢處，近林鐵尊先生，摸魚子咏鶯云，黯銷凝，遼西夢破，落紅庭院誰主，無端付與如簧舌，漏洩春光多許，風又雨，任百囀綿蠻，不喚流年駐，紅襟儔侶，問咽露蟬清，橫秋雁瘳，他日可能伍，東風裏，熠熠自憐毛羽，好音休遣人妒，尊前似解飄零恨，盡日爲歌金縷，須旺取，怕驀換啼鵑，載酒攜柑處，韶華暗數，恰絃柱匆匆，三分過二，烟柳暗前浦，情詞警惻，亦古音繼響。

堪隱隨筆

五知

官銜燈與奉旨口口

滿清時地方官出門，有官銜燈及高脚牌前導，威儀甚盛。演入小說戲劇，高脚牌並書「欽使出朝，地動山搖，逢龍摧角，遇虎拔毛」等詞。此雖滑稽之至，然實本於明代典制。因明時嘗以翰苑部曹爲巡按使，巡視各地，其權甚重。即戲劇中如玉堂春四進士之所謂八府巡按也。燈籠上書扁體字，俗名尿泡燈籠。滿清時代在京師只五城御史及各部堂有此威風，餘則無論何官，均不能鳴鑼喝道也。老友余寶齡氏（光緒戊戌翰林），嘗云苦守京曹十餘年，即欲得一巡城御史，官雖不大（有如今日警察局分局長而微不同），而體制尊嚴。又云清時各京官住宅，門前皆懸一小燈，上書職銜，如吏部主事余寓等，蓋即尿泡燈籠之縮小耳。惟其燈籠與高牌上可書官銜，於是一般官迷及熱中者遂多附會，流弊所及，趣聞尤多。如歐蘇睿珍「靄樓逸史」記「奉旨迎親」一則，足資談助。謂：「東莞鄭瑜家世澹泊，初聘林氏，忽遭反悔。及連綴上第，予告歸娶，敕賜金絲燈籠，奉旨迎親牌。歸娶迎親日，儀仗輝煌，全邑停觀。大登科後小登科，使人艷羨。尤以悔親林氏，自恨無目，不能享受奉旨迎親之殊寵。」所記未指明時代，然科第後奉旨完婚，事或應有者也。又清初吳江陸文衡「嗇菴隨筆」，所述則尤滑稽，謂：『楊都諫疏參浙棍王式王春父子叩閽首訐沈文龍事，部覆遞回原籍審問。即肆行無忌，出入肩輿，擺列金字朱牌，大書「奉旨質對」四字。通國詫以爲奇。然我蘇近亦有之。憲訪棍犯解部究罪，其船水牌上大書「奉旨進京」。又一流徒舉人，認工贖罪，從上陽堡發回措貲，水牌亦大書「奉旨回籍」。其事正同。若將三人合作一傳，可供大噱也。』以犯罪對質，回籍籌繳罰金，亦稱奉旨，洵屬新穎。則清時御史京曹嘗被「奉旨申飭」者，亦可入官銜名片矣。陸氏爲清初文宗，品學俱粹，所述當非虛妄。惟其事若非故意玩笑，即係十成官迷。明季以來已如此，可見其入人深矣。又道光咸豐間，粵東富室，稱潘盧伍葉數姓，大皆由十三洋行起家者。「莊諧選錄」云：「伍氏歲入之銀，約二三百萬。有名炳榮者，嘗爲工部郎中，每赴穀埠花舫中飲，輒建旂書其官銜。後爲岳常澧道。至粵，飲酒穀埠亦然。或爲詩嘲之曰：橫頭船上大燈籠，工部郎中伍炳榮，今日岳常兵備道，風光不與舊時同。」此雖嘲詩，尚非譏刺。觀炳榮之名，即官迷無疑。又有伍崇曜者，以富出資聘文士輯刻「粵雅堂叢書」，則又附庸風雅，未知與炳榮爲何行輩也。

上海郵政管理局暫准登記證第四〇〇號

本期每册實價叁拾伍元

古今

文史半月刊　　第五十一期

何獨文翁化
風流與代深
泉雲無舊轍
騷雅有遺音
遠目窮巴濮
閑情閱古今
忘言意不盡
日暮但橫琴
——羊士諤詩

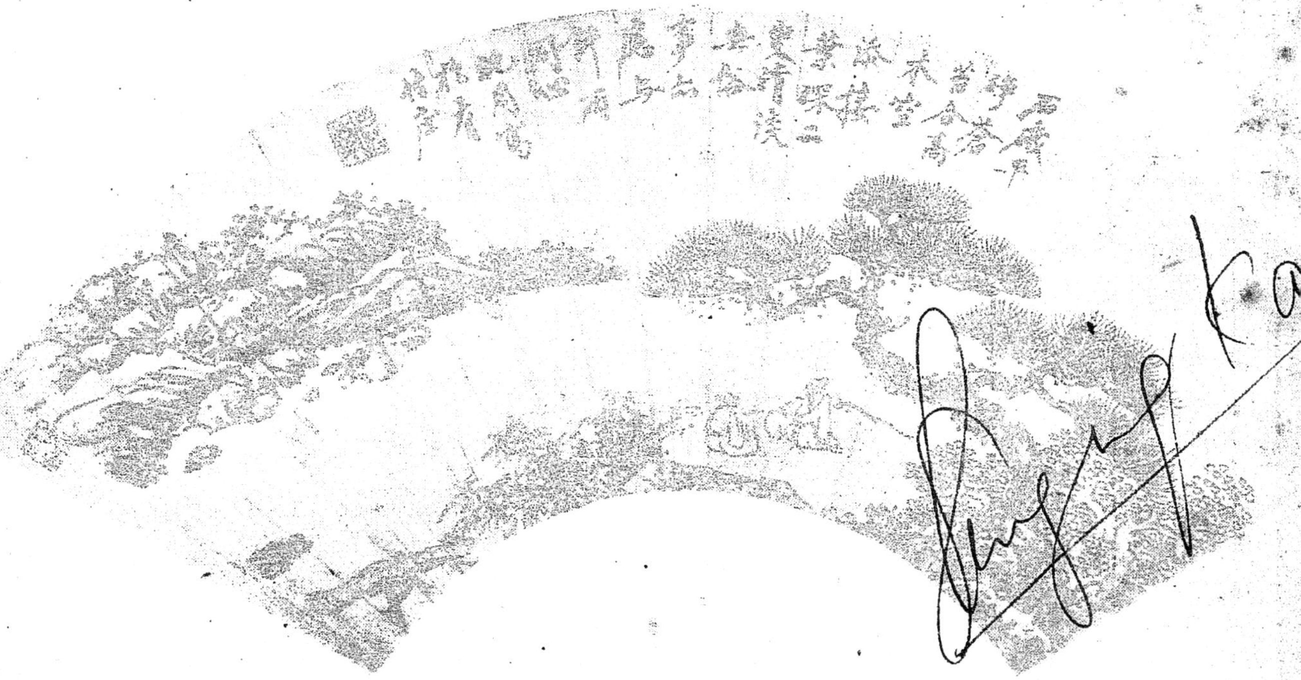

古今出版社印行

文史半月刊

古今

第五十一期

中華民國三十三年七月十六日出版

社長 朱樸

主編 周黎庵

發行者 古今出版社 上海咸陽（亞爾培）路二號

發行所 古今出版社 上海咸陽（亞爾培）路二號 電話：七三七八八號

印刷者 中國科學印刷公司

經售處 中央書報發行所暨全國各大書坊報販

上海雜誌聯合會第十號會員雜誌

零售每册中儲券四十元

國民政府宣傳部登記證滬誌字第七六號

第一警察局登記證C字一〇一二號

預定	
欵項先繳照價八折	半年四百元 全年八百元

掌故答問

瞿兌之
徐一士

問　清末議廢八股時。頗有力爭之者。於古亦有其比否。

答　隋唐本以詩賦取士。唐宋間場屋間之重賦。亦猶明清之重八股。其有識者亦極不以之爲然。宋仁宗時石介何羣等上言。以賦取士。無益治道。及下朝臣議。則以爲進士科始隋唐數百年。將相多出此。不爲不得人。且祖宗行之已久。不可廢也。（事見宋史隱逸傳）。王荊公詩云。當時賜帛倡優等。今日掄才將相中。即刺譏此事。荊公變法。改用經義。原以救詩賦之弊。不料至明清。經義又變爲腐爛之八股。轉不如詩賦猶可覘實學矣。

問　殿試鼎甲名次。是否天子親主之。

答　明清所謂殿試。又曰廷試。因在殿廷舉行之故。唐宋即有廷試之稱也。本於漢代之臨軒親策。故題目及論文。仍依漢代故事。不曰題而曰策問。不曰文而曰對策。開始用臣對臣聞四字。策尾用謹對二字。天子不能一一親閱。則派讀卷大臣。不曰閱卷而曰讀卷者。以示不敢代閱之意也。讀卷大臣擬定名次後。以最前十本進呈。請於其中欽定一甲三人。其餘以次爲二甲第一至第七。大率即照原次序。不加更動。亦偶有因查出身籍貫而更改者。以非至御前不能拆彌封也。前十卷進呈之制。自康熙二十四年始。見郎潛紀聞引貢舉考略。前十本進呈後。間亦有因文字承契賞而特擢者。如同治癸亥科張之洞由第四本拔爲探花。光緒乙未科駱成驤由第三本拔爲狀元。喻長霖由第十本拔爲榜眼均是。

問　清代大考翰詹之制。其緣起若何。

答　有清大考翰詹之制。發軔於順治間。順治十年三月諭內三院云。「朕稽往制。每科考選庶吉士入館讀書。歷升編檢講讀及學士等官。不與分任。所以諸求典故。撰擬文章。充是選者。清華寵異。過於常員。然必品行端方。文章卓越。方爲稱職。乃者翰林官不下百員。其中通經學古與未嘗學問者。朕何由知。今將親加考試。先閱其文。繼觀其品。再考其存心持已之實據。務求眞學。備朕異日顧問。自吏禮兩部翰林侍郎三院學士詹事府詹事以下。各候朕旨親試。分別高下。以昭朕愼重詞臣之意。」（內三院者。內翰林國史院內翰林秘書院內翰林弘文院也。時爲內閣及翰林院之合體。至所謂吏禮兩部翰林侍郎者。指其時吏禮侍郎之兼翰林之職者。此沿明制）。旋御太和門親試以甄別之。此後來大考制度之權輿也。乾隆二年五月諭云。「翰林乃文學侍從之臣。所以備制誥文章之選。朕看近日翰詹等官。其中詞采可觀者固不乏人。而淺陋荒疏者亦不少。非朕親加考試。無以鼓勵其讀書向學之心。自少詹讀講學士以下。編

修檢討以上。滿漢名官。著於本月初七日齊赴乾清宮。候朕出題親試。倘有稱病託詞者。著另行具奏。朕必加以處分。考試之日。著乾清門侍衛察視。」屆日親試。擢黜有差。於是大考翰詹漸垂爲定制矣。（後來多在保和殿行之。）此爲一種不定期考試。隨時可以舉行。並嚴禁規避。前列者固有升擢之榮。名次在後者則有降黜或罰俸之處分。故文字或書法荒疏者視爲畏途。嘲翰林詩所謂「忽聞大考魂皆落」也。（間有特旨免試者。如同治五年徐桐翁同龢是。以在弘德殿行走之故。尊重帝師也。）

問　清代各省主考（正副考官）。例由京員簡充。亦有由外僚簡者否。

答　雍正間有之。梁紹壬兩般秋雨盦隨筆云。「大學士無錫嵇文敏公（曾筠）。雍正癸卯以河南巡撫即爲河南正考官。交河少司寇王公（蘭生）。雍正壬子以安徽學政即爲江南正考官。典試出外改充。前此未之有也。」此蓋僅有之例。後亦無聞。若主考之就簡學政（或本省或他省）。則不乏耳。

問　大挑緣起如何。

答　舉人經三科會試不第。可就大挑一途。其制始於乾隆丙戌科。吏部議選法。一等用知縣。又借補府經歷直隸州州同州判屬州州同州判縣丞鹽大使藩庫大使。凡九班。二等以學正教諭用。借補訓導。凡三班。見郎潛紀聞。

又按前乎此者。雍正五年閏三月諭曰。「向來各省縣令多循資按次照例選用之員。故其中庸碌無能者有之。少不更事者有之。以致苟且因循。貪位竊祿。諸凡闒冗。職掌廢弛。此等之人。尚不能顧一身之考成。豈能爲地方之憑藉乎。今因會試後天下舉子齊集京師。朕思其中有才品兼優之士。是以特加遴選。畀以縣令之任。朕之所望於爾等者。不僅在於辦理刑名。徵收稅賦。簿書期會之責而已」。次月又就會試下第舉人挑選各省教職。諭曰。「向來教官因循偷惰。全不以教訓爲事。朕屢頒諭旨。而積習如故。因於爾等下第舉人中擇文理明通者引見命往。」斯爲舉人大挑之權輿。至乾隆時始垂爲定制耳。

問　世俗相傳舊時富貴家擇壻。往往以新登科第之少年未娶者爲對象。甚至施以强迫。此眞有其事否。

答　自科舉制度施行後。登科者極爲世重。富貴之家以爲擇壻之對象。事恒有之。其施以强迫者。亦嘗爲一種風氣。宋人彭乘墨客揮犀有云。「今人於榜下擇壻。曰臠婚。其語蓋本諸袁山松。其間或有不顧就而爲貴勢豪族擁逼不得辭者。嘗有一新先輩。少年有風姿。爲貴族之有勢力者所慕。命十數僕擁致其第。少年欣然而行。略不辭避。既至。觀者如堵。須臾。有衣金紫者出曰。某惟一女。亦不至醜陋。願配君子可乎。少年鞠躬謝曰。寒微得託迹高門固幸。待歸家試與妻子商量看如何。衆皆大笑而散。」勢家於新登科者擇壻。乃至擁逼鬭成。致有此項話柄。事甚可笑。而當時實有此風。固可概見。（先輩爲唐宋時得科第者之稱。）傳奇（如琵琶記）戲劇（如鍘美案）之演宰相天子招狀元爲壻事。亦有由來矣。

問　兩淮產鹽量爲全國最。其引地亦最廣。遠者達湖南南部。雖屬國家定制。其事殊不便於民。不審此制究何所始。

答　此制恐自唐已然矣。蓋當時長江流域。概仰淮鹽。而五嶺之道險艱。粵鹽產量又少。遂不爲道遠之民生計。有清一代。湘南諸縣粵鹽之私運。迄無法禁絕。故定制淮鹽達衡州而止。宋史蹇周輔傳云。先是湖南例食淮鹽。周輔始請運廣鹽數百萬石分鬻郴全道州。又以淮鹽增配潭衡諸郡。其由來已久可知。

問　陝豫鄂三省交界之區。即嘉慶時教匪滋亂之地。其地在古代已爲亂原。其故何在。其沿革如何。

答　元至正間流賊即據荊襄上游作亂。終元世莫能制。洪武初鄧愈以兵剿除。空其地。禁流民不得入。然地界秦豫楚之間。又多曠土。山谷阨塞。林箐蒙密。中有草木可采掘以食。正統二年歲飢民徙入不可禁。衆既多。罔稟約束。其中巧黠者稍相雄長。天順成化中遂有劉通之亂。而項忠討平之。不數年禁漸弛復亂。祭酒周洪謨著流民說略。言東晉時廬松之民流至荊州。乃僑置松滋縣於荊南。淮州之民流聚襄陽。乃僑置南淮州於襄西。今當增置郡縣。聽附籍爲編氓。於是朝廷采其議。命原傑撫治之。以襄陽所轄鄖縣居竹房上津商洛諸縣中。道路四達。且去府治遠。山林深阻。猝有盜賊。遙制爲難。乃拓其城。置鄖陽府。以縣附之。並置湖廣行都司。增兵設戍。而析竹山置竹溪。析鄖置鄖西。析漢中之鄖陽置白河。與竹山上津房咸隸新府。又於西安增山陽。南陽增南召桐柏。汝州增伊陽。各隸其舊。是鄖陽爲明中葉以後新設之區域。其長官稱撫治而不稱巡撫。蓋一特別行政區也。清代罷此制。遂伏亂階云。

問　旗兵駐防之原委如何。

答　駐防之制。人多以爲始於防漢人之反側。其實非也。自順治定都燕京。即於盛京設八旗駐防兵。而各直省之設駐防轉在稍後。且駐旗兵以控形勝之議轉自漢人發之。康熙初魏文毅裔介疏請撤滿洲兵還駐荊襄。雖未及採用。而後來制度實推本於此也。定制除滿蒙沿邊各處外。西安成都荊州廣州福州杭州江寧各有將軍一人。立營壘。自成軍區。旗兵長子孫爲久駐計。往往習其地方言。惟不能雜居通婚耳。將軍與總督同城者。總督有故。或攝其事。平時則不得干涉民政及軍政。外此各險要處所依次設都統副都統城守尉等官。惟湖南廣西雲南貴州無旗兵。當滿人初入關之際與漢人風俗習慣不同。必有不易融洽者。擇地駐軍不與漢民混雜。未嘗非權宜之善策也。

問　帝王專制之害。似覺近代已較古代爲輕。蓋後世已將古制中之不近人情者稍加改革。故尊嚴雖未減。而爲害已不若古昔之甚。不知有實證否。

答　近代帝王家之制度。確有勝於前代者。如清代家法。每日視朝。從不間斷。且從無日晏視朝者。內監雖有營私納賄者。猶不敢公然干預政事。皇子入學讀書作文。與士大夫家完全相同。師傅得加責罰。故皇帝無不能親裁章奏者。王公多能詩文。此皆昭然人所共知之事。大抵家法之改良自宋始，宋元祐間呂大防曾歷舉之云。「自三代以後。唯本朝百二十年。中外無事。蓋由祖宗所立家法最善。臣請舉其略。自古人主事母后。朝見有時。如漢武帝五日一朝長樂宮。祖宗以來。事母后皆朝夕見。此事親之法也。前代大長公主用臣妾之禮。本朝必先致恭。仁宗以姪事姑之禮見獻穆大長公主。此事

長之法也。前代宮闈多不肅。宮人或與廷臣相見。唐入閤圖有昭容位。本朝宮禁嚴密。內外整肅。此治內之法也。前代外戚多預政事。常致敗亂。本朝母后之族皆不預。此待外戚之法也。前代宮室多尙華侈。本朝宮殿止用赤白。此尙儉之法也。前代人君雖在宮禁。出輿入輦。祖宗皆步自內庭。出御後殿。豈乏人力哉。亦欲涉歷廣庭。稍冒寒暑。此勤身之法也。前代人主。在禁中冠服苟簡。祖宗以來。燕居必以禮。竊聞陛下昨郊禮畢具禮謝太皇太后。此尙禮之法也。前代多深於用刑。大者誅戮。小者遠竄。惟本朝用法最輕。臣下有辠。止於罷黜。此寬仁之法也。」其事親治內侍外戚及寬仁之法四條，有清均尙承而不改。

問　清代皇子教育。其情事如何。又幼年皇帝。如何從師受業。

答　清代家法。皇子教育。甚爲認眞。其就學之所曰上書房。師傅選翰林充之。謂之上書房行走。大臣任教者。則有上書房總師傅之稱。皇子每日進書房甚早。課程亦嚴。乾隆間趙翼嘗爲軍機章京。儤直內廷。其簷曝雜記。紀皇子讀書云。「本朝家法之嚴。即皇子讀書一事。已迥絕千古。余內直時。屆早班之期。率以五鼓入。時部院百官未有至者。惟內府蘇喇數人（謂閒散白身人在內府供役者）往來黑暗中。殘睡未醒。時復倚柱假寐。然已隱隱望見有白紗燈一點入隆宗門。則皇子進書房也。吾輩窮措大專恃讀書爲衣食者。尙不能早起。而天家金玉之體。乃日日如是。既入書房。作詩文。每日皆有程課。未刻畢。則又有滿洲師傅教國書。習國語及騎射等事。薄暮始休。然則文學安得不深。武事安得不嫻熟。宜乎皇子孫不惟詩文書畫無一不擅其妙。而上下千古。成敗理亂。已了然於胸中。以之臨政。復何事不辨。因憶昔人所謂生於深宮之中。長於阿保之手。如前朝宮庭間。逸惰尤甚。皇子十餘歲始請出閣。不過宮僚訓講片刻。其餘皆婦寺與居。復安望其明道理燭事機哉。然則我朝諭教之法。豈惟歷代所無。即三代以上亦所不及矣。」其言似近諛頌。而情事要自可徵。近支親貴子弟。亦得承命入上書房讀書。皇帝未即位時。亦皇子也。且淸自康熙時建儲發生糾紛。後罷建儲之制。皇子中亦無復太子非太子之別。（光緒間孝欽立端王載漪之子溥儁爲大阿哥。讀書於弘德殿。又類建儲矣。惟未幾即廢黜。）故言皇子讀書。未即位之皇帝即在其內矣。惟值沖主踐阼。勢不能不特有讀書之所。其事較皇子尤形鄭重。乃更指定宮殿選任師傅授讀。稱某宮某殿行走。同治間祁雋藻李鴻藻等之直弘德殿。光緒間翁同龢孫家鼐等之直毓慶宮。宣統間陸潤庠陳寶琛之直毓慶宮是也。雖貴爲天子。而對師傅敬禮有加。師傅之課讀。亦從嚴格。不能敷衍了事。翁同龢嘗傅穆宗。其傅德宗。在同列中尤專而久。觀其日記中所紀。關於皇帝就學情事。可見大凡。師傅教授漢文。多以漢人充之。體制甚隆。除爲文字上之教授外。兼有規勵德性匡正過失之責。此在翁氏日記中。亦多可見。至教授滿文及騎射之滿師傅。亦稱「諳達」。則體制較殺焉。

問　宋代制度有迥異於近代者爲何。

答　最奇異者爲選尙公主者。降其父爲兄弟行。見宋史公主傳。不但改其輩。且改其名。如王溥子貽正。所生子克明。尙太宗女。改名貽

永。（見本傳）。紊亂祖孫父子之序如此。誠匪夷所思者。然按宋史孫永傳。世爲趙人。徙長社。年十歲而孤。祖給事中沖列爲子行。沖卒喪除。復列爲孫。蓋昭穆之不講。臣庶之家固有其俗矣。

問　宋制有所謂京朝官差遣院者何解。

答　自魏晉以來。百官銓選均屬吏部。宋初承五代弊習。京外各官多由方鎭擅除。欲矯其弊。乃不除正官。而但遣京朝官臨時攝其任。譬如州縣不除刺史縣令。而但遣人知某州事知某縣事。其稅務工務諸官。亦皆遣人監臨。至於諸路財務刑務各要政。則遣使爲之。或曰某某使。或曰提點某某。或曰提舉某某。皆臨時差遣而非正式官吏。故不歸吏部。太宗太平興國五年。沿京朝官除兩省御史臺。自少卿監以下。奉使從政於外受代而歸者。並令中書舍人郭贄等攷校勞績。品量材器。以中書所下闕員類能擬定引對而授之。謂之差遣院（見續資治通鑑）。宋亡而後。知府知州知縣皆已成正式官吏。即無所謂差遣矣。

問　舊時府佐通判一職。對府屬亦居長官地位。而事權不屬。爲人所輕。有「搖頭大老爺」之目。此官始於何時。初制若何。

答　此官之置。始於宋初。每與長吏爭權。有監郡或監州之稱。歐陽修歸田錄云。「國朝自下湖南。始置諸州通判。既非副貳。又非屬官。故常與知州爭權。每云我是監郡。朝廷使我監汝舉動。爲其所制。太祖聞而患之。詔書戒勵。使與長吏協和。凡文書非與長吏同簽書者所在不得承受施行。自此遂稍稍戢。然至今州郡往往與通判不和。往時有錢昆少卿者。家世餘杭人也。杭人嗜蟹。昆嘗求補外郡。人問其所欲何州。昆曰。但得有螃蟹無通判處則可矣。至今士人以爲口實。」又宋稗類鈔（清潘永因輯）云。「宋初懲五代藩鎭之弊。置通判以分知州之權。謂之監州。有錢昆少卿者。餘杭人。嗜蟹。嘗求補郡。人問其所欲。昆曰。但得有螃蟹無通判處則可。此語風味似晉人。東坡云。欲問君王乞符竹。但憂無蟹有監州。即用其事。」亦本於宋人紀載。從知其時之通判頗有權力。異乎明清府佐之通判也。（元不設通判。）

問　州縣衙門有公生明之額。昉於何時。

答　元許有容至正集云。「林州州治西北有公明亭。圮廢已久。金承安間宋戩記文石刻故在。一日其守若僚請書公生明三字。揭之州堂。日視以爲儆。」疑即始此也。

問　山東曲阜縣知縣。曾由聖裔充任。此制何時改革。

答　清初沿前朝制度。以孔子後裔知曲阜縣。乾隆間以其制非便。乃將曲阜知縣一缺改爲題缺（由本省大吏遴員奏補之缺）。二十一年諭。「吏部議覆曲阜縣知縣改爲題缺一本。闕里爲毓聖之鄉。自唐宋以來。率以聖裔領縣事。夫大宗主鬯。既已爵列上公。而知縣一官。專以民事爲職。奉法令則以裁制傷恩。厚族黨則以偏枯廢事。甚至因緣爲奸簠簋不飭者有之。且亦非古人易地而官之道。我國家尊崇先聖。遠邁前朝。延恩後裔。有加無已。豈於此而有靳焉。但與其循舊制而致瘝官。有乖政體。何如通變宜民。俾吏舉其職。民安其治。於邑中黎庶孔氏族人。均有裨益。著照該部所議。」自是孔裔乃不更領曲阜縣事。

我的雜學

知堂

九

我對於人類學稍有一點興味，這原因並不是爲學，大抵只是爲人，而這人的事情也原是以文化之起源與發達爲主。但是人在自然中的地位，如嚴幾道古雅的譯語所云化中人位，我們也是很想知道的，那麼這條路略一拐灣便又一直引到進化論與生物學那邊去了。關於生物學我完全只是亂翻書的程度，說得好一點也就是涉獵，據自己估價不過是受普通教育過的學生應有的常識，此外加上多少從雜覽來的零碎資料而已。但是我對於這一方面的愛好，說起來原因很遠，並非單純的爲了化中人位的問題而引起的。我在上文提及，以前也寫過幾篇文章講到，我所喜歡的舊書中有一部分是關於自然名物的，如毛詩草木疏及廣要，毛詩品物圖考，爾雅音圖及郝氏義疏，汪曰楨湖雅，本草綱目，野菜譜，花鏡，百廿蟲吟等。照時代來說，除毛詩爾雅圖錄外最早看見的是花鏡，距今已將五十年了，愛好之心卻始終未變，在康熙原刊之外還買了一部日本翻刊本，至今也仍時時拏出來翻看。看花鏡的趣味，旣不爲的種花，亦不足爲作文的參考，在現今說與人聽，是不容易領解，更不必說同感的了。因爲最初有這種興趣，後來所以牽連開去，應用在思想問題上面，否則即使爲得要了解化中人位，生物學知識很是重要，卻也覺得麻煩，懶得去動手了吧。外國方面認得懷德的博物學的通信集最早，就是世間熟知的所謂塞耳彭的自然史，此書初次出版還在淸乾隆五十四年，至今重印不絕，成爲英國古典中唯一的一冊博物書。但是近代的書自然更能供給我們新的知識，於目下的問題也更有關係，這裏可以舉出湯木孫與法勃耳二人來，因爲他們於學問之外都能寫得很好的文章，這於外行的讀者是頗有益處的。湯木孫的英文書收了幾種，法勃耳的昆蟲記只有全集日譯三種，英譯分類本七八冊而已。我在民國八年寫過一篇祖先崇拜，其中曾云，我不信世上有一部經典，可以千百年來當人類的教訓的，只有記載生物的生活現象的比阿洛支，才可供我們參考，定人類行爲的標準。這也可以翻過來說，經典之可以作敎訓者，因其合於物理人情，即是由生物學通過之人生哲學，故可貴也。我們聽法勃耳講昆蟲的本能之奇異，不禁感到驚奇，但亦由此可知焦理堂言生與生生之理，聖人不易，而人道最高的仁亦即從此出。再讀湯木孫談落葉的文章，每片樹葉在將落之前，必先將所有糖分葉綠等貴重成分退還給樹身，落在地上又經蚯蚓運入土中，化成植物性壤土，以供後代之用，在這自然的經濟裏可以看出別的意義，這便是樹葉的忠藎，假如要講教訓的話。論語裏有小子何莫學夫詩一章，我很是喜歡，現在倒過來說，「多識於鳥獸草木之名，可以興，可以觀，可以羣，可以怨，邇之事父，遠之事君」，覺得也有新的意義，而且與事理也相合，不過事君或當讀作盡力國事而已。說到

這裏話似乎有點硬化了，其實這只是推到極端去說，若是平常我也還只是當閒書看，派克洛夫忒所著的動物之求婚與動物之幼年二書，我也覺得很有意思，雖然並不一定要去尋求什麼教訓。

十

民國十六年春間我在一篇小文中曾說，我所想知道一點的都是關於野蠻人的事，一是古野蠻，二是小野蠻，三是文明的野蠻。一與三是屬於文化人類學的，上文約略說及，這其二所謂小野蠻乃是兒童，因為照進化論講來，人類的個體發生原來和系統發生的程序相同，胚胎時代經過生物進化的歷程，兒童時代又經過文明發達的歷程，所以幼稚這一段落正是人生之蠻荒時期，我們對於兒童學的有些興味這問題，差不多可以說是從人類學連續下來的。自然大人對於小兒本有天然的情愛，有時很是痛切的，日本文中有兒煩惱一語，最有意味，莊子又說聖王用心，嘉孺子而哀婦人，可知無間高下人同此心，不過於這主觀的慈愛之上又加以客觀的了解，因而成立兒童學這一部門，乃是極後起的事，已在十九世紀的後半了。我在東京的時候得到高島平三郎編歌詠兒童的文學及所著兒童研究，才對於這方面感到興趣，其時兒童學在日本也剛開始發達，斯丹萊賀耳博士在西洋為斯學的祖師，所以後來參考的書多是英文的，塞來的兒童時期之研究雖已是古舊的書，我却很是珍重，至今還時常想起。以前的人對於兒童多不能正當理解，不是將他當作小形的成人，期望他少年老成，便將他看作不完全的小人，說小孩懂得什麼，一筆抹殺，不去理他。現在才知道兒童在生理心理上雖然和大人有點不同，但他仍是完全的個人，有他自己內外兩面的生活。這是我們從兒童學所得來的一點常識，假如要說救救孩子大概都應以此為出發點的，自己慚愧於經濟政治等無甚知識，正如講到婦女問題時一樣，未敢多說，這裏與我有關係的還只是兒童教育裏一部分，即是童話與兒歌。在二十多年前我寫過一篇兒童的文學，引用外國學者的主張，說兒童應該讀文學的作品，不可單讀那些商人們編撰的讀本，念完了讀本，雖然認識了字，却不會讀書，因為沒有讀書的趣味。幼小的兒童不能懂名人的詩文，可以讀童話，唱兒歌，此即是兒童的文學。正如在小說之童年中所說，傳說故事是文化幼稚時期的小說，為古人所喜歡，為現時野蠻民族與鄉下人所喜歡，因此也為小孩們所喜歡，是他們共通的文學，這是確實無疑的了。這樣話又說了回來，回到當初所說的小野蠻的問題上面，本來是我所想要知道的事情，覺得去費點心稍為查考也是值得的。我在這裏至多也只把小朋友比做紅印度人，記得在賀耳派的論文中，有人說小孩害怕毛茸茸的東西和大眼睛，這是因為森林生活時恐怖之遺留，似乎說的新鮮可喜，又有人說，小孩愛弄水乃是水棲生活的遺習，却不知道究竟如何了。弗洛伊特的心理分析應用於兒童的心理，頗有成就，曾讀瑞士波都安所著書，有些地方覺得很有意義，說明希臘腫足王的神話最為確實，蓋此神話向稱難解，如依人類學派的方法亦未能解釋清楚者也。

十一

性的心理，這於我益處很大，我平時提及總是不惜表示感謝的。從前在論自已的文章一文中曾云，「我的道德觀恐怕還當說是儒家的，但左右的道與法兩家也都有點參合在內，外邊又加了些現代科學常識，如生物學人類學以及性的心理，而這末一點在我更爲重要。古人有面壁悟道的，或是看蛇鬬懂得寫字的道理，我却從妖精打架上想出道德來，恐不免爲傻大姐所竊笑罷。」本來中國的思想在這方面是健全的，如禮記說，飲食男女，人之大欲存焉。又莊子設爲堯舜問答，嘉孺子而哀婦人，爲聖王之所用心，氣象很是博大。但是後來文人墮落，漸益不成話說，我曾武斷的評定，只要看關於女人或佛教的意見，如通順無疵，才可以算作甄別及格，可是這是多麼不容易呀。近四百年中也有過李贄王文祿俞正燮諸人，能說幾句合於情理的話，却總不能爲社會所容認，俞君生於近世，運氣較好，不大挨罵，李越縵只嘲笑他說，頗好爲婦人出脫，語皆偏譎，似謝夫人所謂出於周姥者。這種出於周姥的意見實在却極是難得，榮啓期生爲男子身，但自以爲幸耳，若能知哀婦人而爲之代言，則已得聖王之心傳，其賢當不下於周公矣。我輩生在現代的民國，得以自由接受性心理的新知識，好像是拏來一節新樹枝接在原有思想的老榦上去，希望能够使他强化，自然發達起來，這個前途遼遠一時未可預知，但於我個人總是覺得頗受其益的。這主要的著作當然是藹理斯的性的心理研究。此書第一册在一八九九年出版，至一九一〇年出第六册，算是全書完成了，一九二八年續刊第七册，仿佛是補遺的性質。一九三三年，藹理斯又刊行了一册簡本性的心理，爲現代思想的新方面叢書之一，其時著者蓋已是七十四歲了。我學了英文，既不讀沙士比亞，不見得有什麼用處，但是可以讀藹理斯的原書，這時候我才覺得當時在南京那幾年洋文講堂的功課可以算是並不白費了。性的心理給于我們許多事實與理論，這在別的性學大家如福勒耳、勃洛赫、鮑耶爾、凡特威耳特諸人的書裏也可以得到，可是那從明淨的觀照出來的意見與論斷，却不是別處所有，我所特別心服的就在於此。從前在夜讀抄裏曾經舉例，敍說藹理斯的意見，以爲性欲的事情有些無論怎麼異常以至可厭惡，都無責難或干涉的必要，除了兩種情形以外，一是關係醫學，一是關係法律的。這就是說，假如這異常的行爲要損害他自己的健康，那麼他需要醫藥或精神治療的處置，其次假如這要損及對方的健康或權利，那麼法律就應加以干涉。這種意見我覺得極有道理，既不保守，也不急進，據我看來還是很有點合於中庸的罷。說到中庸，那麼這頗與中國接近，我眞相信如中國保持本有之思想的健全性，則對於此類意思理解自至容易，就是我們現在也正還託這芘蔭，希望思想不至於太渾濁化也。

十二

藹理斯的思想我說他是中庸，這並非無稽，大抵可以說得過去，因爲西洋也本有中庸思想，即在希臘，不過中庸稱爲有節，原意云康健心，反

面爲過，原意云狂恣。藹理斯的文章裏多有這種表示，如論聖芳濟中云，有人以禁欲或耽溺爲其生活之唯一目的者，其人將在尙未生活之前早已死了。又云，生活之藝術，其方法只在於微妙地混和取與捨二者而已。性的心理第六册末尾有一篇跋文，最後的兩節云：

「我很明白有許多人對於我的評論意見不大能够接受，特別是在末册裏所表示的。有些人將以我的意見爲太保守，有些人以爲太偏激。世上總常有人很熱心的想攀住過去，也常有人熱心的想攫得他們所想像的未來。但是明智的人站在二者之間，能同情於他們，却知道我們是永遠在於過渡時代。在無論何時，現在只是一個交點，爲過去與未來相遇之處，我們對於二者都不能有何怨懟，不能有世界而無傳統，亦不能有生命而無活動。正如赫拉克萊多思在現代哲學的初期所說，我們不能在同一川流中入浴二次，雖然如我們在今日所知，川流仍是不息的回流着。沒有一刻無新的晨光在地上，也沒有一刻不見日沒。最好是閒靜的招呼那熹微的晨光，不必忙亂的奔上前去，也不要對於落日忘記感謝那曾爲晨光之垂死的光明。

在道德的世界上，我們自己是那光明使者，那宇宙的歷程即實現在我們身上。在一個短時間內，如我們願意，我們可以用了光明去照我們路程的周圍的黑暗。正如在古代火把競走——這在路克勒丟思看來似是一切生活的象徵——裏一樣，我們手持火把，沿着道路奔向前去。不久就會有人從後面來，追上我們。我們所有的技巧便在怎樣的將那光明固定的炬火遞在他的手內，那時我們自己就隱沒到黑暗裏去。」這兩節話我頂喜歡，覺得是一種很好的人生觀，現代叢書本的新精神卷首，即以此爲題詞，我時常引用，這回也是第三次了。藹理斯的專門是醫生，可是他又是思想家，此外又是文學批評家，在這方面也使我們不能忘記他的業績。他於三十歲時刊行新精神，中間又有斷言一集，從盧梭到普魯斯忒出版時年已七十六，皆是文學思想論集，前後四十餘年而精神如一，其中如論惠德曼，加沙諾伐，聖芳濟，尼可拉先生的著者勒帖夫諸文，獨具見識，都不是在別人的書中所能見到的東西。我曾說，精密的研究或者也有人能做，但是那樣寬廣的眼光，深厚的思想，實在是極不易再得。事實上當然是因爲有了這種精神，所以做得那性心理研究的工作，但我們也希望可以從性心理養成一點好的精神，雖然未免有點我田引水，却是誠意的願望。由這裏出發去着手於中國婦女問題，正是極好也極難的事，我們小乘的人無此力量，只能守開卷有益之訓，暫以讀書而明理爲目的而已。（六月十五日）

孽海花人名索隱表

冒鶴亭

姓名		籍貫	出身	職業
黃文載	王文在（念堂）	山西稷山人	戊辰探花	編修
王慈源	黃自元（敬輿）	湖南安化人	戊辰榜眼	寧夏府知府
金沟（雯卿）	洪鈞（文卿）	江蘇吳縣人	戊辰狀元	兵部左侍郎
潘曾奇（勝芝）	潘遵祁（順之）	江蘇吳縣人	乙巳翰林	侍讀
錢端敏（唐卿）	汪鳴鑾（柳門）	浙江錢塘人	乙丑翰林	吏部右侍郎
陸仁祥（搴如）	陸潤庠（鳳石）	江蘇元和人	甲戌狀元	東閣大學士
潘宗蔭（八瀛）	潘祖蔭（伯寅）	江蘇吳縣人	壬子探花	工部尙書
僧格（林沁）	僧格（林沁）	蒙古人	襲職	科爾沁親王
阿拉喜崇阿	烏拉喜崇阿（達峯）	滿洲人	丙辰翰林	兵部尙書
過肇廷	顧肇熙（緝庭）	江蘇吳縣人	甲子舉人	台灣道
何太眞（珏齋）	吳大澂（愙齋）	江蘇吳縣人	戊辰翰林	湖南巡撫
謝介福（山芝）	謝家福（綏之）	江蘇吳縣人		直隸同知
莫友芝	莫友芝（郘亭）	貴州獨山人	道光辛卯舉人	江蘇知縣
湯壎伯	湯經常（壎伯）	江蘇武進人		畫家
姚鳳生	姚孟起（鳳生）	江蘇吳縣人	附生	書家
楊詠春	楊沂孫（詠春）	江蘇常熟人	舉人	鳳陽府知府
任阜長	任薰（阜長）	浙江蕭山人		畫家
成木生	盛宣懷（杏蓀）	常州武進人	附生	郵傳部尙書
貝祐曾（效亭）	費學曾（佑庭）	常州武進人	監生	淸河道
龔孝琪	龔橙（孝拱）	浙江仁和人		
馮桂芬（景亭）	馮桂芬（敬亭）	江蘇吳縣人	庚子榜眼	右中允
倭良峯	倭仁（艮峯）	蒙古人	道光翰林	文華殿大學士
徐雪岑	徐壽（雪村）	江蘇無錫人		分省縣丞
徐英（忠華）	徐建寅（仲虎）	江蘇無錫人	監生	直隸候補道
薛輔仁（淑雲）	薛福成（叔耘）	江蘇無錫人	丁卯副貢	右副都御史
呂蒼舒（順齋）	黎庶昌（蒓齋）	貴州遵義人	廩貢生	川東道
李寶豐（台霞）	李鳳苞（丹崖）	江蘇崇明人	同文館學生	出使德國大臣
馬中堅（義菽）	馬建忠（眉叔）	江蘇丹徒人	法國留學生	直隸候補道
王恭憲（子度）	黃遵憲（公度）	廣東嘉應人	丙子舉人	湖南按察使
以上第二回				
雲宏（仁甫）	容閎（純甫）	廣東香山人	美國留學生	江蘇巡撫署譯員
李任叔	李善蘭（壬叔）	浙江海寧人	附生	戶部郎中
胡星岩	胡光墉（雪巖）	浙江錢塘人		商家
志剛	志剛	滿洲人		道員
孫家穀	孫家穀	安徽鳳臺人	丙辰進士	荆宜施道

曹以表（公坊）	曾之撰（君表）	江蘇常熟人	乙亥舉人	刑部郎中
龔　平（和甫）	翁同龢（叔平）	江蘇常熟人	丙辰狀元	協辦大學士
潘止韶	潘欲仁（子昭）	江蘇常熟人	副　貢　生	沛縣教諭
楊墨林	楊　坊（憩棠）	浙江鄞縣人		上海墨海書林主人
以上第三回				
李治民（純客）	李慈銘（蒓客）	浙江會稽人	庚辰進士	山西道監察御史
莊芝棣（壽香）	張之洞（香濤）	直隸南皮人	癸亥探花	體仁閣大學士
莊佑培（崙樵）	張佩綸（幼樵）	直隸豐潤人	辛未翰林	署左副都御史
陳　琛（森葆）	陳寶琛（伯潛）	福建閩縣人	戊辰翰林	山西巡撫
黃禮方（叔蘭）	黃體芳（漱蘭）	浙江瑞安人	癸亥翰林	兵部右侍郎
王仙屺（憶莪）	王先謙（益吾）	湖南長沙人	乙丑翰林	國子監祭酒
祝　溥（寶廷）	寶　廷（竹坡）	宗　室	戊辰翰林	禮部右侍郎
盛伯怡	盛　昱（伯羲）	宗　室	丁丑翰林	國子監祭酒
黎石農（殿文）	李文田（若農）	廣東順德人	己未探花	禮部左侍郎
李　公	李鴻章（少荃）	安徽合肥人	丁未翰林	文華殿大學士
敬　王	奕　訢		皇六子	恭親王
高揚藻（理惺）	李鴻藻（蘭蓀）	直隸高陽人	壬子翰林	協辦大學士
馮子材	馮子材（萃亭）	廣東欽州人	軍　功	廣西提督
蘇元春	蘇元春（子熙）	廣西永安人	行　伍	廣西提督
袁　旭（尙秋）	袁　昶（爽秋）	浙江桐廬人	丙子進士	太常寺卿
錢冷西	錢振倫（　崙　）	浙江歸安人	戊戌翰林	國子監司業
以上第五回				

包　鈞	寶　鋆（佩蘅）	滿　洲人	戊戌翰林	武英殿大學士
徐延旭	徐延旭（曉山）	山東臨清人	庚申進士	廣西巡撫
唐　炯	唐　炯（鄂生）	貴州貴筑人	道光己酉舉人	雲南巡撫
黃桂蘭	黃桂蘭			廣西提督
趙　沃	趙　沃			道員
義親王	世　鐸		襲　職	禮親王
格和博	額勒和布（筱山）	滿　洲人	壬子翰林	武英殿大學士
羅文名	閻敬銘（丹初）	陝西朝邑人	乙巳翰林	東閣大學士
莊慶蕃	張之萬（子青）	直隸南皮人	丁未狀元	東閣大學士
鍾祖武	孫毓汶（萊山）	山東濟寧人	丙辰榜眼	兵部尙書
彭玉麟	彭玉麟（雪琴）	湖南衡陽人	廩　生	兵部尙書
潘鼎新	潘鼎新（琴軒）	安徽廬江人	己酉舉人	廣西巡撫
岑毓英	岑毓英（彥卿）	廣西西林人	附　生	雲貴總督
吳　景	何　璟（小宋）	廣東香山人	丁未翰林	閩浙總督
張昭同	張兆棟（友三）	山東濰縣人	己巳進士	福建巡撫
達　興	德　馨（曉峯）	滿　洲人	生　員	江西巡撫
江以誠	汪以誠	浙江錢塘人	監　生	南滙縣知縣
劉永福	劉永福（淵亭）	廣東欽州人	綠　林	南澳鎭總兵
曾國荃	曾國荃（沅甫）	湖南湘鄉人	優　貢　生	兩江總督
唐景崧	唐景崧（薇卿）	彥田灌陽人	乙丑進士	台灣巡撫
潘　瀛	潘　瀛			
王孝祺	王孝祺	安徽合肥人	軍　功	北海鎭總兵

王德榜	王德榜（朗青）	湖南江華人	軍功	貴州布政使
以上第六回				
匡朝鳳（次芳）	汪鳳藻（芝房）	江蘇元和人	癸未翰林	侍讀
以上第七回				
戴百孝				
呂萃芳	劉瑞芬（芝田）	安徽貴池人	諸生	廣東巡撫
許鏡瀓（祝雲）	許景澄（竹篔）	浙江嘉興人	戊辰翰林	吏部右侍郎
曾繼湛（劼剛）	曾紀澤（劼剛）	湖南湘鄉人	襲侯	吏部左侍郎
以上第八回				
莊煥英（小燕）	張蔭桓（樵野）	廣東南海人	監生	戶部左侍郎
劉錫洪	劉錫鴻（雲生）	廣東番禺人	監生	出使英國副大臣
嵩厚	崇厚（地山）	滿洲人	己酉舉人	左都御史
余笏南				
塔翻譯				
黃翻譯				
以上第九回				
侯夫人	劉氏	湖南湘陰人	陝西巡撫劉蓉女	
以上第十回				
米繼曾（筱亭）	費念慈（屺懷）	江蘇武進人	己丑翰林	編修
姜表（劍雲）	江標（建霞）	江蘇元和人	己丑翰林	候補四品京堂
連沅（荇仙）	聯元（仙蘅）	滿洲人	戊辰翰林	內閣學士
易鞠（縧常）	葉昌熾（鞠裳）	江蘇長洲人	己丑翰林	侍講
段扈橋	端方（午橋）	滿洲人	壬午舉人	直隸總督
荀春植（子珮）	沈曾植（子培）	浙江嘉興人	庚辰進士	安徽布政使
黃朝杞（仲濤）	黃紹箕（仲弢）	浙江瑞安人	庚辰翰林	湖北提學使
繆平（寄坪）	廖平（季平）	四川井研人	己丑進士	綏定府教諭
唐猶輝（常肅）	康有為（長素）	廣東南海人	乙未進士	工部主事
以上第十一回				
戴隨員				
繆仲恩（綬山）	廖壽恒（仲山）	江蘇嘉定人	己巳翰林	禮部尚書
尹宗暘（震生）	楊崇伊（莘伯）	江蘇常熟人	庚辰翰林	漢中府知府
章騫（直蜚）	張謇（季直）	江蘇通州人	甲午狀元	修撰
聞鼎儒（韻高）	文廷式（芸閣）	江西萍鄉人	庚寅榜眼	侍讀學士
蘇胥（鄭龕）	鄭孝胥（蘇堪）	福建閩縣人	壬午解元	湖南布政使
呂成澤（沐庵）	李盛鐸（木齋）	江西德化人	己丑榜眼	山西布政使
楊遂（淑喬）	楊銳（叔嶠）	四川綿竹人	乙酉舉人	四品卿銜軍機章京
莊可權（立人）	張權（君立）	直隸南皮人	戊戌進士	候補四品京堂
吳長卿	吳長慶（筱軒）	安徽廬江人	軍功	浙江提督調防金州
孫知州	孫雲錦（海岑）	安徽合肥人	諸生	開封府知府
劉毅	劉可毅（葆眞）	江蘇陽湖人	壬辰翰林	編修
余同	徐桐（蔭軒）	漢軍	庚戌翰林	體仁閣大學士
汪蓮孫	王懿榮（廉生）	山東福山人	庚辰翰林	國子監祭酒
以上第十三回				
傅容	徐郙（頌閣）	江蘇嘉定人	壬戌狀元	協辦大學士

伯夫人	趙氏	安徽太湖人	高廉道趙昀女	
以上第十四回				
柴龢(韻甫)	蔡鈞(和甫)	江西上猶人	監生	出使日本大臣
俞耿(西塘)	裕庚(朗西)	漢軍	優貢生	太僕寺少卿
郭筠仙	郭嵩燾(筠仙)	湖南善化人	丁未翰林	兵部左侍郎
丁雨汀	丁汝昌(禹廷)	安徽廬江人	軍功	海軍提督
以上第十八回				
莊南(稚燕)	張壋徽	廣東南海人	監生	刑部主事
魚陽伯(邦禮)	魯伯陽	安徽人	監生	上海道
王二	王五			鏢客
連公公	李蓮英		太監	總管
以上第十九回				
林勛(敦古)	林旭(暾谷)	福建侯官人	癸巳解元	四品卿銜軍機章京
以上第二十回				
余雄義	徐用儀(小雲)	浙江海鹽人	己未舉人	兵部尚書
俞書屛	徐樹銘(壽蘅)	湖南長沙人	丁未翰林	工部尚書
呂且聞	李端棻(苾)	貴州貴筑人	癸亥翰林	禮部尚書
楊誼柱(越常)	楊宜治(萸裳)			
余敏	玉銘	內務府人	包衣	四川鹽茶道
珠官	翁之潤(澤芝)	江蘇常熟人		
以上第二十一回				
戴勝佛	譚嗣同(復生)	湖南瀏陽人	監生	四品卿銜軍機章京
章誼(鳳孫)	張端本(鳳孫)	浙江錢塘人	蔭生	南韶連道
曾敬華	曾廣銓(敬詒)	湖南湘鄉人	蔭生	雲南糧道
章一豪	張曜(朗齋)	浙江錢塘人	軍功	山東巡撫
魯通一	衛汝貴(達三)	安徽合肥人	軍功	寧夏鎮總兵
以上第二十二回				
方代勝(安堂)	袁世凱(慰廷)	河南項城人	附生	直隸總督
金貴妃	瑾妃	滿洲人	工部侍郎長敘女	
寶貴妃	珍妃	滿洲人	工部侍郎長敘女	
致敏	志銳(伯愚)	滿洲人	庚辰翰林	伊犁將軍
以上第二十三回				
金繼元	洪浴	江蘇吳縣人	蔭生	工部郎中
言紫朝	葉志超(曙青)	安徽合肥人	行伍	直隸提督
馬裕坤	馬玉崑(景山)	安徽蒙城人	軍功	直隸提督
左伯圭	左寶貴(冠亭)	山東費縣人	行伍	高州鎮總兵
韓以高	安維峻(曉峯)	甘肅秦安人	庚辰翰林	福建道監察御史
以上第二十四回				
景親王	奕劻	貝勒	襲職	慶親王
龔弓夫	翁斌孫(弢夫)	江蘇常熟人	丁丑翰林	直隸提法使
劉益焜	劉坤一(峴莊)	湖南新寧人	附貢	兩江總督
劉瞻民	劉銘傳(省三)	安徽合肥人	軍功	台灣巡撫
汪子昇	王同愈(勝之)	江蘇元和人	己丑翰林	江西提學使
洪英若	翁綬琪(印若)	江蘇吳江人	辛卯舉人	江西知縣

魯師曾	潘志萬（召萁）	江蘇吳縣人		
廉篆夫	陸恢（廉夫）	江蘇吳江人		畫家
余漢青	徐熙（翰卿）	江蘇人		骨董家
章廣濤	魏光燾（午莊）	湖南邵陽人	監生	閩浙總督
季九光	李光玖	湖南湘鄉人	襲男	浙江按察使
俞虎丞	余虎恩	湖南平江人	軍功	福建提督
陸伯言				案伯言為陸遜三國時吳人
柳書元	劉樹元	湖南長沙人	軍功	記名提督
鄧士祀	鄧世昌（正卿）	廣東番禺人	水師學堂學生	記名總兵致遠兵船管帶
宋欽	宋慶（祝三）	山東蓬萊人	軍功	四川提督
劉成佑	劉長佑（蔭衢）	湖南新寧人	道光已酉拔貢	雲貴總督
依唐阿	依克唐阿（堯山）	滿洲人	軍功	奉天將軍
耿義	剛毅（子良）	滿洲人	繙譯生員	協辦大學士
以上二十五回				
永潞	榮祿（仲華）	滿洲人	蔭生	文華殿大學士
賢親王	奕譞		皇七子	醇親王
以上二十六回				
小德張	張德		太監	
永祿			太監	
繆素筠	繆素筠	雲南昆明人		女畫家
寇連材	寇連材		太監	
高萬枝	高萬枝		太監	
高道士	高峒元			白雲觀住持
常鄰	長麟（石農）	滿洲人	庚辰進士	戶部左侍郎
大公主	宗室		恭王女	
四格格	宗室		慶王女	
袁大奶奶				
倪罣廷	聶士成（功亭）	安徽合肥人	軍工	直隸提督
召廉村	邵友濂（小村）	浙江餘姚人	甲子舉人	太原總兵台灣巡撫
烏赤雲	伍廷芳（秩庸）	廣東香山人	美國留學生	商部右侍郎
李蔭白	李經方（伯行）	安徽合肥人	壬午舉人	郵傳部右侍郎
羅積丞	羅豐祿（稷臣）	福建人	監生	出使英國大臣
以上第二十七回				
陳青	（千秋）陳清	廣東人		
李大人	李瀚章（小荃）	安徽合肥人	已酉拔貢	兩廣總督
以上第二十八回				
王紫詮	王韜（紫詮）	江蘇長洲人	附生	新聞記者
蔡爾康	蔡爾康（紫紱）	江蘇上海人	廩貢生	新聞記者
畢嘉銘	畢永年	湖南安化人	哥老會	
裘叔遠	邱煒萲（菽園）			
楊雲衢	楊飛鴻（衢雲）	福建海澄人		中華革命黨
歐世傑				中華革命黨
何大雄	胡衍鴻（展堂）	廣東番禺人		中華革命黨
張懷民				中華革命黨
史堅如	史堅如	廣東番禺人		中華革命黨
陳龍	陳夔石（少白）	廣東新會人		中華革命黨
超蘭生	趙聲（伯先）	江蘇丹徒人		中華革命黨
陸崇湝（皓冬）	陸中桂（皓東）	廣東香山人		中華革命黨
以上第二十九回				
官慶	慶寬（小山）	內務府人	包衣	江西鹽法道
貞貝子	載振	慶王子	貝子銜鎮國將軍	農工商部尚書
敷二爺	載搏	慶王子	鎮國將軍	
以上第三十回				

讀緣督廬日記（下）

挹彭

葉記於陸氏亦有微辭，光緒丙申（二十二年）十二月初十記云：

『補陸剛父觀察藏書一絕，又校正怡府一則，存齋斥明人書帖本之謬，又詆各家刊本，動云不如不刻，而其所刻書亥豕縱橫，觸目皆是，本擬贈以二句云：「一語請君還入甕，刻書容易校書難」，旣思皮唇相譏，非所以待逝者，特刊去之。』

又光緒丙戌（十二年）四月十一日云：

『閱儀顧堂集，先哲痛詆紀文達，時賢不滿趙忠節，無是非之心者也，聞其論學尤不喜嚴鐵橋先生，是更蚍蜉撼大樹矣，惟爲王𢈪山平反，差爲有識』。

次日又記云：

『建霞來談云：儀顧集前二卷攷證之文，皆出於粵人某，存齋購得之，攘爲已集之弁冕，實亦不佳也』。

文人無行，且出之貪黷攘竊手段，夫眞所謂非士君子之行矣，陸氏後人亦不能楹書世守，可發一浩歎！

聊城楊以增，以河道起家，蓋鹺漕河道，久爲利藪，未有不豪於貲者，楊氏在江南河道任內，多收善本，其子協卿繼之，其孫鳳阿又繼之，百年來聊城之『海源閣』與常熟之『鐵琴銅劍樓』，對峙大江南北，所謂『南瞿北楊』也。葉記協卿之子鳳阿有怪癖，光緒丁亥（十三年）正月二十七日云：

『建霞云：其嗣君爲丙子孝廉，內閣中書，性豪侈不能乘騎，而以二百金購良馬，俾奴子磬控縱送以爲樂，又因歲暮空匱，以所藏朝珠命奴子出售，久之無問津者，大怒卽以賜其奴，直千金不顧也』。

李慈銘桃花聖解庵日記光緒元年十二月二十八日記於楊紹和亦致詆諆云：

『又聞二十二日侍讀楊紹和，編修吳西川，庶吉士殷，同日暴卒。紹和字協卿，聊城人，河督以增子，乙丑翰林，守其父之藏書極富，宋槧至三百餘種，爲海內第一，而略不能讀，家貲爲山左冠，而吝嗇特甚，工於夤緣，散館補甫一年，卽保舉至學士銜，以五品坊缺用，子保彝年十七，中庚午舉人，亦以鈔鬻得之，紹和今年亦止四十六，是日絕不知疾，夜飯後，方吸洋烟，忽中惡而卒……若楊與殷則皆枉爲小人矣』。

紹和鳳阿尙稱能世守先人之業者，仍不免私行之玷，致貽先人羞，尤其致堂豪於貲，紹和則吝嗇特甚，鳳阿又豪侈無度，亦可謂天道盈虛之數矣。海源閣飽經兵燹，俱見紀果庵先生所爲記中，可爲參閱，今並此劫餘亦不能守矣，値此國家多難，兵戈載途，安得其人，以大力護持而善爲處置乎！

與鳳阿舍人同具有怪癖又同爲收藏家之後者，尙有盛伯希祭酒之養

子善寶，祭酒故後，所遺不下數十萬金，十餘年間，斥售都盡，蕩然無遺，鄧之誠『骨董續記』卷一記謂：

『絕未見其揮霍，亦喜購古物，嘗以二千金買陸子崗彫玉美人，侗厚齋所藏明人書畫扇數十柄亦歸於善，然每貴買而賤賣之，一日侗爲予道其童騃狀甚詳悉，予忍笑聽之。』

可與鳳阿後先映輝。意園一代宗師，亦苦無後，據云此有名之『善大爺』竟至窮餓倒斃街頭。『意園』故址亦早已易主，每過裱褙衚衕，輒念及『孽海花』中記雲臥園爲越縵老人祝壽，一時同光朝之朝野名流聚於一園，數百年無此盛會，今後豈可再得，眞不勝華屋邱山之感焉！

文人學者，風流文澤，每每及身而斬，葉氏記收藏家之無後者尚有數則：

『子封云：韓小亭先生收藏書籍金石，晚年扃鑰不密，書估李雨亭，誘其子盡出而售之，宋刻金石錄十卷，爲先生平生心賞，最後亦竟失之，以詢其子，則云：「爲人借閱，偶失手墮井中矣」，先生大駭，急命涸井索之不可得，則曰：「爛爲泥矣」，懊喪不已。』卷五

『王廉生沈子佩先後來談，廉生云，劉燕庭先生後式微已極，至流爲乞丐。』卷五

按劉燕庭家物，與怡王府宋元槧本於咸同間同時散出，劉氏彝器一件，不過數金，藝風所藏金石拓本即多劉氏物。老人逝後所遺拓本萬通，皆售之北京大學國學門研究所，蘆變後，典守者盜去甚多，大部尚未整理，怡府物則多爲翁文恭公及楊協卿得去。又葉記卷五錄蔣礪堂相國與覃谿之壻某翰林一書，述覃谿身後，僅一五齡幼孫，家人與琉璃廠勾串零售翁氏之書籍金石卷軸碑板，葉氏云：

『此信所指五齡幼孫，名穎達，甚不肖，覃谿遺業爲其夫婦蕩盡，其婦今尙存，年幾八旬，孤老無依，再同曾請之常熟翁尙書，與同人醵資助之，每月京錢百餘千文，猶不足給揮霍也，聞今尙嗜鴉片，無事則覓人爲葉子戲，覃溪先生一女孫，爲其所鬻，幸知其事者爲贖歸之。』

觀以上諸家，眞有『千秋萬歲名，寂寞身後事』之感，光緒己卯（五年）七月初七日云：

『見孫吉甫淵如先生之孫，與談平津館舊事，並未刻著述，皆不甚了了，眞有虞世南兒之歎。』

如孫君之例，在現在尤數見不鮮，即偶有能守先人遺業者，亦儘嚴扃密固，徒飽蠹魚而已，鮮有能發揚光大者，昔年繆藝風至天一閣登樓觀書，其子孫雖是能禩葉世守者，但竟不知抽書爲何事，葉記丙戌（十二年）正月初三日記云：

『建霞來，述其外家華氏藏書甚富，有名湛恩字紫屏者，尤好事，陸存齋所得北宋本白帖即其物，歿後三子一筮仕浙中爲縣令，一爲參將，一家食，俱不好古，建霞曾見有元刻纂圖互注本六子，羣稚隨意棄擲，即扃閉者，亦多飽蠹腹，然向之或借或售，則護持如頭目腦髓，可謂書之一刼』。

此種子孫與韓小亭之子，均可謂之『豚犬』矣！

李慈銘孟學齋日記云：

『都中士大夫，往往諱言學問，先世雖有傳書，不肯流布，山陽舉人丁晏，爲近日江北學者之冠，所箸極夥，昔年予向其子壽昌乞之，固言無有，壽昌時尙爲戶部郎，未爲通貴，而已惡言文字如此，蓋恐以此事掩其面目也，壽昌小人固不足論，而晏之鄉居，猶叢物議，宜生此不肖之子矣。』

黎庵先生曾談『孽海花』人物世系，不佞所得與接聞者爲數尙多，

但如果記起來，也祗有令人慨嘆而已。

端匋齋蒐羅金石碑板，每出自巧取豪奪，據云丹徒劉鐵雲，庚子之役，坐事遣戍，即爲匋齋求其劉熊碑不可得，而有以中之，光緒末總制兩江，曾有意輦常熟瞿氏鐵琴銅劍樓之書歸之京師圖，覺迷君『談鐵琴銅劍樓藏書』云：

『德宗在日，好覽祕識，亦以瞿氏藏書，多爲大內所無，光緒年間，至派侍郎四人，駐節樓中，從事搜討，其中祕籍凡大內所未有者，借之進呈，備爲宸覽。曾有一書，爲德宗所賞識，欲得其書，至賞瞿氏後裔，以三品京堂，並發帑幣三十萬兩，以易其書，瞿氏後人，則以先朝頒有詔書，仍不奉詔，德宗格於祖訓，竟亦無如之何，此事爲虞山章君申伯爲余言之，當非虛語也』。

但葉氏記此事，於匋齋頗致不滿，時葉氏方卜居吳門，卷十三戊申（三十四年）十二月二十一日記瞿啓甲良士過吳門相訪云：

『猶憶丙子秋，在晉里，良士長與案等；乳名曰良保，今頎然長矣，英氣勃勃，勝於兩兄，瞿氏爲有後矣，其來意以午帥與南皮相國徵其家藏書入京師圖書館，其鄉曾孟樸孝廉及寓公宗子戴（在午帥幕亦舊交也），皆至晉里游說，近午帥并有兩電嚴催，保守祖澤，保守國粹，獎勵之不暇，而乃以催科爲政乎，賢者必不至此，爲之倀者恐不僅曾戴兩公也。龐絅堂邵伯英諸公已有公函達京師緩頰，伯英並有專函上午帥，不佞久不預外事，姑允作一函告鳳石蔚若商之。』

同月二十四日記云：

『朱竹石觀察兩使來，開門納之，啓函則轉遞午帥一密電，洋洋數百言，爲鐵琴銅劍樓藏書，宗子戴曾孟樸先後往不能得要領，又聞良士來蘇，以爲就不佞商榷，恐更生阻力，爲此先發制人之計，其言咄咄可畏，作作有芒。不佞度龐歸來，未嘗重叩瑣嬛，良士之來在二十日，舟中相見在二十二日，而匋垣已如燭照，不惟有偵，且有諜矣。此電匋垣今晨拍發，而當夜即到瀆川，可謂神速。不佞空山一老，何敢與制府抗，蘇章故人，以立威流爲于禁源懷，文章道義之交，亦安足恃，敢不惟命是聽，允即日作函招良士，並就鐙下詳悉作一書告朱觀察，請先行轉達，巧偷豪奪出於巖巖具瞻之臣，倘言立憲哉。』

同月二十八日記云：

『言匋齋制府，新正初七日到蘇垣，約不佞往談，初六以小火輪來迓，此不可辭，即復書允之，並告以扁舟可達，敬謝輪迓。又得星台一函寄李思訓碑，已爲諧直二十元得之，雖非高價，殘年多病，伴我青氈，能有幾日，況無付託之人，有之巧偷豪奪，亦適爲後人之累，清明上河圖，前車可鑒，非所願也。』

宣統己酉（元年）正月初五日記云：

『䪨傭自菰里歸賫至良士同書言：去年自蘇舟旋，匋垣已派趙穆士到鄉密查，有無東輸之事，其實良士保守先澤，扃鐍甚嚴，市虎流言，熒聽可畏，午帥與南皮相國，有鑑於皕宋樓，保全國粹，心亦無他，而不知良士之非陸純故也，李玉舟邵伯英兩君，已公函保其永無輸出，東人覬覦，庶可稍戢，未始非福。』

同月初七日敘在省垣晤匋齋情形云：

『十年不見，髩着然矣，書畫金石圖籍之外，公事私事無一語，諄諄以鐵琴銅劍樓爲託，巽言直言皆充耳不聞，笑而允之。此事求者如小兒之索乳，拒者如執玉奉盈，兢兢不敢失墜，輸攻墨守，恐有大衝突，甚可慮也。』

同年三月十一日記云：

『得瞿良士函，傳示滬陽尙書致虞山紳士一電云：「瞿氏書籍歸公，俟帝室圖書館成立，當贊成與學部諸君同閱。歡喜讚歎，莫可名言，圖書館在靜業湖上，月內卽可入奏，先此電謝」云云，此眞強硬手段也，虞山諸公揖讓而成之，非鄙所敢與聞。』

葉氏以光緒壬寅（二十八年）按試甘肅，至丙午（三十二年）裁撤學政，設直省提學使，葉氏亦奉詔回京供職升授侍講，乞假卜居吳門。是年有詔宣布立憲宗旨，所以記中有『虔隴歸來』及『尙言立憲』之語，瞿氏藏書，聲歸禁苑之議，不知是否出自德宗，抑滬陽南皮之私意。但德宗已於十月賓天，匋齋之議則自十二月始，若謂出諸匋齋個人私議，亦未可厚非，或懷於前年皕宋樓東舶之失，且八千卷樓丁氏書卽以是年經匋齋手輦歸公有，亦未始非護持懼墜之意。然以匋齋之癖性言，覬覦染指，亦未必無心，葉記屢致譏諷，頗能傳神阿堵，耐人尋味也。此議終未能行，尋匋齋亦調直督矣，此事之原委終莫可究詰，匋齋於川督任爲革命軍所戕，躋高位而未克令終，或亦是豪奪之報歟？其後人亦不能守，斥售殆盡，葉氏且引『淸明上河圖』爲戒，可謂見幾。

葉氏於庚子一役，時在京供職史館，曾避難昌平，於當時朝廷之措置，道里之遺聞，多所記敍，有裨史乘，陳陸君『拳變繫日要錄』已排比擷入（中和月刊二卷一期及二期）。不佞所注意的則是另外兩點：第一是葉氏的『南人』『北人』觀念，如『旣聞宣武門人如潮湧，喊殺之聲鼎沸，市肆皆焚香以迎，乃知北人無一非混小子也』。『又聞北人無知者，尙有在街溲便，德人見之卽開槍，日有轟斃者』。次年辛丑，和議成，親王載勛，大臣趙舒翹及總兵英年均賜令自盡；毓賢，啓秀，徐承煜均處斬，葉氏於該年正月初八日記云：

『戊戌所殺者，除楊侍御外，皆南人也，今皆北人；戊戌皆漢人，今除天水尙書外，皆旗人也；戊戌皆少年新進，今則皆老成舊輔，反手覆手，頃刻間耳。』

葉氏頗斤斤於南北之分，好像置是非於不顧認爲庚子是戊戌的報復，不佞身爲北人，居今之日，讀之不能不重有所感，從南北朝一直到現在，此種觀念，好像反倒愈來愈變本加厲了，問題似乎很小，但實在値得大家虛心去硏究也。李慈銘同治三年應順天鄉試，其孟學齋日記有云：『兩場同舖舍者皆北地人，驢鳴狗吠，一片喧聒而已』，某君在旁邊批道：『南人又當如何？似此殊非學者所宜出』，其實此君亦不必悻悻然，最好能够彼此『虛心』，蓋無論一件事說得如何動聽，如果從小處尙不能解決，有所滯礙，則其他大問題也決不能談也。

其次葉氏因拳匪而『悟得中國之亡，亡於學究，亦亡於小說書獸子，又悟得論語六蔽，當有七蔽，蓋佚「好忠不好學，其蔽也妄」二句』，此可謂葉氏的卓識。現在分兩段來說：前面卽是苦雨翁的『小說教育』一文所論，中國人的歷史知識都從演義公案小說中得來：認爲世界上祇有兩個好人，卽關羽與岳飛，吳子威將軍死後，有某團體送的匾曰：『關岳吳』，大有充塞天下的氣概；壞人也有兩個，卽曹操與秦檜，上自士大夫以迄販夫走卒，意見完全相同，所以呂思勉據正史爲秦檜平反漢奸的寃獄，竟遭南京市政府的呈請教部查禁。葉氏記剛毅屢保龍殿揚，慈禧后問人才究竟如何，剛毅奏云：『此直奴才之黃天霸也』，樞臣

的思想尙且如此，遑論老百姓，韓靑天之治魯，就是要以施公案彭公案爲施政的理想目標，若說他們都是不學的人，但聳助拳匪之亂的徐氏父子，不是和剛啓等人見解相同嗎。余天休博士把中國的思想分成四派：即是儒，道，法之外，加上一個江湖派。諸葛武侯，就是江湖派的翹楚。一直到現在這派有形無形所給予政治上的力量太大了，拳匪之亂，而居然有一般士大夫爲之援應，釀成外釁，這就是江湖派的一個最大力量的表現。昔年施劍翹槍殺孫馨帥，一班大員，竭力爲之出脫，結果居然特赦了，大公報社論會指出這種心理與爲高歌赴市的囚犯鼓掌一樣，此種心理之養成，則要歸功於公案小說。過去小說家不爲正統派所重視，站在文學的立場上，當然不合理；但要站在國民教育，或社會，以至國家政治的無論任何一面說，我們要舉手贊成也。後面的「好忠不好學其蔽也妄」，不佞尤表佩服，每與友人談到自己的作爲，我總坦白的承認沒有任何作爲，至少在目前如此；因爲我還要『學』，能够在消極方面，不爲社會國家，傷一分元氣，則不敢不勉；若說給國家增一分元氣，目前祇好敬謝不敏。査初白有句云：『捐軀幾輩曾當局，抵掌何人不大言』，龔芝麓也有『奕惟袖手談皆好』之句，則都是葉氏話的引伸說法也。

葉氏讀吳梅村詩，見解亦甚善，如：

『客邸鬱伊，取梅村詩集讀之，以銷壘塊，詠古詩云：「入山山易淺，飲水水不淸，一身累妻子，動足皆荆榛」，梅村苦衷洞然如見，主持淸議者，可以諒之矣。』

『讀梅村贈陸生詩：「古來權要嗜奔走，巧借高賢謝多口，古來貧賤難自持，一餐誤喪平生守」，其言可謂沈痛。』

『讀梅村詩以自遣，故君故國之感，溢乎言表，昔人以桃花夫人爲況，得其平矣。』

『讀牧齋投筆詩，以此欺天下後世，亦不自諒矣，梅村不可及。』

葉氏所以能諒梅村之苦衷，就是因爲他確實拿梅村詩集來讀了。若說文字矯情，但牧齋之投筆詩，終不能掩盡天下人耳目，自宋人開苛於責人之風後，貳臣傳中的人物，向爲攢訶叢駡之的，江左三家除牧齋外，爲芝麓梅村平反二臣之獄的大有人在。論者謂芝麓仕淸後歷任樞要，於易代擾攘之際，苦心調護，士類賴之。即此比那些『只餘一死答君恩』的沒用人，已判若霄壤，梅村病中有感詞久已流傳衆口，讀者已應諒其苦衷，但是還有甚麼『百首淋漓長慶體，一生慚愧義熙民』，『兩代詩名元好問，畢生心事沈初明』之微詞，洪北江說『人悲之，人無惜之者』自是此老成見，幷說他的詩非由衷之談，世不能爲所欺，但是世上不但沒有公論，即淸議也是偏見，易卜生說：『多數人總是錯的』。苦雨翁說：『左派諸公，正是東林』，我們想一想這就所謂淸議的來源，簡直令人不寒而慄了，不佞讀梅村詩，愛參他的苦味，每至不忍卒讀。『家藏稿』中尙有臨終詩七絕四首爲靳吳兩本所無：

忍死偷生廿載餘，而今罪孽怎消除，
受恩欠債應塡補，總比鴻毛也不如。
豈有才名比照鄰，發狂惡疾總傷情，
丈夫遭際須身受，留取軒渠付後生。
胸中惡氣久漫漫，觸事難平任結蟠，
魂魄怎消醫怎識，惟將痛苦付汍瀾，

姦黨刊章誇告天，事成糜爛豈徒然，
聖朝反坐無冤獄，縱死深恩荷保全。

此作沈痛已極，不忍卒讀，但又時常拿起來讀。雙照樓所書的：『袖間今古淚，心上往來潮』，『嘔心事業無成敗，入夢親朋有古今』，讀之閎深中苦味極濃。海藏樓渡遼後多負氣之作，亦有其苦味，悠悠之口，物論難齊，讀者當努力參其苦味而後可，亦所以見知人論世之難也。

三十三年五月七日子夜。

葉氏於國變後避地海上，助嘉業堂劉氏校書之役，但無一般遺老的腐氣，如認爲陸心源爲王半山平反，許其有識，以及對庚子之役，洞見本源，好像很平常，實際當時很難有此卓見，在這一點上確又比李蒓客高得多了。後面幾卷日記中，偶有用新名詞處，每每涉筆成趣，足見此老不迂。這幾部日記，我最喜歡的第一還要屬『越縵堂』了，其次便是『緣督廬』，『翁文恭』病在整飭有方，所謂人臣氣象，讀之與其說是肅穆，還不如說是沈悶無華，沾溉後學不如李氏遠甚也。

次日又記

附錄

陳慶溎諫書稀庵筆記誌語一則云：

『聊城楊鳳阿，在京宴客，新得官窰磁盌四皿，出以示客，及進饌時，此盌輪流而上，計十餘次，陳夢陶曰：「此盌未免偏勞，於是京師遇偏勞之事，咸曰楊鳳阿之盌』。

此書著者據徐一士先生云當爲陳恒慶，陳君籍濰縣，多記鄉邦遺聞，所記鳳阿事，亦可見其豪侈之一般也。

編輯後記

當此溽暑，古今猶能以最精美之文字獻呈於讀者之前，是不能不歸功於南北諸作者，而尤以周作人瞿兌之徐一士三先生爲最，本社謹致最虔誠之謝意。

掌故之學，實史學之根基。幼接老輩，多喜談掌故，輒聆之不倦。近則稱史學者衆而談掌故者渺矣。實則與其失之空闊，毋寧取一枝一葉爲有實益。求諸近人，南中爲冒鶴亭先生，北方則瞿兌之徐一士兩氏。瞿氏宰輔門第，故舊世交遍天下；徐氏著述等身，蜚聲南北垂二十餘年。本期兩氏爲古今合作掌故答問，如摩詰山水，輔以右軍行草，洵爲當代第一流作品。惟一問一答，皆出於作者自撰，此後古今讀者如有所問，編者當彙集交與兩氏，逐一答覆，藉此切磋學問，增加興趣，想爲讀者所樂聞歟！

知堂先生『我的雜學』一文，本期已刊第三篇，此作關係先生一生學術修養，爲近年來學術界最重要之作品，蒙周先生繼續賜惠古今，榮幸無待欲言。

抱彭先生『讀緣督廬日記』一文，本期已行刊畢。葉緣督亦同光清流人物，其學術見解及所交游，初不下於李越縵，即日記亦稱一時瑜亮，抱彭先生學養有素，本文初非泛泛之讀後記，實一篇同光各人小傳耳。

冒鶴亭先生『孽海花人物索隱』，歷刊九期，已告殺青，本期復以『孽海花人名索隱傳』見賜。據冒先生云，撰此文實與其注賈子同一爲嘔心血之作，一字一語，煞費周章，往往垂老奔波，假書數十卷方能下一字，則老輩治學風範，可以概見，而讀者覽此，似不宜輕易放過也。

讀「吾炙集」小記

留玉

吾炙集，現行本見收錢曾、龔鼎孳等所作詩二百四十五首。原爲虞山錢牧齋隨筆鈔略，取次諷詠，以自娛樂者。其所採擷，誠如徐劍心之所謂：「皆板蕩之餘音，黍離之變調。蓋遺民故老，愴懷舊國；其零篇賸墨，可歌可泣，令人流連詠歎，憑弔欷歔，而不能自已！」書無卷次條貫，頗經傳鈔。據謂與別本相覈，則編次先後，標舉異同，互有參差，信非原帙，而已難考質云。余舊有一本，署怡蘭堂刻。前列趙藩敍曰：「虞山蒙叟所撰吾炙集，未見刻本，光緒辛卯於祥符周季貺太守齋頭覩鈔本一册，凡四十七葉，古今體詩綜二百四十五首。……蒙叟以進退失據，爲世詬病，而卷中人，大率勝國逋臣遺老，詩亦如宋末谷音之作。故君故國，怨慕悽惋，讀之，使人往往涕下。其間偶涉諷刺，事等吠堯；元黃變革，於古類然。聖代寬仁，文網疏闊，固在所不禁也。因錄副存之。今來成都，大關唐百川太守有叢書之刻，遂付之鋟木，而述得書緣起於簡端。」該敍據所記時日，乃作於光緒壬寅春正月下澣，距鈔得時又逾十年矣。是書板大字清，鐫工精細。據敍所言，知是書前此別無刻本也。牆東納蔭，時復把玩。所謂沉鬱悲涼，熱淚可掬者，有餘哀於此中焉。近得南械草堂鉛印佚叢甲集，見其中亦有此編，有王應奎及南械與徐劍心等之跋語，考證綦詳，用即檢出舊本，相互鈎校，頗發訛異，古人有以讀錯簡誤字爲樂者，余攤此二本，比證音義，彌增趣味。南械印行在後，多獲勘對，而未見余所有之唐刻趙鈔周氏本也，故無一言及之。而燕大叢書子目索引載虞山叢刻四種中亦收此書，惜未嘗見，不知所據。茲就此兩本參稽所得彙述於左：

一、傳本之多。徐劍心曰：「絳雲灰燼，吾炙獨存，夫豈非天意哉！」顧遭文網，此籍久秘，而牧翁自謂：「余於采詩之候，撰吾炙集一編，蓋唐人篋中之例，非敢以示人也。長干少年，疑余復有雌黃，戲題其後云：『杜陵矜重數篇詩，吾炙新編不汝欺，但恐旁人輕着眼，鍼師門有賣鍼兒』。聞者一笑而解」云云（題許有介詩後）。則此編之輯，原非陰密。據陳確菴所作錢梅仙五十贈言詩自注，「梅仙與虞山同系武肅，虞山序其詩，書其警句入吾炙編，寄示京師各家」等語，則非但不密，且公然寄示京師各家，以牧翁之聲名，諸作之悲苦，傳鈔轉錄，自是人情，即就茲兩刋本所據鈔藏者，已十有餘家：

周季貺藏鈔本 → 唐百川刻本

葉石君鈔本 → 錢興國轉鈔本 → 李鏡與藏

錢遵王鈔本 → 王應奎鈔本

汲古閣藏鈔本 →

馮定遠鈔錢牧齋點閱許有介詩 → 曹彬侯 → 王應奎鈔臨 → 丁丙衡藏

侯秉衡鈔本 →

（以上各本）→ 南械草堂合校排印

文字有靈，不愁破碎，珠光寶氣，豈終沉霾？僅二百餘年，融圓發露，踵此而起，竊以爲人世間，當尚有別本在也。

二、編次之異　各本編次，序多不同，諸家稱說，詳略迥異，蓋采輯當時，爲人傳寫去者，不能無錯雜，而論衡取捨，編者又不能無所刪補也。今就見存二十一家而觀，有闕西江牛衲者，有闕許有介者，而西江牛衲與吳時德兩家之地位，頗受遷移，至於左記各家，其詩皆不見於今本。

王漁洋古夫于堂雜錄：「以詩贄虞山，時年二十有八，其詩皆丙申年少作也。先生欣然爲序之。又采入所纂吾炙集，余嘗有詩云：白首文章老鉅公，未遺許友八閩風，如何百代論騷雅，也許憐才到阿蒙」。

陳確菴詩鈔：錢梅仙五十贈言：「著述誰宗匠？虞山有鉅公。登龍聲氣合，斟雉本源同。考牒知昭諫，題辭重太冲。倘傳吾炙句，一日滿江東」。自注：梅仙與虞山，同系武肅，虞山序其詩，手書其警句，入吾炙編，寄示京師各家。

結埼亭集外編：周徵君墓幢銘：「鄮山先生，周姓，諱容，字茂山，浙之寧波府鄞縣人也。少即工詩，常熟錢侍郎牧齋稱之，謂如『獨鳥呼春，九鐘鳴霜，所見詩人，無及之者』。錄其詩於吾炙集。」

柳南隨筆：「錢牧齋與黃庭表（與堅）書：往從行卷中，得見新篇，珠光玉氣，涌現於行墨之間，輒爲採錄，收入吾炙集中，時人或未之許，久而咸以爲知言也。」

上舉漁洋、梅仙、鄮山、庭表諸家，其詩不見於今本吾炙集者，徐劍心謂「毋乃與虞山選詩之旨不合，故始取而終舍之歟」？此言似當可信。而其中所謂西江牛衲者，私斷以爲或亦即爲幻光，則二十家與二十一家之疑，可說而釋。凡諸姓名文字之訛，檢論如左：

三、文字差訛　文字錯簡，雖屬常情，而筆畫移訛，恒關義理，吾炙一集，久經湮藏，輾轉傳鈔，淆誤未免。茲就愚勘讀所見，已五十餘條，如「鬖」與「髿」音義皆可從讀爲斷，知爲剞劂氏所誤。若唐允甲追餞路可期不及詩中「郭泰亭中知跡少，袁宏江上有人招」句中「少」字，另本作「掃」字，亦可斷爲鈔胥之誤，而王天佑奉贈虞山公四十韻中「寂寂磨崖字，泠泠拂水瀨」。拂於怡蘭堂本（以下簡稱唐刻）作插。許有介送友之燕詩：「一驢裝古錦，片紙畫輕烟，棗樹鴉昏曉，桃花驛斷連。」唐刻「驢」作「騾」，「桃花」作「梅花」，又送友人浪遊「秣罷疲驢埜店炊」。唐刻「疲驢」爲「龍媒」，及何雲「觀棋示張聚生」詩：「君從吏隱我逃禪」句，唐刻作「君從隱吏悟逃禪」，此等差異之處，顯經後人修改，是須再有別本檢後，方明眞相也。

四、作家考略　至於諸作家生平，尚多可以考見。讀其詩，察其境，堪增理解，所以爲書生之常情，學究之故習也。撮而錄之，布之當今，與觀羣怨，倘或稍助賞心歟？

錢後人曾　國朝詩人徵略云：「錢曾、遵王，江南常熟人，有文薰集、判春集」。按錢曾又號也是翁，少學於族祖謙益，謂能紹其緒，撰吾炙集，標曾詩爲首，絳雲樓燼餘書籍，及詩文稿，悉付藏弆。所居述古堂，多善本書，撰讀書敏求記，識其源委，有述古堂書目，述古堂藏書，後歸黃氏士禮居，轉入楊氏海源閣，今海源閣藏書，歷劫僅餘，方求售脫，未卜何歸。世變滄桑，典籍亡散，誠有深於祝禱

其所佈九十九部分之早得安全所者矣！

黃翼聖子羽　皇明遺民傳云：「黃翼聖，字子羽，江南常熟人，崇禎中以薦授成都府新都知縣。流寇至，距城戰走之，陞安吉州知州，爲人孝友慈良，居官扞難，以廉辨聞。國亡，與州民哭別於沙頭之印溪，杜門謝客。己亥十月卒，年六十四，有蓮蘂居士集，詩淸新有雅思，徐波（元嘆）序而定之。」

龔鼎孳孝升　鄭方坤本朝名家詩鈔小傳：「龔鼎孳，字孝升，別號芝麓，合肥人，前明進士，官蘄水令，以殊尤徵爲御史，坐言事下獄，甫論譔而明社屋，入本朝（淸）用大臣薦，以原官起用，屢起屢仆，卒以才名受世祖之知。」

皇明遺民傳云：「童夫人，龔鼎孳妻，鼎孳故尙書，仕淸，歷官太宗伯，夫人居合肥，不肯隨官京師，且曰：我經兩受明封，淸朝恩典，可與顧太太。顧即揚州娼妓顧媚，字眉生者也。後淸人編鼎孳於貳臣傳。」

甌鉢羅室書畫過目考云：「顧眉，字橫波，號眉生，一號眉莊，又號智珠，江蘇上元人，龔鼎孳簉室，竹蘭追馬守貞，工山水，通文史，精音律，著柳花閣詩集。張樵野少司農藏有墨竹蘭石紙本立幀，欵署一行，宗伯題識兩行，袁于令分書題七絕一首。」

唐允甲祖命　皇明遺民傳：「唐允甲，字祖命，號耕塢，江南宣城人，自弱冠，詩名藉甚，善書，喜交游。弘光初，用詞學，薦充舍人，掌制告，而與用事諸權貴不合，自引去，遂終老山澤間。每酒後，述先朝館閣及宮禁軼事，多外廷所未知者。」

王天佑平格　皇明遺民傳：「王巖，初名天佑，字平格，寶應縣博士弟子員也。明亡，棄巾衫，更今名。性孝，博學工文章，非先秦兩漢書不讀，非晉魏唐初盛詩不學也。從遊者甚多名公巨卿，過邗上，多上金幣爲壽，大賈以得其片言爲光寵，所贈遺甚厚，輒分給窮乏者，年七十七卒。」

皖僧幻光　國朝名人詩徵：「錢澄之，原名秉鐙，字飲光，江南桐城人，有藏山閣藁，田間集。澄之家世學易，又嘗問易於黃道周（四庫提要）。昔賢許陶元亮詩云，心存忠義，地處閑逸，情眞景眞，事眞意眞，田間一集，庶幾近之（靜志居詩話）。」

吳縣志卷五十八：「錢澄之桐城人，寓吳之花溪，著有莊屈合詁共六冊不分卷，又五代史注」。其爲僧返俗之經過，詳安徽通志稿列傳中，此不繁引。

梅磊杓司　安徽通志稿：「磊字杓司，文采齊於庚。（梅庚爲梅磊之叔）著響山齋詩稿。」

以介編載梅磊賀毛晉六十壽辰詩：「村墅餘古意，男女供耕織……人生有樂志，何必苦釣弋」，可見其志。國朝詩人徵略梅淸條引聽訟廬詩話云：「梅瞿山（瞿山爲梅淸之號）有『一峯靑到水』句，梅杓司有『牛飯就松涼』句俱佳。」

杜紹凱蒼略　湖北通志杜濬傳：「弟岕，字蒼略，明季爲諸生，與濬避亂居金陵，行與濬同，而趣各異。濬峻廉隅，孤特自遂，遇名貴人，必以氣折之，於衆人未嘗接語言，岕則退然一同於衆人，方壯喪妻，遂不復娶，所居室漏且穿床」。按于皇蒼略二人詩，今其後人刻有黃岡二處士集行於世。

張項印大玉　項印名於皇明遺民傳作印頂，傳云：「張印頂，字大育，江陰人，博學工

詩，善鼓琴，擊劍，每酒酣持雙葦或柳枝，狂舞中庭，令人目眩、甲申，聞李自成陷京師，一慟即成顛疾，常號泣狂走於市，或裸悲歌於道，人多惡之，乃移家定山雲停里，自署其門曰：『山定人隨定，雲停我亦停。』每鷄鳴而起，詣山谷痛哭，大呼崇禎皇帝，日出乃返。如是者二十餘年，卒，里人皆呼曰張顛。」

黃師正帥先　皇明遺民傳：「黃徵之，字靜宜，初名師正，字帥先，一字波民，福建福州人，爲史可法幕府，以才略節義稱，而詩筆研麗，不類其人。」

鄧漢儀孝威　國朝詩人徵略：「鄧漢儀，江南泰州人，康熙十八年召試博學鴻詞，官中書舍人，有過嶺集。」又引揚州府志云：「漢儀淹洽通敏，尤工詩，嘗次近代名人之詩爲詩觀。」

吳時德不官　皇明遺民傳：「吳時德，字不官，洞庭東山人，好交遊，與名流結文酒社，國亡，常欷歔慨嘆，有晞髮集。」

吳縣志據吳莊七十二峯足徵集云：「吳時德，字明之，一字不官，洞庭東山人。天懷高曠，壯歲棄舉子業，肆力風騷，王潰顧夢游諸人招入秦淮詩社，有五字長城之目，鼎革後每過鍾山，整衣遙拜，黍離麥秀之思，時時激發。又有秦嘉銓，字存古，西山人，嗜學工詩，與時德善，時德贈詩有『一代友朋零落盡，兩山風雅後先荒』之句，與時德有兩山風雅之選。」其著述據吳縣志藝文考所記有胥母集來瘦集一卷（顧夢游序）叢中草一卷（錢謙益序）可老吟一卷（王潰序）。雍正間從孫莊合三種付梓名吳不官遺集（沈德潛序）按吾炙集題名橘社吳時德不官。橘社蓋在洞庭東山麓。

至於廬陵趙嶷（國子）有賀毛子晉六十壽詩，見存以介編云：「南陌春風散古烟，一時雙秀落峯然，庚經巧載生寅月，亥字分占慶甲年，柏葉逢歡忘醉後，梅花索笑有饒先，應知舊歷須推測，握手清齋放語顛」。前綴小序曰：「子晉與治年躋花甲，追數生辰，曆葉相同，支干各異，互爲酬唱，如此題目，正好作詩矣，聊次以祝。」讀此可當小傳。

東海何雲、士龍，有和錢牧齋「六月七日迎河東君於雲間喜而有述」詩三首見存於東山訓和集。（錢作原爲四首，何作無第一首和章，想殘矣。）

讀吾炙集，體味當時逋逃生活，及各種各式之政治心理，推知當時社會情狀，味有勝於讀小說者，各詩中記述當時之混亂與恐怖，如：「估船縣軍幟，漁竿掛婦衣」。「前山聞有火，相戒勿鳴榔」。「園林夜雨狐千隊，城郭春陰鬼萬家」。「淒涼日暮笙歌盡，老樹悲風起黑鴉」，「耶溪花遶吹蘆管，禹穴祠荒掛鐵衣」。「橋邊雨過初無路，宅後人稀早閉門」。「老許破愁寬酒戒，狂虞衝口愼詩篇」。足以說明當時社會秩序之紊亂，與人心之浮動，淒涼陰肅，如一幅戰地圖畫，呈露眼前。凡此境象，可於「五夜樓船航海急，千羣胡騎渡江飛」兩句中，想見其前後大概也。

世當變革，人事紛歧，戀舊趨新，各便所向，鬥龍角虎，惟力是衡。明宗室遺臣之謀規復者，此集中所載描述當時秘密活動之詩句，最爲有聲有色　如寫化裝有「最喜龍蛇隨處雜，可知牛馬任他呼」。「半在人家半在寺，行藏儘教世間疑」。寫工作活動有：「去來未必眞遊戲，成敗何須細討論，不爲長飢投米店，豈因多病叩醫門」？「爲覓因緣穿酒肆，欲傳心事畫爐灰。」各地活動，無非吸收同志，所

謂覓取因緣也。此種吸收工作，雖當日民意激昂，就此集所見，知其亦非易事，錢飲光行脚詩有，「明白化城無去路，等閒田地幾人歸，近來頗會牽鉤法，不坐蒲團坐釣磯」，竟以理會牽鈎之法爲悅心之事，足徵政治運動，難在得人。而得人之難，似決於利害之勢矣。至於當時之活動，雖具英雄色彩，似隱有團體存乎其中，錢飲光冬至日同介友二師陪虞山先生禮塔，夜見塔光口占有：「多生緣共依三寶，未死心還待一陽，不是虞山眞願力，宵深爭見白毫光」等句，虞山迨爲謀主。而不時有秘密集會之事，亦可於「夜深別有傷心伴，叫絕西山幾個猿」！「交多谿友邀論釣，社結山家約會琴」等句見之。此種活動，於茲集所有詩句予以分析，可得概念如左。

一，國土觀念。如：「莫取琉璃籠眼界，舉頭爭忍見山河？」「好山好水吾自領，肯容俗漢與平分？」「吞聲是國恨，原不悔傾家」是也。

二，不甘忍受壓迫。如：「倚樹愛聽宣法鳥，臨淵不羨放生魚。」「白牛不用強調伏，鼻線隨人自可憐。」

三，感於故君之恩典。如：「生死渾閒事，衣冠是聖恩。」「平生不盡意，辛苦望中興。」

四，激於同志之死義。如：「三更鬼哭多相識，腸斷誰招澤畔魂？」

五，自身之流離顛沛。如「眷屬生兼死。」，「落魄三衢市，胡塵與淚痕，對人聲盡變，怪我髮猶存。」

彼等之活動，確具自覺意識，如黃子羽渝城度歲詩：「江明無月夜，猿喚不眠人。」與幻住之普照寺純水僧房次壁間韻：「獵火亂燒無蔕草，林霜不殺有心松！」及其哭兄詩：「身經刀過頭方貴，屍不泥封骨始香」等，備明彼等之意識清醒，決心堅確。目的在於：

一，呼號人心之覺醒。二，光復明朝江山。

顧國運變遷之際，人心莫不自私。羅元益序安龍逸史曰：「宏光有可爲之時，而首壞於馬士英阮大鋮，隆武有可爲之姿，而再壞於鄭芝龍，分符之勳鎭，盡屬叛臣，列土之公侯，俱爲逆黨，事緩則競寵以邀榮，事急則賣降而鼠竄，雖曰奉主，大半營私，明之天下，洵無一片乾淨土也」云云，固嫌過激。而熹宗之季，凶奄內擅，流賊外訌，逮乎崇禎，文恬武嬉，將驕卒惰，而且水旱相仍，饑饉頻告，天災人異，明奚不亡？當李闖進逼京畿，一時即多依附，論者以爲麞頭鼠目之流，謂反顏事讎，復罹其毒云云，雖曰風數，亦一是非，今吾炙集諸作家，丹心貫日，所遇如何？「住山幾個甘長餓？斷酒多年怕獨醒。」同志變節矣，「士女競傳燈火節，衣冠齊倒酪漿杯。」新人騰歡矣。「半句投機吾事足，漫勞高座辯淆訛。」人多不之信矣。「出頭天外淒涼久，誰共貧兒結伴行。」爲人所厭惡矣。「長街走盡無人遇，又向西風痛哭回！」沮喪以退矣。「栽菊藝桑吾事了，石田空種故侯瓜。」厭倦工作矣。「所以盛名士，遺世以自全。」消沉而逃避現實生活矣。回想「月出亂峯聞犬吠，泉施通國縱予狂」時之生活與氣概，豈不哀哉。

然而；彼諸君子之失敗，或隱遁或轉變，有可無愧於天地間者，其種種活動，非野心自私之出發也。特當時爲一姓一家之爭，雖曰忠君愛國，惟國家體制之敗毀，以勢孤力弱諸書生，當然無可挽回大局，而民生凋疲，有待於將息者又甚亟也。

記會稽省園

趙而昌

羈鳥戀舊林，池魚思故淵，魚鳥尚且有本能，遊子何能沒有鄉思！暇時倚枕讀藥味集，至賣糖上墳船諸篇，沖澹的筆觸，輒與雲影水光躍然眼前之感，甚至久久縈繞，低徊不能自已。本年春日，不佞得暇返鄉，當時滿擬理其餘緒，重親勝蹟，藉慰六七年想思的渴念，然而待到得故鄉，則不禁大失所望，不但蘭亭禹陵只能摸索於夢寐，即是離城的十里的東湖，鑑湖水鄉的放翁故居亦不能臨。城內有龍山，若能在暮靄中極目四矚，或亦可以聊勝於無的，但現在則亦不能造訪。藥味集中的禹蹟寺已頹垣殘壁，「禹蹟寺前春草生，沈園遺跡欠分明」，徒使憑弔者增人事滄桑之感耳！今日城內較有一記的價值，而又未見於他書者，恐怕只有趙氏的省園了。

余家省園，在紹興城東觀音橋，佔地二十餘畝，園爲鶴嶠公所建，頗具亭台之勝，嘉慶丙辰元年，高祖省園公復爲修葺，於是疏池壘石，環柳砌橋，種竹蒔花，撮奇搜勝，蔚爲大觀矣。諸凡園中所有，具匠心獨造，小至一樽一盞，亦出之以鉤心鬥角。例如扇形亭中，則一盤一碟，一桌一几，一食器，一盆盎，俱作扇狀，其他各亭亦莫不皆然；又築之以囿，蓄以孔雀白鶴之屬，我們若知今日都市動物園之缺乏禽羽點綴，則可推知同光之間的私人花圃中若有一匹開屏的孔雀將如何的新人耳目！越年丁巳，工訖，邑人黃小癡爲製十二圖留念，各圖並系以詩：

高樓縱目畫圖開　恰喜初晴淑景催　丹碧亭臺雲作幔　參差花樹錦成堆　池涵曉鏡波光淨　山擁青螺翠色來　更欲振衣千仞上　飄飄襟裏絕塵埃（晴翠樓）

幾番風信到清和　次第芳園景色多　片片落英飛碎玉　絲絲水舞嫩晴波　林鶯住久曾相識　鄰笛聲低欲和歌　剝啄有時驚晝夢　香裾翠鈿得來過（花蹊）

瀲灩雙池亘石橋　綠波昨見錦鱗跳　爭遊新水雨初歇　亂唼落花香未銷　得其所哉驚潑剌　何以知我任逍遙　臨淵不少濠梁興　俯瞰淪漣樂趣饒（聽躍橋）

羊裘何必富春江　且向靜楊理釣矼　一笠風花橫短笛　半竿煙雨繫輕艭　濃陰匝地流鶯亂　淺水無痕白鷺雙　醉臥蒼苔歸去晚　微涼先已透疏窗（柳磯）

暑雲掃盡露華浮　紅藕花開報早秋　酌酒最宜臨曲沼　披襟何必上層樓　風來蘋末香無定　月印波心翠欲流　忽聽新歌聲宛宛　小橋盪出採蓮舟（荷池）

秋色橫空分外奇　憑欄晚眺正相宜　林巒杳靄誰烘染　珠斗寒芒自轉移　人倚樓頭遙弄笛　僧歸月下漫敲詩　一時清籟來何處　莫訝琳宮鐘梵遲（月臺）

煙凝別院曙光融　陣陣幽香陣陣風　蘭麝薰殘環珮杳　芰荷老盡碧池空　芬芳漸向清輝散　馥郁頻隨爽籟通　深掩重門秋寂寂　一枝金粟出牆東（天香居）

萬笏瑯玕萬石叢　輕綃冪冪濕濛濛　元章潑墨猶嫌拙　可與傳神未盡工　白鷺浴殘

新漲綠　斑鳩啼到夕陽紅　林端霽色濃於黛　都入奚囊短句中（竹坡）

長廊屈曲徑通幽　檻外桐陰綠更稠　日午亭亭華蓋列　月明冉冉碧雲流　涼侵枕簟宜安榻　翠惹簾櫳不下鈎　檢點詩篇消永晝　竹爐茶熟瀉瓷甌（桐廊）

霜後疎林葉漸飛　遠山一角落人衣　欵門遊客看新菊　攜榼鄰翁話夕暉　一帶松篁籬外路　幾叢蘿薜澗邊磯　少陵□□憑□□　又見前村荷擔歸（秀野亭）

朔風吹度雪漫漫　坐聽松濤到曲闌　乍似驚潮翻怒浪　轉疑飛瀑激迴湍　雲邊響逐疎鐘遠　夢裏聲隨斗帳寒　種得龍鱗高百尺　爲余長挂月團圞（松濤軒）

幾樹寒梅傍水濱　栽成三友問松筠　隔簾流罅如含笑　深屋藏嬌自絕塵　獨耐冰霜標艷逸　還憑雪月見精神　草堂從此見花價　那信人間別有春（梅嶼）

蠡城原有西園吟社，號稱西園十子，迨省園成，復結伯鷗詩社，參與者凡十有二人，以岑鏡西先生爲長，詩酒唱和，乃無虛夕，曾祖晴初公「讀岑鏡西先生延綠齋詩感賦」云：「詩成次第坐傳箋，水木清華欲倚筵；撒網得魚齊一笑，白鱍入饌啜新鮮」。即謂此事。惜咸豐六年四月園北故居被燬於火，省園公遺稿一無倖存，否則存而錄之，或亦可爲關心鄉土者之一助。關於故居失火，鄉間有段流佈頗廣的傳說，說是：前一年臘月祭神時，竟有尺餘的紅衣小孩在祭牲上蹤跳自如，爲婦嫗所瞥，正欲疾呼，倏已不見。越縵堂日記咸豐六年四月二十日有云：

密雨終日，涼甚。……夜雨，郡中趙姓家失火，自昨夜三更起至曉不絕，其宅在觀音橋，連楹大廈，華軒倚戶，盡付一炬。趙氏累世鉅富，擅越中華腴者數百年，其儲積之物，自書畫鐘鼎下及庖湢所用者，皆極貴重，平泉一石，足資千金，乃刦運所屬，若有祝融相之者，一物所在，火輒隨之。有趙某者，富甲其族，無子而嗇，終日拮据籌算，親故不得借一錢，今赤立如洗矣，比屋者皆無恙，人咸謂趙氏有隱慝，然即其吝嗇觀之，亦足徵天道之可畏，書之以爲世戒。

李氏稱撝叔爲惡客，這是文人相輕，了不足道，今讀日記，則似乎嫉恨者不止爲撝叔一人。所稱無子而嗇者，指十三世祖杏坡公，後繼繼園公長子楷爲子，恒常製藥濟人，亦不若蓴客所言之甚。日記既書密雨終日，又言比屋無恙由於趙氏有陰慝，尤可見蓴客先生確是「面折人過，議論臧否」的人，雖然以不佞的立場而說這話，亦大有夸飾之嫌，有爲大雅所笑的成分在。

省園與故居有一水之隔，實遭兵燹，而非火刦，鄉人言遭炬者實誤，於此可以更正。曾祖晴初公六十自述詩有「重提往事倍傷神，水火兵戈閱歷身」語，即指庚戌乙丑之大水，丙辰大火及辛酉紅羊之亂耳。亭榭台閣，珍禽異卉，至此俱遭一洗，而火厄兵刦，兩者相距僅六年耳，時人莫不以失園爲惜，蓴客記同治元年正月十七日在京日記云：

晴，是日見×××孝廉亂後致書族人，書言：九月二十四日臨浦民與兵勇相仇殺，賊遂乘之，渡江陷臨浦，次日陷蕭山，時官兵之守諸暨者，聞警欲還救郡城，賊逼其後，軍亂，大營盡潰，賊破諸暨，由山路徑犯郡城。……二十九日晨，賊入

西郭門，無一人當者，賊遂分趨府縣署及義倉，知府死，縣知以下皆逃生，副憲率謝家團勇，巷戰不勝，亦逃，次日賊焚西郭外諸村，及昌安門外四出劫掠，窮鄉僻壤無得免。……

紅羊一役，越縵旅居京師，故見聞不多，其壬集日記卷首謂：「去歲辛酉九月，粵賊陷紹興，焚西郭門外李氏里宅，書盡燬之」，可見越縵園宅亦於此時被燬，鑫城人民所受接二連三之荼毒不可謂不深矣。

省園現已轉讓於邑人金湯侯氏，設如越縵所說，該是天道的報應，而實則亦不過是世家子弟必然沒落的趨勢耳。蓋因果報應究不若泰西「盛衰循環身家興替」之說較爲合於現實。大凡一個人富貴到了飽和，必驕侈淫逸，必不學無術，必狂妄自大，必闖禍滓詬，於是中落；但至窮無立錐時，必又知奮勉，知刻苦，知稼穡之艱，知讀書之要，於是又有起色。兩者互爲表裏，起伏不息，俱可在科學上探其源流，求得「界」釋，否則若吾鄉朱朗軒氏之坎坷潦倒，不將使今之拯貧濟窮者聞而寒心乎？且世家子弟，大都優柔寡斷，習于苟安，甚者復志高氣揚，藉門楣夸耀里人，恣縱者多，明理者尠，道句說白即「不是風浪中人」是也，其不能適應配合時代，創造環境改革環境者可以必矣！鼎革以來此情形在都市似已尠見，但在鄉村則仍比比皆是。一個人不欲自諱其短，倒可書之以爲世戒的。

鑫城舊有中山公園建於府山之麓，然茶寮戲館林立其間，距理想公園之目標實遠。今省園已歸金氏所有，而湯侯先生又爲吾邑縉紳，急公好義者，若能仍省園之舊，略加修葺，闢爲公園，任人遊覽，則不但事屬邑中創舉，即里人亦不知將如何感戴金氏也！聞湯侯先生近年在滬營商而於桑梓疾苦尤頻頻致其關念和錦注，是則不佞的建議或可爲金先生樂於接受者也。

苦讀記 外兩則

蔡尚穆

退園詩興近何如？牢落風懷苦讀書。
爲誦丁惺菴好句，萬花如海閉門居。

好幾天前，接到一位遠地朋友的來信，只是這麼一首詩，用榮寶齋製的詩箋寫好的。照通常的習慣，信看完了就得撕掉，這因爲是詩，而又是拿詩箋用心寫好的，只好保留下來，還把它壓到寫字檯上的玻璃片下，可是看了，不免感到幾分的慚愧。這是朋友的好意，勸我還是閉起門來讀書，不只是讀，而且要苦讀。這可見我平日就不很愛讀書，有勞朋友的勸勉。然而，此刻能够閉起門來好好地去讀書，彷彿是神仙事業，凡夫恐怕做不來。對朋友的盛意，未免有方尊命了。可是積習難忘，而凡事總得「動動腦筋」的今日，自己又不曉得怎樣去「動腦筋」，所以雖然「半路出家」地改了行，却仍洗不掉原來的習氣，記得去年中夏，曾寫過四首三十生朝的打油詩，其中兩首云——

撼岳掀天大海騰，蟲沙猨鶴盡兢兢，
偶然抛却青氈去，半路出家作小僧。
假年六十今行半，而立之年立在何，

酸氣滿身渾未覺，窗前日日唸伊阿。

所謂「小僧」者，並非沙彌，蓋是日本語中的店裏的小伙子之謂，爲了押韻脚的緣故，只好借來暫用了。既然出家做了小僧，就得規規矩矩地做，例如股票買口的大小，某股可以搶搶帽子，某票貨也可以搶點苗頭，紅先生黃先生綠先生的前途又怎樣，看大還是看小，某種東西倒胃口，得趕早吐出，像這些這些，於我眞有點茫然。看了別的行家左手電話，右手算盤鉛筆，情形活像司令官應付前線緊急的軍事那樣，而我却只能「寄沉痛於悠閒」似的唸起伊阿來，眞是太有點那個了。

然而，不依阿又怎樣呢？那只好重操故業，還是依阿依阿好了，所以某君來詩中的「苦讀書」，或者須得作如此解說也。

活中國的姿態

近來因爲學習看日本文的書籍，承友人某君借給我一本內山丸造君的大著「活中國的姿態」，這本書在八年前曾看過尤炳圻君的譯本，題曰「一個日本人的中國觀」云。而這回看的是原本，扉頁還有完造君的親署「一九三七，二，六，在上海，鄔其山」的字迹，因而感到了一種特別的意味。

據說，中國一向有「謎的國度」之稱，因此煩勞了許許多多的友邦君子花了許許多多的心力，寫下了不少的關於中國問題的書本。可是這些書本多數以政治經濟爲主題，洋洋十數萬言的鉅製。因爲興趣的關係，未曾好好地去拜讀過，於我却很生疏。但完造君的這本大著，據說是以漫文的姿態出現的，談的又是中國人的實生活的斷片，使我得到一種親切之感，不像別的文章摸不着頭腦也。

彷彿就有人這麼說過，要知道老爺是一位怎麼樣子的老爺，那只有老爺的貼身僕人知道清楚。這是因爲他看得到老爺的日常生活的眞相，而那些只從外表去看老爺的，總得有點兒走樣。例如老爺的辦公室的鑰匙在家中一向就是亂丟，用時記不清丟的地方，伺候的却就因此觸了霉頭。此外或如對於領帶子的選擇之苛細，老是忘記帶上小手巾之粗心，喜歡使使小脾氣……在辦公室或某種的交際場合中，老爺可就不是那樣了。是那麼精明大方，或是望之儼然，或即之也溫，或聽其言也厲……總之是另外一套。

觀人於微，着實是經驗話，俗語有云，知子者莫若父，也許就是這個道理。

完造君僑居我國既有二三十年的時間，又不自築堤防而與國人不分彼此的往來交接，是很可以觀微的。

可是觀人云者，最怕先有成見，即所謂「戴了有色眼鏡」是也。憑了已有的成見去觀察事物而求其結論，這往往有歪曲事物的眞姿態去遷就成見，而眞姿態云者，也就愈難得其眞了。例如，既決心立下了「中國是一個色情的國度」的成見，因而去找尋事物做證據，從四馬路秘密攤子買來的春畫不必說，即使是喜歡吃筍的這麼一回事，也起了作用，說是因爲筍的「挺然翹然」而被派爲證據之一。這在喜歡吃筍的我們不能不莫明其妙地大大吃驚起來，而懷疑到茄子，山芋，萊菔甚至香腸之類的東西，都起了「色情」作用，這些東西本就是「挺然翹然」的。

完造君的這三十三篇的漫文中，娓娓道來，平和的，合理的，有人情味的，讀了總得起一種親切之感，至少不會引起莫明其妙的吃驚

，雖則有些地方或許不能使人完全同意，可是那種無先立成見的懇切的態度，在忝爲中國人之一的我，着實感到一番的喜悅。因而這本七八年前曾經拜讀過的完造君的大著，此刻重讀，仍很有意味在也。

論語偶談

不知道爲的什麼，近來也頗頗愛讀起一些古書來。這在吳稚暉君主張要摔到毛厠裏的線裝本古書，此刻却兩部三部地陳在寒齋的案頭，不曉得可能參透得什麼出來否？像這裏談的論語，可就是兩三部中之一，是四部叢刊中的東西，據說是長沙葉氏觀古堂藏日本正平刊本，影印元版的云云。

談到這部經典，總得想起趙普「半部論語治天下」的話。在我從童年到壯歲，前後讀過就不下七八次，幾於可說是能背誦如流了，所謂攬轡澄清之志雖有，却就不知道怎樣去「澄清」，所以不能不繫嘆於說「半部論語治天下」的趙君，因而想起莊子的不龜手藥的故事，我想，我還是得做做洗衣店的小伙子也。

記得知堂先生在夜讀抄的大著中，有一篇題曰「論語小記」的。據先生說，一部論語中，他最愛讀「盍各言爾志」和「子在川上」這兩章。前者可見夫子是一位風趣不淺和藹可親的人，師生間倒可以隨便聊天，不像後來的人，硬把冷猪肉塞到他的嘴裏去，弄得道貌岸然，使人起了「敬而遠之」之感。而後者可見夫子是一位詩人云云。

「逝者如斯夫，不舍晝夜！」

據知堂先生說，這一句就很有詩的意趣。至於朱註的「道體之本然」云云，眞是看不懂。這當然是先生的謙抑。後來，梁宗岱君在「詩與眞」的論文中，也談到這一句，說是很同意於知堂先生的看法。在新文學運動初期，知堂先生曾以小河爲題寫過一篇新詩（按：此詩收入在「過去的生命」裏），詩的命意和音節，在初期的新詩運動中，是得到很高的估價的。不知道可是從夫子的那一句話中得到暗示？

稍後，陳衡哲女士曾以「運河和揚子江」這題目，用對話體寫過一篇散文詩，郭沫若君的「激流」，當然是從流水中得到啓示。至於聞一多君的「死水」，那是對於水的另一種看法，非小文所要說的了。

「逝者如斯夫，不舍晝夜！」夫子看了滔滔的江流，爲什麼要發出這麼一聲詩的嘆息來？是嘆息於逝水不歸，因而起了「無常」之感嗎？還是從江水的流動不息，而感悟到宇宙的運行在時刻變動向前呢？朱晦庵註解說是「道體之本然」，把它移到哲學的領域去，實在很有見地，可惜見道日淺，無從窺其奧蘊耳。

近來也愛胡亂翻閱一些談論哲學的書本，偶而看到古代希臘的哲學家赫拉頡利圖的萬物流動不居的命題，不禁驚奇於古代東西的哲學者有着不約而同的見解。赫氏用「人不能再渡同一河流」的比喻，來說明萬物普遍的變化。不管是人事或自然界的現象，一切都是在變化中。所謂全體的宇宙，在時間上是無限的永遠的，在空間上也是無限的永遠的。這個不斷變化着的宇宙及人生，決不是同一的東西。

一般稱爲西方哲學之父的退利斯也以爲「水是萬物的發端，是眞正的本體」。這似乎是後來的進化論者主張人類是由水生動物演進到陸棲動物，再演進爲人類的根據，但這與小文無關，我所感到興味的，却是退利斯的以爲而已。

記得黃芝崗君曾輯過一本「中國的水神」，搜集了不少我國各地水神的故事，這是民俗學範圍內的東西，此外，東西民族的「洪水」的傳說，却又是歷史家宗教家喜歡說及的事，也非我所能談，小文談的不過是流水給人的一點意趣吧了。論語裏也就有過「知者樂水」的話，雖然不見得「樂水」便是「知者」，但是，水確會給人以意趣。

至於紅樓夢中，賈寶玉君以水比喻小姐，而說自己是泥做的東西，可見賈君也是「樂水」的一位。但這種有自卑嫌疑的論調，不一定爲男界人士所樂談罷。可是這牽涉到戀愛去，在不談戀愛的人眼中看來，却正是無干也。

堪隱隨筆

五知

雅片烟具考

自道光中林則徐因禁烟而引起中英戰爭，雅片一事，始爲世所注意，以後流毒愈廣，屢禁而不能絕，相沿至今，更爲普遍。實則自康熙時沿海居民，已有吸食雅片者，不過至嘉（慶）道（光）間，始傳於內地，上自縉紳，下至走卒，無不染此嗜好，乃爲識者所痛心而倡禁烟之議耳。但考最初南洋羣島及印度阿剌伯等處，其於雅片雖有生食熟食之分，未聞有用竹管泥斗以爲吸食之具者，則今日吸烟之工具，果何來耶？果爲何人所發明耶？於此足證中國人之聰明，使用不得其正。不佞嘗好研究社會習慣之形成，則此毒具之演變，雖屬無益，其影響固極重要也。

按烟質之變化，取汁與吸法，據李圭「鴉片事略」云：「明人醫學入門，雅片一名阿芙蓉，始見『雅片』二字。食之能『安神止痛，多眠忘憂』。食之漸久則成癮，過時不食，全體廢弛，食則復初，而精神日耗，死則隨之。成化時中國得其取汁之法，嘉靖初其法益精。阿剌伯既廣種植，土耳其波斯諸國效之，印度種最後。其種有二十五，而堪用者少，法國人以其子榨油香美，英人亦用其漿爲藥材。印人則取乾塊爲餅嚼食款客。南洋羣島有生食者，俾路芝以西各部皆酷嗜之，亦生食也。明末蘇門答臘人變生食爲吸食，其法先取漿蒸熟，濾其渣滓復煮，和菸草葉爲丸，置竹管就火吸食。回教嚴酒禁而酷嗜雅片。近二十年美國因旅居華人吸食者衆，亦有習食成癮者。印人亦多習食。毒物蔓延，遂及天下，中國受禍爲獨鉅」。上述雅片之源流甚詳，其可注意者，一則雅片之爲物，蓋亦東方文明之遺產，而吸食之者亦東方人，法人以其子榨油，英人取其漿作藥，皆不食也。一則明成化時已得取汁之法，嘉靖初其法益精，語焉不詳，未知其食法果何如也。又謂蘇門答臘人於明末已知煮熟，濾渣、置管、就火諸法，較前進步，與今之吸食烟具大致相同，是其法已古，且爲外來之科學化。惟不知中國烟具是否直接取法於彼，或自我創造也。

又云：「康熙二十三年海禁弛，南洋雅片列入藥材，每斤徵稅銀三分。其時沿海居民，得南洋吸食法，而益精思之，煮土成膏，鑲竹

為管，就燈吸食其烟，不數年流行各省，甚至開館賣烟。」此條明謂「取南洋吸食法，而益精思之。」則其創造雖來自南洋，而苟完苟美，踵事增華，必有中國人之聰明經驗在內，乃完成現今之雛形。國人不察，遂莫明烟具之來源，只知古來就有，如李氏之詳徵博考，誠難得也。

至乾隆中，烟片已遍行內地，且有以烟具殉葬者。吳慈鶴鳳山樵集有懷王樵夫詩自注云：「乾隆間人，隱於龍門石室，沒後鄉人葬之，以竹烟具為殉。逾月有人自華山歸，遇樵夫以烟具屬之曰：為我持歸謝鄉里。既至始知已死。鄉人共視即殉物也。」觀此則清初豫西已有雅片，雖鄉人亦有烟具，此樵夫洵「隱者也」。

再後迨嘉道時，烟具更為進化。道光十八年黃爵滋奏議禁烟，林則徐條陳六事。首條云：烟具先宜收繳淨盡。查吸烟之竹桿，謂之「槍」。其槍頭裝烟點火之具，又須細泥燒成，名曰「烟斗」。凡新槍新斗，皆不適口，且難過癮。必其素所習用之具，有烟油漬乎其中者，愈久而愈寶之，雖骨肉不輕以相讓。今須責成州縣盡力收繳槍斗，視其距海疆之遠近，與夫地方之衝僻，戶口之繁約，民俗之華樸，由各大吏酌期定數責以起獲，示以勸懲云云。言之更詳，是槍斗之名，實始於乾隆以後，道光以前也。至於槍之命名，說者皆謂取殺人之義，蓋後來附會之談，揆其初意，蓋以竹管間一小孔，而能吐烟噴火，有似昔日火槍故云。因雅片之為害，經康雍乾三朝，辨論不決，故當時法章只罪及販賣，照邪教惑衆律，而吸者無罪。至道光間，內之黃爵滋，許乃濟，外之林則徐等痛論烟害，朝野悚然，始確定雅片之為害人毒物也。

以上皆關於雅片烟具之沿革，歷歷可見。惟清人說部中，有稱係一粵尼所發明者，亦附錄之，以廣異聞。「俟徵錄」云：「乾隆中粵東有富室少婦，青年喪夫，出家為尼。其母為築尼庵以居之，鬱抑十年，漸得癱瘓之疾，……有戚某任職十三洋行，偶贈以西人手執竹油棍一枝，及花露水瓶，雅片烟膏各一器，雅片則用以為藥者。尼嘗挑烟置燈火上，發泡甚香，一日忽誤將棍入瓶中不能出，以木擊之，適穿一孔。旋於無意中以烟塗孔，吸之極香，蓋猶戲效吸旱烟法也。久之病患若失，待不吸食則又疾如故，因遍告戚里，於是有病氣喘肝疾者，試仿吸之，無不立愈。而雅片治疾之速與吸食之法，竟遍傳遐邇。豈中國應受此害，故假是尼手以行之歟。」其說頗類齊東野語，未可為據。若然則與清末所稱「孫寡婦斗」，足後先媲美矣。

又關於烟具詩文，佳者至多不勝錄。十餘年前，鄂督蕭耀南曾得一槍乃甘蔗製，相傳乃天下名槍。蕭死此槍流落於外，即名之曰「蕭耀南」。後聞復為大力者購去，當時曾載之報章。此又與清李貢物之「福壽膏」，並為烟史上之舊聞也。

ROXY
國華內衣廠出品
靜安寺路一四七八號
電話六〇一三三

上海郵政管理局暫准登記證第四〇〇〇號

周佛海先生散文集

古今叢書之一

往矣集

白報紙精印・增訂第九版

往矣集目次

附錄

往矣集出版以來，以內容充實，筆鋒瑰奇，深得國內外讀者之歡迎，故一年以來行銷已逾兩萬餘册，爲出版界所僅見之紀錄，其盛況已無待煩言。著者在日譯本序文中有云：「出版之後，在一年之內，竟出到第八版，這雖然比不上民國十七年我出版『三民主義之理論的體系』時的盛況，但是在近數年來的出版界中，也可說是稀有的現象一。尤不難見此書之價值。茲以增訂九版業已問世，凡愛讀著者文章者，不可不先覩爲快。

每冊實價一百元

內刊銅版精印插圖多幅

周越然 周作人 陳乃乾 紀果庵 謝剛主等八家合集

古今叢書之二

蠹魚篇

筆調雋永淸麗・材料豐富珍秘

本社於往矣集出版以後，因鑒於目前出版界之沈寂，爰有古今叢書之二蠹魚篇問世，內容所談皆係古今書市之變遷，藏家之生平，及梓林之掌故史乘。作者諸君，不惟俱係當代聞名作家，且又南北各占其半。手此一編，即可爲通人，不致爲書賈所欺。蓋以我國文化之悠久，著述之浩繁，正有待於學人輩之爬羅剔抉，故本集於文苑之意義即不難想見。茲以第二版出書後，存書又已不多，凡關心學術文獻者，請即捷足先得。

每冊實價七十元

蠹魚篇目錄

古今合訂本

第七冊業已出版
第八冊即將出版

每冊實價貳百元正

本期每冊實價肆拾元

文史半月刊　第五十二期

德義風流夙所欽
別離三載更關心
偶扶藜杖出寒谷
又枉籃輿度遠岑
舊學商量加邃密
新知培養轉深沉
却愁說到無言處
不信人間有古今

——朱晦庵

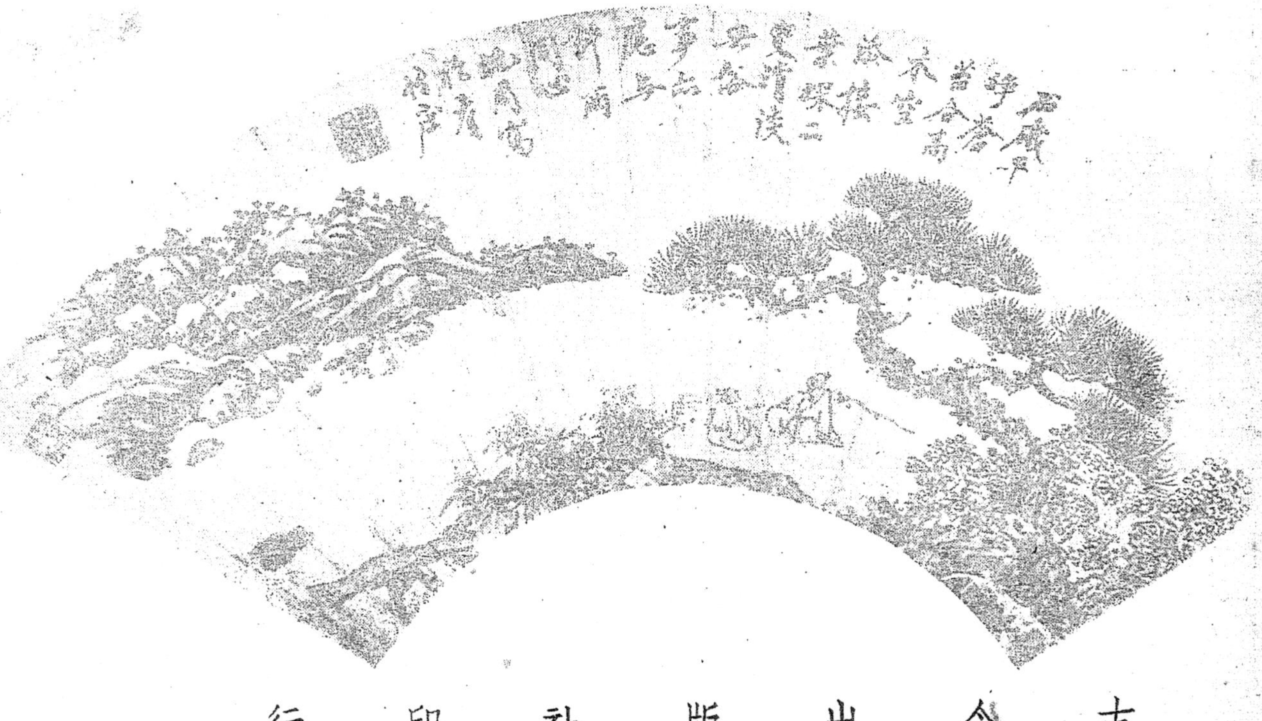

古今出版社印行

文史半月刊

古今

第五十二期

中華民國三十三年八月一日出版

社長 朱樸
主編 周黎庵
發行者 古今出版社 上海咸陽（亞爾培）路二號
發行所 古今出版社 上海咸陽（亞爾培）路二號 電話：七三七八八號
印刷者 中國科學印刷公司
經售處 全國各大書坊報販

上海雜誌聯合會第十號會員雜誌
零售每册中儲券五十元
國民政府宣傳部 登記證滬誌字第七六號
第一警察局 登記證C字一〇一二號

預定 暫行停止

我的雜學

知堂

十三

關於醫學我所有的只是平人的普通知識，但是對於醫學史却是很有興趣。醫學史現有英文本八冊，覺得勝家博士的最好，日本文三冊，富士川游著日本醫學史是一部大著，但是綱要似更爲適用，便於閱覽。醫療或是生物的本能，如犬猫之自舐其創是也，但其發展爲活人之術，無論是用法術或方劑，總之是人類文化之一特色，雖然與挺刃同是發明，而意義逈殊，中國稱蚩尤作五兵，而神農嘗藥辨性，爲人皇，可以見矣。醫學史上所記便多是這些仁人之用心，不過大小稍有不同，我翻閱二家小史，對於法國巴斯德與日本杉田玄白的事跡，常不禁感歎，我想假如人類要找一點足以自誇的文明證據，大約只可求之於這方面吧。我在舊書回想記裏這樣說過，已是四五年前的事，近日看伊略忑斯密士的世界之初，說創始耕種灌漑的人成爲最初的王，在他死後便被尊崇爲最初的神，還附有五千多年前的埃及石刻畫，表示古聖王在開掘溝渠，又感覺很有意味。案神農氏在中國正是極好的例，他敎民稼穡，又發明醫藥，農固應爲神，古語云，不爲良相，便爲良醫，可知醫之尊，良相云者即是諱言王耳。我常想到巴斯德從啤酒的研究知道了黴菌的傳染，這影響於人類福利者有多麼大，單就外科傷科產科來說，因了消毒的施行，一年中要救助多少人命，以功德論，恐怕十九世紀的帝王將相中沒有人可以及得他來。有一個時期我眞想涉獵到黴菌學史去，因爲受到相當大的感激，覺得這與人生及人道有極大的關係，可是終於怕得看不懂，沒有敢去決心這樣做。但是這回却又伸展到反對方面去，對於妖術史發生了不少的關心。據茂來女士著西歐的巫敎等書說，所謂妖術即是古代土著宗敎之遺留，大抵與古希臘的地母祭相近，只是被後來基督敎所壓倒，變成秘密結社，被目爲撒但之徒，痛加剿除，這就是中世有名的神聖審問，至十七世紀末才漸停止。這巫敎的說明論理是屬於文化人類學的，本來可以不必分別，不過我的注意不是在他本身，却在於被審問追跡這一段落，所以這裏名稱也就正稱之曰妖術。那些念佛宿山的老太婆們原來未必有什麼政見，一旦捉去拷問，供得荒唐顚倒，結果坐實她們會得騎掃帚飛行，和宗旨不正的學究同付火刑，眞是冤枉的事。我記得中國楊惲以來的文字獄與孔融以來的思想獄，時感恐懼，因此對於西洋的神聖審問也感覺關切，而審問史關係神學問題爲多，鄙性少信未能甚解，故轉而截取妖術的一部分，了解較爲容易。我的讀書本來是很雜亂的，別的方面或者也還可以料得到 至於妖術恐怕有點鶻突，亦未可知，但在我却是很正經的一件事，也頗費心收羅資料，如散茂士的四大著，即是妖術史與妖術地理、僵尸、人狼，均是寒齋的珍本也。

十四

我的雜覺從日本方面得來的也並不少。這大抵是關於日本的事情，至少也以日本爲背景，這就是說很有點地方的色彩，與西洋的只是學問關係的稍有不同。有如民俗學本發源於西歐，涉獵神話傳說研究與文化人類學的時候，便碰見好些交叉的處所，現在卻又來提起日本的鄉土研究，並不單因爲二者學風稍殊之故，乃是別有理由的。鄉土研究刊行的初期，如南方熊楠那些論文，古今內外的引證，本是舊民俗學的一路，柳田國男氏的主張逐漸確立，成爲國民生活之史的研究，名稱亦歸結於民間傳承。我們對於日本感覺興味，想要了解他的事情，在文學藝術方面摸索很久之後，覺得事倍功半，必須着手於國民感情生活，才有入處，我以爲宗教最是重要，急切不能直入，則先注意於其上下四旁，民間傳承正是絕好的一條路徑。我常覺得中國人民的感情與思想集中於鬼，日本則集中於神，故欲了解中國須得研究禮俗，了解日本須得研究宗教。柳田氏著書極富，雖然關於宗教者不多，但如日本之祭事一書，給我很多的益處，此外諸書亦均多可作參證。當遠野物語出版的時候，我正寄寓在本鄉，跑到發行所去要了一冊，共總刊行三百五十部，我所有的是第二九一號。因爲書面上略有墨痕，想要另換一本，書店的人說這是編號的，只能順序出售，這件小事至今還記得清楚。這與石神問答都是一九一〇年出版，在鄉土研究創刊前三年，是柳田氏最早的著作，以前只有一冊後狩詞記，終於沒有能够蒐得。對於鄉土研究的學問我始終是外行，知道不到多少，但是柳田氏的學識與文章我很是欽佩，從他的許多著書裏得到不少的利益與悅樂。與這同樣情形的還有日本的民藝運動與柳宗悅氏。柳氏本係白樺的同人，最初所寫的多是關於宗教的文章，大部分收集在宗教與本質一冊書內。我本來是不大懂宗教的，但柳氏諸文大抵讀過，這不但因爲意思誠實，文章樸茂，實在也由於所講的是神秘道，合中世紀基督教與佛道各分子而貫通之，所以雖然是檻外也覺得不無興味。柳氏又著有朝鮮與其藝術一書，其後有集名曰信與美，則收輯關於宗教與藝術的論文之合集也。民藝運動約開始於二十年前，在什器之美論集與柳氏著工藝之道中意思說得最明白，大概與摩理斯的拉飛耳前派主張相似，求美於日常用具，集團的工藝之中，其虔敬的態度前後一致，信與美一語洵足以包括柳氏學問與事業之全矣。民藝博物館於數年前成立，惜未及一觀，但得見圖錄等，已足令人神怡。柳氏著初期大津繪，淺井巧著朝鮮之食案，爲民藝叢書之一，淺井氏又有朝鮮陶器名彙，均爲寒齋所珍藏之書。又柳氏近著和紙之美，中附樣本二十二種，閱之使人對於佳紙增貪惜之念。壽岳文章調查手漉紙工業，得其數種著書，近刊行其紙漉村旅日記，則附有樣本百三十四，照相九十九，可謂大觀矣。式場隆三郎爲精神病院長，而經管民藝博物館與民藝月刊，著書數種，最近得其隨筆集民藝生活私家版，和紙印刷，有芹澤作插畫百五十，以染繪法作成後製版，再一一著色，覺得比本文更耐看。中國的道學家聽了恐要說是玩物喪志，唯在鄙人則固但有感激也。

十五

我平常有點喜歡地理類的雜地志這一流的書，假如是我比較的住過好久的地方，自然特別注意，例如紹興、北京，東京雖是外國，也算是其一。對於東京與明治時代我彷彿頗有情分，因此略想知道他的人情物

色，延長一點便進到江戶與德川幕府時代，不過上邊的戰國時代未免稍遠，那也就够不到了。最能談維新前後的事情的要推三田村鳶魚，但是我更喜歡馬場孤蝶的明治之東京，只可惜他寫的不多。看圖畫自然更有意思，最有藝術及學問的意味的有戶塚正幸即東東亭主人所編的江戶之今昔，福原信三編的武藏野風物。前者有圖版百零枚，大抵爲舊東京府下今昔史蹟，其中又收有民間用具六十餘點，則兼涉及民藝，後者爲日本寫眞會會員所合作，以攝取漸將亡失之武藏野及鄉土之風物爲課題，共收得照相千點以上，就中選擇編印成集，共一四四枚，有柳田氏序。描寫武藏野一帶者，國木田獨步德富蘆花以後人很不少，我覺得最有意思的却是永井荷風的日和下馱，曾經讀過好幾遍，翻看這些寫眞集時又總不禁想起書裏的話來。再往前去這種的資料當然是德川時代的浮世繪，小島烏水的浮世繪與風景畫已有專書，廣重有東海道五十三次，北齋有富嶽三十六景等，幾乎世界聞名，我們看看複刻本也就很有趣味，因爲這不但畫出風景，又是特殊的彩色木版畫，與中國的很不相同。但是浮世繪的重要特色不在風景，乃是在於市井風俗，這一面也是我們所要看的。背景是市井，人物却多是女人，除了一部分畫優伶面貌的以外，而女人又多以妓女爲主，因此講起浮世繪便總容易牽連到吉原游廓，事實上這二者確有極密切的關係。畫面很是富麗，色彩也很艷美，可是這裏邊常有一抹暗影，或者可以說是東洋色，讀中國的藝與文，以至於道也總有此感，在這畫上自然也更明瞭。永井荷風著江戶藝術論第一章中曾云：

「我反省自己是什麼呢？我非威耳哈倫似的比利時人而是日本人也，生來就和他們的運命及境遇迥異的東洋人也。戀愛的至情不必說了，凡對於異性之性欲的感覺悉視爲最大的罪惡，我輩即奉戴此法制者也。承受勝不過啼哭的小孩和地主的教訓的人類也，知道說話則唇寒的國民也。使威耳哈倫感奮的那滴着鮮血的肥羊肉與芳醇的蒲桃酒與强壯的婦女之繪畫，都於我有什麼用呢。嗚呼，我愛浮世繪。苦海十年爲親賣身的游女的繪姿使我泣。憑倚竹窗茫然看着流水的藝妓的姿態使我喜。賣宵夜麵的紙燈寂寞地停留着的河邊的夜景使我醉。雨夜啼月的杜鵑，陣雨中散落的秋天樹葉，落花飄風的鐘聲，途中日暮的山路的雪，凡是無常無告無望的，使人無端嗟歎此世只是一夢的，這樣的一切東西於我都是可親，於我都是可懷。」這一節話我引用過恐怕不止三次了。我們因爲是外國人，感想未必完全與永井氏相同，但一樣有的是東洋人的悲哀，所以於當作風俗畫看之外，也常引起悵然之感，古人聞淸歌而喚奈何，豈亦此意耶。

十六

浮世繪如稱爲風俗畫，那麼川柳或者可以稱爲風俗詩罷。說也奇怪，講浮世繪的人後來很是不少了，但是我最初認識浮世繪乃是由於宮武外骨的雜誌此花，也因了他而引起對於川柳的興趣的。外骨是明治大正著述界的一位奇人，發刊過許多定期或單行本，而多與官僚政治及假道學抵觸，被禁至三十餘次之多。其刊物皆鉛字和紙，木刻插圖，涉及的範圍頗廣，如筆禍史，私刑類纂，賭博史，猥褻風俗史等，笑的女人一名賣春婦異名集，川柳語彙，都很別緻，也甚有意義。此花是專門與其

說研究不如說介紹浮世繪的月刊，繼續出了兩年，又編刻了好些畫集，其後同樣的介紹川柳，雜誌名曰變態知識，若前面所云語彙乃是入門之書，後來也還沒有更好的出現。川柳是只用十七字音做成的諷刺詩，上者體察物理人情，直寫出來，令人看了破顏一笑，有時或者還感到淡淡的哀愁，此所謂有情滑稽，最是高品，其次找出人生的缺陷，如繡花針噗哧的一下，叫聲好痛，却也不至刺出血來。這種詩讀了很有意思，不過正與笑話相像，以人情風俗為材料，要理解他非先知道這些不可，不是很容易的事。川柳的名家以及史家選家都不濟事，還是考證家要緊，特別是關於前時代的古句，這與江戶生活的研究是不可分離的。這方面有西原柳雨，給我們寫了些參考書，一九一六年與佐佐醒雪共著的川柳吉原志出得最早，十年後改出補訂本，此外還有幾種類書，只可惜川柳風俗志出了上卷，沒有能寫得完全。我在東京只有一回同了妻和親戚家的夫婦到吉原去看過夜櫻，但是關於那裏的習俗事情却知道得不少，這便都是從西原及其他書本上得來的。這些知識本來也很有用，在江戶的平民文學裏所謂花魁是常在的，不知道她也總得遠遠的認識才行。即如民間娛樂的落語，最初是幾句話可以說了的笑話，後來漸漸拉長，明治以來在寄席即雜耍場所演的，大約要花上三五分鐘了吧，他的材料固不限定，却也是說游里者為多。森鷗外在一篇小說中曾敘述說落語的情形云：「第二個說話人交替着出來，先謙遜道，人是換了却也換不出好處來。又作破題云，官客們的消遣就是玩玩窰姐兒。隨後接着講工人帶了一個不知世故的男子到吉原去玩的故事。這實在可以說是吉原入門的講義。」語雖詼諧，却亦是實情，正如中國笑話分類原亦有腐流殊稟等門，而總以閨風與世諱為獨多，唯因無特定妓院故不顯著耳。江戶文學中有滑稽本，也為我所喜歡，一九的東海道中膝栗毛，三馬的浮世風呂與浮世床可為代表，這是一種滑稽小說，為中國所未有。前者借了兩個旅人寫他們路上的遭遇，重在特殊的事件，或者還不很難，後者寫澡堂理髮舖裏往來的客人的言動，把尋常人的平凡事寫出來，都變成一場小喜劇，覺得更有意思。中國在文學與生活都缺少滑稽分子，不是健康的徵候，或者這是偽道學所種下的病根歟。（舊端午節）

婦人生鬚

鑫堯

古今新年號，樸之先生海外遊展文中，曾列舉巴黎風物之美，而戲謂巴黎電車之女售票員出鬍髭為大殺風景。按鬍髭與鬍鬚似有程度上之別，在男子則以蓄鬚為美觀，尤以糾糾者蓄之益增壯觀。近世醫藥昌明，改顏有術，或謂現行之男性荷爾蒙（中譯內分泌）若注射於異性，亦可使之長鬚，並能「實大聲宏」云，此正語所謂巾幗鬚眉矣。查談孺木棗林雜俎首卷（適園叢書本）婦人生鬚云：「弘治六年某月應山人張本華婦崔氏生鬚，長三寸，見實錄。」又青浦縣志載：「嘉靖癸丑有婦人忽生髭鬚，時縣差以事攝其夫，從壁間窺之以為男也，夫亦無獲，攜婦以歸，邑市聚觀甚衆，明年遂有倭變。」蓋幾應國家將亡必有妖孽之讖矣。又萬曆二十一年嘉興包彥平館華亭佘塘宋氏，其鄰侍姬鬚長五六寸二十餘莖，時年六十，自三十三歲始生鬚，拔去仍出，至五十歲而止。此說即據彥平集中。可見此種易釵而弁之「異稟」，蓋亦「古已有之」，無間中外也。又同書女化男云：「正德七年平涼府太平橋下，女子高四姐，僦予故廬居，化為男子。生鬚，名高雷，今六十餘，有二子。」（趙時春平涼府志）此皆明代事而言之鑿然。良以宇宙之大，自「無奇不有」歟？

讀三國志筆記

瞿兌之

魏晉間人好化妝。如何晏之粉白不去手，行步顧影，固由其面貌本自潔白。故管輅謂其色不華色。此猶曰晏本貴介子弟也。荀彧乃淸修醇雅之士，而禰衡稱其可借面弔喪，是極言其修飾容儀也。又相傳其至人家坐處三日香。（出襄陽記）魏文帝更酷好薰香，至馬聞衣香而驚齧其膝。（見朱建平傳）此亦緣胡香初入中國，故競以爲時尙。沿及南朝而益加甚。故顏氏家訓稱南朝貴游子弟皆薰衣剃面，中國士大夫之好胡風非一日矣。曹植見邯鄲淳一事，更令人想見當時貴人之私生活。其言曰：

時天暑熱，植因呼常從取水自澡訖，傅粉，遂科頭拍袒胡舞，五椎鍛跳丸擊劍，誦俳優小說數千言訖。謂淳曰，邯鄲生何如邪。於是乃更著衣幘，整儀容，與淳評說混元造化之端，品物區別之意。然後論羲皇以來賢聖名臣烈士優劣之差次，頌古今文章賦誄及當官政事宜所先後，又論用武行兵倚伏之勢。乃命廚宰，酒炙交至，坐席默然，無與伉者。

文帝典論自敍稱以甘蔗杖與鄧展試劍，及博物志稱其能以手巾角彈棊。曹氏兄弟留意巧藝善自矜誇，其舉止態度躍然如繪。

曹瞞別傳云：魏武爲人佻易無威重，歡悅大笑，至以頭沒杯案中，肴膳皆沾汙巾幘。蓋魏武父子有此特性，以成魏晉間人通脫不拘形檢之習。本性雖如此，而對人則又苛責禮貌，不欲人之慢己。此則緣其自士大夫登帝王之位，故深恐士大夫慢易之耳。魏略載韓宣嘗於鄴出入宮，於東掖門與臨菑侯植相遇。時天新雨地有泥潦，宣欲避之，閡潦不得去，乃以扇自障，住於道邊。植嫌宣既不去，又不爲禮。乃駐車使其常從問宣何官。宣云，丞相軍謀掾也。植又問曰，應得唐突列侯否云云。是曹植猶倚父勢與人爭禮貌如此。然魏晉以降，篡奪相仍，帝王及臣下多不甚懸絕，君主之威嚴終不如宋以後也。

魏武殺孔融許攸婁圭，皆以恃舊不虔之故。（見崔琰傳）崔琰以語言舉止有不遜之嫌遽至賜死。是其苛責人以禮貌欲立威柄之意也。又何夔傳稱太祖性嚴，掾屬公事往往加杖。皆可想見其威凌羣下之態。

魏武帝之好儉殆出天性。魏書稱後宮衣不錦繡，侍御履不二采，帷帳屏風壞則補納，茵蓐取溫，無有緣飾，似非虛語。證之世語曹植妻衣繡，太祖登臺見之，以違制命還家賜死。雖賜死或別有由，禁繡則固無疑也。當建安中，武帝既崇尙如此，崔琰毛玠掌選舉又力贊之，故一時靡然向風。明帝之世，則轉趨奢侈。故盧欽論徐邈云，往者毛孝先崔季珪等用事，貴淸素之士。于時皆變易車服以求名高，而徐公不改其常。故人以爲通。比來天下奢靡轉相放傚，而徐公雅尙自若，不與俗同。故前日之通乃今日之介也。是世人之無常而徐公之有常也（邈傳）。毛玠傳云，太祖爲司空丞相，玠嘗爲東曹掾，與崔琰並典選舉，其所舉用皆

清正之士，雖於時有盛名而行不由本者，終莫得進，務以儉率人。由是天下之士莫不以廉節自勵，雖貴寵之臣輿服不敢過度。先賢行狀云，玠典選舉，諸宰官治民功績不著而私財豐足者皆免黜停廢，久不選用。至乃長吏還者垢面羸衣，常乘紫車，軍吏入府朝服徒行。

魏晉人多早達而亦不壽，王粲除官時年止十七，比其死時年四十一，已官侍中矣。郭嘉死時年三十八，已封侯矣。鍾會亦弱冠出仕，平蜀之年止四十。桓威年十八著渾輿經，王肅年十八解太玄，王弼年二十八注周易老子。楊慮年十七，鄉人宗貴，號德行楊君（見楊戲傳）。孔融年二十八為北海相，姜維年二十七封侯，法正死時年四十五為尚書令，溫恢為涼州刺史死時亦四十五。其早達者，緣俗重門戶，故貴家子弟易於早得名譽，其不壽者，蓋以生活放蕩之故歟。

漢末人好獎虛名而不顧事實，孔融正是此類。世傳其言行皆是浮詞巧言，所足稱道之事亦不過崇獎氣類交結名士而已。續漢書云，其在北海，租穀少稽，一朝殺五部督郵。姦民汙吏猾亂朝市亦不能治。連年傾覆，事無所濟，遂不能保障四境，棄郡而去。魏武殺之，固由其傲慢觸怒，然所下令云，世人多采其虛名，少於核實，見融浮艷，好作變異，眩其誑詐，不復察其亂俗。誠亦惡其要結虛譽也。

魏武雖深疾浮名，然三國之中亦惟魏最能收虛譽以悅庸俗。華歆王朗不容於孫氏，而魏文帝尊貴之，謂為一代偉人。許靖在蜀極為王朗所善，中原士大夫猶嘆慕之，而先主薄其人不使任事。夷考三人行事，皆小廉曲謹自守而已，無節概識略可言。其足稱者只是以祿賜振施親戚而已。此與五代時馮道一流人相似，蓋亂世自然養成此種風氣耳。

劉先主薄許靖事見法正傳。先是先主圍成都，璋蜀郡太守許靖踰城降，事覺不果。先主以此薄靖不用。正說曰，天下有獲虛譽而無其實者，許靖是也。然主公始創大業，天下之人不可戶說。靖之浮稱播流四海，若其不禮，天下之人以是謂主公為賤賢也。

北人因避難而至江南嶺外者，漢末以來見於史籍者不可勝數。即江南人因兵事而被徙至北方者當亦不在少數。司馬昭破壽春，所降吳兵分布三河近郡以安處之。事見諸葛誕傳。按是役吳兵來救壽春者三萬人，北遷者恐在半數。此輩皆未攜妻子，北遷以後必有就地立家室者。是今之河南有吳人也。劉璋時南陽三輔人流入益州數萬家，收以為兵，名東州兵，見二牧傳注引英雄記。是今之蜀中有陝豫人也。先主入蜀所攜中原人必更多。後來唐代蜀帥多不信任蜀人而留北兵自衛，王建孟知祥皆北人建國於蜀。則蜀人多外來者尤甚於他處矣。

閻柔所統烏丸萬餘落，自建安十一年悉徙居中國，從與征伐，三郡烏丸為天下名騎。是烏丸有居於內地是也。袁紹據河北以後，中國人多亡叛歸鮮卑軻比能。是內地人有居於鮮卑者也。

梁習傳云，領并州刺史，時承高幹荒亂之餘，胡狄在界，張雄跋扈，吏民亡叛，入其部落，兵家擁衆，作為寇害，更相扇動，往往棊跱。習到官誘諭招納，皆禮召其豪右，稍稍薦舉，使詣幕府，豪右已盡，乃次發諸丁彊以為義從。又因大軍出征，分請以為勇力，吏兵已去之後，稍移其家，前後送鄴凡數萬口。齊王紀云，以遼東東沓縣吏民渡海居齊郡界，以故縱城為新沓縣。又以遼東汶北豐縣民流徙渡海規齊郡之西安臨菑昌國縣界為新汶南豐縣。此皆邊人內徙之事。

孫權傳言初曹公恐江濱郡縣爲權所略，徵令內徙，民轉相驚，自廬江蘄春廣陵戶十餘萬皆東渡江，江西遂虛。古所謂江西即今之江北。此又江南人北徙之事。

齊王紀注引漢晉春秋，正始六年吳將朱然入柤中，斬獲數千，柤中民吏萬餘家渡沔。柤中者，據襄陽記云（朱然傳注引），在上黃界，去襄陽一百五十里。魏時夷王梅敷兄弟三人部曲萬餘家屯此，分布在中廬宜城西山鄢沔二谷中，土地平敞，宜桑麻，有水陸良田。沔南之膏腴沃壤，謂之柤中也。

魏武死於洛陽，其時事出倉卒，頗有憂疑。魏略云，時太子在鄴，鄢陵侯未到，士民頗苦勞役，又有疾癘。於是軍中騷動，羣寮恐天下有變，欲不發喪。賈逵建議以爲不可，秘令內外皆入臨，臨訖各安敍不得動。而青州軍擅擊鼓相引去，衆人以爲宜禁止之，不從者討之。逵以爲方大喪在殯，嗣王未立，宜因而撫之（逵傳及臧霸傳注引）。文選載陸士衡在秘閣所見魏武帝遺令，曲敍臨終時情狀，云指季豹以示四子，曰以累汝，因泣下。蓋其所屬意之壯子皆不在側，未能指揮家國重事，故聊爲兒女子之言耳。

陳矯傳言，太祖崩洛陽，羣臣拘常，以爲太子即位當須詔命。矯曰，王薨于外，天下皇懼，太子宜割哀即位以繫遠近之望。且又愛子在側，彼此生變，則社稷危矣。即具官備禮，一日皆辦。明旦以王后令策太子即位。又徐宣傳，羣臣入殿中發哀，或言易諸城守用譙沛人。則當時鄴都之不安亦可知。此曹丕所以不待踰年亟謀禪代也。

魏武帝死之前一年，有魏諷之變，其事史未明言。惟世語云，諷有惑衆才，傾動鄴都，鍾繇由是辟焉。大軍未反，諷潛結徒黨，又與長樂衛尉陳禕謀襲鄴，未及期，禕懼告之，太子誅諷，坐死者數十人。繇以相國重臣策罷就第。其事殊非細故。至明帝太和中，董昭上疏云，近魏諷則伏誅建安之末，曹偉則斬戮黃初之始，伏惟前後聖詔，深疾浮僞，欲以破散邪黨。又傅子云，諷有重名，自卿相以下皆傾心交之。見劉曄傳注。王昶戒子書亦言，近濟陰魏諷山陽曹偉皆以傾邪敗歿，熒惑當世，挾持姦慝，驅動後生。以此證之，則諷必有不利曹氏父子之謀，而以民望爲之表率。亦陳蕃王允之流亞也。曹氏蓋惡其聳動人心，故秘其語而不彰，致史亦失其記注。大凡史之難以盡據，皆若是矣。

魏諷蓋即諸葛誕夏侯玄何晏等之前身。其結黨務名相同，而其志切救時亦未始有異。故董昭建言，凡有天下者莫不貴尙敦樸忠信之士，深疾虛僞不眞之人者，以其毀教亂治敗俗傷化也。明帝於是發切詔斥免諸葛誕鄧颺等。誕等雖見斥而名益高，其後雖敗而游談之風卒不能殺。

荀悅漢紀云，世有三游，德之賊也。三曰游行，色取仁以合時好，連黨類立虛譽以爲權利者，謂之游行。又云，奔走馳騁，越職僭度，飾華廢實，競趨時利。簡父兄之尊而崇賓客之禮。薄骨肉之恩而篤朋友之愛。忘修身之道而求衆人之譽。割衣食之業以供享宴之好。苞苴盈於門庭，聘問交於道路，書記繁於公文，私務衆於公事。悅於建安中親見此種風氣，故言之深切著明如此。

州郡領兵爲漢末以來弊政，三國鼎峙，四方未寧，用兵爲亟。蜀吳二方皆軍民不分，自不能獨復承平之制。史言司馬朗主此議，朗蓋亦洞燭時勢知其不能挽回故也。然杜恕傳言，太和中大議損益，恕以爲可勿

令刺史領兵以專民事。俄而鎮北將軍呂昭又領冀州，則其時固有可補救之機，惜恕言之不用也。自是以後，直至趙宋，州郡領兵遂成常典矣。

魏氏用校事即其秘密偵探，與明之東廠頗相似。其恃勢妄爲威福，蓋當時一大弊政，而正史略而不載其制。惟高柔傳云，時置校事盧洪趙達等，使察羣下。柔諫曰，設官分職，各有所司。今置校事既非居上信下之旨。又達等數以憎愛擅作威福，宜檢治之。太祖曰，卿知達等不如吾也。要能刺舉而辦衆事。使賢人君子爲之則不能也。昔叔孫通用羣盜良有以也。達等後奸利發，太祖殺之以謝於柔。觀此言知武帝使貪使詐之作用，然此制後卒不廢。魏略沐並傳云，黃初中爲成皋令，校事劉肇出過縣，遣人呼縣吏求索稾穀，是時蝗旱，官無有見物，未辦之間，肇人從入，並之閤下呴呼罵吏。並怒因躧履提刀而出，多從吏卒，欲收肇。肇覺走，具以狀聞。有詔肇爲牧司爪牙吏，而並欲收縛，無所忌憚，自恃清名邪。遂收欲殺。是偏任校事欺壓羣下之證。

至明帝時始有敢言其弊者。衛臻上疏云，古制侵官之法，非惡其勤事也，誠以所益者小所墮者大也。臣每察校事類皆如此。懼羣司將遂越職，以至陵遲。至程曉上疏，則在嘉平中，魏已將亡矣。其言曰，昔武皇帝大業草創，衆官未備，而軍旅勤苦，民心不安，乃有小罪不可不察，故置校事，取其一切。然檢御有方，不至縱恣。其後漸蒙信任，復爲疾病，轉相因仍，莫正其本，隨意任情，唯心所適，外則託天威以爲聲勢，內則聚羣奸以爲腹心。可謂痛切。吳亦有校事呂壹見潘濬傳，或謂之典校郎，見是儀傳，至諸葛恪秉政始罷之。

魏武置典農校尉都尉屯田都尉等官，領軍戶墾田，而官收其租。其歷年用兵無匱乏，職此之由。其議出於棗祗韓浩。蜀吳二方所以不能與魏抗，此其一重要原因矣。然農官在郡界而不屬郡轄其牴牾處必多。魏略賈逵傳爲弘農太守與典農校尉相爭竟不得直，顏斐傳言軍士多侮侵縣民皆是。

漢末喪亂，有識之士多預料被兵之地而求所以遷地爲良。往往宗族鄉里相攜而去。其間必有義勇仁慈之行與夫組織之力，舉其例如：

楊俊傳，俊以兵亂方起，而河內處四達之衢，必爲戰場。乃扶持老弱詣京密山間，同行者百餘家，俊振濟貧乏，通共有無，宗族知故爲人所掠作奴僕者凡六家，俊皆傾財贖之。

許褚傳，漢末聚少年及宗族數千家，共堅壁以禦寇，時汝南葛陂賊萬餘人攻褚壁，衆少不敵，力戰疲極，兵矢盡，乃令壁中男女聚治石如杅斗者置四隅，褚飛石擲之，所值皆摧碎。……由是淮汝陳梁間皆畏憚之。

王脩傳，膠東人公沙盧宗彊自爲營壍，不肯應發調。

管寧傳注引高士傳，建安十六年百姓聞馬超叛，避兵入山者千餘家，饑乏漸相劫略，胡昭常遜詞以解之，是以寇難消息衆咸宗焉。故其所居部落中三百里無相侵暴者。

李典傳，典從父乾有雄氣，合賓客數千家在乘氏，後自請願徙詣魏郡。

常林傳，避地上黨，依故河間太守陳延壁，陳馮二姓舊族冠冕，張楊利其婦女，貪其資貨，林率其宗族爲之策謀，見圍六十餘日，卒全堡壁。

太炎瑣話

徐一士

章太炎（炳麟）績學雄文，傑出近代。當有清光緒季葉，即自負極高。其「癸卯獄中自記」云：『上天以國粹付余。自炳麟之初生，迄於今茲，三十有六歲，鳳鳥不至，河不出圖，惟余以不任宅其位，繄素王素臣之迹是踐，豈直抱殘守闕而已。又將官其財物，恢明而光大之，懷未得遂，纍於仇國，惟金火相革歟，則猶有繼述者，至於支那閎碩壯美之學，而遂斬其統緒，國故民紀，絕於余手，是則余之罪也！』意態之軒昂，抱負之偉大，想見俯視羣流果於自任之概。辭氣甚亢厲，讀來却又饒有嫵媚之致。其後民初被羈北京時，甲寅五月二十三日家書有云：『……研精學術，忝爲人師，中間遭離禍亂，辛苦亦已至矣。不死於清廷購捕之時，而死於民國告成之後，又何言哉！吾死已後，中夏文化亦亡矣！』意亦猶之，均自示一身之關係特重也。

太炎此種態度，儼然「斯文在茲」之意也。其師俞蔭甫（樾），則對於「斯文在茲」四字，歆然弗敢承焉。俞氏「春在堂隨筆」卷八云：『……既得福壽甎之後，越五月，同人又於俞樓後山上得摹崖四大字，曰「斯文在茲」，皆大驚喜，花農孟薇馳書以告余吳下，謀於西爽亭後闢一門，以通其地。余曰：「福壽二字，猶可竊以自娛。斯文在茲四字，萬難干以取戾，斯舉可不必也。」書此四字者，爲趙人張奇逢，乃直隸獲鹿人也，順治五年爲杭州府知府。自來言西湖金石者均不知有此四字，蓋淹沒至今而始顯者也。』誌此四字石刻之發見，而謙讓不敢自居，與太炎之態度異矣。

餘杭先生中年像

（民國六年攝於廣州）

俞氏樸學大師，太炎從學，得力不少，後益精進，蔚成一家，規模境詣，非師門所能限，奇才閎蓄，稱霸學林，亦俞門之光也。太炎之論俞氏，如「說林」下有云：『吾生所見凡有五第。研精故訓而不支，博考事實而不亂，文理密察，發前修所未見，每下一義，泰山不移，若德清俞先生，定海黃以周，瑞安孫詒讓，此其上也。』列爲經師之第一流。又

「愈先生傳」，雖間言其短，仍甚致推崇。至嘗有「謝本師」之作，不滿愈氏，乃出一時感觸，非可一概而論。民初編訂「文錄」，此篇不收入。

太炎文章，雄勁冠時，駸駸有上追秦漢之勢。朱晦翁（熹）有云：『韓文力量不如漢文，漢文不如先秦戰國。』見「朱子語類」。又惲子居（敬）「上曹儷笙侍郎書」論古文有云：『文人之見，日勝一日，其力則日遜焉。』均以後世文章其力漸薄難逮古昔爲言。太炎之文，能超時代而趨往古，學劬而力尤偉也。其天賦之優，洵屬度越恒流。

林琴南（紓）所爲小說「畏廬筆記」（民初所作），其馬公琴一則有云：『客曰：「……由考據而入古文，如某公者，從遊不少，亦可云今日之豪傑，且吾讀其文，光怪陸離，深入漢魏之域，子雲相如不過如是。足下苟折節與交，沾其餘瀋，亦足知名於世。」生笑曰：「此眞每下愈況矣。某公者，撏撦餖飣之學也。記性可云過人，然其所爲文，非文也，取古子之文句一一塡入本文，如尼僧水田之衣，紅綠參錯照眼，又患其字之不古，則逐一取換，易常用之字以古字，令人迷惑怪駭，不敢質問，但驚曰博，私詫其奇。夫古人爲文，焉有無意境義法可稱絕作者。漢文之最宏麗者無如封禪文典引及劇秦美新，然細按之，皆有脈絡可尋。即三都兩京之賦，中間亦有起伏接筍之筆。某氏但取其皮，不取其骨，一味狂奔，余恒擬爲商舶之打貨，大包巨簏，經苦力推跌而下，貨重而艙震，又益以苦力之呼嗚，似極喧騰，實則毫無意味。於是依草附木者尊如亞聖，排斥八家，並集矢於桐城矣。此種狂吠，明之震川固遭其阨，試問弇州晚年，何以屈服於震川！天下文字，固有正宗，不能以護法弟子之吶喊及報館主筆之揄揚即能爲蜉蝣之撼也。」』意有所指，似即謂太炎耳。然實非中肯之談。太炎之文，雖非無可議及不可爲訓處，而大體無愧卓犖大手筆，固非林氏所能及也。至意境義法之說，章文格老氣勁，義蘊閎深，不取搖曳生姿，而意境韵致自具，特未可以桐城義法繩之而已。

林氏此論，對太炎加遺一矢，蓋含有報復性質，太炎對林夙嘗輕鄙也。其「與人論文書」（淸末所作）有云：『並世所見，王闓運能盡雅，其次吳汝綸以下有桐城馬其昶爲能盡俗（蕭穆猶未能盡俗）。下流所仰，乃在嚴復林紓之徒。復辭氣雖飭，氣體比於制舉，若將所謂曳行作姿者也。紓視復又彌下，辭無涓選，精采雜汙，而更浸潤唐人小說之風。夫欲物其體勢，視若蔽塵，笑若齲齒，行若曲肩，自以爲妍，而祇益其醜也。與蒲松齡相次，自飾其辭，而祇敬之，曰此眞司馬遷班固之言。（紓自云日以左國史漢莊騷敎人，未知其所敎者何語也。以數公名最高，援以自重，然曩日金人瑞輩亦非不舉此自標，蓋以猥俗評選之見而論六藝諸子之文，聽其發言，知其鄙倍矣。紓弟子記師言，援吳汝綸語以爲重。汝綸既歿，其言有無不可知，觀吳汝綸所爲文辭，不應與紓同其繆妄，或由性不絕人好爲獎飾之言乎。）若然者，既不能雅，又不能俗，則復不得比於吳蜀六士矣。』蓋貶斥林氏如是。至雅俗之辨，則有云：『徒論辭氣，大上則雅，其次獨貴俗耳。俗者謂土地所生習（地官大司徒注），婚姻喪紀舊所行也（天官大宰注），非猥鄙之謂。孫卿云：『有雅儒者，有俗儒者。』李斯云：『隨俗雅化。』夫以俗爲縵白，雅乃繼起以施章采，故文質不相畔。世有辭言襲常，而不善故訓，不綦

文理，不致隆高者，然亦自有友紀，猥儇側媚之辭，薄之則必在繩之外矣，是能俗者也。』吳蜀六士謂八家中之宋六家，歐陽曾王三蘇也。太炎譏其『志不師古，乃自以當時決科獻書之文爲體』。又云：『僕重汪中，未嘗薄姚鼐張惠言。姚張所法，上不過唐宋，然視吳蜀六士爲謹。（夸言稍少，此近代文所長。若憚敬之恣，龔自珍之儇，則不可同論。）僕視此雖不與宋祁司馬光等，要之文能循俗，後生以是爲法，猶有壇宇，不下墮於猥言醆辭，茲所以無廢也。』是桐城之文，雖非所深許，然以爲有可取而不薄之，特視林爲不足依傍桐城，更無論司馬遷輩矣。

太炎此篇，更論及小說云：『小說者，列在九流十家，不可妄作。上者宋鈃著書，上說下教，其意猶與黃老相似，晚世已失其守。其次曲道人物風俗學術方技，史官所不能志，諸子所不能錄者，比於拾遺，故可尙也。（宋人筆記，尙多如此，猶有江左遺意。）其下或及神怪，時有目覩，不乃得之風聽，而不刻意構畫其事，其辭坦迤，淡乎若無味，恬然若無事者，搜神記幽明錄之倫，亦以可貴。唐人始造意爲巫蠱媟嬻之言，（苻秦王嘉作拾遺記，已造其端。嘉本道士，不足論，唐時士人乃多爲之。）晚世宗之，亦自以小說名，固非其實。夫蒲松齡林紓之書得以小說署者，亦猶大全講義諸書傅於六藝儒家也。』遡小說之古體，而病晚世稱小說者非其倫，遂不許蒲林之書以小說署，所見不免太固。古小說文字本簡質，後經演化，體裁浸多，領域甚廣，附庸蔚爲大國，在文學上成一重鎭，雖優劣不一，未宜一概抹殺。蒲氏「聊齋志異」，一代名作，自有其文學價值，其中描寫，涉於猥褻，固是一疵，要其大端文字之工處，不可廢也。（所著小說，並有「醒世姻緣傳」一種，亦爲有價值之作，以太炎之論衡之，更不得以小說署矣。）林氏宗尙桐城，於古文致力甚勤，然非有過絕流輩之詣，特迻譯外國小說，成績足稱。（自撰之小說，則少精神，難相副。）

兪氏「春在堂隨筆」卷八云：『紀文達公嘗言：「聊齋志異一書，才子之筆，非著書者之筆也。」先君子亦言：「蒲留仙，才人也，其所藻繢，未脫唐宋人小說窠臼。若紀文達閱微草堂五種，專爲勸懲起見，敘事簡，說理透，不屑屑於描頭畫角，非留仙所及。余著右台仙館筆記，以閱微爲法，而不襲聊齋筆意，秉先君子之訓也。然聊齋藻繢，不失爲古艷，後之繼聊齋而作者，則俗艷而已。甚或庸惡不堪入目，猶自詡爲步武聊齋，何留仙之不幸也！』（紀氏評論「聊齋志異」之語，詳見其門人盛時彥所撰「姑妄聽之」——「閱微草堂筆記」五種之一——跋。）以記事之體裁論，「聊齋志異」之作法，於義誠有未安，然以傳奇派之小說論，則本唐人說部而加恢奇，頗多佳製，在文學上之價值，非「閱微草堂筆記」暨「右台仙館筆記」所逮。至步武「聊齋」者之不足觀，亦見蒲氏之作之難能。林氏所撰近乎「聊齋」體之筆記小說，筆墨固亦遠遜之也。

太炎論文，自抒所見，不同人云亦云，可供讀太炎文者之考鏡，兼資談文者之揚搉。文家宗尙不一，見解有殊，蓋亦不必過泥耳。

梁任公（啓超）「中國近三百年學術史」第四章「清代學術變遷與政治之影響（下）」有云：『章太炎（炳麟），他本是考證學出身，又是浙東人，受黃梨洲全謝山等影響甚深。專提倡種族革命，同時也想把考證學引到新方向。』謂太炎清季提倡種族革命受浙東黃全等之影響，

尚可，而認太炎爲浙東人，則誤。太炎餘杭人，固浙西也。倘係餘姚，乃浙東，且與黃氏同縣矣。梁氏殆以二「餘」相混而懵懂一時歟。（憶嘗有人撰一書，冒太炎之名出版，而署曰「餘姚章炳麟著」，蓋以二縣名易相混，使有詰之者，可言此另是一餘姚章炳麟所著也。梁出無意，斯則有心，可發一笑。）

太炎淸季鼓吹民族革命，詆斥淸帝甚力。迨民國十七年，表章「三字經」，重爲修訂印行，則有異故態。嘗見此書之普通坊本一種，其歷史部分，敍至明末亂事，接入有淸代興，云：『乞援師，吳總兵。滿入關，據神京。傳十世，國號淸。至宣統，大寶傾。』注謂：『明總兵吳三桂，招致滿人，長驅入關，竊據漢土，改國號曰淸，共傳十主，二百六十八年。』當爲民國初年所增補，不知出誰氏手筆。太炎修訂本，敍此則云：『淸太祖，興遼東。金之後，受明封。（注：『淸爲金之後，姓愛新覺羅，明代末葉崛起遼東，至太祖始稱帝。』）至世祖，乃大同。十二世，淸祚終。（注：『李自成陷北京，吳三桂迎淸世祖兵入關，遂代明有天下，傳至宣統，遜位民國，凡十主，二百六十八年。自太祖努爾哈赤至宣統，共爲十二世。』）』對照而觀，坊本所云竊據，章本乃曰大同，其對淸之態度，不與昔大相逕庭乎？蓋昔以種族革命者之立場，茲以史家之立場，所謂彼一時此一時，可不以前後相乖爲詫也。太炎淸季深責曾國藩，晚年則每有譽詞，指亦近之。

拙稿前有述太炎民初被羈北京時軼事二篇（均見「逸經」），其第二篇（見「逸經」第十二期）述及在東四牌樓錢糧胡同寓所時對僕役頒有規條，其事頗趣，係聞之錢玄同君。錢君談此時，謂不能盡憶，僅憶其要者。近於「都門趣話」（輯者署「大雷」「歉公」，內容蓋錄自民初報紙），見有「太炎約僕之條件」一則云：『一日忽與僕人約曰：「余有僕役應守規則六條，汝輩能恪遵者留，否則去：（一）每日早晚必向我請安；（二）在外見我須垂手鵠立；（三）稱我爲大人，自稱曰奴僕；（四）來客統稱曰老爺；（五）有人來訪，無論何事，必須回明定奪，不得逕行攔阻；（六）每逢朔望，必向我行一跪三叩首禮。」僕人無如何，唯唯而已。或曰：章炎僕役係某處派來密探，藉以窺其動靜者，章故以是侮弄之。未知確否。』有可補充前述之未備者，因更綴錄，俾資參閱。（其時太炎僕役，多係便衣警探，負有暗中監視之責。）

舊簡

文載道

一年四季中，最受到「夜」之實惠的，當莫過於盛夏了。試看落日西逝，莫雲低殺，涼風四起，星斗一天，燈火萬家，碧落千里；於斯時也，或科頭跣足，披髮行吟，或蹀躞長街，盤桓斗室，於是門前的車馬漸歸冷落，而白天的暑氣也跟着消散了。因爲人生最愉快的，就正是在疲勞和緊張以後，所獲得的片刻之憩息與鬆弛。

而在這樣的境界之中，一種「懷古」或（對不起，我又要「無聊」一番了）「憶往」的情緒特別易於糾結起來。例如區區自己，在前些時候，就是利用詩意十足的「仲夏夜」，向舊篋中檢翻一些舊日師友的信簡，來作燈下的消遣。

說到文士的書簡，向來跟日記一樣的爲文壇所重視，有些人還很勤力的在蒐求借抄，像孔另境先生所輯「中國文人書簡」，據說即很受讀者的歡迎。不過那是許多人的合集。其次，像沈從文和蕭乾兩先生的「廢郵存底」，則是他們平素跟朋友（及讀者）們對人生、文藝等問題的通訊，而彙輯起來的一本絕好的散文集。此外，還有許多的「情書」之類，在新文藝領域中也都很有地位，只是這裏不勝枚舉，且待下次另作他文了。

但我的這些「廢郵」，却不一定全出文豪學者之手。不過由於自己是掉弄筆墨之故，自然也難免「物以類聚」，而以文人佔大多數了。至於時間方面，大概至多不出十年，空間方面，也僅遠至平津，而最多的倒是本埠。看着他們密密地排着長長的一串，心裏倒也有點渺渺予懷；尤其當我一葉一葉的仔細溫讀時，每每因它們內容之各別而起感情之變幻：譬如有些或早已委置黃土幽明殊途，有些或漂泊異方久違談笑，有些或通訊了一次再無下文，有些在從前要每月來往好幾次，目前却隔膜很深，——甚至從前能加我以忠告善道而目前却見了面「天氣哈哈哈」的視同常人，難道也是所謂絢爛之極歸於平淡了嗎？有些是純粹學術上的討論而今也請益無由，有些或是在商量緩急，或是在互訴身世，有些是昔年總角之交而今却逐漸闊了上去；在時勢造英雄的機會之下，因而變成疏遠了；有些却是我不成氣候的文字之知音，特別是一些素無一面，却不辭迢遙寄我以關懷獎勵，批評我文字之得失的，這是使我最覺得溫暖的一種；有些正在開始締交，而却有一見如故的契洽……。雖然還不止這些，但已概括很廣了。我一面讀着，讓月光淡淡地從窗戶反射進來，照着他們詳細的，潦草的，工穩的筆跡，一面使我的心時而興奮，時而陰沈，時而慚愧，而最多的該是悵惘吧，雖然這兩字有些用得太熟濫了。此外，記得在鄉間還留着許多，那雖是與文壇水米無干，但其包含的內容及歷史，說不定遠出現存的之上，但此刻連房地的存在都成問題，則此戔戔者更難知其下落了。但總而言之，有一點却令人暗自悶損

的，就是能跟這些作箋者保持「十年如一日」的情誼者却十二分的少。可見人與人之間的聯繫實在脆弱之至，至於瞭解體諒云云更不易談了。還有，老話說得好，「見面不如聞名」，也確能道出人生之至理。有許多人，在未實際的接觸之前，如以單純的通訊方式談談人生學術或遭際等，往往兩心相印，談言微中，使彼此間留着一個値得憧憬的印象，彷佛着了磁力似的在吸引着，互以對方爲極合理想極可敬佩的人，可是一等到接觸漸久，進一步發生利害關係以後，則不待墨瀋之舊，即與過去完全相反了。這情形在異性間固屬數見，在同性間也何嘗不實在呢？這又見得「心理的距離」之說，不惟適用於藝術的部門，一樣可貫徹於人生。——不錯，對於人生的處理，應該是要用藝術的手段的，而易卜生將刺蝟離合的故事比喻人我間的得失，更加値得我們的耐味。

話還是歸到舊簡的本身吧。

在這些執筆者中間，如果要分別一下珍惜的程度，不消說，該以一般逝者爲最了。這雖不一定如曹子桓所謂旣傷逝者，行自念也，可是他們究竟長眠地下，不能起來再跟你作任何的言動了，所以這些遺留的手迹也成爲唯一的紀念了。而我此刻的執筆爲文，因此也希望自己能儘量嚴肅一點，謹愼一點，蓋他們的手或口，已不復能幫助他們的回答解釋，要是對他們有什麼歪曲和褻瀆的話。

先讓我計算一下這些「廢郵」中間，可以稱爲「遺書」的共有幾通呢？——經草草的檢尋之後，大概有三四十通之數，人數約五六位，這是連文壇以外的師友也包括在內。不過要是一個一個的舉引起來，未免旣占篇幅，又太散漫了，所以就只有暫舉一個較重要和可以公開的出來作中心。因爲在這封信的背後，正占據着我一段「逝去之生命」，而又多少與我目前的性格思想之發展有點影響。易言之，自從這信的執筆者逝世，再看到他遺集之出版以來，我就一直想寫一篇爲他也爲我的小文，所以此刻也算是還了一筆宿願。

凡是到過星屋的，大概總可看見有這樣一封信：

「生鏡賢弟青覽：別後一接函問，以匆促未復。戰事他移，想家居自修定增功課。讀書本分，入則順親，出則擇交，至爲要事。晤對兩載，契合良深，因事睽違，未審何時重得相見也。小兒已定居鄞東港陸舊宅，信件由江東滕路北號會館轉遞。此問侍祺百益。

小兄江明頓 十月廿九日

師弟通問，上寫夫子大人函丈，（席前一丈地也）下寫受業姓名，此通例也，不可不知。」（按此信標點係筆者抄時所加。下署年月則爲舊歷）

這信雖是師弟通候的寥寥幾語，而且因我的疏懶，寫去的信太少，覆給我的也即此二三通。然就個人而論，却代表着我某一時期的一種生活，因此含義就不同一點。所以後來我特地敎木工做成一座活動框子，可以兩面旋轉，又漆以金色，一面並將咸豐八年的「大淸寶鈔」相配，上面則各覆着玻璃，四邊又託裝池用黃綾裱襯，故也可充寒齋的擺設之一。

於此，我應該追述一下和這信的主人——先師忻紹如（江明）先生段淵源了。

我從前曾以諷刺與憎恨的筆調，寫過「憶三家村」及「我與書」等

回憶，這裏面，雖不敢效章太炎先生之「謝本師」，但對於鄉間一些頭腦冬烘的塾師，我是率直的將他們看作「猢猻王」的。因爲我身受此中的苦楚，目擊此中的弊害，確乎相當之深。至少，我所耗的童年及少年之時間精力，可謂得不償失。即使說到目前那些淺薄的「國學」根柢，也決非他們所啓迪我的。相反，以他們的學識技術，和那種眞像學店般的賣買態度——毫不負責的惰性——正促成學生對「國學」之畏懼，恰厭。「人之患在好爲人師」，而好爲人師的關鍵，我們忠恕一點的說，可憐也無非爲了科舉取消以後，這些四體不勤五穀不分的「儒者」急欲解決飯碗問題之故，只是不幸的還是一般「莘莘學子」而已。

我自信這話並無怎樣毀謗或誇張，雖然照舊道德說來，又是怎樣的不應該！然而我愛眞理有甚於愛吾師。何況只要頭腦較爲淸醒又幼受三家村弊端的人，一定會同情我的說法。不過，這當然不僅僅是我所受業的幾位老師，在內地，比他們更窳陋陳腐的不知道還有多多少少？再說，有些中小學的師資也未必如何嚴格，故而這勢將牽涉到中國教育制度上面，這裏也可不必多說了。

我既有了這樣切身的經驗，對於後來的將子弟送進那個像漆黑的大窟窿去的家長，我總是「苦口婆心」地勸阻着。可惜以內地風氣之鄙塞頑固，仍然聽者藐藐，終於把大部分天眞靈活的孩子弄得瘟頭瘟腦，「一物不知」。然而自從我親炙了忻先生的幾年之後，使我的觀念有了修正與分別：我對於私塾制度的反感固然始終不變，但對一般現存的秀才，舉人而後來改充人家「老師」的，却以爲有些固是「人之患」，固是頭腦冬烘，有些却並不如此。——他們對於政治人生以至文學的見解立場，雖無法和我們協調，但在他們自己的修養造詣上，不能不說有其切實獨到之處，尤其他們辛勤刻苦的用功，更有與上述的冬烘們絕不相同地方。

世上的許多事情，有時似也有所謂「緣」在其間。觀乎我和忻師的授受即是一例：他的原籍是鄞縣，和我只能說「大同鄉」。辛亥後退隱鄉間，以遺老自況，旋因修四明清史略方來上海，跟我們素無淵源。但爲什麼終於執贄他門下呢？這實在是很偶然的。

原來我因個性始終不近商業之故，所以一年間換了兩家商號，結果還是退了出來，「閉戶讀書」。接着我又結了婚。結婚，在世俗的眼光看來，便是人生一個重要的轉捩階段：「從此要像樣的做人了！」這是一般尊長所告誡年輕人的一句成語，當結婚後，這在我自也不能例外——不能再勿三勿四非學非商的閒散了，並且叫我儘速的去找職業。於是這又成爲我這時節一份重大的心事，而況我既出身於私塾，連小學文憑都沒有，即使要想進大學做旁聽生也不可能。可是進商界又跟我素志相反。還有，那時已跟阿英先生等認識，熱愛着文藝，並寫一點「通俗文學」在報上發表，似乎已有了一點寫作的基礎，更不屑去撥算盤珠了。而環境却實逼如此，眞令我進退維谷，窘於應付。恰巧，這時有一位國醫C老先生，跟我們也算世交，他鑒於我無所事事，而又知道我喜歡讀點古書，因此有一次，他向我父親說，有一位前清進士的忻老先生在滬授徒，目前還只有一個學生，覺得太冷靜一點，而我的個性還近於讀書，那何不索性正式拜他作老師，好好的讀幾年？C老說後，要父親考慮一下答覆他，父親便將這意思告訴我，叫我自己定奪。我呢，因爲已

先有對私塾制度的成見，雖爲了求學，却不大感到興趣，而且這時正在讀新文藝的理論，對於上一代的人物及其思想學問，自更格格不入了。不過退後的一想，倘使再不答應下來，那只有重進商界了。否則，我既不屑入商，又不願向學，徒見我爲一個「遊手好閒」的浪蕩子而已。兩相權衡，還不如暫以讀書爲抵抗入商之掩護。我還因此跑到阿英先生那邊跟他商量，他以爲老先生有老先生好處，你讀古書，如果能處處出以批判的態度，而組織自已的進步的思想方法，則與新文學也未必有什麼衝突。他同時又舉了許多的例。總之是對我的這次入塾很表同情，而使我依違之間終於肯定了。

第二天我將意思和C老說定，接着，就進了鶴巢（忻師齋名）行弟子禮。課本是杜註林解的春秋左傳和論語毛詩尚書等。這些書本來是在鄉間讀過一部分的，然而一因當時年歲還淺，二因老師的敷衍塞責，教的又是白文，又不講解，所以這時重讀起來意義等於陌生的一樣。忻師還主張書非誦背不能純熟，因此每天早晨必在書桌前琅琅背出，至夜間則復高聲誦讀，這眞有年光倒流之感了。

對於背書一節，我覺得只有在兒童時代，才容易上口熟誦。等到年事漸長，因生理心理的變化，及其他事務的糾纏，實在不易記憶。這是我在那里所視爲唯一的畏途的，到今天睡夢中還留着餘畏。像斯蒂文生所說，兒時的過去未必怎樣可惜，因爲長大了也有好處，譬如不必再上學校了云云，對於背書一事（雖然不知道西洋人有否這種規矩，但默書是有的，那也是一種苦工），更其說得有意思，而我却還「長大了」還是在案前一字一句的背誦。自然，背有背的好處，在從前科舉時代尤其顯得要緊，只是目前供具書如「十三經索引」等慢慢多了起來，可以代十年窗下之苦，有些書似大可不必膠柱鼓瑟的做了。幸虧我的「强記」力還不弱，每天總算支吾過去，如另一位同學因興趣及天資的較差，到後來差不多每天「吃螺絲」，終於不別而行的離席了。——而他離席之後，賸下來的就只有冷淸淸的我一個人了，所以每年的束修本來是每人六百元的，也由父親獨力担認兩人的數目，而忻師又不願再多收任何人作學生，因這位同學的離席很引起他的灰心，這裏也不便多說了。

總之，無論他怎樣教我們天天背誦，却可以說明他不是一個媽虎的人，隨便的人，他在講書的時候，一字一句都不含糊放過，有時遇到課外的疑題問他，倘使他也隔膜時候，一定設法查出來。記得章太炎先生的蓟漢微言的「蓟」字，便化費他不少工夫，這正是跟鄉間一般囫圇吞棗的冬烘不同的特徵。而C老之希望他能住在上海，代他介紹學生（上面的一位同學也係他介紹）的緣由，也是爲了C老行醫和讀書的虛心，逢着醫藥書上有什麼典故或僻字時，都賴他而得以領解。

此外，忻師之於學生及其他後輩，無不以循循然善誘人的風度相待，表現一種親切溫和的儒者之氣象。我從來沒有看見他的疾言厲色，也從來沒有看見他的信口雌黃，——而且見人之善唯恐不揚而惡則唯恐不隱。如我同時所看見跟他來往的幾位朋友，不論胸襟氣度就截然不同，所以他之隱然爲現代四明的儒宗，也決不是倖致的。可惜他自幼孱弱，辛亥革命後因疊遭兵厄，身體便愈加多病，尤其是他的胃病，幾乎一年到頭的在作梗着。這影響了他的心境和文思，有許多人要請他作壽序或墓誌，多因病而辭謝，偶有所爲，對於主人的身世也必須明瞭有素才許

動手。如鄞之富商甲，爲上海某洋行的買辦，因鄙其人的行徑，故而千金不以爲動。他自己也知道墓誌壽序乃酬世之作，所以說：「文至壽序體靡矣」，但一因其中時有「以示奬勸之意」，二則他自罷官皖南以來，即兩袖清風一無盈積，晚年課徒所得，還略感不足，不能不以此而資挹注，而又有嚴格的取舍，因此凡得其文字的無不喜出望外，那末，這較之其他的苟苟營營者，不知要清高多少了。

關於忻師的生平，說來慚愧，至今尚不甚了了，僅知道於壬寅舉於鄉，甲辰始通籍出宰皖江，補桐城，未之任，一署望江縣事。而浙東鼎鼎大名的董孟如（沛）先生即他的岳父，因爲董先生愛他少年時的聰明刻苦，除了聯姻之外，還加以提拔。他在四明清詩略緣起中曾說：「江明方弱冠從先生遊，文字之役，薔身親之。」因此他後來特地到上海來開館續纂「清詩略」，也爲了完成董氏未竟之志。

自然，以忻師和我的出身、經歷、時代和所遭受的思潮等說來，中間免不了有許多的距離隔膜，王蘧常君在他令師沈寐叟氏年譜中，有「時代不同見解亦因之而異」之說，同樣可以作我們間的說明。但就私人間一段親切的情誼，和忻師平日待人接物立身處世的風義操守說來，却時刻的使我追念着，敬佩着。今天因談起舊簡不禁又使我回憶往日的這段遇合來，（忻師以八．一三滬戰返甬，次年即捐館舍）而我又料不到他奄化之速，重見無從，（聽到他病篤之訊，即頗思一往探視，終因當時行旅艱難而未果）那更覺遺憾之至了。

（甲申七月既望）

譚僞學僞行

簡概

讀古人的碑銘文字，照例有一個名節上的頌揚。雖以韓文公的大手筆，也免不掉諛墓之譏，則這些所謂高風亮節的人物，其不能啓我們敬仰，也自有原因了。其實對這類文字，到不妨用另一種態度去看他。如大熱天之戴黑眼鏡，不必求景物之眞實；果能在酗醞迷混之中，得其幽趣，也就很好。何況還是有關世道人心的呢？大概人間世事，多是難問其底裏的。這種現象，可以隨時隨地遇到。由微末的身邊瑣務，以至於經邦濟世之大道，都可以作如是觀。因此欽敬與憎惡，便兩無是處。如果你一定要求其眞像，好似在剝筍籜，一經剝落到底，終會覺得如有所失的。

我對於宋人的道學，與東漢士族之名節，一向存有這樣感覺，東漢人士讓爵酬恩的高風，與兩宋人岸然道貌，不稍曲假的亮節，都不能引我們特別愛慕。嘗疑道學爲僞學，東漢名節爲僞行，也即因此。然而對這樣盛事，是否還有人在神往，我不知道。假使態度略加寬緩，我以爲最好不要一直剝下去，還是戴起黑眼鏡來，比較妥當。對於宋人，所以不很引我們愛慕，其原因或由於這些道學家無多少眞摯者。如他們那樣扳着面孔辨天理人欲，辨性命氣質，似乎還不若王夷甫一些人手捉白玉柄麈尾，高談老莊的好。論其旨歸，自然全屬無用。但永嘉以來之譚玄，雖然無用，而確有些遁跡山林，不問世事的閒趣，因此仍不失爲眞摯

。至於宋人，自然是心在魏闕的，而其大張天理人欲之辨，這副面孔，絕對不容易使人親近，更無所謂喜悅了。

宋儒的明天理怯人欲的居敬工夫，似乎對世人影響不很大。無論其爲講事功的，或論學問的，果能稱得篤實者，都很少同他們一鼻孔出氣。或正因爲坐了僞字之弊而失敗了，有如歷代帝王都有齊風俗、正人心的詔令，其結果與一般人生活無關是一樣。譏評宋人的僞學，以閱微草堂筆記爲最多。文達公是攻擊宋學最力的人，以詼諧雋永的筆墨，道中其弊，風趣橫生，頗饒興味。姑且拈錄數則，用爲譚助：

族叔䅿菴言：肅寧有塾師講程朱之學，一日有游僧乞食於塾外。木魚琅琅，自辰逮午不肯息，塾師厭之，自出叱使去，且曰：爾本異端，愚民或受爾惑耳！此地皆聖賢之徒，爾何作妄想？僧作禮曰：佛之流而募衣食，如儒之流而求富貴也，同一失其本來，先生何必定相苦？塾師怒目，擊以夏楚。僧振衣起曰：太惡作劇，遺布囊於地而去，意必復來，暮竟不至。捫之，所貯皆散錢，諸弟子欲探取，塾師曰：俟其久而不來，再爲計。然須數明，庶不爭。甫啓囊則羣蜂紛湧，螫師面目盡腫，號呼撲救，鄰里咸驚問。僧忽排闥入曰：聖賢乃謀匿人財耶？提囊逕行，臨出合掌向塾師曰：異端偶觸忤聖賢，幸見恕！觀者粲然，或曰幻術也。或曰塾師好闢佛，見僧輒詆，僧故置蜂於囊以戲之。䅿菴曰：此事余目擊，如先置多蜂於囊，必有蠕動之狀見於囊外，爾時殊未覩也，云幻術者爲差近。

——灤陽消夏錄卷二

雖然是聖賢之徒，一遇到布囊內散錢，便把這顆寂然不動的心擾亂了。還不如禍福相倚的庸俗觀念靠得住。眞可笑極了。在姑妄聽之卷三，也有類此的一段，說得更刻薄：

有講學者，陰作訟牒，爲人所訐。到官昂然不介意，侃侃而爭。取所批性理大全核對，筆跡皆相符，乃叩額伏罪。太守徐公諱景曾，通儒也，聞之笑曰：吾平生信佛不信僧，信聖賢不信道學，今日觀之，灼然不謬。

一面批讀性理大全，一面作訟牒，與操律師職業者，陰結強盜，初無二致，至於道學家在行爲上，希冀接踵聖賢的觀念，誠如徐公所說，也是靠不住的，在姑妄聽之卷二有一段奚落得最好：

相傳魏環極先生嘗讀書山寺，凡筆墨几榻之類，不待拂拭，自然無塵。初不爲意，後稍稍怪之。一日晚歸，門尚未啓，聞室中蟋蟀有聲，從隙竊覘，見有一人方整飾書案。驟入掩之，其人瞥見，穿後窗去。急呼令近，遂拱立窗外，意甚恭謹。問汝何怪？磬折對曰，某狐之習儒者也，以公正人不敢近，然私敬公，故日日竊執僕隸役，幸公勿訝。先生隔窗與語，甚有理致，自是遂不敢入室，然遇先生不甚避。先生亦時時與言。一日問曰：汝觀我能作聖賢乎？曰公所講者道學，與聖賢各一事也。聖賢依乎中庸，以實心勵實行，以實行求實用。道學則務語精微，先理氣，後倫彝，尊性命，薄事功，其用意已稍別，聖賢之於人，有是非心，無彼我心，有誘導心，無苛刻心，道學則各立門戶，不能不爭。既已相爭，不能不巧詆以求勝，以是意見生種種作用，遂不盡可令孔孟見矣。公剛大之氣正直之情，實可質鬼神而不愧，所以敬公者在此。公率其本性，

為聖為賢亦在此。若公所講則固各自一事，非下愚所知也。

宋人之不真摯，不使人愛慕，恐怕就失敗在希蹤聖賢而菲薄事功的態度上。其實所謂聖賢之道，無論其為致知格物，以及修齊治平之大道，都是屬於身邊的事，以實心勵實行，以實行求實用的，而他們一面以聖賢期許，却一面菲薄事功，正走上一條矯揉的路，正如他們坐在釋道的囊殼中大譚孔孟之道一樣。這副矯揉面孔，就很難與人以真摯可愛的觀感了。晉人空譚却是不帶絲毫矯揉態度。樂廣是當時的大談士，潘京曾與之接席，樂廣深為嘆服，便說：「君天才過人，若加以學，必為一代談宗。」於是潘京便勤學不倦，談士的目的，是在作一代譚宗，自然，究竟怎樣勤學方可俾於談資，我們是不知道的了。其可喜的是不自視過高。至於這些山林派談士，是否見到布囊內散錢，也為之搖搖心動，倒可不必深究了。

在這樣矯揉態度中，求為聖賢之道，其末流歸於無用，蓋必然也。其中也不乏臨危一死報君王的，恐怕還是留心於事功的一派，在天理人欲性命氣質之中，似乎不含有這樣課題的。關於這層，我覺得顏季直譏評得最好：

以唐虞三代之盛，亦數百年而出一大聖，而出必為天地建平成之業，斷無聖人而空生者。秦漢後千餘年，氣數乖薄，求為仲弓子路之輩，不可多得，何獨與於偏缺微弱，兄於契丹臣於金元之宋。前之居汴也，生三四堯孔六七禹顏。後之南渡也，又生三四堯孔六七禹顏。而乃前有數十聖賢，上不見一扶危濟難之功，下不見一可相可將之材。兩手以二帝畀金，以汴京與豫矣。後有數十聖賢，上不見一扶危濟難之功，下不見可相可將之材。兩手以少帝付海，以玉璽與元矣。多聖多賢之世而乃如此乎？

——存學編性理評

習齋論學，對宋明人均有不滿。而於兵農水利禮樂，以及擊刺之末技，無所不講。雖不脫鄉曲老儒的態度，仍不失為北方學人之強者。以其歸本於事功，對這些袖手高坐倡言性命的聖賢，便深致不滿。這一段話，正說中偽道學的要害。及至他看到林和靖祭程伊川文中「不背其師有之，有益於世則未」二語，便只有掩卷浩歎了。其實顏氏的話，多少有些偏激，宋人於天理人欲之外，還有經術政事兩大端。程明道上神宗陳治法十事中，曾大譚師傅井地學校兵農諸要政，這是深明聖人體用之學的，自不容忽視。不過他們時時想復三代之隆，視漢唐為雜霸，譚起來總不免迂闊。王介甫的熙寧新法，便是在這迂闊的政論家口號下失敗的。我們就捨漢唐之雜霸，而復三代之隆這點說來，恐怕仍是希蹤聖賢不務實況的偽學，也不很使我們留意。不知為了什麼，南渡以後，心性的爭辨，鞭辟向裏，越發精密起來，事功的意味，也就淡薄得很，也許是講學之風漸盛的關係吧？

如必需說宋學是有生氣的，可愛的，也還是指經術政事兩端而言。從范希文「先天下之憂而憂，後天下之樂而樂」的讜論，到指南錄的「國破家亡雙淚暗，天荒地老一身輕」，一線下來，都是切於時事的有用之學，但這形而下學，恐終為當時聖賢不深措意。神宗曾問過胡安定高足劉彝，胡瑗這人究竟如何？他回答說，國家取士不以體用為本，只尚聲律浮華的詞章，所以風俗日見偷薄。臣師在明道寶元年間，深忌其弊

，遂以體用之學敎東南諸生，門徒無慮數千人，今日學者能明體達用，皆臣師之功，這自然與進士場屋之學異趣，與山林釋老的獨善其身異趣，正是有用的經世之學。石徂徠作怪說，以文章佛老當之，也因爲這三事無俾於民生政敎，胡安定曾被范希文聘爲蘇州敎授，與孫明復石徂徠皆遊於范氏。當時在朝廷有希文，在學校有安定，正是宋學一條坦途。歐陽修也有「文學止於潤身，政事可以及物」的話。大概在熙寧新法以前，重在政事。新法以後重在創通經義，自洛學興起，始嚴於義利之辨，而歸本於天理人慾，議論遂趨細小。全謝山宋元學案首列安定，其次泰山、高平、廬陵，本沒有走錯路。不知爲什麼，後世論宋學的棄掉這面不講，偏要從周濂溪的太極圖，上推至華山道士陳摶，於是遺於目前者，便只有皮相而無內容的僞學了。

其次譚東漢名士的僞行。說到名士，我想眞能恬淡自處，以求其人生淸趣的，大概很少。老殘遊濟南的時候，從大明湖下船到歷下亭，看見何道州所寫社工部「海右此亭古，濟南名士多」的楹聯，便大爲贊賞。覺得這地方於湖光山色之外，也曾有過名士集會的雅趣。其實李邕在北海太守任內，雖曾爲人趨附的老名士，不久因濫取財貨，奸贓事發，便被朝廷逮罪了。因此我常想，名士生活，總該是兩面的。所以能成爲名士，也還是如李邕所說，不愿不狂其名不彰而已。仍是一副矯揉面孔。古今名士，自然不全在矯揉態度中討生活，我只是說不矯曲欺世的人很少罷了。

東漢一代名士最盛。但細考當時人的行節，也還是不出於矯揉做作，在符融傳中，有一個故事，頗足令人玩味。桓靈年間，漢中有晉文經，梁國有王子艾，兩人都是被世人推譽的名士。便憑了自己的才智，到洛陽去接交公卿。及至洛陽，先推病不見客。當時一般士大夫慕了聲名，都去探問，但很少能見到一面的，因此名望愈高。三公偶有召辟，都走訪諮詢。人品好壞，隨他們任意臧否。這事被符融聽到了，頗曉得他們的根底；便和李膺說，這兩人學問品德，都不値得稱道，只是容有名士頭銜，欺世惑衆而已。李膺聽到這話，暗中晒訪，果然不差。大家便不再捧譽，使他們在洛陽站不住脚，只好走開，後來淪爲輕薄子弟而被罪。由這故事，頗可看出東漢末年，世人矯曲欺世以取令名的醜態。這樣風氣的養成，自有其原因。其最要者，我想還是時人把名士看得最高的緣故吧？桓靈年間，政治窳敗，閹黨樹權，士人恥與爲伍，便有所謂淸流一派，以太學生爲主，李膺杜密郭林宗劉淑等爲首，時時爲人望所歸。靈帝又曾親自賣官鬻爵。因此朝廷祿位，每每不敵名士的譽望。社會重心不在朝廷而在處士。於是山林巖穴間名士多了。讓官避聘，急難久喪一類的亮節也多了。范滂遭黨禍被禁，出獄以後返歸汝南。南陽士大夫聽到他得釋消息，以車來迎的便有千餘人。由此一端可想見當時人對名士擁戴之熱誠。一稱名士，其隆望不在三公之下，有誰不看重這頭銜呢？但這是要兌現的買賣，也須有一二件高風亮節與人看，於是一切矯曲的僞行便都來了，在陳蕃傳中有一件事最可笑。靑州士人趙宣，親死不閉墓道，自己住在裏面，持服二十餘年。鄉里都稱道他的孝行，州郡也爭相推譽。把他荐到陳蕃那裏，及至談起話來，自稱有子五人都是服中所生，把這位陳太傅惹惱了，便大罵他一頓，說他誑時惑衆，誣汚鬼神，從此名士隊裏便沒有他的分。

這時的風氣，大概是向着違拗人情的矯曲路上走。我們現在一譚起名節來，便自然的想到東漢人，其實很多是詐時惑衆的僞行。而所謂亮節，自然屬於私人行事方面。雖然誹議朝政的一派淸流人物，有三君八俊八顧的雅號，論其功績，除與閹寺抗爭以外，也還是無足稱述。大概這些名士多是不行的。我覺得這時風氣，已啓六朝的衰微現象，遠不如西漢人的氣魄了。西漢人講學問，要創通經義，論政治主禮樂教化，自賈董以至王吉貢禹，都在這方面用力；其實像眭弘蓋寬饒谷永劉向一班人，雖然常以災異論政，也還是從大處着眼的，東漢以來，不知爲了甚麼，讀書人用力方面，變得狹隘了，講學問，因爲古學之興自然要在訓詁章句上用功，譚到政治，二百年間，能比得起王吉貢禹的政論家就很少，不要說賈董之流了，士人所講求的，多是私行方面，尤其是因私恩而廢公道，這一點最壞，這樣風氣，恐怕不僅如一般人所說，投戈講藝息馬論道的結果吧？讀史者於此等地方似應特別注意。

由西漢人的奇博，轉到東漢的矯曲細小，其原因也許是如此的吧？王莽欺世盜名，似不可恕過，其次便是察舉制度的結果了。王莽由黃門郎起家，直至受禪，都是從作僞得來，幼年侍大將軍疾病，亂首垢面不解衣帶，而外結賓客收贍名士，是在作僞，避傅喜擅權就國新野，以待郡國告寃，也是作僞，辭九錫稱居攝自然也是僞，受哀章銅匱稱符命以謀禪漢，便欲蓋而彌彰了，政治上設施，也是迂執好古觀念下的僞行，在學術上造僞書倡僞說是盡人皆知的事，我想這個由僞君子而升爲僞皇帝的人，不難與社會上一個深刻觀感。假若我們的話不錯，當時一般人也許會想到，果能僞得逼眞，便會得到多數人讚譽，這是很有關係的，小自個人出處，大至政治生活，都要看人心之向背，豈容忽視。當更始起兵時，天下大亂，羣盜遍野，飢民相食，有沛郡人趙孝，其弟趙禮爲賊虜獲，將被分食，趙孝便自詣賊所說，禮不如自己體胖，請你們吃這肥美的罷，賊頗爲之驚奇，對他說你回家送些米糧來，權當贖取，這樣講義氣的人我們不忍加害，誰知家裏空乏得很，無升合之粟，只好又跑回去說，還是請你們烹了我吧，實在找不到米。這樣一來，便受到賊衆的敬仰。這類故事，當時很多，對亡命盜賊講友義，眞是天大傻瓜，趙孝的行爲，正好與王莽上下相映，似已漸爲風氣，但這樣背拗人情的迂行，似不可只以一愚字判之，其用意或在僞得逼眞，可以取信於人。王莽失敗的時候，漢兵攻入宮掖，他還令天文郎按栻，隨斗柄旋席而坐，說「天生德於予，漢兵其如予何？」我們想王莽是當時通儒，何致愚到如此地步？大概他是下了決心，即令把頭顱丟掉，這齣僞劇的幕也不可被人扯破，正是趙孝一類人物的好榜樣。范冉是大儒馬融的學生，而在後漢書獨行傳中說他「好違時絕俗，爲激詭之行」，這句話眞可用爲東漢士風的批語，這樣風氣下的名士，也只有矯曲欺世獵取名譽而已。黨錮傳中人物，到還能高唱口號激濁揚淸，但東漢末來一段歷史也還是他們弄糟了的。因此我嘗想，在士流中，除掉潛心學問或奮力於事功的人以外，這些鶩名如渴的名士們，並不是了不起的寶貝。

此外能影響當時士風的，大概是察舉制度，郡國察舉本自孝武始，東漢以來乃爲士人入宦的唯一途徑，但這制度，似不很健全，在明帝中元二年詔書中，已有「選舉不實邪佞未去權門請託殘吏放手」的話，當時被舉出的孝廉，恐怕多是從貴戚夾帶中來的，由此我們不難想見察舉

的內容了，所以如此，也許政府對這制度，開頭便沒有詳確辦法，科目之分，自章帝時有的，漢官儀載建初八年詔有德行，明經，法律，剛毅四目，和帝時從丁鴻之議，纔令郡國限制所舉孝廉人數，順帝年間，始有孝廉限年四十五以上，並須考試的規定，政府對取士辦法，如此疏忽，自不難爲權門操持，但我們仔細考察，權門請託一事，似不爲郡國長吏所喜，司察舉的二千石們，很喜歡提拔後進，也許由權門夾帶中來的，使他們撈不到便宜吧？樊儵傳中有「郡國舉孝廉，率取年少能報恩者，耆宿大儒多見廢棄」的話，頗可證明我們的推想不錯，所謂耆宿大儒，便是當時的閥閱，其學行已在人耳目，比少年才行自較可靠；但他們多不肯飲水思源，所以每見廢棄，可是在求報恩的心理下，爲後進少年闢了一條路，也是很好的。種暠傳中有一段話，寫盡司選人的心理，頗有趣味，姑且抄下：

　種暠始爲縣（洛陽）門下吏，時河南尹田歆外甥王諶名知人，歆謂之曰，今當舉六孝廉，多得貴戚書命，不宜相違，欲自用一名士，上以報國，下以託子孫，爾助我求之。明日諶送客於大陽郭，遙見暠，異之，還白歆曰，爲尹得孝廉矣，近洛陽門下吏也，歆笑曰：當得山澤隱滯，近洛陽吏耶？諶曰，山澤不必有異士，異士不必在山澤，歆即召暠於庭，辯詰職事，暠辭對有序，歆甚知之。

　這是當時察舉的實況，立談之頃便甚知之，不曉得田歆知道了些甚麼？我們從這段話裏，可以知道的是東漢人的高風亮節，多是些鶩名少年的僞行，因爲舉孝廉必求山澤隱滯，所以高蹈的人很多，因爲司選者必求其能報恩，所以士人以私恩相尚，輕於公道，甚至爲郡國長吏服喪，這樣風氣除私人恩怨以外，毫無國家觀念，其影響所及實非淺鮮，趙翼札記所舉東漢名節一條，皆是此類人物，偶然譚起士風之高下來，我們會自然的推重東漢人，但只略一翻書，便不禁令人歎氣了，今再鈔許荆傳一段，來揭發名士欺世惑衆的僞行，用爲本篇結語：

　許武旣舉孝廉，以二弟晏普未顯，欲令成名，乃請之曰：禮有分異之義，家有別居之道，於是共割財產以爲三分，武自取肥田廣宅奴婢强者，二弟所得並悉劣少，鄉人皆稱弟克讓而鄙武貪婪，晏等以此並得選舉，武乃會宗親泣曰，吾爲兄不肖盜聲竊位，二弟年長未豫榮祿，所以求得分財，自取大譏，今理產所增三倍於前，悉以推二弟，一無所留，於是郡中翕然。

　這把戲要得最好，居然騙來兩個孝廉頭銜，從此便可稱爲名士家風了。我想假若許武未舉孝廉，自然要推財讓產的，花樣雖然不同，也總不過是這麼一套，所謂東漢名節，率可作如是觀耳。

三十三年，七月，六日，於故都

詞賦梁園憶勝遊，一麾雲夢澤南州。
三分誰似周郎少，九辨深知宋玉愁。
烏鵲南飛河漢轉，大江東去古今流。
山川如此容高嘯，羨汝黃泥坂下舟。

——漁洋山人

袁世凱與張謇（上）

沈志遠

袁世凱（慰廷）與張謇（季直），是中國近代史上兩個極重要的人物。當光宣之際及建國之初，無論是內政或是外交，凡涉及國家的重大變故，袁張二人莫不有直接或間接的關係。祗以袁因洪憲稱帝而身敗名裂，張在政治上的聲望，亦反爲經營實業之盛名所掩，故其功罪是非，世人均有定評。惟是袁張二人自光緒七年登州相識時起，至民國五年袁逝世時止，其共同政治關係將近三十五年，有時彼此通力合作，有時分道揚鑣，中因故絕交達二十年之久，其事經過頗有足述者。

張袁相識，是在登州吳提督長慶軍中，吳字筱軒，謚武壯。其時張入吳幕，袁則以通家子往依吳。據胡嗣瑗跋朱曼君手書與張季直昆仲致袁世凱函稿，述袁赴登州依吳經過，謂：

世凱所生母微，不齒於諸父昆季，少無行，門以內幾不能堪，其嫡母諜訴諸官，陳州守令重世凱門閥，寢其事，陰貲之出遊，時李文忠督直隸，以通家子投謁，無所用，遂渡海往依吳武壯。……

袁至登州後，武壯篤念舊誼，命其隨營讀書，囑張爲之改正時文。張季直自訂年譜云：

四月，項城袁慰廷世凱至登州，吳公命在營讀書，屬余爲是正制藝，公語余曰：「昔贈公以團練克復廬江，爲賊所困，命赴袁端敏公軍求救；端敏以詢子姪，子文誠公以地當強敵，兵不能分，主不救；姪篤臣以紳士力薄，孤城垂危，主救；遷延時日，而廬江陷，贈公殉，嗣與文誠絕，不通問，而與篤臣訂兄弟之好。端敏後命隨營讀書以示恤，義不應命，今留慰廷讀書，所以報篤臣也。」慰廷爲篤臣嗣子，先是以事積迕族里，衆欲苦之，故挈其家舊部數十人赴吳公，以爲吳公督辦海防，用人必多也；而防務實無可展布，故公有是命，旋予幫辦營務處差。

武壯父名廷香，優貢生，舉孝廉方正，以太平天國軍攻陷廬江殉難，贈四品卿銜。袁之本生父名保中，字受臣，其嗣父名保慶，字篤臣，官江南鹽巡道，均爲袁端敏公甲三之從子；文誠名保恒，官戶部左侍郎，爲世凱之從叔。據張年譜所云，可見吳袁兩家，累代世誼，交情極厚。吳武壯公留袁隨營讀書，實有報德意味，其風義尤非近人所能及。惟袁當時曾挈其家舊部數十人同往，少年喜事，可以想見。張孝若在其所著南通張季直先生傳記中說：

在光緒七年的四月，有一天，袁忽然來到登州，求見吳公，想謀事。吳公因爲從前他的先人和袁的嗣父篤臣，是換帖的兄弟；有這個交情，就留他在營中候事；並且招呼我父，替他改改文章。有一天，在吃中飯的時候；他忽然神色倉皇的告訴我父，說：「我有一件不得了的事，要求先生想一個法子，幫幫忙。」我父問：「是什麼事？」他說：「我來的時候，帶了幾十個家中的舊部，一時不好和大帥說起；而他們住在外邊的破廟裏，等候得連飯都沒有得吃了，先生看怎樣好？」我父聽了，就幫他和吳公說情，拿了錢，替他分給這些人，遣散他們回家鄉了。袁雖然是河南秀才，但是文理不大好，我父替他改文章，總是不很客氣，塗改得一塌糊塗。同時周公嘉祿也替他改文章，就比我父客氣點，加些圈兒了。所以袁很畏憚我父，而喜近周公。

周嘉祿，字彥昇，海門人，也是武壯的幕賓。當時吳幕人才極盛。張季直在沈友卿集序中說：

光緒初葉各行省文武大臣，能以采納忠讜，敬禮士大夫著重於海內者：在粵惟張靖達公樹聲，在蘇惟吳武壯公長慶二公。……於時張公幕府；則有武進何梅孫嗣焜，賀縣于晦若式枚，如皋顧延卿錫爵；吳公幕府：則有泰興朱曼君銘盤，江都束畏皇綸，海門周彥昇嘉祿，閩縣林怡菴葵，及謇。……聚處一軍，以文章義理相切劘，辨論縱橫，意氣激發，極朋友之樂，而未嘗有厭薄之志。

朱銘盤，字儗儗，號曼君。清光緒壬午舉人，著有桂之華軒詩文集，與張季直交誼極篤。先是光緒六年，以南通范肯堂當世之介，謁武昌張廉卿先生裕釗於金陵，問爲古文法，執弟子禮。濂亭文集贈范生當世序謂：「余以今年三月，因通州張生謇晤其同里范生當世邗江舟次。洎七月生偕泰興朱生銘盤來金陵，復攜所爲文求余爲是正，且懇懇問爲法。」又桐城姚永概撰范肯堂墓誌，亦謂：「武昌張裕釗客江寧，見張朱范三先生大喜，詫曰，吾一日得通州三生，玆事有付託矣。」張季直朱曼君范肯堂三人之見重於張，有如此者。光緒十九年，曼君歿於旅順張仲明光前軍中，直督王文韶奏准照知府陣亡例賜恤，遺妾一子一女一。張季直爲經紀其喪事，幷安其家屬生計。當其在武壯幕中，其地位僅次於張，袁慰廷之得幫辦營務處差，亦以朱之一言，武壯始允昇之。

光緒八年，朝鮮發生內訌，清廷聞此消息，即派水師提督丁汝昌，道員馬建忠督帶超勇揚威遠三艦，及武壯所統駐防登州之淮軍六營，前往平亂，當時朝命急促，迫不及待，武壯幕中情形，極爲忙亂。張季直年譜云：

六月二十四日，丁提督至登州，持北洋大臣張總督振軒樹聲書，告朝鮮內亂事；次日，吳公往天津，與偕。吳公奉督師援護朝鮮之命。五日即回防，屬余理劃前敵軍事，時同人率歸應鄉試散去，余丁內艱獨留，而措置前敵事，手書口說，晝作夜繼，苦不給。乃請留袁慰廷執行前敵營務處事。

七月三日，拔隊，聞命至是七日耳。四日，從吳公乘威遠船，自登州行至烟台，會鎮東日新泰安拱北四船同發於烟台，大風，泊威海衞。六日，東渡。七日晨，抵朝鮮南陽府。八日，入內港馬山津，前遣水陸探員次第回。九日，黎明登岸，慰廷頗勇敢。……十二日，軍渡漢江，至距京七里屯子山壁焉。十三日，吳公入京，晤王生父李昰應，午後昰應至軍，因宣示朝旨，執送南陽軍，傳登兵船赴天津。十六日因國王密請，督軍攻剿枉尋里，利泰院二處，廛宇連屬，亂軍所在也；陣斬數十人，擒一百餘人，……得罪人十數焉，餘盡釋縱。……二十四日，吳公謁國王李熙。王饋饗余與慰廷，別贈余三品官服。……二十六日，公遣兵迎還王妃。

八月，……李相於憂中回直隸督任，張公吳公謀奪摺特保薛叔耘何眉孫與余，余堅謝而寢。……李相欲以慶軍屬馬建忠，而命公回天津，余力勸公引退，並請奏解本職住京，公韙之，旋以袁子久周玉山之言而止。……回南度歲。

九年，仍至漢城軍幕。吳公屬蘇松太道劉芝田瑞芬寄千金與余家。蓋援朝之初，公有建策速定其亂者酬賞三千金之諭，此猶其意也。余念却則慮違公意，又似余病其少者，乃聲明作爲無息之借貸。八月，叔兄至漢城軍中。

但據沈祖憲吳闓生合編容菴弟子記所述，則與前記頗多歧異。容菴弟子記，民國二年印

行，係記袁世凱自咸豐九年出生時起至宣統三年武昌起義止之實錄，其中記袁赴登州及隨吳往朝鮮經過，頗多迴護及誇張之處，例如：

公家居多暇，嗜酒，好騎馬，日飲數斗，馳騁郊原，値考試，又喜爲人捉刀，士林有微辭，公聞而痛自悛改，糾集同志立麗澤山房及勿欺山房兩文社，分門講習，公主其事，捐資供給食用。……時吳公重熹守陳州，約公爲詩酒友，雅敬之。……五年，以文誠公捐賑款移獎公中書科中書，秋應己卯鄉試，同社獲儁二人，公在社中常列前茅，竟不與，乃傾篋擧所作詩文付之一炬，曰：大丈夫當效命疆埸，安內攘外，烏能齷齪久困筆墨間自誤光陰耶！六年冬，慶軍統領吳武壯公長慶，幫辦山東海防，稔知公才，調赴登州，寘之幕中，旣委會辦營務，倚如左右手。七年秋，以文誠公安葬假歸，冬回防。八年夏……朝命吳長慶督師東渡……淸軍以久無戰事，紀律稍弛，分起開行，稽查難周，姦淫擄掠，時有所聞。吳公以爲恥，商請公設法整飭。部將多吳公舊侶，素驕縱，復多讒阻。公因曰：禁騷擾不難，得帥信非易耳！吳公默然。逾日，滋擾愈甚。公入帳請吳公出外，仰觀山坡，遺物堆集。吳公問何物，公曰：兵丁掠民間什物，其粗劣者委棄道也。又曰：王師戡亂，紀律若是，遺笑藩封，玷辱國體，帥其勉旃，我請從此辭矣！吳公大驚，變色誓曰：請汝放手爲我約束，有聽讒者，非吳氏之子孫。公乃傳令各營有入民居及雜伍者斬！適有犯令者，立斬數人傳示。……公白吳公曰：徒戮兵丁無益，其約束不嚴之官弁，須加懲治乃可！吳公然之，檄公總理前敵營務，許以便宜行事，乃擇官弁中約束尤疏者，撤辦數人，將士懾服，不敢犯秋毫，軍聲乃振。……淸軍由南陽水原進發，抵韓京南門外，支帳屯紮，道員馬建忠建議以昰應赴華，然後捕治餘黨。張督樹聲採其策，密檄施行。議俟是應來營答拜，卽舁之行。吳公令公密爲佈置，是應至營，護從甚衆，公遣兵阻於外，引是應入與吳公筆談，是應寒暄畢，覺有異，曰：將軍將作雲夢之遊耶！吳公尙支吾不忍發，公握刀在側曰，事已露，遲則生變，卽促人扶是應入肩輿，星夜趨馬山浦，登兵輪送天津，適李相鴻章墨絰回北洋任，以是應赴保定安置。……適韓王函請遣兵勦辦亂兵巢穴利泰院枉尋里兩屯，公立卽率隊馳往，黎明合圍，黨衆初猶抗拒，旋卽散走，獲其中強悍者百餘人解營回，請吳公鞫問，擇尤悍者誅十人，餘悉遣之，日本與韓廷亦締約歸好，事遂大定。……事定論功，吳公以治軍嚴肅調度有方，爭先攻剿，尤爲奮勇等語，首論列公。咨李相鴻章張督樹聲會奏請獎，九月初一日，奉旨以同知用，並賞戴花翎。時韓人交涉事繁，採防多故，吳公延通州張謇入幕，寄以內事，而外事悉委之公，令諸將及韓官造謁取決焉。時公年二十有四。

觀容菴弟子記，未免阿其所私，於袁之個人出處，尤多諱言其實，殊非信史，況過分揚已抑人，益暴露其跋扈專橫之狀而已。再袁在朝鮮時，尙蓄有異謀，奇想天開，想取韓王而代之，後來洪憲稱帝的帝王思想，實早已胚胎於此時。 據張孝若在南通張季直先生傳記中說：

我父曾經說過：他在朝鮮時，有一天，忽然找了我父，放下帳子和我父密談，說：李王庸懦不足扶持，吳帥胆小也難圖大事，他的意思，想取韓王而代之，請我父謀劃主持；我父聽了，就竭力告戒他，不可輕動，又答應他決不告訴第三人，所以我父一向曉得他有非分的野心，他也向來曉得我父沒有野心。

韓亂平後，袁以胆略過人，善於權奇應變，漸爲李文忠所識拔，因而敢作敢爲，冒險妄

動，也就勢所難免。光緒十年四月，吳軍調防金州，蓋以中法開戰，海疆多故，乃有是命。先是文忠對吳軍援韓，軍紀廢弛，頗多微辭，曾致函武壯謂：

聞我軍初到，游勇頗多滋擾，殊爲令名之累，似宜默查各營，如有游勇散人，盡數資遣，商之雨亭，派船送回，免致逗留滋事。營壘既成，務督令認眞操練，格外整肅，俾日人朝人潛生敬畏，吾弟素講治軍，定不河漢斯言。（李文忠公朋僚函稿卷二十三復吳筱軒軍門函）

自是奉命調防金州，武壯乃分其軍三營畀袁留防韓京，據容菴弟子記云：

十年春，清廷議以法人失和，布置遼海，將調慶軍分兵防金州，吳公擬檄公統三營，留防韓京，公堅辭，讓於吳提督兆有，仍願事辦營務防務。吳公白李督，附片以公廉明果毅，曉暢機宜，奏派總理親慶等營營務處，會辦朝鮮防務。又以吳公從軍之始，所帶慶字營，委公兼代，作爲坐營。慶營哨弁，從吳公最久，官多提鎭，兵亦素驕，公恩威互用，數旬悉就範圍，操練紀律，冠各營。

張季直年譜亦云：

四月，中法議和。吳公調防奉天金州，促往；因由滬至烟台，附海鏡兵輪，行至金州，則公已病甚；公自朝鮮分其軍三營畀慰廷留防後，自統三營至奉，不兩月，慰廷自結李相，一切更革，露才揚己，頗有令公難堪者，移書切讓之。閏五月二十一日，公卒。軍事在朝鮮者，由吳提督兆有（孝亭）繼統，在金州者，由黃提督仕林繼統，賓客星散。

張年譜中所謂「移書切讓之」者，即與袁絕交書也。此書由張及其叔允誓與朱銘盤三人署名，其原稿係朱手書，收入鄭權伯肇經編印桂之華軒遺集中，并將原稿眞跡連同寶熙馮煦胡嗣瑗陳毅吳蔭培韓國鈞陳寶琛等諸人題跋，影印列於集首，該函全文，約三千言，辭鋒咄咄逼人，極爲酣暢淋漓，頗值一讀。原函謂：

慰亭司馬大人足下：別後僅奉一書，固知司馬勞苦功高，日不暇給也。筱公內調金州，以東事付司馬，並舉副營而與之。竊想司馬讀書雖淺，更事雖少，而筱公以三代世交，肫然相信，由食客而委員，由委員而營務處，由營務處而管帶副營，首尾不過三載。今筱公處萬不得已之境，僅挈千五百人退守遼海，而以中東全局，爲司馬立功名富貴之基，溯往念來，當必有感知遇之恩，深臨時之懼者。及先後見諸行事，及所行函牘，不禁驚疑駭笑，而爲司馬悲恨於無窮也。司馬初來，能爲激昂慷慨之談，且謙抑自下，頗知向學，以爲是有造之士，此僕等貿然相交之始。迨司馬因銘盤一言之微，而得會辦營務處之應，委札裁下，街燈煌煌然，迎謁東撫，言行不掩，心已稍稍異之。然猶以少年氣盛，不耐職事，需以歲月，或有進境也。東援事起，適際無人，謇遂與司馬偕行。彼時司馬意氣益張，然遇事尙能奮厲，不顧情面，節而取之，茲由足多，曾不意一旦反復夸誕謬戾，至如今日所聞見者也。凡諸無據，如自上申報以弋虛名，詭設同文館以穢物聽等事，尙不足以折司馬之心，姑不說，請即僕等所躬被者論之；一營務處常事耳，南北兩洋漕河沿海道府州縣往往有營務處之名也。僕等與司馬雖非舊識，要是貧賤之交。而往春初見，雖謅謅作公孫子陽見馬文淵之狀，一再規諷，不少愧悔，此一可笑。謇今昔猶是一人耳，而老師先生某翁某兄之稱，愈變愈奇，不解其故，此二可笑。謇司筱公支應所，司馬既有領款，應具領結，謇因司馬問領結格式，遵即開寫，輒斥爲何物支應所，敢爾誕妄，不知所謂誕妄者何在？勿論公事矣，謇於司馬平昔交情何如，而出此面孔，此三可笑。顧此猶尋常世態也，司馬今貴人，不足以

爲輕重，更即有關於司馬品行心術者論之。司馬所謂營務處，分統三營之營務處也；會辦朝鮮防務，會孝亭辦也；公牘具在，文理昭然。而司馬札封稱欽差北洋大臣會辦朝鮮防務總理營務處，將不屑於此間歟？則不應受事；將以此愚瞽東人歟？則東人不盡無知；將竊借北洋以欺人歟？則人不可欺。言官劾左寶貴者，列其妄稱欽差欽命字樣，不知司馬此舉與左寶貴何異？此其一。營務處是差事，而官則同知，五品耳，於鎭將用札，於州縣用札，等而上之，將道員兼營務處者，於實缺提鎭亦當用札耶？在司馬之意，豈不謂關防頒自北洋，便用北洋體制，彼州縣檢簿之印，無一不頒自禮部，將亦與禮部一體耶？事例乖謬，此其一。旣爲孝亭會辦，同見國王，便當孝亭居左；一應公事，便當會孝亭前銜；而事事性，妄自尊大，威福在我，陵蔑一切，致使將領寒心，士卒怨沸，司馬將謂勢力可以懾人，權詐可以處事耶？不學無術，此其一。內地職官，惟實缺出則張蓋，若營務處營官，從未見有用之者。乾嘉間册使東臨，國王迓以肩輿，曾被詔旨申飭，事載朝鮮大事考例，而司馬居然乘輿張蓋，製五色馬旗，呵殿出入，平時建兵船黃龍大旗，不知自處何地？置孝亭何地？置國家體制於何地？此其一。副營是筱公三十載坐營，方檄司馬接管之日：欷歔嗟嘆，徧謂賓僚，慰廷是三世交情，吾所識拔，必不負吾，必不改吾章程，而司馬接管後，初次來函，便較論海防教練各費，吞吐其辭，意謂筱公曾藉以冒領浮支，使之驚覺恐懼乎，不知海防費二千兩，金州朝鮮，各得其半，係有明文，教練費早於去冬十月截止，鼎鐺有耳，豈不聞之，且筱公故人舊部，從者實多，用度日絀，而其津貼司馬，動二百三百四五百不等，即司馬到營之始，僕役口糧，亦照差官發給，今恩誼所在略不顧，義利之辨略不省，此其一；筱公以副營畀司馬，有舉賢自代衣鉢相傳之意，受人知者，雖其人之一事一物，亦須顧惜，而司馬自矜家世，輒譁然謂是區區何足奇，便統此六營，亦玷先人，夫子孫當思祖父所以榮當時而福後人者，兢業已紹其休，不應蹈君家公路本初四世三公之陋說，且由司馬之說，則令叔祖端敏公令堂叔文誠公進士也，尊公及令堂叔子九觀察舉人也，司馬何以並不能博一秀才，玷有先於此大於此者，何不此之恥，而漫爲夸說，使人轉笑筱公付托之非，易一人而如此焉，司馬謂其尚有良心乎？此其一。販烟有誅，宿娼有禁，司馬所曾律以殺人刑人者，而烟膏鬻自三軍府，則容隱之，官妓三名聚宿三軍府，則躬與之，不知何以對所殺所刑之人而無愧，此其一。教練新建營會辦朝鮮防務，司馬所得預者，軍事耳，此外朝鮮一切政務，豈應越俎，而尹泰駿之被禠歸第，李祖淵之解去兵符，司馬公然爲之關說，張敬夫所購湖桑，必不値一萬四千金，此種弊竇，人人所曉，司馬公然爲之主持，司馬今日方謂憑我一言，何事不辦，以此自鳴得意，曾不顧有識者之嗤於其後，此其一。筱公於北洋，三十餘年之舊部也，孝亭亦三十餘年之舊部，司馬於北洋，輾轉因緣而竊承其呼吸者，裁年餘耳！司馬嘗爲僕等說李某忌文誠公先公事，憤恨不已，今何以裁得其一札，公牘私函，便一則曰稟北洋，再則曰稟北洋，豈昔所謂怨者，今已修好耶？抑挾北洋之虛聲，以籠罩一切耶？抑前所云者，不過因李某方冒天下之不韙，而姑假此說以附淸議之末耶？是皆不可，況北洋未必能呑噬天下之人，天下之人亦未心盡如司馬之皈心委命於北洋，不能愚人，而徒自露其先後不侔之迹，此其一。

（未完）

記楊乃武與小白菜一案之內幕

胡曲

晚清之際，政治黑暗，西后秉政，權佞用事，上行下效，官場直如戲場，怪聞異事，層出無窮。若餘杭楊乃武小白菜一案，曾轟動朝野，迄今數十年，人猶能談之。民初之際，好事者且演爲戲劇，故能家喻戶曉。惟事過境遷，世但知其情節離奇曲折，而於其眞實內幕，恍惚莫辨，且以訛傳訛，誤於因果律之說，輒以楊之被誣爲寃，詎知數十年來，仍一未白之案也。揆諸情形，實因案情複雜，承辦之官吏無能，及特殊背境，有以致之耳。

此案列爲晚清四大奇案之一，遷延數年之久，牽連之人達數十，仍未能得一確切無移之剖白，以致傳說紛紜，莫能究其眞況，雖有李氏越縵堂日記於此案作詳盡記載，然李氏係浙人，且因立場懸殊，此公論事多意氣之語，故與實際情形，不無出入之處。則李氏所持之說，尤未足信也。

案是案發生於同治十二年十月，葛品蓮（小白菜之夫）則死於同年九月，爲時僅一月即案發，楊乃武確爲凶犯，與外間所傳事實，頗不相符。部審以後，雖得翁侍郎同龢（時翁於侍郎任內爲之平反）之力而釋楊，承辦是案之主要官吏數十員皆因翁之一駁而遭嚴重處分，實非如此簡單，而另具內幕。筆者據毘陵談君鐵錚告及其先德承辦此案經過情形，則與世所傳者迥異，爰爲讀者述其梗概焉。

鐵錚君叔祖談公蒙九，宿學碩望，於淸末曾任浙江布照磨，及甘肅電政總監等職。鐵錚君幼承庭訓，曾聞公親述楊案事實甚詳，蓋公於布照磨任內，曾親辦此案，於六部會審前，啣命押解全案人犯及葛畢氏之夫棺柩進京候鞫，啓程前奉有委扎，此扎文今尙存談君家，堪資吾人研討，茲照錄其全文：

扎　　候補布照磨談

升用道調署杭州府正堂龔　　扎

候補布照磨談震臨知悉，光緒二年二月初四日奉署臬憲何扎開：光緒二年二月初三日，奉撫憲　楊扎，本署司呈詳該府詳復餘杭縣京控案內原被人證，分別最要次要，開摺請示由。奉批，據詳已悉，應將沈喩氏，沈體仁，何春芳，阮德，王心培，王林，王阿木，姚士法等八名，同犯葛畢氏楊乃武，解部質訊，其餘人證尙可緩解，仰即遵照，至買砒之錢寶生係案內要證，傳聞業已身故，並飭確查具覆備案繳摺存等因，奉此，合亟轉飭府遵照憲批，速即飭提要證沈喩氏等八名，同犯葛畢氏楊乃武，到案交給，委員候補知縣朱樸（適與古今社長有同名之雅）等督同解役伴婆，分批解赴刑部投收訊辦，仍取起程日期詳候請咨，並確查賣砒之錢寶生是否業已身故，具復備案，均毋刻延等因，奉此，除分別轉行外，合亟轉飭扎到該員，立即遵照，會同仁錢二縣，速提要證沈喩氏等八名，同犯葛畢氏楊乃武到案，督同解役伴婆，分批押解赴刑部投收訊辦，仍將起程日期稟報查考，毋稍疎虞，致於重咎，切速特扎！

光緒二年二月初八日

杭州府印

文共四頁，第一面僅一字，字跡潦草不正，杭州府印左係滿文，明晰可辨，其時公即憑此將全案人犯會同仁和錢塘二縣進京，可知其情節之重與責任之大。然文中未及葛氏之棺，而事實上葛某棺柩亦隨同運京，其中除正犯外，餘僅關係犯，沈喻氏即葛品蓮之再醮母，（即小白菜之姑）阮德等均係鄰居。此案告發者係葛品蓮之母沈喻氏，談公押解本案人犯，共計裝運三船，由河道入京，於途中曾與葛畢氏交談多次，葛親謂其夫確被楊用生鴉片膏毒斃，緣其夫患心痛症，央楊診治，楊暗用桂圓肉裹以生鴉片命葛氏與其夫服之，且慰曰服後即痊云云。此與世傳用砒毒大異矣。抵京後，部審開棺相驗時，（談公亦親在堂目覩）僅憑仵人高呼明亮無毒即了此巨案，寧非怪事也。茲將鐵錚君所開事略照錄如下，俾知其詳。

附楊乃武與葛畢氏事略

先叔祖諱震臨，字蒙九，於有清光緒初年，奉浙江巡撫委解葛畢氏進京，葛畢氏之夫葛某，營豆腐業，時有暗疾，（一說患榴火之症）楊乃武贈葛畢氏黑色藥一小包，外用紅紙封固，囑俟葛某不舒適時服之，可以却病，葛詢其何物，楊答以桂圓肉，閱數日，服之劇變身故。（一說以紅棗鷄頭果煮湯食之而死實非）報縣相驗，縣令誤以砒毒，實則顏色相若，係鴉片烟也。定讞後，浙同鄉在京都者請刑部夏侍郎子鼒設法營救，託御史奏派欽差查辦，亦照服砒毒覆奏，事實不符，此大誤也。葛畢氏性情溫和，風度姿色皆中等，入京途中，在船上每晨梳洗時屢欲投水自盡，蓋恐刑部嚴審。執料至刑部後，在海會寺開棺驗屍，僅將葛某之柩打開，未經蒸骨手續，僅憑仵人舉一骨對天一照，高呼：「明亮無毒！」舉照三次，均稱無毒，楊葛之案遂得平反無罪，浙江巡撫以下，及查辦欽差皆奉旨革職，清朝大員之聲勢誠屬不小，諺云：朝內無人莫做官，非虛語也。

昔年杭垣東南日報對此案記載甚詳，且派記者赴餘杭訪楊氏後裔，但所得端倪甚鮮，所謂「以正六十年來之視聽」也者，亦徒誇飾而已，且亦以李越縵之記爲據，故亦不足置信。據該報所見，乃武之子亦頗怪，蓄髮留辮，服飾長袍寬帶，非僧非道，幼年因山地且與乃父涉訟，乃武之孫名承祖，卒業杭州清波中學，任小學教師，其家所藏檔案甚夥，且有慈禧上諭，及乃武照片等，不輕易示人。曾鬨滬上天一影片公司及某書局曾商請收購，但視爲奇貨，因索價過鉅而罷。

此案內幕，固曲折異常，然其關鍵，不過在於有毒無毒而已。說者有謂葛某之屍因時間相隔已久，且有傳於部審前被人掉易，以致驗時無毒，僅憑仵人傳呼即定讞。難怪餘杭知縣劉錫彤於部審時，咆哮公庭，欲以老命相拼，而越縵日記中亦云，川督丁寶楨入覲，聞覆驗得實狀，大怒，揚言於朝曰：「葛品蓮死已逾三年，毒消則骨白，此不足定虛實也」。又面斥桑春榮云：「此案何可翻，公眞憒憒，將來外吏不可爲矣。」此固不無緣由也。丁氏與楊無芥蒂，否則又何至庇護浙江數十官員耳。再者浙撫楊昌濬亦何至因一縣令之故而冒大不韙如此。談君事略內所稱，浙省同鄉在京者請刑部侍郎夏子鼒設法營救云云，實非無因。蓋楊之所以必得平反，實因楊無昆仲，且已中舉，楊由增生應同治十二年癸酉科鄉試，中第一百

○四名舉人，族弟楊恭，係增生兼襲雲騎尉。苟成獄，既損名望，且復絕嗣，故不惜傾全力以圖之。

越縵日記記載此案甚多矛盾之點，且隱有暴露其內幕之處，如「聞主此駁者全出翁侍郎同龢，力與尙書桑春榮爭而得之也」。則翁爲推翻此案之主要人物無疑，一則曰主此駁，再則曰全出，實含有副作用之嫌，而談公亦有「翁好名心切，力求平反」之語，再證之以越縵日記「翁侍郎求得原供，定議駁奏，若侍郎者可謂不負所職矣」一節，此種頌揚，不無其故，蓋李爲翁之及門，揄揚之言，不覺流露於行間。又李氏因立場不同，故不無憤激之語，其尤者，對浙省官吏，罵得狗血噴頭，如「嗚呼！楊昌濬、胡瑞瀾、陳魯、邊葆誠、及劉錫彤父子之罪，眞通於天矣。尙有鬼神，恐國法不漏也。」實則亦一偏之見耳。而在李氏與其弟子書中尤甚。「……知縣劉錫彤壹意周內，酷刑陷人，……而力主殺人之巡撫，死黨同官之學政，俱尙在位，造意「織之知府，方待擢升，杭州無恥縉紳，不肖之官，以及奔走，招搖，承覈乞餘之士人，猶併爲一談，熒惑淸議。」至如蘇州王御史所對此案奏疏中，亦有：「應取正犯確供爲憑，紛紛提解，徒滋拖累」，此說殆亦被李氏認爲一鼻孔出氣也。然據談公生前所告，謂謀害葛某僅楊一人知之，葛畢氏亦僅知死者所食係桂圓肉，不知其中藏有鴉片，葛某服後，心中難受，以至氣絕，事前亦未對人言及，故日後楊奔走用賂，得以平反，按之事實，葛畢氏實未預謀，殆無疑矣。惟其心理怯弱恐怖，不能自已，故於押解途中，每晨梳洗時，嘗投河自殺多次未遂，其內心之委屈痛苦可知。再據越縵堂日記二十四冊四十三頁，浙江學政胡瑞瀾一摺中云：「十二月初三日，由嘉興試畢回省，照刑部奏駁各節，行提本犯及應訊人證，逐一訊究，葛畢氏等供俱無疑，本可擬結，而楊乃武因經再訊，以爲必能翻動，頓改前供，查因奸毒斃本夫，事極祕密，旁人無從確見，自應以本犯供詞爲憑，此案本非他人誣指，而楊乃武圖脫重罪，逞其狡猾伎倆，播散浮言，聞者率信以爲眞有冤抑，現在楊乃武刁健更甚，案情重大，人言紛紛，實非愚臣所敢專斷，請特簡大臣另行覆審。」據此以言，則楊初無反供，希圖徼倖脫罪之意，且談公目擊楊於起解前，在杭州府發審局過堂時，曾將口供單親自詳細過目，於接頭騎縫之處，均親簽押爲憑，可見其初並無反供之意。然楊夙擅刀筆，喜用心機，託人奔走，復聯合浙省紳士汪樹屏等一再聯名呈控，耗去達數萬金之鉅，始漏得於法網，亦云幸矣。談公當日案結後，即返浙任，謂其家人曰：天下事無黑白矣，若此鐵證血案，竟得平反，足見我朝昏憒，尙復何言，嗣即嬾於仕進，退休林下。故鐵錚君致作者另一函中有云；浙江承審楊案四十餘官員沉冤莫白，迄今無人爲之作反案文章，表而出之，亦憾事也。談君言下慨然，于斯可見。茲再抄李氏日記一段，以見一斑：

「……已革餘杭縣知縣劉錫彤，因誤認屍毒，刑逼葛畢氏楊乃武因姦謀斃葛品蓮枉坐重罪，荒謬已極，着照所擬重罪，發往黑龍江效力贖罪。前杭州府知府陳魯於所屬知縣相驗錯誤毫無覺察，並不明究確情，率行具詳，實屬玩視人命。寧波知府邊葆誠，嘉興知縣羅子森，候補知縣顧德恒，龔世潼，承審此案未能詳細訊究，候補知縣鄭錫滜草率定案，經巡撫派令密查案情，含混稟覆，均着所擬革職。巡撫

楊昌濬據詳具題，旣不能查出寃情，覆審又不能據實平反，且於奉旨交胡瑞瀾提訊後，復以問官並無嚴刑逼供等詞，曉曉置辯，意存庇護，尤屬非是，侍郞胡瑞瀾（由浙江學政擢升）於特旨交審要犯，所訊情節，旣與原題不符，未能究詰根由，詳加覆驗，率行奏結，殊屬大負委任，楊昌濬胡瑞瀾，均着即行革職；餘着照完結人命重案罪名擬罪……」誠乃一篇糊塗賬也。

楊氏案結開釋，因受刑過鉅，雙足都廢，傳在曾申報任職，逐日乘自備籐轎至館，又嘗於京津等地遊幕，吳中某彈詞編有該案全書，且經楊手定，未悉確否，固難置信，然據談公所經歷之內幕，參以李氏越縵日記，似無大謬之處，則楊案實有出人意表者。從可窺知淸季官場之黑暗如此，惜歎十年來，漸成陳迹，非身歷目擊者不能明矣。

甲申暮春，重寫於梅花硯齋。

記照空和尚

曉軍

一

不久之前，在去年十二月上海出版的「覺有情」第一〇三期上看到下面這樣一條消息：

「照空比丘病歿矣：以國際和尚聞名之照空僧，已於一月前病逝。照空近年久居上海，寓靜安寺路西僑靑年會，因係匈牙利籍，一二八後，行動尙能自由。昨聞奧大利醫生夙研佛學之史發詩氏（E.J.Schwarf）談，照空病後，曾入醫院受手術，不治而死。遺體由萬國殯儀館舉行火化。照空近年孑然一身，並無徒弟隨侍。筆者曾詢史氏以照空所患何病，臨終情形如何？有無遺囑，史氏均不之知云。」

此外，上海各報似乎尙未見登載過同樣的消息。以一個曾爲國際間所注意過的人物，這樣無聲無臭地死去，已經不再引起社會人們的記憶，也可見這世界的人類健忘之程度了。然而照空和尙的身世却曾在「上海——冒險家的樂園」那本書上佔去了一章的地位。看過那本一九三七年（？）世界名著的人，大概總還記得：在那本書中的第十章裏，不是曾以「不操干戈的强盜」的標題而不憚煩瑣地記述過他的事實，和斷然無疑地說，他已看見了現代的一個最傑出的冒險家了嗎？

這裏想就我所看過的關於記載他的材料，約略敍述來介紹他一下：

據「上海——冒險家的樂園」作者愛狄密勒氏所說：「在一切的時候，每和人講到冒險事業和冒險的名家，我總聽到一個名字。這個名字傳誦於人口，差不多可以說是老少都知道的了。許多的書把這一個名字做主題而寫成。在過去幾年的外交文件中，這一個名字也常常看見。你試去翻翻一下任何一國的危險人物的名册，你總不用愁找不到這一個名字。

擁有這一個名字的人究竟是怎樣一個大傢伙？他竟能使大英帝國不惜傾獅子的力量來縛他。他是不是像眞的一般人所說，是二十世紀的一個最偉大的奸徒，或者他是一個謎樣的複雜的人格，使人沒有方法知道他眞正的心向？他到底是一個作惡的天才，還是一個烏託邦的尋覓者，最後潛身於東方的最神秘奧妙的宗教

中求取他的靈魂的安謐？這一切都極難於得到定論。

對於這樣一個傑出的人物，我自然不能不有一個徹底的認識。為了他，我常常去麻煩英國駐滬領事館中的檔案保管者。我收集了許多的張本，下面的記事就是關於這事的撮要。

這一個奇人的名字眞多。衣拿歇・鐵木賽・脫萊比許；脫萊比許・林肯；鐵木賽・林肯；傑克遜・乾姆斯；朗不萊希・脫勞脫會；湯斐達；基漢・巴脫列克；勞門・西奧度；託爾乃・路特威；海曼路；阿那伽和加・富可山氐；這一切的名字合組成今天的CK和尚。」

照愛狄密勒氏的記述：照空和尚原是一個猶太種的商人的兒子，在一八七九年生於匈牙利。小時曾受宗敎敎育，預備將來做一個猶太敎的大祭師。一八九九年在德國漢堡加入路德敎會成為一個新敎徒。後來被派到美國和加拿大去宣敎，和英國敎會發生關係。不久自荐於英國康脫培萊大寺的大主敎，受任為蘋菓道城的副主敎。此後又為糖菓製造家朗屈利爵士的私人秘書。一九一〇年當選為英國下議院議員。又為油企業家，為政府的函札檢查員。後來因為親德關係為英國政府所排擠。一度因揑造假支票受英政府監禁三年。出獄後經美國到了上海，受聘為四川軍事領袖楊森將軍的高等顧問。後來又做過吳佩孚將軍的高等顧問。一九二五年到了錫蘭，在那裏皈依佛敎；忽然聽見他兒子在英國因殺人罪被判死刑，他趕到歐洲想和兒子作最後的一面，終於未達目的。後來再到中國就索性出家做和尚了。他出家之後還往來歐洲幾次，帶來許多外國的和尚和尼姑，並發願將在歐洲建置第一所佛寺。因為歐洲各國都拒絕他入境，他的計劃無從實現，最後他想買一隻一百尺左右的帆船，改造做一所水上寺院，結果因為經濟無着亦未能成功。以上是他一生公開的歷史。

愛狄密勒氏又說，在這公開的歷史背後還有一些不公開的歷史。在英國的情報處的眼光裏，他是一個善於變化的可怕的魑魅。在若望提德利的眼光裏，他是一個忙人，下面各點是他的忙的紀錄：

唆使轟沉吉靑納上將所乘的「亞伯拉罕」號巡洋艦；

在匈牙利的國境內宣傳共產主義，並引起貝拉貢的暴動；

在大戰正激烈的時候向德國貢獻強迫協約國請求議和的策略；

暗殺反對法西斯主義的麥諦奧諦；

遊說中國的軍事領袖使發生內戰；

擄綁康底博夫將軍；

推翻阿麥諾那；

襄贊路登魯夫與希特拉的機密；等等。

從愛狄密勒氏的筆下所記述出來的關於照空和尚一生的公開與不公開的事蹟，是否有無誇大和渲染的色彩，這且不去管他。總之，像這樣的一個人可以算是現代的畸人了。（未完）

日本概觀

周幼海著

三版出書

定價五十元

認識日本是當前的一個重要課題，可惜迄至今日，對於日本的現實作一有系統之綜合介紹的專著，尚屬罕見。周幼海先生有見於此，特撰成本書，以饗國人。周先生留日多年，對於日本的研究，考察和體驗，極爲深刻，且其文筆豪放，語氣親切，態度忠實，言必由衷，故本書非特毫無「八股味」或「道學氣」，而且常以趣味濃馥之故事以抒其對於日本的觀感，使吾人由此對於日本的現實獲得一切實的認識。所述大都係最新的材料，這點尤値得人手一編。茲已三版出書，每冊實售國幣五十元。

華興商業銀行

資本金　國幣五千萬元（全額繳足）

各種公積金　國幣四千二百十五萬元

總行　上海廣東路十七號

分支行處地址

虹口　霞飛路　南京　蘇州　杭州　蚌埠　蕪湖　鎮江　南通　嘉興　揚州

營業種類

存欵，匯欵，放欵，國外匯兌，其他一切銀行業務

並另設有　儲蓄部　信託部

周佛海先生散文集

古今叢書之一

往矣集

白報紙精印・增訂第九版

往矣集目次

附錄

往矣集出版以來，以內容充實，筆鋒瑰奇，深得國內外讀者之歡迎，故一年以來行銷已逾兩萬餘冊，爲出版界所僅見之紀錄，其盛況已無待煩言。著者在日譯本序文中有云：「出版之後，在一年之內，竟出到第八版，這雖然比不上民國十七年我出版『三民主義之理論的體系』時的盛況，但是在近數年來的出版界中，也可說是稀有的現象」。尤不難見此書之價值。茲以增訂九版即將售罄，第十版不久問世，凡愛讀著者文章者，不可不先覩爲快。

第九版每冊一百元

內刊銅版精印插圖多幅

周越然　周作人　陳乃乾　紀果庵　謝剛主等八家合集

古今叢書之二

蠹魚篇

筆調雋永清麗・材料豐富珍秘

本社於往矣集出版以後，因鑒於目前出版界之沈寂，爰有古今叢書之二蠹魚篇問世，內容所談皆係古今書市之變遷，藏家之生平，及梓林之掌故史乘。作者諸君，不惟俱係當代聞名作家，且又南北各占其半。手此一編，即可爲通人，不致爲書賈所欺。蓋以我國文化之悠久，著述之浩繁，正有待於學人輩之爬羅剔抉，故本集於文苑之意義即不難想見。茲以第二版出書後，存書又已不多，凡關心學術文獻者，請即捷足先得。

每冊實價七十元

蠹魚篇目錄

古今合訂本

第七冊即將售罄
第八冊業已出版

每冊實價叁百元正

上海郵政管理局暫准登記證第四〇〇〇號

本期每冊實價伍拾元

古今

文史半月刊

第五十三期

含毫不意驚風雨

論世真能鑒古今

文史半月刊

古今

第五十三期

中華民國三十三年八月十六日出版

社長　朱樸

特約撰述　冒鶴亭　瞿兌之　周作人　徐一士

主編　周黎庵

發行者　古今出版社　上海咸陽（亞爾培）路二號

發行所　古今出版社　上海咸陽（亞爾培）路二號　電話：七三七八八號

印刷者　中國科學印刷公司

經售處　全國各大書坊報販

上海雜誌聯合會第十號會員雜誌

零售每冊中儲券五十元

國民政府宣傳部　登記證滬誌字第七六號

上海市警察局　登記證C字一〇一二號

蒼水街

沈爾喬

——明州風物紀之二

壬午秋，甬地疫癘披猖，醫療簡陋，染疫者但事醮禳，諱疾忌醫，余方下車，急創時疫醫院，躬往撫視，並究其因，以街巷垢汚充塞，烈日薰蒸，蚊蠅咕嘬，尤爲釀疫之源，翌年夏，余迺早爲曲突徙薪之圖，仍延天一閣范司馬後人笑齋董理時疫醫院，一面曉諭各區居民，凡搬運垃圾百斤者，得易米一斗，指附郭隙地點收，轉肥農田，令出，居民踴躍將事，不旬日一期告竣，余暇輒躬赴街巷巡視，而是歲時疫竟無，於此知民不用命者，迺有司誘導無方也，猶憶某日道經一街衢，瞥見夏屋渠渠，門牆桓桓，因詢斯爲誰家甲第，從者笑而不答，窮詰云，曰，此蒼水街之教坊樂戶也，余恚甚，復前行，但見楚館秦樓，鱗次鯽比，因念張蒼水公一代忠貞，凛然大節，奈何其故居今竟爲神女生涯之所耶，公生平事蹟見於明史兩浙防護錄，杭州府志，仁和縣志，鄞縣志，曁其家傳，玆摘錄於後，略傳云：

明東閣大學士兼兵部尙書張煌言，號蒼水，鄞縣人，崇禎甲午舉人，奉表迎魯王至紹興監國，復以兵從至海外，再入長江，登金山，來歸附者，四府三州二十四縣，後桂王遙命爲大學士，聞滇南平，遣散部曲，遁居南田，爲淸兵襲執，勸降不從而死，淸高宗追諡忠烈。

全祖望鄞張公神道碑，述公被逮經故里事，玆節錄如下：壬寅，滇中遂陷，成功亦卒於臺，公哭曰，已矣，吾無望矣，復還軍林門，會閩南諸遺老，以成功卒，謀復奉魯王監國，貽書來商，公又喜，即以書約尙書盧公若騰而下，勸以大舉，又擬上詔書一道，又以書約成功子經勸以亞子錦囊三矢之業，於是公厲兵束裝，以待閩中之問，是年浙督趙公廷臣與中朝所遣安撫使，各以書招公，公復安撫書大略，言不佞所以百折不回者，上則欲匡扶宗社，下則欲保捍桑梓，乃因國事之靡寧，而致民生之愈蹙，十餘年來，海上芻茭糗糒之供，樓櫓舟航之費，敲骨吸髓，可爲惕然，況復重之以遷徙，詒以流離，哀我人斯，汔可勞止，今執事既以保境息民爲言，則莫若盡復濱海之民，即以濱海之賦畀我，在貴朝既捐棄地以收人心，在不佞亦暫息爭端以俟天命，當與執事從容羊陸之交，別求生聚敎訓之區於十洲三島間，而沿海藉我外兵以禦他盜，是珠厓雖棄，休息宜然，朝鮮自存，艱貞如故，特恐執事之疑且畏耳，則請與幕府約，但使殘黎朝還故土，不佞即當夕掛高帆，不重困此一方也，又復督府書，執事新朝佐命，僕明室孤臣，區區之誠，言盡於此，閩南消息既杳，鄭經偷安海外，公悒悒日甚，壬寅冬十一月，魯王薨於臺，哭曰，孤臣之棲棲有待，徒苦部下，相依不去者，以吾主上也，今更何所待乎，癸卯，遣使祭告於王，甲辰六月，遂散軍居南田之懸嶴，嶴

在海中，荒瘠無人，山南有汊港，可通舟楫，而其北爲峭壁，公結茅焉，從者惟故參軍羅子木門生王居敬待者楊冠玉將卒數人，舟子一人，初，公之航海也，倉卒不得盡室以行，有司系累其家人，以入告清世祖，以公有父，雖籍其家，即令公父以書諭公，公復書曰，願大人有兒如李通，弗爲徐庶兒，他日不憚作趙苞以自贖，公父亦潛寄語曰，汝勿以我爲慮也，壬辰，公父以天年終，鄞人李鄴嗣任其後事，大吏又强公之夫人及子以書招公，公不發書，焚之，己亥，始籍公家，然猶令鎮江將軍善撫公夫人及子而勿囚也，嗚呼清世祖之所以待公者如此，蓋亦自來亡國大夫所未有，而公百死不移，不遂其志不已，其亦悲夫，於是浙之提督張杰，懼公終爲患，期必得公而後已，公之諸將孔元章符瑞源等皆內附，已而募得公之故校，使居舟山之普陀爲僧以伺公，會公告糴之舟至，以其爲故校，且已爲僧，不之懼也，故校出刀以脅之，其將赴水死，又擊殺數人，最後者乃告之曰，雖然公不可得也，公畜雙猿以候動靜，舟在十里以外，則猿鳴木杪，公得爲備矣，故校乃以夜半上山之背，攀藤而入，暗中執公，并子木冠玉舟子三人，七月十七日也，十九日公之寧，杰以轎迎之，方巾葛衣而入，至公署嘆曰，此沈文恭故第也，而今爲馬廐乎，杰以客禮延之，舉酒屬曰，遲公久矣，公曰父死不能葬，國亡不能救，今日之舉，速死而已，數日送公於杭，出寧城門，再拜嘆曰，某不肖，有辜故鄉父老二十年來之望，杰遣官護行，有防守吏坐公船首，中夜忽唱蘇子卿牧羊曲以相感動，公披衣起曰，汝亦有心人哉，雖然吾志已定，爾無慮也，扣舷和之，聲朗朗然，歌罷酌酒慰勞之，而公之渡江也，得無名氏詩於船中，有云『此行莫作黃冠想，靜聽先生正氣歌』。公笑曰，此王炎午之後身也，浙督趙公，寄公獄中，而供帳甚隆，許其故時部曲之內附者，皆得來慰問，有官吏願見者，亦勿禁，公終日南面坐，拱手不起，見者以爲天神，杭人爭賂守者入見，或求書，公亦應之，嗚呼，制府之賢良，在張洪範之上，然非聖祖如天之大度，則褒忠之禮亦莫敢施，非公之忠，亦無以邀聖祖之惓惓也，九月初七日，公赴市，遙見鳳凰山一帶曰，好山色，賦絕命詞，挺立受刑，子木等三人殉焉，（中略）初公之入海也，嘗遭風失維，飄至荒島絕食，夢一金甲神告之曰：贈君千年鹿，遲十九年還我，次早果得一鹿，蒼色，人食一臠，積日不餓，及被執，又夢金甲神來招之，蓋十九年矣，雅精壬遁之學，己亥之渡東溪也，占得四課空陷，方大驚而兵至，羅舟未返，即以金甲之夢占之，大凶，方呼居敬告之而兵至（中略），嗚呼吾鄉殉難諸公，以公爲最後，而所成亦最偉，然世人但知公之忠誠，而予服公之經略，故涉歷山海之間，且耕且屯，而民樂輸賦，招撫江北三十餘城，而市不易肆，小住猴城，而陂塘之利，傳之無窮，惟其深仁以成，遺愛斯在，古人中諸葛孔明渭南之師，不過爾爾，諸葛有荆益之憑，藉所以得成三分之業，而公無所資，終於齎志以死，則天也！（下略）

謹案張蒼水公自乙酉倡大義於甬東，越十有九年，其間竄山蹈海，歷盡艱險，精忠大節，照耀天壤，實與宋之文文山，並傳不朽，文山際宋代衰弱之積，胡元疾雷之下，蒼水當明祚危亡之後，清兵破竹之勢，俱欲以孤忠效命，一柱擎天，兩人之遭際可謂相同，文山圖鎮江遁後，馳驅三載，蒼水三度閩關，四入長江，百折不回，死生以之，兩人之心事可謂相同，文山之指南錄，蒼水之北征紀，凜然正氣，同與日月爭光

，嘗讀文山被執北行，行次信安，館人供張甚盛，文山達旦不寐，題詞於壁，調寄南樓令詞曰：

雨過水明霞，迴岸帶沙，葉聲寒飛透窗紗，惱恨西風吹世換，又吹我，落天涯，寂寞古豪華，烏衣又日斜。說興亡，燕入誰家，只有南來無數雁，和明月，說蘆花。

王靜安人間詞話謂「文文山詞，風骨甚高，別有境界，在聖與叔夏公謹諸公之上，亦如明初誠意伯詞，非季迪孟載諸人所敢望也」，復讀蒼水畸零草，冰槎集，北征錄，采薇吟，詩餘詞，其意態悲壯，風骨遒上，其被執蒙難詩：

甲辰七月十七日被執進定海關

何事孤臣竟息機，魯戈不復挽斜暉，到來晚節同松柏，此去淸風笑蕨薇，雙髻難容五嶽住，一帆仍向十洲歸，疊山遲死文山早，青史他年任是非。

被執過故里

蘇卿仗漢節，十九歲華遷，管寧客遼東，亦閱十九年，還朝千古事，歸國一身全，予獨生不辰，家國兩荒烟，飄零近卄載，仰止媿前賢，豈意避秦人，翻作楚囚憐，蒙頭來故里，城郭尙依然，彷彿丁令威，魂歸華表巔，有靦此面目，難爲父老言，知者哀其辱，愚者笑其顛，或有賢達士，謂此勝錦旋，人生七尺軀，百歲寧復延，所貴一寸丹，可踰金石堅，求仁而得仁，抑又何悲焉。

甲辰八月辭故里

義幟縱橫二十年，豈知閏位在于闐，桐江空繫嚴光釣，震澤難回范蠡船，生比鴻毛猶負國，死留碧血欲支天，忠貞自是孤臣事，敢望千秋信史傳。

國亡家破欲何之，西子湖頭有我師，日月雙懸于氏墓，乾坤半壁岳家祠，慚將素手分三席，擬爲丹心借一枝，他日素車東浙路，怒濤豈必屬鴟夷。

讀此，想見當日萬死孤臣，郎當過蒼水街故里之悲壯情緒。

被逮解杭宿官亭

漫道詩書價未償，滿身枷鎖夢魂香，可憐今夜官亭月，無數淸光委路旁。

讀此，與文文山之南樓令詞，可謂千古同調，後先輝映矣。

九月七日絕命詩。

我年適五九，偏逢九月七，大廈已不支，成仁萬事畢。

讀此，想見蒼水慷慨殉節，從容就義，與文山之正氣歌，同爲乾坤之浩氣，萬古之綱常，永垂不朽，兩人之氣節文章，可謂不謀而合，鄞人爲崇拜先賢忠貞，因就公之故里，改名蒼水街，以資永念，今乃成爲花街柳巷，燕侶鶯儔，使英雄俠骨，變爲兒女柔情，碧血丹心，化作朱顏綠鬢，不將使人頓生岳王氣短，蘇小魂香之感，其玷瀆忠魂爲何如耶，縱使江左風流，南朝金粉，歷代相沿，雖未可驟禁，而作焚琴煮鶴之舉，然亦須遷地爲良，當時余頗以鄞城湖西，向有一湖烟水，數處汀洲，風月無邊，花柳依舊，擬盡驅蒼水街之神女，徙居湖畔，不第留臣代貞良，一片干淨故土，而他日承平時節，荷蓋成陰，畫船漾影，當不滅秦淮畫舫，西湖歌舞，重覩宋代明州，湖西十洲三島之勝，亦有司應盡之職也。

妻財子祿

予且

走過一個算命的攤頭，倘使你要注意的話，必定可以看見，他那潤例上寫着：「流年，大運，妻財子祿，細批終身。」

流年是眼前的事，大運是五年的事，妻財子祿和細批終身，大概都是終身的事。不過所不同者，妻財子祿是分類研究。細批終身注重的是一個「細」字，內容大概除去妻財子祿之外，還要加上一個死亡的時期罷了。

就理論說，夭亡是可以看得出的。何時死亡很難看得出。雖然有少數愚笨的職業星命總說「修德延生」的話。「修德」兩個字用得好。到底修何種德可以延生？誰也不知道。怎樣修法，也是一個極可研究的問題。修德而能延生，當然是生活之至上策。修德而不能延生，雖於已無益，於社會却有益。我們誰都應該修德，如果修德的目標就是為自己一人長壽百年。那麼修德的目標，也就不值一笑了。

妻財子祿確是一般人所注意的東西。誰不想有個好的老婆，有幾個錢，生兩個孩子，為國為家做一點事。這是就被推算者一方面看的。若是就算者一方面看，却只是財官兩項。所謂以妻傍財，以子傍殺。命書中有一部極精的著作，叫做「滴天髓」。裏面說：「夫妻姻緣宿世來，喜神有意傍天財。」「子女根枝一世傳，喜神看與殺相聯。」由此我們可以知道那潤例標題上雖寫的是「妻財子祿」。實際看的只是「財」和「官」。

據我已往的經驗，一般職業星命家，八字到手，先看「官」的時候多。看過了「官」再去看「財」。他的意思，是「官賴財生」。前幾年在四馬路大衆書局裏，買着一本「段氏白話命學」，寫的很好。他的主張，就是先看「財」。這意思是很正確的。人可以無官，焉可以無財。兒子可以不生，老婆不能不要。妻財子祿，妻財放在前面，確實很有意思。

站在男人的立場說話，大概誰都願意有個好老婆的。再說得切實點，乃是「誰都願意有個標緻老婆。」古人說得好，「美妾易得，美妻難求。」又要好又要標緻，原是件難事。於是我們便另有一種說法，叫做「娶妻娶德，娶妾娶色。」美妻既是難求，一個「德」字便把難問題解決了一大半。

一個女人長的好看不好看，從八字上到底看得出看不出呢？如果讀者有這樣一個問題。我的回答就是命書確是有的。命書上說：「甲申透庚，王嬙西子」。甲申透庚，並不是一件難事。如果甲申指的是日柱，則每年定有許多王嬙西子出世。如果指的是年呢？則今年恰巧是甲申，我們便大可名之為「美人年」了。

去年看過一本關於日本婚喪禮俗的書，裏面說到「丙午的迷信」。

所謂「丙午」的迷信，就是這一年生的女子，命運必十分悲觀。（剋夫可至七人）這種說法之不可相信處，也和我們的「甲申透庚」差不多。

由八字去揣測女人的相貌，在以前女子處於閨房的時代是有點趣味的。因爲看不見她。要是在現在，大家對面看看就行，何必要靠着八字呢？

如今婚配究竟以什麼爲標準？我曾作過三次有趣的青年心理測驗。我寫了七個標準讓他們塡，這七個標準乃是學問，性情，相貌，門第，財產，健康，技能。結果塡性情最多，塡財產的最少。這是八年前的事，如今也許不是這樣。其實在我看，性情是最靠不住的東西。原是暴戾，因爲你喜歡她，便說她剛直。原是懦怯無能，因爲你喜歡她，便說她溫柔嫻靜，又有什麼不可以？但是你爲什麼喜歡她？要說是因她的相貌，那便太陳腐。你喜歡的乃是她的姿態。相貌是局部的，姿態是全部的。相貌是靜的美，姿態是靜和動的美。相貌可以用攝影機表達無餘，姿態雖能在電影中表示一部分，但絕非全部，因爲表演究竟是假的，所表的那一部分，猶不能妙到毫端。

有了好姿態的女子，那能沒有幾個錢？這並不是說她應該富有，乃是說不能沒有保存她這種姿態的費用。這種費用，自然是屬於命書中之所謂財了。

我在「命可信乎？」一篇裏，曾經說過：「女命傷官福不眞，無財無印受孤貧。」實際我們要看的還是傷官，還是財印。姿態好的女人，絕不是笨人，一定是相當聰明的。聰明的代表是什麼？那便是傷官食神。平時靜默寡言笑，坐在房裏看書繡花的是食神。繡花還能和你逗笑，使你愉快，那就是傷官了。林黛玉應該是金水傷官生財而無印的八字。寶釵是木火食神生財而有印輔的八字。妙玉是印格，晴雯是殺格，襲人是官格。王熙鳳簡直是火土傷官，坐財制印。

這些話當然是荒誕不經，讀者看了也許「啞然失笑」。我們原是說笑話，誰又知道她們的八字呢？天雨花的作者是懂得八字的左秀貞的八字批的相當好。金瓶梅的作者不懂八字潘金蓮的八字就完全不對了。

要說從八字能揣測人的相貌，實在是件可笑的事。要說從八字能識人的性情聰明智慧倒是有些根據。我或者是個有偏見的人，如果有人問我女八字先看什麼，我必回答先看傷官後看財印。我們平常喜歡女人「秀外慧中」的，爲什麼看八字的時候，遇見傷官又斥爲不祥呢？

也許讀者會問我：「女命傷官固然聰明秀麗，但福不眞也是一件事實。」須知福是沒有一定的，却要在人自己求。古人云：「禍福無門，惟人自召」。又說：「君子自求多福。」我們盡有許多風塵中妓女，後福甚好。大家閨秀，弄得身敗名裂。女八字有傷官者，甚多甚多，那裏又是個個福不眞。正如看相的人說女以鼻代表夫星，妓女又豈是個個都有壞鼻子？識相的人說，「這是要參看別種部位的。」「參看」兩個字用的對。在命相上眞有同一的理。

朋友中有被我這番話說服的。他說：「我如擇偶，也不拘於官殺食神，而取你所說的傷官財印了。」我說：「假定現在有一個你所視爲最美貌的女子，她和你情投意合，又何必去算八字呢？」他說：「那不能以貌配人。也許她只有貌。」我說：「假如她的八字已經給人排過，告訴你她眞是秀外慧中，不單是美麗，而且能在花前月下，枕邊被底能給

予你無上的安慰，你怎麼樣？」「那我一定和她結婚，」我說：「結婚是容易的，婚姻的持續却不容易。那些月下花前，枕邊被底所想出的種種聰明巧妙的方法是要因人而施的，倘使你要不是她的意想中人，那些聰明方法就永遠不會施出來，或是就是施出來，也決不會在你的身上。」「那怎麼辦？」「所以你的八字也得要看一看。看你的八字兼看她的八字，這就是合婚。却決不是古法合婚。而是以性情上的供給和需求為標準的合婚。」

但是古法合婚又是怎樣的合法？簡單的說來，就是只論年月兩個字。理論欠缺，一想可知，這不單是我們如此說，古人也是如此說：

「僅觀男女生年之三元九宮，而謂生氣福德等定上中下婚之半合非倫，毫無意理，豈不誤人良緣耶！至骨髓破鐵掃帚諸殺。但以人之所生年枝，硬配月支一字，尤為謬妄。夫以年月日時幹枝八字，及五行生尅，論人吉凶，猶虞不足，豈可棄日時等六字，只論年月二字，即可判斷災祥乎！他如進財退財種種名目，只以生年納音所屬之金木水火土硬配月支一字，即為某殺，荒誕不經，更無庸深辨矣。」

看了這一段，就可知道古法合婚是如何受人的非駁。如果用新法，所謂性情上的供給和需要，無論在事實上和理論上都比較說得過去。有許多女人傷官氣重的，配上印重的男子，不單不是福不眞，而且伉儷之情甚篤。這是因為傷官固然放蕩不羈，印却可以因勢利導。倘使只憑年支，或是只憑年月，錯配了食格的丈夫，那就要變成浮生六記的沈三白和芸娘。錯配了官格的丈夫，就要鬧出王有道休妻那一套了。

這決不是一般職業星命家所用的方法。只是我個人的見解，讀者中如有對星命之學懂得的人，我希望加以研究。好在現在合婚已經不是時髦的東西。夫婦共同生活還是千古不變的道理。怎樣得着一個適宜的共同生活？還是憑着媒妁的介紹詞而決定呢？還是借着社交公開的名，大家見幾次面，就算對對方性情有深切之了解呢？還是把兩個人的八字拿來算一算，明白各人的秉性以謀將來共同生活之改進和合作呢？這些都是當事人自決的問題，讓當事人自己去解決罷！

以上是就訂婚結婚說的，對於已婚的人，他要問，我的妻究竟怎樣，又怎麼樣去回答呢？

我曾被人問過這個問題。我知道他是一個懼內的人，却不好向他直說。當時心中就想着，究竟命書裏有沒有懼內的八字？翻了好些命書，終於在三命通會裏找出一則。這一則就是：他生日之支，恰是他生年之支前一位的那一個字，他就是懼內的人。這是一條很有趣的法則。雖然不一定靈。我想讀者不妨把自己的八字看一次，試試這句話，究竟靈驗不靈驗。

後來我就繼續研究懼內的八字，遇着懼內的朋友，總得想方法把他八字弄來看一看。好多年的經驗，被我悟出幾條理來了。第一種懼內的人，是他感覺敏銳，因愛妻而先承意旨。第二種懼內之人，因為他極其聰明，富有技巧善於敷衍面子。第三種懼內的人，因為他心有所專，寡言笑，遇着事情，懶得和他太太理論。第一種應該屬於正財格，如果屬於偏財，就有陽奉陰違的態度。第二種屬於傷官格，第三種屬於食神格。社會上懼內之人，要以我上述三種為最多。如果像聊齋上的江城，或是醒世姻緣所描寫的那樣懼內，我們只好稱之為「怨耦」，已經超出懼

內的範圍之外了。

古代的「怨耦」就是「怨耦」。近代的「怨耦」却可以離婚。離婚在八字上看得出看不出呢？古代的命書當然是沒有的。不過古書所沒有的，近代人也可以算出來。譬如「特任」「簡任」「薦任」等等時常在批單上看得見，也時常在星命家口中說出來，雖然沒有根據，聽的人有時却很喜歡。

離婚究竟是不是命中所招？我在樂吾隨筆中看到一則。他說：「妻宮見印，則有離婚之可能。更見財星沖之，決然難合……女命日支爲夫宮，坐下傷官而又身强氣旺，亦爲離婚之徵。」他這樣說，自然也是根據他的經驗。不過男命坐印遇財沖和女命坐傷身强的八字，古代必定有不少，但古代沒有離婚。反之，近代離婚，也還有「肯不肯」和「許不許」的問題。肯不肯是屬於協議離婚的。許不許是屬於裁判離婚的。離婚也並不是一件易事，並不一定照他說的：「人皆任性，離婚案件，層出不窮」。

關於妻的話，已經說的不少了。如今再說一點關於財的話。我在前面說過，在命理中，妻和正財本是一個。稍懂命理的人，沒有不知道的。也許有人要問，正財是我自挣的財，怎能把「妻」也放在「財」的一類呢？但這並不是希奇的事。舊約聖經摩西十誡裏就說「你不可貪戀人家的僕婢牛驢房屋和他的妻子。」試想讀聖經的男女，自古及今，何止幾千萬萬，又有誰把十誡當作希奇的事情？倘使有主張男女絕對平等的人說：「財爲我用之物，妻焉可被夫用？」我就說：「命書上不但妻算財，父亦算財。以妻比父，又將何說？」那他又必定說：「父妻平等，大爲悖戾」了。「悖戾」這句話，以前就有人說過。陳素庵在他著的命理約言中說：

「財爲妻妾，又可爲父，是翁與婦共矣！其悖戾四也……」。

素庵老人是精通命理的人，對於六親，却以禮教解釋命理，眞可算「智者千慮，必有一失」。這裏財字的解釋，不是「我用之物」，乃是「養我之物」。幼年靠父養，大了靠老婆燒飯，洗衣，料理家事。這都是「養」。不過父親之財，不是由自己挣來。是謂之偏。老婆可由我自己討，是謂之正。但命理的事也有說偏財爲妾的，這實在是不明白「妾」字的意義，世界上並沒有另外一種人叫做「妾」。妾就是妻。妾與妻之不同處，只是結婚時沒有「一定之儀式，二人以上之證明」而已。妾是禮教風俗上的名詞。在生物，心理，命理上，妾與妻完全是一樣的。現在法律已經沒有妾的名詞，命理爲什麼還保存這個名詞呢？

財這樣東西，對於人生，無論如何是重要的。因爲無財就不得生活。最可惜的，就是人們太看重了無財不得生活，忽略了財多所生的麻煩。太看重了財能養生，忽略了生的意義。生的意義有兩個。一個是自存，一個是傳種。自存靠着財，傳種靠着妻。生存是常數。自存力量過强，傳種力量薄弱。自存力量薄弱，傳種力量必强。生物界一切乃至人類莫不如此。猛獸之傳種力弱於蚊蠅。富人名將之子嗣數，反不若社會之貧者弱者。如果我們不看到這條理，我們便不能明白，命理中最有價值的一篇賦是「玉井奧訣」裏面的一句「妻財兩義」了。這篇賦裏對於「兩義」並無解釋。只說到，「財淸妻美，財濁身富」。這兩句也不易懂。尤其是這個「美」字，決不是美麗之美，乃是美好之美。爲什麼財淸

而妻會美，財濁而身會富呢？淸者不亂之謂，不亂則寡欲。寡欲的人不是就能得着好老婆，乃是老婆跟着他必不壞。反之，濁則多欲，多欲必歛財，貪婪，廣置姬妾，帷薄不修等等的事全會做出來了。不過這裏說的不是錢財多寡，乃是一個人對於錢財的態度。態度可以看得出多寡是算不出的，而且古今不同，陶朱公三致千金，號稱鉅富，今日視之，又値幾何呢？

錢財這樣東西，原是以流通爲實的。淸則流通，濁則黏滯。滴天髓上有兩句話：「何知其人富，財氣通門戶。」通字是非常重要的。「何知其人貧，財神反不眞。」這裏明明說貧人八字中也是有財星的。但是他的財星或是坐於絕地，或是被衝合，或是失令無根退氣等等。

我覺得我越說越專門了。專門實在是學問的大敵。何以是大敵？就是許多有興趣學習的人，因爲你太專門，大家望望然去之。這項學問於是就不能廣爲流傳了。我希望專門的東西普通化。混沌的東西明朗化。學習的人纔有興趣，纔有自習的心，所謂能自得者則居之安，居之安又何愁不能左右逢源呢！

前一節說過了「妻財」。這一節就要說到「子祿」了。我在前面已經提到，「妻財」就是「財」，「子祿」就是「官」。

什麼叫做「官」？「官」就是「管」，「管」就是「約束」。命書的解釋，往往把官字解爲官府之官，管就是鞭撻。譬如「傷官見官」，竟會解爲「小人行刺官府」，豈不可笑！像這類解釋，讀者如看「神峯通考」，必能見得到。因爲解釋的如此刻板而且又人性化，結果就有笑話鬧出來。譬如命書裏說「男取克我者爲子，女取我生者爲子」。克我的是官殺，換句話，官殺就是兒子。於是陳素庵在他著的命理約言中又說了：

「官殺克我之神，豈肯爲我之子，其悖戾六也。爲人子則制父，爲人父又受制於子，可謂彖逆矣！其悖戾七也。」

如果官殺就是眞的縣大老爺，那便是父母官，自然不肯做我的兒子。不過現在並不是眞的父母官，又有什麼肯不肯？官殺的解釋，爲約束我的人是通的。約束我的人，不一定比我高比我大。我愛我的兒子，要省幾個錢給他用，過着節儉生活，我便受了拘束了。下半年學費太貴，兒子不能唸書，我只好多做一點工，少用幾個錢，預備他下半年讀書，我又受拘束了。教子之道，就是要自己做個榜樣給他看，於是我不得不早起早眠，謹身節用。不跳舞，不要錢，不吸雅片。這樣豈不大受拘束？却全是因爲兒子，兒子豈不是拘束我的人嗎？至於「爲人子則制父，爲人父又受制於子」，那就是說：「我父親爲了我的原故吃苦，我對我的兒子，又爲什麼不肯吃點苦呢？」這是很好的「孝」道，與舊禮教也不反背的，他竟會看不透，反說是彖逆。

關於父子關係，母子關係，命理的見解，實在是很「摩登」的。克我者爲子，不但合乎教育原理，而且與新法律不設親權之名詞，取義相同。其二，偏財爲父，明認父子關係爲經濟關係。其三，對於母子，則生我者爲母，我生者爲子，是明認母子關係爲生理關係。以父子關係爲經濟關係，母子關係爲生理關係，這層思想是很新穎的。讀者如看過我國的親屬法，就可知道親屬法的特色，不但取消親權名詞，一掃已往父權强大之舊習，而且規定父對於非婚生子女，較母多一層「認領」關係

。所謂母對非婚生子女，就是母子關係。父對非婚生子女，却要看「認領」，所謂認領，又以有撫養事實爲已足，這不是認父子關係爲經濟關係，母子關係爲生理關係嗎？

但是來算命的，並不是要知命的理。譬如兒子一層，他一定要問有幾個。關於子息，命書中有一個古歌：「長生四子中旬半，沐浴一雙保吉祥，冠帶臨官三子位，旺中五子自成行。衰中二子病中一，死中至老沒兒郎，除非養取他人子，入墓之時命夭亡。受氣爲絕一個子，胎中頭產有姑娘，養中三子只留一，男女宮中仔細詳。」現在姑不講怎樣算法，因爲太費篇幅又沒有趣味。只就數目上來做個統計（一）子最多數，不得過五人（二）三子之機會爲三（冠帶，臨官，養）二子之機會爲三（沐浴，衰，長生四子中旬半）一子之機會亦爲三（絕，病，養中三子只留一）（三）以五子爲最多數。共有七種不同之結果。即一子，二子，三子，四子，五子，無子，頭產有女。一子二子三子之機會相同。佔總數七分之三，無子佔七分之二。頭產有女，佔七分之一。四子，五子各佔七分之一。讀者看了這個統計，好像不是算命，乃是社會調查，換句話，就是星家大概說一子二子三子的時候最多。無子次之，頭產有女，四子，五子更次之。對於靈不靈的問題上，頗有伸縮。例如算的多於原有的，就說送老時只有此數。少於原有的，便以女子代男子，再加上入房過繼寄子女等，大概準的時候就可以居多數了。

我們看了這一段，不禁生了一種「江湖」之感。其實子息之判斷，怎能如是之簡單呢？從我讀書以及看批單的經驗，有三樣東西似乎很注意，一是時支，二是食傷，三是印劫。而時支爲尤甚。看重時支的理由，大概是以年月柱爲父母，日柱爲妻，時柱爲子。而且時主晚年，晚年如好，那麼子息好更是大有關係。至於看重食傷？單看是沒有道理的。因爲男受官殺爲嗣，並不取食傷爲嗣。看食傷的道理，乃是因爲食傷原是與官殺反對的東西。所以廖瀛海的「子平集腋」裏面就寫着：「官逢死氣，子招難得。傷官太甚，子亦多克。」爲什麼要看印劫呢？因爲印劫原是生身幫身的東西。所謂日強日弱，與子息也是大有關係的。普通星家，只有那首古歌，能注意到時支官殺，已經不錯。看食傷者，已很精細。兼看印劫的，就更精細。因爲前兩種是呆看，後兩種是虛看。呆看容易，虛看不容易。

關於子的話，我不想多說，因爲我想着一個人對於子的興趣，必不如對妻的濃厚。不過在這裏我們知道了一個重要的看命法，那便是要看官殺，須得顧及食傷印劫。

說了半天，似乎還要舉個例，可以更明白些，手邊有一冊樂吾隨筆，我就隨便舉個例。

乙丑　丁亥　庚子　壬午

要說看官，當然抱定了一個午字，但是抱了午字有什麼用？亥子丑會水方，又在冬天。傷官之氣，得時乘旺。正合我剛纔所寫的那一句「傷官太甚，子亦多克」了。再舉一例：

辛未　甲午　甲午　辛未

要說看官，當然抱定一個辛字，但是抱了辛字有什麼用？全造木火盛極，生於仲夏，乃眞正之木火傷官，兩辛不見一滴水養，就如珠玉投於洪爐。再看時支又是墓庫。要照平常看法，兒子是決定不行的。殊不

知此造應看比劫。有比劫則身強，有墓則更強，身強傷旺，再加未中一點財星，辛官竟成他的最好點綴品。結果，這位先生很喜歡做官，實際他也做過兩任官，他做官的目標不在治事而在以官爲其虛榮之點綴。他有幾個兒子，兒子自然也是一個人有福氣的表示。

看了這個例，不單令我們覺得「傷官見官，爲禍百端」之荒謬。更令我們覺得滴天髓上的話：「傷官見官果難辨，可見不可見」，很有點道理了，再舉一個例：

壬申　辛亥　壬午　丙午

要說看官，當然抱定了申中的一點土，抱了這一點土有什麼用，不給火燒壞了，也要給水溶化了。照季節上看，定被水溶化了的。那麼兒子自然是不行了。殊不知他竟會子多而賢。這裏面的道理，就是壬祿在亥，亥是他的喜神。亥宮裏一點食神，就是全造關鍵。沒有這點食神，則丙午之財，就不流通。要說的淺顯點，壬亥壬是自已，午丙午是妻。夫妻兩個人的精神全都貫注在食神（即夫外洩之精華）上，子自然是多而賢了。

我原是怕說專門的話，三個例一舉，便又走上專門之途了。雖然專門，讀者却可以看出一點看子息的端睨。不但不能呆，連活着都有許多樣的看法。

至於說到「祿」，當然也是要看「官」。這裏的看官，也是要注意到食傷印比的。普通的星命家。每每抱着「逢官看財，逢殺看印。」這不是不對，乃是太拘。譬之用兵，「堅壁」固然緊要，「淸野」就更重要。印和財都是「堅壁」的東西。說到「淸野」，還要看傷官食神。

要是拿人事來說，身體和錢財固然緊要。但是身體孱弱，手頭沒有錢的人也不是個個該死的。人生的大目的就是求生。所謂强者要生，弱者也要生。有錢的要生，無錢的也要生。即下而至於鳥獸蟲魚，亦莫不如此。印强的如犀牛，可以在柵中供我們觀覽，他可以生存。印弱的如熱帶魚，可以在玻璃池中供我們觀覽，他也可以生存。動物尚且如此，人是更不必論。因爲人之高於其他動物者，還有利已的心和利他的心。利已利他的心之盛衰消長，原是人類生存的手段。支配的適宜，生存之力可高於任何動物。不適宜，則生存之力，反低於任何動物，這利已利他的心之代表，就是傷官，食神，七殺，正官。

讀者看了我那篇「命可信乎？」必定可以明白。傷官食神是在利已羣裏的。正官七殺是在利他羣裏的。利已並非壞名詞，社會學者飛却爾氏說的最痛快，他說全部的社會科學，都建築在人類利已心的上面。

但是正官和七殺有什麼分別？傷官和食神有什麼分別？那便是正官傷官以合作爲生存之手段，七殺食神以競爭爲生存之手段。我們常聽一般星命家說官殺混雜是不好的。爲什麼不好，他說不出。其實這個意思很明白，好比一個人處世，時而和人家妥協合作，時而背信賣友。其目的又不在爲私利，這簡直是搗亂分子，前途當然是不好了。至於食傷却不是這樣。傷官是以利已爲出發點去混他一場的。不怕食神混雜。食神是以自已聰明才力和人一爭勝負，是淸純的，如雜傷氣，則失其爲純。以合作爲手段的，需財。所謂和人在一起，不花兩個錢怎麼行？有了錢，還要好身體。所以命書上財官印是合在一起講的。傷官一定要看財印，無財無印，就會孤貧。以競爭爲手段者，自已埋頭苦幹，錢不錢在其

次，第一就是要有好身體，所以命書上又說：「逢殺看印」。「食神最喜刼財鄉」。

官殺食傷是要緊的東西，也是最難看的東西。以上是最淺顯的解釋，如果不能明瞭，則命書必難看懂。即使看懂，亦必有許多誤解。

我說這些話，也許有人覺得我甚高傲，我的發明那裏就會無懈可擊？我實在是以「食神」的態度研究命學，以「七殺」的態度來寫這幾篇文章的。對不對是另一問題，胆量總不能沒有。讀者看了不一定相信我的話。即使相信了懂了，也不會算的。一個人的成敗，決不會在短短的文章裏就會把秘訣寫出來，況且我並不是一個算命的人，肚裏並沒有什麼秘訣呢？

不過這一篇總是要收尾的。我用我和一個懂算八字的朋友的談話作收尾。這八字是：

(殺) 乙亥　(殺) 乙酉　己卯 (殺)　庚午

他說：「你看這八字全是殺，他是一個以競爭爲手段而利他的人哪！」

「亥裏面藏着官，怕不怕混？」

「殺强官弱，官之情依乎殺，官怕混殺本不怕混，又怕什麼？」

「這麼說，還要看什麼？」

「逢殺看印，午火就是印。這個印是極好的，既可生身，又能調候。就在這一點，他的地位必定很高。命書說，逢殺看印，遇印必榮華。況且午是可以合未的，亥卯也可以合未的。未是羊刃，年時皆可合未，而八字中並沒有未。殺露刃隱。是個有兵權而不打仗的人。日支卯而時支午，再要遇着已，就是三台。可惜他柱中並無已字，而大運却有已字，已字是幫午火的。這就叫做三台得用。三台得用，必定貴顯。」

「難道沒有缺點？」

「怎麼沒有？他這八字，七殺嫌其過多。旺酉衝卯制乙，使殺不爲禍，原是好事。不想走到已運，爲辛之絕地。殺的力量又復大張。這時期中，位高而危，因競爭手段而就得罪了人伏下禍根了。再看已運走定，就是庚運，庚遇乙必合。原有卯中之乙被酉衝去。月干之乙又被時干合去。只剩年午之乙，不幸又遇庚運，彼此一合。結果三個七殺，一個也不見了。而且合的結果，金氣大增。自已受不住，生命就要發生危險了。」

這是從前一位督軍的八字，朋友的批斷頗爲得意，現在我把他做成問答，以備懂命理的朋友茶餘酒後的談助，兼作我這一篇的收尾罷！

命不可信乎

聽禪

近來幾個親友中，讀到前幾期本刊予且先生的「命可信乎」一文，都不約而同的跑到我處，作爲談助。綜合他們的意見，於萬分的欽佩之餘，幾乎異口同聲地說：「看了還是不懂」。但他們因爲不甘心這樣糊裏糊塗下去，要求我給他們一個究竟的結論，並且因爲還是不懂之故，要我再通俗地說給他們聽一點算命的方法。有兩位爽快朋友，甚至於連題目亦替我拈定了，就是這個「命不可信乎」五個字。

我了解這般朋友的心理，就是現代一般人的心理，熱心算命的人之所以日見衆多。吾鄉有句諺語說：「窮算命，富燒香」。這窮字，不一定指荷包裏金盡之窮，乃是「窮則變變則通」之窮。內心裏蘊蓄着十二萬分的苦悶，自然算命就變了爲最重要的「一種精神上的治療和慰安了」。你拒絕和他們討論這些，固然易傷友誼，就是和他們說算命實「無所謂可信，亦無所謂不可信」，仍必滿懷不樂的。甚而至於更進一步，人家和你請教推算八字時，你信口開河地瞎恭維他們一頓，他們之不感興趣，也等於瞎批評他們一頓之不能滿意。舉例說，年輕人來算命，你和他說：「你交六十歲，有一步老運，定然登峯造極，子孫繞膝」。他至多漠然的點點頭者，眼前的問題要緊，等不及這些也。老太太來算命，你和她說：「你下半年交進某運，你的幼子，會驟發數百萬財，但難免要尅去他妻小。」她最受聽者，利害適配她胃口也。現代人的心理，連那些朋友在內，急迫苦悶到這樣，我不忍心起來，終於違反了予且先生的意思，承認命還是可信的。一個人那裏能够不信命呢？以曾文正公那樣立德立功立言三不朽的大英豪，尚且憤然地說：「不信書，信運氣，公之言，告萬世。」

「命」這一個字，在中國儒家和佛教書裏，都說得很鄭重其事，不像是隨便的，不過儒家言天命，佛家不言天命而言業命，字面上有這一點差異罷了。其實孔氏說畏天命，又說君子居易以俟命，孟氏亦說君子修身俟之所以立命；意思是說：命由天定，吾人一生的貧富窮通，不能妄冀有所改變，亦不必定要明白它的究竟，只有自己謹謹修身，以等待着它的降臨罷了。這種說法，與佛氏所言業命，仍屬一個道理。業者因也，命者果也，今生食的什麼果，都是前世種下的因，今世種下了些什麼因，就曉得來生一定要食什麼果，這幾乎是毫厘絲忽不會有錯誤的。……我現在說這些話，不知還會有人笑我思想迂腐的沒有？其實事實勝於雄辯，從前被譏爲迷信宿命的人，恰是寃枉，相反的，從前這些孔孟之徒，儘管信命，正是不大愛算命的人，他們只有耐心地聽天由命，堅苦地修身俟命而已。一自思想由迂腐變成開明以後，遂覺得修身是一樁異常吃力而犯不着幹的事，至於既修身矣，還要等待，那更沒有這樣的好耐心了。他們最好隨時隨地動一動腦筋，使用一點什麼手段之類，就

立即可以要官有官，要財有財，要女人有女人，要長生不老藥有長生不老藥，這樣，大家惟有各在自己的「台造」裏，竭力搜尋出它的可能性來，於是各地大大小小的命相館，亦即「謄文館」裏，遂常有西裝客和公事皮包客的足跡了。

倘使這樣而居然亦能有奇準的話，則眞眞是一個奇蹟了。蓋算命亦可以說是一樁相當嚴肅的工作，推算不誤，實在不是不能一定準的，不但可能一定準，並且世上眞有算命奇準的人。上海聶雲台先生家，十餘年前，有一個家庭集益會，常舉行演講，記得有一次演講「命數」說：「命數之說，爲西人及新學家所不信，然實確鑿可據，非妄也。即如吾家先仲芳公，前在製造局時，倩甬人李姓算命，據批云，己丑冬當入覲，庚寅春分後，當放東南一道缺，下並註明上海道，已而果然。尤奇者，前任上海道龔君升任浙臬，在二月初八日，而隔四日先公補授遺缺之上諭始下，蓋十二日始交春分節，早一日亦不能也。又譚組安先生之父文勤公初生時，其封翁尚在鄉訓蒙，倩人推算八字，批其一生際遇甚詳，如某年中舉，某年中進士入翰林，放府道，升藩臬，升督撫，乃至言其歷官所至之地，厥後無一不驗，此批命書，至今猶保存未失云。先仲芳公在蘇時，奎樂峯中丞言及其八字，據稱昔在漳州道時，以事被參，交左文襄公查辦，甚惶恐，漳州首縣某君，精於星命，爲之批算，言決無妨礙，且行將升任，當時將信將疑，厥後果升豫藩蘇撫，時地皆與批言悉合，按批，則是年戊戌，當升川督，先公即索借與家人幕友傳觀之。批有云，戊戌年九月，平蠻奏績，天語褒嘉，升任川督云云三句，及九月，果放川督。適余蠻子作亂，陷川東數縣，奎不敢往，請病假三個月，奉旨申斥，謂軍務之際，詎容諉避，給假一月，令速赴任。先公因薦幕友江叔海先生於奎，以其生長蜀中，熟悉川事。江至彼即電言余不足平，奎遂行，至重慶，余已平，奉旨奎賞三代正一品封典，傳旨嘉獎，至是所謂平蠻奏績，天語褒獎，一一皆驗矣」云云。按奎之此種巧宦行徑，誠不足取，然以言算命，可謂神乎其技了。聶演詞又云：「曩年奉直山海關之戰，予堂弟德璧，將吳佩孚八字推算，據稱吳必一敗不振，予問吳日後如何，渠言丙寅年尚可一掌威權，然亦不過曇花一現，旋即幻滅，此數年前所言也。去年武漢之役，德璧復查吳之流年，並以文王課卜大局，據云交白露節，吳之勢力瓦解矣，此皆在予書室所言者，其驗如神，凡此，皆數命有據之證……」云云。聶先生誰都知道，他斷不會有一字虛言，此外各種記載上，記載着推命奇驗的話，不勝枚舉。

蓋推算星命的方法，自從唐李虛中，宋徐升等人，以干支分出陰陽五行，復由五行生出尅旺相，休咎制化等等妙用，配合於一個人的生年月日時而推衍之，眞是神妙。（孔子說，不知命，無以爲君子。孔子一定懂得算命的方法，可惜沒肯說出來，以致一直失傳到唐。）千餘年來，其間雖似晦似彰，甚至爲江湖術士所剽竊，以爲餬口之具，然亦名家輩出，如袁了凡，陳之遴，育吾山人之徒，闡發益精，說愈大備，果能循其法而推算不誤，則竟然萬事莫不可以前知，效極神奇。他的一定方式，亦猶之乎代數幾何之有一定方式，不能移易，精於推算的人，因陰陽五行的錯綜，而得生尅消長之指數，此指數之字，隨所遇合，而變易其吉凶禍福，盈虛消長的意義和性質，其有不驗的，只是推算的人，辨其意義性質之不明，亦猶之算學的推算有誤，並不是數之咎，更不能因爲

自已推算不準，而懷疑到命的本身。況既有一句「壞運可信，好運不可信」的常聽見的話，更足證明是推算得不準，並非別故，何者？蓋既算得出壞運，何以會得算不出好運？此理似乎費解也。

算命雖始於李虛中，但李虛中祇用年月日，而不用時，只可以說推算六字，至徐升，兼用時的一柱，而八字始備。他那推算方法的最精湛重要處，就是須將八字裏所含的五行生尅拉平，有餘者洩之，不足者補之，不許使它有些微倚輕倚重處。一個八字到手，除掉實在下流得一點沒有辦法，不論它傷病重到怎樣地步，或滿紙都是七殺羊刃梟神刦財等嚇人的字眼，只須尋出藥來，不但定然有救，恐怕還是一個貴命，此即所謂「有病方爲貴，無傷不是奇」，「病重藥重，食祿千鍾」的說法。恰好徐升，號叫子平，而算命的秘訣，全在一個「平」字，所以即叫星命做子平術。四根柱子，每根管二字，年柱管祖基，月柱管父母，即受生之門，亦稱提綱，或提月，最爲要緊，日柱亦稱日元，或日主，管本身自己，自然更爲要緊，時柱管子息，各有專管，而各有關聯，正是說不盡的千變萬化，「趣味盎然」。它那財官印殺傷食比刦等名詞，實在不過是一種五行生尅的代名詞，猶之乎代數幾何學裏的符號一般。予且先生所說：「八字之引人入勝處在此，而難令人相信的原因，乃是因爲不懂，翻遍了中國的命書，也沒有適當的解釋。」其實舊時中國書裏，解釋是早有過的，不過沒有予且先生自己下的解釋新穎有趣罷了。蓋五行之理，祗是生我，尅我，我生，我尅，比和五項。生我者，異性爲正印，同性爲梟神，（陽見陰，陰見陽爲異性，陽見陽，陰見陰爲同性，下同。）尅我者，異性爲正官，同性爲七殺，我生者，異性爲傷官，同性爲食神，我尅者，異性爲正財，同性爲偏財，比和（即同我）者，異性爲刦財，同性爲比肩，自設立此等代名詞後，乃始便於推詳，若果衡量不誤，彌不如響斯應。但此等代名詞，計有正官，七殺，（亦稱偏官）傷官，食神，正財，偏財，正印，梟神，（亦稱偏印或倒食或梟印）比肩，刦財等十類，比肩刦財，不能成格。正偏財正偏印，又併稱財印，（即正財印格偏財印格）如是，既捨比刦，再合併了財印，故祗成六格，通稱六神，這六神的字面，看來好像有意義，又好像無意無義，此處不便將舊時的解釋，一一寫下，姑即舉一個傷官的例來說罷。何謂傷官？「甲木見丁火爲傷官。丁火者，甲木所生，乃父子一家之人。丁仗甲勢，以發越甲木的秀氣，故主聰明幹練，但又爲什麼名它傷官呢？因爲甲木以辛金爲正官，正官好比一縣的縣長，人民居其治下，方喜得有主持與保障，不敢肆意爲非，而豪家子丁火，乃獨仗勢以尅傷之，大有不服官管之勢，故傷官格的人，大都性傲喜僭，然亦必確有才幹，兼有自制力，足能勝任，否則一無拘束，軼法越規，無惡不作起來，說不定一旦復爲正官所制，受到刑罰。所以傷官格的人，可能驟居高峯，亦可能遇到慘禍。」這種說法，自然不比予且先生妙想天開的將伊尹來比諸傷官，說得新穎有趣，不過稍微有些不同罷了。此外解釋正官七殺與財印等名詞的舊說，緩日再來細談。又上面所說生我尅我的這個我字，係指日柱的天干一字而言，尤爲全體之精髓。照此說法，所以命書上儘管有殺傷比刦梟神等嚇人的字眼，固不必怕，就是重疊着許多財官印綬等好看字眼，亦且慢喜，因爲亦不是好兆，所謂有餘宜洩，失却平衡，則非子平之道矣。尤其是女人八字，命書上雖說「財官印綬三般物，婦

命逢之必旺夫」，但如果這位太太，竟有三重官，兩重財，再外加尅合並見，刑沖糾纒，則非娼即婢，可以大胆的批斷下去。玆姑錄一婦命如次，請讀者高興時，爲之推算一下，看是怎樣？

戊戌　戊午　癸亥　戊午（九歲上運丁巳）

財官印綬等六神，如上解釋，就曉得一個人八字裏有無，並非便是禍福，但如予且先生所說：「普通算命的人，八字到手排成之後，總要看看有沒有財官印」，亦屬實情。其實八字排成之後，有人主張，看財官印放在第二步定格局用，第一步最要緊，還是先看身强身弱。（此身字，亦與生我尅我之我字一樣，指日干言。）看强弱，有三必要條件，一要月令旺，二要幫扶多，三要支得氣。譬如說，甲木旺於春，（冬爲次旺）衰於夏，死於秋，那麼正二月裏出生，而逢着甲的日干，外加地支最好還有亥卯未會成木局，或寅卯辰東方聯珠一氣，即所謂三要件全了。命根堅固，但一生却要走正規運，怕涉偏鋒，那便要借重第三步第四步擇用神，查喜忌的工作了。反之，若甲木的日干，而生於申年申月午日午時，即叫做既失令，又多尅洩，倘無重藥相救，生命持續倘成問題，遑論其他。我每見市上有些「牘文館」的「大哲學家」們，遇到這種無法恭維的八字時，輙喜以許許多多神殺星宿的名目，來支吾一陣，說足下的台造，財官印雖不勝任，而星宿如何幫忙，照樣能敷衍得這位仁兄滿意而去。予且先生說：「神殺最不可信，但將星貴人咸池華蓋驛馬文昌，有時却很有有趣味的應驗。」這話，眞是從硏究有素裏出來，最最實獲我心了。命中有長生文昌貴人者，其人大都智慧，逢凶化吉，驛馬文書，亦不一定是出遠門，忽得上峯的委任，亦由驛馬發動。犯咸池，不一定陷溺女色，走正路一直可以發財下去，命中華蓋，往往成名醫，或大藝術家，然有時則出家爲僧道，凡此，要緊的就在「有時」兩字上，非必定如此，且不能獨當一面地派用場。但建祿羊刃，不是神殺，它的效用利弊，與比肩刦財頗有相似處，它的能力，乃幫身，助官殺，代洩奪，換言之，即上面所說，有餘它能代洩，不足它能代補，總之可以說都不過是六神的附屬品，算命最純正的方法，還是要靠五行生尅，把它拉平。上海這許多星命家，惟袁樹珊還多少有點道理，生意亦好，就是因爲他絕不用旁門左道，專就五行生尅，替人家規規矩矩的算命，固並無有出奇的了不得本領也。然而你一見其人，却大言炎炎，俗不可耐，前年我師沈瓞民先生，不知以何因緣，忽請他在館子吃飯，筆者叨陪末座，終席未見袁停嘴過，罵罵這個，批許批許那個，十足的一副江北腔江湖術士而已。我師別的不說，一生批註竹礽先生家傳易經七百餘種，就非袁大術士所能望其項背。我又到過袁處，擬請教他算命，却如前清官老爺審案般的三言兩語而退，已經汗流浹背，從此不敢再去請教。他「著作等身」，近又不知從何處得來許多數千百年前人的八字，成書出售，大爲社會所崇拜。我因未見其書，連名稱都叫不上來，予且先生却引用着朱文公，石崇，張巡等幾個人的八字，眞有如滬諺說的「七搭八搭」之妙，亦眞虧他能搜集得起來，足叫鄉下人嚇一大跳也。

狀元與美人

徐一士

「孽海花」一書，因所謂「狀元夫人」之名妓傅彩雲（賽金花）而命名，其淸季所成者，第二回（金榜誤人香魂墜地）爲本書發起者金松岑（天翮）所作，先寫一閨秀嫁醜狀元事，當時甚爲讀者所注意，蓋譴責小說（用魯迅語，見所撰「中國小說史略」），方風靡一時也。金氏痛詈科舉制度，而以此項故事形容國人迷信科名之甚。其所寫云：『……那順治皇帝，天亶聰明，知道中國民情只重科名，不知種族，進了中國，開宗明義第一章就是開科取士。這回殿試取出來的第一名，就是開國第一個狀元了。這開國第一科第一名的狀元，自然與衆不同，格外榮耀。這人是誰呢？在下沒看過登科記，記不眞切，彷彿是姓房叫國元。當時詞林傳一段佳話，頗足表明全國科名的迷信。原來這房國元當日聽了臚唱，自然照例的披紅簪花，游街歸第，正是玉樓人醉金勒馬嘶的時候，不道這個風聲，一傳十，十傳百，就傳到了一個閨秀耳中。這閨秀的姓名籍貫，一時也記不得，但曉得他平日看見那些小說盲詞山歌院本，說到狀元郎，好像個個貌比潘安，才如宋玉，常常心動。這日聽見房國元的消息，又是開國第一個狀元，不曉得如何粉裝玉琢，繡口錦心，不覺一往情深起來。眠思夢想，不到幾個月，就懨懨成病了。閨秀的父母，先原不懂，再三詰問，這閨秀纔告訴爲個這緣故。父母只有此女，溺愛甚深，連忙替他去打聽。誰知不巧，這狀元早有正室了。父母回來告訴閨秀，原想打斷他這條念頭，誰知那閨秀對父母道：「兒志巳定，寧爲狀元妾，不作常人婦的了。」那父母沒法，只好忍了這口氣，託冰人到房國元那裏去說。那狀元聽了，也詫異得很，然感他一點癡情，慨然允了。到了結褵這日，有些好事文人，弄筆吟客，送催妝詩，贈定情賦，傳杏苑之塵談，作玉臺之眉史，喧噪一時。閨秀這日也自謂美滿姻緣，神仙眷屬，幾生修到矣！誰知到了晚上，更深客散，狀元送客歸房，那閨秀正在妝臺左側，忽見錦幔一掀，走進一個稍長大漢來，面黑如鐵，眼大如鈴，兩道濃眉，一部長鬚，且痘斑滿面，葱臭逼人！那閨秀大吃一驚，狂喊道：「何處野男兒！」旁邊侍女僕婦都笑道：「這便是狀元郎歸房了！」閨秀這一氣，直氣得三尸出竅，六魄飛天。當時無話，知道自已錯了。等得大家睡靜，哭了一場，走到床後，不免解下紅羅，投環自盡。列位想，一個人最寶貴的是性命，看那閨秀，只爲了狀元兩字，斷送一生！全國人迷信這科名的性質，也就可想而知。性命尚且不顧，那裏有工夫顧得到國家不國家呢？」此段文字，可謂出力描寫，彼時讀者多感興味。曾孟樸(樸)民國修訂並續撰之本，將此段刪去。（其「修改後要說的幾句話」言其理由：『原書第一回是楔子，完全是憑空結撰。第二回發端還是一篇議論，又接敍了一段美人誤嫁醜狀元的故事，仍是楔子的意味，不免有疊床架屋之嫌，所以把他全删了。』又關

於本書之撰著，據云：『金君發起這書，曾做過四五回。……把繼續這書的責任，全卸到我身上來。我也就老實不客氣的把金君四五回的原稿，一面點竄塗改，一面進行不息。……前四回雜糅着金君的原稿不少。即如第一回的引首詞和一篇駢文，都是照着原稿一字未改，其餘部分也是觸處都有，連我自己也弄不清楚誰是誰的。就是現在已修改本裏也還存着一半金君原稿的成分。從第六回起纔完全是我的作品哩。』金君與本書之關係如此。美人誤嫁醜狀元之一段故事，當是金稿，其間或亦有曾氏點竄塗改之處也。）今惟「曾樸所敍」之「孽海花」通行，「愛自由者（金）發起，東亞病夫（曾）編述」之「孽海花」浸廢，此段文字恐將歸於淹沒，不更爲人道及，以其嘗被重視，故表而出之。

此醜狀元之姓名作「房國元」，蓋以「房」諧「亡」，由其「譴責」之意，可不深論。至其究指何人，若如所云「順治皇帝……進了中國……開國第一個狀元」，當然爲順治三年丙戌科狀元傅以漸。以漸山東聊城人，官至武英殿大學士，爲狀元而宰相者，並無閨秀誤嫁而自殺之事，且其貌非醜，亦與金氏所寫不符也。

其貌之非醜，於何徵之，徵之於淸世祖（順治帝）所繪「狀元歸去驢如飛」圖。陳雲笙（代卿）「愼節齋文存」卷上有「御畫恭紀」一篇云：『光緒丙申夏四月，東昌府(聊城縣爲東昌府治，今廢府存縣)學博王君少煒，邀余至相府街傅宅恭閱世祖章皇帝御畫。一綾本山水，峯巒樹石，純是董北苑家法，氣韻之厚，絕非宋元人所能，神品也。一紙本達摩渡江圖，科頭左顧，雙手擁袂向右，赤足踏一葦，衣紋數筆如屈鐵，氣勢飄逸，直逼吳道元，能品也。一絹本靑綠，大樹下一人，面如冠玉，微鬚，若四十許人，跨黑衛，二奴夾侍，一執鞭擁驢項而馳，一回顧若有所語，騎者以手扶其肩，即開國殿撰傅相國以漸也。神采如生，尤爲妙品。上書唐人七絕，末「狀元歸去馬如飛」，「馬」易作「驢」，蓋世祖戲筆也。家傳中謂：相國官翰林時，常乘驢扈蹕，兩奴左右侍，若防傾跌，世祖顧之而笑，因繪圖以賜。相國衣履悉如今式，惟貂冠朱纓無頂戴，蓋國初制尚未定，至雍正十年始加頂戴也。山水上題「順治乙未御筆賜傅以漸。」朱印三：「廣運之寶」，方三寸。一「順治乙未御筆」，長四寸廣一寸二分。一「順治御筆」，方一寸五分。達摩圖題印皆同，但無寸五方印。是日同觀者爲曹大令偶孫廣文宗閔王孝廉維言暨予猶子新佐。』自跋：『謹案：章皇帝統一天下，自乙酉入關登極，至是方十有八齡，文德武功，冠絕前古，萬幾之暇，娛神丹靑，天縱多能，直合顧陸關荆爲一手。觀於賜圖蹕路，猶想見君臣相得之樂，千載一時，令人敬慕無已。是日又見傅相國自畫盆景，鳳仙花二本，朱粉閱二百餘年如新，設色工妙絕倫。……』淸世祖以創業之主，兼工六法，斯亦足見一斑。雖頌揚容有逾量，要爲善於斯道者，（淸初人記載，如王阮亭——士禛——「池北偶談」卷十二——談藝——云：『康熙丁未上元夜，於禮部尚書王公崇簡靑箱堂，獲恭覩世祖章皇帝御筆山水小幅，寫林巒向背水石明晦之狀，眞得宋元人三昧。聖上以武功定天下，萬幾之餘，游藝翰墨，時以奎藻頒賜部院大臣，而胸中丘壑，又有荆關倪黃輩所不到者，眞天縱也。』卷十三——談藝——云：『戊申新正五日，過宋牧仲慈仁寺僧舍，恭覩我世祖章皇帝畫渡水牛，乃赫蹏紙上用指上螺紋印成之，意態生動，筆墨烘染所不能到，又風竹一幅，上有「廣

運之寶」。』亦可參閱。）秉知以漸之亦能繪事也。至「狀元歸去驢如飛」，不獨佳畫可傳，且屬大有風趣。畫中之以漸，見謂「面如冠玉」，其非醜狀元可知矣。（世祖六歲在關外即位，翌年甲申即入關，非乙酉也。）張詩舲（祥河）「關隴輿中偶憶編」云：『順治開科狀元爲東昌傅相國（以漸）。相國嘗扈隨聖駕，騎蹇驢歸行帳，上在高處眺望，摹寫其形狀，戲題云「狀元歸去驢如飛」。畫幅僅二尺許，設色古茂。余道出東昌，登傅氏御畫樓。其裔孫傅秋坪前輩（繩勳）出賜件獲觀，恭紀一詩。允宜采入畫苑爲佳話云。』可與陳氏所紀同閱。

世祖誠善畫矣，而「狀元歸去驢如飛」圖中之傅以漸，面貌是否畢肖，宜更有旁證。彭羿仁（孫貽）「客舍偶聞」云：『世祖幸閣中，中書盛際斯趨而過，世祖呼使前，跪，熟視之，取筆畫一際斯像，面如錢大，鬚眉畢肖，以示諸臣，咸歎天筆之工。際斯拜伏，乞以賜之，笑而不許，焚之。世祖御筆，每圖大臣像以賜之，羣服天縱之能。』蓋畫家的清世祖，於所繪人物，固具面貌肖眞之特長，且喜爲人圖像，使以漸貌果醜陋，斷不繪爲「面如冠玉」耳。（其繪盛際斯像，頗似今之所謂「速寫」。）

金氏所寫之醜狀元故事，實由康熙五十七年戊戌科狀元汪應銓事而來。袁簡齋（枚）「隨園詩話」卷三云：『汪度齡先生中狀元時，年已四十餘，面麻身長，腰腹十圍。買妾京師。有小家女陸氏，粗通文墨，觀彈詞曲本，以爲狀元皆美少年，欣然願嫁。結婚之夕，於燭下見先生年貌，大失所望，業已鬱鬱矣。是夕諸同年飲餪巨杯，先生量宏興豪，沉醉上床，不顧新人，和衣酣寢，已而嘔吐，將新製枕衾盡汚腥穢。陸女恚甚，未五更，雉經而亡。或嘲之曰：「國色太嬌難作婦，狀元雖好却非郎！」』此即金氏所寫之根據無疑，惟並非順治創業首科狀元。金氏蓋憶及此項故事，加以渲染，而於其時期及人物未遑致詳耳。應銓字杜林，亦作度齡，江南常熟人，其先休寧人。（時江蘇安徽二省共爲江南省。）雖中狀元，仕未大顯（僅由修撰官至左贊善），其名不著於後。王東漵（應奎，常熟人）「柳南隨筆」卷四云：『吾邑向有官儒戶田，多詭寄，弊竇百出。雍正二年奉旨汰去，而一二奸胥輩私以汪宮贊（應銓）出名，投牒縣令，冀免革除。故事，官批訟牒，必以硃筆點訟者姓名。其人或係縉紳，則用圈焉。時縣令爲喻宗搓，誤以筆點汪名。汪聞大怒，作詩一絕云：「八尺桃笙臥暑風，喧傳名掛縣門東。自從玉座標題後，又得琴堂一點紅！」』亦其軼事。又憶類斯之事亦有屬之他人者，殆傳聞之歧也。

傅以漸不獨無以貌醜致一女子悔憾雉經而亡之事，且別有一段美人佳話，見於記載。毛祥麟「對山書屋墨餘錄」卷三云：『溧陽伊密之，才氣豪上，明季之佳公子也。喜蓄聲伎。嘗以三千金聘王素雲於吳中，色藝爲諸姬冠。一日忽有山東傅生投刺請見，閽人以非素識却之，不得，然後見。既見，不及他語，但曰：「山東傅某，聞公佳姬中有素雲者，艷傾宇內，願一平視，公其許之否乎？」伊逡巡謝曰：「勞君遠涉，茲請少休，得徐議。」傅復慷慨言曰：「某數千里徒步而來，無他瀆也。公幸許我，誠當少俟，否則無過留。」伊首肯，傅始就座。時日已暮，即命酒欵之。數巡後，燈燭輝映，環珮鏘然，侍女十餘輩擁素雲出見。傅起立凝睇久之，歎曰：「名不虛也！此來無負。」因即告別。密之

堅挽之，傅曰：「得覩傾城，私願已遂，豈爲飲食哉？」不顧徑去。伊怏怏如有失，隱識此生非常流，旣而曰：「吾何愛一婦人，而失國士？」即乘駿馬，追及之三十里外，挾以俱歸，禮欵益厚。一夕引之入曲室，錦綺弈縟，供張悉備，乃揖傅言曰：「君此來雖出無心，此中殆有天意。今吾以素雲贈君，此室即洞房，今晚即七夕也！」傅辭以義不可，且嫌奪所愛。伊曰：「君何疑？贈姬事，自古有之。念君力不能致佳麗，以吾粉黛盈側，豈少此女，且以君爲丈夫，故有是舉，乃效書生羞澀耶！」語未畢，侍者已導素雲出拜。傅驚喜過望。旣留逾月，伊又爲之治裝，奩物外更資以數千金。傅歸，安然爲富人矣。無何，闖寇肆逆，明社遂墟，我國家定鼎燕京。有誣告十舊姓蓄異謀者，密之亦爲所陷，猶以平昔之惠，人多爲之地，而久匿山澤，昭雪無由。時傅値朝廷開科，已由大魁歷淸要，十餘年間，遂躋宰輔。密之得間寓書問起居。適傅扈蹕出都，素雲發書，始知伊尙未死，驚歎流涕，如感心疾。傅歸，即謂之曰：「妾幽憂善忘，不知母家安在。」傅曰：「卿豈忘諸乎？若伊密之者非耶？」曰：「然則密之又安在？」曰：「痛遭寃禍，家沒身亡已久矣。」素雲曰：「以君一介寒儒，豈無生人之累，乃得專心向學，坐致通顯，此恩諒不忘。設密之而至今在也，將何以報？」曰：「苟及其生而報之，身且不惜，他何計焉！」乃以書示傅，傅閱竟，方沈吟間，素雲即截髮與誓曰：「脫不能報，富貴何爲！」傅乃徧謀之朝士將同申奏，會以告訐者多不實，天子察前十姓枉，傅遂乘間以請，於是密之得蒙恩返里矣。方是時，傅嘗跡伊所在，專使邀入都。密之復書峻却，且言：「某昔日之施，君今日之報，前後之事旣奇，彼此之心交盡。自茲以往，君爲熙朝重臣，某爲山林逸士，兩無所憾，不在相見也。」傅與素雲得書後，俱歎息不置，而時論亦以此益高之。』此項狀元與美人之佳話，所紀縱或不免有所粧點，足資談助，與醜狀元故事適相反映。

又有名妓嫁狀元以生活上之不慣而仳離者，其事亦可同覽也。鈕玉樵（琇）「觚賸」續編卷三（事觚）云：『吳門有名妓蔣四娘者，小字雙雙，媚姿艷冶，假態輕盈，琴精弈妙，復善談諧，花月之筵，坐無雙雙，不足以馨客歡也。毘陵呂狀元蒼臣遇於席，一見傾悅，以千金買之，攜至京師，扃置花市畫樓，窮極珍綺，以資服餌，自謂玉堂金屋，稱人間偶配，而雙雙以爲瓊盆芙蓉，雕籠鸚鵡，動而觸隅，非意所適。順治甲午除夕，共相餞歲，出兩玉巵行酒。呂斟其舊者奉蔣，曰：「此我家藏重器，爲卿浮白。」蔣以新者自與，仍以舊者還呂，曰：「君雖念舊，妾自懷新！」呂意怫然，明年放歸吳門。雙雙棲寄南園，頗有草木之勝，崑山徐生，其舊識也，泛扁舟訪之。蔣留茗話。徐生曰：「四娘已作狀元婦，何不令生狀元兒，而重尋舊遊耶？」雙雙曰：「人言嫁逐鷄犬不若得富貴壻，我謂不然。譬如置銅山寶林於前，與之齊眉舉案，縣玉帶金魚於側，與之比肩偕老，旣乏風流之趣，又鮮宴笑之歡，則富貴壻猶鷄犬也，又奚戀乎！嘗憶從蒼臣於都下時，泉石莫由怡目，絲竹無以娛心，每當深閨晝掩，長日如年，玉宇無塵，涼蟾照夜，徙倚曲欄之間，悵望廣庭之內，寂寂跫音，忽焉腸斷，此時若有一二才鬼從空而墜，亦擁之爲無價寶矣！人壽幾何，難逢仙偶。非脫此苦海，今日安得與君坐對也。」徐生大笑而別。』呂即傅以漸次科順治四年丁丑狀元呂宮，號蒼忱，亦作蒼臣，江南武進人。官至內翰林弘文院大學士，亦狀元

而宰相者。其掇大魁晚於以漸一年，而入相則早一年。（實順治十年即為大學士，以漸翌歲始膺揆席。）

紀曉嵐（昀）「槐西雜志」卷一有云：『同郡某孝廉，未第時落拓不羈，多來往青樓中，然倚門者視之漠然也。惟一妓名椒樹者，（此妓佚其姓名，此里巷中戲諧之稱也。）獨賞之，曰：「此君豈長貧賤者哉！」時邀之狎飲，且以夜合資供其讀書。比應試，又爲捐金治裝，且爲其家謀薪米。孝廉感之，握臂與盟曰：「吾倘得志，必納汝。」椒樹謝曰：「所以重君者，怪姊妹惟識富家兒，欲人知脂粉綺羅中尙有巨眼人耳。至白頭之約，則非所敢聞。妾性冶蕩，必不能作良家婦。如已執箕帚，仍縱懷風月，君何以堪？如幽閉閨閣，如坐囹圄，妾又何以堪？與其始相歡合，終至仳離，何如各留不盡之情作長相思哉？」後孝廉爲縣令，屢招之，不赴。中年以後，車馬日稀，終未嘗一至其署。亦可云奇女子矣。使韓淮陰能知此意，烏有鳥盡弓藏之憾哉！』此河間舉人某，雖非狀元，亦是科甲人物。此妓之事，甚可與蔣雙雙事合看，因附及之。至紀氏援之以論韓信，不免爲迂闊之談。

劉葆眞（可毅，即「孽海花」第十三回之會元劉毅）有「書姚三保事」，其人亦一名妓也。文云：『姚三保，故江寧伎，以色名。洞庭葉芝屛過江寧，其所善綢三保美。雨，芝屛飲且醉，夜往見三保。雨右至右袂障，左則障左袂，淋漓項脊皆濕，足踐泥濊濊有聲。逕登三保床。三保自他歸，燭之，痘瘢連眷頰如錢，自咽以上酒聲閣閣暴溢，瞋目曰：「此何所？」曰：「余姚三保也。」芝屛亟起持三保視曰：「嘻！」當是時，三保名聞青溪間，饒財者爭先欲見不得，獨喜與芝屛居。芝屛伯兄仕河南，號嚴正。三保欲歸芝屛，伯兄堅不欲，曰：「吾家世無此涼德！」則強芝屛遊西安。凡二年，假他事至江寧。老嫗襁一子出，曰：「嘻！母死六日矣。」先是，芝屛遊西安，有以白金三千媒三保者，事急，曰：「予一弱女子，芝屛夜冒雨過，不以爲褻，義不可忘，呱呱者或得生，命也。」投之嫗，仰藥死。』此則不以貌醜爲嫌，且情義摯篤，欲嫁未遂而爲之死，亦頗可與醜狀元故事作相反之陪襯，並綴錄之。

編輯後記

本期的版權頁上，我們多了四位特約撰述的大名，其實這四位都是本刊經常撰述的作家；所以如此者，乃是表示歷來四位對於古今特殊的愛護，此後自當有最擅長的文章在古今發表，旁的意義是沒有的。

紙張之求得是愈來愈難了，所謂『文化用紙』，我們已不敢再用，只得求之於八千元一令的黑市。定價當然要貴一些，但紙張是好的，在我們也少受些閒氣，此後發行也收回照舊自行辦理了。

編輯本刊最困難一點，是在來稿太長，長過五六千字的文字便無法處理得好，例如沈志遠先生『袁凱與張饗』一文，雖然都是引述他人的文字，但材料是鈎稽得很好的，我們不惜分了三期把它登完，但已覺得焦頭爛額之至。以後有同樣情形的文字只能割愛了。

沈太素先生『明州風物紀』的第二篇『蒼水銜』，述海東先烈事蹟，三百年後，猶令人想像。南明諸王宰輔，有過人之智能者，允推蒼水，得沈先生再令爲表彰，可稱謝山以後之第二知已。

關於命相的文字，本期又發表了兩篇，此外來稿還是非常之多，要再不截止，本刊勢非成命相專刊不可。特此鄭重聲明，命相文字到此爲止。

徐一士先生『狀元與美人』爲極有風趣之作，可以打破一般人的謬誤觀念。實則科舉時代單靠十年窗下，還是不够的。有淸一代，很少有四十歲以內的狀元吧；至於唇紅齒白的狀元郎那更是不可能了。恰巧文載道先生抄有梅景書屋珍藏的洪殿撰手札，藉覘狀元到底是怎樣的一個脚色。

周作人先生的『我的雜學』續文，只剩一期了，下期一定把它登畢。瞿兌之先生的『讀三國志筆記』，亦可於下期續登。

吳乘

吳湖帆

鍾繇薦季直表殘卷

太傅書法，雄視千古，其墨蹟留傳人間者，惟薦季直表一卷，洵天壤瓌寶也。卷舊藏清內府，旋輾轉爲霍邱裴伯謙（景福）所獲，珍秘備至。民國初年，裴任安徽民政廳長，嘗置一小篋珍藏其精品書畫，護持維謹，行旅必隨，薦季直表卷卽其中之一焉。某日攜篋在蚌埠車站候車遇友，傾談間不覺隨手以篋置身旁，及友去，視篋已失所在，旣驚且憤，遂不上車，往謁督軍倪嗣沖，請爲嚴緝。於是偵騎四出，滿城風雨，竊賊窘極，因取卷埋土中，以藏其迹，而倪仍窮追不已，竊者更不敢出。越數年，其事始懈，發之則卷已爛去上半，太傅眞蹟，竟不留一字，惟宋元以來諸名賢題跋則尚幸存。己巳春，余於葉譽虎先生處獲晤伯謙之子，出殘卷相示，相與慨歎久之。丁丑事變後，卷流落於外。戊寅十月，爲余所得，王栩緣世丈書聯贈云：雲鶴遊天羣鴻戲海，紅蓮映水碧沼浮霞。上聯用唐人贊太傅此表語，下聯則用唐人題衛夫人字贊，蓋時靜淑方致力畫荷也。

鄭龕

光緒戊子，河決鄭州，毀新築壩五百餘丈，朝議譁然。七月初十日，愙齋公以粵撫奏拜署河東河道總督之命。十八日卸篆，兼程赴汴，河工自昔視爲利藪，公欲矯之，躬駐工次，夙夜督催，而體察河勢，知叉不能專顧，鄭工處上流滎澤，隄身單薄，沙土輕浮，爲未雨計，乃先派員前往設廠收料，時鄭州大工購料，尙未開廠也。八月杪，滎隄果報險，經勘屬實，卽移撥鄭工款一部分，飭上南廳趕集人夫搶護。乃九月初六日隄忽裂塌三丈餘，公聞報旣怒且惑，遂躬往督搶，察知癥結所在，乃嚴諭斥責上南廳，有石有料有錢，何以僅集人夫數十，致釀巨患，若再疲玩，惟有撤任聽參。於是上下振奮，殘隄得以保全。公嘗謂若遲到半月，則已不及布置云。豫人亦謂昔年鄭工之險，公若早來，必無再潰之患也。蓋先是，鄭隄有一浪窩甚大，廳道以木板蓋之，上覆泥土，中空如橋，主其役者包工李某，鄉人數警告之，李漠不置意，後果於此，李乘車逃，爲鄉民攔截，自車中捽出，分裂其手足以洩憤，亦可見當時工事玩忽之一斑矣。公在鄭律己治下均至嚴，嘗作紀事詩四章，對僚屬勗勉有加，故工事激進。履任四月餘，至十二月十七日，卽告合龍，尙餘工帑六十餘萬事，後乃署別號曰鄭龕以紀之，鐫一長方白文印鄭龕二字，開界以重畫，畫間復連一小直，使如工字，而龕字本從合從龍，全印乃隱寓鄭工合龍四字，且兼有崇仰先後鄭之意焉。

廳災記異

外高祖韓履卿公生四女，長卽曾祖妣，次適汪，卽柳門太姑丈鳴鑾之母，三適滾繡坊趙氏季，庶出適西小橋陸氏，後就趙屋同居，以故四女而實分居三家。光緒末年，汪氏忽祟於狐，擾攘中其大廳突遭焚如，椽檽無存，而餘屋欣無恙。民國初年，趙氏之廳於晏時閒遽燬於火，餘屋亦無恙，而吾家之瑞芝堂則於庚申夏大風雨中驟告傾圮，亦未波及餘屋。三家廳堂先後罹刼，若出一轍。一再而三，奇已。

讀畫小記

文載道

旱雲似火，溽暑熏人，休沐之餘，便隨手的向書篋中拿出幾部畫集來，好在「不求甚解」，只圖聊自怡悅。記得清代高士奇曾經著過「江村消夏錄」一書，內容所講的也是書畫的事。我的眼界腹笥，固不及他之恢宏博大，但若「我田引水」，則也不妨標爲「海上消夏錄之一」。——於是一卷在手，彷彿紙上的柳暗花明，水閣風榭，都在我意境上栩然活躍，遂覺一身的「白熱化」漸歸消散；蓋大自然的變化與人工的渲染，在古今藝術巨匠之腕底，原是融洽無間也。

可惜近年來爲了國內紙墨銅版之稀而昂，新的印行機會不免大受影響，例如那部空前鉅製之「中國版畫史」，（鄭西諦氏編著，良友復興圖書公司印行）就因時局和成本之故，延遲了豫定出全書的時期很久。（照例可於三十一年夏出齊）有時倒是東瀛所出版的比較熱鬧，像「支那名畫寶鑑」及「南畫大成」等有計劃的輯印，以及私家公家所印之其他作品也較中國爲多。此殆因戰後物價上漲尚未如中國之烈，而並非他們愛美好雅之心比我們特別急切，換言之，一國形而上之文學藝術的榮枯，與一國物質條件的消長正是兩相因果。而且，因成本既輕，銷路當然暢達，定價也當然低廉，尤其乃互爲循環之理。不過橘逾淮大抵變成了枳：一輸入中國的書賈之手，售價便更漲得可觀，雖然照目前國產的製本說，到底還是便宜一點。例如我以儲劵一千元買到影印蕭雲從的「太平山水詩畫」一部，爲我國版畫中（山水部門）之傑出者，曾被收入於「中國版畫史」內第十六冊，（上下二帙）如其印刷紙墨皆出於今日的市價，再加上印者的盈利，便無論如何買不到了。

至此，猶記樸園漫譚中所說，以作者平生最愛讀詩，愛觀畫，愛聽戲而却都不能自已動手來做引爲一大憾事。其實，恐怕也是中人之輩最普遍的闕陷。因爲我們的好尙和能力之間，往往有着顯著之距離，也可謂心有餘而力不足。但這距離，有時反是加强我們憧憬嚮往的一份力量，而進一步的使這好尙與能力，從距離中聯繫起來的則是興味。因此，在能力還不能使我們實踐之前，不妨先隨時的培植一點興味。

對於下面所引的一些畫，我就是完全以「興味」爲主，雜亂地寫些讀後的印象，所以也根本談不上什麼欣賞或研究了。

首先，想要說的是梅景書屋主人的作品，——在今人裏面。關於吳先生的藝術，恐怕不論南北以至海外，知道的人已經很多了，所以這裏說的只能算個人的私見，且自無需乎區區的阿私。

我因他曾爲古今製了幾幅封面，故而到過梅景書屋好幾次。出乎我意外的，他還是這樣的豪爽率直，沒有甚麼藝人學者的傲慢的架子——至少，在我是這樣地感覺到。而且我又向他借錄一些有關清末掌故逸聞的材料。其中最有趣的是洪文卿氏致他先德濟人先生的一本通訊。那時洪氏按試襄陽，還沒有納賽金花作簉室，因此寫信託吳氏「物色人才」，而字裏行間的急切之情可見，但他所舉的用以爲自己辯護的理由，倒是非常的冠冕堂皇。——也許，這就是洪氏後來納賽金花的「張本」吧。因古今歷期對正續「孽海花」鈎稽評隲之勤力，此信又向爲私家所藏

，故而索性假借篇幅併錄在後，藉供談「藝海人物」者之一助。

接着，又承吳先去送我一冊彩色的「梅景書屋畫集」，一冊紀念他夫人潘（靜淑）女士的「綠遍池塘草」，以及愙齋濟人兩先生合著的詩集。這一次，我又看到了這冊「梅景畫笈」，就將它作了我這篇小文的中心。

這冊「畫笈」的本身原是非賣品。——是吳門弟子在他五十誕辰那一年（即去歲甲午），爲紀念吳氏從事藝術以來所貢獻於藝苑的業績，而選擇幾十幅最精粹之作彙爲結集。故也可說是表現吳先生歷年藝術生涯之總和。而在此後的中國美術史上，恐怕也有相當地位。這從每幅作品所題的年月上，不難看到作者功力和風格進展的過程：自集中第一幅己巳春日所作學唐子畏筆法的「梅景書屋圖」，至末七月初旬的「倩庵自壽圖」（與他弟子同畫）止，——即自民國十八年至三十二年——先後計十四年光景。這一個過程，對古今中外的藝術家，原不能說怎樣的長，然而就吳氏目前的造詣而論，或者是他天賦和專心的緣故，却彷彿比一般人的進展來得神速，因爲不認識吳氏的人，總以爲他是鬚髮皤然的一位老人了，雖則我們相信吳氏決不因此而自足。葉譽虎先生在序中所說，就是一個例：「湖帆畫名震海內外，人多疑爲耆宿，不知齒固未也。」其次，他令甥潘承弼君也說：「丈方當盛年，所進寧有涯涘！」都是希望作者能以此而達「欲窮千里目，更上一層樓」的不朽之境。換言之，這冊「畫笈」的印行，我們正可看作吳氏藝術史上的一個段落，一塊里程碑，循此必將放更絢爛眩目之光輝於東方的藝苑！

作者的先世大家知道曾顯達於一時的。因此作者平素的處境，也比較一般的稍爲優裕。爲什麼我要說上這幾句話呢？因爲中國人之藝術觀，向來包括着人生觀，所以有「窮而後工」之說。而從這句話說來，對於吳氏豈非不盡適愜？但我以爲這「窮」之一字，並非機械的專指物質環境，乃是通之於精神與心境。何況，「窮」雖然能促成「工」，而工却不一定賴乎「窮」！相反，在識見與供應方面，他或者可以得到不少的優利，使他因此而更精一，更專心。在作品方面，則是趨於更醇厚開朗的境地。不過無論如何，精神上的磨練挫折，對於藝術工作者，有時却也不無影響。這一點，他的夫人在「梅景書屋書畫記自序」上已慨乎言之，有「每至傾囊，甚或典釧不惜」，以及「復因歷歲荒歉，所入漸澀，不得已乃舉之易米，如此則唏噓噫惜者累日始釋」的話，是於一位藝術家之困厄，不能說不深，而使我們對他「心血之結晶」，也特別值得同情與珍惜。

再說到吳氏作品的本身，我可以先舉一些例出來。

「所恨古人不見我，莫恨我不見古人」。趙甌北也有過「江山代有才人出，各領風騷數百年」的詩，這些都可作盲目的厚古薄今者的教訓。有許多人，——尤其是腦肥腸滿的假斯文的暴發，開口便是「四王」，閉口便是「宋元」，而按諸實際，不過矮人看戲何曾見，都是隨人說短長而已。從前碰到馬公愚先生，談起僞冒的贋品，他就說：「我不管僞或眞，只講畫本身的精與否。精的，我又何嫌乎他的僞冒呢」？（因有許多贋品，論藝術却不在眞的之下）這話我覺得極有見地，極足耐味。而馬先生自己正是最享盛名的書家。講到吳氏的書畫，有許多人看到他潤格之高而難求，往往會說，「儘你好，好煞也是個現代人（今人！

）」這還是爲「古」和「今」的成見所抹煞，而不問畫自身的質地。然而我有一位朋友，他對書畫的眼光學問，却極爲公允通脫，不爲一孔之見所拘。他看過梅景書屋畫集後，曾說：「我看吳先生和其他兩三位畫家的作品，不見得比石谷差吧？」他的話是否可以作爲定論姑且不談，但可以說明的是，梅景的畫在一般人印象中，已有着怎樣的地位！而對那些死心塌地「拜古」之輩，也不失有力的反證。

不薄古人也不輕今人，這是我們對一切藝術作品最平實的標準。同樣的，將古代上乘的「藝術遺產」一脚踢開，如中國的書畫，並斥之爲腐朽，爲不寫實，似也未免所見太淺，犯着過猶不及的毛病。要知道學習「過去」，研究「過去」，對「過去」優秀的藝術品之批判地整理與接受，正是爲的加深「現在」，强化「現在」的藝術活動的力量。所謂出乎其類，拔乎其粹，才使作品充溢着民族的氣氛和格調。譬如古今來一般大畫家的作品，往往題着臨某人仿某人的字樣，這就是在學習前人的優點之餘再與自己的作風溶化配合，然後方能神而明之地自成一家，而並非生吞活剝的剽竊。（這在這冊「畫笈」裏尤爲顯著。）學問永無止境，任何傑出的藝術家，當他驅遣着筆桿的一天，他就永遠面向着學習，學習與創造永不能從他手裏分開！試看像吳氏這樣的造就，依然孜孜地撫臨着前人的遺墨，即是明證。「畫笈」中所作題跋，有幾處有可供我們參考的：

宋元以來論青綠法，莫不稱三趙。大年華貴，千里工麗，松雪儒雅，各具絕韻。明之文仇，猶存彷彿，清初惟廉州有特詣。石谷蚤歲亦曾涉獵，至今消沉久矣。近年余目擊略廣，漫爲摸索，自知力弱，不知識者有所譏否。——題清眞詞意。

年來所見宋元眞迹，如李成關仝范寬郭熙江參，李唐趙伯駒及元之趙孟頫朱德潤唐棣盛懋徐賁等，皆一鼻孔出氣。偶然興到，斟酌行之，用意用筆，在似不似間，觀者識者，當有以教我也。——題仿宋人小卷。

白石翁遠宗董源，近師吳鎭，故雄渾暢發，爲有明冠冕，漫效其法。——題春臨橫雲。

六如居士宗法李唐而參以南宗，一開南北兩派合冶先聲。偶用六如春山伴侶圖法成此。——題密林陡壑。

仿元朱澤民筆。其法出於郭熙，元人中如曹貞素盛子昭李紫篔馬文辟一派皆如此。——題古木寒泉。

這可見一位藝術大匠對於前人的成就，是如何虛心而重視。不過蘇東坡說得好：「論畫以形似，見與兒童鄰」。因此國畫所着意的只在於氣韻神髓；所以然者，就是使紙上的自然風物跟作者的精神性格合而爲一。這只看古今來的大畫家之作，無不在其筆底飽和着自己的情緒風操，充沛着一己的藝術的靈魂。倪雲林所謂：「余之竹，聊以寫胸中之逸氣耳，豈復計其似與否，葉之繁與疏，枝之斜與直哉？或塗抹久之，他人視以爲麻，以爲蘆，予亦不能强辯爲竹」云云即代表了中國畫家最正宗的藝術觀。六朝謝赫以爲畫有六法，而「氣韻生動」爲第一。郭若虛並以除氣韻外，骨法以下的五法都「可學而論」，至於氣韻，「必在生知，固不可以巧密得之，以歲月達之，默會神會，不知其然而然也」，而歸結於畫家人品修養之高下。這雖然說得艱奧一點，但氣韻的充實、飄逸，是一切中國畫的生命確是不二的法門，也是與西洋畫最歧異的一種特色。而且自從十八世紀以來，西歐的幾位畫家，也漸漸明白了東

方畫的特殊地位和風格，經過了幾場紛爭之後，才始將「東畫西漸」的趨勢得到確定。至於日本的繪畫，不待說，受我國的影響和薰冶更直接更深切，而在今天尤呈「集大成」的姿態。

講到氣韻，我覺得這正是「畫笈」作者最成功的地方。有氣韻然後有意境。這同樣可通之於文學作品。本來中國有書畫同源的說法，而鄭虔的三絕，摩詰的二難（詩中有畫，畫中有詩），都見得中國藝術品「觸類旁通」的相關處。能善運氣韻，則即使佈局設色略爲參差，仍不失其爲上品，猶之文章之不拘於義法格局之類。我們看到古今名家之寥寥幾筆，或者小小的片葉征帆，或者草草的幾樹垂楊，或者隱隱的一抹遠山，或者淡淡的半曲清流，……似乎毫不經意的隨興所至，然而正惟其氣韻力透於紙背，才覺得別有一番灑脫拔俗的意境，展開於我們的眼底。「少陵翰墨無形畫，韓幹丹青不語詩」，東坡居士畢竟解人，說出了一切藝術品之極致。所謂「無形」，所謂「不語」，不外乎作者在神氣、韻味之控制上，盡其和諧恰好之能事罷了。尤其是以蕭疏的山林和縹渺的煙水爲背景的中國畫，更加不可忽視。我從前在參加倫敦中國藝術展覽會上海預展中，看見五代人的「雪漁圖」和宋李迪的「風雨歸牧圖」二種，眞使我感嘆驚異極了！彷彿一縷颼颼的寒意，和漫天瀟瀟的風雨，都向我們迎面撲來。施翀鵬先生在「中國名畫觀摩記」「歸牧圖」項下評爲「用筆纖細而生動，氣韻亦俊秀渾厚。舉凡耕牛也，牧童也，楊柳也，池塘也，筆筆生動，筆筆在風雨飄搖中。將風雨二字，盡情表現，毫髮不遺，能品而神品也。」確是這幅畫一個扼要的說明，而不能不令我們拜倒於這位畫家手腕之高超絕俗！在吳氏的「畫笈」中，鄙意「萬壑響松風，百灘度流水」這一幅，也是同樣的將我們帶到一種彷彿風在吼、松在舞、水在鳴的深杳莫測的境界，而一身暑熱也爲之冷然而解。可見前人於盛夏中讀畫，能使自己置身於飄飄然的江村水鄉中，確可以當「烟雲供養」一語了。

反之，在讀「畫笈」的同時，我又看了不少其他人的作品，有些野狐禪似的東西，則徒見其張皇失據，手足無措而已。而太半的毛病，恐怕還是爲了對氣韻控制之無力。換一句話，同是一邱一石，畫家與畫匠、生動與呆滯、回味不盡與一覽無餘之間，氣韻之有無或虛實，即成爲兩者間一個決定的因素。

但自然，無論他的天賦及用力如何，時間對於一位藝人的造就，也是極大的。這是說，以作者目前——中年——的地位之隆高看來，則在今後的風格和功力上，益加不是我們所能想像的了。

末了要聲明的，我對於畫素來是外行，以上的一些草率意見，也還是平日胡亂地從幾本美術理論拾來的牙慧，所以仍然的不辭嚕囌者，不過是一開頭即說過的爲着趣味罷了；而且有一部分的話，恐怕也與吳先生一派的國畫家有點距離吧。因爲我同時也很喜歡純正的西洋畫，不過對於自以爲能冶中西之特長而實則非驢非馬的「譁衆取寵」的野狐參禪，却不敢領教。猶如我愛京劇與話劇而不喜所謂「改良平劇」。

天將與大蜀，有道遂君臨。
四塞同諸子，三邊共一心。
門娑香似雪，迴鶻馬如林。
曾讀前王傳，巍巍觀古今。

——禪月集

袁世凱與張謇（中）

沈志遠

茅少箎紀雨農，之二人者，司馬曾親爲僕等言其輕躁貪鄙販貨挾私之狀，且述二人酗酒辱罵筱公語，斥其病狂喪心，當時意司馬誠知人，誠能於筱公有晉賢待府主之義，今何以比而暱之，所聞司馬之議論，且如出茅紀二人之口，此其一。僕等於司馬相識，今三年矣，以司馬往日之爲人，疑其不應出此，以司馬今日之行事，恐其不止如此，試爲溯其源，則司馬胸中旣恃家世，又謂二十許人作營務處營官，姓名見知於一能辦洋務之宰相，是曠古未有之事，又有虛憍者浮愉者圓熟者庸惡陋劣者左之右之，頌功述德，務求合乎司馬之所樂，而司馬亦遂志得意滿，趾高氣昂，而不顧蹈於不義；試爲窮其流，則司馬旣與尹泰駿等換帖矣，必益聯絡朝鮮之中使，外務衙門，張皇體制，高掌遠蹠，使孝亭不安而退，必用兼倂之術，揚此抑彼，輕此重彼，使筱公舊人互相不安而退，必借北洋以干預朝鮮一切用人行政之權，必交歡閔氏，俾國王專奏力荐，希圖防務商務之柄，必以取重於國王者，因取重於北洋，希作海關道，凡此之說，未免近於逆臆，然欲檄總兵劉朝貴爲提調，分明是鬧標，分明是制郭春華，是何體制，而飾其詞曰，以符體制，此交國王來函，無一不稱曰袁會辦，而孝亭轉似在牽連得書之例，此得謂非司馬心思力量手眼之所擣耶？今僕等於司馬隔若秦越，亦何樂嘵嘵，然竊念當時交誼，實不忍徒引闇於知人之咎，而坐視其沉迷，故痛切言之，冀大聲疾呼，以寤司馬，或者謂司馬見此訊，必大怒大罵，必有人助司馬大怒大罵，必來見筱公辭差，必以訊倂入浮言之例，袁稟北洋，以箝將來之口，而益堅北洋之信，或謂司馬雖大怒大罵，然必故事含宏，謙詞謝過，指天示日，以明無他，是二者，意司馬必不出此，亦不必出此，司馬誠試思所說有虛者否？有不是者否？願司馬息心靜氣，一月不出門，將前勸讀之呻吟語，近思錄，格言聯璧諸書，字字細看，事事引鏡，勿謂天下人皆愚，勿謂天下人皆弱，腳踏實地，痛改前非，以副令叔祖令堂叔及尊公之令名，以副筱公之知遇，則一切吉祥善事隨其後矣。此訊不照平日稱謂而稱司馬，司馬自思，何以至此，若果能復三年前之面目，自當仍率三年前之交情，氣與詞涌，不覺刺刺，聽不聽司馬自酌！

此函對袁之個性，指摘備至，而袁之頑鄙貪狠，在初得志時，即已顯露本來面目，無怪後來令名之不終也。獨是張朱等致函絕交後，彼此即不相往來，其遭際亦各有不同，張離韓後，三試禮部不售，直至光緒二十年甲午始中式狀元，朱則先一年即以積勞病瘵歿於旅順軍中，而袁以風雲際會，官運亨通，李文忠公奏稱其「胆略兼優，能持大體，爲韓人所重，應優加獎擢，以酬勞勸！」遂於光緒十年九月奉旨以道員升用，加三品銜，總理衙門復加檄委袁駐紮朝鮮總理交涉通商事宜。直至甲午中日戰爭前始奉旨調回，其時戰釁將開，事勢危難，而袁卒能臨難脫身，其手腕甚爲敏活，據容菴弟子記，謂：

公屢電李相，如政府决議開釁，請先調回駐使，並稱某以一身報國，無所怔畏，惟懼辱使命，損國威，不報。……時使館薪米缺乏，幕僚皆托故潛遁，文牘電報皆以一身兼之。張公佩綸時在北洋甥館，亦爲公言，李相乃電總署，請召公

同國。

據翁文恭公日記云·

甲午七月十六日，袁世勳敏孫爲袁慰廷事來見，慰廷奉使高麗，頗得人望，今來京不得入國門（李相仍令赴半壤），欲求高陽主持，因作一札與高陽，即令敏孫持去。

乙未五月二十九日，溫處道袁世凱來見，此人開展而欠誠實。

高陽謂李文正鴻藻，時值樞廷，亦爲袁與援中之最有力者。文正爲淸流領袖，張佩綸張之洞寶廷陳寶琛等均附之，其聲勢傾天下，故袁得其庇護而卒以無事。此段經過，實熙在跋張袁絕交函稿一文中，言之較詳，謂：

項城以高掌遠蹠之才，顧喜用詐術權謀，將使天下人均入我彀中而不覺，而不誠無物，識者早知其功業之不終矣！憶甲午東事起，項城已自三韓歸，衆論咸咎其駐韓日久，因應失當，致演成不可收拾之局。時高陽李文正在樞密，素愛其才，實陰庇之，幸以無事。張季直修撰是年及第後，余與同館諸人公讌李直於安徽館，酒半酣，季直逝項城在韓驕蹇不法諸事，痛乎其言之。並謂曾與以絕交書一通，直斥其非，庶幾有所警覺，亦君子愛人以德之一端云。

所以，袁世凱的第一個知己，是吳武壯長慶，第二個知己是李文忠鴻章，第三個知己要算是李文正鴻藻。袁自甲午年奉召由韓回國後，便隨直隸臬司周馥辦理東征轉運事宜。袁在當時，本以知兵自詡，其朋僚亦以袁確是長於兵事，故當中日軍事緊急時，長蘆鹽運司胡燏棻勸袁特練一軍以資策應，袁答謂「須餉優械精，熟練數月，能操不潰之權，方敢措手，否則決不願隨人奔潰。」及至光緒二十一年乙未中日和議旣成，袁以浙江溫處道留京，充督辦軍務處差委。時軍機大臣爲翁同龢李鴻藻榮祿，而李尤激賞袁，以袁係「家世將才，嫻熟兵略，如令特練一軍，必能矯中國綠防各營之弊」，亟言於朝，榮祿亦竭力贊助，遂囑袁草擬創練新軍辦法。是年十月由醇王載灃慶王奕劻會同軍機大臣奏請變通軍制，在天津新建陸軍，保荐袁世凱督練，袁受委後，擇定距津七十里的新農鎮，即津沽間所稱爲小站的地方，依照所擬計劃開始練兵，所用將校人員，一部份是宿將，一部份是天津武備學堂畢業生，如姜桂題楊榮泰吳長純徐邦傑段祺瑞王士珍諸人皆隸麾下，馮國璋陳光遠王占元張懷芝雷震春田中玉孟恩遠陸建章曹錕段芝貴等當時都屬偏裨，徐世昌也在其幕中，贊襄營務，這便是後來「北洋軍閥」一名詞的由來！

甲午戰後，士大夫倡言變法。翰林院侍讀學士文廷式議創强學會，鼓吹改革，激厲士氣，梁鼎芬黃紹箕張謇均列名發起，推張之洞爲會長，時康有爲梁啓超在京會試，加入活動，創行公報，分送貴人朝士，凡二千份，會員凡數十人，孫家鼐袁世凱亦與焉。故當戊戌政變時，袁已官直隸臬司兼領新軍，康有爲欲結之爲援，暗使親信徐仁錄入其幕中，徵其意見，而袁謬稱傾向，康信以爲眞，上疏荐之，復代禮部右侍郎徐致靖草疏荐之，又囑譚嗣同密言於光緒帝，光緒帝召其入京引見，旋奉旨開缺，以侍郎候補，專練兵事，不料袁終於背君賣友，致使戊戌維新之局，歸於曇花一現。光緒二十五年袁奉旨署理山東巡撫，將所練新軍改稱武衛右軍帶往就職。次年拳匪亂起，袁在山東境內，頗能保境安民，且與粵督李鴻章江督劉坤一鄂督張之洞聯名疏劾拳亂禍首端王載漪剛毅趙舒翹等，力持東南自保之策，故魯粵江鄂沿海沿江各地秩序，均安堵如常，拳亂卒

未波及。後來拳亂平定，袁嘗誇耀於其幕僚曰：「此次變亂各督撫中，若無我輩四人撑柱，國事尚可問乎？」其實當時爲劉坤一劃策力主保衛東南者，實爲張季直。據張年譜云：

光緒二十六年庚子五月，北京拳匪事起，其勢熾於黃巾白波。二十二日聞匪據大沽口，江南震擾，江蘇巡撫李秉衡北上。愛蒼（沈瑜慶字）至寧，與議保衛東南。陳伯嚴三立與議迎鑾南下。蟄先（湯壽潛字）至寧，議追及李秉衡以安危大計，勿爲剛趙所誤，不及。至滬與眉孫（何嗣焜字）愛蒼議，由江鄂公推李相統兵入衛。與眉孫愛蒼蟄先伯嚴施理卿炳燮合劉張二督保衛東南。余詣劉陳說後，其幕客有沮者，劉猶豫，復引余問「兩宮將幸西北，西北與東南孰重？」余曰：「無西北不足以存東南，爲其名不足以存也；無東南不足以存西北爲其實不足以存也。」劉蹶然曰：「吾決矣」。告某客曰：「頭是姓劉物」。即定議電鄂約張，張應。……閏八月，李劉張袁聯劾端剛趙，詔解端差使，剛趙交部議。……十二月，聞李相議和約十二欵已定。

拳亂發生不久，八國聯軍即入北京，慈禧與光緒帝狼狽出京，詔粵督李鴻章北上議和，改任爲直隸總督兼北洋大臣，及至辛丑和議初成，李鴻章遽以疾歿。李臨逝前一日，口授于式枚草遺疏保荐袁世凱繼任直督，謂「環顧宇內，人才無出袁世凱右者。」這就因爲在拳亂中李鴻章見袁之行動與衆不同，故保舉袁是他死後的惟一替手，從此北洋軍閥的基礎便確定了。

袁世凱在直督兼北洋大臣任內，設辦警察，與立學校，知人善任，頗稱於時。光緒三十年，各省疆吏，鑒以日俄戰爭，日勝俄敗，非變法無以圖強，於是紛請立憲。時張季直以在野名士，領導立憲運動，深以袁爲北洋重鎮，舉足重輕，張乃獨棄前嫌，致書於袁，請其贊助立憲，書云：

公今擁天下重兵，肩天下重任，宜與國家有死生休戚之誼，顧亦知國家之危，非夫甲午庚子以得比方乎？不變故體，枝枝節節之補救無益也。不及此日俄全局未定之先，求變政體而爲揖讓救焚之迂圖無及也。……日俄之勝負，立憲專制之勝負也。今全球完全專制之國誰乎？一專制當衆立憲，尙可倖乎？日本伊籐板垣諸人，共成憲法，巍然成尊主庇民之大績，特命好耳！論公之才，豈必在彼諸人之下，即下走自問志氣，亦不在諸人下也。

此信距絕交書相去已二十年，張袁交誼，從此又告回復。據張年譜云：

光緒三十年甲辰三月與合肥蒯光典論立憲，見滇督丁振鐸黔撫林紹年請變法之電奏。四月爲南皮魏督擬請立憲奏稿，經七易，磨勘經四五人，語婉甚而氣亦怯，不逮林也。五月，以請立憲故，南皮再三屬先商北洋，湯壽潛亦以爲說；余自金州歸後，與袁世凱不通問者二十年，至是始一與書。袁答：「尙須緩以時日」。

次年乙巳，爲抵制美貨事，張再致書袁，主張立憲，其言曰：

……萬幾決於公論，此對外之正鋒，立憲之首要，上年公謂未至其時，亦自有識微之處，今外度日俄之前途，內揆徐劉之近效，針鋒相値，似當其可矣。曩言萬

世在後，萬史在前，今更爲公進一說，日處高而危，宜準公理以求衆輔，以百人輔，不若千；千人輔，不若萬；萬人不若億與兆，自非有所見，不爲公進此一言也。且公但執牛耳一呼，各省殆無不響應者。安上全下，不朽盛業，公獨無意乎？及時不圖，他日他人構此偉業，公不自惜乎？

光緒三十二年七月，清廷下詔預備立憲，張復致書袁，極爲頌揚袁贊助立憲之功。其辭曰：

自七月十三日朝廷宣佈立憲之詔，流聞海內外，公之功烈，昭然如揭日月而行，而十三日以前，與十三日以後，公之苦心毅力，如水之歸壑，萬折而必東，下走獨心喻之。億萬年宗社之福，四百兆人民之命，繫公是賴，小小波折，乃事理所應有，以公忠貞不貳之心，因應無方之智，知必有屈信蠱利者，偉哉足以伯仲大久保矣。吳武壯有知，必爲凌雲一笑，而南壇漢城之間，下走昔日之窺公，固不足盡公之量也。欽仰不已，專書述臆，願取宏指。

觀此書溢美之辭，則張對袁衷心之傾倒可知，尤其是「下走昔日之窺公，固不足盡公之量也」一語，未嘗不是對以前絕交書中之痛詈，表示歉意。雖曰個人好惡，絕不以私害公，而激於感情衝動，遂致前後判若兩人，殆猶不免書生之結習也。

光緒三十四年十月，宣統嗣位，親貴執政，袁首奉詔回籍養疴，是爲袁一生最失意時期。宣統三年五月，張季直以津滬粵漢四總商會公推赴京，商組遊美報聘團事，過彰德時，訪袁慰廷於洹上村，其時二人疏隔已久，分道揚鑣，且近二十八年。據張日記云：

五月十一日午後五時，至彰德，訪袁慰廷與洹上村，道故論時，覺其意度視二十八年前大進，遠在碌碌諸公之上。

是年八月，武昌革命軍起義，各省響應。清廷起用袁爲爲湖廣總督，及欽差大臣，率領馮國璋段祺瑞二軍，南下督師。旋復被任爲內閣總理大臣，網羅各方人才，組織責任內閣，於是張季直亦被任爲農工商部大臣，及江蘇宣慰使。但張認爲戰端既起，非清廷允許共和，無從根本解決，故辭不應命。其致內閣辭職電中云：

報載二十三日諭旨，張謇派爲江蘇宣慰使，二十八日奉儉電，任謇爲農工商大臣，無任惶悚，自庚子禍作，迄於事定，前後賠欵，幾及千兆，海內沸騰，怨歎雷動。謇時奔走江鄂，條陳利害，亟須改革政體，未獲采陳。……自先帝立憲之詔下，三年以來，內而樞密，外而疆吏，凡所爲違拂輿情，摧抑士論，剝害實業，損失國防之事，專制且視前益劇，無一不與立憲之主旨相反。……今年內閣成立，親貴充任總理，……謇適由社會公推入都，晤閣部臣時，復進最後之忠告，謂……輿情非可壓迫，愈壓則反激愈烈，士論非可摧殘，愈摧則憤變愈捷；一再披瀝不留餘蓄，并以假立憲與眞革命之說儆之。而川省之事已起，趙爾豐之焰頓橫，謇復電端方，瑞澂，爲進治本須疏通，治標須撫慰之策，而鄂難作矣！……曾未彌月，而影響已十二三省，人心決去，大事可知……今則兵禍已開，郡縣瓦解，環觀世界，默察人心，舍共和無可爲和平之結論者，趨勢

然也。……且罪己之詔方下，而蔭昌漢口兵隊於交綏之外，奸淫焚掠屠戮居民數萬於前，張勳江寧駐兵不在戰期閉城淫掠屠戮五六百人於後，……尙有何情可慰？何辭可宣？……無已，再進最後之忠告，與其殄生靈以鋒鏑交爭之慘，毋寧納民族於共和主義之中，必如是乃稍爲皇室留百世禋祀之愛根，乃不爲人民遺二次革命之種子。如翻然降諭，許認共和，使饗憑藉有辭，庶可竭誠宣慰。……至於政體未改，大信已漓，人民托庇無方，實業何以興起，農工商大臣之命，幷不敢拜，謹請代奏辭職。

洪文卿託納妾遺簡

洪　鈞

——同治辛未四月初一日致吳澹人氏

再者，弟所生僅一子，年已十齡，而弟婦艱於再育，且自經產難後，即視生育爲畏途，此子當繼與先長兄名下，先次兄及弟本身尙在無着。弟有納妾之念久矣，志欲得蘇人，而將來供職在京，無從辦理，即明年差滿交替後，亦不暇作乞假南旋計，以須散館故也。入京之後，又不定何年至蘇，此願耿耿不穩如何。今適曉翁回里，弟力託其代爲物色，曉翁無子，此事在渠更爲正辦，而渠志不專在吳人，弟已允爲就近託人物色，以堅其爲弟物色之心，一切鄙意，已面告曉翁，由伊代爲揀擇，萬一有合式者，須價若干，恐曉翁無從挪移，即前寄項下提用。曉翁到蘇，必以此事商諸吾兄，以決其意，望吾兄告以就裏。弟此舉雖出私心，然亦有稗家事。何也，家母年高，家務一切不應再煩老人，而弟婦過於德勝於才，料理內外，非其所長，如得一聰慧之妾幫同校掛，可以分老母之勞，弟起居食用所需，亦不慮乏人伺應，致事必躬親。至子息蕃多，亦是要事，做族在咸豐年間有數千丁，今則男丁僅數十人，先君昆季三人，弟之弟兄四人，今則僅弟父子二人而已，人丁之衰替，千鈞一髮，實屬可危，不乘此壯年寬爲豫備，非計也。嘗笑世人僞論，每於中年以後納姬妾者，謂爲理當情眞，而壯年有此舉動，則不以爲然，此臆論也。人過中年，血氣已衰，此時不思葆養，反增戕伐之斧斤，以致年齒相懸，閨房悒悒，而帷薄不修之事，有由來矣。弟年僅三十有四，而近年來勞形過甚，雖似外强，已漸中乾，攬鏡自窺，二毛早見，故欲於五十以後，便即絕慾，而世人暮年所行之事，弟則於壯年行之，乃爲無害有益，特不免登徒好色之譏耳。然以三載之辛勞，博一妾之供奉，撫心自問，尙可無慚，既爲此舉，自不得草草擇人，致徒有其名，未副其實，故力託曉翁從嚴品別，閣下雖笑其言之飾非，亦不能斥其言之背謬也。如有其人，閣下至交，無妨一視，路途雖遠，而衆論可參，弟將以耳爲目矣。所以不託閣下者，則以閣下固無暇，而老伯母之嚴氣正性，必斥其非也。再褸。肅此統希愛照。　弟又啓。

此信祈付丙丁。

×　×　×

大酒缸與小飯館

識因

自從北京成了天子輦轂之下後，人們也就文質彬彬起來，言談舉止雍容大雅，雖是販夫走卒見人禮數周到，話兒甜甘如覩滿洲王孫阿哥們，那些慷慨悲歌傍若無人的燕市酒徒在這八百年來帝王的古都裏是不易看到了，無已其求之於大酒缸乎。飲酒也和詩詞一樣有不同的種種意境，緩帶輕裘，溫溫柔順是一樣飲法。紅袖青衫低吟淺斟，是一樣飲法。酒酣耳熱歌呼烏烏，又是一樣飲法。唯慧心人參得出這種種意境，自能體味得之也。

買醉燕市已歷年所，也參加過多少次高下不等的酒場，覺得冬季風雪載途的日子，或是黃沙撲面，電線被西北風吹得發出哨子聲時，在大街上縮着脖子，兩手插在衣袋裏急急行走，打開大酒缸掛的厚藍布棉簾走進去，隨便在那一角都可以佔一個座位，要牠兩三碗白乾，來上一碟炸餎餷合，一碟煮小花生，叫夥計在門口賣羊頭肉櫃子上切幾毛錢的羊臉子，用舊報紙一托，肉片大而薄如紙，上洒細鹽，手撚而食，不用匕箸，三碗下肚，風寒已被驅逐淨盡。再叫櫃上來三十個羊肉白菜餃子，或在山西舖子裏更可以嚐嚐刀削麵或貓耳朵。這樣酒足飯飽之後，心身泰適，即或千里孤身，一人客居，也就暫時解去鄉愁。

所謂大酒缸實是北京專賣酒不賣熱菜的酒店。普通是三開兩進的門面，櫃台以外，屋裏沒有桌子，放上五六口頭號皮缸，上蓋硃漆或黑漆的缸蓋，就拿牠當桌子用，缸的四周擺上幾個凳兒就成了。木舖櫃上沒有什麼酒菜，平時是炸排叉，餎餷合，煮小花生，煮花生仁，玫瑰棗，蘭花豆，春天黃花魚上市的時候，添賣炸黃花魚，炸小蝦。夏天添上煮毛豆，再要添買酒菜就得叫夥計去買。門外常有賣羊頭肉的，或賣燻魚猪頭肉的背櫃子在此等候主顧。秋天有賣炮羊肉的車子停在門口，而且賣爆羊肚的，賣餛飩的常期在大酒缸門外擺攤兒。

酒不論斤，以碗為單位，碗是很糙的磁白裏黑皮，有飯莊上喝紹酒用的杯子大，可盛二兩來的酒。除了白乾以外，還賣山西黃，山東黃，和良鄉酒，也賣茵陳，蓮花白，和玫瑰露。這樣酒多是為拿瓶打酒的主顧預備的。你想到大酒缸喝酒去的人誰肯喝那沒有勁頭兒的果子酒呢。

飯食就是餃子、麵條、撥魚兒、還有刀削麵、貓耳朵，到山西舖裏喝酒，可以嚐一下特有的醋滷拌麵。餃子普通冬天是羊肉白菜餡，春夏是猪肉茴香，猪肉韭菜，羊肉西葫蘆。要不吃這些，可以叫夥計買三五個新出爐的芝麻醬燒餅蘸着砲羊肉的汁水一吃，再鬧一碗餛飩，臥上兩個白果，亦可以果腹矣。

昔年讀書清華園中，北京沒有家，星期六進城，時間一晚，不好到朋友家去趕飯，給主人添麻煩，常常一個人到小館子去吃上一頓，再到友人家去借宿。因此試驗了許許多多的小飯館。

大約北京小飯館分成南方館子，本地館子兩路，南方小館也有江蘇館，也有廣東館。東安市場的五芳齋，西單的玉壺春都很出名，這種館子沒有大件的菜，賣得最多的是包子、湯包、炒麵、湯麵、餛飩、新年以後添上春捲。

去的人都爲自已吃飯，不是請客，叫上兩樣點心也就飽了。有時作一兩樣菜如燒頭尾，紅燒爪尖，松鼠黃魚等，來一盤花捲兩碗米飯一吃，換換口味，也不費錢。

西單商場剛一開闢時，正對商場馬路西有一家酒館叫雪香齋，專賣紹酒。主人夫婦親自上灶，只有不多幾樣菜，炒鱔魚絲最是拿手。秋天也賣螃蟹，某次我一人獨吃肥蟹四隻，喝了一斤來的紹酒，也就首開我這酒量小人的紀錄了。出得門來覺得悠悠然，已有八九成醉意，今日回思渾如夢境。

純本地味的小館很多散布在四城裏，最出名的如餡餅周，餃子王，穆家寨，灶溫，白魁和後門橋頭的灌腸舖，前門肉市一家以炸三角出名的館子。這些家仍然存在，生意都還不錯。餡餅周，穆家寨在前門外，餃子王在崇文門外花市，灶溫白魁在隆福寺街，都有拿手的菜，最好的是灶溫作的麵條，從最細的一窩絲，到粗的簾子棍都是人手撐的把兒條，不用機器，就是一窩絲那們細，煮出來也是不糟不爛，眞是一絕。此外他那裏的烙春餅也頗有名。

民國十七年北伐成功以後，飯館裏添上女招待，風靡一時，除了幾家大莊子和東興樓同和居以外，若小的館子門口無不添上一個「特請女士招待」的牌子和應時上市的菜名粉牌并列，可是她們的能力實不如男跑堂的，常把座兒叫的菜送錯，算起帳來決不能像男跑堂一邊數傢伙，嘴裏念着迅速的就算完了。又因她們演出了好多桃色的悲劇，喜劇，以致不理於衆口。現在除了前門外幾家館子仍有女招待外，內城各飯館仍用男跑堂。

有女招待的舖子我也觀光過幾次，一向腦中印上古詩裏所謂「胡姬年十五，春日獨當壚」的影子，及至親眼看過，立把綺麗的幻夢打破，大概略爲清秀，面目平常不討厭的就很少，更不用說什麼有風韵的了。又加之她們都是濃脂厚粉，若遇見一位大個兒，虎臂熊腰，雄糾糾的，好似孟州道上十字坡的孫二娘，燈光一照又像佛經上所說的「鳩槃茶」，試問誰還敢調笑這樣的酒家胡呢？

西單十字路口南邊路東在和蘭號咖啡店的地方，從前有一個聚仙居小館，地方過於窄小，所以人們給牠一個諢號叫「耳朵眼」。最出名的是灌腸，炸三角，叉子火燒，去的人很多，有時等半天才能找到一個座位。她又和北京出名的天福醬肘舖是南北相對的鄰居，把新得的叉子火燒夾上天福的醬肘，眞是少有的美味。後來因修電車道，展開馬路，這個舖子就關門了，可是「耳朵眼」這個名字還沒被一辈老饕們所忘。

出阜城門外不很遠，馬路北邊有一個小酒館，叫蝦米居，正名大約是永順居。這是個野意頗濃的舖子，專賣良鄉黃酒，有乾榨，苦清之別。以碗爲單位，四碗是一斤。酒菜和大酒缸相似，不過灶上有人現作熱菜。後院有個角門臨護城河，院中有兩顆大柳樹，樹下是用磚砌成三四個台兒算是桌子，春夏時坐在那兒喝着酒，吃着他們由後河裏現撈上的青蝦作的熗活蝦，不知不覺酒量就增大了。冬天他們又有特有兎脯和牛肉乾，兎脯是照魚凍作法做的，北京賣兎肉的只此一家。天冷了，客人都在屋裏吃，由夕陽影中隔窗看見樹上，懸掛的野兎，和古拙的磚桌，彷佛古人詩詞中所描寫的荒村酒店，是一幅富有蕭索暗淡氣息的圖畫。至於何以名爲蝦米居，就因他們的拿手菜熗活蝦而起也。

日本概觀

周幼海著

三版出書

定價五十元

認識日本是當前的一個重要課題，可惜迄至今日，對於日本的現實作一有系統之綜合介紹的專著，尚屬罕見。周幼海先生有見於此，特撰成本書，以饗國人。周先生留日多年，對於日本的研究，考察和體驗，極爲深刻，且其文筆豪放，語氣親切，態度忠實，言必由衷，故本書非特毫無「八股味」或「道學氣」，而且常以趣味濃馥之故事以抒其對於日本的觀感，使吾人由此對於日本的現實獲得一切實的認識。所述大都係最新的材料，這點尤值得人手一編。茲已三版出書，每冊實售國幣五十元。

南京興業銀行

滬行最近期內開幕

總行
南京中華路六十七號

上海辦事處
咸陽路二號
電話七三七八八

南京辦事處
復興路中央商場內

營業種類
存款，匯款，放款，國內匯兌，其他一切銀行業務

上海郵政管理局暫准登記證第四〇〇號

周佛海先生散文集

古今叢書之一・白報紙精印

往矣集

增訂第十版・不日出版

往矣集目次

附錄

往矣集出版以來，以內容充實，筆鋒現奇，深得國內外讀者之歡迎，故一年以來行銷已逾兩萬餘册，爲出版界所僅見之紀錄，其盛況已無待煩言。著者在日譯本序文中有云：「出版之後，在一年之內，竟出到第八版，這雖然比不上民國十七年我出版『三民主義之理論的體系』時的盛況，但是在近數年來的出版界中，也可說是稀有的現象」。尤不難見此書之價值。茲以增訂九版即將售罄，第十版不久問世，凡愛讀著者文章者，不可不先覩爲快。

第九版每册一百元

內刊銅版精印插圖多幅

周越然 周作人 陳乃乾 紀果庵 謝剛主等八家合集

古今叢書之二

蠹魚篇

筆調雋永清麗・材料豐富珍秘

本社於往矣集出版以後，因鑒於目前出版界之沈寂，爰有古今叢書之二蠹魚篇問世，內容所談皆係古今書市之變遷，藏家之生平，及梓林之掌故史乘。作者諸君，不惟俱係當代聞名作家，且又南北各占其半。手此一編，即可爲通人，不致爲書賈所欺。蓋以我國文化之悠久，著述之浩繁，正有待於學人爬羅剔抉，故本集於文苑之意義即不難想見。茲以第二版出書後，存書又已不多，凡關心學術文獻者，請即捷足先得。

每册實價一百元

蠹魚篇目錄

古今合訂本

第七册即將售罄
第八册業已出版

每册實價叁百元正

本期每册實價伍拾元

開卷古今千萬事
杜門清濁兩三盃

樸兄集浮溪集句屬書

甲申夏書 吳湖帆

古今

文史半月刊

第五十四期

文史半月刊

古今

第五十四期

中華民國三十三年九月一日出版

社長　朱樸
特約撰述　冒鶴亭　瞿兌之　周作人　徐一士
主編　周黎庵
發行者　古今出版社　上海咸陽（亞爾培）路二號
發行所　古今出版社　上海咸陽（亞爾培）路二號　電話：七三七八八號
印刷者　中國科學印刷公司
經售處　全國各大書坊報販

上海雜誌聯合會第十號會員雜誌
零售每册中儲券六十元
國民政府宣傳部　登記證滬誌字第七六號
上海市警察局　登記證C字一〇一二號

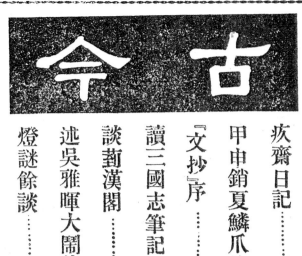

過去的光輝

何梅岑

今年七月十日在北平市立師範以「舊時代的新精神」爲題，對一部分同學，在短短時間中，將晚淸的啓蒙運動作一約略的介述。以我這樣譾陋的知識，拙訥的口齒，殊不足闡發這個偉大的「黎明之前」的意義於萬一。可是，經空前的世變，懷前輩的風徽，中心感發，笑淚交集，不得不對曾聽我談話的未來敎師諸君寄與無窮的希望，懇摯的希望他們能把這曾經照耀過十九世紀末期黑沉沉中國的光明種子，鄭重的傳承過去，葆藏起來，在無論什麼孽火罡風中，也不要使牠熄絕死滅，因爲那正是從我們民族生命中鍛鍊出來的一點靈光。

我，從學問上言，當然一點不敢冒充史學的內行，從經驗上言，雖說生於淸朝末葉，稍懂世事，却已入了民國，自知沒有對更年輕的朋友高談什麼「開天遺事」的資格。不過，近來在一般社會的黑暗糜爛人理喪絕之外，看見一個更可怕的現象，就是靑年層的僵化和腐化，數十年前我們的先輩用全力淘汰過的文章思想上的渣滓，現在竟有時被靑年人拾起來當作寶貝！這是歷史上一個多毒辣的諷刺！每一個具有歷史演化觀念的人，每一個相信中華民族還有個「將來」的人，在今天，是不能藉口任何理由逃避這個發言的義務的。一般的習慣總以時間的後先，爲新舊的區畫，其實新與舊另有其發生學的意義，有朝氣、生機、活力、將來希望者是新，反之，就是舊，「過去」不一定便是舊，「現在」也不一定便是新，歷史演化是曲線而非直線的，一度昂揚有時便繼之以沉落！「時髦」也許正是「進步」的反面。我說歷史的「演化」而不說「進化」，那有我的理由，因爲「演化」是宇宙的事實，而「進化」「退化」却都含有評價的意味，我不能相信中國道家把太古當作樂園的退思，却也不敢輕易想追隨近代歐洲自倍根以來說極樂世界就在明天的夢想，因爲「過去」「將來」，同等渺茫，而善惡苦樂的評定又多憑主觀也。世界上所有理想國烏託邦的說法，雖似高妙，實甚淺薄，因爲他們總要懸想一個絕對的境界，而此絕對的境界實非世間所能有——人類對其客觀世界的反應因各自的條件而不同，永難期其一致，這個使人人都滿意的絕對境界。也就永難達成。假如有人問我，中華民國建國三十餘年來畢竟在各方面有什麼具體的進步？那我很難做一個使他完全滿意的答案，因爲「進步」這個命題裏就含有多少主觀的成分，我所謂進化者在他也許正認爲退步吧？民國建國三十餘年來在文化、政治、經濟、社會上的確發生了許多驚心動魄的新的事實，和這些新的事實隨伴着發生了許多的歡欣，一面却也就免不了許多新的煩惱，在這歡欣和煩惱之間，起伏着光明與黑暗，誕生與死滅，天堂與地獄，神明與魔鬼！我們只鑒賞着這一幕劇的悲壯，莊嚴，很難說牠在那一點上是進化，在那一點上是退化，而是萬花撩亂的演化！——也就是章太炎氏所謂善亦進化惡亦

進化，樂亦進化苦亦進化的俱分進化。

我們知道中國人和希臘「變」之哲人赫勒吉來特在時間上相距不遠就有一部「變之書」——周易，專來闡發「變」之原理，中國的歷史也正是多變的歷史，史記以下斷代之史就有二十三四部之多，不過這些史書上所紀載的都是週期性的一分一合，一治一亂，自秦而降二千餘年就是這樣週而復始的變化下去，因此才有邵雍等輩所謂世、運、天、會、數學式的氣數史觀，再加上一點佛家小乘因果報應之說就構成了從士大夫到鄉下老共信共喻的一種歷史定命論所謂「刧數」是也。假如給這個以現代的解釋，那便是在自然淘汰的公例支配下的一種歷史的循環現象，每一番變動，其樞機操之自然趨勢者多，由於人的意志者少，打破了這個公例的就是清末的劃期的大變化。

最近社會人士論史，似乎在注重晚明之後轉其視線於晚清，不管動機如何，這是一個進步的傾向，有清一代，雖以滿族入主，與土著漢族每難十分融洽，平心而論，暴君虐政，在二百餘年中殊不多見，遠勝於明朝的一團戾氣，但終亦不免於傾覆，與其說清朝自身罪惡所致，不如說是由於時潮的激盪，和國民向上的要求。嚴幼陵在甲午戰後一八九五年（光緒二十一年）發表「世變之亟」一文，說明這個時代是自秦以後未有的大變局，並引郭筠仙語說：中國的開放是「天地氣機一發不可復遏」，世界新潮以奔騰澎湃之勢衝向中國而來，這沉睡中的大陸遂因此怒濤的沖激而覺醒，起來做生存的掙扎；從中國本身來說這和過去數千年中一回又一回的改朝換代，走馬燈式的因襲把戲全不相同，乃是民族覺悟分子的意志力之自覺的表現，這個運動有具體組織，有明確理想，也非漢的黨錮，明的東林復社等所能比，從世界全體說來，這個做了幾千年亞洲政治，文化中心足與歐洲史上的羅馬帝國相比的大國家更現代化起來，不能不算是歷史上僅有的幾件驚心動魄的大事之一。談到近代世界史，在宗教改革，文藝復興，工業革命，法國革命，俄國革命，日本維新之外，我們不要忘了中國的覺醒。

這個偉大的覺醒的開始，早在十九世紀的中葉，一個敏感的文人龔定庵氏在鴉片戰爭的前夜，就預感洪水時期的方來，發表許多驚世駭俗的危言高論，在舉世酣嬉醉飽之中，做着冷水澆頭似的警告，在他「乙丙之際箸議第九」中述當時社會的危機說：「左無才相，右無才史，閫無才將，庠序無才士，隴無才民，廛無才商，抑巷無才偷，市無才駔，藪澤無才盜，則非但尠君子也，抑小人亦甚尠。當彼其世也，而才士與才民出，則百不才督之縛之，以至於僇之，僇之非刀非鋸……徒僇其心，僇其能憂心，能憤心，能思慮心，能有廉恥心，能無渣滓心，……才者自度將見僇，則早夜號以求治，求治而不得，誖悍者則早夜號以求亂，夫誖且悍，且睊然眮然以思世之一便已，才不可問矣！鄉之倫，聒有辭矣！然而起視其世，亂亦竟不遠矣。」

龔氏驚才絕艷，悲憤的意緒一發而爲璀彩的文章，彷徨苦悶，歌哭無端，實在是新舊遞嬗的中國一位象徵人物，其作品風靡晚清，成了維新革命兩派文人的範本，良非偶然。（梁任公自言少時曾心醉定庵集，革命派的南社，詩文格調，尤多襲定庵衣鉢者。）上引一文，從不痛不癢，不黑不白，死氣懨懨的世界裏，看出大亂之將至，非具詩人的敏感者不能，眞的詩人也多半是預言家，於此得了一個明證，晚清幾個偉大的

啓蒙運動者也和十八世紀的法國德國黎明期的人物一樣，在某一意義上都是詩人；康長素，譚復生，梁任公，乃至以樸學大師見稱的章太炎都非例外。且不管這些人作詩與否，他們那種旋轉乾坤的大理想大事業實萌芽於一片芬芳悱惻的詩心，對於祖國，同胞空前的苦難一種不安與不忍。他們那些評論政教，呼籲國羣的文字，也大半是用散文寫出的詩篇，梁任公，章太炎的文章更現示着這種特質。他們和前一期的洋務論者曾滌生郭筠仙李少荃等之有官位權勢可憑者不同，赤手空拳，無寸鐵可恃，只仗着這一點血誠，一點文采，激盪起一代的風雲變幻，他們的事業或成或敗，他們個人無不經殺戮、流亡、拘幽、竄逐之難。我們講起晚清啓蒙運動，不由洪楊的太平天國，曾李的洋務運動開始，就因爲太平天國雖和過去黃巾、紅巾、闖獻的動亂有異，然其政治理想若明若昧，政治組織若凝若渙，殊未脫舊時會黨餘習，一般文化水準尤極低陋，看陸續發現的太平天國史料可知其大概；至於曾、李本是舊文化舊制度之擁護者，就曾之「討粤匪檄」看來，他們的中興事業不只是爲清政府討伐叛亂，而且是爲保衛中國本位的古典文化而發起的十字軍，他們洋務運動也不過是想輸入一點外來的新血——所謂富强之術—來延續舊國的壽命中，和甲午以後思以自己的人力創闢一個新天地者固不相侔也。

「讀盡舊史不趁意，思有新世容吾儕」，誰相信這竟是海藏樓主人當年的詩句？這也正是那時一般人士的憧憬！歷經大難，對於當前的現實，因絕望而作全面的否定，「舊時的天地已然死了，我們看見了一片新天新地」（新約啓示錄），時代的火焰把臭腐煉爲神奇，舊世紀的遺物，都放出了新的光彩，西漢的公羊學，明季的遺老的著述和明清交遞間的野史佚聞，在這時都成了鬥爭的火炬。我們知道，今文家的公羊經學本是漢朝儒生用以阿諛他們朝廷的曲學，董仲舒何休輩比叔孫通之流更進一步，想從思想學術上找出劉氏政權的根據三世三統王魯素王之說，「孔子素案圖錄知庶姓劉季當代周」之語（見何休公羊傳注）和讖緯符命之類的作用原無二致，誰想在千餘年後，他們這套東西，會變成一個革命哲學，推翻了中國歷史上整個的王朝時代！明代以魚爛土崩之勢而覆亡，代之者因是滿族的清朝，亡國士大夫遂發揮其潛存的生命力量，掙扎失敗之後，把他們不死的心，託之著述，好像冰天雪地中潛伏着的春之種子，在二百多年之後，竟也萌起芽來，王船山，黃梨洲，顧亭林一類人物，黃書，明夷待話錄，揚州十日記一類的書，經國粹學報，神州國光社等的提倡在當時成了普遍的「時髦」，二百年前的志士們所夢想的「恢復」居然實現了，可是所「恢復」不是「大明」乃是二十世紀的「中華民國」，再也看不見他們斤斤據爲夷夏大防的衣冠禮樂，他們痛心疾首用頭顱擁護的頭髮，在「恢復」之後，竟比辮髮時代削翦得更短！

這兩種思想恰好也可以從敏感的龔定庵氏的著述中抽出了端緒，龔氏自莊方耕劉申受宋于庭諸家承繼公羊學，他却和魏默深不同，不用牠來向經學本身去著什麼「古微書」，却發揮牠那種「變」的歷史哲學，向實際政治，實際社會上要求變法以永命，希望清代朝廷變成一個較能適應時代的力量而延續其命運，一面却又對滿洲族的清朝隱懷着深沉的憤懣，他那首「漢朝儒生行」就是利用淵博的漢史知識，來寄託種族意識的作品。自然龔氏只是風流倜儻，易地的李後主，納蘭容若（張蔭麟

語）所有只是片斷的感想不會成了系統的思想和實際的行動，龔氏之後，戴子高（望）在喪亂飄零之際，綜合了公羊經學和種族思想似頗有經世之志，然人地寒微，年命短促，未能大展懷抱。至於這種思想發生活的力量活的精神，還要在喪師辱國，中國的命運到日暮途窮的時候！

記得，古埃及神話傳說中，有論鳳凰每生到五百年就用劫火自焚，然後由灰燼中重生新體，其文采每焚一回，愈見得輝煌奇麗，二十餘年前郭沫若氏曾以此題材作成鳳凰涅槃的長詩，我以爲這很可以象徵黎明期文化運動的全體。我們現在應該珍視的到不是那時候的主張見解而是那一段活潑熱烈的新精神。譬如，康長素的新學僞經考，孔子改制考就從古典學問產出的摧毀古典文化傳統的力量，這兩部書的鉅大影響，與其說由於其論理的周密考證的精確，不如由於作者所表露氣魄與熱情，有一種自然的征服力，這不但是過去公羊學者如莊，劉，宋，魏等所無，龔定庵戴子高也瞠乎後矣！這種書不只是理智的產物乃用熱情與熱血寫出的「生命之書」！有些學術史家如錢賓四先生等支支節節去追問他著述的來源，說那些部分竊自廖季平的學說，這是不善讀康氏書者，廖氏學說雖多奇詭，總不脫經生之態，豈有康氏那樣的橫絕一世霸氣，譬之演戲，廖氏僅僅是書齋中的脚本製作者，康氏乃是舞台上實際的偉大表演者，譚鑫培所演的「連營寨」與一般庸伶根據的何嘗不是同一脚本也。也不但康氏一人，譚復生的仁學，章太炎的訄書（即章氏叢書中的檢論），梁任公的政論以及新民叢報，民報上所載立憲革命兩方的論辨文字，都應以此法讀之。立憲黨的維新論，革命黨的復古論，（立憲黨的祈嚮爲君主立憲的實現，其着眼在政治革新，很像帝俄時代的西歐派，革命黨的鵠的爲大漢政權的建設，其着眼在種姓復古，很像俄國的斯拉夫派。）現在看來，自有很多非現實，不邏輯，駁雜膚淺，廓落無當之病，如康氏大同書中的理想乃幻覺，章氏漢族一元的中華史觀乃錯覺也。他們的文體也太半自古文，駢文，乃至八股文等蛻化而出，並非絕對的新創，然而字裏行間却都有一種動人的迫力，直到今日讀來仍未消失，所謂「筆鋒常帶情感……若有電力足以吸人者」初不限於梁任公一人也，中國前所未有的報章文學的基礎，便憑這點愛世的熱情而奠定。再看當時葉德輝，王先謙輩迂腐的拒新論，和流行一時的投機式的富强策論，則只有惹笑惹厭的效果，就因其說舊說新都是隨緣乘便，根本缺乏這種從心的深處發出來的璧光耳。

人造成了風氣，風氣又造成了人，民國時代以「遺老」資格活下來的人們，在當時幾乎無一不和維新活動，有直接間接的關係，江西派詩人陳散原，浙派詞宗朱古微，元史學者沈子培……等皆其顯例，而且那些人，多半赴以深情，不只是湊湊熱鬧而已，最可注目的便是桐城古文大師吳摯甫氏不但讚美着嚴復譯的天演論，並確信西洋的新醫術，不服中醫的方劑，卒因在故鄉桐城病發未找到良好的西醫而不起；清宗室壽伯茀（富）氏以喜談西學著稱，八國聯軍入北京，閉戶仰藥以殉，藉示講西學的目的並不是做洋奴，這兩件事代表相反的兩面，一可見他們對新東西信仰之篤，不惜拿生命來試驗；一可見他們對自己的立場持守之堅，不惜以生命來證明也。一片壯彩的光焰在大風中凝成美麗的花朵，我們看見初期的新文藝運動。康長素和黃公度的詩一雄奇一恢廓，都是中國詩史上未曾有過的意境；一向爲士大夫輕視小說戲曲，也抬起頭來

，開爭取牠們新的地位。梁任公有名的「小說與羣治之關係」一文，估定了小說的社會價值教育效力在高文典冊之上，這不像明代的李卓吾金聖嘆等僅僅作鑒賞的批許而已，而「新小說」雜誌的刋行（一九〇二年），新羅馬傳奇的編製，更是梁氏在創作方面有力的鼓盪。有名吳趼人二十年目睹之怪現狀九命奇寃，李伯元文明小史官場現形記，劉鶚老殘遊記，曾樸孽海花遂陸續產生，我們從藝術見地上雖然不能對這些小說做過高的估價，然而牠在社會上所給的影響和文學史上一種先驅的作用都是不容忽視的。自然以上這些都不過是一種「變容」現象，形式的變革，所以使文學體製能擔荷牠的社會任務。對於這，再來一次否定，敢然主張藝術自覺者，有王靜安先生的紅樓夢評論和靜安文集中其他文學論文，另外還有魯迅先生的摩羅詩力說及文化偏至論，靜安先生根據叔本華哲學康德美學把紅樓夢和歌德浮士德相比稱之爲宇宙的大著作，且推小說戲曲與詩歌同爲文學上最高的體裁，肯定藝術的無用之用是較經世濟民的政治更大的作用。魯迅先生則鄙視當時淺薄的富强立憲之論希望精神界戰士的出現，介紹拜倫雪萊及東歐北歐幾個血腥氣的惡魔詩人，以美偉之力改造中國人委鄙怯懦的靈魂。二先生的文學觀，在當時實甚深妙，遠過於後來文學革命的首倡者胡適之氏等，可惜這些文字在當時流行未廣不能造成風氣，以致文學革命的開始，延遲了幾乎十年。

再說到對於國外政治學術文藝思想之介紹，在當時也以深情赴之，黃公度的「日本國志」直到今日還是研究日本最有成績的綜合著述，嚴幼陵以「一名之立，旬日踟躕」的矜愼態度翻譯了十八九世紀幾部世界名著：赫胥黎的天演論（天演與倫理之一部）斯賓塞的羣學肄言，（社會學導言）亞丹斯密的原富（國富論），孟德斯鳩的法意（法之精神），穆勒的名學和羣巳權界論（自由論），林琴南則以完全不解外國語文之人，居然藉他人口譯翻譯了許多文學上劃期的傑作，斯各德，迭更斯，歐文，大小仲馬，塞文梯斯……竟藉了一位古文家的筆傳入了中國，雖然三十年來留學歐美的人，日益增多，可是嚴林所譯的東西，只有人挑七挑八的指摘，並未見有人拿來重譯過幾部。我們在佩服今人的聰明之餘，不得不追懷着前人的篤實也。在這點上，我眞要期待進步論者的答覆了。在最無法解釋下，只希望這是演化過程中的一時的落潮現象，而非整個中國民族生命的萎敗。這個落潮現象的來由，還是失於晚清的先覺人物多發散少沉著，多感情少理性，以致熱情每流爲客氣，因而光明種子未曾得到相當的土壤，「熱情之花」未曾得到充分的肥料和水分，多美麗的思想情感沒有現實社會的培養，也很容易枯萎，腐爛的。黎明期的新氣象充溢着淸朝之末，竟消失於民國之初。黃遠庸在民國二年著一年以來政局之眞相一文，有云：「今民國新立，無開國之盛而有羅馬末路之悲」。（見遠生遺著卷一所載）這正是狂飈時代之後的幻滅的悲哀！一般先覺也太半消沉，墮落，甘做他們所要征服的黑暗勢力的俘虜，變成後來革新運動的障礙！所幸他們的「人」「死」了，他們所播撒的「光明種子」並沒「死」，第二啓蒙運動（五四前後的新文化運動）仍是由牠才得重放光輝。

四顧蒼茫第二啓蒙運動的光輝又快熄滅了，培養，葆藏，傳承使他綿綿不絕，是我們的義務也就是我們的權利了，在這個地變天荒我偏要喊喀來爾 Carlyle 的口號 Everlasting Yea（永遠的肯定）！

張林宗先生輯傳

梁鴻志

張民表字林宗。一字武仲。（明詩綜小傳）中牟人。宮保孟男之子也。（列朝詩集小傳）宮保公爲臺卿時。林宗侍養都門。阮太沖王季重俱生於都門。垂髫共硯席於演象所。嘗合刻其詩文行。（書影）萬歷辛卯舉於鄉。與宋犖王父山東福山令名沾者爲同年友。（筠堂偶筆並參照漫堂年譜）負才磊落不偶。十上不第。性嗜古文辭。藏書數萬卷。手自點定。喜飲及草書。飲少許即頽然。揮灑放筆。謂有神助。（列朝詩集小傳）擅顏魯公黃山谷之長。天啓中以公事至長安。崔呈秀持吳綾求書。公磨墨升餘。大書侍生張某拜六字。呈秀大怒。幾陷不測。然名自此遠矣。（筠廊偶筆）三十外始就室。故得子最晚。（書影）好施與。喜結客。家遂中落。（列朝詩集小傳）凡四方賓客造公者。禁不作寒暄語。狂談縱飲。三日始通姓名。（筠廊偶筆）鄉前輩有劉蘘歷下爲古文詞者。後生翕然稱之。一日舉正於林宗。謂其博大高古。非今人所有。林宗笑曰。相國寺前雙狻猊。眞博大眞高古。然祗好看寺門耳。此外何所用之。（書影）有廬在夷門內。五十年不一葺。賓朋滿座。意豁如也。早歲歸心竺乾。爲普門弟子。中年與嵩山無言心月諸堂頭相扣擊。雖涉婚嫁。燕處超然。（列朝詩集小傳）與汝南秦京尉氏阮太沖世所稱中州三先生也。太沖因皦生光之變。移家尉氏。時時過會城。宿林宗長欄中。雄談竟夕如少壯時。太沖常呼林宗曰。爾一生爲詩。惟得草綠吳門棹烟傷楚澤吟二語耳。林宗曰。跛君欲吾稱爾潮回遠嶼青日簸驚濤紫耶。太沖晚年。足不良於行。故林宗以跛君戲之。（書影）其任俠好客。老而彌甚。時時往中牟。蕩舟於郭外南陂。客至即拉與俱。無日無客。無客不醉。頂高冠。繫二帶。帶上繡東坡半升僅漉淵明酒。三寸纔容子夏冠之句。乘敗車無頂幔。一老牸牽之。朗吟車中。每日醉陂頭老杏下。門人子弟扶掖而歸。兀傲自放。世莫測其深淺也。（列朝詩集小傳）秦京以薦徵赴都。過會城。先生送以詩曰。聖主憂時重野賢。豈無科目在從前。弓旌不爲光垂拱。纓紼惟應解倒懸。身隱六朝今出矣。車脂千里肯徒然。古人合有彈冠事。我輩相知六十年。雖殷然相勉。亦微諷其暮年之出也。京得詩遂返。汝城陷。抗賊死。（書影）王季重過汴上。語林宗先生。人生幾何。兒時吾家園種千株松。今謖謖作濤聲矣。先生曰。如此尚戀戀十丈軟紅塵耶。季重笑謂曰。膝有八兒子。强顏爲此輩出。不則飢死矣。先生曰。何不食千株松。季重匿笑去。（書影）崇禎壬午。寇圍大梁。林宗勸當事密檄左寧南趨大梁。背北面陣。通黃河一綫以爲餉道。又當令陳永福兵列城外。勿聽入。入則城中餉竭。且民兵俱盡。皆不聽。（列朝詩集小傳）汴人死守不降。（靜志居詩話）寇暫却。或諷之曰。盍去諸。林宗曰。死則死耳。奈何去以爲民望乎。圍城五閱月。日夜乘石拮据行間。汴人倚之。皆守死不去。（列朝詩集小傳）有獻策高巡撫名衡者曰。賊營附大隄。決河灌之。盡爲魚鼈矣。周王募民壘羊馬城。

高厚如岸。援兵掘朱家砦口。賊黨覺之。移營高岸。多儲大航巨筏。反決馬家口以灌城。河驟決。聲震百里。排城北門入。穿東南門出。流入渦水。渦忽高二丈。士民溺死數十萬。（靜志居詩話）林宗背負其先人神主。抱詩文稿三尺許登木筏。鄰里求登筏者益衆。林宗不忍卻。移筏就之。筏且沈。乃移筏登屋。屋上人垂綆相援。林宗耄且乏食。數上下者久之。水大至而沒。年七十有三。次子允隼。及門生文大士皆從焉。長子允集。泅水至西城請救父。罵賊而死。幼子允集。（列朝詩集小傳。鴻志按。允集字子顧）甫十一齡。（周櫟園林宗遺像詩序）憑浮木依老僕婦棲屋上。垂兩日夜。老婦餓。欲噉之。忽附浮木順流下。得渡舟以免。林宗門人周元亮（列朝詩集小傳）弟靖公。覓之河干者三閱月。載與俱歸。初從元亮（元亮本作予）維揚。繼從元亮父（元亮本作家君）於秣陵。再同靖公避亂江右。已復從元亮（元亮本作予）於維揚於八閩。忽忽十年矣。元亮（元亮本作予）予沒返里。躬送之還中牟。集其族子懋德輩與其老僕郭明拜而授之。（周櫟園林宗遺像詩序）而林宗遺骸故汴撫高平仲（鴻志按即高衡）斂而葬之。柳園（列朝詩集小序）詩文皆沒於水中。（書影）元亮爲刋其遺集。（靜志居詩話）附著其行事。（列朝詩集小傳）所鐫詩百分之一耳。（書影）存者有原田閒齋詩集（明詩紀事庚籤）。悉非其得意之作。可惜也夫。（靜志居詩話）林宗與祥符王損仲相友善。錢牧齋（此三字本作予）之交於林宗以損仲也。宗尉西亭多藏書。牧齋寓林宗賺其書目。天啓中牧齋以奄禍里居。客從大梁來。林宗繕寫。間關寓牧齋。酒間片語。皎如信誓。林宗之生平爲可知矣。（列朝詩集小傳）汴有王孫中冷者。與林宗爲老友。好爲遊戲詩。常贈張太占有須將事業繩乃祖。切莫疎狂學令尊之句。聞者捧腹。太占（鴻志按即允集）林宗長子也（書影）。其後王阮亭（此五字鴻志增）奉使祭告西嶽。過中牟。城南有湖數十畝。中有亭。額以菰蘆。爲林宗觴詠之地。（原文爲邑名士張名表觴詠之地）惜其命名非典。因爲易名墊巾。（香祖筆記）題詩曰（此三字鴻志增）。南郭孤亭野水濱。菰蒲獵獵水鱗鱗。林宗未遠風流在。不愧亭名是墊巾。（帶經堂集）使後生知名流故蹟（香祖筆記）國變後周亮工屬趙雪江圖林宗像。授其子。子顧遍徵題詠。詩多步林宗鄭城南寺壁上詩韻。亮工詩云。鄭下南頭寺。同來聽妙香。隨鐘攜竹杖。分佛臥藤牀。破壁孤兒淚。長河一夜霜。鴻文與秘笈。蛟室可能藏。（明詩紀事庚籤）和者薛寀。黃景昉。顧夢遊。張文峙。杜濬。趙賓。許友。林古度。黃澍。羅耀。閔衍。胡玉昆。黎士弘。林應楷。王澐。李首龍。宋祖謙。徐延壽。陳丹衷。陳際會。林龍。孫承澤。陳濬數十人。詩多不具錄。像初藏貴陽陳松山侍御所。今歸余家。（和者以下鴻志增補）

疚齋日記

冒鶴亭

（讀蒙古源流）

蒙古源流一書。以釋迦牟尼佛涅槃後之第一年戊子爲紀年。故全書遇有大事。則書從前戊子年（或丁亥年）以來。越若干年。然佛降生涅槃年月。自來記載紛紜。佛祖統紀。分作六正義。八異記。今先詳述之。六正義者。一。周書異記。佛生周昭王二十四年甲寅四月八日。滅穆王五十二年壬申二月十五日。二。法本內傳。摩騰言佛生甲寅年四月八日。當此周昭王二十四年。三。魏書曇謨最說。四。南岳願文。五。輔行記。六。唐法琳法師。降生示滅。並符周書。八異說者。一。石柱銘。周桓王乙丑。二。法顯傳。殷武乙甲午。三。緣正記。周平王戊子。四。南山感通傳。神人云。夏桀世。五。虔律師衆聖默記。周貞定王甲戌。六。開皇三寶錄。謂當周魯二莊。七。孤山亦作此說。八。孤山垂裕記。又謂依周曆起建子爲正。則四月當二月。近來泰西史家。或以佛涅槃在周景王二年戊午。或以佛涅槃在周敬王四十二年癸亥。案之此云戊辰。翼火蛇值月。十五日日方出時降生。丁亥年八十歲時。氐土貉值月。十五夜涅槃。無一合者。作者自云。據薩嘉班迪達所說。定佛生年在戊辰。涅槃在丁亥。而讀者究不知所云戊辰丁亥者。爲何代之戊辰丁亥也。沈乙庵箋此書。最爲博洽。惟於第一卷。自昔戊子年以來。踰二千四百八十一年。歲次戊申。拉托托哩年贊生。下注戊申當晉武帝太康九年。（當作晉穆帝永和四年）。卷二。自戊子以來。二千七百五十年。歲次丁丑。持勒德蘇隆贊生。下注丁丑當陳武帝永定元年。（當作隋煬帝大業十三年。同卷。特松自戊子紀年二千九百九十年之丙戌年所生。壬寅年十七歲時。行兵漢地。張孟劬校補云。丙戌爲元和元年。壬寅爲長慶二年。亦沿上文沈箋推算致誤。丙戌爲唐懿宗咸通七年。壬寅爲僖宗中和二年也）。源流紀年。自以唐太宗貞觀十五年辛丑。特勒德蘇隆贊二十五歲。迎文成公主之年最可信。若依沈推。此辛丑爲陳宣帝太建十三年矣。因先成蒙古源流年表。乃知沈箋誤以佛降生之年戊辰。爲帝堯在位之八十五載。以佛槃涅之年丁亥。爲夏后啓之四祀。若以貞觀十五年辛丑上推。此戊辰實爲帝舜在位之四十三載。此丁亥實爲夏后相之十三祀。由此上下求之。一以貫矣。乃歎龍門史記作表。最爲有識。凡讀難讀之書。非先作表。不能尋其統緒也。

談太祖太宗兩朝事者。自以元秘史。及洪文卿之元史譯文證補。近人譯之多桑蒙古史。爲最詳。若順帝北狩以後事。則此書紀載。較有系統。可補明史之闕。撰蒙古源流年表後。因復撰太祖以前世系。順帝以後世系兩表。張月齋嘗欲作大事表。以著明一代剿撫之略。觚皆孤寄。行篋無書。不能踵成此大業。致爲愧負。留俟來者。以吾已成之表爲綱。可事半功倍也。

此書爲乾隆四十二年譯進。雖間有於蒙古文法。不能改順。致費讀者思索。然較之秘史譯筆爲優。秘史開章云。當初元朝人的祖。是天生一個

蒼色的狼。與一個慘白色的鹿。相配了。同渡過騰吉思名字的水。來到於斡難名字河源頭。不兒罕名字的山前住着。產了一個人。名字喚作巴塔赤罕一語。最為荒謬。今以長沙葉氏刻本證之。則原文云。

名 皇帝的 根源
成吉思合罕訥 忽札兀兒

上 天 處 命有的 生了的 蒼色 狼 有 妻 他的
迭額列(舌)騰格理(舌)額扯 札牙阿禿 脫列(舌)克先 孛兒帖 赤那 阿主兀 格兒該 亦訥

慘白色 鹿 有來 水名 渡着 來了 河名 河的 源行
豁中埃 馬蘭(舌)勒 阿只埃 騰汲思客 禿勒周 亦列(舌)罷 斡難沐 漣(舌)訥 帖里(舌)兀揑

山名 行 營盤做着 生了的 人名 有來
不峏罕哈勒敦納 嫩禿黑刺周 脫列(舌)克先 巴塔赤罕 阿主兀。

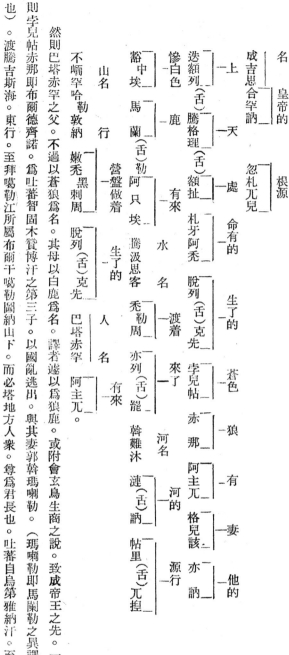

然則巴塔赤罕之父。不過以蒼狼為名。其母以白鹿為名。譯者遽以為狼鹿。或附會玄鳥生商之說。致成帝王之先。一種神話。今得此書證之。則孛兒帖赤那即布爾德齊諾。為吐蕃智固木贊博汗之第三子。以國亂逃出。與其妻郭斡瑪喇勒。（瑪喇勒即馬蘭勒之異譯。郭斡者。蒙古語謂美好也）。渡騰吉斯海。東行。至拜噶勒江所屬布爾干噶勒圖納山下。而必塔地方人衆。尊為君長也。吐蕃自烏第雅納汗。至布爾德齊諾。世系具在。其妻又為恭博地方之女。非無外家者。安得謂之狼鹿。狼鹿又如何能渡河。至木峏罕哈山。（即噶勒圖納山）。做營盤也。

明史擴廓帖木兒傳贊云。元歸塞外。一時從臣。必有賦式微之章於沙漠之表者。惜其姓字湮沒。不得見於人間。此書載順帝出亡感悔之歌。以諸寶裝嚴之大岱都城。以應時納涼之尚都海紉古爾都城。與我烈祖避暑之尚都沙剌塔拉。際此戊申。以致敗亡。遂失大統。且九色寶物裝嚴之大岱都城。執掌九十九政之尚都海紉。澤溥衆生。道極黎庶。一統君主之赫赫名譽。晨起登高眺望。則淸光燦爛。有時前後觀覽。則威儀赫奕。留甜於此。雖歷冬夏而無鬱悶。又額爾克圖徹辰汗創立之寶貝岱都。祖宗安居之大岱都城。並撫有汗衆宰桑以及所屬民人之衆多。乃不聽伊拉呼丞相之諫者。是我之遺恨也。信任叛去之朱葛者。是我之愚昧也。誤殺烏哈圖托克托葛太師。遂去寶異尊上喇嘛者。是我之罪愆也。君汗之名譽可惜。究之大可惜者。際此昇平之時。呼必勒罕徹辰汗百計經營。而得此駢集福祉之岱都城。以予狂惑。而失於漢人朱葛之手。愚頑之名。我多袞特穆爾其難

辭矣。歌聲甚哀。斛律金不得擅美於前。近日白話詩。遠不能及也。

太祖絕代英雄。是西楚不失敗之項羽。法蘭西不失敗之拿破崙。此書載其彌留時降旨云。命矣夫。靜好之布爾德福晉墨爾根哈屯。寵眷之和蘭。濟蘇。濟蘇凱三人。輔翼可嘉之庫魯克博郭爾濟諾延。同著勞績之伊遜烏爾魯克。奴庫德爾等四弟。奴庫德爾等四子。以及奴庫哩之官員諾延等。我府庫之充盈。我國家之大統。我之哈屯後裔。我之僕從諸人。我之土地。均可惜也云云。令人有兒女情長。風雲氣短之慨。又想像李克用在三垂岡時。（布爾德。太祖后名。和蘭太祖第二后名。濟蘇。濟蘇凱。姊妹二人。皆太祖妃。博郭爾濟。爲開國四傑之一。四弟卽指四傑言。四子中長察干岱。爲俄羅斯汗。次珠齊。爲波斯汗。次諤德格依。即太宗。爲蒙古汗。次圖類。子即世祖。爲中國皇帝。福晉。哈屯。譯言夫人。諾延。譯言官長。烏爾克台。譯言部曲。又作親戚。伊遜者。華言九也。墨爾根。譯言善射。奴庫德爾。譯言伴當。奴庫哩。譯言侍從）。

蘇尼特之吉爾根巴圖爾。於太祖薨時。哭云。我君其如鷹颺而高飛乎。我君豈以此玷污穢而昇遐乎。我君果遺棄妻子乎。我君果拋置僕從乎。我君如鵪鶉之搏擊而去乎。我君如纖草之因風飄蕩乎。我君享年六十六歲。豈臨蒞九色人等。而逍遙以往乎。若譜之弦歌。繁音促拍。直杜詩所謂眞宰上訴天應泣者也。

太祖征服和蘭。收其女。在彼留駐三年。布爾德哈屯。使人往請安。奏云。哈屯布爾德。伏思展闢疆土。強大其國者。在君上之威福。其愛戴輔翼者。惟人主之藻鑑。葦塘中鴻雁雖多。加之以強弓硬弩。在君之意。國中女子雖多。其禀賦有福者。君自察之。豈在家久戀女子耶。抑或不施控勒而騎生駒耶。常言吉多則無凶。災少即是祥。願汗尊軀堅固。我婦人何爲也。（猶言何是算也）。詞令之工不下於蘇若蘭之璇璣織錦。無怪太祖回心。卽撤大兵回國。竇連波愧此多矣。

博郭爾濟。嘗早謁太祖。太祖尙未起。館臣譯其奏言云。朝彩麗熙朝。負辜人待理。聖躬幸寤興。伏望降明旨。玉殿含旭日。金門祈早啓。深尤俟睿斷。懇布鴻慈矣。此四十字可當白香山諷諭詩讀。

太祖兄弟。前母生者二人。同母三人。阿掄郭斡哈屯。因給箭桿一枝。命折之。卽折而擲之。遂旋給五簳。命一併折之。竟不能。其母云。爾兄弟五人。若不相和好。各異其行。卽如前一枝箭。以勢孤而被傷。若公同而行。卽如後五枝箭。勢衆則不能傷之矣。案魏書吐谷渾傳。載阿豺以十九隻箭。召諸子弟折之。曰汝曹知否。單者易折。衆則難摧。戮力一心。然後社稷可固。與阿掄郭斡情事相同。疑漠北本有此故事。阿豺。阿掄兩引譬之。

額勒伯克汗。欲奪其弟哈爾固楚克之妻。鴻郭斡拜濟。（拜濟譯言貴婦）。拜濟大驚云。天地豈有混淆之理乎。汗之貴重。豈有覷弟婦之理乎。哈爾古楚克。已與之乎。兄豈爲黑犬乎。太祖滅西夏。納其妻古爾伯勒津郭斡哈屯。哈屯云。從前我之顏色。尙勝於此。今爲爾兵烟塵所蒙。顏

色頓減。若於水中沐浴。可復從前之美麗。於是前往哈喇江岸邊沐浴。時有其父家中豢養一鳥。遶空飛至。因獲住。寫書云。我溺此哈喇江而死。毋向下尋我骨殖。可向上游找尋。將書繫於鳥頸而遣之。此拜濟。哈屯。均可入續列女傳。

蒙古諸汗。以達延汗爲最強。（譯言大元汗）。生十一子。長子圖魯博羅特。一房。世爲汗。撫有左翼人衆。壁遼陽。明人呼爲土蠻。此書作圖們。圖們者。譯言萬戶也。其後林丹胡土克圖汗。徙壁察哈爾。明人呼爲虎墩兎。（即胡土克圖譯音）。又呼爲插漢。（即察哈爾譯音）。此蒙古共主也。三子巴爾斯博羅特。一房。世爲濟農。（濟農。譯爲親王）。撫有右翼人衆。巴爾斯之長子。袞必里。（襲濟農）。壁河套。直關中。明人呼爲吉囊（即濟農對音）。又呼套虜。次子阿勒坦。（稱小汗）。壁豐州。直雲中。明人呼爲俺答。終明世爲邊患者。不過此三支而已。

本書卷六。所載袞必里九子。及九子所生之子。人名最繁。其中有官名。有美稱。有勇號。須分別之。其人名中有台吉者。譯言太子。有洪台吉。或鴻台吉者。譯言大太子。有諾延者。譯言官長。有岱青者。從中國大人音轉。有衛徵者。從委正音轉。有宰桑者。從宰相音轉。皆官名也。有徹辰者。譯言聰明。有賽音者。譯言好。有布延者。譯言有福。有圖壘者。譯言有智慧。有錫哩者。譯言有威。有巴魯爾。或巴圖魯者。譯言勇士。有特穆爾者。譯言鐵。有多爾濟者。譯言金剛。有墨爾根者。譯言善射。皆美稱。或勇號也。其他須熟於音紐者。一一通之。行篋未攜三史國語解。粗舉平昔所知。爲一隅之反耳。錢竹汀十駕齋養新錄所記。亦殊略也。

此書稱明太祖爲朱葛。與漢福晉所生子曰朱代。蒙古福晉亦生一子。明太祖卒。朱代即位。朱代卒。蒙古福晉所生子即位。（案朱葛讀若朱佳。猶滿人之有佟佳馬佳等氏也。朱代讀若朱歹。蒙古語呼氏爲歹。或譯作惕。或譯作特。代即一音之轉。沈以朱代爲朱棣者。非是。蒙古福晉所生子方爲朱棣。此但誤以繼位者爲懿文太子。而略去建文一代。與下文略去宏治一代同耳。張孟劬云。求述作之才。於侏禁之文。亦大難矣。更何責乎蒙人。）是爲成祖。沈箋引廣陽雜記。明成祖之母甕妃。蒙古人。元順帝妃也。宮中別有廟。藏神主。世世祀之。不關宗伯。此書前稱托克托太師爲洪吉喇氏。本又作甕吉剌。彼此相合。張氏校補。亦引朱竹垞南京太常寺志跋。海寧談遷棗林雜俎中。述孝慈高皇后無子。不獨長陵爲高麗碽妃所出。而懿文太子。及秦晉二王。皆李淑妃產也。聞者爭以爲駭。今觀天啓三年。南京太常寺志。大書孝陵殿宇中設高皇帝后主。左配生子妃五人。右祗碽妃一人。事足徵信。然則實錄曲筆。不足從也。案高麗無碽姓。此妃當爲鴻吉喇氏。以鴻作甕。又作碽。譯音本無一定之字。惟雜俎以爲高麗人者。則當依雜記爲蒙古人。信如所言。明人之有天下。僅洪武三十一年。建文四年耳。永樂以後。仍元太祖之子孫。不獨外蒙四汗也。此與瀛國公事極相類。然趙宋遺民。痛心禾黍。容有寱詞。以抒積忿者。順帝北行。留中國者。皆中國人。苟無空穴。斷斷不至有風說流傳也。

書中卷一。述額訥特珂克源流。沈箋謂梵語。日曰阿你底也。印度有日朝月朝。而瞿曇氏爲日種。額訥特珂克。向來無義。頗疑額訥特。即阿你底也。額訥特珂克。猶言日種矣。校補謂額訥特珂克。攷之印度。無對音字。印度大川二。恒河。印度河。皆出阿耨達池。阿耨達。具云阿那婆

答多。與此似相近。西域記。瞻部洲之中地。阿那婆答多也。此豈以阿耨達爲瞻部之總名歟。四川通志。岡底斯山。在阿里之達克喇城東北三百十里。亘阿里之南二千餘里。入厄訥特克國。岡底斯山。即阿耨達山。厄訥特克。即此額訥特珂克。雖於印度無徵。要爲西番通語矣。張氏引四川通志自不誤。但以爲於印度無徵。則非。今印度西北省。英人稱爲哷威博羅運司。其阿拉哈部所轄六郡。首域曰阿拉哈巴得。一作厄納特珂克。在閻那河。安額河交會之處。

喇嘛有紅黃兩教。近日國人。多學密宗。此紅教也。黃教以宗巴喀爲祖。紅教則奉蓮花大師。蓮花大師者。此書之巴特瑪織巴斡師也。吐蕃持蘇隴德燦汗在位時。（當中國唐德怪時）。迎至西藏。深通密呪。攝服西藏土著之舊教。能驅遣世界中神道。羅刹八部精靈鬼怪。無異奴隸。本書稱教中有名虛空藏之格隆。能駕日光。布特達音札納。能將鐵杵嵌入石峯。馬明王佛。能三作馬嘶聲。尊勝海慧空行母。能活死人。能撫育德慧空行母等。威儀獅子神。能驅遣鬼怪。無異奴隸。必嚕咱納克勒穆爾齊。能顯慧眼。永奉國主於世。通徹裕札寧博之經。音札納固瑪喇。能施示初變。都特都勃多爾濟。如風行無礙。音札納郭哈雅。能騰空飛行。錫哩德斡。能手搏猛獸。音札納錫喇卜。能如鳥飛騰。錫哩尼達。能浮行水面。達爾瑪哩斯密。能默識不忘。錫哩星哈。能使流水回溯。德斡蘇迪。能變枯骨爲金。徹崇羅咱斡。能手捉空中飛鳥。贊札噶。能乘猛兕。納干達喇。能如魚游海水中。瑪哈喇特納。能食磚石如米穀。錫里巴咱爾。能馳走山峯。拉迪喇特納。能發雷如射矢。咱雅薩多。能於虛空趺坐。此等神秘。乍讀之如小說之封神榜西游記矣。卷六以下。所記之喇嘛索諸木札木蘇。則爲達賴第三輩。蘊丹札木索蘇。爲第四輩。羅卜藏札木蘇。爲第五輩。（達賴。蒙古語海也）。其凱珠卜格克巴勒勒桑爲班禪第一輩。第克納噶。爲第二輩。札勒斡羅卜藏端珠卜。爲第三輩。蘇瑪第達爾瑪都斡咱。爲第四輩。（班禪。蒙古語大也）。皆宗巴喀黃教也。作書者小徹辰薩囊。爲奉黃教之人。余別有達賴班禪世次兩表。

編輯後記

本期最值得向讀者推荐者，無過於何梅岑先生『過去的光輝』一文。何先生爲語文專家，近方服務於北平中國大辭典編纂處，丁此季世，而孜孜於此『吃草的工作』，乃爲下一代留讀書種子；熠火不熄，終必光明，實令吾人致無限之敬意。亂戰之際，舊社會所有善良根基，盡遭推翻，須知此項根基，決非一蹴而幾，乃經無數先哲心血所澆灌而成。讀者識之，爲往聖繼絕學，爲萬世開太平，一種悲天憫人之抱懷，正今日吾輩之應所踐行者也。

梁衆異先生『張林宗先生輯傳』，乃傳記體另一文格，裁剪安排，均有法度，前輩風範，足資楷模。下期起特載梁氏『爰居閣日記』，幸請注意。

『元史』之陋，夙爲諸家所詬病，因之晚清治元史之盛，蔚爲風氣，洪文卿柯鳳蓀輩均以是攫得大名；疚齋先生亦同時人物，比惠『讀蒙古源流』一文，行文簡易，不難通曉，幸勿輕易放過。

聽禪先生爲留日學生前輩，吳稚暉大鬧公使館一舉，實所親歷，故記來歷歷如繪。

周作人先生『我的雜學』，本擬於本期刊畢，茲以『文抄』一書即將出版，不得已先刋序文，下期決行刊載，幸作者讀者亮之。

樸園日記

——甲申銷夏鱗爪錄

朱樸

八月十五日　晴而悶熱，惟有風甚勁。上午赴中行，琪山來訪，談半小時。下午到古今社，鶴老送贈梁節庵遺詩一冊，盛意可感。寒冰夫人偕子女來訪，談一小時。古今第五十三期出版，封面刋登孫邦瑞君所貽鄭蘇戡之「含毫不意驚風雨，論世眞能鑒古今」一聯，頗爲大方，惟略嫌簡素耳。

晚讀劉後村詩集，得「人生有腹當盛酒，誰遣吾儕著古今」句，巧合而確切，深有所悟，即飲白蘭地一盃而睡。原詩日後當刋之古今封面，俾供共賞也。

八月十六日　晴熱，昨晚轉輾反側，不能成寐，苦極。晨赴中行，得沈諒昭訃告，將於月之二十日在靜安寺領帖。諒昭忠厚君子，一生廉潔，任中行常董將兩年，爲余之前任。此次身後蕭條，一無所有，喪殮之費，悉由中行担任，余勉送賻金三千，聊表寸衷，力與願違，愧疚何似。震老惠借法前總理 Edouard Herriot 所著之 "Eastward from Paris" 一書，是書係英譯本，一九三四年出版，紀述當時遊俄之詳情，震老極稱其觀察之深刻，爲研究蘇俄者之所必讀。當於星期日盡一日之力讀畢之。

午飯後小睡，忽爲空襲警報驚醒。三時解除後即到古今社小坐，發北京知堂老人函一通，後赴泰山路閒步，在舊西書舖中購得 "The Diary of Lord Bertie, 1914——1918" 二冊，返寓讀之，深感興趣。按 Lord Bertie 係第一次歐戰時之英國駐法大使，其所記歐戰前後之外交秘史，纖屑無遺，雖不免明日黃花，但亦足供研討史實者之推考也。又查是書係倫敦泰晤士報圖書館中之藏書，蓋有該館之圖章，不知何由而竟流至上海。嗚呼，亂世人物之聚散無常，即此一書可覘已！

晚爲古今覓封面材料，漫覽各家詩集，得洪北江「偶成」七律四首，慨乎言之，不勝同感。詩曰：

哀樂中年詎可支。未衰恐已鬢添絲。遭讒眞悔知名早。投隙方嫌見性遲。乍識面人偏入夢。不關心事忽沉思。平生學行吾能審。豈待悠悠論定時。

百種芟除癖尙留。閉門索句出門遊。研摩未及唐餘史。蹤跡粗窮禹九州。胸次漸能忘寵辱。舌鋒從不快恩讎。白雲溪畔三間屋。略有頭銜好乞休。

開來屈指溯從前。孤露餘生我自憐。平輩半皆成老宿。故人多已學神仙。難忘硯北千秋業。却有城南二頃田。一事冷官差可慰。趨朝常得弟隨肩。

亘亘平生一寸心。不同朝士競升沉。憑誰可解胸中結。倩客時談海上琴。乞與藥爐希駐景。肯從塵網索知音。南舟北馬頻來往。坐使勞勞變古今。

八月十七日　晴熱，昨晚仍未得安眠，不知何故，或係抽香烟喝

咖啡過多之故歟？果爾，則勢非嚴自約束不可矣。晨赴中行，路經梅龍鎭定點心數事，因下午將有客來寓喝茶也。閱報英美軍在法國南岸之坎尼(Cannes)與尼斯(Nice)等處登陸，名聞於世之避暑勝地，一旦化爲砲火連天之屠宰場所，誠浩劫已！

下午四時，冒鶴老，馮幼老，吳震老，羅儀老，楊琪山，吳湖帆，梅畹華，羅夫人等來寓喝茶，縱譚古今，暢論藝事，頗極一時之盛。寒齋久已無此勝集，亂世中得此，不能不謂之難能可貴也已。復承震老惠贈鄉先賢秦逸芬（桐陰論畫作者）墨筆山水四幅，皆係精品，曷勝感銘。鶴老亦贈詩一首，語多推奬，愧不敢當。畹華年來息影歌壇，以書畫自遣，其風格雅非常人所及。特懇爲畫紙扇一面，另一面爲余越園書，係三年前得之於北京榮寶齋者。（當時代價僅聯準券十元。）

今日未往古今社，僅與黎庵通電話一次；古今佳稿壓積甚多，尤其過長者不能不割愛屏棄，誠爲憾事也。

八月二十三日 昨晚大風雨，晨起頗感涼意，一雨驚秋，信不誣也。上午赴中行，與震老閒談時事，感慨良多。下午與文若赴爰居閣，邀外舅同往孫邦瑞處觀畫。今日所觀者有沈石田畫二卷，董香光畫軸及冊頁各一件，王烟客冊頁九幀，惲南田畫一卷，皆精品。石谷二卷俱係中年時代之力作，頗爲外舅所讚美。余則尤賞石田之「虞山紀遊圖」卷，因平昔對於石翁之畫素有特好也。今日同觀者尚有沈劍知，對於董思翁之畫軸手舞足蹈，擊節賞嘆，類如孩兒之覩糖菓，誠可謂思翁之知己也已。劍知書畫俱宗思翁，而深得其神髓者，宜其心醉若是也。邦瑞富收藏，今日因時間匆促，不克飽覽爲憾，異日當約湖帆再往訪之。

文抄序

周作人

民國二十六年盧溝橋事件發生，中國文化界遭逢一回大難，就我們所知道的說來，黃河以及長江兩岸的各地當時一切文化活動全都停止，文藝界的烟消火滅似的情形是大家熟知的最好的例。這是當然的。正如日本東鄉大將說過的一句有名的話，因爲這是戰爭呀。可是，這文化上的傷痍却是痊愈得意外的快，雖其痊愈的程度固亦有限，要說恢復也還是很遠。在北京，自朔風以後，文藝刊物逐漸出來，上海方面則有古今，雜誌，風雨談等，還有些我們所不曾見到的，出得更多也更是熱鬧。這些的內容與其成績，且不必細細分解，就只看這喫苦忍辱，爲希求中國文化復活而努力的情形，總之可以說是好現象。這豈不即是中國民族生活力强韌之一種表示麼？

在上海南京刊行的雜誌上面，看見好些作者的姓名，有的是從前知道的，有的是是初次見到，覺得很愉快，這正有如古人所說的舊雨今雨吧。在今雨中間，有兩位可以提出來一說，這便是紀果庵與文載道。這樣恰好有一個對照，紀君是北人，而文君乃是南人，紀君是眞姓名，而文君乃是筆名，——嚴格的說，應當稱爲文載道君才對，因爲文並不是尊姓。但是同時也有一點交涉，因爲兩君所寫大文的題材頗有相近之處。紀君已出文集名曰兩都集，文君的名曰風土小記，其中多記地方習俗風物，又時就史事陳述感想，作風固各有特色，而此種傾向則大抵相同

。鄙人在南京當過學生六年，後來住家北京亦有二十八年了，對於兩都一樣的有興趣，若浙東乃是故鄉，我拉（ngala）寧紹同鄉，蓋錢塘江分界，而曹娥江不分界，遂一直接連下去，土風民俗相通處尤多。自己平常也喜歡寫這類文章，却總覺得寫不好，如今見到兩家的佳作那能不高興，更有他鄉遇故知之感。讀文情俱勝的隨筆本是愉快，在這類文字中常有的一種惆悵我也彷彿能够感到，又別是一樣淡淡的喜悅，可以說是寂寞的不寂寞之感，此亦是很有意思的一種緣分也。

一般做舉業的朋友們向來把這種心情的詩文一古腦兒稱之曰閒適，用現今流行語來說，就是有閑云云。癸巳存稿卷十二閒適語一則云；

「秦觀詞云，醉臥古藤陰下，了不知南北。王銍默記以爲其言如此，必不能至西方淨土，其論甚可憎也。……蓋流連光景，人情所不能無，其託言不知，意更深曲耳。」俞理初的話本來是很不錯的，我只補充說明，閒適可以分作兩種。一是安樂時的閒適，如秦觀張雨朱敦儒等一般的多是，一是憂患時的閒適，以著書論，如孟元老的夢華錄，劉侗的景物略，張岱的夢憶是也。這裏邊有的是出於黍離之感，有的也還不是，但總之是在一個不很好的境地，感到洚水在後面，對於目前光景自然深致流連，此與劫餘夢想者不同，而其情緒之迫切或者有過無不及，也是可有的事。這固然只是憂患時文學的一式樣，但文學反正就是這點力量，即使是別的式樣也總還差不多，要想積極的成就事功，還須去別尋政治的路。近日讀武者小路氏小說曉，張我軍君譯作黎明，第一回中有一節云：

「老實說，他也常常地感覺，這個年頭兒是不是可以畫着這樣的畫？可是，不然的話，做什麼好呢？像我這樣的人，豈不是除了拏着誠實無四的心情來作畫以外沒有辦法的麼？」這裏我們也正可以引用，來做一個說明。不管是什麼式樣，只憑了誠實的心情做去，也就行了。說是流連光景，其對象反正也是自己的國與民及其運命，這和痛哭流涕的表示不同，至其心情原無二致，此固一樣的不足以救國，若云誤國，則恐亦未必遽至於此耳。

文君的第二集子曰文抄，將在北京出版，屬題數語爲之喤引。鄙人誤入文人道中，有如墮貧，近方力求解脫，洗脚登岸，對於文事戒不復談，唯以文君著作讀過不少，此次刊行鄙人又參與拉縴之工作，覺得義不容辭，拉雜書此，只圖湊起數百字可以繳卷而已，別無新義想要陳說也。

中華民國三十三年八月八日，知堂。

讀三國志筆記

瞿兌之

中原士大夫與蜀人多有淵源，劉先主本涿郡人，自言周旋陳元方盧子植之間。陳盧後人皆仕於魏，雖隔別已久，彼此均能互知身世。許靖以名流領袖與荀陳諸子皆有氣類之雅，曹袁二氏素同事業，及靖入蜀，曹氏遂藉爲媒介，以招致蜀人。至諸葛亮亦本北方名族，以中原人心理論之不宜久隔遠方，亦自實情。故王朗與靖書云，皇帝既深悼劉將軍之早世，又愍其孤之不易，又惜使足下孔明等士人氣類之徒，遂沈溺於羌夷異種之間，永與華夏乖絕。雖秉魏文之意，亦未嘗非由衷之言也。不但與靖通書，即華歆王朗陳羣許芝諸葛璋皆有書與諸葛亮，見亮集。

三國時雖各有疆土之限，然魏吳之間民人未嘗不私相往來。卽蜀與北方，雖道里懸遠，亦有間道可通。甚至可與鮮卑互通消息。諸葛亮在祁山，嘗遣使連結鮮卑首領軻比能，比能至故北地石城與相首尾，事見牽招傳中。當時若能使鮮卑大舉襲魏之後，亦恢復中原之一奇也。大凡中國相爭，輒有思利用外族者。戰國楚漢之際則匈奴頗干涉中國之事。周齊隋唐之際則爭向突厥結婚稱臣以求其助。即王莽之末，劉文伯以漢室之裔，亦俯首於匈奴以圖恢復，固出一轍也。軻比能固一時之雄，不下於冒頓，使不死，亦中原之憂矣。雍闓事屢見蜀志而不詳其本末。後主傳但言益州有大姓雍闓反，流太守張裔於吳，據郡不賓，越嶲夷王高定亦背叛。張裔傳云，益州郡殺太守正昂，逕往至郡，闓遂趦趄不賓，假鬼教曰，張府君如瓠壺，外雖澤而內實粗。據後主傳乃建興元年事，武侯南征蓋由於此。

蜀人之降魏者，孟達外無聞。達之降亦非本懷，後仍有復歸之意。若吳人則降叛相接。孫資別傳云，時吳人彭綺又舉義江南，議者以爲因此伐之必有所克。帝問資，資曰，鄱陽宗人前後數有舉義者，衆弱謀淺，旋輒乖散。賀齊傳言建安二十一年鄱陽民尤突受曹公印綬化民爲賊。皆是其證。

魏世諸主長於文學，蓋有遺傳之性。高貴鄉公論帝王優劣，極慕夏少康。與羣臣反復辨詰，謂夏書淪亡，舊文殘缺，故勳美闕而罔載，惟有伍員粗述大略，其言復禹之跡不失舊物，祖述聖業，舊章不愆，自非大雅兼才孰能與於此。向令墳典具存，行事詳備，亦豈有異同之論。可謂卓識獨高者矣。曠觀自古帝王，本其所學以議論自抒胸臆性情，惟清聖祖世宗高宗庶幾焉。若唐宋太宗之倫，則僅能襲凡俗之論以取虛譽，於書策實無所窺。高貴鄉公之好學深思，乃以遭遇奇變，天祿不終，泯沒無稱，惜矣。

大江以南，郡縣疏闊，秦漢以來，大抵僅采羈縻之策。其各地土著之民，蓋各有組織，各奉首領，不與外間相往來，頗與未歸流以前之土司相似。惜無文字流傳，不能知其文法政事人物風化。吾國史籍之闕而

不全者多矣，此其一端也。吳志所載孫策嘗說廬江太守劉勳伐上繚宗民，又廬江界有山賊陳策，劉曄勸魏武伐之，並見曄傳。丹陽吳會山民爲寇攻沒屬縣，權分三郡險地爲東安郡，見全琮傳。錢唐大帥彭式等爲寇見周魴傳，皆是。

江南所謂宗賊，莫非土著民之不奉官吏號令者耳。劉表初到荊州，使蒯越誘宗賊至者五十五人皆斬之。襲取其衆，或即授部曲，惟江夏賊張虎陳生擁衆據襄陽，表乃使越等單騎往說降之，江南遂悉平。張遼傳言陳蘭梅成以氐六縣叛。六縣在灊霍間，此亦宗民也。似非氐種，而謂之氐，蓋當時習俗概以非漢種爲氐，猶後人之言蠻耳。唐人於江南人概謂之獠，德宗嘗罵陳贄爲獠，贄爲吳人，固不得云獠種也。

部曲之制吳所盛行，而魏亦有之。衛覬傳云，時四方大有還民，關中諸將多引爲部曲是也。李典傳言，徙部曲宗族萬三千餘口居鄴。呂虔傳言，太祖在兗州，聞虔有膽策，以爲從事，將家兵守湖陸。……太祖以虔領泰山太守，郡接山海，世亂聞民人多藏竄，袁紹所置中郎將郭祖公孫犢等數十輩保山爲寇，虔將家兵到郡，開恩信，祖等黨屬皆降服。蓋兵興之際，豪傑多聚衆相保，其後相習成風，所領之兵遂成私有，以之傳世矣。

吳之政制最不可爲訓者，以縣邑分食諸將。如程普領江夏太守食四縣，徐盛賜臨城縣爲奉邑，朱治爲九眞太守，割婁由拳無錫毗陵爲奉邑，是也。其所領郡移易，則奉邑亦隨之。呂範領彭澤太守以彭澤柴桑歷陽爲奉邑，及領丹陽太守轉以溧陽懷安寧國爲奉邑，是也。

吳又有以民戶給私家之制，蔣欽卒，以蕪湖民二百戶田二百頃給其妻子。（本傳）陳表所受賜復人得二百家在會稽新安縣，表簡視其人皆堪好兵，乃上疏陳讓，乞以還官，充足精銳。……權甚嘉之，下郡縣料正戶羸民以補其處。（陳武傳）潘璋妻居建業賜田宅復客五十家。（本傳）是也。觀時人之評武侯，雖在敵國，固推奬無異詞。陳志所載略如左述。

傅幹曰，諸葛亮達治知變正而有謀。（先主傳引）

蜀記曰，晉初扶風王駿鎮關中，諸官屬士大夫共論諸葛亮。於時談者多譏亮託身非所，勞困蜀民，金城郭沖以爲亮權智英略有踰管晏。（亮傳注引）

漢晉春秋曰，樊建爲給事中，晉武帝問諸葛亮之治國。建對曰，聞惡必改而不矜過，賞罰之信足感神明。（同）

袁子曰，行法嚴而國人悅服，用民盡其力而下不怨，及其兵出入如賓行不寇，芻蕘者不獵，如在國中，其用兵也，止如山，進退如風，兵出之日天下震動而人心不憂。（同）

司馬宣王與亮書曰，黃公衡快士也，每坐起歎述足下不去口實。（黃權傳）

張裔常稱曰，公賞不遺遠，罰不阿近，爵不可以無功取，刑不可以貴勢免，此賢愚之所以僉忘其身也。（張裔傳）

賈詡對魏文帝曰，諸葛亮善治國。（詡傳）

劉曄對魏武帝曰，諸葛亮明於治而爲相。（曄傳）

武侯爲政，好綜核庶務，鈎校文書。所謂罰二十以上皆親覽，蓋自西漢丞相失職以來，人皆以爲異矣。

楊顒諫曰，爲治有體上下不可相侵。……今明公爲治，乃躬自校簿書，流汗竟日，不亦勞乎。（楊戲傳）

其所器重付託後事者費禕，爲人亦如此。

禕別傳曰，於時軍國多事，公務煩猥。禕識悟過人，每省讀書記，舉目暫視，已究其意旨，其速數倍於人，終亦不忘。常以朝晡聽事，其間接納賓客，飲食嬉戲，加之博弈，每盡人之歡，事亦不廢。（本傳注引）

又其考核羣下，實近苛察。

亮用法峻密，聞何祗游游戲放縱不勤所職，嘗奄往錄獄，衆人咸爲祗懼。（楊洪傳）

武侯之爲政有五善。曰訪人才，問秦宓以董扶所長，宓曰，董扶褒秋豪之善貶纖芥之惡。是也。曰獎人善，謂運籌於幃幄之中，吾不如子初遠矣，若提抱鼓會軍門使百姓喜勇，當與人議之耳。是也。曰納諫爭，教與羣下曰，夫參署者集衆思廣忠益也，若遠小嫌難相違覆。又曰，昔初交州平，屢聞得失，後交元直，勤見啓誨，前參事於幼宰，每言則盡，後從事於偉度，數有諫止。是也。曰却虛譽，來敏以荊楚名族坐事去職。是也。曰盡器用，始楊洪爲李嚴功曹嚴未至犍爲而洪已爲蜀郡，洪迎門下書佐何祗有才策功幹，舉郡吏數年爲廣漢太守，時洪亦尙在蜀郡，是以西土咸服亮能盡時人之器用。是也。

武侯之家業，人皆知其自云成都有桑八百株薄田四十五頃，不使內有餘帛外有贏財云云。然其生時祿賜亦頗不菲。當益州既平，賜亮與法正關張金各五百斤銀千斤錢五千萬錦五千匹。揆之西漢之制，則非常之優賜也。事見張飛傳中。又答李嚴書亦自云位極人臣祿賜百億。

武侯之征南，由於雍闓之叛，當時似亦有不得已者。雖用兵之後孟獲有南人不復反之言，其實據李恢傳明言軍還南夷復叛，殺害守將。又馬忠傳言，建興十一年南夷豪帥劉胄反，擾亂諸郡。又越巂郡亦久失土地，忠率將太守張嶷開復舊郡。當魏兵逼成都之時，議者欲退據南中七郡，而譙周以爲南方遠夷之地，平常無所供猶數反叛，自丞相亮南征，兵勢逼之，窮乃幸從。是後供出官賦取以給兵以爲愁怨。此皆足證武侯之功實未竟也。

按征蠻之舉，據襄陽記云，已謀之歷年。而馬謖云，南中恃其險阻不服久矣，雖今日破之明日復反。（馬亮傳注引）足見其事之不易，而謖之先見亦有足多者。

又蜀地凡有夷人之處皆不免時有變亂。益部耆舊傳云汶山夷反叛，欲得前何使君（楊洪傳注引）之類是也。

蜀漢於武侯雖極優禮，然其既死之後亦不無疑忌。襄陽記云，亮初亡，所在求爲立廟，朝議以禮秩不聽，百姓遂因時節私祭之於道陌上。言事者或以爲可聽立廟於成都，後主不從。又譙周傳云，亮卒於敵庭，周在家聞問即便奔赴，尋有詔書禁斷。夫禁止奔喪以重職守，猶可說也。不許立廟，不亦過乎。李嚴有請加武侯九錫之議，武侯拒之，蓋亦知衆情之難壹而嫉毀之多端也。袁宏云，及其臨終顧託，受遺作相，劉后授之無疑心，武侯受之無懼色，繼體納之無貳情，百姓信之無異辭。而袁牧推論之曰，其不顚覆典型也賢於太甲，其不惑流言也賢於成王，其不改父之臣與父之政也賢同孟莊子。又以爲孔明之賢即後主之賢，其賢

奈何，用人而已，其用人奈何，曰勿疑而已。議論誠精闢，然武侯有求全之毀，亦不可不知也。

駱統表救張溫之言曰，今者人非溫既殷勤，臣是溫又契闊。辭則俱巧，意則俱至。各自言欲爲國，誰其言欲爲私。其詞可謂深至。孫權惑衆人之言誤罪溫與暨艷，實昧於理國馭臣之方，蓋權惟知治軍而於立政任人舊無所究，不足責也。然頗疑當時忠直得罪者多爲吳人，而典兵宿將多來自北方，艷於居位貪鄙志節汙卑者皆以爲軍吏，置營府以處之，似其釁隙皆由北來諸將耳。

三國時有許多奇事，如張飛夫人乃夏侯氏女，其所生女又爲劉後主之后，是劉備曹操無形中有姻戚關係。（見夏侯淵傳注）一也。長坂之役，先主二女被虜，其後竟無下落。（見曹仁傳）二也。曹操諸妾攜子而來者，即養之宮中，何晏秦朗皆是。三也。孫休之夫人即其親外甥女，何晏所尚之公主即其同母妹。四也。後主之降，北地王諶獨悲憤自殺於廟，人皆壯之。而後主之姪曾孫玄於永嘉之亂仍奔還蜀就李勢。是先主之苗裔仍有留於蜀者。五也。

漢末之民間宗教組織凡有三焉。一曰緬匿法，創自駱曜，熹平中爲亂於三輔。一曰太平教，創自于吉，而張角因之爲亂於河北。一曰天師教，創自張陵，而張魯因之爲亂於漢中。然張魯張角源出於一。據魯傳云：

祖父陵客蜀學道鵠鳴山中，造作道書，以惑百姓，從受道者出五斗米，故世號米賊。陵死子衡行其道，衡死魯復行之，益州牧劉焉以魯爲督義司馬，與別部司馬張修將兵擊漢中太守蘇固，魯遂襲修殺之，奪其衆焉。死子璋代立，以魯不順，盡殺魯母家室，魯遂據漢中以鬼道教民。自號師君，其來學道者初皆名鬼卒，受本道已信號祭酒，各領部衆，多者爲治頭大祭酒，皆教以誠信，不欺詐，有病自首其過，大都與黃巾相似。

而注引典略云：

角爲太平道，修爲五斗米道，太平道者師持九節杖，爲符祝，教病人叩頭思過，因以符水飲之，得病或日淺而愈者則云此人信道，其或不愈則爲不信道。修法略與角同，加施靜室使病者處其中思過，又使人爲奸令祭酒，祭酒主以老子五千文使都習，號爲姦令爲鬼吏，主爲病者請禱。請禱之法書病人姓名說服罪之意。……後角被誅，修亦亡。及魯在漢中，因其民信行修業遂增飾之。

後來曹操定漢中，以張魯入中國，封侯拜官，爲子彭祖娶其女，於是列於衣冠，而士大夫亦被其化矣。

魏武建國制度，如州郡領兵，如典農，如校事，皆不爲長治久安之計者。其可取者惟以專官典選舉一事，立後世吏部掌銓之基礎。佐成此事者毛玠崔琰也。玠傳云，玠嘗爲東曹掾，與崔琰並典選舉，其所舉用皆清正之士，雖於時有盛名而行不由本者終莫得進。太祖歎曰，用人如此使天下人自治，吾復何爲哉。文帝爲五官將，親自詣玠，屬所親眷。玠答曰，老臣以能守職，幸得免戾，今所說人非遷次，是以不敢奉命。案丞相東曹掾即後來之尚書吏曹也。魏以前無專掌銓選之官，魏以後始以吏部領一切進退黜陟之政，當周禮六官之長，乃政治制度上一大變革也。

談菿漢閣

文載道

餘杭章氏，一代經師，（別署菿漢閣）其生平的學術事業及與共和革命的關繫，都是彰彰史冊，超越流俗，堪「與日月爭光」，而非我輩後生小子所能盡述。他逝世後，雖未必如他自負所說，「吾死巳後，中夏文化亦亡矣」！但近今樸學之門由是而閉，則爲不可否認的事實。至其生前「以大勳章作扇墜，臨總統府之門，大詬袁世凱的包藏禍心者；」與夫「七被追捕，三入牢獄，而革命之志，終不屈撓」的精神氣概，尤足在革命史上大書特書，值得作「後生的楷範。」其晚歲之創學院，（章氏國學講習會）辦期刊，（制言）使東南的學術空氣別開樸厚的一面，頗有先儒講學的熱忱，所謂「身衣學術的華衮，粹然成爲儒宗」，並以此而得在戰前動盪激盪的時代中，保其卓然的晚節，要亦不失儒家的本色。較之棲棲營營，招搖奔走盜名欺世之輩，更不可同日而語了。而且他在吳門隱居的時候，雖則一面遠避塵世的煩囂，一面對於時政的晦明，國是的得失，還是非常的關心，如他在「一二九」後致電給當時坐鎭平津的宋明軒氏，叫他不要過於阻扼一般青年的純潔行動，就是一個例子。所以他逝世後，無論識與不識，無論政治或文學的立場是新是舊，都對他表示深摯的哀悼與遺憾，像戲劇家洪深先生在「光明」半月刊上所作的紀念文，就是注重章氏於革命的終始，——以「民族的」立場對他作最高的估價。並且也可代表國內一般的定論。可見知人論世，實在還得略小節而取其大，才是對一個人蓋棺後的不刊之論。

我因爲時常跑跑冷攤的緣故，倒也收羅了不少清末革命前後的文獻掌故。像太炎先生的「訄書」，「新方言」，「太炎文抄」，「黃帝魂」，及鄒容的「革命軍」等，在當初或是秘密印行，成是假手東瀛，而在今日卻有踏破鐵鞋之苦的，也居然給我絡續買到一點。至於太炎先生最後所印行的，不知道是否是民國廿二年（一九三三）刊於北平的「章氏叢書續編」（初編當爲浙江圖書館所刊者），爲其門弟子錢玄同、馬裕藻、朱希祖、周作人、許壽裳、沈兼士、劉文典、吳承仕、馬宗薌諸氏所分別校勘。共四冊，木板印，紙墨潔淨，總目有廣論語駢枝、體撰錄、太史公古文尚書說、（五卷）古文尚書拾遺、（二卷）春秋左氏疑義答問、（五卷）新出三體石經考、菿漢昌言（六卷）等七種，都是章氏最精專純粹的一種著述，大約可以藏之名山的了。我對於經學，自然得老實的承認外行之外行，不過像其中的菿漢昌言，乃是談理學，佛學及歷史之隨筆札錄，還可勉強的看看。左氏疑義答問也多少對從前所讀的書有點裨益，但我特別的喜歡這一卷三體石經考，這並非是我對石經有什麼心得，實在還是爲了這是錢玄同（夏）先生所手書印行的。錢先

生在世時，雖不以書法名，但他的樸茂而蜿蜒的風格，置諸當代那些過江之鯽的「書家」中，該也沒有甚麼愧色吧。前些時候，我還化了許多功夫，加以撫臨，可惜那本前次爲章氏寫的「小學答問」，已無法獲得了。

講到太炎先生的地位名聲，自然不用說是國內，就是國外，——尤其是東瀛，也頗有尊敬嚮往的人，再加上太炎先生蚤歲對日本的關繫，所以寫章氏印象記的，在扶桑三島也頗不少。如已故的芥川龍之介氏，在中國遊記裏，即有專記章氏的一段。其中速寫他的狀貌是：「……可是不客氣地說，他的相貌，實不漂亮，皮膚差不多是黃色的，鬚髯稀少得可憐，那突兀崢嶸的額，看去幾乎像生了瘤　。只有那絲一般的細眼——在上品的無邊眼鏡背後，常是冷然地微笑着的那細眼，確有些與衆不同。爲了這眼，袁世凱就把先生拘在囹圄裏，同時又爲了這眼，袁世凱雖會把先生監禁，却終於未能加以殺害」。這從照片上所出現的章氏姿態看來，大概是不中不遠。只是以貌取人，並非是一個辦法。還有一點，我覺得貌與相略有不同地方，正如李笠翁之論女人應重視她的風韻一樣。因爲貌雖不揚的人，或許他的相有過人處，而相正包含着一個人的氣魄風度個性。像芥氏筆下的章氏，我們固可說他「不漂亮」，然而恰如他的文章似的，却也足以當「瑰奇」兩字，瑰奇，就是不平凡，不平凡就有驚人地方！——我們形容某些人的醜陋說是「貌不驚人」，其實是不大妥貼的。這四個字，加於一個猥瑣、傖俗、卑矮、富於市儈氣的脚色，是非常中肯，也便是面目可憎語言無味之輩。但像章氏那樣雖不漂亮而却不漂亮得瑰奇突兀的人物，這四個字，就完全不適恆了，否則，倒是自己墜入世俗的眼光裏了。我們看一看沈從文先生筆下的詩人孫大雨，（見人間世某期）正好證明我的說法。換言之，我們從一個人的貧富貴賤上而判斷他（她）相的好壞，或未免有些勢利　，然而從一個——像章氏這樣的博大恢宏的飽學的人，即可推覘他的相貌，無論如何有不同於衆之處。記得從前在一個宴會上，朋友甲隱隱的問乙：那邊東角上坐的是否就是著名的某富商？甲便回答說：「某先生怕不見得這樣秀氣吧？」這可見某先生雖長袖善舞的長於經商，然却無法改他面團團的市儈氣，還使人一望而知。這也說明了學問的修養對於人的品相上，有如何不可分的關繫。何況章氏的那對冷傲「細眼」，即足以使權奸如袁世凱輩束手了。

話再回過頭來說，芥氏說太炎先生是一個使人寒冷的人，其實，這正是章氏耿介孤傲的表現。在過去宇宙風二十一期上，有一位著名乃蒙的「章太炎的講學」一文，便說到了這一點上：

「他是狂傲的人，一切是自私的以自已爲中心的。在演講台上，他將聽衆幻成一種意象，以爲這意象是他的獲得，他的生命之某種關聯，而這意象是陌生的，於是以眼光，以笑臉，去粘住它，把它位置在某種精神生活上。這里，我彷彿看見章先生心靈的悽獨！」

這一段文字，曾經被曹聚仁先生所竭力稱贊，譽爲「寫得眞够味——辛辣，在芥川龍之介之外，我們所不曾看見過的深刻而冷雋的解剖。」（見文思一五二頁）接着，曹先生並說：

（上略）「他的講演，如乃蒙先生所說，滿口土語，——帶餘杭方音的杭州話，（我們可不要忘記他是寫新方言那名著的學者。）夾些帶尾音後的

笑，一面吸烟，一面低聲的演講。像我這樣對於他的方言並不感到困難的人，而我又從單不庵師那里知道足夠的關於今古文家爭執種種的人，還是和乃蒙先生一樣體味到太炎先生心靈上的悽獨。太炎先生的笑，有的是勝利的笑：他提出強有力的證據，駁倒了今文家的嘲弄，或用史的事實證明了古文家的可信……他如唐·吉訶德一樣向羊羣舞矛，他自己的臉上浮上勝利的笑了。」

曹先生聽過章氏的學大約很不少，對章氏的瞭解也相當的深，單是在「文思」一書中，就收錄了四篇有關章氏學行的隨筆，其他另星引用的更多；雖然魯迅翁在「關於太炎先生二三事」中，有「近有文儈，勾結小報，竟也作文奚落先生以自鳴得意，眞可謂『小人不欲成人之美』而且『蚍蜉撼大樹，可笑不自量』了」之說，有人疑心這「文儈」即是指曹先生。因爲曹先生對章的晚節似乎表示過遺憾，還將他和胡適博士並論，刋在他死後的一張小報上。不過我又覺得，曹先生畢竟還是讀過章氏許多的著作的，故所批評、剖析、也多少有其自己的見解吧。

自然，以彼此所經歷的時代、生活、思想而論，凡後於太炎先生一二輩的人，不免有了一點隔膜或距離，再加上他隱居吳門以來，見面的機會更少了。而且太炎先生有一種「言不投機」的天眞的脾氣，（見後）萬一兩方思想不合，據說他不但會得拂袖而起，甚至會效法「以杖叩其脛」的方法。這出諸一位粹然大儒之手，或許有人覺得太粗魯，但我卻以爲這還是章氏率直可愛地方，可以見出他對自己的「勝利」之執着，與前引的話正可參通。而自他逝世後，則連這些「流風餘韻」也渺不可尋了。

朋友裏面，黎庵跟殷塵都是在蘇州親聆過章氏謦欬的。（黎庵並有文載古今）如今回想起來，該是益加的値得回味珍惜了。我在戰前，隨着衛聚賢先生及殷塵代表吳越史地研究會往蘇州七子、靈巖諸山訪古時，事後衛先生曾託金松岑氏的介紹，一謁蓟漢閣，可惜這天蓟漢恰有事他出，而衛先生又迫不及待回轉上海了，這是此行的唯一缺憾。今春重遊姑蘇，則所看見的，只是蓟漢閣的故址，而爲明淦先生所租借着，那就空氣大不相同了。後來又聯帶訪過章氏老師春在堂兪氏的故居，更覺頽敗荒涼，門前又設着一家成衣舖；要不是兪氏著書的幾架梓板，那是怎麼也叫人想象不起來了。時代眞是殘酷而迅速，曾幾何時，兪曲園、章太炎、譚仲修、康有爲等的名字，已爲巴金、郭沫若、茅盾、賽珍珠、高爾基、蕭伯納等所取而代之了！這一回，看了一士先生的「太炎瑣話」，和聽了疚齋主人說的幾則關於章氏的佚聞，又重新取出「章氏叢書續編」來，寫下了這篇小文。

疚齋主人和章氏生前頗有往還，他所說的，自必翔實可據，有人「今世說」的趣味，故擇其「二三事」以供談助。

大家知道太炎先生是一個革命的元勳，因此他對清廷的感情，一向異常的憎惡。如他之對被我們稱爲「文正公」也者的曾國藩之流，就因曾氏作過異族的爪牙而頗表鄙視。雖然章氏後來的觀念略有改變，但偶有涉及的時候，還是貶之爲「妄」，爲「其智不逮一婦人」，如他之書曾刻王而農的集子云：「湘潭王而農著書，壹意以攘胡爲本，曾國藩爲淸爪牙，揞洪氏以致中興，今遽刻其遺書，何也？」字裏行間的鄙奚之色可見。又如他之覆吳敬恒書，也說；「小少未嘗應試，至今猶是漢族

完人也」，蓋其對清政府控制下的功名，極爲輕蔑之故。——然而這一點，據疚齋告訴我們，其實是不實在的；原來章氏的父兄都是諸生，而且太炎本身也還是一位「茂才公」呢。他覆吳氏信時，因正鬧着筆戰，便不能不作違心之論了。所以有一次在沈子培氏的面前，大約時已革命成功，章氏又在作着「載湉小醜」一類辱罵之際，沈氏即對他說，這些都是過去的事，可以不必多提了，何況君家還是三世受着國恩呢！章氏聽了立刻辯護他本身之應試，完全是被强姦而非出諸自願。不料沈氏駁他的話，却是非常風趣而有力，他說：「講到强姦，本人剛巧是研究（與執行）法律的，照法律的規定，强姦只有一次，一次以上便要作和姦論了，現在你的考秀才，同樣是並非只經一次二次的事，所以也應該算和姦了！……」話猶未了，章氏倒有點不好意思再强辯下去。這是直到今天，才始使我明白太炎先生並非眞個是一位「布衣」，自然這和他一生卓犖大節絕無影響，而且他自己也說，中過試的人不一定都是反革命，反之，不中試的不一定可以作共和的信徒。（大意）

其次，章氏很喜臧否人物，並且少所許可。但對於俞曲園及譚仲修二氏，却極其尊敬佩服，正如他之於廖平那樣的「畏」。如果有誰在他面前說俞、譚的壞話，那就要不問皂白，揮以老拳了。有一次在西湖的某處，跟梁啓超等在一起，梁氏看見面前掛的一副俞氏所撰楹聯，就譏諷地說：「喔，原來是一對鵓鴣！」章就鬨而恚甚，動起武來了。

從這兩段記載看來，章氏的嫵媚率直的豪性不難想見，他之終於受到章瘋子的別號，也自與這些事有關。至此又記起他作的幾副挽聯，也可以表現他的「狂放」的。如挽某先生的，「舉國盡蘇俄，赤化不如陳獨秀。滿朝皆義子，碧雲應繼魏忠賢」。挽黎元洪的，「繼大明太祖而興，玉步未更，××豈能干正統。與五色國旗而盡，鼎湖一去，譙周從此是元勳。」挽葬於金陵某氏的，「羣盜鼠偷蛇竊，死者不瞑目。此地龍蟠虎踞，古人之虛言。」——雖然皆是些小品文章，但太炎先生的憤世嫉俗——然而並非玩世。眞正的玩世者，也必須從憤世而來，但古今來實在很少。至於自起一個別號，寫幾行打油詩沾沾自喜的「玩世不恭」者，不過說明他對現實之懶惰卑怯而已——的個性，正也即小以見其大。

最後，以區區的文筆與篇幅，當然不足以盡菿漢閣學問行事於萬一。但同時覺得以先生在小學上的造詣，而却對鐘鼎甲骨——尤其是甲骨的深加惡斥，以爲全是僞冒這一點，極爲不解，雖然從先生「護許運動」的立場，倒又是很平淡自然的事了。夫以羅振玉思想之頑固及學術的成就自不能與章氏相頡頏，但在甲骨學的爬羅剔抉，與由此而對上古史的幫助上，誠如郭開貞氏所謂「事有不可因人而廢者」，而似有超乎太炎先生之所「强執」的了。惟此戔戔之數紙，已不足以盡鄙意，當俟他日撫摭羣書，專以「餘杭與契文」爲題加以概括之。

太炎先生的去世距今雖尚未滿十載，（？）然鄙意章氏完備的傳記——至少是年譜的整理刋行，（先生自己有簡略之「自述學術次第」）不但是學術界的重要工作，而且也是對先輩的一種切實的紀念，特別是他於諸先烈的締造共和的經過方面必有益於「國史」者至深且大！但在中國，以「信徒」萬千尊爲國父的　中山先生，尚且沒有一部詳盡生動的傳記，其餘的自更無從說起了吧！嗚呼！　（卅三年八月十一日夜）

述清末吳稚暉大鬧公使館始末

聽禪

吳稚暉。今人有提及此公大名者，輒不期想起曾有人罵其爲「蒼顏老奴，皓首匹夫」。並想起彼屢次所作「×寬債緊」之妙喻，以爲不過是一臭嘴而令人討厭萬分之老厭物而已。誠然，「討厭」二字，最爲此公定評。但在革命初期，此種討厭人物甚多。尤其南社諸君子中，大都保有此類性格，其實此係生性耿介，不能諧俗，於個人立品上言，絕非惡德。祗是最不宜於作官，故稚老即有此種自知之明，一生堅不作官。（吳曾親口告筆者，有人詢其何不作官？渠言，渠向曾遍詢同志數人，吾人革命之終極目的奚在？曰作官享樂也。渠氣極，遂終身誓不作官。未知確否。）然其在清末革命萌芽時代，作事熱心，勇於負責，不可謂無絲毫功績。尤其我國派遣留日陸軍士官學生制度之確立，未嘗非由彼與爾時之駐日公使蔡鈞，在使館狠狠一鬧之所由成功。此一鬧之結果，在彼自身，雖被蔡公使請日警將其驅逐回國，並無怨言。而爲友犧牲之精神，深爲當時留學界所欽佩。中外報章，一致騰傳。今則事過境遷，不特此一鬧後，究有何等成就，無人能道，即當時實事，恐能記憶者亦尠矣。

茲特先一述其事實經過如下：光緒廿八年壬寅六月，有蘇浙贛三省留日自費學生九人，志願入成城學校肄業。因蔡公使堅決拒絕，不肯咨送，乃託由吳稚暉擬一長函，反覆婉轉其詞，以懇求於蔡。並聲明，可由留學生五人，互保一人，先在使館出具保證書，以免公使再有疑慮。稿就未發，適北京京師大學堂總教習吳京卿汝綸，奉命來東考察。到留學生會館，遇稚暉及章宗祥等十餘人。稚暉乃將函稿就商汝綸，汝綸以爲然。但詞氣之間，頗心鄙蔡公使，知難成功，勉允代達而已。時六月初九日事也。四五日後，汝綸寓書稚暉，謂蔡公使於五人環保一節已允，但要求將保單與名單同時並送，以符舊章云云。稚暉得書，奔告九君。遂由章宗祥等廿餘人，繕就保證書，一同簽印，分別送交。數日無耗。六月廿一日晚，稚暉謁催汝綸，汝綸爲繕一函，介紹稚暉往見參贊吳振麟。稚暉抵使館，先晤學生監督夏偕復，知此事蔡公使居然已行文日本參謀本部矣。稚暉喜慰，乃不再求見吳參贊，逕告九君，並覆謝汝綸。以爲連日於風雨泥濘中冒暑奔走數十次，或可償願矣。不料廿三日晚，稚暉忽得汝綸書，內附參謀本部覆蔡公使一信云：「頃接來文，現由在京貴國留學生章宗祥等，保送蘇浙贛自費生九人，願入成城學校肄業，等因；准此，查向例入學，均由貴大臣保送，方准進校，今據來文，與向例不符，應請仍由貴大臣親自保送，以符定章是禱。再成城學校現值暑假之期，一俟九月初旬（按此爲日曆），再行開課，此時未便即准入學，順以附聞，此致蔡欽使閣下。參謀本部第二部長青木宣純。」稚暉得書，大惑不解。但知最緊要者，諸君原希望於本屆暑假前入學，俾

能於假期中隨同教師旅行片瀨海浴，已萬難如願而已。但百思不解者，蔡使何以不照向例，由公使出面保送，乃將章宗祥等保證遞送參部，豈有學生可保送學生之理？無怪參部駁回，且參部覆文甚明，並無不允諸君入校之意，只須更正手續已可。而今吳汝綸與蔡使之舉措乃若是，遂疑吳蔡對此事，皆不過虛與委蛇，初無誠意，是以故意開一漏洞，以得一駁，交卷完事耳。稚暉遂憤然連夜驅車往晤九君及保證人章宗祥胡爾霖曾澤霖等。聞之皆憤不可遏。遂相約惟有同往吳蔡處面質，以明究竟。按九君者，鈕瑗，李顯謨，劉鍾英，夏士驤，顧乃珍，陳秉忠，許嘉澍，吳宗椿，吳宗傑，就中鈕瑗，爲惕生先生姪，李顯謨，爲平書先生姪，皆與筆者有交，故知其事特詳。

成城學校，不過東京一普通中學耳。何以遂能使我官生雙方，重視至於如此？則其故有可得而述者。蓋成城歷史攸久，校規綦嚴，且注重軍訓。明治維新以後，各地之陸軍幼年學校，尚未普遍設立之時，凡在該校畢業之青年志願投身陸軍，無有不被錄取者，實爲彼國補充士官候補生之一大來源地。（自入聯隊，至士官學校畢業，充見習士官期滿爲止之一段時期，稱士官候補生，須歷二等兵至上士止六階級。）我國自戊戌變政以後，有志青年，東渡求學者，日見其多。覩彼邦之興盛，哀祖國之衰弱，多有志願學習陸軍者。風氣既開，來者愈衆。不特貴胄子弟，踵接海外而已。且有已登兩榜入詞館之清要，連袂三島，改習陸軍者。若王揖唐，陸光熙輩均是。日方時爲交驩我國起見，乃亦許入成城學校，照章受預備教育，且習日語日文焉。然習軍事，不能與習他種科目比。既無私立陸軍學校，亦不聞有自費陸軍學生。雖有志願，非經政府核准不爲功。於是日方遂指定參謀本部次長福島安正中將，及部長青木宣純少將，專任與我陸軍部接洽此事。時民黨雖猶在萌芽，而革命志士，則已知與其他黨派，爭相羅致陸軍學生，或自力培植軍事青年之重要，不肯稍鬆懈。吳稚暉之不惜犧牲一己，爲鈕李諸君爭，非爲鈕李也，爲黨也。時各省督撫，亦久成外重內輕之勢。其強有力者，往往自由直接選派陸軍學生，竟不關白中樞。中樞見其如此，因妬忌而生畏懼。表面雖仍順應潮流，提倡尚武，而內心則顧忌實甚。凡有請求此事者，邀准愈難。設爲種種牽掣限制之方，不一而足。（按某期，有內蒙古帕拉托王，率蒙青年四人，在振武學校畢業後，清政府忽照會日方，不准入聯隊充候補生，王返國，不久即病死，四蒙青年亦改習農醫，可見也。振武事，詳見後。）惟壬寅以前，先已畢業返國者，已有四期。茲摘其尤聞名者，如陳其采，吳錫永，杜淮川，蔣雁行，王廷楨，吳祿貞，唐在禮，陸錦，張紹曾。（一）舒清阿，哈漢章，良弼，馮耿光，藍天蔚。（二）蔣方震，許崇智，曲同豐，胡景伊，宮邦鐸，張懷斌，高爾登，蔣尊簋，蔡鍔，吳光新，傅良佐，陳樂山，孫銘。（三）蔣作賓，石星川，杜錫鈞，何佩鎔，李宣倜，王揖唐，劉嗣榮。（四）等皆是。皆已分據要津。如吳祿貞，且已拜黑龍江巡撫之命，未幾總督間島矣。蓋清政府之意，非患派遣員額之多，特患不出己手選派耳。此次蔡公使與吳汝綸等，欲用曖昧態度，幼稚辦法，以相搪塞，職是故也。

翌日，即六月廿四日晨，稚暉不飲不食，即往尋保證人章宗祥等。章病，乃拉胡爾霖等，及鈕瑗諸君，正擬出發往見吳京卿及蔡公使。適有孫揆均，朱紘，吳榮鬯，董瑞熙，張懋德，閔灝，陸輔，陸爽，俞亮

，沈綱，段彥修，沈觀恒，沈觀鼎等，聞信亦堅欲同往，遂行，共二十六人。先至吳寓，汝綸不悅，辭出。折至使館，蔡公使不見。派文案王雷夏者，出而周旋。廿六人擠坐王文案室內，堅欲求見公使不肯去。使館方面，既無他善法，可以滿諸君意，一味以威嚇欺騙手段，欲驅諸君出。諸君忿憤，竟僵持至逾午。天熱腹饑，口渴如焚，仍不得要領。轉瞬已薄暮六時光景矣。乃有外務省翻譯小林者來調停。以諸君不得對公使為無禮之條件，允担任請蔡使暫出，談話數分鐘。七時半，蔡使由侍從如雲，護衛森嚴中，出臨客廳。汝綸小林亦俱在。蔡使瞑目皤腹，厲聲詢何事。稚暉趨前長跽進言，先謝其保送自費生進成城學校，已蒙參謀本部覆文邀准之惠。惟以手續不符，請欽使更正重送，真不過一舉手之勞耳。不知欽使何以斷然不肯。詎蔡使一味以蠻橫言詞，支吾歪纏。並言政府已屢次說過，自費學生，不可再送。稚暉聞與汝綸相告蔡使本意實不願保送之言相符合，不免憤然，遂投以挖苦刻毒之詞。蓋稚暉素擅口才，蔡亦無如之何也。就中孫君揆均，以內閣中書，軍機章京，來日留學法政。與吳汝綸輩，原俱相識，詞尤激烈。要求三事，其第三事，曰使臣應為僑民學生求幸福。如真因參部不允，非公使不肯保送，則應以去就力爭，翛然遠引，以讓賢路，方不愧折衝樽俎之賢使臣。因頃間公使自言素淡名利，知非頑鈍無恥之徒，故敢以此言相聒也。蔡聞言大怒，忙案逕入。小林與汝綸，則百計頻催諸君歸休，無效。時已深夜十一時矣。稚暉云：吾等已見窗外警察密布，惟有靜待逮捕，若不得公使允准保送，則決不退也。又久之，諸君神疲已極，有假寐入夢者。俄聞刀劍鏗鏘，人聲雜沓，有手執紅白燈籠之警官三四十人，蜂擁入室，蹴諸君起，縛稚暉及孫揆均二人去。諸君駭然，奔隨二君後不散。斯時細雨如織，夜氣淒清，真別有一種滋味與景象也。諸君出門亦散，稚暉揆均抵警署，禁閉一夜。嗣警長許以明日再談乃釋歸。至七月初一日，稚暉與揆均遂以奉內務省命令，限其即日退出日本國境，被遞解回滬。

自此事發生，國內外俱以蔡鈞辱國已甚，輿論大譁。然蔡不過一專制時代之無知官僚，至多調回本國。而成城入校事，則猶未得一解決也。時第二期士官同學良弼，早已畢業回國。良弼者，字賚臣，湖北荊州駐防旗人。其人頗富才識，忠於滿族，為旗人中之較開通而具遠見者。猶從前旗人中之有納蘭容若與盛伯羲，未易才也。時供職陸軍部丞參。為清室計畫新軍諸端，頗著權威，譽望日隆，乃乘機條陳當軸，定為陸軍留學生，概須由中央政府派遣之制。各省督撫及公使館，不得自行咨送，以歸劃一。蓋爾時各省督撫，實以兩湖總督張之洞所派學生為最多。次則兩江端方，北洋袁世凱，皆號稱開通，亦多派遣。良，鄂人也。習見張每年咨遣學生，與年俱增。深恐外重內輕，頗為滿政府憂。正擬及時設法收回中央，而未有其隙也。於是與福島青木等謀，設清國留日陸軍學生委員會，以福島為委員長，青木副之。釐訂各種章制辦法，一時稱備。其最重要之舉措，莫如由日政府即在成城學校附近供給一地，由清政府自行建築一振武學校。一切規模，悉照成城，專以為我國陸軍學生入聯隊前之預備學校。每年派遣學生數目，亦有規定。大約平均每二年派遣三期，而每期為五十五人。經費由各本省解交中央，彙轉日政府。所有各校隊學生修業實習期限，亦俱照日生加長，而於使館中另設陸軍留學生監督處以管理之。新章定後，此期入學者，是為五六兩期。

蓋爾時適逢日俄戰爭，五六兩期，合併畢業也。其畢業生中之尤知名者，如何成濬，陳之驥，袁華選，范熙績，陳毅，姜登選，朱先志，危道豐，孫傳芳，莫擊宇，李根源，尹昌衡，劉存厚，閻錫山，盧香亭，張鳳翽，韓麟春，周蔭人，唐蟒，楊揆一，唐繼堯，葛光庭，趙恒惕，李烈鈞，程潛，黃慕松（按陸光熙，徐樹錚，黃郛，楊宇霆，邢士廉等，爲七期以後，不備贅。）等，人材獨盛。有人計自民國成立以後，五六兩期士官生之爲內閣總理者三人，爲督軍（省長）者十三人。何以能然，則不得不歸功於良賚臣選拔之精。而時當戊戌以後，梁啓超在湖南所辦自强學堂，適逢解散。此中高材生，多聚處東京，願奮志從戎者尤不少。而此次吳稚暉辛苦交涉之鈕瑗李顯謨等九生，則亦有半數克償素願也。良氏當軸，所以爲清室謀者，可謂無微不至。知此輩將來之能興清室，亦能屋清社也。每以高爵美官，餌畢業返國之同學，而不知其計愈左。政之不修，人心已去。雖有美材，疇肯爲一姓挽頹運？武昌一呼，而天下新軍，齊聲響應，良氏之間接有大造於革命，其功豈在吳稚暉一閣下哉？（黎庵按：良賚臣被炸，死事最慘，以其人其才，安可不爲五族共和之民國所用，特其時各爲其主義耳。民國肇建後，廣南湖優儷曾釀資都下，爲賚臣建祠，陳列血衣遺刀，春秋祭祀，亦開國史中一段佳話也。）

特稿預告

爰居閣日記

梁鴻志

燈謎餘談

應雅

前錄謎語數則於本刊，頗嫌其語焉不詳。今日重翻舊譜，內臚載謎辭百餘條，皆戰前蟄居故鄉時，每逢秋禊日與社友張燈徵射者。惟時桂魄流輝，銀燈搖落，余等於綠蔭婆娑中葺片地以爲社址，並略備禮品以助射虎者之豪興。一時聞風而來者綦衆，才思敏捷之輩往往滿載而歸，必俟深夜始散。當時黃卷青燈，余與某君稠旋於父老之前，計年亦不過稚絲可掬之童子耳。自此，余復悉心於謎書謎辭之搜羅，如遇舊家庋藏之稿本，亦必手加謄抄，並彙爲筆記以載隨時所聞見於文虎一道者。今此調雖不彈良久，然筆記中所錄之謎辭及家藏之謎書則已略可盈篋，間有未刋之稿或附以繪圖者。聞學人中之搜庋謎書，以錢南揚氏爲最富，次則靈簫閣主謝雲聲氏亦復不尠云。茲就舊抄中擇較精萃之作若干則錄於後。書曰，「雖小道必有可觀」，其是之謂歟。

敗子回頭，射：覺今是而昨非。（以下略去射字）走馬燈：無燭則止。劇沿走麥城：蒙羽其藝。嵩：山不在高。毛澤東：近朱者赤。發憤長征：生氣遠出。縣宰滿面烟氣：令色氤氳。籠翠庵女尼失蹤：妙不可尋。以上多取材於史書，今概稱古文，不復細注。謎之作者亦非一人。下爲俗語成語作底者。蔻：落草爲寇。語妙雙關：話裏話。私貨遇抄班：犯關。俗語作謎，須以普遍爲上乘，因中國言語向不統一，若僅限一鄉一邑之語，於他人即無從索解矣。猶記故吳門程瞻廬君曾撰「春燈趣

語」一文，中有述及俗語入謎處。文云：

「曾記一謎云：更盡英京天未明，射吳諺五黑倫敦。一謎云，喚一聲祖宗，喚一聲蒼穹，射吳諺，爺爺皇天。一謎云，拚命三郎與黑旋風決鬥，射吳諺石鐵碰硬，扣石秀與李逵事也。又有二謎云，胥甲趙穿堪與匹，射成語張冠李戴。推此志也，雖與日月爭光可也，射蟲名蠑螈，用徐妃格，面出史記屈賈列傳，底之蟲名見爾雅。又一謎云，長樂老夫人，射四子二句，不連。一係是馮婦也，容易猜中。其他一句，爲其交也以道，想入非非間者，咸爲之大笑。滿淸公主抱獨身主義，射成語格格不入，謎懸勝刻，即爲人猜中，其可笑蓋與前謎同也。又有二謎，均有模特兒字樣，一曰女性模特兒，射官名捲簾格，服不氐。一曰打倒女性模特兒，射易經，係征不服也。蓋以征字扣打倒，不服扣模特兒，女性扣也字，從說文，字字都不落空，惜無有猜中者。

又有一謎云，刁劉氏房中試浴，射明人漢人各一，乃王文張湯也。戲老去歲懸一謎云，只見你鞋底尖兒瘦，射小說名香鈎情眼。今歲又懸一謎云，脚蹤兒將心事傳，又射小說名香鈎情眼。此老多情，何念念不忘於香鈎情眼也。」

謎語亦有用格者，多至數十種。普通所用，不外卷簾，繫鈴，解鈴，徐妃，梨花，壽星，下樓諸格而已。謎而用格，已取法乎下矣。惟有偶一用之，恰到好處，差堪入選耳。其中繫鈴解鈴二種，尚可一用，因漢字向分四聲，不妨虛者實之，實者虛之。如隆裕薨，射京劇名斷太后。此斷字即用繫鈴格。因依京劇原義爲包拯之判斷流落民間宋仁宗太后事，（即打龍袍前身）此處借作斷絕解，意謂淸代自隆裕薨後，從此已再無太后矣。故須於鈴字旁加一小圈，如舊時塾師之授課然，又以小圈狀肖鈴鐸，故名焉。至上舉之徐妃格，（以史記語射爾雅）則因徐妃曾作半面妝，此處「蠑螈」二字去其蟲部之半，即成「榮原」，故以司遷贊揚屈子之語作面。雖辭出天成，亦終失牽強，且所用謎底不可過於艱澀。爾雅雖入十三經，然非小學專家莫能省憶。此格之較佳者如以「與士卒同甘苦」射地名「瑷琿」似略勝前作。顧究以少用格爲愈也。蓋謎之用格，不過濟一時之窮耳。他如梨花格實即諧音，因梨花色白，通而作白字解。如吾鄉有地名王家溪者，有人以龍心大怒作謎面，諧成爲「皇加氣」。雖見才思殊亦不宜多用。良因中國各處語言相差懸殊，文字之讀音尤不一，難得有一標準可資諧合。如此處之「加氣」，吾鄉意云發怒，而在他處即莫明其妙矣。至謎面之上乘者，須兼熟練渾成與簡單明瞭之長，亦猶老吏之斷獄。下列諸條，雖非絕品，然尚足尋味。悍潑寫眞：京劇雙獅圖。誘婿：釣金龜。人人知儉藥忌疾更諱[illegible]：市招各省藥材。伯約降於道旁：地名維也納。（姜維字伯約）彈盡力竭勢已去：字一「勢」。嫂前倨而後恭也：時人黃金榮。（用戰國策蘇秦見嫂事。）庸主：王无能。恨晨光之熹微：黎明暉。葭莩承榮：戚繼光。牛山，用鴛鴦格，射地名對馬島。此格首尾須着一「對」字。泰：國名猶太。著名惡訟：說部名包公案。無有不便：四書天下溺。黃河澄清：包天笑。（因相傳包孝肅一生持躬嚴肅，故欲覩其笑容惟有黃河水淸云。）

袁世凱與張謇（下）

沈志遠

張辭職電發出後，不久復致電清廷，勸告退位，其辭云：

內閣歌電敬悉。自武漢事起，即持非從政治根本改革不能救亂之議。……民主共和，最宜於國土寥廓，種族不一，風俗各殊之民族。……今共和主義之號召，甫及一月，而全國風靡，徵之人心，尤爲沛然莫遏，激烈急進之人民，至流血以爲要求，嗷嗷望治之情，可憐尤復可敬。今爲滿計，爲漢計，爲家國計，無不以歸納共和爲福利。惟北方少數官吏，戀一身之私計，忘全國之大危，尙保持君主立憲主義耳！然此等謬論，舉國非之，不能解紛而徒以近禍，竊謂宜以此時順天人之歸，謝帝王之位，俯從羣願，許認共和。……今推遜大位，公之國民，爲中國開億萬年進化之新基，爲祖宗留二百載不刊之遺愛。……論者或以茲事體大，宜開國民會議，取決從違。竊以爲不經會議而出以宸裁，則美有所歸，譽乃益大。至於皇室之優待，滿人之保護，或閣臣提議，國會贊成，立爲適宜之辦法，揆之人道，無不同情。以上所陳，討論至悉，籌念至深，時機已迫，不及赴議，懇求代奏速降明諭，以安大局，而慰人心。……設有不幸，而兵連禍結，陷生民於塗炭，或民心憤激，聯軍北上，損萬乘之尊嚴，此時雖敝舌焦脣，家置一郵，無從開釋，故敢及時效慮，冒死以聞。

其時革命軍聲勢浩大，在辛亥九月下旬，已取得中國領土三分之二，清廷所轄的領土，祇有直魯豫及東三省等地，而實權復又落於袁世凱一人之手，所有北京近畿各鎮及各路軍隊，均歸其節制調遣。當革命軍組織臨時政府於南京時，袁世凱力主和議，按兵不起，清廷復接受英使朱爾典之勸說，詔准袁派唐紹儀南下議和，同時袁之部將段祺瑞等四十七將領聯名奏請清帝遜位，於是清廷始知大勢已去，遂下詔遜位。

此詔實爲有清一代二百六十八年之最後結束，原稿係張季直手筆，後經袁左右增加授彼全權一語而發表，其所插入諸語，與張季子九錄所載內閣復電原文不同，於後來實際政治，發生不少影響，關於此事經過，胡漢民曾致函譚組安言之，謂：

……清允退位，所謂內閣復電，實出季直先生手。是時優待條件已定，弟輩至滬，共謂須爲稿予清廷，不使措辭失當。弟遂請季直先生執筆，不移時脫稿交來，即示少川先生，亦以爲甚善，照電袁，原文確止如此，而袁至發表時，乃竄入授彼全權一筆，既爲退位之文，等於遺囑，遂不能改，惟此事於季直先生無所庸其諱避。……

據云張之親筆原稿，尙存趙鳳昌竹君處，辛亥前後，趙亦爲參預大計及建立民主政府的重要人物，當時張季直在滬，即常住趙家。趙之哲嗣叔雍，在人往風微錄張謇篇中亦云：「

和議之際，唐紹儀伍廷芳兩代表，日往折衝，議已垂定，退位詔久不下，或曰：一代禪讓，亦當得大手筆爲之，遂爲擬作，電之京師，及詔下，大半均采用之，其原稿猶在人間也。」——見古今二一期。此項重要史料，果能影印行世，亦彌足珍貴也。又據梁燕孫年譜，謂遜位詔末三語，爲天津某鉅公所擬，末一語尤爲人所稱道，蓋分際輕重，恰到好處，欲易以他語，實至不易。此詔蓋用御璽，由內閣總理袁世凱及各國務大臣署名，其中有旗籍者三。即度支大臣紹英，農工商大臣熙彥，理藩大臣達壽，亦事前所布置云云，是亦談民國政治掌故者所不可不知也。

當武昌革命發動以後，張季直在上海，時與黃克強程雪樓湯蟄先陳英士章太炎趙竹君諸人，會商組織政府，籌措欵項，應付外交，聯絡蒙回藏等事，適孫中山先生由美返國抵滬，各省代表遂公推中山先生爲臨時大總統，建都南京，組織政府，張亦被任爲實業總長。曾經手担保向日商三井洋行貸欵三十萬元，以爲臨時政費。其時唐紹儀奉袁命南下議和，與民軍代表伍廷芳會議於上海。雙方同意召開國民會議，以公決國體。惟對產生方法，頗多爭執，然此猶不過形式上之交涉，其實際內幕，則爲如何促袁共同盡力消滅滿淸皇室，故以總統爲報酬條件，往復磋商，經久未決。故中山先生在當選臨時大總統之日，即立電袁曰：

北京袁總理鑒：文前日抵滬，諸同志皆以組織臨時政府之責任相屬。……文旣審艱虞，義不容辭，祇得暫時担任。公方以旋乾轉坤自任，即知億兆屬望，而目前之地位，尚不能不引嫌自避，故文雖暫時承乏，而虛位以待之心，終可大白於將來。望早定大計，以慰四萬萬人之渴望。

此爲中山先生怯除袁之疑慮而發，表示總統地位，決可讓袁，但袁覆電，仍未肯露顯明態度。謂「君主共和問題，現方付之國民公決，所決如何？無從預揣，臨時政府之說，未敢與聞。」故中山先生再致一電，謂：

文不忍南北戰爭，生靈塗炭，故於議和之舉，并不反對，雖民主君憲，不待再計，而君之苦心，自有人諒之。倘由君之力，不勞戰爭，達國民之志願，推功讓能，自是公論。文承各省推舉，誓辭具在，區區此心，天日鑒之。若以文爲有誘致之意，則誤會矣。

關於此事，張季直亦曾居間秘密折衝，對袁勸告，電促早決大計，文謂：

甲日滿退，乙日擁公，東南諸方一切通過。昨日中山少川先後電達，茲距停戰期止十餘小時矣！南動北懷，未可得志，俄蒙英藏，圖我日彰，即公所處，亦日加危，久延不斷，殊與公平昔不類，竊所不解。顧公奮其英略，旦夕之間，戡定大局，爲人民無疆之休，亦即爲公身名俱泰無窮之利。頃令王生潛剛奉詣，中道折回，尚擬令北有所陳說。

而袁復張電，則仍有推宕之意。謂：

凱衰病斷無非分之想，惟望大局早定，使生民少遭塗炭。但在北方不易言共和，猶之在南不易言君主；近日反對極多，情形危險，稍涉孟浪，秩序必亂，外人乘之，益難收拾；困難萬分，筆難罄述，非好爲延緩，力實不足，請公諒之。

袁本人極富權詐，遇事深沈，在時機未成熟前，決不肯表示顯明主張，故電文所說，均

非由衷之言。其實當時袁已覷破民軍意見不一，遂嗾使北方將校堅決主戰以事挾制，同時復看準滿清親貴無能，乃虛張南方民軍聲勢以事恫嚇，所謂一石二鳥主義，以便從中取利。直至民國元年一月，袁對和議漸有把握，始會同國務大臣奏言：「形勢危險，餉源困難，而民軍萬衆一心，莫之能禦。民主如堯舜禪讓，非亡國之可比，合於聖賢民重君輕之說，久持爭議，即將難免友邦之干涉。民軍對朝廷之感情，將益惡劣。法國革命，其王如能早順輿情，何至路易之子孫靡有孑遺也？……我皇太后皇上何忍九廟之震驚，何忍乘輿之出狩？必能俯鑒大事，以順民心，事關重大，請召集皇族會議解決。」二月一日，隆裕太后召集王公大臣開御前會議，決定遜位。尙秉和所著辛壬春秋，曾記當時情形，謂：「太后哽咽流涕，各王公大臣亦皆哭失聲，久之，太后謂皇帝曰：爾之所以得有今日者，皆袁大臣之力，即敕皇帝降御座致謝袁大臣，袁大臣惶恐頓首辭謝，伏地泣下不能仰視。」頗極文人形容之筆，或不免於失實也。

清帝退位後，袁即致電臨時政府，謂：

共和爲最良國體，世界所公認，今帝政一躍而躋及之，實諸公累年之心血亦民國無窮之幸福。大清皇帝既明詔辭位，業經世凱署名，則宣佈之日爲帝政之終局，即民國之始基，從此努力進行，務令達到圓滿地位，永不使君主政體再行於中國。

中山先生接電後，即履行諾言，向參議院咨請辭職，其文謂：

現在清帝退位，專制已除，南北一心，更無變亂，民國爲各國承認，旦夕可期，本總統當踐誓言，辭職引退。今日本總統提出辭表，要求改選賢能之事，原屬國民公權，本總統實無容喙之餘地。惟前使伍代表電北京，有約以清帝實行退位，袁世凱君宣佈政見，贊成共和，即當提議推讓，想貴院亦表同情，此次清帝遜位，南北統一，袁君之力實多。其發表政見，更爲絕對贊成共和，舉爲總統，必能盡忠民國。且袁君富於經驗，民國統一，賴有建設之才，故敢以私見貢荐於貴院，請爲民國前途熟計，無失當選之人。大局幸甚。

於是二月十四日，參議院開臨時大總統選舉會，到會者十七省，投票權每省爲一票，結果，袁世凱得十七票，全場一致，當選爲中華民國臨時大總統。參議院乃致電袁謂：

本日開臨時大總統選舉會，滿場一致，選公爲中華民國臨時大總統。查世界歷史，選舉大總統滿場一致者，祇華盛頓一人，公爲再見。同人深幸公爲世界之第二華盛頓，我中華民國之第一華盛頓。統一之偉業，共和之幸福，實基此日。務請得電後，即日駕莅南京參議院受職，共和萬歲！中華民國萬歲！

不料此世界第二之華盛頓，終於未肯南下就職，且嗾使部下發生兵變，參政院爲遷就計，允其在北京就職，並於是年四月決議，臨時政府遷往北京，適其時張季直已因力爭漢冶萍借款事辭職下野，袁乃有邀張北上襄助之意，張則覆函謝絕，說明未能北去原因，並對袁進忠告，希望施政一秉大公，毋懷偏私。函云：

承箇電屬即北行，此事爲大局爲公爲下走，皆須斟酌。數月以來，海內稍有人心之士，皆以不忍全國人民糜爛之故，又以不共和不足以免人民糜爛之故，焦心瘁

舌，卒厎於成。然政體甫定，僅得半耳；亂機潛伏，觸處可見，極簡言之，則生計問題，稍複言之，則權利思想。……比之於南京臨時政府，始則邀約以最短之任期，繼則以漢冶萍事而辭職，所以示紛紛權利之中，我無與也。今若忽焉而北，則輕見者必以為有輕重向背於其間，而無識者且可造為種種荒誕離奇之語，公方在千磨萬折之中，豈宜以下走更為公累，累公即累大局，而下走四十年一意孤行不樂榮進之本懷，亦受累矣！……凡公舊日信用之人，除軍隊外，願公勿盡置左右而擬以可遙為聲援之地，亦即此意。且願公合諸界一爐而冶，以示廓然之公，而又展轉斡旋消釋最與同盟相嫌之人，贊助近與同盟切磋之會，以為公前驅。凡此者以為大局，非為公，益非為下走也。……下走前此自陳，備公顧問，此非讆言也。以生平所知，拾遺補闕，自問尚有一日之長，若一處行政地位，儕於國務，則言論轉難發揮，而與社會亦是隔閡，故竊以為不可！……

其後張卒於民國二年九月，被袁拉入熊希齡內閣，担任農商部長及全國水利局總裁。而袁復言行不顧，權奇自喜，當選正式大總統之後，政潮疊起，不但世人所期望之世界第二華盛頓未能做到，反而想一嚐中國第一拿破崙之滋味，於是乃有民國四年六月籌安會之發起，從事籌備帝制，張當時曾反復苦勸，終無效果，遂襆被出京。不久即下令承認為袁皇帝，并申令徐世昌趙爾巽李經羲張謇四人為嵩山四友，迨聞蔡松坡起義雲南，川黔獨立，袁始取消帝制。據張年譜記此事經過云：

民國四年六月……近復有籌安會倡議者，為嚴復孫毓筠劉師培楊度胡瑛李燮和，莫測其宗旨，言者謂其將佐命於帝制也；劉師培欲因諸宗元請入會，宗元拒之，而陰以告；自有此會，而帝制之謠日盛。八月，入府反覆苦勸歷二小時，十日特別快車行至江寧即附商輪歸。　十月，令管國柱入京回，帝制事益亟。十七日袁有決定改用君主之申令。　十一月十七日，見嵩山四友之申令，具電咨政事堂，三辭部局職，得復允解部職，不允辭局職。

張入府勸袁經過情形，亦極有趣。據張孝若為其父所著傳記中云；

……等到我父曉得籌安會業已發動，就要組織進行，就立刻進去和他痛切勸說，勸他做中國第一人的華盛頓，不要效法法國上斷頭台的路易，他一味不承認，并且說他自己怎樣也不願做皇帝，可是美國人古德諾的共和政體不適宜於中國的提議，却有討論的價值，將來或者讓朱明的後裔出來做皇帝，浙江的朱瑞也可以的，我父就笑着回說：朱瑞可以做，難道唱戲的朱素雲不可以做麽？所以後來方惟一有一首詩給素雲，還提到這幾句趣語：歷數朱苗到汝身，都城傳遍話清新，不須更說華胥夢，漳水瀟瀟愁殺人。我父和他翻來覆去講了兩三個鐘點，結果看他不得醒悟，無可救藥，也就立刻拋棄他所有的政治職務，……離開了北京。

張卸職後，即抱定村落主義，經營南通，仍時時以在野之身，左右政局，歿於民國十五年，較袁遲十年下世，王毓祥曾輓以聯云：「謳歌淮海三千里，關係東南第一人。」洵非虛語也。

周佛海先生散文集

古今叢書之一・白報紙精印

往矣集

增訂第十版・不日出版

往矣集目次

往矣集日譯本序
朱序
汪精衛先生行實錄序
苦學記
扶桑笈影溯當年
盛衰閱盡話滄桑
走火記
四遊北平雜感
廣州之行
武漢追憶鱗爪
極樂寺
自反錄
病後

附錄

記周佛海先生
訪周佛海先生一席談
我與佛海
在日本的小家庭生活
讀往矣集

往矣集出版以來，以內容充實，筆鋒瑰奇，深得國內外讀者之歡迎，故一年以來行銷已逾兩萬餘冊，爲出版界所僅見之紀錄，其盛況已無待煩言。著者在日譯本序文中有云：「出版之後，在一年之內，竟出到第八版，這雖然比不上民國十七年我出版『三民主義之理論的體系』時的盛況，但是在近數年來的出版界中，也可說是稀有的現象」。尤不難見此書之價值。茲以增訂九版卽將售罄，第十版不久問世，凡愛讀著者文章者，不可不先覩爲快。

第九版每冊一百元

內刊銅版精印插圖多幅

周越然　周作人　陳乃乾　紀果庵　謝剛主等八家合集

古今叢書之二

蠹魚篇

筆調雋永清麗・材料豐富珍秘

本社於往矣集出版以後，因鑒於目前出版界之沈寂，爰有古今叢書之二蠹魚篇問世，內容所談皆係古今書市之變遷，藏家之生平，及梓林之掌故史乘。作者諸君，不惟俱係當代聞名作家，且又南北各占其半。手此一編，卽可爲通人，不致爲書賈所欺。蓋以我國文化之悠久，著述之浩繁，正有待於學人鞏之爬羅剔抉，故本集於文苑之意義卽不難想見。茲以第二版出書後，存書又已不多，凡關心學術文獻者，請卽捷足先得。

每冊實價一百元

蠹魚篇目錄

古今合訂本

第七冊卽將售罄
第八冊業已出版

每冊實價叁百元正

上海郵政管理局暫准登記證第四〇〇號

本期每冊實價陸拾元

古今

文史半月刊

第五十五期

文史半月刊

古今

第五十五期

中華民國三十三年九月十六日出版

社長 朱樸

特約撰述 冒鶴亭 瞿兌之 周作人 徐一士

主編 周黎庵

發行者 古今出版社 上海咸陽（亞爾培）路二號

發行所 古今出版社 上海咸陽（亞爾培）路二號 電話：七三七八八號

印刷者 中國科學印刷公司

經售處 全國各大書坊報販

上海雜誌聯合會第十號會員雜誌

零售每冊中儲券六十元

國民政府宣傳部 登記證滬誌字第七六號

上海市警察局 登記證C字一〇一二號

爰居閣壬戌日記

梁鴻志

昨在樸園書齋獲見爰居閣壬戌（民國十一年）日記一冊，全部係閣主手稿，蠅頭小楷，工整無比。篇首並繫一小引，極綺麗之致。玆摘錄一二篇以實古今，儻亦讀者所樂覩歟？

甲申立秋日編者謹識

爰居閣日記小引

共和十一年壬戌元旦迄八月十日江米巷中蟄居之日記也。都爲一冊。至十一日以後則微服出都。至今輟筆。蓋十四年矣。回首前塵。眞如昨夢。

丙子冬日閱後記此爰居閣主人

脩名不立。吾道將孤。四十之年。忽焉已至。日月其逝。體貌漸非。迴念前塵。恍如墜夢。自嬰黨論。遂事逋居。風雨一樓。山河舉目。苟全微命。類複壁之臺卿。重累衰親。愧登車之孟博。大難將至。彼昏不知。漆室非淫。湘纍自潔。既屏百事。時還讀書。軫念徂年。寫爲日記。比之務觀入蜀。非取助於山川。天錫客杭。有難平之塊壘。從此卷中歲月。託始壬戌之初春。即論身後是非。或亦庚申之野史。

十八日癸丑晴（二月十四日） 復寶田兄書。寄津門太夫人書。以小兒輩延師重在經訓。不宜使今日學校畢業生濫竽此席也。昨聞外間羣知合肥赴津。今日報端遍載此事。詫爲異聞矣。公是先生劉敞。公非先生劉攽。兄弟二人皆博覽羣籍。同時其鄉人如歐陽永叔曾子固皆不及之。劉後村江西道中詩所謂每嘲介甫行新法。常恨歐公不讀書。浩歎諸劉今已矣。道旁喬木日蕭疏者。正爲公是公非作也。又按宋時劉氏積書最多。學人亦輩出。李唐之際。新喻劉式生五子。其第四子立德。立德生歟。歟生武賢。武賢生沂。沂生淼。淼生靖之淸之。式字叔度。官宋工部員外郎判三司磨勘司。贈太保禮部尚書。妻陳夫人既寡。敎諸子曰。先大夫秉行淸潔。有書數千卷以遺後。是墨莊也。安事隴畝。諸子怠於學。則爲之不食。由是諸子皆以學爲郎官。世稱陳墨莊夫人。靖之子和。淸之子澄。澄判鄂州。與朱子羅願相友善。蓋自叔度至澄。已七世矣。宋初墨莊在江西。其後則居揚州文樓巷。公是公非兩先生爲立德仲兄子。而叔度

之孫也。居撫之金溪。其八世孫與吳草廬虞道園相友善。又朱子墨莊五詠。一曰墨莊。二曰冽軒。三曰靜春堂。四曰玩易齋。五曰君子亭。明楊廉和朱子五詠詩序曰。劉氏靜春與集賢（即公是先生）舍人（即公非先生）各自爲派。蓋靜春堂爲數專派。此派皆徙揚州。數之曾孫淸之等皆以靜春自號而數與敞攽爲從兄弟。敞攽則居江西之撫州。未嘗遷揚州也。阮文達有揚州文樓巷墨莊考。言之綦詳。此其大略耳。夜間補作上元夜詩。（元夜二絕句）

嚴城昨夜多佳月。京國頻年鬱陣雲。

不信金吾輸醉尉。夜行偏有故將軍。

極知花市燈如晝。誰念樓居客似僧。

出國情懷疑中酒。亦逢春至且瞢騰。

十九日甲寅晴（二月十五日） 段谷香來。午後寶田兄來。謂交行金融公債事。已與嚴柳村接洽。中行零存欵取回二百二十一圓餘。寶田前此墊欵五元。歸之。寫除夕元旦上元四詩。將以質徵宇。日內當遣人送去也。明代宗室以著述見者二人。一爲朱睦㮮。一爲朱謀㙔。睦㮮字灌甫。世稱西亭先生。官鎭國中尉。爲周定王（橚）六世孫。明史稱其被服儒素。覃精經學。明詩綜小傳。灌甫於萬曆中舉宗正。著有陂上集。錢受之云。灌甫年甫二十。通五經。中年築室東陂之上（灌甫一號東陂居士）。取古人經解。繕寫藏異。敘而傳之。按睦㮮撰韻譜五卷（見明史）。授經圖二十卷。又萬卷堂書目十六卷。雖朱勤美所編而睦㮮跋語固自述爲積年所得者也。惟睦㮮世居中州。崇禎壬午。賊决黃河以陷開封。萬卷堂書盡付巨浸矣。謀㙔字鬱儀。以中尉攝石城王府事。旣卒。豫章人私謚貞靜先生。爲寧獻王（權。太祖第十七子）七世孫。列朝詩集小傳。稱鬱儀著書百有十六種。皆手自繕寫。未嘗假手小胥云云。而不詳其目。明史但載其著有枳園近藁而已。（似亦未詳卷數。待檢明史）海虞張氏借月山房叢鈔中。有駢雅七卷。爲謀㙔所撰。首有豫章余長祚序。謂鬱儀穎敏强記。年甫逾壯。而著述已不下數十百卷。與列朝詩集小傳之說稍合。末有其子輔國中尉統𨨗跋尾。則謂公著有周易象學五經稽復古今通歷字統宏雅皇典肇史海語元覽物識怪史南昌耆舊傳四百餘卷。以貧不能遽刻云云。而未嘗及枳園近藁。統𨨗字伯壘。號羣玉山樵。明畫錄謂𨨗父以著書名世。𨨗承家學。復精於繪事云云。是統𨨗亦善承父志者也。世稱中州之西亭。豫章之鬱儀。兩王孫家藏書與天府埒。明社旣屋。西亭所藏。旣付黃流。鬱儀之書。亦遭劫火。宜其著述之不盡傳也。

二十一日丙辰晴（二月十七日） 得津門太夫人書。內附瑟君十二日書。知其淮北事可保存。而又患黃病。急於赴滬就醫。來書在白下所寄也。明當復書滬上。由晤山致之。龔定庵年譜外紀曰。先生嘗寫文目一通。付子宣曰。此家絃戶誦之文也。今次其目如後。（目次悉依原文）。

漢高帝入關諭父老　求賢詔　文帝詔二首

武帝詔　史記屈原列傳　三代世表序

秦楚之際月表序　司馬遷報任安書　賈誼陳政事疏

終軍白麐奇木對　匡衡上書　劉歆讓太常博士書

梅福上書　漢書文帝紀贊　武帝紀贊
諸葛亮出師表　後出師表　晉杜預左傳序
李密陳情表　孔稚圭北山移文　鮑照蕪城賦
謝惠運雪賦　謝莊月賦　江淹別賦
恨賦　鮑昭舞鶴賦　陸機文賦
孫綽天台山賦　庾信哀江南賦　春賦
小園賦　枯樹賦　曹植洛神賦
王羲之蘭亭序　鍾繇與人牋　太上感應篇
陶潛歸去來辭　五柳先生傳　桃花源記
孟嘉傳　昭明太子文選序　徐陵玉臺新詠序
張說宋公遺愛碑　駱賓王討武氏檄　王維山中與裴秀才書
韓愈進學解　柳宗元封建論　游記
游記二　游記三　游記四
游記五　游記六　韓愈五箴
平淮西碑　諫佛骨表　訟風伯
潮州刺史謝表　祭鱷魚文　祭十二郎文
諱辨　送窮文　柳州羅池神廟碑
伯夷頌　杜牧阿房宮賦　晚晴賦
劉禹錫陋室銘　白居易池上錄　李白春夜宴桃李園序
李華弔古戰場文　韓愈送李愿歸盤谷序　李商隱寄姪女寄寄文

陳元祿曰。右目七十四（實只七十三）通。迄於唐。寫以紅格紙。凡二紙。紙盡而畢。疑尚有闕。佚其序。撰人世次。亦有顚倒。或以文爲後先。未可遽斷。蓋稿本也云云。姑錄之以備教授之用。晤會巖丞。白堅甫來。

我的雜學

知堂

十七

我不懂戲劇，但是也常涉獵戲劇史。正如我翻閱希臘悲劇的起源與發展的史料，得到好些知識，看了日本戲曲發達的徑路也很感興趣，這方面有兩個人的書於我很有益處，這是佐佐醒雪與高野斑山。高野講演劇的書更後出，但是我最受影響的還是佐佐的一冊近世國文學史。佐佐氏於明治三十二年戊戌刊行鶉衣評釋，庚子刊行近松評釋天之網島，辛亥出國文學史，那時我正在東京，即得一讀，其中有兩章略述歌舞伎與淨琉璃二者發達之跡，很是簡單明瞭，至今未盡忘記。也有的俳文集鶉衣固所喜歡，近松的淨琉璃世話物也想知道，這評釋就成爲頂好的入門書，事實上我好好的細讀過的也只是這冊天之網島，讀後一直留下很深的印象。這類曲本大都以情死爲題材，日本稱曰心中，澤瀉集中曾有一文論之。在懷東京中說過，俗曲裏禮讚戀愛與死，處處顯出人情與義理的衝突，偶然聽唱義太夫，便會遇見紙治，這就是天之網島的俗名，因爲裏邊的主人公是紙店的治兵衛與妓女小春。日本的平民藝術彷彿善於用優美的形式包藏深切的悲苦，這似是與中國很不同的一點。佐佐又著有俗曲評釋，自江戶長唄以至端唄共五冊，皆是抒情的歌曲，與敍事的有殊，乃與民謠相連接。高野編刊俚謠集拾遺時號斑山，後乃用本名辰之，其專門事業在於歌謠，著有日本歌謠史，編輯歌謠集成共十二冊，皆是大部鉅著。此外有湯朝竹山人，關於小唄亦多著述，寒齋所收十有

五種，雖差少書卷氣，但亦可謂勤勞矣。民國十年時曾譯出俗歌六十首，大都是寫游女蕩婦之哀怨者，如木下杢太郎氏所云，耽想那卑俗的但是充滿眼淚的江戶平民藝術以爲樂，此情三十年來蓋如一日，今日重讀仍多所感觸。歌謠中有一部分爲兒童歌，別有天眞爛熳之趣，至爲可喜，唯較好的總集尙不多見，案頭只有村尾節三編的一冊童謠，乃是大正已未年刊也。與童謠相關連者別有玩具，也是我所喜歡的，但是我並未蒐集實物，雖然遇見時也買幾個，所以平常翻看的也還是圖錄以及年代與地方的紀錄。在這方面最努力的是有坂與太郎，近二十年中刊行好些圖錄，所著有日本玩具史前後編，鄉土玩具大成與鄉土玩具展望，只可惜大成出了一卷，展望下卷還未出版。所刊書中有一冊江都二色，每葉畫玩具二種，題諧詩一首，木刻著色，原本刊於安永癸巳，即清乾隆三十八年。我曾感歎說，那時在中國正是大開四庫館，刪改皇侃論語疏，日本卻是江戶平民文學的爛熟期，浮世繪與狂歌發達到極頂，乃迸發而成此一卷玩具圖咏，至可珍重。現代畫家以玩具畫名者亦不少，畫集率用木刻或玻璃板，稍有蒐集，如淸水晴風之垂髫之友，川崎巨泉之玩具畫譜，各十集，西澤笛畝之雛百種等。西澤自號比那舍主人，亦作玩具雜畫，以雛與人形爲其專門，因故赤間君的介紹，曾得其寄贈大著日本人形集成及人形大類聚，深以爲感。又得到管野新一編藏王東之木孩兒，木板畫十二枚，解說一冊，菊楓會編古計志加加美，則爲管野氏所寄贈，均是講日本東北地方的一種木製人形的。古計志加加美改寫漢字爲「小芥子鑑」，以玻璃板列舉工人百八十四名所作木偶三百四十餘枚，可爲大觀。此木偶名爲小芥子，而實則長五寸至一尺，削圓棒爲身，上着頭，畫爲垂髮小女，着簡單彩色，質樸可喜，一稱爲木孩兒。管野氏著係非賣品，加加美則只刊行三百部，故皆可紀念也。三年前承在北京之國府氏以古計志二軀見贈，曾寫諧詩報之云，芥子人形亦妙哉，出身應自隨輪來，小孫望見嘻嘻笑，何處娃娃似棒槌。依照江都二色的例，以狂詩題玩具，似亦未爲不適當，只是草草恐不能相稱爲愧耳。

十八

我的雜學如上邊所記，有大部分是從外國得來的，以英文與日本文爲媒介，這裏分析起來，大抵從西洋來的屬於知的方面，從日本來的屬於情的方面爲多，對於我卻是一樣的有益處。我學英文當初爲的是須得讀學堂的教本，本來是敲門磚，後來離開了江南水師，便沒有甚麼用了，姑且算作中學常識之一部分，有時利用了來看點書，得些現代的知識也好，也還是磚的作用，終於未曾走到英文學門裏去，這個我不怎麼懊悔，因爲自己的力量只有這一點，要想入門是不夠的。日本文比英文更不會好好的學過，老實說除了丙午丁未之際，在駿河臺的留學生會館裏，跟了菊池勉先生聽過半年課之外，便是懶惰的時候居多，只因住在東京的關係，耳濡目染的慢慢的記得，其來源大抵是家庭的說話，看小說看報，聽說書與笑話，沒有講堂的嚴格的訓練，但是後面有社會的背景，所以還似乎比較容易學習。這樣學了來的言語，有如一顆草花，即使是石竹花也罷，是有根的盆栽，與插瓶的大朵大理菊不同，其用處也就不大一樣。我看日本文的書，並不專是爲得通過了這文字去抓住其中的知識，乃是因爲對於此事物感覺有興趣，連文字來賞味，有時這文字亦

為其佳味之一分子，不很可以分離，雖然我們對於外國話想這樣辨別，有點近於妄也不容易，但這總是事實。我的關於日本的雜覽既多以情趣為本，自然態度與求知識稍有殊異，文字或者仍是敲門的一塊磚，不過對於磚也會得看見花紋式樣，不見得用了立即扔在一旁。我深感到日本文之不好譯，這未必是客觀的事實，只是由我個人的經驗，或者因為比較英文多少知道一分的緣故，往往覺得字義與語氣在微細之處很難兩面合得恰好，大概可以當作一個證明。明治大正時代的日本文學，曾讀過些小說與隨筆，至今還有好些作品仍是喜歡，有時也拏出來看，如以雜誌名代派別，大抵有保登登岐須、昴、三田文學、新思潮、白樺諸種，其中作家多可佩服，今亦不復列舉，因生存者尚多，暫且謹慎。此外的外國語，還曾學過古希臘文與世界語。我最初學習希臘文，目的在於改譯新約至少也是四福音書為古文，與佛經可以相比，及至回國以後卻又覺得那官話譯本已經夠好了，用不着重譯，計畫於是歸於停頓。過了好些年之後，才把海羅達思的擬曲譯出，附加幾篇牧歌，在上海出版，可惜版式不佳，細字長行大頁，很不成樣子。極想翻譯歐利比台斯的悲劇忒洛亞的女人們，躊躇未敢下手，於民國廿六七年間譯亞坡羅陀洛斯的神話集，本文幸已完成，寫注釋才成兩章，擱筆的次日即是廿八年的元日，工作一頓挫就延到現今，未能續寫下去，但是這總是極有意義的事，還想設法把他做完。世界語是我自修得來的，原是一冊用英文講解的書，我在暑假中臥讀消遣，一連兩年沒有讀完，均歸無用，至第三年乃決心把這五十課一氣學習完畢，以後借了字典的幫助漸漸的看起書來。那時世界語原書很不易得，只知道在巴黎有書店發行，恰巧蔡孑民先生行遁歐洲，便寫信去託他代買，大概寄來了有七八種，其中有世界語文選與波蘭小說選集至今還收藏着，民國十年在西山養病的時候，曾從這裏邊譯出幾篇波蘭的短篇小說，可以作為那時困學的紀念。世界語的理想是很好的，至於能否實現則未可知，反正事情之成敗與理想之好壞是不一定有什麼關係的。我對於世界語的批評是這太以歐語為基本，不過這如替柴孟和甫設想也是無可如何的，其缺點只是在沒有學過一點歐語的中國人還是不大容易學會而已。我的雜學原來不足為法，有老友曾批評說是橫通，但是我想勸現代的青年朋友，有機會多學點外國文，我相信這當是有益無損的。俗語云，開一頭門，多一路風。這本來是勸人謹慎的話，但是借了來說，學一種外國語有如多開一面門窗，可以放進風日，也可以眺望景色，別的不說，總也是很有意思的事吧。

十九

我的雜學裏邊最普通的一部分，大概要算是佛經了吧。但是在這裏正如在漢文方面一樣，也不是正宗的，這樣便與許多讀佛經的人走的不是一條路了。四十年前在南京時，曾經叩過楊仁山居士之門，承蒙傳諭可修淨土，雖然我讀了阿彌陀經各種譯本，覺得安養樂土的描寫很有意思，又對於先到淨土再行修道的本意，彷彿是希求住在租界裏好用功一樣，也很能了解，可是沒有興趣這樣去做。禪宗的語錄看了很有趣，實在還是看不懂，至於參證的本意，如書上所記俗僧問溪水深淺，被從橋上推入水中，也能了解而且很是佩服，然而自己還沒有跳下去的意思，單看語錄有似意存稗販，未免慚愧，所以這一類書雖是買了些，都擱在

書架上。佛教的高深的學理那一方面，看去都是屬於心理學玄學範圍的，讀了未必能懂，因此法相宗等均未敢問津。這樣計算起來，幾條大道都不走，就進不到佛教裏去，我只是把佛經當作書來看，而且是漢文的書，所得的結果自然也只在文章及思想這兩點上而已。四十二章與佛遺教經彷彿子書文華，就是儒者也多喜稱道，兩晉六朝的譯本多有文情俱勝者，什法師最有名，那種駢散合用的文體當然因新的需要而興起，但能恰好的利用舊文字的能力去表出新意思，實在是很有意義的一種成就。這固然是翻譯史上的一段光輝，可是在國文學史上意義也很不小，六朝之散文著作與佛經很有一種因緣，交互的作用，值得有人來加以疏通證明，於漢文學的前途也有極大的關係。十多年前我在北京大學講過幾年六朝散文，後來想添講佛經這一部分，由學校定名曰佛典文學，課程綱要已經寫好送去了，七月發生了蘆溝橋之變，事遂中止。課程綱要稿尚存在，重錄於此：

「六朝時佛經翻譯極盛，文亦多佳勝。漢末譯文模仿諸子，別無多大新意味，唐代又以求信故，質勝於文。唯六朝所譯能運用當時文詞，加以變化，於普通駢散文外造出一種新體製，其影響於後來文章者亦非淺鮮。今擬選取數種，少少講讀，注意於譯經之文學的價值，亦併可作古代翻譯文學看也。」至於從這面看出來的思想，當然是佛教精神，不過如上文說過，這不是甚深義諦，實在但是印度古聖賢對於人生特別是近於入世法的一種廣大厚重的態度，根本與儒家相通而更爲徹底，這大概因爲他有那中國所缺少的宗教性。我在二十歲前後讀大乘起信論無有所得，但是見了菩薩投身飼餓虎經，這裏邊的美而偉大的精神與文章至今還時時記起，使我感到感激，我想大禹與墨子也可以說具有這種精神，只是在中國這情熱還只以對人間爲限耳。又布施度無極經云：

「衆生擾擾，其苦無量，吾當爲地。爲旱作潤，爲濕作筏。飢食渴漿，寒衣熱涼。爲病作醫，爲冥作光。若在濁世顛倒之時，吾當於中作佛，度彼衆生矣。」這一節話我也很是喜歡，本來就只是衆生無邊誓願度的意思，却說得那麼好，說理與美和合在一起，是很難得之作。經論之外我還讀過好些戒律，有大乘的也有小乘的，雖然原來小乘律註明在家人勿看，我未能遵守，違了戒看戒律，這也是很有意思的事。我讀梵網經菩薩戒本及其他，很受感動，特別是賢首戒疏，是我所最喜讀的書。嘗舉食肉戒中語，一切衆生肉不得食，夫食肉者斷大慈悲佛性種子，一切衆生見而捨去，是故一切菩薩不得食一切衆生肉，食肉得無量罪。加以說明云，我讀舊約利未記，再看大小乘律，覺得其中所說的話要合理得多，而上邊食肉戒的措辭我尤爲喜歡，實在明智通達，古今莫及。又盜戒下注疏云：

「善見云，盜空中鳥，左翅至右翅，尾至顛，上下亦爾，俱得重罪。准此戒，縱無主，鳥身自爲主，盜皆重也。」鳥身自爲主，這句話的精神何等博大深厚，我曾屢次致其贊歎之意，賢首是中國僧人，此亦是足強人意的事。我不敢妄勸青年人看佛書，若是三十歲以上，國文有根柢，常識具足的人，適宜的閱讀，當能得些好處，此則鄙人可以明白回答者也。

二十

我寫這篇文章本來全是出於偶然。從儒林外史裏看到雜覽雜學的名

稱，覺得很好玩，起手寫了那首小引，隨後又加添三節，作爲第一分，在雜誌上發表了。可是自己沒有什麼興趣，不想再寫下去了，然而既已發表，被催著要續稿，又不好不寫，勉强執筆，有如秀才應歲考似的，把肚裏所有的幾百字湊起來繳卷，也就可以應付過去了吧。這眞是成了雞肋，棄之並不可惜，食之無味那是毫無問題的。這些雜亂的事情，要怎樣安排得有次序，敍述得詳略適中，固然不大容易，而且寫的時候沒有興趣，所以更寫不好，更是枯燥、草率。我最怕這成爲自畫自贊。罵猶自可，贊不得當乃尤不好過，何況自贊乎。因爲竭力想避免這個，所以有些地方覺得寫的不免太簡略，這也是無可如何的事，但是或者比多話還好一點亦未可知。總結起來看過一遍，把我雜覽的大概簡略的說了，還沒有什麼自己誇贊的地方，要說句好話，只能批八個字云，國文尚通，常識略具而已。我從古今中外各方面都受到各樣影響，分析起來，大旨如上邊說過，在知與情兩面分別承受西洋與日本的影響爲多，意的方面則純是中國的，不但未受外來感化而發生變動，還一直以此爲標準，去酌量容納異國的影響。這個我向來稱之曰儒家精神，雖然似乎有點籠統，與漢以後尤其是宋以後的儒教顯有不同，但爲得表示中國人所有的以生之意志爲根本的那種人生觀，利用這個名稱殆無不可。我想神農大禹的傳說就從這裏發生，積極方面有墨子與商韓兩路，消極方面有莊楊一路，孔孟站在中間，想要適宜的進行，這平凡而難實現的理想我覺得很有意思。以前屢次自號儒家者即由於此。佛教以異域宗教而能於中國思想上佔很大的勢力，固然自有其許多原因，如好談玄的時代與道書同尊，講理學的時候給儒生作參考，但是其大乘的思想之入世的精神與儒家相似，而且更爲深徹，這原因恐怕要算是最大的吧。這個主意既是確定的，外邊加上去的東西自然就只在附屬的地位，使他更强化與高深化，却未必能變化其方向。我自己覺得便是這麼一個頑固的人，我的雜學的大部分實在都是我隨身的附屬品，有如手錶眼鏡及草帽，或是吃下去的滋養品如牛奶糖之類，有這些幫助使我更舒服與健全，却並不曾把我變成高鼻深目以至有牛的氣味。我也知道偏愛儒家的中庸是由於癖好，這裏又缺少一點熱與動，也承認是美中不足。儒家不說「怎麼辦」，像猶太人和斯拉夫人那樣，便是證據。我看各民族古聖的畫像也覺得很有意味，猶太的眼向着上是在祈禱，印度的伸手待接引衆生，中國則常是叉手或拱着手。我說儒家總是從大禹講起，即因爲他實行道義之事功化，是實現儒家理想的人。近來我曾說，中國現今緊要的事有兩件，一是倫理之自然化，二是道義之事功化。前者是根據現代人類的知識調整中國固有的思想，後者是實踐自己所有的思想適應中國現在的需要，都是很必要的事。此即是我雜學之歸結點，以前種種說話，無論怎麼的直說曲說，正說反說，歸根結柢的意見還只在此，就只是表現得不充足，恐怕讀者一時抓不住要領，所以在這裏贅說一句。我平常不喜歡拉長了面孔說話，這回無端寫了兩萬多字，正經也就枯燥，彷彿招供似的文章，自己覺得不但不滿而且也無謂。這樣一個思想徑路的簡略地圖，我想只是供給要攻擊我的人，知悉我的據點所在，用作進攻的參考與準備，若是對於我的友人這大概是沒有什麼用處的。寫到這裏，我忽然想到，這篇文章的題目應該題作「愚人的自白」才好，只可惜前文已經發表，來不及再改正了。三十三年，七月五日。

（全文完）

論掌故學

瞿兌之

——「一士類稿」序

徐一士先生最近就他的歷年撰述抽編一部一士類稿，要我作一篇序，這是極榮幸而且極有意義之事。

因徐先生的文章而想到，所謂掌故學究竟是怎麼一回事，應當先加以討論。我以為中國正史與雜史的分途自宋始。我們讀史記漢書，覺得史家敍述一個重要人物每從一二小節上描寫，使其人之性情好尚甚至於聲音笑貌躍然紙上，即一代興亡大事亦往往從一件事故的發生前後經過着意敍述，使當時參加者之心理與夫事態之變化都能曲折傳出，而其所產生之果自然使讀者領會於心。例如史記寫酈食其勸立六國後張良諫止一事，酈食其的話是有理由的，而張良的話畢不出理由。但看他入見高祖時的偶然事態，以及倉卒間借箸代籌的神情，挽回千鈞一髮的局勢就在他臨機應變的幾句話，可知當時彼此間的微妙心理。這樣關係千古治亂的大事，就是這樣詼諧似的被決定了。所以不但高祖與張良兩個人的個性暴露無遺，而且可以將當時主張恢復封建與主張沿襲秦制的兩派人心事和盤托出。司馬氏之所以為良史，正在於這些地方。後來史家每辦不到而漸趨於官樣文章之形式。所以然者，秉筆之人多少有一點公務的史職在身，而後代的文網較為苛密，加之私家的傳說太多，不是公認的話不敢說，不是官式的史料不敢依據，因此雖然極好的史裁也受了限制，不能像史記那樣活潑潑地了。不過唐以前的史家雖或不能盡情發揮，猶能於剪裁去取之間示其微意，使後人善於讀書者自己去領會。例如陳壽三國志記高貴鄉公討司馬昭一事，在本紀裏面一字不提，而但載太后令及大將軍上言，便是明明告訴後人這兩篇文章是一種掩飾之詞，更足見高貴鄉公之為冤死。所以照這樣看來，後世史家所依據之官式史料竟多難於置信。愈是史料完全的愈恐難於置信，若是並完全史料而無之，則更不用說了。良史之苦心，不是細心體會，又有誰知道呢。

有許多的史料不是史家所能親眼看得到的，這種史料不知埋沒掉多少而成為千餘年的煨燼塵土了。文選載陸機弔魏武帝文一篇，自云元康年中游於秘閣而見魏武帝遺令。據其所采用者而觀之，則當時史臣所收錄者不但是一篇口傳的令，而且將彌留顧命時的情形也都記了下來，甚至關於遺令的事後情形也都有一貫的記載，這是很自然的道理。當其大漸時的言語，必不暇自己動筆作書，而必是盡職的侍臣據實筆錄以供他日參考。而所說的話又不是都可以公開以示四方的，所以只可存於秘閣，而成為一種秘密文獻。這一段記載顯示曹操的真性情以及其私人生活家庭狀態之一斑，較之任何紀載更有價值，而陳壽作三國志時竟未采入。不知是未曾檢閱到這件檔案呢，還是認為無關於政治而略去不載。總而言之，不能不說史家對於史料之去取雖良史不免有失當的地方。

正史雜史之分途，也可以說就從三國志啓其端。三國志固以文筆嚴潔見長，而敍寫事實亦不免有簡略之失，爲後世官修史書之徒以鈎勒輪廓爲盡職的開一先路。至於雜史之多，也就起於三國。因爲地方既然分裂，自然各處的紀載不同，有本處的事非本處不能知的，有甲處的事自已紀載不詳而轉見於乙處丙處的。其時宣傳與反宣傳的工作都很利害。例如曹瞞傳是吳國人作來罵曹操的，我們知道他有作用，不敢十分相信，然而多少可以看出曹操之爲人。又如陳羣華歆王朗一班人寄書與諸葛亮，明明是代魏國勸降的文字，然而可以反映當時中原士大夫對於流亡在西南者之一種同情。推而至於一切瑣屑的遺聞佚事，都有其所涵之意義。所以陳壽不采而裴松之采以爲注，現在拿裴注與陳志合看，覺得有許多隱情是陳志所未顯言而裴氏以一片深衷極周慎的博引羣書替他襯託出來的。雜史之不可廢有如此。

自來成功者之紀載必流於文飾，而失敗者之紀載又每至於湮沒無傳。凡一種勢力之失敗，其文獻必爲勝利者所摧毀壓抑。如三國事實之見於裴注所收，已經極不容易，這是因爲三國鼎峙次第滅亡，到了晉武平吳，回顧漢末以來之史事，其間恩怨已經消泯，沒有很多避忌，所以才能如此。且私家記載總不容易流傳久遠，尤其在刻書之風未盛之時，零篇斷簡，靠着傳鈔，最難持久。但看司馬光修通鑑，所采唐及五代之事實見於雜史者多半今無傳本，足見采擷羣書是一種極可貴的著述事業。然而這些雜史若一種種單獨的看來，大都不免彼此牴牾，而生出疑問，又須加以抉擇比較審愼而存錄之。所以裴氏三國志注與司馬氏通鑑考異爲功於史學眞不小。

唐人修晉以後的史，很喜歡采錄故事，往往瑣屑至於類似笑談。前人頗有不以爲然的。這誠然不是史的正裁。然而史家得不着更好的材料，又將如之何呢。就是以故事爲史，也還可以考見一時的社會風俗時代心理，這也不是無益的呀。自宋以後，私家的碑傳文字盛行，於是一個人的仕履世系言論著述倒可以瞭如指掌，而其人之性情好尙以及其行事之實跡往往不能窺見。於是宋以後之史多是鈔錄些諛墓之文，一傳之中照例是某某字某某某處人某科出身歷官某職某事上疏如何某年卒著某書子某某，幾乎成了一種公式，千篇一律，生氣全無。這樣的史還能算史麼。

宋以後的史是必須連同家乘野史小說筆記之流讀的。不但事的曲折隱微，人的性情風格，在正史幾乎全找不着。就是政治社會制度之實際狀況，也必須靠着另外的書來說明。譬如宋元豐之改官制前後種種，在正史上只能知道一個大概。至於究竟怎樣運用的，讀了龐元英文昌雜錄洪邁容齋隨筆方才能知道得多一點。

照史例的原則說來，紀傳體是以人爲綱的史，編年體是以時代爲綱的史，紀事本末體是以事爲綱的史，通典體是以制度門類爲綱的史。嚴格的注重體例組織，則詳於此必略於彼，若要打破這個藩籬，將四者通而爲一，則必須另有一種新的史裁，融會前人之長，爲後人闢一途徑。這是現在尙辦不到的。爲救濟史裁之拘束以幫助讀史者對於史事之了解，則所謂掌故之學興焉。

掌故之學究竟是什麼呢。下定義殊不容易。但從大體說來，通掌故之學者是能透徹歷史上各時期之政治內容，與夫政治社會各種制度之原委因

果，以及其實際運用情狀。要達到這種目的，則必須對於各時期之活動人物熟知其世系淵源師友親族的各種關係與其活動之事實經過，而又有最重要之先決條件，就是對於許多重複參錯之瑣屑資料具有綜覈之能力，存眞去僞，由僞得眞。這種條件，本來是治史者所當同具。但是所謂掌故學者每被人看作只是胸中裝有無數故事的人，則掌故之學便失去眞價值，所以既稱治掌故，則必須根據實事求是的治史方法才對。然而僅有方法而無實踐的經驗，也是不行的。中國的社會本來是由於親族鄉黨舉主故吏座主門生同年同學乃至部曲賓僚種種關係錯綜而成。六朝人講究譜學，但能將這本帳記在心中，已經成爲一種專門技能，後世的人事更加複雜，一本帳也記不清楚，必須會合無數本帳方能足用。最好是一生致力於此，若僅恃臨時檢閱，豈能得當。所以掌故學者之職務，乃是治史者所不能離手的一部活詞典。

尋常的解釋又以爲掌故之學即是典章制度，這種解釋自然不是全無理由。關於這一方面的知識，尤其需要實踐的經驗，許多書策上關於典章制度之紀載，因爲名物之變遷，習慣之變遷，每不易於索解。宋初的人爲了一個入閤儀的討論，費了無數唇舌。考其經過乃是因爲唐朝的入閤是便殿召對的一種簡單儀禮，後來連這簡單儀禮也變成稀有的事，因之入閤儀反成朝儀之正了。同一入閤，在某時期是這麼一回事，過了這個時期又另是一回事了。這還是名物具在的說法，若在明清兩代則並名物也不是了，苟非博通書史而又能以後來的習慣參較而推測之，又安能了然於胸中。宋朝的許多制度，元朝人已經不得其解，元朝的制度，我們也很多不得其解，就是淸朝的制度，雖然老輩還在，也有許多知其然而不知其所以然的地方。凡是書策上所不見的，將來必至終古無傳。而書策所已載的也還待後起之疏通證明，方得其用。

即以彰彰於書策者而論，比如侍郎一官，漢朝人所謂官不過侍郎斷不是唐朝的侍郎，這是有歷史常識的都知道了。唐朝的侍郎又與宋元豐以前的侍郎不同，宋初的六部侍郎不管本部的事。而明淸的侍郎又與宋的侍郎不同，宋的尙書侍郎都算從官，少有參與政務的機會，明淸的尙書侍郎則均成爲共同處理政務之一員。至於民國各部的次長，雖與淸朝的侍郎近似，實際上亦尙有分別。而侍郎則雖名爲卿貳，實在與尙書同爲一部的長官（部中同稱爲堂官）。這些都是易於混淆的地方。所貴於掌故之學者，就在能把握其意義而因之豁然貫通，不致於史事有誤解。

治近代掌故學之資源，所謂筆記一類書占大部分。明代這種書較多，而傳於今者也就有限。淸代的名著如王士禎池北偶談劉廷璣在園雜識查愼行人海記王應奎柳南隨筆趙翼簷曝雜記阮葵生茶餘客話昭槤嘯亭雜錄英和恩福堂筆記潘世恩思補齋筆記姚元之竹葉亭雜記梁章鉅歸田瑣記陸以湉冷廬雜識周壽昌思益堂日札陳其元庸閒齋筆記陳康祺郎潛紀聞薛福成庸盦筆記……，他們多半生當文網嚴密之時，下筆不敢不愼重，所以大致沒有什麼無稽之談。而且他們所處的地位又多是便於考究朝章國故之類的，所以隸事立言大都能不悖於著述之例。決不是泛泛傳聞可比。在這幾點上是後人勝於前人的一種事情。加以耳目較近，研究起來易感興趣而且易於著手。按春秋三世之義，所見所聞所傳聞，遞遠則遞略，愈近則愈詳，然則治掌故必從淸代始，這是極自然的。有淸末葉文字之禁驟然失效，從前悶着不敢說的一切歷史上疑案漸都成爲好事者之談助。於是談佚聞的紛然而起

。數十年來私家刊行的專著以及散見於報章雜誌一鱗片羽不脛而走者，不可勝數。人人感覺興趣，遂成一時風尚，至今還是方興未艾。

如果將這些書的內容分析起來，則大概不外乎三類，一是記制度風俗的變遷或是記某種特殊制度風俗。一是記某人的事跡或是關於某人的佚話。一是記某事的經過或是關於某事的特點。此外固然還有，而直接有關於史學者如此而已。這些書大半是拿零星的材料隨意寫來以資談助，最普通的缺點是不曾注明出處，所以材料的正確程度大都不易於斷定。

至於正經談到掌故，則有必須注意的以下幾點。第一是作者的問題。尋常人的見解以為凡是身歷其境的必然正確，這誠然是比較可取的方法。但是據以往的種種經驗看來，實不盡然。著者本身如果與本事有關，則其下筆或不免以下三種意義，一因恩怨而淆亂是非，一因闢謗而加以飾詞，一因表襮而多加渲染，三者有一於此，即不能視為正確。唐人關於李牛之紀載，宋人關於熙寧元祐及洛蜀之紀載，（實則宋人一切紀載都不能說無作用）其例比比，無煩徵引。稍有史學常識者也都知道。愈到近代，著書之方法愈工，掩飾變亂之技巧愈進步，意在彼而言在此的不可勝道。其內容所涵之意義，決不是疏淺的讀者所能遽察。

第二是時代的問題。以同時人記同時事，雖然其動機能影響其正確程度，但是舍此以外還有什麼可依據呢。我們無論如何也只可取其比較可信而已。可是要知道同一親歷其境之人，其所紀述是否不錯，還大有分別。就以我們設身處境而論，親歷的事，雖然其情景大致尙在心目，而事實發生之前後當時在場之人物未必能一一記憶眞確。動筆的人如不細心推敲，則信筆所至必不免錯誤。這是確有證據的。通鑑考異於晉天福四年下云：『五代士人撰錄圖書多不憑舊文，出於記憶及傳聞，雖本國近事亦有牴牾者。』不經通鑑考異之考訂，讀者又何從一望而知其錯誤呢。

第三是著述能力的問題。同一記事而有工拙之不同，工於記事的能把握一事的中心，自然易得其眞象。不然則所記者皆枝葉零星，而離事實愈遠。近人每以為就某一個有名的人作一番問答，便可得到些掌故。譬如賽金花的生前就很有人喜歡向他打聽他的身世，筆錄下來，便成好材料。殊不知賽金花這樣的人不是眞能談『天寶遺事』的人，倘竟以他的信口所談為根據，則未免離題遠矣。著作的高低不僅在秉筆之人，也要看他所從聽受的人是否够得上供給良好的著作材料。

第四是文字正誤的問題。文字上少了小小的一畫，可以引起意外的誤會。西洋人記明末中國海上英雄Limafong在呂宋與西班牙人戰爭的事，從前中國的譯者因其原文於m與a之間未曾隔斷一小畫，遂誤譯為李馬奔，而不知方志中固赫然有林鳳之名也。（閩廣人多於名上加阿字，故人稱之為林阿鳳，而西人譯其音如此，又粵語林字為閉口音，故讀為Lim而非Lin）又如根據西文記載而言台灣史事的，謂清初有高星楷其人占領台灣奉明正朔。按其事乃是鄭成功，鄭曾蒙賜姓朱，故其部下稱之為國姓爺，由音譯譯回，乃使大名鼎鼎的鄭成功變為面生可疑的高星楷了。兩事相類，姑舉以為一種特例。至於尋常文字上的舛錯，更是往往而有。凡干支數字之類，下筆最易致誤，在下筆者出於無心，而考證者遂費無窮唇舌矣。

向來考據家都說碑板可以證史文之闕誤，誠然這是常有的事，但是必以碑板所有均可補史之闕，碑板與史不同均可正史之誤，那也是很危險的。（大概碑誌往往根據本家的行狀，而行狀或出於子弟倉卒撰成，甚或丐人代撰，其不符事實者每不暇詳究。又近代習氣專以文詞爲重，並不求其成爲信史，故碑誌更不可深恃。）以我個人所經歷，碑板之誤倒有出人意表的，所以誤不誤須就多數的紀載加以鑒別，而不能憑單文孤證。

所以嚴格的談掌故，往往將其所記之事與其時其地其人參互鈎考起來，而發現彼此之間有無數的扞格矛盾。然則這種記事竟絕對不容其存在了麼，却又不然。知道他致誤的病根，而去其誤，再從其他方面以證其所餘之眞，則又不但通此一事而且可因此會通許多事。在掌故學者看來，可有不可信的材料，而沒有不可用的材料。乃至平凡而零碎的片紙隻字，都是很可寶貴，在某種適當的地方，必有用的。這眞需要有老吏斷獄的能力，頭腦要冷靜，記憶要豐富，心思要靈活，眼光要銳敏，不以辦證爲目的而却能盡辦證之用，這才是所需要的掌故學者。

我很感覺到掌故學者殊不容易養成，這種學問憑實物研究是不行的，憑書本的知識是不够的，不是有特殊修養，必致於事倍功半。我們現在需要年高閱歷多見聞廣的人，將他們的知識經驗以系統的方法津逮後學，使後來的人可以減少冥行擿埴之苦。

但是世上沒有樣樣俱全的人，假如他本是一個史學家，而又深受老輩的薰陶，眼見許多舊時代的產物，那是最好的了。不然則本其超羣絕倫之智慧，從故紙堆中一一研究出來，憑著智慧的想像以捭捝而成一個眞的活動事實，這也是極難能可貴的。但是除了他本身的能力而外，還須有傳授他人的能力，使人人可以得其沾溉。這更要緊，更値得我們的寶貴尊重。

徐一士先生的談掌故出名，由於三十年來在各報紙各雜誌所發表的各種稿件。他的號原不是這兩字，因爲筆名出了名大家都不大叫他的號了。大家知道他是掌故家，於是他的職業也被埋沒了。以我所知，他决不是像普通人所想像的那樣掌故家，然而就其治掌故學的能力而論，的確可以突破前人而裨益後人的地方不少。這是値得疏解的。第一他富於綜合研究的能力。他能將許多類似的故事集中一起，而辨別其孰爲初祖孰爲苗裔，何者相異何者相同。第二他能博收材料。他的談掌故，好像取之於筆記及小說者甚多，然决不僅以此爲對象，其所驅遣自正史以至集部旁及外國名著時人雜纂，凡有所見均能利用。甚至旁人視爲毫無價値的，經他的利用。也無不恰當。第三他有極忠實的天性。學問的成就，樸誠是第一條件。無論何種學問，自欺欺人總要露馬脚的。他的讀書作文，不肯一字放過，不肯有一字不安，是天賦以治掌故的極好條件。所以他的根柢極充實，而一下筆一開口的時候，都顯示極沈着愼重的態度，這不是他的迂闊，而是他最聰明不失敗的地方。但是這個道理，別人雖然也知道，却未必像他那樣自然，所謂仁者安仁，誠哉其不可及也。第四他有絕强的記憶力。他的博綜固然不必說，若無好的記性，决不能觸類旁通，這也不是讀死書所能辦得到的。他需要記憶古今多少人的名字籍貫世系年代仕履師友，尤其近代的人鄉會科分名次座主房師，乃至於某科的什麼題目，率能有問必答如響斯應，這不能不說先天後天都有關係，尋常人所不易及。（以我所知，留滯諸友之中，膠西柯燕舲君，於正史稗史各人物亦均能如數家珍，乃至金

石圖錄載籍流略推步占冢州郡山川種種難於記憶之事皆羅於胸中。尤熟於歷代之特殊制度，凡是別人認爲詰屈聱牙不能句讀的典章文物，都能疏通證明如指諸掌。與徐君可謂一時二妙，惟柯君不屑意於著述爲可惜耳。）第五他有偵探的眼光。每於人所不經意的地方，一見即能執其間隙。他人紀載之眞僞是非，何處是無心之誤，何處是傳引之誤，何處是傳聞之誤，必難逃其銳目。我們朋友所作的文章，凡是請他過目的，必能看出許多漏洞，使人不得不心悅誠服。我們最易犯的毛病，是長篇文字前後不能照顧，以致語氣失去聯貫，又據他人的話往往不及考察其有無舛誤，他却必能替我們指出。有了這些特長，所以他的成就可以說是掌故家從未到過的境界，也可以說自有徐君而後掌故學可以成爲一種專門有系統的學術，可以期待今後的發展。

徐君出自江南世家，久居劍北，科第簪纓，人倫冠冕，戊戌政變，他的伯父子靜先生父子因主維新而躬罹黨獄，更是衆所共知的。所以他的家世環境又是這樣給予他許多便利，能以身當新舊之交而飽閱當世之事。他又隨宦外省，兼歷京曹，而於各種政治制度皆親見其實地運用情形。不但此也，還有一件，他雖是五十以上的人，而早年曾受近代式之教育，他長於英文，富於近代學識，所以他的治學條理縝密態度謹嚴，的確是淵源於近代科學思想以及歐文的技術。至於舊學的修養更不必說。舊知識與新訓練是不容易備於一身的，徐君這一點資格更是可貴了。

徐君與我雖有世交的關係，而情誼則完全是從學問來的。舊學新知，時常互相濬發。十餘年來株守的蹤跡相同，思古之幽情也相同，然而只是以彼此討論爲樂而已，也並未曾計議過預備從事於何種學問何種著作，歲月如流，相顧皆成老憊，往者已不可諫，來日更復難知。不免想到他的筆記叢稿，恐怕日久散失未免可惜，於是極力慫恿他早些整理出來，設法先行出版，這話也說了幾年了，直至最近方有成議，居然第一部的一士類稿可以出書了，出書之後，必能風行一時，不消說得。我所願在這裏喚起讀者注意的，則有以下幾點。第一請看他所運用的材料，有許多已經不容易看見的，或是手跡，或是孤本，在當時都是各方面送來借來抄來的，而藏有這些手跡孤本的人，亦必極願意使他能以長久公之於世，所以這部書之出版，不僅是徐君個人之幸也是多數人所引以爲幸的。第二請看他的選材，眞合於所謂無一字無來歷一句話，決不會有一條不注明出處，不但著述的體裁理應如此，而且徐君之心重在存公是公非，而並不是欲成一家之言，其微意亦可概見。第三請看他的嚴正公平態度，個人恩怨固不消說絕對沒有，就是有所抑揚，也必先有一番衆好之必察焉衆惡之必察焉的手續。實在是衆惡的了，也只有哀矜弗喜而決無投井下石。像這樣的談掌故，眞可以成爲絕學而信今傳後了。最後論到文字上的技術，也有他的特長。他所寫的各稿，行文不事華藻而措詞善合分際，文從字順，看似平易，却是下字均有斤兩，雖喜考證，而筆端不流於沈悶枯燥，仍有含毫邈然之致。不多發議論，而衡斷則甚精覈，耐人尋繹，大凡繁徵博引，往往照顧難周，他却能以一絲不苟的精神處處顧到，左右逢源，妥適周匝，頭緒雖多，而組織嚴密，條理秩然。有時也縱筆題外如所謂『跑野馬』者，然若六轡之在手，操縱自如，歸宿仍在題中，絕無散漫脫節的毛病。至如涉筆成趣，也每有之，皆能出以自然，餘味曲包，而又保持文格，不落鄙猥。犖犖

諸端，略如上述。文字技術與學識經驗相副相得，以成其作風。他對於作品的責任心極重，所以字句上每煞費推敲，讀者若不留心，或者但覺其平易，以爲寫來不甚費力，所謂成如容易却艱辛也。誠然有時很像只是鈔錄的工作，但是決不爲讀者所嫌惡，而反覺引人入勝，讀之惟恐紙盡，不是材料與技術兩樣都臻絕選，何能如此。

我還敢大胆的說，徐君這部書出版以後，或者分批出版以後，其中所徵引的書有許多已經極不易得見而又是讀者所極渴想的，恐怕要依賴徐君的書而幸傳，將來的人或許會從徐君所徵引者輯出許多未見的書，如同四庫館臣從永樂大典輯出許多佚書一樣。（我曾經感覺近人刊布的筆記很有些有價值的，可惜鉛印石印的有很多已經絕版，就是木板書也因爲刷印不易流傳有限，而且這類書往往被人看作茶餘酒後的消遣品，不是藏書家學問家所重視，甚至於圖書館也不收，也沒有人拿來著錄作提要，也沒有人替他翻版登廣告賣錢，久而久之，就是風行一時的書也就可以無影無蹤，若是本來不多見的，並書名也必至於湮沒了。然而這種書是普通人所極願意看的，只是苦於看不到。於是慫恿徐君將他所見過的這類書儘量將內容介紹於讀者，彷彿作一部筆記選的樣子，前一二年曾經發表若干在中和月刊，很得讀者贊許。）

但是徐君的著述事業豈得以此爲其封域。中國史學上待豪傑而興起的應作的事業尚甚多，如徐君者既受社會的尊敬，則應致之於寬閒靜穆的環境，供給物質上種種便利，趁他未至甚老之時，儘其能力，作一更大的史學上貢獻，庶幾不負天生此材。而徐君猶屹屹窮居，家無長物，參考書籍每使旁求，鈔繕辛勞又乏助力，還要較量米鹽奔走衣食，使無一日之閒暇，以盡其所長，讀者又豈能不於展卷之餘爲之浩然而生無限之同情耶。

徐君平日的態度既然是那樣的謙虛而謹慎，則我也不敢在他的面前恣意作溢美之詞。不但不應作溢美之詞，就是恭維也不是我的意思。我意中所要說的主要之點，還是治掌故學之甘苦。談掌故或者可以信口亂道，但博聽者一時的好奇。徐君却不是這樣的談法。他最初固然是爲着興趣，據他說自幼喜歡聽人談舊事，喜歡看小說筆記，也喜歡討論小說筆記中的故典，而抉發其得失。但是書看得多了，自然而然的引導他走向綜合研究的道上，尤其近年談掌故的書如此之多起來，每每更使他覺得對於這些書有比較辨別之必要，日積月累，便成功他的一種專門。而我們看了他的文章以後，也覺得掌故學的確可以成爲一種學問，像他所用的方法是極對的。

假如我是在這裏恭維的話，却並不是恭維徐君一個人。我認爲這宗學問將來必要更進步，而後起之秀必有突過前人的地方。爲什麼呢。第一過去的人生在那個環境當中，覺得一切是當然的，是平淡無奇的，是不値一談的，環境嬗變之後，便又成爲陳迹而無從把握了。中國人向來很少保存當代史料的習慣，所以事過境遷都只剩些雪泥鴻爪。今後的人經過從來未有的劇烈變動，歷史的觀感較前人定覺深切，保存史料的常識亦必較爲普遍，於是應用的材料必然較多。雖說近年各種天災人禍的摧毀損失不少的文獻，然而較之前人呢，增廣見聞交換信息的機會究竟容易得多了。憑這一點也就有無限的寶藏足供今後的學者的開發。第二因爲近代交通方式的便利，社會各層聲氣的豁露，事實究竟不容易變亂。縱然人類的感情衝動

，一時的政治作用，不免有時操縱着，然而完全顚倒黑白是不行的。加以今後的人能運用科學方法來治史，其鑒別判斷發揮的能力必非前人所能及。第三學問以專而愈精，掌故學範圍既如是之廣，其中有某種人認爲極易了解不需解釋的，而另一種人則又認爲不得其解，有看似平淡明白的，而細按起來却又說不出其中的委曲。總而言之，需要系統的整理，使每一名詞得有正確詳盡的解釋，時代隔着愈遠，則了解愈難而愈不肯輕易放過，其推求之方法亦必愈精。譬如顏師古離漢朝比我們近，然而顏注漢書便有許多疏陋的地方，不及近代人之考證精確，並不是說近代人的學問一定勝過顏君，不過近代人讀漢書之苦甚於顏君，所以不得不認眞考究而已。所以將來關於國學的一般趨勢，都要比現在進步，但是必須經過若干年之後，有多數專門學者苦心整理出來，使之成爲大衆能了解能欣賞的東西。在這青黃不接之際，感覺到學術人才之尙不足用，這是有的。以掌故學而論，我與徐君都常常覺得前途很有樂觀的氣象，而近來同志之多，各有所長，而且能互通聲息毫不隔閡，因之而交換見聞的機會不少，實有從前所不及料所不敢望的，這是何等可喜的事。

最後再談到材料的問題，從前的人固然不甚注意保存史料，就是注意到也苦於沒有好的方法，靠着私家抱殘守缺終於不中用。近年來風氣漸開，大家也知道人事之不可測，唯一的方法是用傳播的方法拿來公開，能拿來製成副本或刊印成書固然最好，就是用間接的方法流傳也總勝於暗然無聞。有了古今這一類的文史刊物，時常介紹點珍貴的文獻，眞是極有益的事。我與徐君都酷好收集筆記年譜日記書札家乘一類的書，可是靠着冷攤的蹤躅，所得極爲有限，有許多收藏家又是不肯輕易以所得示人的。我想徐君之書出版以後，或者有人願意以其珍貴的家藏借與應用，藉此得供學術界的研究與一班的欣賞，免我們有孤陋寡聞之憾，那又是何等可欣幸的事。

古往今來一切的事，眞是浪淘沙一般，依然是這些沙，却被浪一推而又變了一種地位與形式，如是反復無窮，循環不已而推陳出新，所謂掌故當作如是觀，所謂治掌故學的方法也當作如是觀。

以上所說，質之徐君不知以爲如何。因再作二詩以當題詞，并爲此篇作結。

書供談助老潛夫，穿穴功深九曲珠；萬卷羅胸竟何益，漫誇肉譜與書橱。

厚誣自昔歎苻生，筆錄東軒每任情；賴爾然犀被幽隱，謗書休更不平鳴。

甲申秋日兌之

記通州范伯子先生（上）

徐一瓢

桐城姚叔節解元永概，於光緒三十年，爲通州范伯子先生志墓有曰，「五洲交通，藝術競勝，僅恃一國窳敗不振之故習，不足敵彼族之方新，而朝野之論，又斷斷不可合并，故醸爲甲午庚子之再亂，於是范君起江海之交，太息悲傷，無所抒洩，一寓之於詩，其詩震蕩開闔，變化無方，讀者雖未能全喻精微，無不知愛而好之，以一諸生，名被天下，噫，何其盛也，」蓋自伯子先生，喪其前夫人吳，吳冀州摯父爲介，耦叔節仲姊倚雲字蘊素者，父子昆仲舅甥伉儷之間，更迭唱酬，極盡其樂，海內向望，莫不歆慕，以爲生人之遭之快無以逾於此也，先生之先出於宋文正公，與清初范文肅公同出文正江西之一裔，明季有諱鳳翼字異羽者，以進士觀政巳，除灤州知州，閹都下有銀灤州之目，恥之，疏改順天教授，與顧憲成高攀龍以氣節相尚，而構者衆，遂請告歸，五起京卿不就，坐東林黨奪職爲民，時如皋冒辟疆宜興陳貞慧桐城方密之商邱侯朝宗並負清望，函書往還，聲氣互通，南都破，清軍勘定郡縣，首任知州黑星，政暴戾，州人明萬里蘇如軾如轍兄弟，倡衆殺之，清大軍駐揚州，一時傳有檄大軍屠一州之說，異羽乃走南都，謁當道，僅戮首事數人，州賴以安，自是異羽隱軍山，又八年乃卒，年八十一，天下稱爲眞隱先生，史忠正公可法欽其爲人，爲著范公論，異羽子諱國祿，字汝受，築十山樓嘯傲其中，故又號十山，與方密之同就學金陵錢邦芑中丞之門，入清不應試，膺聘修州志，構奇禍，幾破其家，然里中至今迄不知始禍之因，善爲詩，漁洋山人王文簡公贈詩云，「翩翩濁世佳公子，祗有揚州范十山」，通故揚屬，故云，而海內傳誦「杖藜扶入銷金帳，一樹梨花壓海棠」，則異羽戲贈其友李君納寵句也，十山而下閱四世曰懶牛翁字完初諱崇簡，是爲先生之曾祖，完初與胡尚書印渚李學博漁衫友善，印渚以乾隆五十四年大魁，漁衫三中副榜，嘗於所著懷舊瑣言（未刊稿曾排日刊諸南通通通日報）太息言之，先生於光緒二十四年居冀州時，輯其先世詩曰通州范氏詩鈔，序中稱之曰，「曾祖晚年，貧不可以言，獨恃吾祖教授爲生，吾祖每夕歸，必得曾祖歡而後止，一夕，久之若不歡，問家人曰，豈有事耶，曰，無之，獨丁氏送鱉辭耳，曰，故耆此者，奚不言，遂馳出門，脫中衣質錢，冥走數市，竟得大鱉以歸，熟而徐進之，曾祖愕曰，丁氏物耶，曰，非也，固將烹矣，乃喜而歌詩以盡興，當世蓋十一歲時，立於祖父之側，父剛退，祖父謂曰，頃汝父之欲吾笑也，與吾同矣，」完初又善書，筆致秀淡有古法，不常作，得其縑素者爭寶之，有子曰持信，字靜甫，工詩，稿散軼，咸豐中寇亂，圍城中成絕命詞二絕，子六人，叔曰如松，字蔭堂，先生父也，入徐清惠公浙撫幕，忽心動求歸，及居父喪，鄰火作，伏父柩大號，天爲反風，竟無事，每大聲讀市上，大驚市中人，既歿，吳摯父爲志墓，張啬

庥薵修撰爲書而刻焉，摯父答先生書云，「命爲文志墓，葬期急，得書遲，又老朽不能文，辭則義所不可，謹爲此急就章，呈君兄弟，聊當輓幛輓聯之用，不必果刻石也，」此文吳集不存，余藏有拓本，古茂樸實，至性之文也，而吳公撝謙若此，可深嘆已，溯自異羽下迨先生兄弟，世世爲諸生，優行瑰節，列於州志，後先相望，世澤之長，清德之美，求之他郡縣不一二覯也，先生諱當世，字肯堂，號無錯，原名鑄，字銅士，卒於光緒三十年十二月初十日，年五十有一，葬州城東小虹橋北，即異羽畊陽阡也，始年十四，出應試，榜發前列，明年學使童華按臨至州，日未移晷，文詩俱就，上堂繳卷，學使偶左傾，疑有咨詢，立俟之，學使殊未覺，先生袖出淡芭菰管，徐就案上風燈取火吸焉，且朗誦其文而出，學使愛其才而短其狂，竟擯不錄，故事，州試前列十名非文大謬誤，無不售者，先生無故而擯，一州譁然，後童公語其故，羣疑始釋，蓋有意抑之也，閱一歲，以榜尾補諸生，仍前院云，旋食餼，有聲黌序，而九試秋闈不得一第，三十五歲後，遂決意不再應試，於致張幼樵佩綸論不應舉書，盡情發之，書略曰，「旣談學業，又不入場，一昔奉覽之家書，或櫂辭而未盡，懼相國（指李文忠）不譽，謬許其忠於所事，而他人直謂其一意以求官，又頗知我者不謂其高，即疑其憤，都非鄙心耳，當世自二十歲不與學政之試，則不復致力於時文，遇有故而後作，亦歷年而頗殊，或頗以自驗其盈虛，而未嘗留心於得失，遇試則試，則無牢騷，或將引而下之乎，則向來固不習於斯，抑或推而上之，使斷然自爲一家乎，則曩者亦無是志也」，此書所言，頗自貴其所爲時文，惜乎不能易其操守以就時趨而副有司繩墨，且甚鄙文風日淪於低下也，聞先生自隸學宮，科歲試輒列三等，又不欲苟且以取上考，故於書中，慷慨言之，書中又云，「至如當世等輩硜硜之才，不能改趨於有用之途，而仍退然自畫於無用之地，此眞所謂窳敗可笑之人也，知不復有輕重於世，而莫能隳其少小之業，偷爲一身之娛，及乎濡於此者旣久，而亦不免愛惜珍護之意膠葛於其胸，便欲譔諸文字留俟百年之爭，以爲中國聖人之道，等而下之至於吾儕之所爲，乃亦有其不可廢者如此耳，夫明知其當廢而亦且爭之，以爲此乃凡民血氣之勇所當然，又不自量其爲何如人而強與於爭之藪焉者，以爲此亦凡爲秀才者所有事也，」先生嘗以一國有一國之所私，一家有一家之所私，苟有所守，出而爭之，從古聖賢不以爲怪也，自其從讀書識時務，不可奈何而謀所以偷娛其身者若此，故外此皆不復措意，因之游談十年而產不進，不以爲貧，九試不得一科，不以爲賤，獨因病幾殞，因而廢試亦不以爲高，嘗累陳於乃翁，而蔭堂每聽之者也，幼樵時頗貴顯，又爲文忠愛壻，以文忠意欲先生勉出應試，不意先生不變初志，直率謝之，於書末「相國未宜瀆，藉足下一轉覽之何如」二語，知幼樵之勸駕，本出文忠授意，初不知先生儆擬榮名，早不以一第掛諸心目，而從事文字乃秀才應有之事不爲科名也，先生嘗大病，自志生平僅數語以貽其季弟秋門（名鎧拔貢官知縣嘗客南通新志，卒後里人諡曰孝毅）曰，「范氏之先，以儉德世其家，至當世而儉德衰矣，善爲時文，自謂當今第一，古文師事武昌張裕釗，兄事桐城吳汝綸，而爲曾國藩私淑弟子，中年頗好聲伎，妻死後，不復爲，繼妻姚頗賢，」又曰，「兄千秋後志墓加生卒年月可矣，即以煩吾弟，不必學子由之瑣瑣也。」觀此足以見先生之自負矣，然同時至友皆以爲實錄，

吳摯父與姚叔節書云，「獨肯堂窮困，我竟無力振之，士不得志，則譏毀百端以阨其際會，不必問所自來，知道者亦置之不辯，當今文字無出肯堂右者，其窮固其所也」。又與先生外舅姚公慕庭云，「今海內文筆，如范肯堂者，某實罕見其對，」又答伯子書云，「前接傅相書，深以得名師爲幸，旋接來示，敬悉賓主融洽，傅相英雄人，皆善待士，世人往往謬議，正坐未見事耳，吾爲執事作合，乃自揣文字不足以闡揚傅相志業，將以千秋公議付之雄筆記載，以正後來國史，不區區爲目前計也，」叔節爲先生志墓又云，「武昌張先生裕釗，有文章大名，客江寧，君偕張謇朱銘盤謁之，張先生大喜，自詫一日得通州三生，茲事有付託矣，」義寧陳三立散原爲先生文集序云，「君之文斂肆不一體，往往雜雄瑰之氣，而長於控摶盤旋綿邈而往復，終以出熙甫上眦習之子固者爲尤美，」又云「顧所爲制舉文，與所爲古文辭相表裏，以故終不第，」諸公所論，以證先生所自舉引而上之推而下之之語，不覺其過也，先生初謁濂亭，濂亭欣然贈以序，於其文極欣賞，而以雲爲喻，言其變幻波譎不可方物也，先生自書送蕭亭之官安慶序後曰，「此最初見賞於吾師者，許以爲氣格逼近昌黎，乃并其意量肖之，可謂豪傑之士矣，」又辨柳子厚八駿圖說，亦記其後曰，「作此等文時，摯父先生特欣喜過當，而吾師不謂然，復書論矯強自然之分，與眞僞雅俗之所判，其端甚微，其流斯遠，當時悚然聽之，其最稱許者，則題張氏墓圖一首耳，」以先生爲文，不規規於桐城，而張吳持見各異矣，故馬通伯及仲實（永樸）叔節皆絕推降其詩，而不甚論列其文，誠以先生不爲桐城囿也，先生對於文派，初無成見，於桐城派與陽湖派，未見姚張有異同之句，足見其惟知致力於古，余昔見先生三十歲前文數十篇，摯父濂亭均加評點，然頗自鄙薄，後自定文稿，皆未收入，先生始所親炙者爲興化融齋劉先生熙載，文集卷一有哀祭劉先生文，中有云，「當世年二十而知有先生，蓋聞之錫爵，（如皋顧延卿，諸生，嘗從薛叔耘出使英法德意，即先生詩首篇十五逢卿者，）錫爵初不欲當世之驟見也，以爲退一鄉一國而友天下，必其識足以觀天下之善士，苟尚非其人，則寧姑舍是，於是當世懷願見之誠五年，然後乃見於先生之里而上所爲文數十篇，則先生以爲可喜也，至於明年，先生在龍門，龍門弟子孫點（點字聖與）以書來告，曰，先生念子，子不能來，則先生就子矣，於是當世以秋八月往，先生窮日夜之力而與之言，於其將行也，而爲改定親炙記言者七紙，」融齋先生爲同光大儒，生平學問，見於所著藝概，此書爲後學津梁，惟先生於融齋，後先僅兩見而已，而終身事之，古人風義，不可及也，先生北遊依摯父冀州，實張嗇庵爲之介，嗇庵手訂年譜有薦肯堂於冀州吳公語，然就先生詩「一詩落人間遂爲吳公得」句，則吳公固早知先生矣，乃輾轉求之，或由嗇庵而知其蹤跡耳，摯父致濂亭書云，「銅士至今無消息，不識何故，弟以盜案不獲，方擬懷慚自退，故亦不望銅士北來」，又一書云，「范銅士近有消息否，弟因盜案未獲，進退狐疑，今案有端倪，仍擬書幣走聘也」又答濂亭書云，「前接長至日手書，並寄示范函，某於此君夢想三年，迄未合并，此次作書奉招，而范已決計北行，可謂神情契合，南有南皮而不往就，此則老兄在北，得使弟如孟德挾天子歸許下耳，」三書並於先生北遊有關，嗇亭作介，或另一說也，先生原以廣雅張之洞聘修湖北通志，既蕆事，且有後約，而先生以濂亭在保

定，遂決意舍張而就吳，其初至冀在光緒十一年乙酉三月，先生年方三十，留四月至七月南歸，時冀州人文極盛，如新城王樹枏晉卿（晉卿光緒丙戌進士，官甘肅新疆布政使，年八十餘歿於壬申癸酉之際，以耆年碩學，由國民政府明令褒揚）武強賀松坡，並以文學著名，摯父悉招致之，以教其州之子弟，先生文集卷三，重修觀津書院增建試院記云，「吾之來游冀州也，以州牧桐城吳君之招，吳君之爲州，專務積產書院，以富其賢豪之人，而使之從容致力於學，蓋合其五縣之子弟而大造之，五縣令顧不自爲也，」又云，「吾還江南，冬又來，則鄭君已有錢六百萬修復觀津書院，聘吾爲師，」（鄭字筠似，名驤，官武邑令，摯父集有鄭筠似八十壽序云，故事，攝縣率一年爲限，余爲請於大府，留君三年，以竟其事，自初迄終，經畫井井，於是武邑之俗大化）先生爲此文，在同年南歸返冀時所作，又爲鄭題書院聯云，「自來學校以書院輔之，如今比屋東西，稍有歡顏在風雨，吾爲父兄望子弟成耳，此後一官南北，還將老眼望看雲霄，」此以筠似雖著教養之績，而不能媚大府，因不安於其位，乃感慨言之，又代摯父題書院贈鄭驤云，「明公家法有禮堂手訂之經，異日當成通德里，此地昔時多燕趙悲歌之士，爲我一弔望諸君，」摯父集亦載此聯，易手訂爲寫定，燕趙爲燕市，前人代作，不妨兩集並存也，是時冀州判張枈南吏目秦昌五，喜金石文字好爲詩歌，摯父取署之徭賦所入而三分之，俾各享千餘金，因皆得以無事而坐嘯焉，先生皆與流連，數見之詩中，以爲生平所最樂也，而王晉卿善爲駢文，且專力墨子，而不能深知先生之爲人，意頗輕之，見先生所爲山海一文，以爲不典，乃博稽載籍，擬山谷演雅示先生，惟先生所爲山海原意，不過著所見捕魚狀耳，遂亦肆其不經之談，成詩四十四韻和之，其詩恣肆橫放，極其詼譎，晉卿亦爲心折，以所注墨子轉求評校，交乃彌深，往還以篤，賀松坡善爲古文，後於先生師事濂亭，濂亭在保定，由摯父爲之介見，因於先生歡洽逾於儕輩，先生題松坡文稿及爲松坡父蘇生翁壽序，暢言其情焉，先生居冀四年，摯父謝官，繼濂亭爲蓮池山長，而先生亦以摯父之薦爲合肥相國教其子，所居書室頗湫隘而鄰庖廚，僅間垣牖，先生於家書及之，意不樂居，又以敬禮甚至，因安之，會合肥七十賜壽，宴各國使節及王公卿相，囑先生陪侍，半酣，合肥奕以要務須先行，耳語先生少留俟，他人見之不知何語，紛來殷勤，極人情趨赴炎涼之致，後以語人，以爲至可哂也，摯父弟汝繩官汶上，以罣誤將撤職，一家十餘口將因而流離失依，摯父以語先生，先生方病，乃令弟子李經邁經進兄弟扶掖而見合肥，力爲緩頰，合肥以法不可徇，謝焉，先生爭不已，面紅氣促，怒形於色，合肥令邁進扶先生少休，既出，至皇急，愧無以答摯父，又或恐人疑其不力於謀，竟逞意作一紙，令邁進呈合肥，其略云，「天下令長不率職，而旣不善其先，斯宰相亦不能諉爲無事也，今吳令以微愆不免於雷霆之威，其兄賢者，急而求我，是能自愛，亦即尊相國也，誠以一官繫數十口之飢寒，非公疇能全之者，今雖七百里急遞已不及，非急電恐無濟耳，事迫辭直，惟公宥諒，」少頃，邁進出呈一紙僅數語云，「汝令吳事乞緩，乃兄摯父賢者，文正公昔所深重，可推屋烏之愛」云，蓋電東撫緩其獄矣，後汝繩竟以獲安。

× × × ×

柳亞子南明史稿收藏記

王瑞豐

柳亞子於中日事變後，留居上海租界，自顏其廬曰「活埋」，從此就埋首從事於南明史料的研究。後來，租界的勢力，漸漸如冰雪般的消失，「埋」也無法「埋」了，遂又乘桴浮於海，寄足香港，我記得在他自撰年譜裏，曾記載着，那大概是民國二十九年的秋天吧？先住在九龍經詩台，後又移於柯士甸道一一一號的二樓，與許世英，杜月笙爲左右鄰，在這段時期裏，他除了有時寫寫文章，吟吟詩外，大部份精力，都化到南明史料的工作上。

一九四一年十一月，他在大風月刊，曾發表一篇「一年來對於南明史料的工作報告」，同時在茅盾主編的筆談上，他也提到關於南明史料工作的話，一時文壇權威對他在史學上致力之劬，備極讚揚。

十二月八號香港戰爭，在一般人的睡夢中爆發了。住九龍的自然格外吃驚。尤其是所謂「前進」的文化人，一時摸不清頭緒，只慌手慌脚的忙着逃命：身外之物，當然不能顧及了。其中如范長江夫婦，離九龍時必需的衣物都沒能帶走，連他先一天還繫在腰裏並且最心愛的一條牛筋腰帶也遺棄在床頭的小茶几上。——住尖沙嘴一家白俄公寓的三樓，由此推想到柳亞子，既在同樣情形中逃走的，也不能例外，所以他年來心血的結晶——南明史料。竟拋之一旦，在當時或不覺得怎樣，時過境遷，回想起來，自亦不免有所惋惜了。可是天下事往往出乎人的意料之外，這批作品同很多有關書籍，任誰也想不到在大戰中又屢易藏主之後，仍安然無恙，更在一個故事化的經過中重整卷帙，妥爲收藏起來。事情的原委是這樣的。

柳氏寄寓的樓房，在戰爭進行中，聽說就住過幾次軍隊，迨戰事結束，又作了民政部情報班班長的官邸。班長黑木清行在民國二十五年間，曾任華北冀察政務委員會的參議，同那時代裏的軍政界人交往的很多。香港戰後，他由台灣初到香港時，因受某少將之託，向各處探詢大公報張季鸞先生的下落（不知先一年作古），因而在他的舊友，我的同鄉家裏認識了他。他又是一口十分道地還帶點天津口音的中國話，談論起來，連我這拙口笨腮的山東人，也得甘拜下風，基於這點，彼此初交上加了許多方便，在當時普遍感到困難的「吃」與「行」上，我們幾家都因而得到了特殊待遇。

有一次，他招呼我們到他那裏吃晚飯，我在客廳裏欣賞了幾幅油畫外，更在靠近的小屋裏一隻玻璃書櫥上面，發現了雙靑館主——何香凝——畫給非杞的一幅梅花，下邊有柳亞子的題詩，當時我便意會到這便是柳亞子的書齋了——我與柳氏素昧生平，只由沈譜女士（范長江夫人）代求在紀念册上題過一首詩，在戰爭中也丟失了——書櫥裏擺列着重重疊疊的書籍，想當時被重視的南明史料，必在其中，一時心急的就要動手，但一轉念，同黑木班長畢竟是個初交，又當那個時候，只有可望而不可即了。就從那時起，藏在心裏的一點焦急，折磨的坐臥不安，甚至形之夢寐。一天晚上，在同鄉家裏又會見了他，我幾次要開口，但終是面紅耳熱的自己攔阻了自己。後來，還是幸虧了一位辛子女士，先從那裏，拿給我一本柳亞

子自撰年譜，並一再加添我的勇氣。過了一天，我才專爲這事去拜訪黑木班長。話從很遠的地方，漸漸吐露此意，黑木班長不待細思，便微笑着對我說：「可拿一部份看看。」我除了對他這點雅量，表示感激外，當時心裏眞有一種「標梅始嫁，白髮登科」的愉快。

這次取來的，均爲柳氏所著南明史稿，計有吳易傳初稿一冊全（文言體廿九年八月寫成的）吳日生傳一冊全（文言體廿九年八月寫成的）夏允彝完淳父子合傳一冊全（修訂本），吳易傳一冊全（文言體）江左少年夏完淳傳一冊全（一九四〇年十月二十九日夜分脫稿），該傳的特色，是以語體文寫成的，記得柳氏主修上海縣志，也是採用白話體，這是在舊傳統中，別開生面的一點。周之藩傳一冊全（修訂本），南明雜傳一冊全，中有夏氏父子傳，楊娥傳，趙夫人傳，孫璋傳，徐弘基傳，吳潘合傳，王戴合傳，吳志葵傳，共爲七冊。

過了不久，黑木忽地發了神經病，辭官之後，跑向一個遠的地方去了。房子就由他的至親八木田留守。還有同黑木交往不久的一位女友張莉莉也住在那裏。張莉莉是香港著名的交際花，漸漸鬧的門庭如市。八木看她太不像樣，同她吵過幾次嘴，最可惡的，是她認爲不需要的東西，就拿去隨便送人。我知道就有不相干的人，從她手裏拿去了書籍字畫。一天，八木懷着滿腹牢騷，跑到我家，很誠意地對我說：「王先生，請您快把我那裏的書籍都拿來吧。不然，她今天送人，明天送人，更沒有淘成了。」當下不敢怠慢，就同八木一路去了。在張莉莉怒目之下，檢出了與南明史料有關的書籍捆載而歸。詳細檢點後，有下列各種：南明史料書目稿本一冊（有二十九年六月九日後記二則）補遺第一冊（附編目四種，關於華延年室題跋所載者）補遺第二冊，（關於圖書館及私家所藏者）補遺第三冊（關於叢刊及叢書本者）。殘明大統厤，殘明宰輔年表合訂本一冊全（大興傳以禮遺著，有二十九年七月二十三日首記，又後記二則）。以上均爲柳氏手抄本。又足本南疆逸史八冊全。第一冊爲紀略一至四全。第二至第八冊，爲列傳一至五十二。附楊跋十二首。按他二十九年九月十三日全書校畢記裏說：「校勘前後凡十四日，合諸鈔寫時期，共爲三十四日」。觀全書不下十數萬言，僅以短短的時間，就完成這樣艱鉅的工作，並且丹鉛校勘，詳證異同，這種治學精神，眞値得我們欽佩。夏太史遺稿一冊全（從舊鈔本迻錄，有卅年九月十七日題記）玉樊丙戌集上下二冊全（從舊鈔本迻錄，有卅年六月二十八日前記），上兩種爲麟飛女士以中文打字機打成。南疆繹史七冊（卷首至卷二十終）海東逸史一冊全。（翁洲老民著，魏如晦先生購贈）。等於一部魯監國實錄）明淸紀略一冊全。（吳江朱不遠著，朱字明德，即勾吳外史。飯香抄本，附跋文，胡樸安先生贈）明季實錄一冊（胡藏吳縣朱氏槐廬校刋本，亭林遺書中之一，胡先生拆開借給的），我想一本棄失，便永無完日，自古名貴典籍，也往往是這樣散失的。聖安紀事一冊全（即明季稗史中的聖安本紀，與明季實錄同）。野史無文共七冊（胡先生代覓抄本。此書現爲程演生先生所藏，也是鈔本，原題淛水奈邨農夫——即鄭達——纂輯），晩明史籍考十本全（國立圖書館二十二年五月印行，有柳氏眉批）。南明史綱，散稿一束，一至六編，看上面紅筆標的記號，是已經發表過的。合柳氏自傳年譜，及「一年來對於南明史

料的工作報告」看來，柳氏寫成的南明史稿及參考各書，大致沒有失缺。只是開隨筆一冊，不知什麼時候被應急需，竟撕去了半本。我也收藏起來，算是抱守之意吧。

這話，是民國卅一年的春天，香港物價還算便宜，只花了幾十元軍票，訂製了幾套夾板，並就柳氏所題書名分別摩刻在上面，倒也裝潢的很美觀。只是書未到手時，雖寢食不忘的害着單思病，既已如願以償，反覺得是條沉重的担子，因爲自身還在飄泊，正不知作何究竟，對這些飢不能食，渴不能飲，走又不能帶的笨東西，終是想不出一個妥善的辦法，直至離香港的前幾天，才毅然決然的同我一部份傢私，存放在一位知己的朋友家裏，最近來信，關於這項書籍的消息，還有「請勿爲念」的字句。我記得在雜誌中，曾見到有柳亞子在澳門的消息。我固然盼望早得原璧歸趙，俾著作者繼續完成這部工作，不然的話，爲研究史學者保存這點資料，也不算毫無意義的吧。

× × ×

第九等難民

留玉

「復堂詩」「復堂詞」，杭州譚獻箸，後面附刻仁和吳懷珍所作「待堂文」，合訂一冊。這本書的樣子，一看上去，好像是浙江書局的版本，據書尾所記「福州景京師本重刻」和「乙丑春日補刻」等字樣，知道這本子是在福州刻的了。

譚復堂的聲名盛著於世，他這集子流行很廣，版子也很多，本來沒甚稀罕，可是我手邊的這一本，却經歷水火，奔走山川，不僅是曾經與我飽共患難而私心珍惜，主要是由於這本書經過戴子高親筆評注，將裏面好幾首詩的題旨標明，並有指出同時別人所吟詠的地方。戴氏的評注，非但圈識細到，而所寫的字，多作古體，筆姿樸茂，更是耐人尋味。雖然着墨無多，確使閱者醒腦，倍增愛賞，所以使我非常寶貴。依戴氏所記：「乙丑十月十九日評此本，廿一日畢，高記」（十六字成一行書於序後，無圖章。）的時間數算起來：十月距春，僅隔炎夏，推乙丑干支，該是同治四年。想這本書是乙丑春日刻成後，即經戴氏評閱，集內詩篇，據戴氏所指明，知譚氏之所作，多詠當世時事。於此我們知道一位大詩人，或一本流傳的集子，他的作品，決非無病呻吟，一定是暴露現實，反映時代生活的，否則就沒有生命。這裏我不來檢討譚氏的作品和傳揚戴氏的評注文字，因爲這集子已爲許多人所熟知，他的內容所揭佈的歷史事實，也已經是世間已經公開了的案卷，我在這兒所要說的是另外一種感觸。

原來這本書除經過了戴子高的評注以外，復又繼續經過好幾個人檢閱，這些評閱者都是與作者譚復堂平素有往還的，在集子裏留有與他們關涉的詩章，閱過這本書的那些人，都留有題記。一條一條接在戴氏識語之後，連續寫着，最先是「同治丙寅十一月江寧汪士餘假讀一過」。下面鈐有一顆小方章，朱文曰：「江寧

第九等難民」。後面是：「中義詩進而益上，知者愈稀，相別數年，今日視之，不止上下床。子高篤信之，可謂『德不孤，必有鄰』。明翠閣詩，急宜刪去。時丙寅冬十一月，與子高同客秣陵。棫記。」無圖章，這幾個棫字署名，當是吳棫了。後面還有一條云：「同治戊辰季冬之月，歙汪宗沂假觀。」下鈐朱色「仲伊」二字篆文小章。檢書中明翠閣詩，在第二卷，是閩遊詩九十首之一。原題「明翠閣」自注：「延平東郭鳳冠巖下」。詩句是：「高閣瞰煙津。餘寒肅莫春。名山會歷劫。初地自無鄰。樹色迷征轡。波聲恐榜人。陳詩及鴻雁。草澤念君親。」句末刻注文曰：「壁間何人題云：『北來雁。爾從北極到南天。飛過詄蕩蓬萊殿。幾處烽煙。我的君王最可憐。』『南來雁。爾從浙水到蠻天。見我慈母手中線。回首鄉關，我的蘐堂最可憐。』語俚而哀」云云。細味這首詩和抄錄的詞句，當是傷嘆英法聯軍入京焚圓明園的事情。戴氏於這首詩沒有寫一個字，也沒有一個圈點。倒是吳棫很爽快在讀過之後就於卷首記明「明翠閣詩急宜刪去」。戴氏却以不理會作爲批評。這是種玄默的態度，玄默是叫別人無可是非他的，從前的學者是多麼穩慎啊！這首明翠閣詩在別的版本裏有沒有，我不知道，我沒有特意找別的版本校對，不過；關於英法聯軍入京的歷史，已是大家所熟知的事，故詩家以作文來記述這次變故的作品，也流傳有好多種。這裏可以不去管他，我是讀着這首明翠閣詩，去細細審閱「江寗第九等難民」那顆圖章，不禁感觸繇生。汪氏爲什麼要自稱爲「第九等難民」？慚愧我還不出典故。意思中以爲汪宗沂也曾逃難，第九等是說他的官階，大概是隨駕北狩，所以說出第九等來罷了。然而當難民，已經可哀，難民而排在第九等，豈不更爲悲慘！因而聯想到這本書，今後不知也是還要落難？還是換走高運？我是把它割愛了。

古語說：「聚書不祥」。錢牧齋的絳雲樓被燒，氣得指着肚皮對天說：燒不了我的腹中書。真的，歷代藏書之家，沒有不遭劫的。我倒不是相信氣數。雖然依統計學上的大數論，對於這些現象也可以解釋得通。那總是一種事後的主觀論斷，決不能說聚書是造劫的原因。聚書容易受火，聚書容易聳動社會觀聽，聚書容易受文字獄之牽累，聚書容易爲愚民政策之主張者所嫉忌。……至於因購藏圖書而引起家庭間之齟齬，招來親朋間之訕笑，也都應該算做不祥之列。我素性有些愛好圖書，喜歡看，喜歡藏。所購存的圖書，先後已經過了四次散失，這事情說明着一種倔強執拗的生活，叫我現在不能不稍爲自行改變一下。圖書既窮人資財，也窮人精力，書讀少了的人是挺高傲的：書讀多了的人，就容易志窮氣短。玩弄世人的最聰明之辦法，就是叫人以知識自囚，一切要求可以從別人自己的理論中去提取，到現在我才懂得祖父當年生怕我做書獃子，而父親也不願讓我多上學的理由了。然而我更明白，問題不在於讀書，是在於讀什麼書。近二十年來到處可以遇見許多說悔不該讀書以表現其失意的悲哀的人們。是錯讀書？還是讀錯書呢？有人說秦始皇焚書並非罪惡，這見解倒是值得思攷的。我想把我現在所剩有的書通統燒掉，也可以代替若干柴草。然而細想一想，想是把他賣掉罷，把這些書賣到舊書舖去，讓他們到人間去流通，去受自己的命運之裁判。浮者自浮，沉者自沉，或許有的做了包裹紙落到糞缸裏去

，或者有的做了還魂紙的材料，或者有的進入大家富戶的書齋受高供，或者有的漏在窮酸秀才手裏日夜受搬弄，或者有的替書舖子撐書架做招牌賣了。我把許多書給賣了，這本譚仲修詩集和別的一些比較可珍貴的書本，都給賣了，絲毫不曾給予依戀，當書店老闆來拿書的時候，我一一告訴他，或者是版本稀罕，或者是名家批註，或者刻工精良，或者禁少流傳，或是雜書垃圾，或是傳抄稿本，孰者可珍，孰者可貴，那些是新買的，那些是舊藏的，那些是無聊拾舊而來，那些是專意訪求所得。不嫌瑣屑，和書店老闆細談。東家一捆，西家一紮，今天一堆，明天一堆，有的趁到上海的順便，帶給上海的書攤子，洋裝歸裝洋，線裝歸線裝，善本大部零碎，既要分門別類，又要互相搭和，否則有些書竟是送人也沒人要，有些書雖然賣得起價錢，却因分量少了會吃虧。這樣慢慢地賣出，少少點買香煙。於是我的書有了第五次的聚散史。這次是自動遣散，鷄零狗碎，垃圾殘書，字紙樣本一箍腦合算起來不過五千餘冊，一部份還是新近所拾的荒。王荊公說：百金買書收散亡，我現在是將劫餘僅存，也給飛散開去。昔日讀到荊公詩句，總是嫌他百金之數，太嫌吝嗇呵！這些書現在是高運了去呢？還是再落難？我不能預知，我不敢假想。我正是對着「江寧第九等難民」這顆印文發楞，書給書店裏拿走了，自己收拾收拾檯櫈，整理還有幾本攤在檯上的雜書，這幾本無論如何不能賣了，假使一本書也不留，看自己的空閒將可以放到那裏去呢？好，就重新把他們樹起，自己跨出大門外走走罷。

到了汪正禾先生處，向他請教第九等難民的掌故，順便告訴他今天又賣了些書。汪先生問我何以這樣便宜把書賣掉，我不懂得文飾，把問題拉回到第九等難民，汪先生說：從前劉大白當教育部次長，曾說：我是九品官，不談問題，有問題請找部長去。他的所謂九品官是以全國代表大會的代表的第一等，從全國代表數到他這次長地位，確是第九，所以自稱九品官，汪先生以爲第九等難民之第九等也是指的官階，我心上暗想，第九等是官階也好，不是官階也好，我們都不用管他，問題是在這一個衙頭裏面有深深底含蓄，幽默地諷刺着第一等難民是何種人呢？誰也不敢說。

人家問我爲什麼賣書，我向人家討教何以叫做第九等難民。

記得少年時候，曾見過一批一批的逃荒者，這些逃荒的人，就是難民，或者謂之流民。自來傳稱的流民圖，最爲發人惻隱之心，我印象中還深深留着一些因水旱蟲災而出境覓食的成羣隊伍，他們來後，就休息在一處廣場，由爲首的人，拿着縣官給予的公文書，找地方長老指定祠堂廟宇，募化柴米，留他們過夜，一面再捐點錢，明天打發他們走路。丁丑之役，自己也落在難民羣裏，看着千千萬萬的男女，老老少少，沿着大江，踏着泥濘的蘆灘，向西走。想起以色列人脫離埃及的羈絆，至西乃山與他們民族之神締結特別關係的故事，不禁祝禱着神該如何對待這個民族，渡過艱苦，拯救他們出來，和他們共同居住，一幅摩西領袖百姓出埃及的圖畫，時刻閃爍在眼前。

光陰易過，已經幾年過去了，我從東到西，又從西到東，捧起這顆第九等難民的印鑑，毅然把他摔掉。看珍惜文獻，愛好古玩的人們，將怎樣去欣賞這顆難民的印文。

× × ×

書林掌故抄

陶承杏

余性喜書，尤喜知書林掌故，讀書時，凡涉及書林之故事，輒別紙掇錄，茲特彙錄於後，並間加按證，與閱者共之。

清丁杰少貧，不能得書，日就書肆讀之，自朝至晡以爲常。（現今書價大貴，日就書肆讀之，未始非貧士之一法；然人不古若，今之書賈，不獨對於閱而不買者，輒加以白眼，而珍秘之籍，往往束之高閣，以待貴客，貧士實無福寓目也。）

元孔克齊所著至正直說有云：「吾家自先人寓溧陽，分沈氏居之半，以爲別業，多蓄書卷，平昔愛護尤謹，雖子孫未嘗輕易檢閱，必告於先人，得所請，乃可置於外館。晚年子弟分職任於他所，惟婢輩幾人在侍，予一日自外家歸省，見一婢執選詩演半卷，又國初名公柬牘數幅，皆剪裁之餘者，急叩其故，但云：某婢已將幾卷補鞋鞾，某婢已將幾卷覆醬瓿。余奔告先人，先人曰：吾老矣，不暇及此，爾等居外，幼者又不曉事，婢妮無知，宜有此哉！不覺歎恨，亦無如之何矣。」（故家大族之聚書者，類此者比比是也。）

宋尤袤嘗謂李太史燾曰：「吾所鈔書，今若干卷，將彙而目之，飢讀之以當肉，寒讀之以當裘，孤寂而讀之以當友朋，幽憂而讀之以當金石琴瑟也。」

清王士禎居官二十餘載，俸錢之入，悉以購書，在京時，士人有數謁而不獲一見者，以告徐健庵。徐曰：「此易耳，但值每月三五，於慈仁寺市書攤候之，必相見矣」。士人如其言，果然。又嘗冬日過慈仁寺，見尙書大傳，朱子三禮經傳通解，荀悅袁宏漢紀欲購之，異日侵晨往索，已爲他人所有，歸乃怊悵不可釋，病臥旬日，始起，嘗自言曰：「古稱書淫書癖，未知視予何如？自知玩物喪志，故是一病，不能改也，亦使吾子孫知之耳。」

明毛晉性嗜卷軸，湖州書船，雲集於門，邑中爲之諺曰：「三百六十行生意，不如鬻書於毛氏。」（聞陳人鶴氏頗有毛氏之風，丁丑後，南北書賈，無不轉販至陳處求沽，故收藏之富，事變後當以陳氏爲巨擘。）

清王克生性喜書，雖行遊夜飲，必挾一冊自隨，人以書癖目之。（余往劇場觀劇時，亦必挾一冊自隨，因遲往則座無隙地，而早往則鬧頭場，跑龍套，令人生厭，有書可閱，則旣得佳座，又不生厭，誠一舉而兩得也。旅行時亦然，何癖之有。）

清王定安嘗得宋槧孟子，舉以誇海寧陳其元，陳請一觀，則先令人負一櫝出，櫝啓，中藏楠木匣，開匣，乃見書，書之紙墨頗古，惟所刊筆畫，則無異於今之監本。陳問之曰：「讀此，可增長知慧乎？」曰：「不能，」「可較別本多記數行乎？」曰：「不能，」陳笑曰：「然則不如仍讀今監本之爲愈耳，奚必費百倍之錢以購此耶？」王恚曰：「君非解人，不可共君賞鑑，」急收棄之，陳大笑而去。（宋版未必均佳，字體行格，亦不如清代精刻本之美觀，間有內容完全相同，而價則相差至天壤，此直視書如古董矣。故余以爲君非解人之語

，當還贈之王定安也。憶民國二十八年時，杭肆有康熙蕭山縣志及民國蕭山縣志稿各一部，前者內容僅後者六分之一，然前者索價二百元，而後者則二元足矣，眞欲知蕭邑之故乘者，余知必捨前而就後也。）

宋秦熹恃其父氣燄薰灼，欲取王廉清所藏書，且許以官，廉清號泣拒之曰：「願守此書以死，不願官也。」熹不能奪而止。（至誠可以動人，橫如秦熹，不能奪其志也。）

明王魯曾父授產千金，悉以置書。（今人則有將父授買書之金而作舞宴之用者。）

宋司馬光讀書堂儲文史萬餘卷，而晨夕所常閱者，雖累數十年，皆新若手未觸者，嘗詔其子公休曰：「賈豎藏貨貝，儒家惟此耳；然當知寶惜。吾每歲以上伏及重陽間，視天氣晴明日，即設几案於當日所，側羣書其上，以暴其腦，所以年月雖深，終不損動。至於啓卷，必先視几案潔淨，藉以茵褥，然後端坐看之，或欲行看，即承以方版，未嘗敢空手捧之，非惟手汚漬及，亦慮觸動其腦。每至看竟一版，即側右手大指面襯其沿，而覆以次指撚而挾過，故得不爲揉熟其紙。每見汝輩，多以指爪撮起，甚非吾意，今浮圖老氏猶知尊敬其書，豈以吾儒反不如乎！汝當志之。」（可作吾輩南針。）

清全祖望嘗曰：「自先侍郎公藏書，世所稱阿育山房藏本者是也。侍郎身沒歸於宗人公之手，以其爲長子也。先和州公僅得其十之一，宗人子孫，盡以遺書爲故紙，權其斤兩而賣之，無一存者。和州春雲軒之書，一傳爲先應山公，再傳爲先曾王父兄弟，日積月累，幾復阿育山房之舊，而國難作，里第爲營將所踞，見有巨庫，以爲貨也，發視皆書，大怒，付之一炬。」（兵禍之烈，散失最甚，如紀果庵氏所記海源閣藏書，可謂明證。此次事變，公私損失，尤不可勝數，余親見殿版古今圖書集成，撕碎作引火之物，原文百科全書，剝殼作故紙出售，至作枕覆瓿，尙其小也者矣。）

嘗記：「宇文虛中爲人媒孽，指家藏圖書爲反具，罪至族，高士談圖書尤多，亦見殺。」（士大夫家藏圖籍，固是美事，然聚書之禍，不可不知。）

明朱大韶訪得吳門故家，有宋槧袁宏後漢紀，係陸放翁劉須溪謝疊山所手許，飾以古錦玉籤，遂以一美婢易之，蓋非此不能得也。（以美婢易書，殊不値得，一笑。）

宋江正築室貯書，歿後子孫不能守，悉散落於民間，火燔水溺，鼠蟲齧棄，并奴僕盜去，市人裂之以藉物，有張氏者所購最多，貧乃用以爲爨，凡一篋書以爲一炊飯，江氏書至此盡矣。」（民國二十七八年時，杭地書價，每斤不過一二分，今則須售三四十元，以之易柴，尙有錢可賺也。）

清江藩藏善本書甚富，歲歉，持以易米，書倉一空，念之心惻，自記以文，屬吳嵩粱爲賦詩。詩云：「藏書八萬卷，讀書三十年，躬耕無一畝，賣文無一錢。吾儕抱書死亦得，忍令儒林少顏色，高堂既有垂白親，負米窮途感晨夕。元鈔宋槧連籤廚，全家不飽惟自娛，一朝割愛換升斗，十年感舊增欷歔。」（現今米珠薪桂，貧寒如余輩，恐亦將作江君之續。）

清宋咸熙有借書詩序云：「藏書家每得秘册，不輕視人，傳之子孫，未盡能守，或守而鼠傷蟲蝕，往往殘缺，無怪古本之日就湮沒也。先君子藏書甚富，生時借鈔不吝，熙遵先志，願借於人，有博雅好古者，竟持贈之，作此

以示同志。」（吾國藏書者均能是，則孤本不至盡亡矣。）

淸李文藻好聚書，每入肆，見異書，輒典衣取價致之。又周永年居歷城，百無嗜好，獨嗜書，歷下書不易得，永年故貧，見之輒脫衣典質，務必得，得則卒業乃已。（吾前記越縵堂藏書，亦有類此之事。）

明沈周嘗以重値購古書一部，陳之齋閣，一日客至，見而諦視之，問書所從得，周曰：「客何問也？」客曰：「公幸無訑，書吾書也，失之久矣，不意乃今見之。」周曰：「有驗乎？」曰：「某卷某葉，某嘗書記某事，或者猶存乎？」周發而視之，果驗，即歸之，終不言售者姓名。（如沈氏者，可謂慷慨矣，不言售者姓名，亦其厚道之處。）

明沈雲鴻喜積書，曰：「後人視非貨財，必不易散，萬一能讀，則吾所遺厚矣。」（此言良然，當丁丑之劫，吾家衣飾細軟，被掠一空，而書籍則大部留存。）

明徐𤊹筆精有云：「余嘗謂人生之樂，莫過閉戶讀書，得一僻書，識一奇字，遇一異事，見一佳句，不覺踴躍，雖絲竹滿前，綺羅滿目，不足喻其快也。」（此可爲知者道，不足爲俗人語也。）

宋井度宿與晁公武厚，一日貽書公武曰：「度老且死，有平生所藏書甚秘惜之；顧子孫稚弱，不自樹立，若其心好利，則爲富者所有，若其心愛名，則爲貴者所有，恐不能保也，今舉以付子，他日其間有好學者而後歸焉，不然，則子自取之。」公武惕然從其命，書凡五十篋。

莫氏宋元本經眼錄著錄鹽鐵論，有馮武題識云：「先太史藏書萬卷，子孫不能讀，且不知愛惜，即宋元精版，盡化爲蝴蝶飛去。」（近世藏書之家，如井氏楊氏者，百不得一，而如袁氏馮氏者，則比比皆是。）

淸陶正祥，少貧，以讀書爲業，閱見日廣，熟悉版本源流眞贋，與人貿易書，不沾沾計利，所得書若値百金者，自以十金得之，止售十餘金，曰：「吾求贏餘以餬口耳，人之欲利，誰不如我，我專利而物滯不行，猶爲失利也。」（今之書賈，則視人定價，貨之少見者，索値尤昂。杭某肆有寧夏水利一書，時値不過五十元，然因杭地少有，且余需用，竟索價至九百元之鉅，書賈品格之低落，可見一斑。）

明陸深江東藏書目錄自序云：「余家學喜收書，然覶覶屑屑不能舉羣有也。壯游兩都，見載籍，然限於力，不能舉羣聚也。間有殘本不售者，往往廉取之，故余之書多斷缺，缺少者或手自補綴，多者幸他日之偶完。」（余民廿七時，購有嶺南遺書一部，間缺一本，價僅十金，去年童藻振氏之書散出，余始配齊，價亦十金，如買全書，則此價無論如何不够也。此外如北平圖書館刊，書畫書錄解題等，均由殘書配齊，價亦較全購爲省。然近來因廢紙價高，各書肆對不齊各書，皆論斤出售，聞琉璃廠某肆，一次即達三萬斤之鉅，嗣後不獨無從抱殘守缺，即有恐亦不能偶完矣。）

西湖舊聞鈔

吳澤龍

海內以西湖名者卅一，而杭州西湖尤以秀麗甲天下。白居易詩：「未能拋得杭州去，一半勾留是此湖」；蘇東坡詩：「欲將西湖比西子，淡裝濃抹總相宜」。明山陰王思任著謔菴文飯小品游杭州諸勝記云：

「西湖之妙，山光水影，明媚相涵，圖畫天開，鏡花自照，四時皆宜也。然湧金門苦於官皂，錢塘門苦僧苦客，清波門苦鬼，勝在岳墳，最勝在孤山與斷橋。吾極不樂豪家徽賈，重樓架舫，優喧粉笑，勢利傳杯，留門趨入。所喜者野航兩棹，坐恰二三，隨處夷猶，侶仝鷗鷺，或柳隄漁酒，或僧[illegible]飯蔬，可信可宿，輕移曲探，盡兩湖之致」。

從萬物靜觀皆自得的境界，領略出眞眞靜與美的和諧，大概所謂文人學士，其感受力固然分外比一般人强烈，而在感受中尙能悟到一種潛在的創造性。舟橫野渡，知交二三，閒話古今，前人風節亭亭，不勝「仰之彌高」之感。西湖志明聞啓祥著打船啓略云：

欲領西湖之勝，無過山居，而予尤不能忘情於舟。山居飲食寢處，常住不移，而舟則幻。昔馮開之先生旣築室孤山，又買一舟佐之，白頭老宿，時時蕭然讀書其中，三十年來，風流頓盡，罕有繼者，予及二三兄弟，素懷此志，而書生無暇，兼囊無資，陸放翁云：「一事尙須煩布策，幾時能具釣魚船」，正謂是也。嚴子印持，向有糾會打船之議，事未果行，今予跟蹌北歸，造物予我以閑，亟思一舟爲避事息躬之所，而瓶鉢磬然，不能不重理前說。願期同志十人，各輸十千，共成一舟，請自隗始。其餘次第成就，十年以還，便可人主一舟。舟不必大，如少陵云：「野航恰受二三人」，略加開拓，可容五六，不啻大矣；亦不必華，如白傅云：「細蓬靑蔑織魚鱗」，略參眉公所謂「朱欄碧幄，明欞短帆，不啻華矣；尤不必高，西湖妙在裏湖，正如美人寢幃，神仙別館，窈窕深豔，殆不可名。今船必著樓，遂令斷橋以北，六橋以西，封以丸泥，恍同函谷，此何理也。放翁又云：「船設低蓬學釣徒」，却又太低，但使俯仰笑談，冠纓不礙，則又不啻高矣。

這正是和思任先生同一意思，但却更表現了設想的鮮新與奇闢。啓中所稱馮開之先生，係萬曆丁丑進士，官南京國子監祭酒，移病去官，築室孤山之麓，名其堂曰快雪，晚年製桂舟，貯書畫，遨遊西湖，竟月不返，其風趣可想見也。蘇東坡一代文宗，風流文采，卓絕千古，嘗於宋元祐四年知杭，有遺愛於民，靈隱志：

蘇軾，字子瞻，熙寧四年除通判杭州，元祐四年除龍圖閣學士知杭，公有遺愛於西湖。……其知杭州也。杭大旱，飢疫竝作，公請於朝，免上供米三之一，復賜僧度牒易米，以救飢者。明年春，又減價糶常平米，多作饘粥，遣使挾醫，分坊治病，活者甚衆。唐刺史李泌引西湖水作六井，瓦足於水，自唐及錢氏，歲輒復治，宋時久廢，葑積爲田，水無幾矣。見茅山一河，專受江潮，鹽橋一河，專受湖水，遂復二河以通漕，復造堰埽以爲湖水蓄泄之限，江潮不復入市，以餘力復完六井，又取葑田積湖中，徑三十里爲長隄，以通行者。且募人種菱，湖中葑不復生，收其利

，以備修湖及救荒，餘錢萬緡，粮萬石，請得僧牒百紙，以募役者，隄成，植芙蓉楊柳其上，望之若圖畫狀，杭人名爲蘇隄」。

明汪珂玉著拾翠餘談，謂「蘇公爲西湖開山古佛」，宋史本傳謂蘇氏「有德於民家，繪畫像，飲食必祝，又作生祠以報」。有厚澤及民，宜平民之每飯不忘，馨香禱祝者矣。而其餘韻流風，尤爲後人所仰慕不置者。梁溪漫志：

東坡鎮餘杭，遇遊西湖，多令旌旗導從出錢塘門，坡則自湧金門，從一二老兵，泛舟截湖而來，飯於普安院，徜徉靈隱天竺間，以吏牘自隨，至冷泉亭，則據案剖決，落筆如風雨，分爭辨訟，談笑而辦，已，乃與僚吏劇飲，薄晚則乘馬以歸，夾道燈火，縱觀太守。

揮塵錄：

想見當年太平盛世，與民同樂盛況，雍雍熙熙，一番昇平氣象。際茲荒亂之世，流離顛沛，羈旅西東，野有餓莩，民有菜色，追懷往昔，益不勝今昔之慨矣。東坡倘有西湖長之名，鶴林玉露：

東坡守杭守潁，皆有西湖，秦少章詩云：「十里薰風菡萏初，我公所至有西湖，欲將公事湖中了，見說官閑事亦無」。復謫惠州，亦有西湖，楊誠齋詩云：「三處湖光一色秋，錢塘汝潁及羅浮，東坡元是西湖長，不到羅浮那得休。

清俞樾春在堂隨筆：

潘少梅以小印見贈，文曰：「西湖長」，云舊得之市上，棱角則敝，而篆文頗古雅有致，余雖不敢當，然年來適爲西湖詁經精舍山長，未始不可妄竊以自娛也。監院校官孟君蘭艇，因言薛慰農觀察，舊年主講崇文書院，倩人刻此印，屢刻屢不當意，遂不復刻，時觀察已移席金陵，余因笑曰：「慰農之不得長爲西湖長，而余承乏於此，其即徵之此印乎？已而慰農從金陵來，言所寓惜陰書院，屋甚精雅，門前湖光如鏡，芙渠彌望無際，榜曰：「何必西湖」，余聞之，憬然有會前語，信乎人生所至，莫非緣也。惟念西湖長之名，本之東坡，東坡守杭守潁，皆有西湖，故到潁，謝執政啓云：「入參兩禁，每玷北扉之榮；出典兩邦，選爲西湖之長」。故楊誠齋詩云：「東坡原是西湖長，不到羅浮那得休」。然則西湖長之名，如慰農曾官斯土者，方得稱之，此印似非山人之所當用也。乃本朝有詩僧正嵒，賦點絳唇詞云：「來往烟波，此生自號西湖長」，彼釋子可以自號，則我儕或亦無嫌，因賦驀山溪詞：其首句「飄零書劍，老作西湖長」，居之不疑，可一笑矣。

此亦西湖長之一重佳話也。曲園老人於同治七年主講詁經精舍，負海內之碩望，爲經學之宗師，梁敬叔觀察嘗書楹聯見贈，有：「家有百旬老母，身爲一代宗師」之句，推崇備至。晚歲築俞樓於湖上，初，屋僅兩楹，後彭雪琴侍郎至杭，觀俞樓而小之，願出貲增築其西偏之屋，百哀詩中有：「添築西頭兩間屋，多情更感老彭鏗」，即此之謂也。馮聽濤檢討贈俞樾句云：「諸子羣經平議兩，吳門浙水寓廬三」。曲園老人所著書，以兩平議爲最大，而蘇州曲園，杭州俞樓，右台仙館，同爲俞之寓廬。於築右台仙館之明年，在俞樓後山上，得摹崖四大字，曰：「斯文在茲」，爲趙人張奇逢所書。奇逢於順治五年任杭州府知府，前此淹沒無聞，至今人文薈集，而始顯著者，人傑地靈，豈偶然哉？

孤山舊有三賢堂，祀白樂天蘇子瞻並林和靖，和靖先生梅妻鶴子，高風亮節，千古彪炳，其臨終詩云：「湖上青山對結廬，墳前修竹亦蕭疏，茂陵他日求遺稿，猶喜曾無封禪書」，其清高概可想見，歐陽修嘗云：「自逋之後

，湖山寂寥，無有繼者」。其推重也如此。白樂天，長慶時爲杭州刺史，修六井，甃函筧以蓄洩湖水，與蘇軾同有西湖開山古佛之稱，詩文流傳甚多，如春題湖上詩：「湖上春來似畫圖，亂峯圍繞水平鋪，松排山面千重翠，月點波心一顆珠，碧毯線頭抽早稻，青羅裙帶展新蒲，未能拋得杭州去，一半勾留是此湖」。錢塘湖春行詩：「孤山寺北賈亭西，水面初平雲脚低，幾處早鶯爭煖樹，誰家新燕啄春泥，亂花漸欲迷人眼，淺草纔能沒馬蹄，最愛湖東行不足，綠楊陰裏白沙隄」。詩中有景，詩中有圖，讀後有彷彿身歷其境之感。西湖聲名之盛，文人學士頌揚之功，亦殊未可泯沒也。

「湖上兩浮圖，雷峯如老衲，寶石如美人」，雷峯塔是有着白蛇娘娘和法海禪師鬥法的傳說，並且已經倒掉了。關於寶叔塔（即寶石塔）亦有這樣的傳聞，錢塘逸聞軼事：

淳熙初王良佑者，居觀橋下，初爲細民，負担販油，後家道小康，夫婦奉佛施捨無虛日。一日焚香，見塔影七層，黃碧璀璨，金書三字曰：「保叔塔」，乃捐資修塔，塑其夫婦像於第一層。或云王少年繫獄，逢巨盜同牢款密，因語王曰：「我行盜殺人無生理，有金銀甚多，埋保叔塔下，悉以贈君，我伏法日，幸收骸骨高原，廣作佛事，則我瞑目矣」。王出獄果得金銀塔下，故假塔影以蓋其事云。

大凡古蹟名勝，必有神話傳說穿插其間，事之有無固不可必，但能給後人一種印象和猜想，亦未始非藉以流傳之一法，祗有姑妄言之，姑妄聽之耳。

年羹堯摺子

薛佩蒼

偶得舊鈔國初詩文遺事等一冊，中有年羹堯得罪後一摺，世所罕見，爲錄於此云：『爲臣功最高，臣罪最重，叩闕一言，寸礫無憾事。竊維臣之事君，固必以忠，而君之使臣，尤必以禮，故大臣不可辱，辱大臣則辱朝廷。伏念臣自先皇帝升遐之日，首蒙皇上特擢。比時宮闕未靖，西醜跳梁，內多跋扈蠆尾之虞，外有不服不臣之懼。臣於斯時，不惜身命，與參密勿，俾天下享太平之福，誠如明旨云云。及蒞陝西，邊隅孔急，雖閫內之事，皇上親裁，而閫外之權，惟臣是任。用是親督六軍，戰於虎穴，一鼓之餘，厥角稽首，倣之東山，尙俟破斧，比之征苗，猶待干舞。臣竊自維，可幸無罪，乃不意謗書亟至，嚴旨頻頒有如斯者，鳥盡弓藏，兔擒狗殺，揆之聖世，或有未然。臣奚親賚大將軍印綬，單騎至京，納之太廟，告以成功。顧蒙皇上杜左右之口，抑讒佞之言，不即加誅，遷以內地，臣受命之日，誠惶誠恐，減却騶從，星夜奔馳，庸復以是爲譏耶。臣到杭州，席不暇暖，降臣都統，拜命一月，責授騎兵。臣愚以鴟夷之浮，不惟在昔，杜郵之賜，行復見今，臣亦可以死矣。然臣所以不死者，非有冀也，誠恐臣死而臣衷不白於天下也。副將岳鍾琪督臣李維鈞，前於軍事，曾懲以法，咸恨入骨，乃摭拾不經之談，希蒙皇上之聽，如誣臣擅殺無辜，妄爵無功，又誣臣出警入蹕，僭擬乘輿，誣婪贓百萬，竊頓私門，悉屬空言，毫無實據。皇上地厚天高，垂明日月，固知李維鈞爲小人之尤，獨不識岳鍾琪爲奸邪之傑。頃者皇上專意搜羅，指臣謀逆，詔書一至，桎梏盤身，父母臨年，並遭慘掠，妻子無辜，同承刑訊，古稱畫地爲牢議不入，刻木爲吏期不對，誠哉！今日方知獄吏尊也。咫尺之間，天顏未覲，而問臣不察，難與辨明，雖欲臣死，不得不死，獨奈何被以惡名而死以九族，恐有乖天地之和。顧在昔者，彤弓載錫，心貺嘉賓，亦越於今，象魏高懸，法懲叛孽，矧所謂逆之事，又與莫須有三字，約略無異，萬世之後，不知以皇上爲如何，以罪臣爲如何也。臣功不賞，死亦無憾，惟念皇上方以孝治天下，伏願少寬一面之網，臣父得全首領，則臣雖死之日，猶生之年也。用敢竭區區之愚，爲皇上親陳之。』

× × ×

堪隱隨筆

五知

譴責小說中之鬼世界

吾嘗以為讀小說與讀歷史一樣。歷史中與「正史」同其重要者，有「野史」、「雜史」。因野史雜史所記，雖不免瑣屑，常能由其側面以見當時眞相。至於小說，大都喜描寫佳人才子，英雄義俠，除此「正統派」外，以譴責小說最為可貴，蓋其能將社會深處之一切黑暗現像，完全揭露出來，以資警惕。其功用與野史雜史殊途同歸。不過野史雜史所記者，多關於「政治」的紀錄，而譴責小說則大都是「社會」的攝影。

此類小說，以近世所出之「官場現形記」及「二十年目覩之怪現狀」諸書為傑作。吾人讀此，對於著者雖不免有過於尖酸刻薄之感，另一方面，則莫不感覺痛快。因為凡書中所形容所怒駡者，確係社會實情，平日被「禮教」、「面子」等所籠罩而不易見到者也。且此等小說，除描寫見聞外，其思想之奇異，筆調之深刻，遠非一般人所能摹擬企及。據予所見，如沈起鳳「諧鐸」，及俗稱九才子之「捉鬼傳」，均諷刺小說中之上品也。

起鳳字桐威，號蕢漁，吳縣人，乾隆舉人，歷官祁門全椒訓導，以度曲知名吳中。所著詞曲傳奇甚多。又撰諧鐸，當時識者謂聊齋以外，罕有其匹。全書共百二十二則，體裁似聊齋，而深刻過之。以鬼形譏世態，中以「桃夭村」，「荊棘里」，「名妓名士」，「犬婢」，「鏡裏人心」，「盜師」，「香姑子」諸篇，最稱傑構，譏笑怒駡，筆意尖刻。如「蟲書」一則中，藉女鬼葉佩纕之口，詠「冥中八景」，詩雖不佳，所擬題則皆妙趣，沈先生誠幽默人也。首「鬼門關望月」云：「灰盡羅衫夜不溫，亭亭碧月照離魂，滿身風露渾難著，却怪梨花尙有痕。」次「奈何橋春泛」云：「淚滴煙波別恨長，也催雙槳出橫塘，桃花莫逐春流去，怕到人間魅阮郞。」次「望鄉臺晚眺」云：「六曲闌干何處憑，夕陽臺閣勢崚嶒，始知身似秋來燕，飛過瓊樓十二層。」次「孟婆莊小飲」云：「月夜魂歸玉佩搖，解來鑪畔換香醪，可憐寒食瀟瀟雨，麥飯前頭帶淚澆。」按孟婆莊即俗稱人死在冥間喝迷魂湯處，此後即不知前事矣。本書中有「孟婆莊」一文，謂「此湯皆焦心火滴淚泉煮成混沌湯也。」並勸人多飲云：「勸君更進一杯湯，西出陰關無故人。」次「剝皮亭納涼」云：「腥風一陣晚涼生，血滿羅襟暑未淸，記得豆花棚下戲，輕揮小扇捉流螢。」次「惡狗村踏靑」云：「金鈴小犬水聲間，羅襪無塵任往還，女伴相邀門芳草，春風不度鬼門關。」次「血汚池垂釣」云：「萬家碧血引成渠，染出琴高赤鯉魚，釣得竿頭還棄却，腹中恐有故鄉書。」末「點鬼壇飯僧」云：「佛鼓齋鐘午後聞，散花壇上雨紛紛，為儂懺悔生前業，布施還拚殉葬裙。」詩雖平平，極寓諷刺。蓋中國舊習，無論何地，莫不湊成「八景」，以為古蹟遊覽之點綴。如燕都八景之「盧溝曉月」，「西山遠眺」等。上詩蓋即寓諫於諷，以莊作諧，而心思之詭奇，洵

有足多。其「筆頭減壽」一則，作「錢卦」曰：象曰：金自入出錢，君子以內有物而外有光。初九，閒有錢，悔亡。象曰：閒有錢，來未正也。六二，无攸遂，在中櫃，貞吉。象曰：六二之吉，順以藏也。九三，錢神喘喘，悔厲吉。錢奴嘻嘻，終吝。象曰：錢神喘喘，將失也，錢奴嘻嘻，失家業也。六四，富家大吉。象曰：富家大吉，積在德也。九五，君子有錢勿恤，吉。象曰：君子有錢，交相愛也。上九，有官威如，終吉。象曰：威君之吉，發身之謂也。」所擬足爲游戲文中上選，以其全用經語成文，有如己出，而切題爲難也。除此兩篇外，尚有憤世嫉俗表現著者思想之作，如「荆棘里」之鬻爵中官迷。「窮士扶亂」之譏世人不識文章，每於「紗帽下求詩」。「名妓沽」之痛斥名士，謂與名妓相等。他如「怕婆縣令」，「森羅殿點鬼」，則譏刺貪官汚吏。足見乾隆間所稱太平盛世者，其政治社會情形正不如後世想象之隆也。

至於「捉鬼傳」，不知何人所撰，死中描寫「裝腔鬼」一節，痛斥道學家的固執，與日月星辰之不可迷信，見解明徹，都非迂儒所能思想。全書共分十回，意趣之深刻，筆調之警醋，又遠在「諧鐸」之上。純粹描寫社會上「人面鬼性」人物。昔人所謂「禽獸衣冠」，此則是「白晝魑魅」，作者於最末段借閻君口將作書大意表明，謂：「閻君等齊對玉帝奏道：臣等職司陰界，凡有罪惡，無不秉公裁奪。但南瞻部洲大唐國有一種非鬼似鬼，非人似人者，各隨其氣之偏，又兼習染之異，往往有犯罪之由，無科罪之實，所以王法不得而加，報應不得而顯，以至乾坤昏暗，世界不淸，臣等正在愁煩，幸有鍾馗其人者，秉剛正之氣，具斬鬼之才。………」於此可知作者所要討伐斬除者，皆王法報應所不及的「人鬼」，故書中所描寫之「人形鬼心」最重要者，有高傲鬼，假鬼，仔細鬼，下作鬼，涎臉鬼，裝腔鬼，輕薄鬼，乜些鬼，伶俐鬼，色中餓鬼等。對於各種鬼的形容，可稱淋漓盡致。如寫不通鬼云：『房官見了喜得英才，因批道：「羽翼既成，自當破壁飛去。」竟將他文字揀了許多紅格攔住，猶恐他脫頴而出，只得又畫了許多叉叉住。呈到主考那邊，不料那主考學問淺薄，因此駁了。他如今滿腹不平，又作了一首七言感懷詩，益發意味深長。詩云：「生衙鈔短忍書房，非肉非絲主不良，命薄滿眸觀鷸蚌，才高塞耳聽池塘。」兩個鬼聽了不解，急賴鬼道：他頭一句是說待要做生意無本錢，爲衙役沒頂首，所以忍氣吞聲進書房。那第二句就爲主考了，言他的詩非肉，當不得絲，遇主考無良，不能愛才。三句他不能中故說命薄，看你鷸蚌爭到幾時。現在別無生涯，只得教書，那學生念起書來，就如蛙鳴的一般，古詩有「靑草池塘處處蛙」之句。只是德修而謗興，道高而毀來，人反與他起了一個混號，叫爲「不通鬼」，你說像這樣才學，豈是不通的人麼』？（第四回）刻繪三家村鄉曲先生，頗有趣致。又作者於人間世各種鬼，均有治法，如以良心鑑治涎臉鬼，以元寶湯治窮鬼，不僅痛快絕倫，且皆幽默可誦。凡社會上之形形色色，均可歸納於各鬼之中，作者蓋取「哀莫大於心死」，及春秋「誅心」之論。其書主旨雖不甚高，文字亦不如「何典」，而對於社會之觀察，人心之分析，其用心要屬可取。又書中所稱低達鬼，搵掐鬼，涎臉鬼，地溜鬼等名詞，均陝西土語，則作者或西北人歟？因不著姓名，尙待徵考。

上海郵政管理局暫准登記證第四〇〇號

徐一士先生三十年著述第一次結集

宜興徐一士先生，與兄淩霄先生，所撰散文筆記，自『國聞周報』『逸經』『中和』以迄『古今』垂三十年，凡談晚近掌故史料者，無不推爲巨擘，蓋其久居日下，見聞自廣，初非後生小子所能望其項背。然先生于其文，深自珍祕，積稿雖多，從不肯輕付剞劂，是故海內欲暢讀先生之文者，除另星剪積外竟不可得，此次經本社之力請、始允以歷年菁華三十篇見惠，名曰『一士類稿』，都二十萬言，作爲古今叢書第三種，業已付排，十月中旬當可出版，凡愛讀徐先生文字者，幸注意焉。

古今叢書之三

一士類稿

掌故・史料・詩文・人物

一士類稿目錄

瞿兌之謝剛主孫思仿序

王闓運與湘軍志，王闓運與肅順，湘綺樓之今昔，李慈銘與王闓運，李慈銘與周祖培，談章炳麟，章炳麟被羈北京軼事，太炎瑣話，太炎弟子論述師說，左宗棠與梁啓超，談柯劭忞，談陳三立，談廖樹蘅，談隆觀易，談吳士鑑，談陳夔龍，談段祺瑞，談徐樹錚，談孫傳芳，壬午二名醫，吳汝綸論醫，杭州旗營掌故，閹人掘藏事述。

周佛海先生散文集

古今叢書之一・白報紙精印

往矣集

增訂第十版・業已出版

往矣集目次

往矣集日譯本序
朱序
汪精衛先生行實錄序
苦學記
扶桑笈影溯當年
盛衰閱盡話滄桑
走火記
四遊北平雜感
廣州之行
武漢追憶鱗爪
極樂寺
自反錄
病後

附錄

記周佛海先生
訪周佛海先生一席談
我與佛海
在日本的小家庭生活
讀往矣集

往矣集出版以來，以內容充實，筆鋒瑰奇，深得國內外讀者之歡迎，故一年以來行銷已逾兩萬餘册，爲出版界所僅見之紀錄，其盛況已無待煩言。著者在日譯本序文中有云：「出版之後，在一年之內，竟出到第八版，這雖然比不上民國十七年我出版『三民主義之理論的體系』時的盛況，但是在近數年來的出版界中，也可說是稀有的現象」。尤不難見此書之價值。增訂第十版業已問世，凡愛讀著者文章者，不可不先覩爲快。

每册壹百伍拾元

內刊銅版精印插圖多幅

本期每冊實價陸拾元

古今

文史半月刊

第五十六期

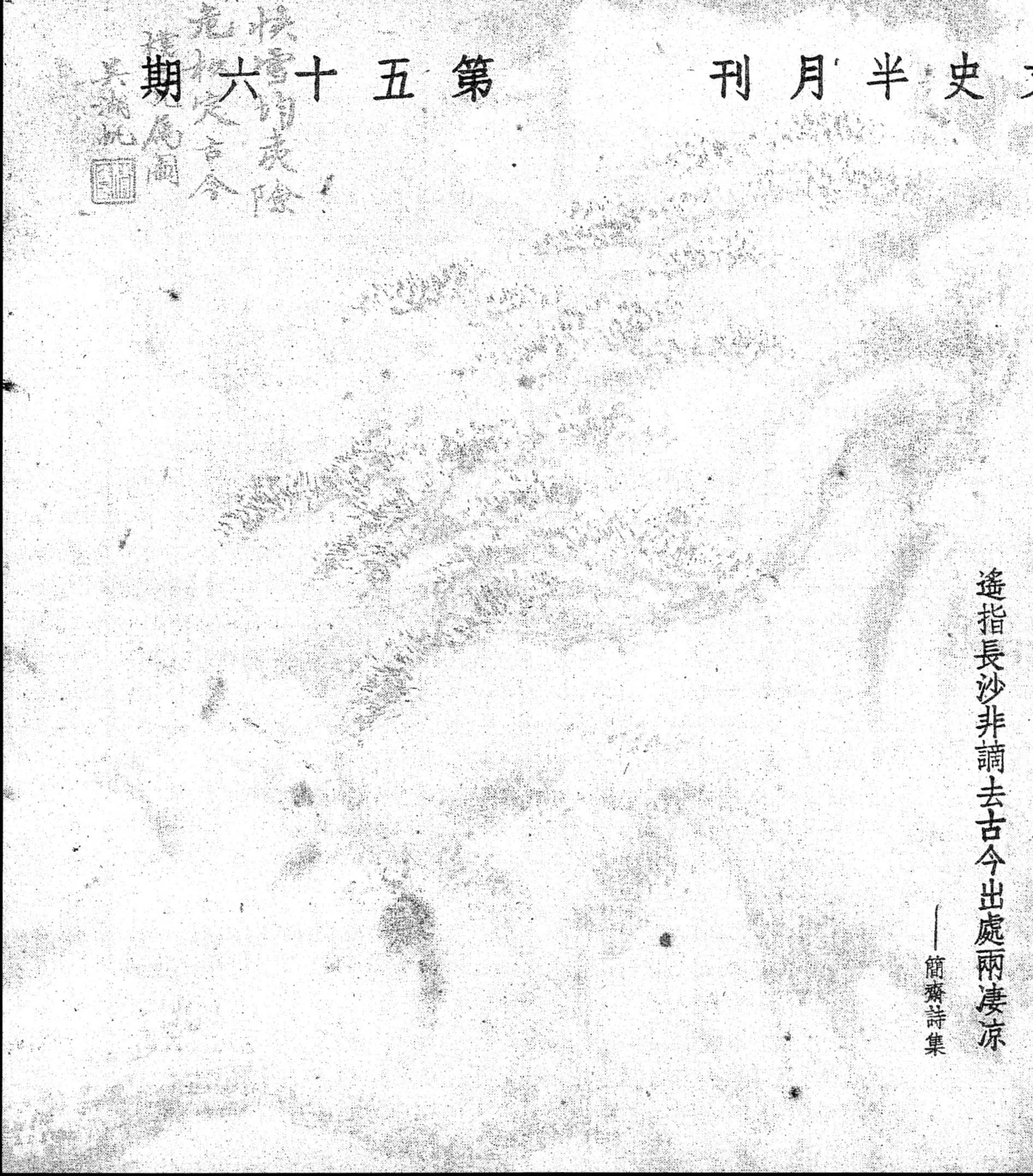

一川木葉明秋序兩岸人家共夕陽
亂後江山元歷歷世間歧路極茫茫
遙指長沙非謫去古今出處兩凄凉
——簡齋詩集

文史半月刊

古今

第五十六期

中華民國三十三年十月一日出版
社長 朱樸
特約撰述 冒鶴亭 瞿兌之 周作人 徐一士
主編 周黎庵
發行者 古今出版社 上海咸陽（亞爾培）路二號
發行所 古今出版社 上海咸陽（亞爾培）路二號 電話：七三七八八號
印刷者 中國科學印刷公司
經售處 全國各大書坊報販
上海雜誌聯合會第十號會員雜誌
零售每册中儲券七十元
國民政府宣傳部登記證滬誌字第七六號
上海市警察局登記證C字一〇一二號

清史世家略記（上）

紀果庵

喬木世臣，吾儒所重，蓋取精用宏，蔚爲大老，欲資搘拄，去此焉歸？世或以封建勢力議之，此又一說也。檢閱史冊，世家之輯，史記以後，頗甚寥寥，且此所謂世家，原指世臣，非封建諸侯之謂，故亦不合。南北朝重門閥，而史無系表，雖可勾稽羣書，尋求家世，抑亦煩矣。唯新唐書有宰相世系表，序曰：「唐爲國久，傳世多而諸臣亦各修其家法，以門族相高，其材子賢孫，不隕其世德，或父子相繼居相位，或累數世而屢顯，或終唐之世不絕，嗚乎，其亦盛矣。」然此事唐之外，何代無之，唯猜君忌主，或以剪裁爲政，而不肖子孫，不世其業，馴至凋零者尤多。漁陽詩曰：朱門草沒大功坊，徐中山王之後，至代人受笞以爲生，王孫之哀，一至於此！況虁笙阮菴筆記記重修曝書亭事云：

道光間曝書亭再圮，呂筠莊重修，馮柳東董其事，……道光庚戌，嘉興令朱述之復修，髮寇之變，幸逃劫火，然泰半割售他姓；同治丙寅，吳和甫學使贖而新之，訪求先生嫡裔一人，已爲酒家傭，爲置田以資樵米。

竹垞先生，詞翰之臣，初無仇家觝排傾軋，猶零落之速如此，若牧齋既逝，諸族子爭產，柳夫人不惜身死以殉，尤可寒心。豈君子之澤，不待五世耶？余觀有清一代，雖國初權在滿洲世臣，厥後其柄漸移，科第望族，接踵而起，其間支柱國脈者亘百餘年，關係不可謂小。自末世親貴盡奪漢臣之柄，而民族觀念益深，國亦隨之而屋。夫世臣非其才智必高於常人，所依憑者厚，則其所歷驗者多，處常應變，乃可不窮；近世優生學者，每謂血族遺傳之關係甚大，或有專考譜牒以爲研討之資者，此雖涉於科學，要亦歷史中有趣味之問題也。余嘗擬仿唐書之例，爲清史世臣系表，以覘其升沈變化，更藉此知其繫於國脈隆汚者何在？然茲事體大，非假以日時，盡取清史稿，清史列傳，碑傳集，續集，補篇，一一翻而記之，先撰長篇，再爲表格不可。且各地志乘，舊家譜牒，更須博稽而遍考，始不致貽掛漏之譏。勞人草草，願與事違，不知此文當成於何年何月。今暑酷熱，爲三十年所未有，解衣盤薄，汗涔涔猶不止，寫文讀書，俱無成就，每憶杜陵赤脚踏冰之句，輒復意遠。無已，取清史稿信手翻檢，輔以先正事略及筆記雜書等數種，隨手摘記其世家之奕代清貴者，學者之家有淵源者，約得數十家，大略椎輪，粗具梗概，而友人頗慫恿其成篇。開秋兆涼，復加蒐討，益愈積累，轉不勝煩，匆匆排比，不意竟遍及十八行省，氏族多至二百，然猶是片爪一鱗，恐所失當數倍於此。則是世家之有關國局，不可驚邪？繕錄既訖，感想甚多，約而言之，可得下之數端：

一、江浙兩省，人文薈萃，蓋其聲名文物，自南宋以來，蔚爲全國仰望中心，雖寇萊公有爲中原奪得狀元之語，然國勢南移，人才之興起，有

不可以人事爭者，試觀此二百家中蘇浙皖三省，已去其半，可爲一證。吾人今日，植身江右，矚目文化之落伍，舊家收藏之零替，正不勝今昔之感焉。

一、清初漢臣，大率以文學侍從顯，年登大耋，門第鼎昌，若海寧之陳氏，桐城之張氏，安溪之李氏，朱輪華轂者，曷可勝紀。康雍乾三朝，歷清史之大半，物阜民豐，海內喁喁，昔時文人際遇，眞有如海上三山，不知人間烟火者。自爾之後，國勢逐漸陵夷，至咸同以後，湘贛人才繼起，大率以武功顯，其年祚每多不長，國運之轉遞，使人微喟。若夫近代高門，則多不繩祖武，徒事蠅營，雖曰世家，清望不可言矣。

一、文人相輕，又沿明季結習，好立羽黨。康雍之際，江浙貴人，萁豆相煎，可爲太息，猜君英主，挑撥其間，宜乎讀書人之只知爲一已利祿營營也。然當時督撫及治河諸臣，頗有清操自勵，堪爲百世式模者，如于成龍，張伯行，張鵬翮，陳鵬年諸公，不畏強禦，不知賄貨，一時風氣所被，文不愛錢，武不怕死，開國氣象，固宜如是。自後中原迭遭喪亂，又資本主義之思想設施挾以俱來，人心日漓，風習日偷，洎乎季世，政以賄成，朝野相結，欲於此種人心與政治之下，圖苟安旦夕之計，是何啻緣木求魚。故雖革命不起，政局不變，清室之能支持幾時，亦不難逆覩。吾人生今之世，鑑往知來，其將何所抉擇而期有利於邦家乎？

一、此文只是隨手摘記，作者又生於鄉僻，孤陋寡聞，遺略之處，不知凡幾，倘荷海內世家，惠加指正補充，俾以此爲嚆矢而勒成專書，以期稍裨於近代史學，則不僅個人之幸矣。

甲申八月卅日揮汗記

江蘇

武進趙氏

戶部尙書恭毅公趙申喬（兄）
山東學政趙申季（弟）
狀元趙熊詔（申喬子）

武進劉氏

協辦大學士文修公劉於義（祖）
太子太傅大學士工部尙書文定公劉綸（父）
禮部侍郎劉躍雲（子）
主事劉逢祿（孫）
廣東學政劉星煒（族人）

武進錢氏

刑部左侍郎文敏公錢維城（兄）
鄞縣知縣錢維喬（弟有竹初詩文抄）

武進莊氏

禮部侍郎莊存與
濰縣知縣莊逑祖（姪著尙書今古文考證毛詩考證等）
卿珊先生莊綬甲（存與孫著尙書考釋）
大久先生莊有可（族人著書四百餘卷）
內閣學士莊培因（存與弟）

武進馮氏

太僕寺卿馮光勛（兄）
廣東按察使馮光遹（弟）
河南河北兵備道馮光元（弟）

武進惲氏

江西巡撫惲光宸（兄）
湖南巡撫惲世臨（弟）
浙江巡撫惲祖翼（兄）
工部右侍郎惲彥彬（弟）

武進盛氏

湖北布政使盛康（父）
太子少保郵傳部尙書盛宣懷（子）

武進臧氏

玉林先生臧琳（著尙書集解經義雜記）
在東先生臧庸（琳玄孫著拜經日記）

和貴先生臧禮堂（庸弟著說文經考）
武進張氏
翰林院編修張惠言（父）
彥惟先生張成孫（子續成皋聞先生說文諧聲譜有端虛勉一居文集）
江都史氏
刑部尚書史致儼（祖）
廣西巡撫史念祖（孫）
江都焦氏
理堂先生焦循（父）
虎玉先生焦琥（子精推步數學能傳父學）
常熟蔣氏
大學士尚書文肅公蔣廷錫（父）
大學士尚書文恪公蔣溥（子）
兵部侍郎蔣棡（溥子）
戶部侍郎兼管順天府尹蔣賜棨（溥子）
河南布政使蔣繼勳（賜棨子）
山西布政使蔣洲（溥弟以罪誅）
常熟錢氏
禮部侍郎錢謙益（祖）
也是翁錢曾（孫）

舉人錢陸燦（宗人）
太常寺卿錢朝鼎（宗人）
常熟翁氏
大學士文端公翁心存（父）
巡撫翁同書、同爵（子）
協辦大學士尚書追謚文恭公翁同龢（子）
直隸提法使翁斌孫（同龢姪）
修撰翁曾源（同龢姪）
浙江布政使翁曾桂（同龢姪）
常熟龐氏
尚書文恪公龐鍾璐（父）
內閣學士兼禮部侍郎銜龐鴻文（子）
湖南貴州巡撫龐鴻書（子）
常熟邵氏
禮部右侍郎邵亨豫（父）
河南學政邵松年（子）
農工商部右參議邵瑞彭（卽邵次公、孫）
常熟瞿氏
瞿紹基先生（父）
貢生瞿鏞（子）
諸生瞿秉淵瞿秉濬（孫）

無錫秦氏
太子太保尚書文恭公秦蕙田（父）
編修秦泰鈞（子）
鴻博諭德秦松齡（宗人）
刑部侍郎秦瀛（松齡玄孫）
金匱孫氏
廣西巡撫孫永清（兄）
安徽布政使孫藩（弟）
閩浙總督文靖公孫爾準（永清子）
員外郎孫慧翼（爾準子）
華亭王氏
大學士工部尚書文恭公王項齡（兄）
左都御史王九齡（弟）
戶部尚書王鴻緒（弟）
吳縣潘氏
大學士文恭公潘世恩（父）
侍郎潘曾瑩（子）
工部尚書文勤公潘祖蔭（孫）
吳縣吳氏
湖南巡撫吳大澂（弟）
吳大衡（兄）
吳縣惠氏
翰林密雲知縣惠周惕（父）

廣東學政惠士奇（子）
徵君惠棟（孫）
崐山徐氏
刑部尚書徐乾學（兄）
大學士徐元文（弟）
吏部侍郎徐秉義（弟）
丹徒張氏
河南提學使張九徵（父）
太子太保尚書文貞公張玉書（子）
侍讀學士張逸少（孫）
寶應朱氏
吏部尚書文定公朱士彥（父）
河南巡撫朱壽鏞（子）
舉人朱彬（著禮記訓纂）
寶應卞氏
浙江巡撫卞士雲（父）
閩浙總督卞寶第（子）
寶應劉氏
端臨先生劉台拱
國子監典簿劉履恂（寶楠父台拱兄弟行著秋槎札記）
知縣劉寶楠
舉人劉恭冕（寶楠子著論語正義補

廣經室文鈔）

高郵王氏
吏部尚書文肅公王安國（父）
主事銜永定河道王念孫（子）
工部尚書文簡公王引之（孫）

儀徵阮氏
太子太保總督文達公阮元
知府阮常生（子）
知府阮福（子）
知府阮祜（子）

長洲宋氏
御史宋學（明）父
太子太傅大學士文恪公宋德宜（子）
兵部侍郎宋駿業（孫）

長洲嵇氏
大學士吏部尚書南河總督文敏公嵇曾筠（父）
大學士吏部尚書文恭公嵇璜（子）

長洲韓氏
禮部尚書文懿公韓菼
編修韓孝基（菼第三子）
進士洗馬韓彥曾（孝基子）

長洲彭氏
侍講學士彭定求（父）
兵部尚書彭啓豐（子）
曹州同知彭紹謙（啓豐子）
侍讀學士彭紹觀（啓豐子）
進士彭紹升（尺木、啓豐子）

吳江潘氏
潘檉章先生（兄）
潘耒先生（弟）

吳江徐氏
檢討徐釚（著本事詩）
名醫徐大椿（字靈胎釚孫）

太倉王氏
大學士王錫爵（明、父）
大學士禮部尚書王掞（子）
少詹事王奕清（孫）
川東道王奕鴻（孫）
太常寺卿王時敏（錫爵孫）
廉州知府王鑑（時敏姪鳳洲曾孫）
畏公先生王撰（時敏子畫守家法）
戶部侍郎王原祁（時敏孫）
永州知府王宸（號蓬心、原祁曾孫、畫傳家法）

太倉陸氏
湖南兵備道陸增祥（兄）
郎中陸奭棠（弟）
編修河南汝寧知府陸繼煇（增祥子）
都御史文愼公陸寶忠（奭棠子）
江西兵備道陸長佑
農商部郎中陸長儁（皆繼煇子）

上海葉氏
贈工部侍郎葉映榴（父）
鳳陽知府葉專（子）
吳外郎葉芳（子）
內閣中書葉鳳毛（孫）

上海曹氏
御史禮部主事曹錫寶（父）
敍州知府曹興嶢（子）

江陰繆氏
定海知縣繆燧（荃孫先生六世祖）
平涼知府繆庭槐（祖）
貴州候補道繆煥章（父）
翰林院編修繆荃孫

江寧鄧氏
閩浙總督陝西巡撫鄧廷楨（父）
貴州巡撫文愨公鄧爾恆（子赴任中途遇害）
知州鄧爾頤（子）

溧陽史氏
太子太保大學士尚書文靖公史貽直（父）
左春坊左贊善史奕簪（子）
兵部侍郎史奕昂（子）
潞安知府賜四品京堂史奕瓌（子）

宜興陳氏
左都御史陳于庭（明、祖）
定生先生陳貞慧（父）
檢討陳維崧（子）

宜興徐氏
禮部右侍郎徐致靖
編修湖南學政徐仁鑄（致靖子）
編修徐仁鏡

泗州楊氏
漕運總督楊以增（父）
直隸總督北洋大臣文敬公楊士驤（子）
農工商部右侍郎楊士琦（子）

安徽

桐城張氏
大學士禮部尚書文端公張英（父）

大學士勤宣伯文和公張廷玉後襲爵（長子）
內閣學士張若靄（廷玉長子）
內閣學士張若澄（廷玉次子）
郎中張若溆（廷玉三子）
兵部尚書勤恪公張若渟（廷玉少子）
按察使張曾誼（若渟子）
內閣學士禮部侍郎張廷瑑（廷玉弟）
翰林院侍講張若需（廷瑑子）
少詹事日講起居注官張曾敞（若需子）
禮部侍郎張廷璐（廷玉次弟）
按察使銜梧州知府鹽驛副使張若霈（廷璐子）
左都御史張若溎（廷玉姪）

桐城方氏

太子太保直隸總督恪敏公方觀承（父）
尚書總督勤襄公方維甸（子）
侍郎方苞（族人）
諸生方東樹（族人）
諸生方宗誠（東樹從兄弟講程朱之學為倭仁曾文正所重）

桐城姚氏

雲南開化知府姚文燮
刑部尚書姚文然
御史姚鼐（文然玄孫）
翰林院編修姚範（鼐叔父）
左都御史姚元之（鼐族孫）
大定知府姚柬之（文燮七世孫）
湖南按察使姚瑩（範曾孫）

桐城馬氏

進士東流縣教諭馬宗槤（父字器之著述甚多）
工部郎中馬瑞辰（子殉洪楊之亂）
徵君馬三俊（孫戰死著馬徵君遺集）

合肥李氏

大學士吏部尚書文定公李天馥（遠祖）
兩廣總督勤恪公李瀚章（兄）
大學士一等侯總督文忠公李鴻章（弟）
雲貴總督李經羲（姪）
翰林院侍講李經畬（瀚章子）
侍郎李經芳經邁（文忠子）
委廣州都統世襲一等侯李國杰（文忠孫）

合肥張氏

太子少保總督靖達公張樹聲（兄）
太原鎮總兵張樹屏（弟）
太子少保勇烈公張樹珊（弟）

歙縣曹氏

大學士曹文埴（父）
大學士文正公曹振鏞（子）

歙縣黃氏

侍郎銜山東布政使黃叔琳（兄）
江南常鎮道黃叔璥（弟）

青陽王氏

太子少保戶部尚書文僖公王懿修
兵部尚書王宗誠（子）

休寧汪氏

太子太師吏部尚書文端公汪由敦（父）
兵部尚書左都御史汪承霈（子）

望江何氏

江蘇巡撫何俊（父）
湖北按察使何維鍵（子）
戶部郎中軍機章京何聲灝（孫）

宣城梅氏

處士梅先生文鼎（兄）
梅先生文鼐（弟）
左都御史文穆公梅瑴成（孫）

建德周氏

總督恪愼公周馥（父）
長蘆鹽運使周學齡（子）
翰林院編修周學熙（子）

旌德呂氏

舉人呂飛鵬（父著周禮古今文義證、專精三禮。）
工部右侍郎文節公呂賢基（子、殉洪楊之亂）
侍讀學士呂錦文（孫）

績溪胡氏

進士同知胡秉虔（著古韻論說文管見。）
戶部主事胡培翬（族人精三禮）
貢生胡匡衷（精禮、著述甚多，有樸齋文集等、培翬祖也。）

貴池劉氏

廣東巡撫出使英國大臣劉瑞芬（父）
度支部右參議署理造幣總廠正監督劉世珩（子）

浙江

錢塘徐氏
河南巡撫吏部尙書翰林院掌院學士文敬公徐潮
少傅大學士禮部尙書兼管戶部軍機大臣文穆公徐本
陝西巡撫補宗人府府丞徐杞（本弟）
禮部侍郎徐以烜（本子）

錢唐梁氏
太子太傅大學士吏部尙書文莊公梁詩正（父）
侍講學士梁同書（子）
工部右侍郎梁敦書（子）

錢塘吳氏
雲貴總督吳振棫
協辦大學士吳璥（棫族弟）
湖南布政使四川湖南學政吳慶坻（振棫子）
翰林院侍讀江西學政吳士鑑（慶坻子）

錢塘孫氏
戶部侍郎文懿公孫詒經（父）
山東巡撫孫寶琦（子）

錢塘許氏
太子太保吏部尙書文恪公許乃普（父）
禮部侍郎許彭壽（子）
太常寺卿許乃釗（弟）
工部尙書恭愼公許庚身（乃普姪）

錢塘丁氏
杉生先生丁丙（弟）
竹舟先生丁申（兄）

仁和夏氏
兵部侍郎文敬公夏同善（父）
主事夏庚復（子）
陝西道監察御史夏敦復（子）

仁和王氏
大學士尙書文勤公王文韶（父）
鴻臚寺卿王國楨（子）
候補四品京堂王廷孫（孫）

仁和龔氏
雲南兵備道龔敬身（祖）
蘇松太兵備道龔麗正（父）
禮部主事龔自珍（子、自珍子龔橙、龔陶、橙即字孝珙者也。）
甘泉知縣龔鑑（自珍族祖）
禮部尙書文恭公龔守正（族人）
內閣學士禮部侍郎龔自閎（族人）
江南布政使光祿寺卿龔佳育（族人）
御史龔翔麟（族人）

嘉定廖氏
太子少保禮部尙書廖壽恒（兄）
浙江巡撫廖壽豐（弟）

嘉定秦氏
兵部右侍郎秦綬章（父）
陸軍部郎中秦曾蔚（子）
翰林院編修秦曾潞（子）

嘉定徐氏
協辦大學士禮部尙書文愼公徐郙
兵部右侍郎安徽浙江學政徐致祥（郙姪）
吉林民政使徐鼎康（致祥子）

嘉定錢氏
廣東學政錢大昕（兄）
竹廬先生錢大昭（弟著後漢書補表）
江寧府教授錢塘（大昕姪著述古篇）
乾州州判錢坫（精小學塘弟）
舉人錢侗（精歷算之學大昭子）

嘉定王氏
禮部侍郎王鳴盛（兄）
鶴溪先生王鳴韶（弟隱居不仕、工古文辭。）

嘉興錢氏
太子太傅刑部尙書文端公錢陳羣（父）
戶部侍郎兼管順天府尹錢汝誠（子）
工部尙書恭恪公錢以愷
工部尙書錢應溥（泰吉子）
工科給事中錢儀吉（陳羣曾孫）
侍讀學士錢福胙（儀吉父）
海寧訓導錢泰吉（儀吉從弟）
翰林院侍講錢駿祥（應溥子）

嘉興葉氏
工部主事葉紹袁（父、明亡不仕爲僧即葉天寥先生）
寶應令葉燮（子、能文章有已畦詩文集）

嘉興李氏
徵君李良年（朱竹垞詩友、與兄繩遠弟符並著詩名）
鄞縣知縣李集（精經學、良年族孫）
拔貢生李富孫（良年孫從叔集學、

精金石之學、有漢魏六朝墓銘纂例、鶴徵錄等書）
會稽教諭李超孫（富孫兄精毛詩有守拙齋集）
處州府訓道李遇孫（集孫、富孫從弟、精金石、著述甚多）

秀水徐氏
兵部尚書徐必達（曾祖）
禮部侍郎徐嘉炎（曾孫）

秀水朱氏
大學士朱國祚（明）曾祖
檢討朱彝尊（曾孫）
鴻博朱稻孫（竹垞孫）

德清胡氏
朏明先生胡渭（父）
刑部主事定陶知縣胡彥升（子、著書甚多、傳父學）

德清俞氏
河南學政俞樾（祖）
探花俞陛雲（孫平伯父）

富陽董氏
禮部尚書文恪公董邦達（父）
太子太保大學士文恭公董誥（子）
四品京堂董醇（孫）

嘉善錢氏
刑部侍郎錢寶廉（父）
陝西巡撫錢能訓（子）

餘姚黃氏
黎洲先生黃宗羲（兄）
立谿先生黃宗炎（弟）
石田先生黃宗會（弟）
主一先生黃百家（黎洲子）

餘姚盧氏
鴻博盧存心（父）
湖南學政盧文弨（子）

瑞安黃氏
左副都御史兵部侍郎黃體芳
湖北提學使黃紹箕

慈谿姜氏
太常卿姜應麟（明）
編修姜宸英（子）

鄞縣萬氏
履安先生萬泰（父、明崇禎九年舉鄉試、入清不仕、所生八子、有萬氏八龍之目）
祖繩先生萬斯年（子）
萬斯程（子）
正符先生萬斯禎（子）
萬斯昌（子）
公擇先生萬斯選（子）
光宗先生萬斯大（子）
允誠先生萬斯備（子）
季野先生萬斯同（子）
進士貴州學政萬經（斯大子能傳父學）
貢生五河知縣萬言（斯年子）
磁州知州萬承勛（言子）

海寧陳氏
太子太保大學士陳之遴
禮部尚書清恪公陳詵（遴姪）
進士建昌令陳士儁（詵長子）
進士檢討陳世仁（三子）
太子太保大學士工部尚書文勤公陳世倌（四子）
進士檢討陳世侃（五子）
大學士禮部尚書文簡公陳元龍（詵從弟）
工部尚書陳敱永（族人）
安徽巡撫陳用敷（詵曾孫）
刑部侍郎陳論（詵從弟）
雲南知府陳鑣（族人）
溫州府學教授陳訏（論從弟）
河南布政使陳世倕（訏子）
知州陳萬森（鑣孫）
鞏昌知府陳繼善（鑣姪）
編修陳傳經（萬森從弟）
長蘆鹽運使陳文駿（萬森從兄）
四川建昌道陳崇禮（萬森從弟）
知縣陳其元（萬森孫）
簡齋先生陳之間（專程朱之學明末不仕）
乾初先生陳確（明亡不仕黃宗羲畏友）
徵君陳銧堂（族人）
孝廉陳鱣（族人郎仲魚先生藏書有名）

按：國朝先正事略云：「自素庵相國之遴後，與爰立者得文簡文勤而三，正卿及卿貳者復四三人。大司空文和公敱永，少司寇論，少宗伯邦彥其最著也。其他侍從甲科，不可勝數，蓋一時之盛云。」由此可

知海寧陳氏門第之昌隆。陳其元庸庵筆記云：「余家自有明中葉，由高氏而承陳氏，迄今三百餘年，至嘉道之間，子姓日益繁衍。咸豐後，經粵匪之亂，溝壑之轉，四方之散，第宅焚毀，老成凋謝，宗族稍零替矣！洄溯此三百年間，傳世已將二十，人才輩出，在浙江推為望族。道光年間，宣宗皇帝猶有海寧陳家之諭，則族望固久著矣，然特衍高氏之一派耳。計自明正德以來，吾家登進士第者三十一人，榜眼及第者二人，舉人一百有三人，恩拔副歲優貢生七十四人，徵召者十一人，庠生及貢監生幾及千人，宰相三人，尙書侍郎巡撫藩臬十三人，京官卿寺外官道府以下名登仕版者逾三百人，祀名宦者十一人，祀鄉賢者八人，祀昭忠者五人，國史有傳者十三人，其郡縣志之載名臣循吏文苑義行者不易屈指數，而案籍廣東河南山東等省，三十年來聞多有登科第列仕版者，因譜牒未修，尙不能考。至由陳氏復出嗣他姓者，如仁和之張，河南之司馬，或科第累世，或官至督撫（原注：嘉慶年間有南河總督司馬某）。皆因乾隆年間修譜漏列，至道光時再修，則已無從考證。今張氏司馬氏子孫相遇，尙稱族誼，而輩行則未能考，亦為歉事。唯高氏則自有譜，自宋武烈王以下，世次炳然可序，故相值能舉輩數，聯伯叔兄弟之誼焉。」所記尤詳。若以近代研究家族之方式，取其族譜，詳考史乘，當為絕好之資料，惜以無暇，遂志願違忤耳。

海寧楊氏

貴州巡撫楊以齋（父）

江南學政楊中訥（子）

平涼知府楊守知（孫）

福建

閩縣王氏

兩廣總督文勤公王慶雲（父）

山西學政鎭江知府王仁堪（孫）

閩縣龔氏

兩淮鹽運使龔其裕（父）

廣饒九南道龔嶸（子）

雲南鎭南知州龔一發（孫）

蘭州知府龔景瀚（曾孫）

湖北天門知縣龔豐穀（玄孫）

閩侯林氏

總督文忠公林則徐（父）

編修林汝舟（子）

知府林聰彝（子）

郞中林拱樞（子）

閩縣陳氏

翰林院編修陳壽祺（父）

江西知府陳喬樅（子、父子並今文經學大師）

侯官沈氏

兩廣總督文肅公沈寶楨（父）

貴州巡撫敬裕公沈瑜慶（子）

侯官郭氏

湖北巡撫郭栢蔭（父）

浙江按察使郭式昌（子）

禮部尙書郭曾炘（孫）

浙江溫處道署提學使郭則澐（曾孫）

漳浦藍氏

太子少保左都督襄毅公藍廷珍（祖）

總督襄毅公藍元枚（孫、世稱小襄毅公）

廣州知府藍鼎元（廷珍從弟）

漳浦蔡氏

禮部尙書文勤公蔡世遠（父）

兵部侍郎蔡長澐（子）

太子太傅大學士文恭公蔡新（世遠姪）

晉江施氏

太子少傅水師提督靖海侯襄壯公施琅（父）

漕運總督施世綸（仲子）

太子太保水師提督施世驃（第六子）

安谿李氏

大學士文貞公李光地

鴻博知興國縣李清藻（長孫）

大名知府李清馥（次孫）

禮部侍郎李清植（光地次子鍾佐子）

禮部侍郎李宗文（清植子）

通判李光坡（光地弟）

左都督李光垠（光地弟）

編修李鼎徵（光地季弟）

爰居閣壬戌日記

梁鴻志

二月初五庚午雨夜有微雪（三月三日）閱徐復祚（陽初）花當閣叢談四卷。成五古二章寄徵宇。

徵宇見過却寄

城東有槐樓。欲往不可尋。胸中故人面。宛在樓之陰。樓陰不知春。知子憂方深。省錄到逋亡。快語披煩襟。家居付纖兒。雲擾遂至今。大公厭作俑。鷙處疑微譏。病枕君有詩。嫉惡神所歆。昌期尙騰擲。病起還呻吟。（君庚申春日病中詩有呻吟聲裏過昌期句）吾儕黨元祐。當路讐東林。刊碑夏點將。醜態橫相侵。犯我久不校。霜後無秋蠅。收君萬里氣。判作三年瘖。

逋居在春城。禨譏所不至。非囚亦非隱。萬事付朝睡。當關有謁卒。環巷列緹騎。羣愚動相贓。子來獨無甚。盈廷昔論政。部黨君作幟。鬚張拳透爪。出語衆辟易。玆來茗話耳。猶抆傷時淚。高言誰見聽。許我爲氣類。嗟余三年淹。譬彼千日醉。身窮顏益腴。外物不能累。猶存口中舌。未罄囊底智。吾道儻不孤。與子終把臂。

十九日甲申晴（三月十七日）得津寓太夫人昨日書內附二月十二日瑟君自板浦寄書並致雲沛書。閱劉繼莊（獻廷）廣陽雜記。潘文勤公嘗刻入功順堂叢書者也。王崑繩（源）劉處士墓表極傾倒其學行。徐健庵尙書嘗聘崑繩脩明史。繼莊後亦館於徐。最相得也。其爲學於禮樂兵刑農桑醫藥之外，兼及歷數製造音韻之學。當時歷法有新舊二派。繼莊則黜舊而尙新。當時製器尙未發明。繼莊所稱已與今日西法闇合。又當時海禁未通。未有通外國語文者。繼莊旣於聲音一道別有所窺。而又證以蠟丁語及梵書。以窮宇宙元音之變。誠一代之偉儒也。生於順康之朝。終身不仕。蓋有極大學問。極大抱負。斷不能與汙濁之世强合而苟同。使生於今時。亦惟蹈東海而死耳。王崑繩謂其生於戊子某月日。年四十八。卒於吳。歲在乙亥某月日。以其子考之。戊子爲順治五年乙亥。則康熙三十四年也。全謝山劉繼莊傳。謂予（謝山自述）獨疑繼莊出於改步之後。遭遇崑山兄弟。而卒老死於布衣。又栖栖於吳頭楚尾間。漠不爲枌榆之念。將無近於避人亡命者之所爲。是不可以無稽也。而竟莫之能稽云云。尤足爲生於淸初終身不仕之明證。又未可與明季遺老等量齊觀。况其操行勵節。學究天人。逈非尋常遺老所可及邪。全傳又稱季野亦與繼莊同館徐尙書邸中。尙書旣去官。繼莊亦返吳。而萬季野爲明史館所留。繼莊謂曰。不如與我歸去成所欲著之書。萬季野諾之。然不果。繼莊返吳不久而卒。其書星散云云。又謂繼莊平生講學之友嚴事者曰梁溪顧畇滋衡山王而農。而尤心服者曰彭躬菴。以予觀之。躬菴尙平實。而繼莊之恢張殆有過之。惜乎不得盡見其書。以知其人。後二三十年直泯沒矣云云。按王崑

繩表墓不述其著書之目。全傳僅謂近始得見其廣陽雜記於趙氏。又謂廣陽雜記出於黃宗夏所輯。宗夏繼莊之高弟也。又全傳謂吳江徵士沈形（字冠雲號果堂）獨爲繼莊立傳。蓋繼莊僑寓吳江之壽聖院最久。諸沈皆從之遊。及其子死無後。即以沈氏子爲後。然其所後子今亦亡矣。故形所謂傳亦不甚詳。可見沈傳當謝山時即無傳本也。今人稍稍知劉繼莊其人。則惟恃王表與全傳而已。廣陽雜記載破門石浪和尙山居詩十八首。繼莊稱其自寫性靈。不落體格。絕無烟火氣者也。錄之如下。

（一）一間茅屋不堪誇。不是雲埋霧便遮。幸得老來無個事。掃些竹葉煮松花。（二）門徑深深路又荒。草頭多露月來光。其中亦有忘年者。日日焚香坐草堂。（三）年來無事可當心。一把鋤頭斫古今。翻轉溪雲睡去好。長留明月伴松陰。（四）山中日日有雲飛。飛的飛來歸的歸。惟有這些歸不得。留爲山寺補僧衣。（五）小橋流水入山幽。一徑松陰脚底收。處處白雲堆谷口。家家黃葉墮枝頭。（六）一村深樹一村烟。村樹村烟斷欲連。不斷不連分野色。濃濃深深夕陽邊。（七）昨來相送出柴扉。冷露寒烟濕我衣。一路脚尖深凍裏。溪聲踏作雪聲歸。（八）十年無夢到鄉關。爲個蒲團債未還。幸有月來當問問。不知身在幾重山。（九）幸得爲僧不甚貧。東來西去若雲屯。其中滋味無端的。手指青山一故人。（十）山中有事不尋常。雲滿溪來月滿床。處處花枝皆梵字。山山鳥語說文章。（十一）一間茅屋住山灣。烟霧層層石上斑。幾日欲消消不得。看來身在米家山。（十二）紅霞遠散夕陽殘。日暮還家鳥雀寒。茅屋半間雲外出。梅花一樹月中看。（十三）沿門竹外種芭蕉。嫩綠分陰過小橋。乍得一番新雨後。明朝色亦勝今朝。（十四）一山黃葉喚秋風。陣陣飛來詩眼中。不是老僧吟不得。溪聲送出曲無窮。（十五）春到春山草木齊。清泉白石燕銜泥。有時步出溪頭看。片片春雲掛樹枝。（十六）踏斷雲根問路忙。春風陣陣野花香。無心石上看流水。不覺穿雲到草堂。（十七）山中十月正飛寒。打煞梅花雲一團。不及故園青竹子。枝枝葉葉好相看。（十八）日日山窗夢不驚。床頭書卷半公卿。山僧未醒禽先醒。過我籬邊三兩聲。　午後吳僕電詢黃宅。許其取欵。因令吳僕前往。攜二百元以歸。

泰州雜詩

冒孝魯

（一）安定流風渺莫存，泰山猶祀岳王尊；重來別有蒼涼感，城外胡笳戰馬屯。（二）景賢（樓名）禮士說張王，事去英雄委北邙；如此烽煙如此酒（鐵崖句）不堪回首白駒場。（三）平生頗薄何心隱。不薄心齋道學翁；格物致知曾病否，一庭新竹綠叢叢。（四）松林庵裏六朝松，夭矯眞如百丈龍；是檜是松休强聒，殘僧瞠目本來聾。（五）賓客高談日影移，客歸獨把陋軒詩；野人奮筆陳三害（謂軍糈鹽筴河患），血淚斑斑鑄苦詞。（六）祖澤緜緜世系長，路人指點冒公坊；耳孫作郡慚先德，委鬼生祠尙道旁。（七）守土曾無尺寸功，周旋槃敦得從容；毆魚毆爵從來久，青簡它年有至公。

記姚方伯

冒鶴亭

全謝山作姚蕙田壙志銘。但言其曾祖某。江蘇按察使司。余見楊秋室手評鮚埼亭集。乃知其爲姚延著也。秋室又言延著終河南布政使司。順治己亥。鄭成功入犯江寧。而宣城金壇儀徵諸邑士大夫。羣謀應之。事發延著司臬江蘇。焚其籍。全活萬人。及升任中州。而提督梁化鳳。與之有隙。廉得其實。劾奏於朝。延著坐法死。以湖州府志延著本傳攷之。則言延著與師府忤。摭他事。誣以失出。羅織以死。傳文僅百字。既不著其所忤之師府。又於金壇之獄。闕而不書。甚憾事也。公之死。發之於金壇邑紳兩廣監軍道袁大受。而嗾使巡按劾之者。實提督哈哈。非梁化鳳。秋室亦述之稍誤也。記姚方伯。

姚延著。字象懸。號榕似。（府志本傳。）烏程人。（府志姚舜牧傳。）以雙橋公爲始祖。初居郡城東北姚家埭。埭皆姚姓。世務農。（姚文田先世隱德記。）舜牧孫。（府志姚延啓傳。）舜牧萬歷元年舉人。慕唐一庵許敬庵之學。自號承庵。知新興縣。署全州。調廣昌。祀鄉賢。（姚舜牧傳。）公與兄延啓。同成順治六年進士。（據府志選舉表。）延啓授知縣。報最。擢給諫。歷戶工吏三垣。（姚延啓傳。）嘗奏除押牀。夢神人以豆麻一升與之。曰以此爲報。（隱德記。）分初授慶遠。改柳州。以守禦功。賜金增秩。移守平樂。遷山東轉運使。分守嶺南。單騎撫獞寇。諸寨悉平。以卓異陞江南按察使。（本傳。）公之官斯土。在順治己亥歲。是年六月。有海氛之警。（姚文田重建姚公祠記。）操江朱衣助。（三字據東華錄補。）既就縛。巡撫蔣國柱逸。滿漢精銳。殲夷殆盡。（姚文田金壇十生事略。）倘書張公至蕪湖。一軍出溧陽。以窺廣德。一軍鎮池州。以遏上流之援。一軍拔和州。以圖采石。一軍入寧國。以逼東道休歙諸城。大江南北。相率來歸。其已下者。四府三州二十四縣。（全祖望明兵部倘書鄞張公神道碑銘。）方軍興時。有居民升高陵望敵。爲邏者所得。提督哈哈。欲以奸細誅之。公力爭。得不死。羊尾黨獄起。株連數百人。公曰。寇在門。不可興大獄。搖人心。嚴反坐之律。保全無算。（祠記。）營兵倚勢作威。以印子錢剝民者。擒治其首惡。（本傳。）吏卒多私掠被難婦女。公親駐江干。訪得實。召其家還之。凡歸者一千七百人。以此大忤提督意。（祠記。）金壇令任體坤。山西人。由明經起家。下車後。即盡輦庫藏以歸。謂恣掊克。可計日盈耳。甫三日。海上兵至。郡縣皆戒嚴。此順治十六年六月三日事也。後二十日。郡城下。金壇既無守兵。府中檄絡繹至。言歸命稍後。大兵至。必盡殄。邑之搢紳。坐明倫堂。議保全策。凡三日。議定。遣諸生虞巽吉。段高明。薛秦來。劉鉁。（獄案作劉珍。）于元起。王游。（獄案作王猷。）周羲。（獄案作周義。）譚善應。（獄案作談善應。）八人。公給貲。間道詣府求緩兵。七月。丹徒亂

民王再興。稱奉命來招撫。未入境。先頒僞示。聲言統大兵二千伏近郊。有敢抗者戮。令恐甚。急造册。鈐巡檢印。遣胥吏陳三重。王錫章。許乾。(獄案作許宏。)陳璠。李永安。周燦。于培德。虞誠。于員。(獄案作于益。)吳鑛。范玉。吳文球。(獄案作胡文球。)等十二人。耆民岳可忠。朱宏璉。楊仲華。楊增。團保樊耀之。史旭。吳用。(獄案作吳周。)陳達甫。老人朱士達。(獄案作朱大達。)虞士理。(獄案作虞達理。)等十人。(案諸生十人。胥吏十二人。耆民四人。團保四人。老人二人。後俱處斬。惟金壇獄案。無段高明。薛泰來。樊耀之。三人名。而有薛泰來。蔣廷玉。李廷玉。)命縣丞郭國士。練兵朱文運率之。給資斧如諸生。星夜往謁再興。衆發後。令終不自安。密以士民報誠申巡撫。似通邑皆叛。已不能獨留者。遂挈印逃溧陽之九龍山。撫得報。發梁化鳳鎮兵二千來屠之。海防陶鼎鉉力止。曰胡可信一人言。以一邑生靈爲兒戲。請率百五十騎往覘之。至則紳衿皆郊迎。供應犒軍無缺。鼎鉉曰。吾知是言妄也。然不反令。懼有變。鼎鉉既去。士民得令。强之歸後數日。令復乞邑紳蔣起。李銘常。袁大受。王明試。爲介。謁撫於丹陽。盡委咎於士民。以掩其逃城罪。未幾。聞金陵大捷。衆紳益爲令彌縫。而令嫁禍士民之心益肆。有于賓之者。先在兵中。乃稱賓之爲隆武僞大將軍。嗾于氏族人自舉首。其長老曰。是赤我族也。不應。令則盡舉前所遣諸生吏役耆團。凡三十八人。皆入其中。蠹胥李鍾秀。實主其事。紳亦與有力焉。令庭鞫諸犯。諸生虞熙吉等呼曰。向者江干風鶴。闔邑震驚。唯恐屠戮。故諸人奉命冒險行。以綢繆桑梓。皇天后土。實聞此言。今幸獲安全。乃委罪以塞責耶。且明倫堂之公遣。萬耳萬目。誰得掩之。令不能答。衆紳亦憂禍及。謀所以脫罪。曩諸生中有嘗預外事。持士大夫之短長者。因各舉所知。益宿怨。得十人。加以倡議報誠之罪。其所舉蔡默。薛瑞徵。薛廷銓。于厚生。于錫瑞。于麟。潘樹七人。(案獄案記。揭諸紳平日弊竇者。僅載生員蔣太初。蔡黝。于厚三人姓名。蔡黝當即蔡默。于厚當即于厚生。蔣薛字形相近。不知爲瑞徵。爲廷銓。抑別一人也。)足未嘗出里閈。且有守城功。以揭中往郡語無實。入當時實行之于元起。王游。于煐。(案往郡十生中。無于煐名。)以實之。謀既定。明試毅然爲公揭首。(十生事略。)次第上臬司。臬司原情以寬之。不欲於無事中生事。更不欲以滅門事發於黌宮。(計六奇金壇獄案。)巡按馬騰陞。(案原文作馬勝聲。獄案作馬騰蛟。並誤。)見之。遽以奏聞。(十生事略。)下其事總督。(祠記。)仍批臬司定罪。(獄案。)公拘縣吏李鍾秀。一訊具得實。欲蔽罪一令。餘皆平反。大受在粤東時。與公有舊。先爲公處置。若宜輕。若宜重。若應辟。若應流。如主人之命僕隸。公不從。(祠記。)益疏縱此十生。不欲以海寇二字。枉法實焉。然尚未出獄也。(獄案。)臬司提令至十二牌。諸生持之。不令赴獄。不能結。大受復寓書朝貴。(祠記。)曰堂堂憲長。甘心樹投降之幟。見從賊者則解縛禮之。其意不過恐海燼復然。開南北走之逕。爲藏身三窟耳。如此豈堪任事。必令新巡按名而下手焉。延啓憤曰。家弟不過欲多活幾人耳。而鄉紳恨不剸刃於其腹中。且中以滅族禍。何其忍歟。(十生事略。)御史馮班發其狀。事乃大潰。時公以守禦功。(祠記。)陞河南右布政使。(本傳。)又遘艱歸。辛丑正月。世祖升遐。大赦。案獨闕叛逆。當勘。侍郎葉成格。尼滿。奉使至蘇。體坤厚賄中朝要津。導以報諸紳可脫罪。遂盡翻前詞。言初投誠時。皆由

逼勒。於是金壇紳衿耆民團保。斬艾一空。（案金壇獄案。及十生事略。紳衿之處斬者十人。爲天啓五年進士布政使王夢錫。崇禎四年進士吏部王重。崇禎十五年進士建寧知府段冠。崇禎十六年進士杭州推官江濆。順治三年進士賓州道袁大受。順治六年進士大理評事李銘常。順治六年進士臨安令史宏謨。順治八年進士兵部王明試。順治九年進士紹興推官史承謨。御史馮班之父馮徵元。）體坤以被逼論。減絞。（祠記。）斬六十四人。家屬男女。沒入流徒。大小老幼。又二百七十六人。（獄案。）兩侍郎初意存省釋。提督哈哈。必盡殲之。雖周來羅吉。不是過矣。（十生事略。）哈哈嗾新按何可化。並劾公以史記青管德勝失出二案。（祠記。）羅織以死。（本傳。）金陵爲之罷市。士民哭踊。如喪其私親。喪歸。由金陵道丹陽。數百里間。攜絮酒。設位以祭者。趾相接。既又建祠於鷄鳴山下。（祠記。）延啓子濬敏。順治十年舉人。（見府志選舉表。）爲張才誣爲通海助餉。幾有滅族之禍。濬敏弟濬照。連夜奔逃至京。有乘涼者。云江南按察使姚公。爲我大恩主。爲位尸祝之。不知其後人何如。照因問其家。不數武。至矣。果見供其叔牌位。燈燭輝煌。自言本江南按察司獄。因越獄坐斬。公爲平反。釋其罪。彼故感劌不置云。（徐元禧湖佚。）子濬纛。康熙六年進士。官中書。伏闕訟父寃。部議不能難。（府志姚濬纛傳。）再任湖廣學政。授岳常澧道。濬恪。山東昌樂知縣。祀名宦。（隱德記。）濬起。廣東開平令。（府志姚濬起傳。）公子孫世有科甲。詩人世鈺汝金。亦其後也。（吳興詩話。）

「一士類稿」序

孫思昉

江都汪氏之言。有譎詭可觀者。嘗論荐紳某不在不通之列。旋謂更讀書三十年。可望不通。又論揚州通者三。不通者三。然奇不通之數。如程晉芳任大椿顧九苞三子。皆該博負重名。疑此非盡汎僄時彥之謂。不然者。不通之訓。果如流俗所譏議。此其人固更僕難數。烏得以三盡之。又何待更讀書三十年。意者不通云者。特言其明別相而闇共相。此莊周所謂自細視大者不盡。通者有進於是。更能明其共相。此莊周所謂大知觀於遠近。證嚮今故之指歟。湘鄉曾氏，有精明高明之說。將無同斯。竊嘗持此說枆量人物。宜興徐君一士。當世通學也。從事撰述。多歷年所。先後分載雜誌之屬。凡所著錄。每一事。必網羅舊聞以審其是。每一義。必紃察今昔以觀其通。思維縝密。吐詞矜慎。未始有毫末愛憎恩怨之私。淩雜其間。於多聞慎言之道。有德有言之義。殆庶幾焉。而有清一代掌故。尤所諳孰。蓋其彊識穎悟。有絕人者。故能殫見洽聞如此。至造次筆札。皆雅馴可誦。閒摭俚語新詞。而味彌雋永也。讀者莫不傾心。往往有篓而不見。爭以專刊請。近始輯成一士類稿一編。付之剞劂。以餉海內。曩禹縣王角山陳井北兩先生來書論之。謂所述多朝章國故。聞人雅譚。蓋選訂成書。取備一代掌故。上劘唐國史補。宋齊東野語。龍川志之類。後有爲清史注如裴松之者。必見甄錄。曾以此轉質一士。爲所樂聞。何幸今日。克踐斯言。惟所蓄美富。斯編數十篇。猶憾其少。既欣然爲之序。更願繼是而有請也。孫思昉謹序。

「一士類稿」自序

徐一士

余學少根柢，而早歲即喜弄筆墨，其爲刋物寫稿，始於淸宣統間。光陰荏苒，久成陳迹，其迹亦早已不存矣。少年氣盛，以爲將來可爲之事正多，此不過偶爾消遣而已，不料此後長期寫稿，若一職業，暮歲猶爲之不休。三十餘年來，世變日亟，個人之環境亦因之而異。回遡疇曩，渺焉難追。聊就憶及，試話舊事。

在拙稿見於刋物之前，幼年即嘗有試寫筆記聊以自娛之事。此項雛形（其實够不上說什麼雛形）筆記之試寫（亦可云偷寫），時年甫九歲也。今欲談此，可將余幼受家庭教育之情形，大致一談。

吾家累世重家學，學業得力於父兄之教誨者爲多，而余所得於塾師者尤尠，以余幼時乃一逃學之孩子也。余自六歲正式入塾讀書，八歲患腹痛之病頗劇，百方調治，而時愈時發，病根久不除。父母鍾愛，懼其夭折，對於塾課，特予寬假，到塾與否，頗聽自便。余苦塾中拘束，藉此遂得解放，病發時固不上學，即値愈時亦多曠課。其後病不常發，而余之不上學，已習慣而成自然。（惟塾中講書時，每往聽講，類乎旁聽之性質。）有以「賴學」「逃學」相嘲者，不遑顧矣。當此廢學之時，而仍與書卷相親，則以吾父之教，獲益甚大。

吾父爲余講書最多，作非正式之教授。教材甚廣，蓋自經史子集（所謂「正經書」）以至小說之類（所謂「閒書」），不拘一格，隨時選講，講者娓娓不倦，聽者易於領會，教法注重啓發讀書之興味，不責其背誦，（於「正經書」，有時亦令將所講者熟讀成誦，然不爲定例。）以視塾中讀書，有苦樂之不同。

關於「閒書」，曾爲講「三國志演義」，自首至尾，完其全部，（開首十數回講過後，即令余自講，吾父聽之，酌加指導。）以其爲文言而雜白話，得此基礎，可爲閱讀他書之助也。「聊齋志異」，亦在選講之列。又嘗爲講「西廂記」，則惠明下書一段也。此外如「水滸傳」「儒林外史」「西遊記」「封神演義」「隋唐演義」「兒女英雄傳」「三俠五義」等等，均自閱之。（「紅樓夢」，吾父有手批之本，而其時余不喜閱，此書固非稚年所能感覺興味者也。）

當此之時，科舉未廢，所謂「書香人家」，多不願子弟看閒書，致妨「舉業」，吾父則利用之以爲教材，除鄙惡者外，喜令余輩閱看，而加以指導，爲言其價値之高下及優劣工拙之點，時亦於書上加眉批或圈識以示之，俾可觸類旁通，此實當時家庭教育所少見者。

「正經書」，除講過者外，亦每自行閱讀由少而漸多，惜熟讀成誦者太少，故至今深感根柢之淺薄焉。（喜讀史——實際是看，似受「三國志演義」之影響。此書以史事爲綱，雖羼入許多不經之談，而寫來興會淋漓，能誘啓讀史之興趣，並聞其與正史多不合，亦欲以「三國志」

相比勘，由此而及其他。至吾父所選講者，「史記」爲多。）

筆記之屬，吾父曾爲講「庸盦筆記」等，甚感興味，亦後來研究近代史實掌故之張本。

吾家有一鈔本「彩選百官鐸」（明倪元璐所撰之升官圖也），編製頗佳，可於遊戲中藉識明代科舉，職官等制度。每值歲時令節，家中每爲「擲鐸」之戲。（平日亦偶爲之。「擲」謂擲骰，「鐸」以骰行也。）清循明制而有所損益，吾父每爲余輩言其因革異同，亦可稱爲兒童時期之一種關於掌故的敎育，誘啓之力非細。（余輩因是亦喜「擲」當時——清——之升官圖，惜無如倪鐸之佳者耳。）

吾父對於家中兒童，常爲說故事，或取材於經史之屬，或取材於小說戲劇，多與德性及學問有關。余輩以聽故事爲樂，而兒童敎育亦即寓是。

經吾父之講說，對於昔人之著述，發生濃厚之興趣，童心忽作動筆之想，（可謂已經「斐然有著述之志」，一笑。）於是裁紙爲小冊子數本，每本十餘頁，長寬各二三寸，而作寫筆記之嘗試焉。所寫或記一時之觀感，或述吾父所講說，或書聽講之心得（？），每則寥寥數語。此雖極其幼稚，却不妨算作余最早之筆記也。猶憶其第一則，題爲「月」，文曰：「水中有月，非水月也，乃天月也。」蓋觀池中月影，偶動文思（？），遂振筆直書於小冊子，稚氣眞可笑之甚。第二則似係關於孔子老子學說異同者，則述吾父之語，意在備忘，其原文今已不記得矣。以下尙寫有十則左右，均已忘作何語。

九齡童子（且是逃學的童子）而寫筆記，當時自覺實爲「胆大妄爲」之舉動，故以秘密出之，極畏人知，一若做下虧心事者。不料秘冊忽爲吾三兄（龢甫）發見，持而高聲朗誦，且曰：「老五做文章矣！」（吾父七子，余次居五。）「做文章」三字，在當時是何等嚴重，余羞赧之極，大有恨無地縫可鑽之勢，亟奪回此冊而撕碎之，蓋第一冊未寫完即中止。此際情景，大似一幕喜劇也。

吾三兄對吾學業夙極關心，嘗正色以不應「賴學」相規誡，旣不效，亦於余之看書時相指授，見余秘冊後，以爲此舉雖若可哂，然所寫文字均尙通順，亦屬可喜，故勸余繼續爲之，不必中輟，而余年幼怕羞，不敢再寫。迨後來屢以筆記等稿發表於刊物，吾三兄猶話及此事，笑謂「有志竟成」焉。

吾三兄喜買書，舊書而外，新出書報，尤恒購閱，（應書院類課試，常居超等前列，所得獎銀，多爲買書之用。）閱後每即畀余閱看；且諳習掌故，博聞彊記，時爲談說，以記憶力之卓越，加以健談，於名人軼事及各項制度，歷歷如數家珍。（談時或莊或諧，有聲有色。）吾四兄（淩霄）及余之致力研究掌故，實吾三兄導其先路，得其指示啓發之力甚多，而余實兼受敎於三四兩兄也。（吾四兄對余爲學業上之指導，亦猶三兄。余於諸兄，均師事，而獲益於三四兩兄者居最。）

至余歷歲爲各刊物寫稿之經過，言之孔長，茲不覼縷。所寫各稿，前期未經留意藏弆，多致散佚，迨後始事保存，而其間亡失者仍往往有之，惟收拾叢殘，所存猶屬不少。以質論，固未敢自信，以量論，却不無可觀。雖東塗西抹，難入著作之林，而頻年矻矻，實爲心力所寄。垂老百無一成，此區區者幸尙不爲讀者所鄙夷。賦性疏拙，素寡交游，而

以此頗獲文字之交（或相訪而識面，或神交而未晤），情誼肫摯，關切逾恒，即寫稿之資料，亦每得裨助。此實當日從事寫稿時所未敢意料而感激不能忘者，心境上亦賴獲慰藉焉。去日苦多，人事無常，舊稿亟宜及時整理成帙，付印問世，以免將來盡逯失逸。近承朱樸之周黎庵兩先生，收入古今叢書之三，亦徵神交關切之雅，因理輯三十餘篇，略以類相從，（仍各注明某年。）以「一士類稿」之名稱出版。斯亦余寫稿以來一可紀念之事也。吾三兄在日，以余隨時寫稿，零碎披露，保存甚不易，屢勸出單行本，今乃不及見，思之泫然。

余學識譾陋，拙於文辭，故寫稿不敢放言高論，冀免舛謬，所自勉者，首在謹愼，所謂「不求有功，但求無過」，然「無過」不過「一求」而已矣，豈易言哉？雖未敢掉以輕心，而能力有限，精神疲敝，仍恐舛謬不乏，所望大雅宏達，不吝教正，幸甚幸甚！

甲申（民國三十三年）孟秋，徐一士

× × × × × × ×

讀清初三大疑案考實

蔡尚穆

清世祖之太后下嫁攝政王多爾袞，清世祖——順治遜入五臺山爲僧，清世宗——雍正奪位入承大統。這三椿清初的疑案，自清末種族革命思想勃興以來，民間傳說，幾遍全國。一三兩椿，和禮教有關，基於先民鄙視異民族的根性，是有其存在的理由的。第二椿則帶上了羅曼思的色彩，作爲一件「哀感頑艷」的故事來看，所謂「不愛江山愛美人」，爲人間所樂道，正像溫莎公爵和辛博森夫人的故事，同樣爲滿足人間的傳奇慾而播爲美談。

攷第一案之由來，是由於禮部所積藏的殿試策中，在攝政王之上，或加上皇叔父，或加上皇父的字樣。再加以在明代遺民張煌言的蒼水詩集中，有「春官昨進新儀注，大禮恭逢太后婚」的詩句。甚至說太后大婚典禮，由當時禮部尚書錢謙益（牧齋）撰定，上表領銜。而順治皇帝的詔書是這樣的：「太后盛年寡居，春花秋月，悄然不怡。朕貴爲天子，以天下養，乃僅能養口體，而不能養志。使聖母以喪耦之故，日在愁煩抑鬱之中，其何以教天下之孝？皇父攝政王現在鰥居，其身分容貌，皆爲中國第一等人，太后頗願紆尊下嫁，朕仰體慈衷，敬謹遵行，一應禮典，着所司預備」云云。至於後來多爾袞死後之獲罪，孝莊后（世宗生母）不合葬於奉天之昭陵（太宗陵），別營陵於關內，與錢謙益之被貶於身後，遺著之被禁燬，選錢詩於別裁集之首的沈德潛之得罪於身後，這都是太后下嫁攝政王的依據。

世祖遜迹五臺山爲僧，依據於吳梅邨清涼山讚佛詩。此外清聖祖（康熙）屢奉太后臨幸五臺，也給引爲依據之一。更有足以致疑的地方，光緒庚子，兩宮西狩，經過晉北，供御用的器具，都從五臺山僧寺借來，和大內的制度一樣，要不是有帝王在那裏住過，那裏來的這些御器呢？至於世祖所以遜迹空門的原因，幾乎衆口一辭，說是爲了悼亡以致厭世。而因吳詩中有「可憐千里草」及「王母攜雙成」句，一再用董姓的典故入詩，遂又疑到這裏的董姓

妃子，是如臯冒辟疆的姬人董小苑。葉昌熾（鞠裳）在他的緣督廬日記中也就有這麽兩則：

「聽生日昳來長談，云有李君熙者燕人也。熟於紅樓夢之學，謂此書爲董小宛而作，並涉及國初宮闈事，非臣子所敢言……初訝其說之奇創，既而恍然悟，梅村清涼山讚佛詩，惝怳迷離，莫測其旨……今指其第一首云：王母攜雙成，絳節雲中來，已暗藏董字。末首長以兢業心，了彼清淨理，脫蹤萬乘，而又與同泰捨身者迥別。梅村詩史，必不妄作。以此證李君之言，殆可信。」——民國四年二月十六日。又廿五日的日記云——

「至麥家圈惠中旅館，即平原相國寓室（陸潤庠）。聽生袖交紅樓夢索隱提要，王夢阮撰。梅村清涼山讚佛詩雙成一聯之外，又擧可憐千里草，萎落無顏色爲證。此詩實可疑，不能謂其穿鑿也。」

可見這樣的傳說不只流行於一般人的口，碩學的緣督廬，以遺老的身份，對於故君的宮闈影事，也附和新學的考據家了。

第三，清世宗之奪位入承大統，在清代的各帝王中，流行於民間的謠言最多的要算是他了。甚至他的死亡也有種種的傳說。關於奪位的流言之由來，最好還是參看他自己寫來頒佈全國的大義覺迷錄——

「訊據逆賊耿精忠之孫耿六格供稱，伊先充發在三姓地方，時於八寶家中，有太監于義何玉柱，向八寶女人談話，聖祖皇帝原傳十四阿哥允禵天下，皇上（指世宗）將「十」字改爲「于」字。又云聖祖皇帝在暢春園病重，皇上就進一碗參湯，不知如何，聖祖皇帝就崩了駕，皇上就登了位，隨將允禵調回囚禁，太后要見允禵，皇上大怒，太后於鐵柱上撞死，皇上又把和妃及他妃嬪，都留於宮中等語。」

查大義覺迷錄原是世宗對於當時流言，說他「謀父，逼母，弑兄，屠弟」的聲辯而發的。世宗即位之後，兄弟中如允禩，允禟，允䄉，和同母弟允禵之不得善終，而「受顧命」之舅舅隆科多和箝制撫遠大將軍允禵之陝甘總督年羹堯先後見戮，都是奪位見疑的主因。

清初去今雖然未久，然而可靠的史料不多。因爲在專制時代，宮闈私事，平民固不敢直書，即就帝王本身的實錄來說，也屢加修改，所謂「信史」也就愈覺其難得了。到了清末民初，民族革命思想高張，考據清代史實的也不免存了偏見。就清史稿來說，據說也因爲編修的多半是遺老，立場不同，所以到了現在還未能確定是國史。

近日讀到孟心史（森）先生的清初三大疑案考實一書，覺得心史先生治史的態度之謹嚴，材料搜集去取之精博，使這三樁傳播三百多年的疑案，得到定論。將來或者由於材料的新發現，孟先生的研究結果給推翻也未可知，可是這本書的取材，始終可以給治清史的作最好的參考，這是可能斷言的。現在試將心史先生的意見述出如下。

關於第一案。心史先生以爲，因爲立場的不同，「蒼水自必有成見」。「皇父」的來歷，在順治五年冬至郊天，奉太祖配，追崇四廟加尊號，覃恩大赦，即加「皇叔父攝政王」爲「皇父攝政王」，凡進呈本章旨意，俱寫「皇父攝政王」，這裏的覃恩是由於報功，並非由於瀆倫。而且那時雖然初設六部漢尚書，可是領銜不得由漢尚書。又六尚書之中，無錢謙益名

。據貳臣傳，謙益在三年春由金陵到燕京任禮部侍郎管秘書院事，六日乞假南歸，到五年設六部漢尚書時，謙益南歸已久。故此事可說與謙益無關。至詩集之被禁，那是由於乾隆朝代的文字獄關係。順治時皇太后有二：元后孝端，崩於六年，年五十一，長攝政王十三歲。順治生母孝莊后，崩於康熙二十六年，年七十五，少攝政王兩歲。傳說下嫁的，可能的當是孝莊。至於不合葬昭陵的原因，因已有孝端合葬，第二后不合葬的，累代都有，不能為了這點說孝莊因下嫁之故，合葬昭陵，心裏不安。在這裏，心史先生最有力量的材料，是考查朝鮮的仁祖李倧實錄。因朝鮮是清初的屬國，所謂大典詔書必有頒佈，在仁祖二十七年（順治六年）的實錄中有：上曰：「清國咨文中，有皇父攝政王之語，此何舉措？」金自點曰：「臣問於來使，則答曰，今則去叔字，朝賀之事，與皇帝一體云」。鄭太和曰：「勅中雖無此語，似是已為太上矣」。上曰：「然則二帝矣。」從這點看來，當時朝鮮並沒有太后下嫁的傳說。考清史：攝政王曾迫肅親王豪格死（順治親兄，太宗長子，攝政王姪），而納其妻，又攝政王死後的罪狀中有：「自稱皇父攝政王，又親到皇宮內院」云云，再加上攝政王的好色品性，所以心史先生說：「只可疑其曾瀆亂宮廷，決非如世傳之太后大婚，且有大婚典禮之文布告天下等說也。」

關於第二案，此案的重要關鍵在，順治是否眞的病死，又生的什麼病。關於這點，心史先生的重要資料有三：（一）順治好佛，延高僧玉林木陳兩禪師入禁中，尊事甚至。在玉林國師年譜中，順治十六年己亥「世祖請師起名，師辭讓。固請師曰，要用醜些的字眼。」結果順治自己選用「癡」字，法名叫做「行癡」，行是龍池祖法派中的輩字，所以章中有「癡道人」「塵隱道人」等文字。又國師年譜中：「十八年正月初三，中使馬公奉旨云，聖躬少安……遶持大士名一千，為上保安。初四，李近侍言，聖躬不安之甚。初七亥刻駕崩。初八……大行皇帝前說法……二月初二，奉旨到景山，為世祖安位。」（二）王熙是親受世祖末命的漢大臣，世祖遺詔也是由他草擬。在其自訂年譜中：「初六日，三鼓，奉召入養心殿，諭：朕患痘勢將不起，爾可詳聽朕言，速撰詔書，即就榻前書寫。……凡三次進覽，三蒙欽定，日入始完。至夜聖駕賓天，泣血哀慟……」（三）中書舍人張宸所記：「辛丑年正月，世祖皇帝賓天……正月初二日，上幸憫忠寺觀內璫吳良輔祝髮……初五日……一中貴向各大臣耳語，甚惶愴……初七晚釋刑獄，諸囚獄一空……傳諭民間毋炒豆，毋燃燈，毋潑水，始知上疾為出痘……初八日各衙門開印，具朝服將入署，長班遽止之曰，門啓復閉，止傳中堂暨禮部三堂入，入即摘纓帽，百官皆散矣。予愕錯久之。蓋本朝制度，有大喪則去纓，詎上春秋富，有此變也？……仰見皇太后黑素袍，御乾淸門臺基上，南面，扶石欄立，哭極哀……」張宸上海人，縣志宸傳載「張宸字璵靑，博學工詩文，由諸生入太學，選中書舍人。時詞臣擬撰端敬后（即董鄂妃）祭文，三奏草未稱旨，最後以屬宸，有云：渺茲五夜之箴，永巷之聞何日？去我十臣之佐，邑姜之後誰人？章皇帝（順治）讀之，泫然稱善。張記很詳細敘述世祖喪禮情形，二十年四月，全文刊載於人文雜誌。

從上述三項材料看來，可證明順治是在十

八年正月初七夜死，症狀是出痘。順治所最寵幸的董妃在十七年八月十九死，以后禮葬，謚端敬。順治佞佛，據傳端敬后語錄中，也是禪宗言。可見當時宮庭中信佛空氣的濃厚。這當是傳言順治遯迹爲僧的由來。

至於迷離惝怳的吳梅村詩：清涼山讚佛詩四首，七夕即事詩一首，七夕感事詩一首，讀史有感八首，古意六首，均經心史先生考證箋繹，證明其詠順治宮中事，與爲董小宛死以至出家無關。心史先生曾作董小宛考，說明「董」姓乃是董鄂氏，並非董小宛：「當小宛艷幟高張之日，正世祖呱呱墮地之年，小宛死於順治辛卯，辟疆同人集中，海內名流以詩詞相弔者無數。時世祖尙只十四歲耳，小宛則二十八歲，所謂年長以倍者也。」因而決定：「學者間喧傳董妃爲小宛，乃革命後異說爭鳴之一種。」據說心史先生的董小宛出版之後，冒鶴亭先生以爲代其先世雪誣，因贈冒氏先德歷代著述叢書爲謝云云。不知道果有此事否？這點還得請教目前高臥滬濱的鶴亭先生了。

至於世宗奪位入承大統一案，心史先生考證得更是詳實，其重要材料是從故宮的密檔中得了許多的新發見。

這裏首先給指出的是實錄所載和世宗的上諭內閣情節參差得很大。東華錄康熙六十一年十一月十三日：「丑刻，上疾大漸……寅刻召皇三子允祉……（共皇子七人）理藩院尙書隆科多，至御榻前諭曰：皇四子人品貴重，深肖朕躬，必能克承大統，着繼朕登基，即皇帝位。皇四子聞召馳至，（其時被派代郊祀。）巳刻，趨進寢宮。上告以病勢日臻之故。是日皇四子三次進見問安。戌刻，上崩於寢宮。」可是在世宗的上諭中：「……及朕馳至問安，皇考告以症候日增之故，朕含淚勸慰。其夜戌時，龍馭上賓，朕哀慟號呼，實不欲生。隆科多乃述皇考遺詔，朕聞之驚慟，昏仆於地……」從這裏看來，破綻極大。旣然寅刻已面諭皇子七人及隆科多以繼位人選，爲什麼在巳刻到來的皇四子（世宗）不會知道自己是繼承者呢？皇四子到來時凡三次進見問安，而皇上旣能告以病症日增之故，且由巳至戌爲時甚久，爲什麼皇考不當面付以後事呢？爲什麼傳位的遺詔，皇四子在聖祖崩後，才由隆科多口中聽到，而又不由同受遺命的七兄弟中的任何一個的口中聽到？

疑案中有命遺命可能的十四皇子允禵，是世宗的同母弟，方以撫遠大將軍的名義，統兵西陲。世宗於上諭中說：「以允禵之庸劣狂愚，無才無識……而陝西地方，復有總督年羹堯等在彼彈壓……」又雍正二年十一月十五日上諭八旗：「夫爲君難，爲臣亦不易……即如年羹堯建立大功，其建功艱難辛苦之處，人誰知之？隆科多受皇考顧命，又誰知其受顧命之苦處？……去年皇太后賓天時，外間謠言，朕欲令允禵總理事務，允禵奏云：若欲令我總理事務，須將隆科多年羹堯二人擯斥……」這可見年隆與十四皇子之間的仇恨很深，而這上諭後來亦不收入實錄。大概是因爲「其受顧命之苦處」大有語病的緣故。

但由這裏看出世宗和年隆之間的交織是很深密出乎情理之外的。在故宮秘檔發見許多資料。——

雍正元年正月初二日硃批年摺：「朕安，朕原不欲爾來，爲地方要緊。今覽爾所奏，爾若不見朕，原有些難處……舅舅隆科多奏，必得你來同商酌商酌……再舅舅隆科多，此

人朕與爾先前不但不深知他，眞正大錯了。此人眞聖祖皇考忠臣，朕之功臣，國家良臣，眞正當代第一超羣拔類之希有大臣也……」

二年六月十五日硃批年摺：「朕已諭將年熙（羹堯子）過記與舅舅隆科多作子矣……舅舅已更名得住……將來看得住功名世業，必有口中生津時也……」

二年三月十二日年有謝琺琅雙眼翎摺，末云：「更懇聖慈，如有新製琺琅物件，賞賜一二，以滿臣之貪念」。硃批：「今將現有數件賜你，但你若不用此一『貪』字，一件也不給你……」

二年三月十八日硃批年摺：「從來君臣之遇合，私意相得者有之，但未必得如我二人之人耳。爾之慶幸固不必言矣，朕之欣喜亦莫可比倫。總之我二人做個千古君臣知遇榜樣，令天下後世欽慕流涎就是矣。朕實心暢神怡感天地神明賜佑之至。」

像這類情意纏綿的說話，秘檔中存的很多。這種君臣遇合，也眞是千古希有。可是三年秋，年隆之子各被褫職。四年羹堯以九十二大罪詔令自盡，父兄奪官，子斬，諸子戍極邊。同時隆科多亦以罪削各銜職，以革員派往議俄羅斯邊事。五年因私藏牒案，被列大罪四十一欵。於暢春園外築屋三楹，永遠禁錮。

年隆之獲罪和世宗諸弟的獲罪是同時候的，而諸弟獲罪的原因，無非是「心懷叵測，固結黨援，往往借端生事，煽惑人心」（見大義覺迷錄）至於怎樣地煽惑人心呢？大義覺迷錄中世宗申申自辯的不外是「謀父，逼母，弑兄，屠弟。」世宗之即位，參與機密的只年隆二人，年在外而隆在內，謠言之起，和年隆不能說是沒有關係。隆科多的「私藏玉牒」和年羹堯的「奏繳硃批諭旨，故匿原摺，詐稱毀破，仿寫呈進」，都給列入大罪中，也就有其原因在。隆科多是漢人入旗籍的，要玉牒何用？當是留此把柄，以顯自已回天大力。年羹堯偏留下世宗所不願流出人間的筆迹，亦大有要挾的嫌疑。所以年隆之同邀曠古殊眷，和同遭清代所未有之巨大罪欵，其中原因明眼人自可看見也。

世宗骨肉之變，世所共知。至於謀父逼母，要不是大義覺迷的頒佈全國，知道的恐怕很少。毋怪高宗（乾隆）即位後還不到兩月，馬上下諭「大義覺迷錄著照徐本所請，停其講解。其頒發原書，著該督撫彙送禮部，候朕再降諭旨。」結果遂被定爲禁燬。至傳播流言犯之曾靜張熙，雖經雍正赦免，亦在雍正崩後的三月伏法了。康熙諸皇子之被罪的及其子孫，也由乾隆屢次宥赦，世宗年間的掀天大浪，到此才漸漸平息。

心史先生語熟清代典實，治史態度復謹嚴詳密。此書之著，釋疑至多。在此三大疑案尙無更翔實的著作前，心史先生的成績，蓋是不可掩沒的了。

五十七期特大號預告

自省篇

挹彭

學劍學書祇妄然，屠龍餘技亦堪憐！
誰知苦雨靑鐙畔，囘首微茫廿四年。

——癸未自壽詩一首

每見古人於八九歲已讀完四子書，十餘歲即已畢五經，幷旁及子史詞章，執筆爲文，兼事吟咏。然後肆力舉業。雖然科舉敗壞人材，已不容否認，但若言科第中絕無人材，亦難令人心服。不必遠徵史乘，即近代之曾國藩張之洞，非出身科第乎？固然曾張之功罪甚至節操，雖已蓋棺數十年，付之難齊之異代物論，自是莫衷一是，恐千古亦難有定評，然二人之功業，流澤後世，利濟生民，平情論之，自多有長存於天地者。至於中下之材，或僅得一第，不獲大用；或困躓場屋，終身不舉。但在個人讀書力學的立場上說，由於攻舉業的關係已都有了最基本的修養，此仍能從現在一些老先生中見到。也就是說國家『養士』之功，總算沒白費，至少對個人有一個最低限度的成功。不佞這種看法，自難免迂腐之譏，但是我並非希望再恢復科舉制度，而且科舉所給人的基本修養，是其本身始料所不及的。自身也是受新式教育長成的，當然現代教育制度與舊制殊科，而爲甚麼夢想渺不可得的過去以迕時致謗乎？蓋由於親身目睑，見到現在的中學畢業生，連對中國歷代之遞嬗都不能說得上來，而要死背片段之：『王安石新法之內容』，『鴉片戰爭之經過』，以應付考試，至於格致之學，亦僅便於記誦，爲考試之工具而已。上庠諸君，於『作』完『一百個人力車夫之生活調查』，或『唐代之鹽法』後，得一枝棲，即與書本絕緣，一出學校大門，則認爲讀書的能事已畢，不但念化學念物理諸君於中國歷史興衰之大綱，山川形勢之大概，不能言；即文史系諸君亦復如是，甚且常識不足。近代教育，最重分科，但即使上庠卒業，能得一藝以自資，如是謭陋，能謂之學乎？顏黃門云：

『人生在世，會當有業。農民則計量耕稼；商賈則討論貨賄；工巧則致精器用；伎藝則沈思法術；武夫則慣習弓馬；文士則講義經書。多見士大夫恥涉農商，差務工伎；射則不能穿札，筆則纔記姓名，飽食醉酒，忽忽無事，以此消日，以此終年。或因家世餘緒，得一階半級，便自爲足，全忘修學，及有吉凶大事，議論得失，蒙然張口，如坐雲霧，公私宴集，談古賦詩，塞默低頭，欠伸而已，有識旁觀，代其入地；何惜數年勤學，長受一生媿辱哉。』

『顏氏家訓』一書，最喜其近情理，此段論學人之弊，今日讀之，頗有千古如一之感。中國人總認爲念書就是文人，文人就要會作詩，反過來說，就是祇有會作詩的文人，才應當讀書。所以現在『農民』『商賈』『工巧』『伎藝』『武夫』之業，雖已立於學官，但是一位念『經濟』的畢業後，如能得『一階半級』，你若勸他再繼續讀經濟學書，他一定笑你傻子。其他理工諸科，莫不皆然。更不用說讀那些關於本國歷

史，地理，文化的書了。至『文士』一科，現在是否仍以讀書爲專業呢？則又不然矣。其鄙視讀書，現在頗有所藉口，仍如顏氏所說：

『有客難主人曰：吾見彊弩長戟，誅罪安民，以取公侯者，有矣；文義習吏，匡時富國，以取卿相者，有矣；學備古今，才兼文武身無祿位，妻子飢寒者，不可勝數，安足貴學乎？』

此種『讀書無用論』，原來古已有之，於今爲烈，是則痛心朝野之不學，豈非不識時務乎？另一方面，即使時常看些閑書，倒是一件希有的事了，而被人尊之曰『文人』，若再略弄筆墨，則更目之以『文學家』焉。別人不知對此有何見解，不佞每受此不虞之譽，想起距離古人讀書最低的修養尙遠，不禁愧死！五經不能上口，子史不能得其要凡，現在恨不能再有古人背念打的工夫，並且生於今世，更恨不能通一種外國語，每一執筆，眞不勝恐慌之至！友人中當有能知此中甘苦者，絕非矯情也。

古人爲學，多有以鈔書爲功者，顧炎武即自述其先祖之敎云：

『著書不如鈔書，凡今人之學，必不及古人也，今人所見之書之博，必不及古人也，小子勉之，惟讀書而已。』

此是以鈔書爲學問，然章實齋雖言：

『爲今學者計，札錄之功必不可少，然存爲功力，而不可以爲著作。』

可是我們學無根柢，又少師承，即想以鈔書爲功，又談何容易哉。古人往往有家貧不能買書，須借自友人轉鈔者，平景蓀至言：『到處有書可借，亦爲奇福』之語，汪容甫至助書賈鬻書於市，因徧讀經史百家。此種精神，自愧尙不能及萬一，現在雖然已有國立圖書館可供學人借覽，但借書之難，譚正璧君已備言其苦，更無論及鈔矣。書既不能買，借又借不來，良師自不易得，益友更屬少見。並且還要謀斗升之養，逐什一之利，奔命之不暇，遑言學問。年來除於事業上，雖未有大碰壁處，但目擊世態，已並熱中之念，或精進之心全無外；甚至學問之事，也頗令人灰心，所謂『苦幹』云云，非如是之簡單也。宋劉摯之訓子孫，以器識爲先，一號爲文人，無足觀矣。不佞既不願作一無足觀的文人，且不敢希望作學者，謝朝花於已披，啓夕秀於未振，旣未易言；進而窺著述之林更難。雖然不應一拿起書本，就想從祀兩廡，配享先賢；而一拿書本，就想著書立說，藏諸名山，傳諸其人，似亦非人人應有之念，蓋理想太高，即近妄想，有迂闊之嫌，日知錄有『著書之難』一條云：

『宋人書如司馬溫公資治通鑑，馬貴與文獻通考，皆以一生精力成之，遂爲後世不可無之書，而其中小有舛漏，尙亦不免。若後人之書愈多而愈舛漏，愈速而愈不傳，所以然者，其視成書太易，而急於求名也。』

伊川先生晚年作易傳成，門人請授，先生曰：更俟學有所進。子不云乎，忘身之老也，不知年數之不足也，俛焉日有孳孳而後已。』

顧氏自言爲學經過，『自三十後，讀經史輒有所筆記』，『年四十斐然欲有所作』，『自五十以後篤志經史』，著『日知錄』則已當在五十以後，古人之淳謹如是，並以溫公伊川爲例，亦所以見治學之難，勸人勿好高騖遠，虛長浮聲也。那麼讀書既不願作文人，不敢作學者，更沒有輔世長民，爲『內聖外王』之學的才具，究竟爲甚麼不能去此一重業障呢？如果一定要說理由，則祇好借別人的話來說，就是周作人先生的看書以圖遮眼，錢稻孫先生的自我陶醉而已。此外還希望有二三談藝

的知己，了此憂患餘生，於願已足，霍去病有匈奴未滅，何以家爲之豪語，我們在今日仍不能割捨這一點塵緣，則只有『干祿無術，何以爲家』之嘆了！

方東樹『昭昧詹言』卷一云：

『姚薑塢先生論黃黎洲文曰：「流覽多，愛浸淫於後代文集，而不自振，亦由其才思不奇，識尤卑凡，好易而畏難故也」。竊謂今人所以不及古者悉坐此病，地醜德齊，自謂雄長，卒莫相尙。韓公非三代兩漢之書不敢觀，謝茂秦不許用唐以後事，恐狃於近而不振也。』

我前面既引顧炎武，後面又抬出方東樹，未免所謂：『學無本源，自亂家法』之譏，其實我覺得姚氏所說正中私衷之病，且我相信朋友中當不少此病者，方氏所引伸，如果不以古文家的眼光去看，也頗有道理，皮錫瑞雖然批評他的『漢學商兌』『書林揚觶』爲『純以私意肆其謾罵，詆及黃震與顧炎武，名爲揚宋抑漢，實則歸心禪學……皆陽儒陰釋，不可爲訓』（經學歷史），皮氏說方氏不脫門戶之見，其實這種說法，自已也未嘗沒有門戶之見，還是應如吳北江先生所執的態度，『然其書所載，極宜分別觀之。蓋所錄方姚諸老，微言要旨至多，而植翁自抒所見，則不免臆斷虛嬌之習』（昭昧詹言序），姚薑塢恐怕早爲一般人所不喜，但我在當時看到此語，掩卷細想，好像是在說自已，方氏的話在古文家的立場上，也不過是那一點極平常的淺易見解，倒也還不算『虛憍』，吳氏『分別觀之』最爲允當，總之，這兩針扎得都很好。古人讀書是自上而下，雖一無所成，仍不失爲有根柢的人。我們現在則反是，而是倒轉過來，先從下面亂讀，越往上越走不通，不通音韻文字，古代名物制度，殷周先公先王的世系，都沒有大概的輪廓，也要翻一翻『殷墟書契考釋』，『商周彝器通考』，『兩周金文辭大系』。因爲價錢太貴，還以不能盡量收之爲憾，實際買來也看不懂，這正如我所說過的，雖然然沒錢，但可免去買許多無用的東西也。這種興趣的引起，不過是由看『斯坦因西域考古記』以至『考古學小史』，『中國考古學史』，『中國古代社會研究』，『安陽發掘報告』之類所致，從看『古史辨』，到『史通通釋』，『文史通義』，但到現在還沒有安下心去讀前四史中之任何一種。從『經學概論』到『經學歷史』，『漢學師承記』，『淸代學術概論』等到拿起陳奐的『毛詩傳疏』，則細瑣的草木名物，又看不下去了，拿起『孟子正義』，『論語正義』，簡直根本看不懂，因爲詩經和論孟，小時已讀過，現在大半已不能上口，受了幾部小書的影響，每想重溫一下，就拿這些大塊東西來，當然吃不消也。其實就拿朱註本，好好看一看，也甚有益，何必好高騖遠。書經根本沒讀過，到現在今古文的眞僞，還不知道，買來『古文尙書疏證』又有甚麼用？至於『莊子集釋』，『荀子集解』之類，僅知道他是好書，所以買來，仍是未看。蓋讀『中國哲學史』，周秦諸子，尙可略解一二，至兩漢之『陰陽五行』，『天人之際』；南北朝之玄學；隋唐之佛學；宋元明之『天理人欲之辨』，『內聖外王』之法，則一概敬謝不敏，讀『中國目錄學史』以至『蕘圃藏書題識』『藏園羣書題記』『書林淸話』『藏書紀事詩』之類，但『漢書藝文志』『隋書經籍志』根本沒翻過，即『郡齋讀書志』『直齋書錄解題』至今尙不會有一部也。周作人先生說：書房的內容不可給人家看，豈不信哉！讀『中國文學史』，則拿起『離騷』，簡直

不知所云，更不知其好處何在，『詩經』還可以欣賞『昔我往矣，楊柳依依；今我來思，雨雪霏霏』也。杜工部，蘇東坡，也不過都翻了兩三卷，能上口的唐宋名作，不及百首，不過摭拾幾句人所熟知的濫調而已，始終不能循序而進，却非常欣賞海藏樓，石遺室，大談『同光體』閩贛派之源流。找來幾種近代的筆記詩集，讀過『中國近代史』，對匋齋遺像，意園墨跡，發思古之幽情，所謂掌故云云，豈是一味去談名人逸事，不通文物制度之謂乎？嗚呼！此即我之爲學。寫至此，不禁汗顏，且浹背而下矣！陳寅恪先生自承：

『平生爲不古不今之學，思想囿於咸豐同治之世，議論近乎（曾）湘鄉（張）南皮之間。』（馮友蘭中國哲學史審查報告三）

夫即此數十年治亂之迹象，學術之流衍，一二人事功之豐嗇，學問之授受，豈是不博考往迹，所易言哉？我輩之學，即距『不古不今』尙遠，可謂爲不倫不類，不三不四，『摭拾之學』而已。亦可謂『宇宙風』，『人間世』之學也，譬如築室，既無經度之法，又無營造之術，更不能致良材以待大匠，即爲人作計尙談不到，不過拾人之竹頭木屑，破瓦殘磚，不但房子總無成功之日，並間架亦立不起來也。又如失養之孤兒，自覓出路，辛辛苦苦，數十年後或可成立家業，然其矩度，自比鐘鼎華馨，世家閥閱之貴遊子弟，早登清華之選者，所可同日語也。

不佞『摭拾之學』自知既不足以潤身，復可不以及物，上不能立功，下不能立言，所有不過一二部人所習見之書，所知不過一二件人所熟知之事，但自我陶醉之中亦應有所取擇，如尊『綴玉軒』『樂霜簃』，而抑『尙小雲』『留香館』也。則我要從歷史中，看看過去，以鑑察現在和未來，人貴自知，雖然中國史書這面鏡子，照出來的景像，要失去本來面目很多，但究竟仍可見其輪廓。再有就是讀史之鑑往察來，並不是另外還有甚麼作爲，所以不做擦鏡子的工作，那要待專家去做也。黃梨洲言：『欲免迂儒，必兼讀史』，鄙見則先以讀史爲第一義，其次如何讀法，則孔子所說之『學而不思則罔，思而不學則殆』及『吾嘗終日不食，終夜不寢，以思，無益，不如學也』。這意思就是學與思不能偏廢，而學要在前面，比較重要。不過我這裏的『學』字，還要加以解釋，就是狹義的讀書的學，不包括古人所說的身體力行的『學』，因爲近來日益覺得謭陋的恐慌，所以前面曾說過不能有益於世；這也就是說俗了的『學然後知不足』所致，思的意思，可有兩種，就是讀史容易培養人的思想見解，這種思想與所謂中心的思想則又不是一件事。再有就是自動的想，總括起來說，即是：『多讀多想』，明其義，不計其利，在自已可以說是生活上的享受而已，此種小乘聲聞阿羅漢果，是否能進到小涅槃法，當然亦談不到也。

上面說的是讀書，下面還有就是身心德性修養一項所謂『立德』，這說起來很難，第一是沒有一定的標準，很難說得像樣；第二即使像樣，是否能做得到，都是問題，無論是祖宗的貽厥孫謀，或是自已的愼獨居敬，寫出來的那些座右銘，完全沒用，我親自經驗過一位在湘鄉幕中，頗負盛譽的古文大家，寫給他文孫的：『寬厚溫柔』，『誠信篤敬』八個字，雖然已用楠木鏡框，緙絲鑲裱起來，掛在座右，實在此公之不能克承祖訓，竟糟到不能談，連一個字的工夫也沒作到，曾於欣賞其墨寶之餘，不盡作嘔，對此公印像反加惡十分。所以我鑒於此失，而要學孟

子的『有所不爲』，旣不易說應當怎樣作才好，祗得從反面做工夫，而是要隨時自檢那些事不要做，這就沒有一定範圍了，而要因時制宜，所以雖看『了凡四訓』和『安士全書』，則不爲立功過格也。我覺得取鑑於人，容易給自己一點敎訓，即是不能積極的『立德』，而能消極的『不敗德』，斯可矣，十年來曾以孟子之言名吾齋代表自己做人的態度，迄今不敢不以此自勉。至於『眠雨堂』，則是近兩年的事，主要的代表近年生活的心境也。

記得袁中郎與陶石簣遊虎邱，袁寫給陶的信裏，好像說過：『他日虎邱一水，虎邱一石，均知有一袁中郎有一陶石簣』之語。曹聚仁先生曾譏其『好名』（見曹聚仁文思）。此處論人，似稍嫌過苛，其實好名何害。只要學行素養，都立得住脚，方是第一義，淸官不愛錢，祗要是不假，自比沽名釣譽的貪官有價値，則其名在口碑，有何害乎？中郎之可厭處，在摘去紗帽，時時摘紗帽三字不離口，遊虎邱，登棲霞，叫囂山林，唐突風月，與山前喝道，相去不過一間耳，雖不得以殺風景目之，亦正如『儒林外史』蘧公孫所說：『雅的這麼俗』。此病即是中了中國的『名士毒』，落得滿身習氣。我輩但求不落習氣，須知『才子固然風流，風流不見得就是才子』，參透此關，即不愧一個正經的讀書人。如此『勿落習氣』一點，即是我『有所不爲』之一件最重要者。前天舊書店，見有一部嶄新時代板『袁中郎全集』，架在架子的最下層，和殘本零種的四部叢刊之類同處，僅僅標價十六元，抽出一翻，黃色灑金，尙未黯淡，視其封面，則已蒙塵，摩挲移時，不禁隔世之感也。

三十三年八月十九日夜

雨絲篇

文載道

入秋以來，細雨連朝，看到枕畔幾本「志異」的筆記小說，不禁想起了漁洋山人的那一首很著名的七絕來：姑妄言之姑聽之，豆棚瓜架雨如絲，料應厭作人間語，愛聽秋墳鬼唱詩。漁洋的詩大家知道是題蒲松齡的「聊齋誌異」的，其末句的出典，記得是出在這位「嘔出心肝」的李長吉詩句上面。恰巧新近收得秀水金氏梅花草堂景元本的「錦囊集」，第一卷中「秋來」的着末云，「秋墳鬼唱鮑家詩，恨血千年土中碧」。正可以跟上文參閱，同樣的有點陰森森的氣息。而長吉的詩，本來是縹渺瘦硬，善於色澤的織繪，故有「鬼才」之稱。從前曾經說過，讀長吉的詩，最好是在荒涼黝暗的古寺，時期也應該在風雨如晦的秋冬之交，使讀者浸伏在一種悽淸而略有恐懼的空氣之中，才更能領略他的才調和精神，雖然這又有點近乎變態的心理。

不知道從什麼時候起，在偌大的一個陽世之外，居然還有了一個陰間。而且善男信女，無不誠心誠意的想追求上帝的樂園，佛敎徒則謂之極樂世界，它的魔力又是這樣的大，在時間上支配了幾千年，而在空間上則簡直不分歐亞。總之都相信冥冥中有一種超越一切的力量在執引我們，主宰我們，所謂「風流士女可以續未了之緣，壯烈英雄則曰二十年後又是一條好漢」，有此朦朧的一線，即不啻是凡夫一服上好的痲醉劑。我因此也很喜歡知道一點，雖則知道得不十分的徹底，但就平素留意

的所得，大概已够寫一二篇小文章了。

不過先要申明的是，我是一個無鬼論者，也是神滅論者。這說起來似麻煩而又平淡，因爲我自擬的標準是「無徵不信」而又「唯理是視」，並以爲這八個字是今天的思想界最基本的條件，所以說平淡的理由也在這裏。假如連這種基本態度都談不到，其他的更高深更別出的學說思潮也大可不必浪費筆舌，否則就等於晉惠帝的「何不食肉糜」。然而反顧一下目前的中國思想界又是怎樣呢，那似乎也可籠統的用八個字，曰烏烟瘴氣與漆黑一團。因此輪迴、果報、占卜、星相、宿命……的觀念，——一切形而上的最頑固落後的觀念，還存在於我們自詡上層分子的頭腦中，看來也眞有點「奇蹟」似的。我寫這篇文字，自然談不到什麼批判或研究，但也頗想就所聞見的提出來談談；至於徵引的材料，因爲我現在還是一息尚存，也沒有詩人那樣的「魂遊地獄」的資格，故而還須乞靈於書本，這裏面正正反反的都夾雜一些，不過那衡量的尺寸却是我自已的。有的地方雖然明知是很殺風景，因爲我將別人所肯定的借過來否定了，有的地方，却還出以同情的態度，例如像讀了葉天寥的「甲行日注」後再來看他扶箕的記錄。我本來想寫一篇談扶箕的專論，是看了許地山先生「扶箕迷信底研究」之後，再提供一些補充的材料。然爲了學殖所限，終於曳白至今。其間却也看了一些研究風土民俗的著作，——一作文化人類學——和有關於心理學醫學等的論說。再加上中國的舊筆記。其中有康克林的「變態心理學原理」，（吳紹熙徐儒合譯）馬林檽斯基的「巫術科學宗教與神話」，（李安宅譯）及「生命之奇蹟」的漢譯本，（此書雖談的是西洋江湖醫生的診療方法，但與扶箕的心靈學上的解釋也略可發明）其中受益最多的要算上述許先生的這本小册子了。這書出版於三十年六月，彷彿是商務在香港所印的，定價幣一元，可說這三四年來商務所印學術論著中最有價值的一部。時許氏似尚未逝世，書前並有胡愈之先生的一篇序。待書寄到上海不久，這篇序却已被撕去了。故而在許氏死後的今天看來，格外的覺得珍惜。胡序中有幾句話也很精闢：

「扶箕和類似扶箕的迷信是古今中外都通行的。但西洋人不過當作酒餘飯後的遊戲，而在我們的一些達官貴人中間，卻用這一種方法來判斷功名富貴，乃至個人和國家的榮辱休咎。正如作者所說其原因由於中國人『對於人事信命運，在信仰上胡亂崇拜，箕仙指示他等候機緣，他只用賭博的行爲來等候着，因此養成對於每事都抱一種徼倖心和運氣思想。』

這種完全不相信自已的『徼倖心』和『運氣思想』在扶箕的迷信中，不過表現得格外明白而已。其實在他的行動中間也處處流露着。摩登的新官僚和新政客，在他們的公館或衙門裏雖然並沒有設起乩壇擺上香案，但是他們的一切行動仍然是遵照着大仙的指示來决定的。他們不相信中國，不相信中國人而只是『碰運氣』，以民族的運命來作賭注。……」

胡氏末了並相信外力不足以困中國，倒是「這種烏烟瘴氣的『氣數』，『運氣思想』和『徼倖心』」足以把民族的生機斷送。總之，「扶箕和一切類似扶箕的各種的靈物崇拜」，都應該積極的破除它。這是針對今日中國的有力的鍼砭。我覺得有形的扶箕的弊害還小，而潛伏在幕後的；這種只圖徼倖偶合的民族的惰性與暮氣，實在太厲害了，所以然的原因，又爲了它是以一般上流社會的紳士淑女，達官巨賈爲背境的。

再加上近幾年來的國事的蜩螗，人心的浮動，這種以自己的命運作孤注一擲的思想，和沒有深謀遠慮只伎投機取巧的現像，更成一發不可收拾了。因此，僅靠幾個人空言的破除或掊擊，自也有「帝力之大正如吾力之微」之嘆！而這種無形的勢力，一旦侵入於政治，商業，文化各方面，就永沒有上進，永不知奮發，而只患得患失的委諸宿命和氣數。在下層級階，則縱有鞭撻或屈辱，更不會有所反動，同樣的委諸命和數；於是而國泰民安，「天下一家」矣！

記得烟霞萬古樓詩集中有兩句詩云，「妻太聰明夫太怪，人何寥落鬼何多」？這下面的一句，正好作我們談狐說鬼時的根據。因爲我們要談的並非是似人的鬼，而爲似鬼的人，而「街頭終日聽談鬼」一詩的立意，殆也指塵世的鬼事鬼話？可惜發表時一些讀者未能進一步的瞭解，只是望文生義，以爲是作者暮氣之證：「居然談起鬼來了」。我這篇東西的題目，原打算直白的叫「談鬼」，繼而又恐世間偏多周內的高明家，少不得揑着題目就要惡聲相向，故而改作如上。竊意談狐說鬼原是尋常的事，而我對之却顧忌孔多，也足見世上無如說話難耳。

自從五四運動以來，對於迷信的破除，不可謂不力，然由牠所控制的勢力之根深蒂固，今天的成績仍敵不過固有的基礎。但事情眞有湊巧，午後剛收到「雜誌」的九月號，其中每月文摘第二則有一段絕妙的新聞，敬爲轉引於下：

「……亢陽不雨，凡高處田畝，多現旱象，南昌縣朱縣長覩此情形，愍焉憂之，爰派人召集僧道，設壇求雨，朱縣長定今日上午，親赴各壇進香上表，虔誠祈禱甘霖速降，以慰民衆雲霓之望。」（七月廿六日江西日報新聞）

這出諸當地地方報的記載，想來該是可靠的。而且我們似乎也不必怎樣笑這位朱縣長的舉動，因爲類乎這些事情，原是司空見慣，即使你要大聲疾呼這是二十世紀的中國也沒有用。何況他畢竟對「民瘼」是在「愍焉憂之」，頗有追蹤禹、湯的風度。不過同時也確值得我們感謝，如成語所說，「踏破鐵鞋無覓處，得來全不費功夫」，——從這段新聞上使大家清爽地看出今日「吏資」的一斑，勝過洋洋萬言的評論。我平常有一點成見，覺得無論是從政或讀書的人，從對於鬼神占卜的問題上，就可一窺這個人的分寸。這里，又使我的思緒忽然回到幾十年前。我又想起了義和團的舊帳來。我彷彿看到一片無際的民族的憤火，也看到一灘無辜者的猩紅血泊。義和團的發生，雖原因不止一二，然一部分的在上者和老百姓，單純地以爲畫符念咒的大師兄們，可以擊退「洋鬼子」侵凌，而積壓於外强鐵蹄之下的民族的羞憤也可借此一洩的希望，尤其顯得迫切，這一點我們可以諒解。不過結果如何，自然在大家的明鑑之中，無須區區來嘮叨。到了此刻，雖然時勢遷異，連皇帝也不止換了一個，可是那種相信畫符念咒可以得救——或類似它的思想舉措，豈非一樣的「精神不死」，而且流澤孔長嗎？然則道學先生見了大可盛讚「民德歸厚」而無用其世道人心之嘆矣。

自然，古人裏面，不一定都是怎樣迂腐頑固的。例如孔子就是不說怪，力，亂，神。又如他所說「未能事人，焉能事鬼」，「未知生焉知死」等話，皆使人感到這才是平正切實的儒家之本色，才是我們的師，和漢以來被那般「經師」披上光怪陸離的孔夫子絕不相同！薛叔耘氏「庸閒齋筆記」卷二中，有一段涉及扶箕的話：

「乩仙多係鬼狐假託，昔人論之詳矣，然世人仍多信之。以余所聞，則無錫唐雅亭明府受禍最酷。雅亭以縣尉起家，……在慈溪任時，乩仙忽告以大禍且至，宜亟去官。雅亭遽引疾，上官留之不可。未半載，濱海鄉民入城滋事，後任官竟至罷斥，於是益神之。又詢以卜居之所，乩言：天下且有事，惟金華府之武義縣最吉。遂徙往居之。……咸豐戊午二月，賊至處州，叩之，曰：無礙。旣破永康，又叩之，曰：必無礙！且云，遷避則不免！遂堅坐不出。比賊至，全家被虜，雅亭爲賊拷掠，死甚慘。賊退後，余偕李太守赴縣城辦撫卹，至其家，斷壁頹垣，焦原荒土，屍骸狼藉，爲之一嘆！噫，此殆宿寃，又異乎鬼狐之假託矣。」

這就是受乩仙——不，其實是因耽於迷信而所得的慘果的一種。我的親友裏面，也有因父親喜歡這套把戲，被人愚弄，而爲其子反對，終於形成「父與子」的衝突，以致家庭不睦的人。所以歷來因迷信而弄得家破人亡，甚至如義和團的使國是危殆的也不勝枚舉，而上述記載只是一例。不過薛氏是依然相信冥冥中自有一種力量的，只是「鬼狐假託」，並非眞的神仙罷了。所以還應該將他算到「有鬼論」裏面去。又如紀曉嵐氏「灤陽消夏錄」中有云：

「大抵幻術多手法捷巧，惟扶乩一事，則確有所憑附，然皆靈鬼之能文者耳。所稱某神某仙，固屬假託，卽自稱某代某人者，叩以本集中詩文，每多云年遠忘記，不能答也。其托乩之人遇能書者書工，遇能詩者卽詩工，遇全不能詩者則雖成篇而遲鈍。余稍能詩而不能書，從兄坦居能書不能詩。余扶乩則詩敏捷，而書潦草，坦居扶乩則書清整，而詩淺率。余與坦居實皆未容心，蓋亦借人之精神始能運動，所謂鬼不自靈，待人而靈也。蓍龜本枯草朽甲，而能知吉凶，亦待人而靈耳。」

這一段話，在著者主觀上固仍確信有「靈鬼之能文者」，但後面的「鬼不自靈，待人而靈」云云，却不啻說出了心靈學的作用，要比胡亂的膜拜來高明的多。前幾年盛行一時的「科學扶乩」，使上海灘上爲之如狂如顚，但後來有人指出這只是利用磁性吸力，又把扶的人意志集中於他所要扶的某一個字，自然顯得靈驗非常，而一經以科學的原理揭穿，就平淡萬分了。

「太陽底下，無新事物」。世間一切現象的形成存在，無不出諸人爲的，決沒有眞的「不可思議」之理。科學和巫術的分別，就是一個根據官識和經驗所得而又合乎一定的邏輯，一個却「神而明之」的各自爲政，弄得十個巫師命家有十種說法，因爲它全憑直覺，不像科學那樣人人都可客觀的把握它。例如無線電飛機，在鄉下人看來固要大吃一驚，但在一個機械科的學生，就可以根據它的理論修理、製造和使用。「扶箕迷信底研究」幽靈與知識項下，有一段很好的解釋：

「九龍有一間神廟供着齊天大聖，廟祝宣傳他所供底神是最靈不過，因爲神來時，那安置在香案上底大玻璃『撲鈴兒』（粵語稱爲 Bingbom）就會響一聲，神去底時候也是如此。祈禱底人應在神來時撲鈴兒響了一聲之後求願，那就靈應了。假如我們檢查那撲鈴兒安置底地方，就發見它底吹柄是插在半貯清水底瓶子裏。當祈禱者點燭燒紙底時候，附近的空氣因熱而漲，壓力加在撲鈴兒底底，便發出聲音來，歇了一會，空氣冷卻了，水底壓力又把它頂回去。這樣輪迴不斷的音響，稍懂得物理都知道，但一般愚夫愚婦卻以爲是齊天大聖底靈應表徵。」

書中以物理學及心靈學來解釋諸如此類的「奇蹟」的還有好多處，

我們只消舉一反三，便不難推想。現在我也可以將舊日所聞聽的材料，寫些出來以供參考。

據說日本很有人崇拜王陽明。在一本王氏的傳記裏，有說到他少年時的機警的故事。說是王氏少年喪母，而繼母却對他不好，時常虐待他。於是他買通家裏的一個女傭，在某一天上忽然變了常態，裝出有鬼魂附她身的樣子。繼母是一個舊式女流，自然大爲驚懼。那女傭就模仿王氏嫡母的口吻，責繼母不應虐待她的兒子，要是再不改過，就要來活捉她了。繼母聽了，只好連聲的答應下來。從此，繼母對王陽明的感情便不同於過去了。這一面看到王氏之善於運用謀略，一面也說明了類此的鬼把戲，其實都是人爲的，騙騙「愚夫愚婦」的。筆者有某姓親戚，因兄弟間時起扞格，那大的素來狡獪，有一次，也買通了女僕，叫她裝作過世母親的口吻責他兄弟怎樣不忠於其哥哥。因爲是老大親自教訴這位女傭，故而對家庭間種種過去現在的情形顯得熟極如流，儼然是這位老太太復活的光景。但時代到底不同於王陽明的一代了，而男子又非女流可比，所以這位弟弟對此非常懷疑，幾乎還想將女傭捉進官裏去。

其次，我們知道漢高祖是一位名副其實的「龍種」。史記上說他的老太太在雷雨中和龍交後才有漢高的。然而章太炎先生却曾以湖北的一件姦殺案來作比。說是湖北某處的鄉下，在某次大雷雨之夜，一位姓甲的人忽然被雷公擊死了。有人看見雷公確乎從窗口跳進來，模樣跟傳說中一樣。於是大家以爲這人一定做不道德的事，遭受雷殛。但後來却明白，原來這「雷公」也者，是死者妻子的姦夫效舊劇裝束而假扮的。我們對於這個姦夫用心之工巧固可驚異，但正跟上舉的這些故事一樣，一切愈是奇怪奧妙的事情，一經解釋，愈覺平淡極了。

還有許多因時間空間的距離，引起的傳說，謠言，以至成爲神話的也很多。如馬、貓、苗、廟等都因一字之微，百口相傳至於漸失眞相的。又如傳說中夔是一足的，而且好像是一個動物，但其實是夔治民很有才能，孔子（？）稱讚過「如夔者一而足矣」的話後，便將他弄得面目全非以爲只有一足的了。從前在一本漫畫雜誌上看到四幅畫，很表現出一般小市民以耳代目，掀風作浪的神情：第一幅是一個人朝着天閒看，於是（二）另外一個人覺着好奇跟他看，（三）慢慢的人數增加爲一大羣了，（四）最後是大家都在莫名其妙。於是，散了！這情景，我們平素在馬路上也容易看到，但有許多無稽的謠言的蠭起，正可作如是觀。

話愈說愈遠了，篇幅却在限制我只得「適可而止」。古人云，耳聞是虛，眼見是實，這也相同於前面的無徵不信與唯理是視的說法。鄙見今天最要緊的，還是在一般常識上科學上多加培養與發明，而將任何虛玄怪異，以意爲之的氣運、巫術、占卜等，只有原始人才深信的把戲帶根拔去，至少是從「我輩」捏筆的人做起。然後再從事於神話、民俗、風土、宗教等，一切貼近民間的材料，加以保存剪裁和編排，像模像樣的寫它一點出來，即如許地山先生的那本小冊子也已嘉惠不少，而中國的「現代化」庶幾也可在學術和思想上露其曙光一角焉。

記通州范伯子先生（中）

徐一瓢

先生後與弟書及此事，自云專與相國淘氣，足想見其賓主之融洽，然先生絕未嘗干以他事，故與弟書又云：「相國語人，范師不欲保舉，又不入場，吾亦無如之何，兄則謂我家倪元（先生之僕）得附案獲保舉冠翎頂斯可豪耳，相國屢屬幼樵諷令入場，兄復書具言其意云云，」書辭前述已詳，先生薄視富貴，敝屣科名，此可示其略矣，書中於合肥壽辰詩文亦有論議：「相國壽文決意不作，而壽聯固不可少，撰一聯云，環瀛海，大九州，欽相國異人，何待子瞻說威德，登泰山，小天下，藉通家上謁，方今文舉足平生，二三知言者固以此聯爲高絕，然議其亢者亦不少矣，蓋相國無平行之人，僅南皮相國（張子青之萬）與之平行，而又無人爲之撰此語，其他嬌嬌如翁尙書則云，壯猷爲國重，元氣得春先，未嘗不自以爲高，實則試帖佳聯耳，張香翁（之洞）則云，四裔人傳相司馬，大年吾見老猶龍，其與幼樵信中尤自命不凡，以爲無出其右，實則上聯斷非壽三十年宰相之語，下聯亦屬平平，二公如此，他可弗論，」按中國相司馬矣，乃溫公本傳語遼夏所云云耳，書中又云：「摯父本相約同作武昌壽文，見兄文廢而弗作，集碑字壽之云，文字空千載，聲名動四維，壽相國之文本相約不作，而但作壽聯，見兄聯又廢不作，仍集碑字云，我國有大老，是身得長生，天下服善，未有過於此人者也，」文集卷四，有武昌張先生七十壽言，摯父答先生書論之云：「大作濂亭壽文，實爲奇作，所請陪客與主人全不相涉，有如時文家所謂無情搭者，文乃錯綜變化，盡成妙諦，詭譎百端，此由才氣縱橫，體格雄富，用能因方爲珪，遇圓成璧，今我俯首至地，縱欲以文壽濂亭，讀此不得不焚筆硯，」云云又以原文論及李合肥及黃通政漱蘭，即所居地稱曰合肥瑞安，實非古法，大率起於明代，古人就所官之地爲稱，未嘗以籍貫爲號，固宜避之，先生韙其說，乃易稱合肥曰相國，瑞安曰通政，尊其官焉，先生之詩，深入漢魏，而歸趣於東坡山谷，叔節嘗譽爲有清第一，散原以爲蘇黃以下無此奇，吳江金松岑丈天翮，亦以爲清詩巨擘，其與鄭蘇戡論詩書，極意稱之，侯官陳石遺衍，選咸同詩，以爲抑鬱牢騷，詩境幾於荆天棘地，不啻東野詩囚也，又謂工力甚深，下語不肯猶人，讀之往往使人不懽，然伯子詩集十九卷，初由武昌排印行世，後乃刻於皖中，原本頗有誤字，惜開琱時未盡校正，亦一短也，付刻之詩，曾未遴選，蓋生平不苟作，作則存稿，故自二十五歲留稿，及其歿僅二十餘年，得詩一千餘首，可謂富矣，嘗讀其詩，大抵平實近人，所蘊富侈，悱惻纏綿，雖縱橫排奡，而得其自然，非故爲聱牙佶屈，貌爲兩宋生硬割裂以售其欺者，石遺所謂功力甚深，乃道着語，至謂荆天棘地，乃境遇使之然耳，聞諸令子吾師文介先生言，未嘗一見其攢眉苦吟，每作一藝，伸紙直書，更不點竄，即吾所散見詩文稿，皆與刻本無一字參差，

此眞瑰玉渾金，不暇琱琢，天然至寶也，先生自論其詩在宋元之間，明淸所不屑，有除夕詩狂自遣云：「我與子瞻爲曠蕩，子瞻比我多一放，我學山谷作猷健，山谷比我多一鍊，惟有參之放鍊間，獨樹一幟非羞顏，逕須直接元遺山，不得下與吳王班，」論者以爲當，而摯父於其詩尤傾倒，數評之云：「大詩純乎大家，此數詩尤極縱恣揮斥之致，」又曰：「大詩所詣益高，賦品當在鮑江之間，此乃追蹤古風，非時俗所有，吾讀竟不以爲君喜，乃反怨恨，旣嘆老頹，又深惜執事詩賦益奇，益復無人知者，」可謂極推崇矣，叔節所爲墓志亦論及其詩曰：「君詩雖甚工，眞知其意者無幾人，數世以後，又孰能測君所用心乎，然巴比倫埃及之古碑，希臘印度之詩，西士好古者搜釋之不遺餘力也，以吾國文字精深微渺，實有不可磨滅者存，意必有魁桀之士，寶貴而硏索之，殆可決也，於君詩又何憂乎，」叔節生平，伏膺先生爲最深，故所言亦較切，然其後馬通伯嘗規之，馬亦姚壻，精爲古文，所著桐城耆舊傳，頗重於世，其爲叔節愼宜軒文集序云：「叔節詩文共五卷，光緒戊申惲季申爲排印行世」，又云：「先是叔節寄我范伯子詩集，且品其詩爲國中第一，余復書論肯堂詩所詣誠過絕人，顧詩家各有其性情體貌，正不容軒輊，且吾輩數人暱好，世所聞也，稱心而言，人疑其鄙，因相約刻集彼此不相爲序，叔節遂亦不余强也，余旣盡讀肯堂詩，私念今世寧復有是詩，又寧復有斯人者乎，」通伯雖亦推重先生之詩，其言特委婉，不若叔節之直爲張目，使世人有鄙同之譏，序中又曰：「世曷嘗無人，有之而不與吾接，則等於無矣，幸而並生一域，又託爲骨肉親愛，當其生不知其難得，及其旣逝而乃與古人同致其慕想，而平生志業所期，雖親愛或頗未相傾寫，猶不若後人之我知，寧非憾耶，所謂戒炫鬻者，又豈此之謂乎，」又曰：「肯堂之歿，余未有紀述，敍叔節文詩，感而思焉，若夫叔節才美，不後肯堂，同爲吳摯父先生激賞，其名聲已自能顯於世，余故不暇以詳，仍前志也，」綜觀前後所論，則通伯於先生之繾綣相思，可謂極其至矣，至先生之詩，匪獨能吐胸中抑鬱，且能顯其一腔忠憤之氣，又或以詼嘲出之，雖處境至艱，苦語連篇，但讀者每爲破涕爲笑，是又詩中別一境也，其過揚州居逆旅，忽失盜，官爲追償以責主者，先生憐而受其半值，以是心境極惡，成僕誡五古云：「我行揚州市，敗興破幨帷，客久無衣裳，瑟縮嚴風吹，豈其吟不輟，恐爲驚寒嘶，僕人反相告，誡我毋爾爲，路旁笑者衆，謂此成書癡，我果抗聲否，恍惚不自知，笑亦豈妨我，不問輿中誰，僕乃始怫鬱，怪我殊傾危，公爲匿弗見，我面將安施，當時朱買臣，野吟妻羞之，何況大都會，冠蓋紛傳馳，分明同學者，絢赫多威儀，而忍作此態，主僕令人嗤，我聞噤不語，此人弗可欺，憑何相慰藉，富貴吾無期，惜哉汝不去，作笑無窮時，」讀此詩知胸中正有無限牢愁，極盡其調笑譏罵，雖云戲作，亦其深心也，蓋先生聞仲實叔節兄弟先已至揚，先生後至而仲實以某氏遇之無狀而已去，詩中同學絢赫，實有所指云，又中秋一律云：「噫余瘦削不成影，見汝盈盈在上頭，一世閭人齊下拜，萬方園實競前投，移燈讀曲行行怨，倚杖看雲片片愁，病久可勝寒徹骨，頹然掩袂若爲秋，」後此不久，先生遂下世，石遺室詩話，即以此章以爲詩讖也，然後聞文介師語，謂此詩頗有所蘊，有如東坡瓊樓玉宇之詞，時帝囿瀛洲，女主當權，方竭力於七十萬壽，不以恤民裕國置懷云爾，則所云讖言者，益失之矣，

又元夜狼山觀燒長歌有句云：「白日已下天無光，蕩蕩乘空攬空宇，冥然一點兩點出，忽焉稀疏見三五，不能一晌紛來如，泛濫崩騰驟如雨，大海分爲無盡波，婉變迎風顏色聚，直視又若星河翻，芒角搖搖煽殘暑，倘其玉帝乘雲觀，已訝高天沈下土，自讀莊生視下篇，便識乾坤無定處」，吾州元夜野燒，本古祝田之遺意，是夕農氓多以火炬循行田壠，以爲祈禳，而登高俯覽，尤屬大觀，南山近江，火陣橫空，星光遍野，人爭赴之，若海陵之觀潮焉，此詩寫其飄渺陸離，頗能盡致，嗇庵後十餘年亦有觀燒之作，自謂不及，而詩中亦有范生不作之嘆，而下寫歌更爲生動，「翻騰變化人爲之，萬衆齊心不可禦，居高聽下雖不聞，因風送聲可知語，他人有栥小如錢，吾儂栥若筐之鉅，蟊賊盡死人則肥，如此云云呪田祖，」又接寫老農望歲之切云：「假令官長爲娛嬉，豈能令彼一時舉，正爲炙袚勖切身，各各燃薪寫心苦，遂令山中蟻蝨臣，浩然獨嘆生民主，一詔彌綸有萬年，百姓身家不可侮，」此詩作於庚子拳亂之秋，收句乃痛論焉，而並他詩「威公老去貂牙在，蒙氏蹉跎勝廣强」之句，使當雍乾之世，不將羅文字之奇禍乎，是時先生體已漸衰，自嘆生平所學不切實用，昌言賤之，累見於歌詠，又洞悉當時大勢，知非更新不足以圖國本，而嗇庵棄官歸，致力地方實業既有成，次第興教育，先生於其前創高等小學，告鄉人謀所以肇始，得匿名書盈寸，多持阻撓之說，以紫琅書院王夢湘山長招遊軍山，感而爲詩，末有句云：「聖皇憂勤日有詔，敬告海內無瑚蟲，官師賢能眼如炬，奚以若輩猶昏瞳，欲偷天酒渾難得，莫把松容掩醉楓，」自注云：「楊萬里詩小楓一夜偷天酒，却倩孤松掩醉容，學堂之紛嘵，蓋有若松楓之類，依韻成詞，乃得善喻，小楓何足道，孤松爲可怪耳」，松先生自喻，楓則指投書之人，論說雖烈，而終不爲所動也，觀先生全集所作，皆有所指喻，較之並時諸家，流連光景者大異，最豪於和韻，嘗次山谷口斗韻至十餘疊而不窮，不爲韻窘，此散原所以稱道有加於蘇黃者，以蘇黃喜倡和而不能圓轉自在，如先生之縱橫如意也，先生手定文十二卷，初無刊本，藏於家者三十年，後徇通通日報之請，排日刊載，積數年始罄，報館主者即印爲小冊，始與世人共見，其後故人子徐君刊大本於北平，既蕆事，復重刊詩集，共成六巨冊，且收入軼文數篇，及與摯父長函，余叔益修先生親受業先生之門，即詩集所稱爲徐昂秀才者，爲傳冠於首，通通報又求得聯稿，印成小冊，惜無好事之人爲刊大本，先生聯語，亦以古文法爲之，自曾文正而後，無與抗手者，先生初娶於吳，生子罕，字彥殊，況，字彥矧，生女鞠，字孝嫦，彥殊歿謚曰文介，詩至雋妙，石遺評其怪而可喜，以爲喜作崛强語，瑰異別具手眼，嗇庵贈詩起句云：「九代詩人八代窮，郎君十代衍家風，懶牛尙遜蝸牛貴，三范憑開一范雄」，蓋范氏世傳其詩，至文介已十代矣，彥矧能詩古文，惜不常作，孝嫦字散原伯子衡恪，衡恪字師曾，嫁數年卒，葬散原先公右銘中丞公墓西南二里許之趙家塘，先生亦爲文志其墓，吳夫人年未四十卒，方客湖北修通志，草列女傳，聞耗成悼詞四絕，記其二句云：「讀遍三千嫠婦傳，可知男子負心多」，伉儷之情至篤，因誓不更娶，嘗繪大橋圖以志悲思，大橋者，夫人母家在州東偏十五里許興仁鄉有小橋焉，夫人歿，欲圖其貌而無從爲畫工言，乃倩其友文右泉同遊其地而圖其景物，以存其概。

古今

文史半月刊　第五十七期　休刊特大號

[illegible]

欲以見聞徵魯史　恆於歌哭撫吳鈎

房帷愛好有新婦　湖海往來多勝流

且可平原十日飲　古今雲物眞悠悠

贈樸園主人　效齋

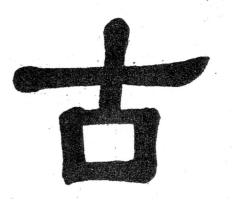

文史半月刊

古今

第五十七期

中華民國三十三年十月出版
社長 朱樸
特約撰述 冒鶴亭 瞿兌之 周作人 徐一士
主編 周黎庵
發行者 古今出版社 上海咸陽（亞爾培）路二號
發行所 古今出版社 上海咸陽（亞爾培）路二號 電話：七三七八八號
印刷者 中國科學印刷公司
經售處 全國各大書坊報販
上海雜誌聯合會第十號會員雜誌
零售每册中儲券壹佰元
國民政府宣傳部 登記證滬誌字第七六號
上海市警察局 登記證C字一〇一二號

小休辭

朱樸

短髮蕭蕭老日侵　遺編未敢廢研尋　薰蕕理慾迷通義　袞斧忠邪害恕心
篤信聖賢常事左　稍知治亂每憂深　人生有腹當盛酒　誰遣吾儕著古今

——後村詩集

三年前的今天，我的最鍾愛的長兒（榮昌）夭折于青島，時距其母沈夫人之逝，祗有九個月又五天。不佞本來是一個神經質的廢物，既丁時艱，復遭家難，精神上實在不堪支持。那時我寄寓於滬西一所俄國人的公寓中，小屋兩間，孑然一身，意志銷沉，茫無所歸。承一兩位知友的好意，勸我辦一本刊物來消遣消遣，在無可無不可的意境之下，古今創刊號終於在兩年前的三月間出版了。

古今出版的動機不過為我個人遣愁寄痛之託，絕無其他作用，具如上述。出版以來，兩年有餘，辱承海內作者讀者不棄，熱烈愛護，凡我同人，靡不感幸。

我們檢討過去古今上所發表的文字，大都是屬於懷古傷今之作，所謂同聲相應是也。至於執筆的人物，則頗多「遺老」「遺少」之流，所謂物以類聚是也。這些當然都是不合時代的「落伍者」，那裏談得上什麼「報國」和「革命」等等的大題目呢？所以，同人等都覺得非常慚愧，誠所謂不勝戰慄惶悚之至！

最近，我的意志益形銷沉，追念亡兒，無時或已，不獨對於其他一切感覺到厭倦，就連本刊也感覺到厭倦了。兩個月前，偶與少數友好閑談及此，他們都大為驚異，說古今如果停辦，未免太可惜了，希望我不要如此消極。祗有最近從北方來的兩位朋友——一位是王古魯先生，一位是許剛主先生，他們於惋惜之餘，倒頗同情於我的心境。還有一位是知堂老人，前天來信說古今停刊後他從此也不想再寫文章了，如此志同道合，真可稱得是古今的生死知己了。

我希望我的情緒終能有好轉之一日，那麼將來古今或者還能有與讀者見面之機會。詩云：「民亦勞止，汔可小休」，爰本斯義，作小休辭。

民國三十三年十月十六日（榮兒永別之三週紀念日）草於滬西樸園

女人的文章

藥堂

這裏說女人的文章，並不是拏來與男人對比，評謂高下，只是對於女人的詩詞而言，因看閒書牽連想到，略說幾句話而已。向來閨秀多做詩詞，寫文章的很少，偶或有之，常甚見珍重。沈善寶名媛詩話卷五云：

「餘杭陳煒卿爾士，字靜友，給諫錢儀吉室，有聽松樓遺稿，內載授經偶筆，序述記贊跋論家書諸著作，議論恢宏，立言忠厚，詩猶餘事耳。余見歷來閨媛通經者甚鮮，矧能闡發經旨，洋洋灑灑數萬言，婉解曲喻，援古誠今，嘉惠後學不少，洵爲一代女宗。」又王汝玉梵麓山房筆記卷五云：

「余嘗得西吳徐葉昭女史克莊職思齋古文一冊，有自序一首。其文言爲女爲婦爲妻爲母之道，持論平允，能見其大，非尋常閨閣翰墨，惜世鮮知者，他日遇湖人，當詳詢之。」案寒齋所藏，有聽松樓遺稿四卷，陳爾士著，什一偶存五種，徐葉昭編刊，第三爲職思齋學文稿一卷，爲所自著。此外又可以加上，月蕖軒傳述略一卷，袁鏡蓉著，晒書堂閨中文存一卷，王照圓著。這幾位女士都能寫文章，但是由我個人的偏見說來，却是後面的兩家更爲可取，雖然不曾有人怎麼的表揚。這話說起來有點長了。簡單的說，我的偏見是以前就有的，不過那是以古代爲根據，正確一點是以明以前爲限，現在却來應用在清代，其實便是用於現今我想也是一樣可以的，尺度雖舊，分寸則不錯也。

周壽昌編宮閨文選二十六卷，前十卷爲文，自漢迄明，所收頗廣，翻閱一過，不少佳篇，但鄙意以爲可取者則亦不多見。說也奇怪，就文章來說，我覺得這幾個人最好，就是漢明帝馬后，唐武后，以及宋李清照。我們對於文章的要求，不問是女人或男人所寫，同樣的期待他有見識與性情，思想與風趣，至於藝術自然也是必要的條件。馬后是伏波將軍的小女兒，其却封外戚詔及報章帝詔，質樸剛勁，眞有將家風範，在漢詔中亦是上等作品。武后請父在爲母終三年服表，爲古今女性爭取地位，因有倫理關係，後世秀才們亦不敢非難，但其桀驁之氣固自綑在，至云禽獸之情猶知其母，輒令人想孔文舉之言，亦正與相稱。此他詔勅，除有些官樣文章之外，亦有可觀者，茲不具舉。李易安的文章最好的大家知道是金石錄後序及自序，可以不必再多說明。總結起來說，我對於文章只取其有見識，有思想，表示出眞性情來，寫的有風趣，那就是好的，反過來說，無論談經說史如何堂皇，而意思都已有過，說理敍事非不合法，而文字只是一套，凡此均是陳言，亦即等於贋鼎，雖或工巧，所不取也。照這個標準看去，上邊所說四家文章也就可以分別論列，不過這只是個人私見，未必一定全對，若吠聲之嫌則庶幾或免耳。

聽松樓遺稿卷三家書二十七通，質樸眞摯，最可以見著者之爲人，而論者乃多恭維授經偶筆，晒書堂閨中文存中有遺稿跋一篇，自述有弗如者六，其第五云：

「顏黃門云，父母威嚴而有慈，則子女畏愼而生孝。余於子女有慈無威，不能勤加誘導，俾以有成。今讀授經偶筆及尺素各篇，意思勤懇，時時以課讀淵經形於楮墨，雖古伏生女之授書，宋文宣之傳禮，不是過焉。余所弗如者五矣。」其實家書中說課讀，亦只是理書作論等事而已，偶筆一卷，作筆記觀本無不可，若當作說經，便多勉强處，反爲不佳。名媛詩話中抄錄四則，實甚平平，如收在普通文集中，當必無人注目，今乃特被重視，雖是尊重女子，實却近於不敬矣。職思齋學文稿文三十五篇，文筆簡潔老到，不易多得，唯以思想論却不能佩服，因爲不論好壞總之都是人家的，再苛刻的說一句，文章亦是八家派，不能算是自己的也。自序中云：

「頗好二氏之書，閒有所作，莊列之唾餘，乾竺之機鋒，時時闌入。年過二十，始知其非，非程朱不觀，以爲文以載道，文字徒工無益也。」可見著者本來也是很有才情的女子，乃爲世俗習氣所拘，轉入衛道陣營，自言曾爲文辨駁金谿餘姚，進到牛角灣去，殊爲可惜。卷首文十篇，論女道婦道以至妾道婢道，甚爲奇特，不獨王汝玉見之稱賛，即鄙人亦反復誦讀，嘆爲難得可貴。何也，王汝玉所云持論平允，即因其絕對遵循男性中心的傳統，爲男子代言，進而至於指示婢妾之大道，此在鄙人則以爲不近情理，所以爲難也。「瑤仙閒話記」中述客瑤仙之言曰，閨門之衆，惟納妾爲最，子知之乎。論其源委，顯然出於周南諸詩，本亦不足爲奇，唯如此徹底主張，極是希有，昔俞理初著「妬非女人惡德論」，李越縵笑爲周姥之言，同時乃有徐克莊女士立說，閨門之衆納妾爲最，此正是周公之教也，著者殆可謂女中俞理初矣。據德國性學者計算，在民國二十年頃中國人中有百分之三十只有一個妻子，百分之約五十有兩個妻子，百分之十娶有三個以至六個女人，百分之五左右有六個以上，有的多至三十個妻子或者更多。照這個情形看來，中國男子有三分之二以上是多妻的，那麼此種意見正佔勢力，視爲平允，蓋是當然，唯鄙人平日是佩服俞理初的，自然未能同意，又覺得論到文章，思想頗爲重要，旣與情理相違，便無足取，若其不愧爲好的史料，則是別一回事，固毫無疑問者也。

末後簡單的一談袁王二家的文集。袁鏡蓉號月蕖，吳梅梁傑室，著有傳述略及詩草各一卷。王照圓字婉佺，郝蘭皋懿行室，所著閨中文存外，和鳴集中有詩若干首，列女傳補注，列仙傳校注等，葩經小記不存，其說多采入詩問中，今悉編在郝氏遺書之內。月蕖軒詩似亦不弱，但是我只取其散文，共計二十二首，其中十五爲傳，皆質實可取，此外自述，風水論，重修祠堂記，老當年祭祀簿序以及收租簿序，率就家庭，墳墓，祭祀各題目，率直眞切的寫去，不曉得這目的是應用或載道，這文字是俗還是雅，而自成一篇文章，亦眞亦善，却亦未嘗無美，平常作文，其態度與結果不正當如是耶。我的稱賛或者亦難免有稍偏處，大體却是不謬，總之爲了自己所要說的事情與意思而寫，把人家的義理與聲調暫擱在一旁，這樣寫下來的東西我想一定總有可取的。雖然比擬或者稍有不倫，上邊說過的馬后武后可以說也是這一路，若是將王照圓與李清照相比，那恐怕就沒有什

麼不安的地方了吧。閨中文存中所收文只有十一篇，篇幅均不長，其自作序跋五首爲佳，亦不足以見其才，此殆當於他書中求之，似以詩問爲最宜。茲舉其與婦女生活有相關者，如詩問國風卷下，七月流火首章下云：

「余問，微行，傳云牆下徑。瑞玉曰，野中亦有小徑。余問，遵小徑，以女步遲取近耶。曰，女子避人爾。」又詩說卷上云：

「瑞玉問，女心傷悲應作何解。余曰，恐是懷春之意，管子亦云春女悲。瑞玉曰，非也，所以傷悲乃爲女子有行，遠父母故耳。蓋瑞玉性孝，故所言如此。余曰，此匡鼎說詩也。」這裏他們也是在談詩經，可是這是說詩而不是講經，與別人有一個絕大的不同，而詩經的真意也只是這樣才可逐漸明瞭。陸氏木犀香館刻本爾雅義疏卷末有陳碩甫跋，敘道光中館汪孟慈家時事云：

「先生挾所著爾雅疏稿徑來館中，以自道其治學之難，漏下四鼓者四十年，常與老妻梵香對坐，參徵異同得失，論不合，輒反目不止。」案李易安金石錄後序中云：

「每飯罷坐歸來堂，烹茶，指堆積書史，言某事在某書某卷第幾葉第幾行，以中否勝負爲飲茶先後，中則舉，否則大笑，或至茶覆懷中，不得而起。」此二者情景均近似，風趣正復相同，前面曾以李王相比較，得此可以加一證據矣。無論男婦，無論做學問寫文章，唯情與理二者總不可缺少，這是唯一的根柢，也即是我這裏所陳述的私見的依據。老生常談，亦自覺其陳舊，但此外亦無甚新話可說，老實鋪敘，較爲省力，既不打誑話，也就可以供補白，然則目的豈不已達矣乎。民國甲申九月秋分節。

爰居閣壬戌日記

梁鴻志

二十日乙酉晴（三月十八日） 得林慶孫張海樓書。均約明日午後三時來談。仍閱廣陽雜記。李越縵日記載阮文達儒林傳擬稿四冊。凡專傳四十四人。附傳五十餘人。茲分別錄之於後。以備自覽。

（專傳） 無錫顧祭酒棟高震滄　容城孫徵君奇逢鍾元　盩厔李徵君容中孚　餘姚黃徵君宗羲太冲　衡陽王舉人夫之而農（明崇禎壬午舉人） 無錫高布衣愈紫超（高紫超爲忠憲兄孫江鄭堂宋學淵源記作紫定待查） 南豐謝布衣文洊秋水　崑山顧徵君炎武寧人　德清胡布衣渭朏明　長洲惠知縣周惕元龍　山陽閻徵君若璩百詩　蕭山毛檢討奇齡大可　錢唐應徵君撝謙嗣寅　太倉陸布衣世儀道威　嘉定嚴布衣衍永思　鄞縣萬布衣斯大充宗　溧陽潘布衣天成錫疇　黃岡曹學士本榮欣木　蠡縣李學正塨剛主　宣城梅布衣文鼎定九　淄川薛布衣鳳祚儀甫　太州陳諭德厚耀泗源　寶應王編脩懋竑予中　濟陽張布衣爾岐稷若　桐城錢布衣澄之飲光　吳江沈布衣彤冠雲　吳江朱布衣鶴齡長孺　武進臧布衣琳玉林　安邱劉布衣源淥昆石　洪洞范進士鎬鼎彪西　餘姚邵布衣廷寀允斯（念魯） 當塗徐檢討文靖位山　安溪李布衣光坡耜卿　鄞縣全庶常祖望紹衣　婺源江布衣永愼脩　大興朱學士筠竹君　嘉定錢少詹大昕曉徵　休寧戴庶常震東原　餘姚盧學士文弨召弓（餘姚爲越縵改正本作仁和） 偃師武知縣億虛谷　興化任御史大椿幼植　曲阜孔檢討廣森衆仲　武進張編脩惠言皋文　聖裔孔衍聖公興燮世家（以上四十四人）

（附傳） 常熟陳司業祖范亦韓　金匱吳學士鼎尊彝　介休梁少詹錫璵確軒（均附顧棟高傳） 新安魏布衣一鼇　登封耿少詹介石（均附孫奇逢傳） 鄠縣王孝心敬爾緝　富平李檢討因篤天生（均附李容傳） 餘姚黃布衣宗炎晦木（附兄宗羲傳） 黃岡陳庶常大章仲夔　蘄水劉知縣夢鵬雲翼（均附王夫之傳） 無錫顧舉人樞所止　祁州刁舉人包蒙吉　崑山朱布衣用純致一　歙縣吳布衣愼徽仲　山陰向布衣璿荆山　寶應朱布衣澤澐湘陶　長洲彭侍講定求勤止（均附高愈傳） 寧都彭布衣任遜仕（附謝文洊傳） 山陰張布衣弨力臣　仁和吳檢討任臣志伊（均附顧炎武傳） 常熟顧舉人祖禹景范（附胡渭傳傳中並附歸安葉佩蓀丹穎） 長洲惠學士奇天牧　長洲惠徵君棟定宇（均附惠周惕傳） 元和江孝廉聲叔澐　長沙余布衣蕭客仲林（同上） 山陽李閣學鎧公凱　山陽吳訓導玉搢山夫（均附閻若璩傳） 平湖陸布衣邦烈又超（附毛奇齡傳） 仁和沈布衣昀朗思　桐鄉張布衣履祥考夫　山陰劉布衣約伯繩　餘姚沈布衣國模求如　餘姚史布衣孝咸子虛

勞布衣史麟書　錢唐桑主事調元弢甫（均附陸世儀傳）　鄞縣萬布衣斯同季野（附見斯大傳）　博野顏布衣元習齋（附潘天成傳）　吳江王布衣錫闡寅旭　江寧談訓導泰階平（均附梅文鼎傳）　鄒平馬知縣驌驄御　曲阜桂知縣馥未谷（均附張爾岐傳）　桐城方布衣中通位伯（附錢澄之傳）　無錫蔡司務德晉仁錫　秀水盛知縣世佐庸三（均附沈彤傳）　吳江陳布衣啓源長發（附朱鶴齡傳）　武進臧明經庸拜經（附高祖琳傳）　昌樂閻主事循觀懷庭（附劉源淥傳）　餘姚邵學士晉涵與桐　歷城周編脩永年書昌（附邵廷寀傳）　荆溪任宗丞啓運翼聖（附徐文靖傳）　安溪李舉人鍾倫世得（附叔父光坡傳）　婺源汪布衣紱雙池　歙縣金脩撰榜檠齋（均附江永傳）　嘉定錢敎授塘溉亭　王閣學鳴盛鳳喈（均附錢大昕傳）　歙縣凌敎授廷堪次仲（附戴震傳）　仁和孫御史志祖頤穀　歸安丁敎授杰升衢（均附盧文弨傳）　高郵李進士惇孝臣　寶應劉訓導之珙端臨　江都汪拔貢中容甫（均附任大椿傳）　曲阜孔主事繼涵體生（附衍聖公傳）　以上六十二人

以上專傳附傳人物本末盡善。其後進呈本亦與此不盡相同。李越漫曰如邵二雲王西莊凌仲子等皆宜立專傳而反入附傳。汪容甫所著述學雖卷帙無多。而精卓出諸儒上。春秋後傳廣陵通典皆褎然巨冊。禮學亦極淹毌。其人又氣節士。工文章。亦自可立專傳。王而農說經不甚醇。高紫超曹欣木學業不概見。然王氏著述頗多。高氏接流東林。曹氏遭逢聖祖。蔚爲儒臣。爲立專傳猶可也。他若謝秋水嚴永思潘錫疇俱可附孫鍾元傳。李剛主可附毛西河傳薛儀甫可附梅勿庵傳錢飲光可附王而農或黃梨洲傳。以三君皆明遺臣。而錢氏學術又不足爲桐城倡。劉崑石可附其鄉人張稷若傳。范彪西可附陸桴齋或高紫超傳以學術相近也。邵念魯可附黃梨洲傳。武靈谷可附朱竹君傳。李耜卿自應附其兄文貞傳。而文貞在大臣傳中不能照覆。姑爲立傳以存其人。筍河所著雖不多。然提倡儒林其功甚鉅。固不得附其弟文正傳。則兩君立傳固爲有說。而謝嚴等十人皆不必專傳。（即上述謝秋水至武虛谷十人）惠氏三世經學。愈後愈勝。松崖先生學絕千古。半農經術固自博大成家。然遠遜其子研溪。更不過若敖蚡冒矣。范史於儒林立伏叔齋傳而附其父。伏稚文立薛公子傳而附其父薛夫子。此史法宜然。自當爲松崖立傳。而附其父祖。萬氏亦弟勝於兄。當立季野傳而附充宗。馬宛斯與張蒿庵學術逈殊。桂未谷又與馬張異而以同爲東人之故。牽連合傳。任釣臺經術遠過位山。而反以任附徐。其敍次事實。亦往往有采擇未精輕重失當者。然旁搜遠紹。源流秩然。自爲儒林首功。此本外間絕少傳者。獲讀一過。亦近來眼福云云。又文達此書以顧震滄爲首者。因乾隆三十年。詔脩國史。有曰。儒林亦史傳之所必及。果其經明學粹。雖韋布亦不遺。又豈可拘於名位。使近日如顧棟高輩終於淹沒無聞邪。文達錄此詔於卷首。故以顧祭酒居前。其實詔旨特偶舉以爲例。作史者自宜按次時代先後。若意爲倒置。亦乖史法也。

夜間未午思臥。取藥烟試之。吐痰甚多。爲之清醒。劉子坡午後四時來談。久之始去。

× × ×

疚齋日記（讀三國志魏志一）

冒鶴亭

志載魏武帝以建安二十五年崩。年六十六。則其生在漢桓帝永壽二年。蜀先主以章武三年殂。年六十三。則其生在桓帝延熹四年。孫權以太元二年薨。年七十一。則其生在靈帝光和五年。先主少於曹操四歲。權少於操二十三歲。

戲劇中以三國爲最多。而搬曹操者軀幹雄偉。搬劉備者長鬚。（搬俗作扮）皆不讀書之過也。操自言短而多智。蜀志周羣傳。載先主與劉璋會涪時。張裕爲璋從事。侍坐。其人饒鬚。先主嘲之曰。昔吾居涿縣時。多毛姓。東西南北。皆諸毛也。涿令稱曰。諸毛繞涿居乎。裕即答曰。昔有作上黨潞長。遷爲涿令。涿令者去官還家。時人與書。欲署潞則失涿。欲署涿則失潞。乃署曰潞涿君。先主無鬚。故裕以此及之。先主常銜其不遜。（潞讀若卯。涿椓同音。謂刑餘之人無鬚也。）

操父嵩。嵩爲中常侍曹騰養子。裴松之注。引司馬彪續漢書云。騰父節。字元偉。有四子。長伯興。次仲興。次叔興。次季興。即騰。而後漢書宦者傳。曹騰曹節並有傳。不云騰是節子。操三女。一名憲。一名節。一名華。並爲獻帝夫人。節後立爲皇后。不應與其高祖同名。

操苦頭風。每發。心亂目眩。華佗針之。隨手而差。以是常在左右。佗後以妻病歸。操病。累書呼。不上道。傳付許獄。考竟死。曰不憂天下當無此鼠輩也。佗死。出一卷書與獄吏。吏畏法不受。索火燒之。此中國醫學極大損失。吾讀佗傳。佗治人病。有灸。有針。有刳割。當須刳割者。便飲其麻沸散。須臾。便如醉死。無所知。因破取。病若在腸中。便斷腸湔洗。縫腹膏摩。四五日差。不痛。人亦不自寤。一月之間。即平復矣。此即西人用麻藥割治之法。蜀志關羽傳。嘗爲流矢所中。貫其左臂。後創雖愈。每至陰雨。骨常疼痛。醫曰。矢鏃有毒。毒入于骨。當破臂作創。刮骨去毒。然後此患乃除耳。羽便伸臂。令醫劈之。時羽適請諸將。飲食相對。臂血流離。盈於盤器。而羽割炙引酒。言笑自若。實亦用麻藥也。而史不言。以故神其說。又史記扁鵲傳。言扁鵲視見垣一方人。以此視病。盡見五藏癥結。特以診脈爲名。實當時所用。必透視鏡也。而史亦不言。以故神其說。中國古時名醫。無不解割割者。扁鵲傳。載俞跗能割皮。解肌。訣脈。結筋。搦髓腦。揲荒。湔浣腸胃。漱滌五藏。抱朴子云。淳于解顱而理腦。又云。文摯愆筋以療危困。仲景穿胸以納赤餅。不獨華佗然也。陸賈新語。載昔扁鵲居宋。得罪於宋君。出亡之衛。衛人有病。將死。扁鵲至其家。欲爲治之。病者之父謂扁鵲曰。吾子病甚篤。將爲迎良醫治。非子所能治也。退而不用。乃使靈巫求福請命。對扁鵲而呪。病者卒死。靈巫不能治也。今文明未開之俗。多有信巫不信醫者。余案古時巫實兼醫。故醫字又從巫作毉。說文曰。巫彭初作醫。郭璞巫咸山賦序曰。蓋巫咸者。以鴻術爲

帝堯之醫。可證也。論語。人而無恒。不可以作巫醫。意當時南人。尙猶巫醫不分。周禮則司巫與醫師分職矣。周禮。醫師掌醫之政。歲終則稽其醫事。十全爲上。十失一次之。十失四爲下。今日醫生雖亦由官府給予證書。而官府無考成之責。因記古時醫事附及之。

呂貞白近治三國志。來借外祖周先生校本。言夏劍丞告之。王肅爲曹操假子。而詢余出何書。余謝之。因憶魏書曹爽傳。載何晏母尹氏。爲太祖夫人。晏長於宮省。尙公主。語林載何平叔美姿儀。面純白。魏文帝疑其傅粉。夏月。以湯餅食之。汗出。以朱衣拭面。色轉皎然。以晏之美。此尹夫人當不下於漢武帝時之尹夫人也。

爽傳注。又引魏略。言秦宜祿之子阿蘇。亦隨母在公家。並見寵如公子。蘇即朗也。蘇性謹愼。而晏無所顧憚。服飾擬於太子。故文帝特憎之。每不呼其姓字。嘗謂之爲假子。秦阿蘇之母。即關羽傳注。所引蜀記云。曹公與劉備圍呂布於下邳。關羽啓公。布使秦宜祿行求救。乞娶其妻。公許之。臨破。又屢啓於公。公疑其有異色。先遣迎看。因自留之者也。第不知分香賣履。阿蘇之母與晏母。亦在其中否。

明帝傳注。載阿蘇事較詳。兼可知其母姓杜。注云。魏氏春秋曰。朗字元明。新興人。獻帝傳曰。朗父名宜祿。爲呂布使詣袁術。術妻以漢宗室女。其前妻杜氏留下邳。布之被圍。關羽屢請於太祖。求以杜氏爲妻。太祖疑其有色。及城陷。太祖見之。乃自納之。宜祿歸降。以爲銍長。及劉備走小沛。張飛隨之。過謂宜祿曰。人取汝妻。而爲之長。乃蚩蚩若是邪。隨我去乎。宜祿從之數里。悔欲還。飛殺之。朗隨母氏畜於公宮。太祖甚愛之。每坐席。謂賓客曰。世有人愛假子如孤者乎。魏略曰。朗遊遨諸侯間。歷武文之世。而無尤也。及明帝即位。授以內官。爲驍騎將軍。給事中。每車駕出入朗常隨從。時明帝喜發舉。數有以輕微而致大辟者。朗終不能有所諫止。又未嘗進一善人。帝亦以是親愛。每顧問之。多呼其小字阿蘇。數加賞賜。爲起大第於京城中。四方雖知朗無能爲益。猶以附近至尊。多賂遺之。富均公侯。世語曰。朗子秀。勁厲能直言。爲晉武帝博士。（案王公傳。載杜夫人生沛穆王林。其孫女嫁嵇康。尹夫人生范陽閔王矩。早薨。）曹眞傳注。言眞本姓秦。操嘗爲寇所追。走入秦氏。寇問操所在。眞父言我是也。遂害之。操思其功。養爲曹氏。又公孫瓚傳注。言操甚愛閻柔。每謂之曰。我視卿如子。亦欲卿視我如父也。柔由此自託。於五官將如兄弟。此則或改姓。或不改姓。不過乾兒義子。惟晏與阿蘇。則眞世俗所云拖油瓶者也。

建安文學。偏於詞章。裴注引魏書。言太祖能明古學。又引魏武故事。操自言秋夏讀書。冬春射獵。則未知其所讀爲何種書。所明爲何種古學也。（意是孫子）。短歌行。雖引用子衿鹿鳴詩。苦寒行。雖引用東山詩。要亦詞賦者流。非經學也。先主得事盧植。傳言其不甚樂讀書。且年才十五。斷斷不能如高誘輩之能傳植薪也。孫權父兄。皆非讀書種子。當日擁有方州。而無愧儒林丈人行者。其劉表乎。（海賊盧循。爲植後人。不諳經學大師。有此子孫）又案操目劉表之子爲豚犬。而文選曹子建與楊德祖書。所稱劉季緒者。李善引摯虞文章志云。劉表子。其人官至樂安太守。著有詩賦頌六篇。今劉表傳。但出其二子。一名琮。一名琦。而季緒幾無人能舉之者。遂使表無此稱家之兒。寃矣。

杜牧詩。東風不與周郎便。銅雀春深鎖二喬。此文人幻想之詞耳。操少見知於橋玄。玄嘗以妻子爲託。吳志周瑜傳。時得橋公兩女。皆國色也。策自納大橋。瑜納小橋。注引江表傳曰。策從容戲瑜曰。橋公二女雖流離。得吾二人作壻。亦足爲歡。此橋公不著其名。以時考之。當爲橋玄。後漢書橋玄傳言玄卒。家無居業。喪無所殯。與江表傳所言流離情事恰合。若使赤壁不敗。二喬竟歸。操當攜之上冢。而別有一篇哀感頑艷之祭文傳世。（操嘗過玄墓。自爲祭奠文。中有斗酒隻雞。車過腹痛等語。載玄本傳。）凡人微時。受人一言之奬借。一飯之施予。終身必不肯忘。操與蔡邕。尋常知舊。痛其無嗣。猶以金璧。贖其女文姬自胡中歸。寧有生平託孤寄命之人。一旦得志。乘人之危。納其二女。置之銅雀臺中也。（案志。臺成在赤壁敗後二年。）然文姬雖歸。所再嫁爲一天下極庸極劣之董祀。（祀除爲屯田都尉。犯法當死。文姬詣操叩頭請罪得免外。他無所見。）則又不若二橋各得英雄夫壻。雖早寡。足以豪矣。（策死時年二十六。瑜死時年三十六。並見本傳。）後漢書董祀妻傳。載文姬爲祀乞命一段。今日讀之。如見其人。傳云。文姬詣曹操請之。時公卿名士。及遠方使驛。坐者滿堂。操謂賓客曰。蔡伯喈女在外。今爲諸君見之。及文姬進。蓬首徒行。叩頭請罪。音辭清辯。旨甚酸哀。衆皆爲改容。操曰。誠實相矜。然文狀已去。奈何。文姬曰。明公廐馬萬匹。虎士成林。何惜疾足一騎。而不濟垂死之命乎。操感其言。乃追原祀罪。時且寒。賜以頭巾履襪。則當其乞命之時。首如飛蓬。幾於徒跣。

曹操安攘之功。亦殊不可沒。曩爲王欣夫撰補三國兵志序一及之。略云。當操之時。黃巾黑山遍中國。中國之不淪於盜賊者僅矣。操既次第削平之。又破匈奴於夫羅於內黃。走三郡烏丸於獷平。出盧龍塞。經白檀。歷平剛。涉鮮卑庭。東指柳城。白狼山之戰。斬單于蹋頓。及名王以下降者二十餘萬口。遼東太守。傳送東單于速僕丸等首至。代郡烏丸行單于普富盧。上郡烏丸行單于那樓。咸將其名王來賀。可謂壯哉。迄於景初正始之世。帶方東南之國。爭遣其大夫獻男女生口。及青白大珠。異文雜錦等。受中國詔書印綬。聲施燦然。垂裕後昆。蓋有感於下泉思霸也。

操背董卓東歸。過故人呂伯奢。伯奢不在。聞食器聲。疑其圖己。手劍夜殺八人。曰寧我負人。無人負我。遂行。此見於裴注所引魏書。世語。及孫盛雜記者也。以中牟令爲陳宮。則非也。宮嘗說兗州人士。使迎操爲兗州牧。於操亦有恩。後從呂布。與布並見殺。操在中牟被執。白中牟令釋之者。爲一功曹。無姓名。

張濟本與李傕郭汜隸董卓。卓敗。齊奔南陽。爲流矢所中死。從子繡。領其衆。賈詡傳。言太祖拒袁紹於官渡。紹遣人招繡。繡欲許之。詡顯於繡坐謂紹使曰。歸謝袁本初。兄弟不能相容。能容天下國士乎。因勸繡率衆歸太祖。（事在宛城戰後）張繡傳。言繡屯宛。與劉表合。太祖南征。繡舉衆降。太祖納濟妻。繡恨之。太祖聞其不悅。密有殺繡之計。計漏。繡掩襲太祖。太祖軍敗。二子沒。（案云二子者。一長子昂。一弟子安民。操亦爲流矢所中。）又注引傅子。言繡有所親胡車兒。勇冠其軍。又典韋傳。言韋好酒。大飲長歠。左右相屬。數人益乃供。好持大雙戟與長刀等。軍中爲之語曰。帳下壯士有典君。提一雙戟

八十斤。太祖征荊州。至宛。張繡迎降。太祖甚悅。延繡及其將帥。置酒高會。太祖行酒。韋持大斧立後。刃徑尺。太祖所至之前。韋輒舉斧目之。竟酒。繡及其將帥。莫敢仰視。後十餘日。繡反。襲太祖營。太祖出戰不利。輕騎引去。韋戰於門中。賊不得入。兵遂散。從他門並入。時韋校尚有十餘人。皆殊死戰。無不一當十。賊前後至稍多。韋以長戟左右擊之。一叉入。輒十餘矛摧。左右死傷者略盡。韋被數十創。短兵接戰。賊前搏之。韋雙挾兩賊擊殺之。餘賊不敢前。韋復前突賊。殺數人。創重發。瞋目大罵而死。十九皆與今戲劇合。繡降後。不爲曹丕所悅。曰君殺吾兄何忍持面視人邪。繡心不自安。乃自殺。又操本傳注。引傅子。言太祖常出軍。行經麥中。令士卒無敗麥。犯者死。騎士皆下馬付麥以相持。於是太祖馬騰入麥中。勑主簿議罪。主薄對以春秋之義。罰不加於尊。太祖曰。制法而自犯。何以帥下。然孤爲軍帥。不可自殺。請自刑。因援劍割髮以置地。此即戲劇中割髮代首也。又引山陽載記。言公船艦爲備所燒。引軍從華容道步歸。遇泥濘。道不通。天又大風。悉使羸兵負草塡之。騎乃得過。羸兵爲人馬所蹈藉。陷泥中。死者甚衆。軍旣得出。公大喜。諸將問之。公曰。劉備吾儔也。但得計少晚。向使早放火。吾徒無類矣。備尋亦放火。而無所及。此即戲劇中之華容道。但不云釋曹操者爲關公。

辛酉熱河史料鈎沈

瞿兌之

涵芬樓初建時，購得咸豐末年關於端王肅順事密札十餘通，乃當時軍機章京中人洩之於外者。希世之歷史原料，惜今已不復在人間。猶幸雜誌中有傳錄者，得以見其梗概，茲排比錄於左方。

一　套格密札（套格者驟觀之無文理用套格始能讀蓋秘密通信也）

玄宰摺請明降垂簾旨，或另簡親王一二輔政，發之太早，擬旨痛駁，皆桂翁手筆。遞上，摺旨俱留。又叫有兩時許，老鄭等始出仍未帶下，但覺怒甚。次早仍發下。復探知是日見面大爭，老杜尤肆挺撞，有若聽信人言，臣不能奉詔語。太后氣得手戰，發下後，怡等笑聲徹遠近。此事不久大變，八人斷難免禍，其在回城乎。密之密之。

右一札不具姓名月日受書者亦無名號

二

昨日克勤郡王郵典六行，北章回寓即送到，命弟細查何供事抄出洩漏，查係裕昭甫所送。弟不能上覆，悄告麻老，而北章已知，查詢昭甫實有此事，竟欲咨回。（北章謂咨回尚便宜有許多風聞之談）弟代說項，尙未允，四不欲作圓場，請弟先下去冉斟酌，大致弦子亦助北章者，只好明日聽分曉矣。口天等尙未到，渠到時，露面等事，弟可稍讓伊去，渠喜在出頭，而弟喜在藏身也。麻老加官之進

步，（不枚卜而硬定者）皆自爲之，且認老師，廉恥道喪至此，夫復何言。至此時捉影捕風不爲不甚，以后必有奇文，我等不可不格外提防。官上家信發印封可節，恐必須查及，且印封到時，渠坐在對屋，須防看見。再口天等到後無所不至，藏匿拆獻等事亦須提防，我等皆其所忌之人，以後望將印封內通信事暫行停止，恐懼以順變，斷不可少。至外間酬應之信亦望轉告同人愼益加愼，恐都中亦有寄耳目者，此皆弟當境察言觀色審機知變之語，非恒泛也。文課一節，或可附公事印封，或覓便寄，弟當相機言之，決不致誤。博翁前有數行可呈與否，希酌之。此次緊急情形可告知，以後斷續或見原耳。宮燈尙無回京消息，（回京須望閣下圖他密十日容再作信）初一後亦尙未叫起回京，或云九月初三，或云十三廿三，想至遲亦不過廿三。

右一札受書者朱修伯寄書者不具姓名咸豐十一年八月初三也

三

宮燈已跪安，日內回京。靈皋往謁，弟未之前去，恐有風聲故也。口天等想今晚必到，文書非緊要者寄到亦仍不回堂，彼此皆然可也。昭甫本日已咨回，光景甚惡，一切俱斷絕矣。至屬至屬。

右一札筆迹同前受書者無名號疑是前人八月初六日

四

千里草上書，初十日未下，此處叫人上去，要[]留看，夸蘭達下來說西邊留閱，心台冷笑一聲。十一日叫見面說寫旨，下來叫寫明發痛駁，夫差擬稿尙平和，麻翁另作，諸君大讚，（是誠何心尤不可行等語原底無之）遂繕眞遞上，良久未發下。（他事皆發下）並原件亦留，另叫起，耳君怒形於色，上去見面，約二刻許上來，（聞見面語頗負氣）仍未發下，云留着明日再說。十二日上去未叫起，發下早事等件，心台等不開視，（決意擱車）云不定是誰年看，日將中，上不得已，將摺及擬旨發下照抄，始照常辦事言笑如初。如二四者可謂渾蛋矣。夫今日之事，必不得已，仍是垂簾。（溫公魏公不能禁止垂簾諸公竟欲加而上之矣）可以遠禍，可以求安，必欲獨攬其權，是誠何心。鄙意如不發下，將此摺淹了，諸君之禍尙淺，固諍不發，擱車之後，不得已而發，亦不見聽，徒覺多事耳。昔人云，霍氏之禍萌於驂乘，吾謂諸公之禍肇於擱車矣。高明以爲何如。克師昨於密雲發一報（馬遞）不卜何事，今日已散，尙未發下，此公十五日到，不卜如何措施。在城想見着邸堂，一切自已盡悉，事貴求全，要亦未可冒失耳。聞西邊執不肯下，定要臨朝，後來東邊已轉灣，雖未卜其意云何，大約是姑且將就，果如此行，吾不知死所矣。噫，邸堂前未另稟，乞代呈閱，進城後須打主意，未可聽人舞弄也。

右一札守黑道人寄結一廬主人八月十三日

五

回京已定九月廿三，堂諭不必換班，可省一番跋涉，惟此間光景竟覺大不妥當。深遠有鬱鬱意，加官麻老甚是得意，通典之甘爲作用尤可笑也。弟公餘以酒澆愁，以牌遣興，得一日是一日，所幸進城有期，都中一切情形均尙安靜耳。文課以前無間斷否，初六至十六

近作又托少鶴寄回敝寓，屬即錄奉矣。蓉老此次已函致之，乞封好飭送，如來糾纒，回覆可也。眉生之信敬求閣下代作與之，如無暇乞屬敝西席爲之亦可。以後收到弟信如欲賜答只望於包封內便附數言某日收到某日信云云，（弟上去不早恐有攙去者）不言其他，較爲妥當，弟如有妥確之便仍可源源寛寄也。另拙作一頁乞與加官通典同一例者閱之，因有關繫，可望藉達宮燈也，然萬望密之。

右一札筆迹同前受書者爲朱修伯

六

近日班務甚爲淸閒，每日午正後即可散直，所有本月初六日至十六社課已封交少鶴帶舍間，命即呈正，少鶴病甚，弟爲說於四不，故得先回，十七早動身也。（二十或廿一可到）家書內另有小函，係弟近作習套語，尙祈投到時透於與可，因中有關鍵也。弟近日公事畢後不出門，不會客，謹言愼行，心胸頗舒樂也。杜枉蓉老已作一信在少鶴所帶家信內，拆尊函時可轉交之藉免糾纒也。

右一札同前八月十七日

七

恭邸今日大早到，適趕上殷奠禮，伏也大慟，聲徹殿陛，旁人無不下淚，蓋自十七以後未聞有如此傷心者。祭後太后召見，恭邸請與內廷偕見不許，遂獨對，約一時許方出。宮燈輩頗有懼心，見恭未嘗不肅然改容，連日頗爲歛戢。成沈二公來晤約略告之，屬邸堂隨時小心，緣在內不敢晤談，防耳目也。星翁來，歸路未能遽辦，今日又有旨催令趕辦，（星告密雲令中秋後再辦恭聞之大怒）是否可以速回，不可定也。聞擇吉九月廿三日起行，十月初九日登極，不卜能改早否，廿四放崇文門監督係用名簽，先撤正後副，（案撤字是挈之誤。）兩太后旁坐，請皇上居中撤，（凡撤缺皆如此由本處糊名簽以進御印存太后身邊極愼重）撤出後邸堂均各大悅，謂雖我輩請放不過如此，（恐未必爾），足見列聖默佑云云，似此則得人與否伊等亦未嘗不知。看來連日諸務未定，尙有懼心，能常如此，未嘗不佳，久則露出本相耳。自十七以後八位見面不過二三次，時亦甚暫，今則見面一時許，足見自有主宰，一時不發也好。恭邸未聞有叫回信息，大約三五日再說。

右一札樵客致黃螺主人九月初一日（按九月應作八月）

八

再元聖在此，當爲盡心區畫，隨時保護，如仗廟社之靈，得有轉關，當勉爲元祐正人。此間先慮內外患二，今釋其一。（山東尙不曾有回音）但連日再面，心招奇妬。弟已與竹翁等言之，能將斧柯得回爲上策，否則以早回爲宜，如有妙策，不妨密示。頃得手示，敬知一切，此信仍望呈湖州閱之，今日晤竹兄等，知昨見面後以夷務爲問，邸力保無事，又堅請速歸後來見，弦子催促甚急，弦□來傳話令各兵九月十二日到此，想可改早，並聞先遣關防回去。

右一札無寄書受書者姓名筆迹同前疑即前人初二日

九

再伯克近來荒謬更甚，去年弟頗憐之，自十七日以後伊竟自鳴得意，謂冰山爲可靠，時時要上堂獻媚，無如諸事漆黑，無人不厭之。

每次該班無不鬧到□□，椒林大受其害，前日要稽查印封，不准人於方略館發信，立印封簿，遇該班用若干隨時登記，他人皆不能遵，聽其獨寫而已。其實上堂並未稽查，伊欲以此大功超擢打拉密，□後告人云，查出私用印封係革職罪名云云，非意在子建而何，同人均爲不平。太邱到，伊謀恭理不得，連日如狂如癡，恐非所宜耳。摺報今日已全行告竣矣，連日非有公文不能發印封，堂上亦不送信來，伯克之力也，文堂未能另稟，祈代稟一切。

右一札同前無年月疑與前膏同。

十

元聖在此，在內見一面，未交談，今日八人上去代請，有話令明日請安，大約早晚叫回去，弟恐其遂回，頃去面謁，坐譚一時許，頗有所陳，並自陳不能久待苦衷，渠勸稍安，且俟進城再說云云，相待優厚，可感之至。廿四日掣學政，係由堂寫簽七八十枝同進，掣下後由堂掣省分，將簽上名字刮去方發下，竟不知所進都是甚等樣人，奇絕怪絕，其不放心我們輩亦可謂到十分矣。戶左太僕二缺並未掣簽，竟自留下，未免不恤人言，似此光景心耳等欲以小利結之而彼哉竟居之不疑，且有拜門生之說，（出於先儒厤翁知之）似此光景，不敗不止，殆天奪其魄邪。孟子曰，無羞惡之心非人也，無辭讓之心非人也，其諸君之謂與。裕昭甫以走王六行被咨回，亦是過熱之故，所謂小人枉自爲小人，奪競者可以悟否。元聖日內即回，（初七日動身）一切詢之自悉。再今日胡研生封奏聖母留中，八公打聽不出來，相顧失色，（初六日注已發下無要事）歸事內催甚急，元聖日內見面擬了一套話說，必不能過遲也，可放心。我勸王以風水之說動之，且請先下日期，並將渠等必改之意說明種種，語句切實之至，以杜奸謀，勸上意主持堅定，王深然之，或可有效。

右一札樵客寄結一廬主人九月初五日

十一

十四晚克翁到此，弟夜去深談，其人近來頗有閱歷，謂伊等罪狀未著，未可鬻拳兵諫，致蹈惡名，弟深以爲然。以達活輩頗畏其虛聲，勸其留虎豹在山，且勿驚他，恐伊等欲削其權，隨後事更難辦。且是日已下明發，二十三回京，若一變動，恐內裹驚疑，須俟進城自有道理。連日聞內裏傳出來信，云自前日明發要下。二聖怒極，是誠何心一語（弟已屬子建將此稿密藏）七先生亦大怒，云俟進城講話，老五太爺喝止之，日來未有所聞，克處亦未敢再去，次翁隨到，與同人亦未見面，避嫌疑也。換班已回過，王云，爲日無多，可不必換，少翁憂傷成疾，數日不能上班，盼缺不到，昨領班代面，已准其先行回京，惟不准後來效尤，看來月底月初先回之說未必能如願矣。

右一札守黑主人寄結一廬主人九月十六日

十二

十六午後暈厥，屬內中緩散，至晚甦轉，始定大計。子初三刻見時，傳諭淸楚，各位請丹毫，諭以不能執筆，著寫來述旨，故有承寫字樣。八位共矢報效，極爲和衷，大異以前局面。兩印均大行所賜，母后用御賞印，（印起）上用同道堂印，（印訖）凡應用硃筆者

以此代之，述旨亦均用之，以杜弊端。諸事母后頗有主見，垂簾輔政蓋兼有之。自顧命後至今十餘日，所行均愜人意，（要缺公擬其餘掣簽均取旨進止）考日知錄四星聚主中興，看此氣象天道竟有準也。長星主國喪，驗矣。七月十二日月中白氣穿貫珥抱占主乍離。風聞兩宮不甚愜洽，所爭在禮節細故，似易於調停也。歸期有九月二十三之說，俟直督到後，計橋道工程定準，或改早而不致改遲。十七日以後貴處公文用贊襄王大臣字樣，嗣覺沒去軍機字樣又不合，廷寄欵式遂加三字於贊襄上，兩者二而一之。目今貴處爲八堂，併歸西邊屋內，（堂餐同桌）其原坐貴堂更將滿友移入，新入軍機者諸事細心熟商，恐不入格故也。諸事維持妥帖，不啻調象伏虎，貴堂均正人，而能同心。淸翁確有把握，兼合機權，深足令人欽佩。連日公事甚忙，緣以前內積有二百餘件，加以日行萬來不及，聞已調筠軒笙巢敏生來前。監督之命諒可收回，當無所謂前嫌矣。鶴翁來專理喪儀，諒亦有所咨訪，然事務大局已定，似不致另生枝節。貴處體統較前略降，以堂上較尊，聞有坐聽立回之事，然係偶爾，當不常然，亦係未諳貴處舊式故爾。諸事照舊章，並無人攙入，愚見差使尚屬可當，循此不改，且有蒸蒸日上之勢。夫已氏聲勢大減，諸所鑽求，不敢輕諾。六兄來頗覺隆重，單起請見，談之許久，同輩亦極尊敬之。已定拿車二百輛，於八月初十日齊備，主位先行陸續回家，以免臨時闕乏，行期又聞有九日初三之說，亦尙未確。總之歸志已決，遲早可勿問也。縞素定於大祭後始除，乾淸宮安十二日乃移觀德殿，上於移殿後就學，蘭翁外間尙須添派，不知作何名目，此處恭理約四十餘人，大約行在有勞績者均已列入，以便併案出保，以省頭緒，闔城中人亦頗多，盛哉濟濟矣。

右爲黃紙密札無姓名月日

以上十二札，除首尾兩通外，均出一人之手，而末一通記文宗初崩情形，於顧命八大臣深寓贊許之意，與其餘各書語氣迥乎不同，自係黨於肅順者所爲。案當時受遺輔政諸人滿人以肅順爲中堅，漢人則匡源杜翰等佐之，其氣象一新，如此書中所言者，似不盡出溢美。就所云兩宮爭禮節一端而言，足見孝貞孝欽之相齮齕，自初稱尊時已如此。自古嗣皇即位，於生母嫡母之尊奉，向多爭執，如元祐初僅尊生母朱氏爲太妃，即已召廷臣之異同，蓋二者之間，各有爲之先後奔走者，二母中有一稍懦而愿者，必至被陵侮而死。婦人胸襟本隘褊，而宮禁禮儀又尊卑懸絕，宜其易啓爭端，不足怪也。然所云貴處體統較前略降，聞有坐聽立回之事，係指軍機章京對於贊襄王大臣之體制而言。向例自軍機處以至各部院屬員白事堂官無不起立，今竟坐聽，又足見此八人實有妄自尊大之情形，亦無怪其自取羣疑衆謗矣。又所云夫已氏聲勢大準，諸所鑽求不敢輕諾，必係咸豐末之嬖倖而言，又可見其裁抑近幸，必其取禍之道，故此書實爲出於肅黨口中之眞史料，肅黨既敗，論者多投井下石，眞相永不得白於世，而此書又反爲比較中立可信之史料矣。

至其餘各書中之隱語有須鈎勤者，玄宰千里草指御史董元醇，心台指怡親王載垣，老鄭耳君先儒指鄭親王端華，宮燈則肅順，謂肅字形似宮燈也，北韋老杜通典則禮部右侍郎杜翰，麻翁桂翁則太僕寺卿焦祐瀛，時有焦大麻子之稱也，鶴翁則匡源，湖州與可博翁則文祥，克帥則勝

保，子建則曹毓瑛，曹亦爲軍機章京而與八大臣不洽，故八人得罪而曹驟擢軍機大臣也。八公及達活皆指此八人。受書者爲朱修伯名學勤，仁和人，官至大理寺卿。曾文正嘗稱其學足論古才足幹時。書中又稱少鶴，則王拯廣西馬平人，官至通政使，亦有文學名，皆咸同間軍機章京中之佼佼者。作書者既與之爲密友，則亦必知名之士。且能直謁恭王勝保與之深談，自已頗有地位。惜無左證以斷其爲何人，惟此君見解力主垂簾，云可以遠禍求安，且引溫公魏公爲比，是蓋專於自謀明哲保身之道者。誠以垂簾則軍機不當重責，而便於循分供職之人也。若論史事，則溫公挾宣仁以臨哲宗，驟改熙豐之政，實兆紹述大觀之禍，王船山已深咎之。魏公則手撤光獻之簾，是以社稷爲己任者，未嘗主垂簾也。又觀各書中屢言禁發印封及查究洩漏親寫名簽不令章京與聞各事，似肅黨多疑，有意裁制章京之與外間通信，故此輩更不免蓄憤。然此君既託友致語於恭王（書中所稱邸堂也）及文祥，是必平日與恭文二人夙有結納。大凡政治分黨，必各有人爲之寄耳目供爪牙者，恭文之柄用於同治初年，蓋亦早有布置。即無肅黨之獲罪於太后，亦難免相齮齕也。

書中所云近作習套語，即係以套格作密書，所云文課，蓋即日記。所云家信發印封，即假軍機官封通信於京師行在之間。軍機與外間通信，爲職務上所不許。乾隆中曾屢諭申禁，然仍不能盡絕。蓋外廷恃此以知朝中意旨，不惜百計以鈎致之。章京選自部屬中書，俸給無多，又以熱手不能輕易，多累擢至三品卿而不能外簡府道。體統既尊，車馬衣裘之飾所費不貲，待漏儤直之勤亦倍於他官，其不能不稍假以自潤，殆事實所不能禁也。章京中之以才敏著稱者，大臣不得不倚如左右手，恒有自章京驟擢大臣者，乾隆中之戴亨衢吳熊光及此時之焦祐瀛曹毓瑛皆是。蓋雖名屬吏，而亦與聞密勿，駸駸接席矣。

八大臣之獲罪，純出阻止垂簾一事，此已見諸諭旨者，兩太后（實即孝欽）之蓄意臨朝，臺臣之近合奏請，此書中皆言之歷歷，而此君欲內擁懿親如恭王，外結大將如勝保，以抗八大臣，亦不啻若自其口出。平心論之，此亦不失爲一種一新耳目之局面。恭王文祥勝保固皆滿人之較有才識者，果能布置周妥，垂簾亦不過名目，未必遂足爲大害，而不料其後垂簾一舉竟成牝雞司晨之局，始謀不臧，或亦恭王等所未及料耳。

王闓運祺祥故事記咸同間故變原委頗悉，而其文未刊布，獲見者少，亦錄於此，以相印證。

恭忠王母，文宗慈母也。全太后（當云孝全皇后）以託康慈貴妃，貴妃舍其子而乳文宗，故與王如親昆弟。即位之日，即命王入軍機，恩禮有加。而冊貴妃爲皇貴太妃，王心慊焉。頻以宜尊號太后爲言，上默不應。會太妃疾，王日省視，帝亦省視，一日太妃方寢，上問安至，宮監將告，上搖手令勿驚。妃見床前影，以爲恭王，即問曰，汝何尚在此，我所有已盡予汝矣，他性情不易知，勿生嫌疑也。帝知其誤，即呼額娘。太妃覺焉，回面一視，仍向內臥不言，自此始有猜，而王不知也。又一日上問安入，遇恭王自內而出，上問病如何，王跪泣言已篤，意待號乃瞑。上但曰哦哦。王至軍機遂傳旨令具冊禮，所司以禮請，上不肯却奏，依而上尊號，遂慍王，令出軍機入上書房，而減殺太后喪儀，皆稱遺詔減省之，自此遠王

同諸王矣。庚申之難，令王留守，至熱河帝疾，獨軍機諸臣在，王及醇王皆不侍，八月初，王具奏請省視，帝疾篤，以不能坐起，强起倚枕手批王奏曰，相見徒增傷感，不必來覲，其猜防如此。故肅順擬遺詔，亦緣上意不召王預顧命也。肅順本鄭王房，以功世爲親王，與襲鄭王異母，以才敏得主知，自輔國將軍爲戶部尙書入軍機，專斷不讓。怡王卽世宗弟，亦以寵世王，襲王載垣與襲鄭王端華皆依肅順爲用。初詔謁陵出都，實避夷兵，而諱其行，行日之朝猶有詔言君死社稷。獨肅順先具行裝，備路齎。自都啓行，供張無辦，后妃不得食，惟以豆乳充飯，而肅順有食擔，供御酒肉。后御食有膳房，外臣不敢私進，孝貞孝欽兩后不知其由，以此切齒於肅順。及之熱河，循例進膳，孝貞又言流離覊旅何用看席，請蠲之。文宗曰，汝言是也，當以告肅六。明日詔問云云，肅順知上旨，則對以費無幾，若驟減反令外驚疑，上心喜所對，卽詔后曰，肅六云不可，后益惡肅順矣。已而大行遺詔八臣受顧命如故事，孝貞詔顧命臣，以防壅閣爲詞，日進章疏，仍由內發，軍機擬旨上，后覽發以小印爲記，小印曰同道堂。文宗初宴朝后至御寢，問侍寢何人，升坐責數之，上旣視朝，心念后未還恐有變，卽還寢，則宮監森然侍立，知后升坐，卽戒毋報知皇后，潛步入，卽后方上坐，侍妃跪前，后見上至，下迎，帝卽坐后坐，跪者猶未敢起，后立帝旁，帝揚指跪者問后，此何人也。后跪奏，自祖宗以來，寢興有定法，今帝以醉過辰不出朝，外間不知，皆以奴無教，故責問彼何以多勸上酒。帝嘆曰，此是我過，彼何能勸我，且宜恕之。后奉詔，因曰，此主子宥汝，以後無論何處醉惟汝是問。帝慚，卽索所佩惟一玉印解賜后以謝，同道章自此始。旣而御史高延祜上請垂簾，本后意也，以示顧命臣，肅順卽言按旨當立斬。孝貞心忤焉。卽曰，我輩不用其言足矣，不必深及。票擬上議斬，奏下獨留高摺不發，於是軍機三日不視事，孝貞問則以前摺未盡下，於是孝貞涕泣自起檢奏予之，擬高謫披甲爲奴。越日大臨，后見醇王福晉而泣。醇王福晉孝欽妹也，孝貞亦妹之，故相親善，訴其事曰，欺我至此，我家獨無人在乎。福晉言七爺在此。孝貞喜曰，可令明晨入見。及明，醇王入直廬前，肅順問何爲，對以召見，肅順哂曰，焉有此，斥令退。王退立外階，俄宮監來窺直房旋去，而軍機至宴竟不叫起。叫起者，召見分班，一見爲一起，軍機則皆同入爲頭起，此日不召頭起，先召醇王。宮監來窺者三，終不見醇王，至三至，乃自語曰，七爺何不來，王在外聞之，卽應曰，待久矣，來監亦曰待久矣。遂引王入，肅順在內坐，不能阻，王旣見，孝貞訴如前。醇王曰，此非恭王不辦。后卽令往召恭王。醇王受命馳還京，三日與恭王至。軍機前輦也，至則遞牌入謁梓宮，因見后，后訴如前，恭王對非還京不可。后曰，奈外國何。王奏外國無異議，如有難惟奴才是問，后卽令王傳旨回鑾，令肅順護梓宮繼發。旣之京，卽發詔罪狀顧命八人，皆拏問。怡鄭二王猶在直房，恭王出詔示之，皆相顧無語。王問遵旨否，載垣曰，焉有不遵。王卽拱之出。則已備車送宗人府，於是遣醇王迎提肅順，卽蘆殿旁執詣刑部。肅順嫚曰，坐被人算計，乃以累我，臨刑罵不絕，卒以攔阻垂簾斬於市，而賜二王死，一時無

識者謂之三凶。即詔旨亦不知垂簾之當斬也。（此句似有脫字）先是改元祺祥，至是改同治，設三御坐，召見聽政如常儀，名治肅黨以常酒食往來者當之。而恭王任事，委權督撫，朝政號爲清明，頗釆外論，擢用賢才，能特達者不爲遙制。然宮監婪索，親王密邇，時有交接，輒加犒賚，則不足於用。而國制王貝勒不親出納，奉給莊產皆有典主者，率侵盜以自給。及入樞廷，需索尤繁，王恒憂之，福晉父故總督也，頗習外事，則以提門包爲充用常例，王試行之而財足用。於是府中賄賂公行，珍貨猥積，流言頗聞，福晉亦患之而不能止矣。王既被親用，每入朝輒立談移晷，宮監進茗飲，兩宮必曰給六爺茶。一日召對頗久，王立御案前，舉甌將飲，忽悟此御茶也，仍還置故處，兩宮哂焉。蓋是日偶忘命茶。而孝欽御前監小安方有寵，多所宣索，王戒以國方艱難，宮中不宜求取，小安不服，曰所取爲何。王一時不能答，即曰如瓶器盃盤照例每月供一分，計存者已不少，何以更索。小安曰，往後不取矣。明日進膳，則悉屏御磁，盡用村店粗惡者，孝欽訝問，以六爺責言對。孝欽慍曰，乃約束及我日食邪。於是蔡御史（案蔡壽祺官編脩非御史）聞之，疏劾王貪恣。他日詔王曰，有人劾汝，示以奏，王不謝，固問何人，孝欽言蔡壽祺，王失聲曰，蔡壽祺非好人。於是后積前事，遂發怒罪狀恭親王，有曖昧不明難深述之語，朝論大驚疑，而外國使臣亦詢軍機事所由，用是得解。復召見，王痛哭謝罪，復直如初，以疑忌排去者八人，軍機有前後八仙，與前顧命者爲對，皆以目恭王云。然恭王自是益謹，而安得海以擅出京師，誅於歷城，李蓮英繼用事，烜赫過於小安，而謹飭愼密，竟終事孝欽，恭王亦以功名終，得謚曰賢，（當曰忠蓋筆誤耳）不遇禍敗。然王大臣納賄之風及孝欽頗留意進獻，皆自王倡之。五十年來，議和主戰，總歸於服從，亦孝欽之過慮也。恭王孝欽皆有過人之敏知，而俱爲財累，乃至德宗末年，天下惟論財貨，及禪讓亦以賄成，用兵惟先言餉至千百萬，和款外債遂鉅兆，舉古今不聞之說，公言之而不怍，開闢以來未有之奇，蓋又咸同以來所不料者。以前史論之，戰國秦漢之際庶幾肇茲，自非張四維棄澆風，吾烏知其所底哉。

考王氏此文作於民國初年，其時已無避忌，故得直書無隱，上距庚申已將六十年，而所記尙頗眞切，蓋先生亦肅順座上客，曾聞時政，當時東閣延賓，必有盱衡時事之語。先生素以縱橫自負，肅敗，不能無知己之感，此爲一生出處最有關之事，故不禁其言之深切也。證以十二札中所言，情狀殊多吻合。如云后曰奈外國何，王奏外國無異議，如有難惟奴才是問。而第八札亦有后以夷務爲問，邸力保無事之語。又云軍機三日不視事，孝貞問則以前摺未盡下。而第四札亦云發下早事等件，心台等不開視，云不定是誰來看云云。試相比附而觀之，一作文言，一存語體，其語氣不謀而合，且二人之立場不同而如出一口，足徵其爲實錄矣。兩后無識，而八臣又出以專很不恭，加之嬖倖之交煽，宜乎不免劇變矣。

然王氏此記出於耄年信筆，所書筆誤之字已如上舉，至若語句之末加檢點者，尙有數處。如云康慈貴妃舍其子而乳文宗，案孝全皇后以道光十一年生文宗，二十年崩，其時文宗九歲，自無尙需乳哺之事，且宮

廷之制與民間不同，無所謂舍已子而乳他人子之說，特受其撫育耳。咸豐五年諭云，撫育朕躬十五載，即自道光二十年失母之年算起，是爲明證。又案宣宗元妃薨於潛邸，繼妃孝愼皇后以十三年崩，繼册孝全，孝全崩即不再册后，而册康慈爲皇貴妃，實總六宮之事，王文中稱全太后，殊未之審也。惟云減殺喪儀一事，則誠有之。孝靜皇后（即康慈太妃）祔葬慕陵，仍以妃禮，且不祔太廟。而恭親王開去軍機仍在上書房讀書之諭，即在此時，且有於一切禮儀多有疏略之譴，是文宗不願尊奉孝靜之意不言可知。又恭王初任軍機，在咸豐三年，而云即位之日即命王入軍機，亦不合。至云肅順以戶部尚書入軍機，則尤謬矣。肅順雖握實權，實非軍機大臣而爲御前大臣。蓋同治以前大權不全在軍機，御前大臣之承眷顧者事任反過之。王氏習於同光近事，而不知其非也。又用票擬二字亦頗不合清制，票擬是明之內閣職非軍機職也。大抵宮廷制度非明習故事留意文獻者不克備知。若得自傳聞，展傳緣飾，難免疏舛。王氏暮年頹放，又未嘗久住京華，躬覩舊典，其誤實不足怪。

至請垂簾者明爲御史董醇，公私諸記斑斑可考，而王氏歸之高延祜，亦令人不解。蓋高曾具疏爲柏葰訟寃，而柏獄成於肅順，訟柏即所以罪肅，與董俱爲反肅黨，故王氏誤記其請垂簾耳。

顧命八臣以阻止垂簾獲咎，諭旨中竟直言之，且於八臣守正力持懲責建議垂簾之董元醇一節，亦正合前數札中情形，此見於實錄者也。

九月乙卯，諭王公百官等，八月十一日，朕召見載垣等八人，因御史董元醇敬陳管見一摺，內稱請皇太后暫時權理朝政，俟數年後朕能親裁庶務，再行歸政。又請於親王中簡派一二人令其輔弼。又請在大臣中簡派一二人充朕師傅之任。以上三端，深合朕意。雖我朝向無皇太后垂簾之儀，朕受皇考大行皇帝付託之重，惟以國計民生爲念，豈能拘守常例，此所謂事貴從權，特面諭載垣等著照所請傳旨，該王大臣奏對時曉曉置辨，已無人臣之禮，擬旨時又陽奉陰違，擅自改寫，作爲朕旨頒行，是誠何心。且載垣等每以不敢專擅爲詞，此非專擅之實跡乎。載垣端華肅順着即解任，景壽穆蔭匡源杜翰焦祐瀛着退出軍機處，派恭親王會同此學士六部九卿翰詹科道將伊等應得之咎分別輕重按律秉公具奏，至皇太后應如何垂簾之儀一併會議具奏。又諭前因載垣端華肅順三人種種跋扈不臣，朕於熱河行宮，命醇親王繕就諭旨，將載垣等三人解任，茲於本日特旨召見恭親王帶同大學士桂良周祖培軍機大臣戶部侍郎文祥，乃載垣等肆言不應召見外臣，擅行攔阻，其肆無忌憚何所底止，前旨僅予解任，實不足以蔽辜，着恭親王奕訢等即行傳旨將載垣端華肅順革去爵職拿問。十月諭內閣，宗人府會同大學士六部九卿翰詹科道等定擬載垣等罪名一摺，載垣端華均着加恩賜令自盡，肅順着加恩改爲斬立決，以爲大逆不道者戒。

是八臣之忤太后致獲重咎，純爲阻止垂簾一事，以清代家法言之，正爲恪遵祖制。以歷朝法戒言之，亦爲預防呂武之禍。所不可解者，當時士大夫除少數肅黨外，皆隨聲附和，不以八臣爲然。求之古史，極似唐順宗朝八司馬之事。蓋王叔文引陸質呂溫柳宗元劉禹錫，於順宗初立之際，起陸贄陽城於貶謫，奪宦官兵權，罷宮市及鹽鐵使月進諸端，凡所措置，胥從民望，誠有耳目一新之象。然不旋踵而敗，時論亦不予之

，垂之史冊終被惡名，蓋史家但就官書爲之記注，而不能深辨曲直，其例比比然矣。即士大夫之議論，亦多黨同伐異，實不盡可據。當時八臣氣燄太盛，又輕變舊章，而肅順嘗一興科場之獄，再淸戶部之弊，守文憚事之人頗不謂然。又恭醇懿親，孝貞孝欽母后人情終所附嚮，凡此諸端，皆八臣不得人心之所由也。垂簾初政，恭王文祥當國，用人行政亦誠有使中外翕然稱頌者，以此相形，益見八臣之非矣。至於後來朝政日壞，宮闈相扼，親賢憂畏，寵賂滋章，則又恐非當時贊助垂簾者所及料也。觀於此方知政治上功罪是非之難斷，而倚伏之機，非細心讀史者不得而窺矣。

恭王佚事，諸家私史等多有紀之者，何剛德春明夢錄有一則云：

淸室諸王以恭邸爲最聖明，雖平日有好貨之名，然必滿員之得優缺及滿員之由軍機章京外放者餽送始肯收受，聞其界限極爲分明。余嘗對寶師稱道其人，師曰，恭邸聰明却不可及，但生于深宮之中，長於阿保之手，民間疾苦究未能周知，事遇疑難時還是我們幾個人代爲主持也。

又云。

恭邸儀表甚偉，頗有隆準之意。余夙未與周旋，簡建昌時適在軍機，例應往謁，見面行禮不還，然却送茶坐炕，甚爲客氣。叙談頗久，惟送客不出門耳。聞後來攝政王初入軍機時見客便坐獨炕矣。

又云：

孝貞太后出殯之日。余入東華門觀禮，前導無甚排場，鑾輿衛繖扇之外，只見捧香爐者或十人或二十人爲一隊，分隊前行，中夾以衣架盥盆架，錯雜其中，金銀錁紙紮等陸續而至，與尋常民間出大殯者無異，但品制不同耳。須臾見梓宮自景運門出而上槓，與尋常棺槨亦無大異，惟和頭作文點式，遠望似黃色繡罩。正在趨前審視間，忽聞有一人喝站住一聲，諦視之則恭邸也，而德宗即隨之而至，頭戴白草笠，穿白袍靑布靴，其時隨從及觀禮者幾千百人，一切縞衣，上下無能區別，惟聞皇上縞素靴用靑布，王公親支稍殺，餘皆不能用布，所以示別也。

以上略可見恭王之風裁，至其三度秉政繫天下之重，良有可紀者。

徐沅白醉棣話云：

唐憲宗時崔羣嘗因面對論及開元天寶中事，以爲安危在出令，存亡繫所任。開元二十年罷賢相張九齡專任姦相李林甫，理亂自此而分，洵確論也。以同光朝局而論，亦有與唐事相類者。同治中興而後，曾文正李文忠諸公夾輔於外，而恭忠親王密運樞機於內，雖外患漸侵，國事猶不至遽壞，樞府得人故也。至光緒甲申三月，恭王屛出軍機，而以貪庸之禮王繼之，時局日非，遂如江河之日下矣。新樞臣中惟閻文介差負淸名，其餘非平庸即貪黷，不孚衆望。

又文廷式聞塵筆記云：

同治朝大婚之後，慈禧太后面諭軍機大臣云，大難既平，吾姊妹辛苦久，今距歸政不遠，欲擇日徧召大學士御前大臣六部九卿諭以宏濟艱難之道，惟養心殿地太迫窄。言至此。恭親王遽對曰，著，（京言是也）慈寧宮是太后地方。太后遂止不語，後亦不遍諭於大臣。蓋后竟欲御乾淸宮，恭邸窺其意而先爲幾諫也。

然除咸豐五年退出軍機外，生平凡三黜。同治四年三月兩太后諭責王信任親戚，內廷召對時有不檢，罷議政王及一切差使，旋以惇王醇王及廷臣中王拯等之奏請，命仍留內廷行走管理總理衙門，王入謝痛哭引咎，復諭以王親信重臣，相關休戚，期望既厚，責備不得不嚴，仍在軍機行走，此即王氏所記蔡壽祺一事，蓋孝欽意在奪其議政王銜也。二爲同治十三年穆宗親政後，責王召對失儀，奪爵，旋以太后命復之。此爲穆宗之輕躁舉動，似非盡出太后之意。三即光緒十年中法之役，王不欲輕言戰，言路如盛昱等交章論劾，太后責王委靡因循，罷軍機大臣停雙俸家居養疾，凡十年。至光緒二十年中日之役始再起。二十四年四月薨於位。其得罪穆宗一事，吳汝綸日記中記其事云。

見都下某官與某中丞書，言停罷園工之事，云七月十八日政府親臣聞大內將於二十日園中演戲，十餘人聯銜陳疏，復慮閱之不盡，乃先召見不許，再三而後可，疏上閱未數行，便云我停工何如，爾等尚何饒舌。恭邸云，某所奏尚多，不止停工一事，請容臣宣誦，遂將摺中所陳逐條讀講，反覆指陳。上大怒曰，此位讓爾何如。文相伏地一慟，喘急幾絕，乃命先行扶出。醇邪繼復泣諫，至微行一條，堅問何從傳聞。醇邸指實時地，乃怫然語塞。傳旨停工。至二十七日召見，醇邸適赴南苑驗砲，復召恭邸，復詢微行一事聞自何人，恭邸以臣子載澂對，故遷怒恭邸，並罪載澂也。又某樞言二十七原旨有跋扈弄權欺朕年幼著革去一切差使降爲庶人交宗人府嚴行管束等語。文相接旨，即陳片奏將硃諭繳回，明日臣等有面奏要件，比入犯顏力爭，故諭中有加恩改爲字樣，逾日復草革醇王諭，不知何人馳愬，忽傳旨召見王大臣，不及閣學，時已過午，九卿皆已退直，惟御前及翁傅直入弘德殿兩宮垂涕於上，皇上長跪於下，謂十年以來無恭邸何以有今日，皇帝少未更事，昨諭着即撤消云云。（翁文恭日記略同）

觀此則雖緣直諫忤穆宗，亦未嘗非由於園工持異議也。綜其一生，以貨財自晦，或有苦衷，至其持大體處，自是賢王。而委曲自全卒能以功名終亦可想見其憂患恐懼之忱矣。翁文恭日記中記甲申年恭王請進獻一事有云：

恭邸述惇邸語請旨，則十月中進獻事也。極瑣細極不得體。慈諭謂本不可進獻，何用請旨。且邊事如此，尚顧此邪。意在責備。而邸猶刺刺不已。

又云：

此入仍申昨日之諭，兩邸所對皆淺俗語，總求賞收禮物。垂諭極明，責備中有極沈重語。臣越次言，惇親王恭親王宜遵聖諭，勿再瑣屑，兩王叩頭匆匆退出。天潢貴胄親藩重臣識量如此。

文恭之言自是侃侃正論，師相大臣之體宜然。至恭王則必有以窺見孝欽之隱而姑以容悅自全者，謂爲識量不及，恐未察其苦心。然以周公之尊而下效贅御之獻諛，其處境亦誠可哀矣。

本文所錄各則多屬未刊行之稿，軍機各臣有已收入清史后妃傳稿者，張氏孟劬草創此傳，體例謹嚴，近人野史私記，多屏不入，獨於孝欽傳中多采諸札，足徵其翔實可信爲修史者所必資矣。故敘而緝之以俟篤志於史者。

甲申七月二十日書

湘怨樓枝譚

壽石工

陳家熾

哲維花隨人聖菴摭憶，記載同光掌故，頗極翔實，較近筆記中之星鳳也，間有聞見未確，或誤記誤會者，爲之釐正一二，哲維謂岑西林幕府有陳家熾，必岑熾之誤，引陳澹然先生所爲岑熾事略證之，岑熾是矣，而陳家熾非岑熾也，以予所聞，蓋陳開熾耳，陳開熾字錫昌，四川合江人，以明經貢太學，與張堅白制軍同在西林幕府，西林撫晉，予時隨宦太原，年甫十六七歲，曾晤二君於顧友笙丈座上，錫昌喜爲小詩，尤長側艷，遂相過從，爲予書扇絕句數首，題爲自渝滋滬，綺思撩人，輒有所作，花朝人病酒懨懨，絲鬟新從鏡裏添，明日二分流水路，綠波春草送江淹，尊前重見李師師，往日相逢喜不支，誰識舞衫歌扇地，月明空負杏花期，錫昌累官至知府，西林督粵，從至漢口，道卒，癸丑甲寅之際，遘友笙丈天津，爲予言之，旋識錫昌從兄劍秋，同有阿槃之好，不三日必見，暇日述及錫昌，知遺稿散落久矣，劍秋名時利，前內務部司長，戊戌政變前，曾特賞五品京堂，幾與楊叔嶠劉裴村同罹黨禍者也，今春甫謝賓客，生前收藏極富，海王邨畔，無不知秋醒樓主人者。

高澂南

瀘州高蔚然太守，著金鑾瑣記，有絕句百餘首，注城南弟云云，哲維謂當作澂南，當字似未確，案蔚然弟枏字森然，亦署澂南，久居宣武門外半截胡同川館老屋，故又署城南，一音之轉，字遂不同，文人通例，與傳寫沿誤者不同，當云一作城南，庶幾近之，蔚然名樹，以軍機章京，奉簡奉天府遺缺知府，補新民府知府，宣統間，予奉調瀋垣，與蔚然及孟秉初憲彝，管洛聲鳳龢，同班常晤，秉初後長吉林民政，未幾化去，妾生幼女，數年前入女師學院，從予問業，洛聲權奉天府篆，國變棄官，居天津營商業，歿未十年，利亞書局即其生前所營，月前遘其文孫，亭亭鶴立，洛聲爲有後矣，蔚然民二離瀋，閒居舊京，民八九年，予與潘立之辦新華日報，蔚然尚時時過從，歿已九十，衙大壯，朱癲儕，皆娶於高，皆女孫行，至今高氏，似尚寓北半截胡同也。

天蜺墨

鄧之誠骨董瑣記，陳無巳天魂墨一條，陳無巳人知其刻苦攻詩，而不知其雅善製墨，閱鄭方域石幢詩云，上標天魂更書欵，細字一一皆精妍，延綠齋中眞好事，製作將欲垂千年，自注，墨名天魂，有陳無巳書欵，墨旁有延綠齋三字，見魚計軒詩話，案延綠齋爲吳守默別署，守默，淸康熙時之墨工也，當時與曹素功程公瑜齊名，曹子孫世其業，至今不衰，吳程則雍正後無繼起者，流傳亦較少，知之者尠，無足怪也，守默有天蜺玉堂染翰二種，皆什錦墨，最著名，又曾爲宋牧仲製西波六景

，及黃海山花墨，天一閣范氏亦嘗乞其製墨，玉堂染翰全八笏，天蜺全十二笏，鄧氏所謂天魂，蓋即天蜺之一種，天蜺墨題署，隸篆行楷，每笏不同，霓字蜺字參錯互見，其欵式面署天蜺二字，背題宋人詩一句，有雙欵，有單欵，雙欵者，署守默名，復有延綠齋小印，或面或側或頂，單欵則僅人名或齋名也，李犨，坡公，山谷，晁無咎，安鴻漸鄭谷，陳無已，林和靖，戴東墅，張鷟，子昂，末一笏爲玫翁，有乙亥年欵，康熙三十四年也，陳無已一笏，牛舌，面起三稜，左右題天蜺二字，塡金，背亦三稜，上方烏丸如添姿如石，下方陳無已，側欵延綠齋，此墨天蜺二字作篆書，鄭方域不識篆書，以其頗似魂字，遂有上標天魂語，其陋不足道，鄧氏未見此墨，只知逐錄魚計軒詩話耳，上述吳墨，山齋皆有之，暇當一質鄧氏。

萬印樓

濰縣陳介祺，字簠齋，藏古印至夥，以萬印名樓，著十鐘山房印舉，屢易其稿，既久久不盈萬印，假日照丁氏海豐墨氏所藏，抉其精粹，但有鈐紅，余曾見數本，各不同，蓋猶是未定稿，印亦迄未盈萬也。歲丙子，簠齋後人，擬以原印歸國有，大府延專家審定，余與王庋公錢伯年柯燕舲皆與焉，夏末秋初，日於稷園東軒，摩挲鑑賞，七千餘印，手自推拓，凡兩閱月而數，歷來藏古印者，賴古飛鴻而外，並世不能不推雙虞壺齋與萬印樓，雙虞壺齋臧印，陶齋極所推重，黟黃牧甫尤數數言及，當別著於篇，萬印之印，當以秦前小鉩，兩漢官印，爲精且確，漢私印閒有可議，亦絕少至劣者，獨玉印若干方，佳品甚少，可稱怪事，尤以號稱飛燕遺物之倢伃妾娋一印，經龔瑑人氏賦詩，南海潘氏世守，二百年來，詫爲神品，估直鉅萬，予實有大惑不解者，西京玉印，鈕至樸質，此印雕鏤精細，已不似未央長信宮物，又婕妤內官，不聞佩印之制，而妾字之後，祗著姓氏而不名，更與漢時體制不合，襄見漢時臣字妾字印，但有名而不著姓氏，如臣宣臣方進，妾繻妾盧豚之類，其例正同，細審此印，末一字是娋字，非趙字，古印趙多作肖，省文也，忽加女旁其意維何，即是漢物，敢斷定爲婕妤名娋者佩章，而决非出自飛燕明矣，鳥篆絕工，惜精潔有餘，神味不足，終疑宋以後好事者爲之，印材古，而琢鈕近楊佝，刻字近文何之圓朱也，瑑人是詞章家，非賞鑒家，潘氏富豪，炫奇而已，何昆玉僅能刻字，而少讀書，皆不足爲鑒定此印之專家也，飛燕禍水，炎漢被其橫流，火德漸以衰歇，烏龍赤鳳之故事，僅足爲詞章之裝綴者，乃牽强附會，託之以炫世俗，眞骨董家之不可思議者，簠翁嗜古至耑，貪多愛好，聊以自娛，固未嘗加以考證，其他又何責焉，簠翁自用印，予拓存五六冊，大抵皆王西泉所刻，以板滯爲規矩，神致索然，顧其搜求古印，老而彌篤，蓋震其名耳，本非印人，於印學終隔一塵，嗚呼，予欲無言。

碧葭精舍臧印

南皮張氏碧葭精舍印譜，爲修府臧古印拓本，紙張印泥，窮極精緻，官印頗有佳者，朐長之印，東朝陽侯畜官，皆厚重渾樸，家壐，邽印，宜野鄉印，蜀邸倉印，上林池郎，市府寺從，樂平君印，昌武君印，皆波峭險勁，上久農長，樂陵校長，皆奇肆可喜，夏陽錢庫督印，規矩

而不板滯，秦前小鉩絕妙，王操，郭臧，郭武，相里赤，濩留，石賢，翟武，張弟，楊同，起穿，石隨，郭隨，白文之精，非兩京所能夢見，其用筆之奇，布局之妙，雖斯冰之筆，不能逮也，朱文則大遜，蓋鑒賞未確，率意收取之過也，古鉩約二十餘印，只連市之鉥佳耳，玉印尤無足觀，輓近收古印者，往往側重古印，賢如簠齋，當行如武進陶氏，皆染此習，可怪也已，褚禮堂有序，於蜀邸倉印，樂陵校長，夏陽錢庫督印，上久農長，讚歎不置，誠然誠然，至謂狀字是隗狀，頎字是廉頎，匪特附會，亦甚可笑，古人命名，狀字頎字，隗廉二氏以外，果絕無也，予別署印匄，有時祇寫一匄字，印章匄字者極多，倘以之範銅刻玉，千百年後，遂疑為春秋時之士匄邪，古印但取文字工雅，筆法懿茂，有裨篆刻可已，斷斷於考據，瑣屑可哂，更證之名人，穿鑿之甚，或亦自增聲價耳，談書畫金石者，於名人名筆，每喜混為一談，於是武人為帥，文人為相，無論能否執筆，必辟一幕僚之善書者，為之代書，世俗之人，明知其贋，而爭求之，此猶昔日一時鄉鄙之炫耀也，不謂古人之名，亦有人假借以為重，此與海王村畔之業骨董者何異，脩府名厚轂，文襄之族孫也，好古而窘於貲，此譜所收之印，未幾即以易米，今恐早經散佚矣，噫嘻。

客中佳節罷登高，獨立淒涼感二毛；
紫陌泥塗秋汩汩，黑山風雨夜嘈嘈。
幽人儵有觀魚樂，壯士慚无汗馬勞；
得失古今俱一律，惟應痛飲讀離騷。

——楊仲弘

元黃大癡富春山居圖卷燼餘本

吳湖帆

大癡老人富春山居圖卷，乃至正七年翁七十九歲自雲間歸富春時為無用禪師所作，凡三年而成。焜耀古今，膾炙天下，為藝林劇迹。鄒臣虎比之右軍蘭亭，謂聖而神矣。惲南田則謂「畫法全宗董源，間以高米，凡數十峯一峯一狀，數百樹一樹一態，雄秀蒼茫，極變化之致。又謂子久浮巒暖翠圖太繁，砂磧圖太簡，惟富春山居圖則脫繁簡之迹，出畦逕之外，盡神明之運，發造化之秘，極淋漓飄渺而不可之勢」，則此畫匪特為癡翁生平第一傑作，抑亦古今藝林神品之冠冕也。眞蹟自元迄明，吾吳沈石田徵君樊節推（名字未詳）梁溪談思重太常，華亭董文敏之寶藏，暨王百穀周公瑕諸公之嘆賞，由文敏歸荊溪吳之矩傳之其子問卿，為雲起樓中秘笈。（成化以前藏沈石田處，弘治元年為樊節推所獲，越八十二年隆慶四年為談思重所得，又越廿六年萬歷廿四年為董思翁得，奉使三湘，取道涇里，得友人華中瀚之介，順治七年鄒臣虎為吳問卿跋，距董跋五十五年。）之矩名正志，萬歷進士，問卿名洪裕，號楓隱，萬歷舉人。陳其年感舊絕句，有吳孝廉問卿一首，自註云，「孝廉吳洪裕，余姑丈也。祖達可，父正志，皆萬歷間名公卿。孝廉甫成童，即登乙卯賢書。家蓄法書名畫，下及酒鎗茗椀，陸離斑駁，無非唐宋時物。城中別墅曰雲起樓，極亭臺池沼之勝，面水架一小軒，藏元人黃子久富

春圖于內，鄒臣虎先生顏曰富春軒。郭外園林名南嶽山房，園內悉種名花，約有千餘樹。每逢花時，孝廉輒攜榼至，巡繞一樹，浮一大白，醉即陶然臥花下。孝廉無子，死之日，捨南嶽山房爲楓隱寺。」讀此可想見問卿之爲人，問卿死於順治庚寅，臨終時竟以智永千文與癡翁富春圖卷投火爲殉，較諸焚琴煮鶴，尤爲慘酷。幸其從子靜庵，乘其瞶亂，投以他冊易出，而前幅數尺，已罹刦灰，惲南田甌香館畫跋，紀此甚詳，謂吳問卿所愛玩者有二卷，一爲智永千文眞迹，一爲富春圖，將以爲殉。彌留爲文祭二卷，先一日焚千文眞迹，自臨以視其燼，詰朝焚富春圖祭酒面付火，火熾輒還臥內，其從子吳靜庵疾趨焚所，起紅爐而出之，焚其起首一段。」據此則問卿實爲思翁之罪人，而靜庵則爲此圖之功臣也。靜庵名眞度，字子文，崇禎進士，著有臨風閣偶存。（見道光宜興續志文藝門）至所謂焚其起手一段，究有若干，所寫何景，則甌香館畫跋所紀述云，「余因問卿從子問其起手處，寫城樓睥睨一角，却作平沙禿鋒，爲之極蒼莽之致，平沙蓋寫富春江口出錢唐景也。自平沙五尺餘以後方起峯巒破石」。由是言之，所焚者旣爲平沙景五尺餘，則所存者開首爲峯巒破石也。此刦餘珍迹先後歸泰興季因是及華亭王儼齋朝鮮安儀久而入淸宮。先是，乾隆十年乙丑，高宗得山居圖卷，欵署大癡，原題云，「子明隱君將歸錢唐，需畫山居景，圖此贈別。」年月爲至元戊寅秋。高宗激賞之，不知實爲僞本也。翌年丙寅，安氏家中落，眞本圖卷，由傅文忠（恒）之進，介與右軍袁生帖東坡二賦韓幹畫馬及米友仁瀟湘圖等，同時進呈。乃高宗抱先入之見，反以此眞本爲贋鼎，並認僞本山居圖山居之上遺脫富春二字，勅沈文慤（德潛）作譔辭於僞本之後，梁文莊（詩正）書貶語於眞迹之上，而歷次聖駕巡幸，輒以僞本相隨，御蹕所至，對景加題，幾暇，展賞咏嘆至再，先後題咏，達數十次之多，洵可謂阿私所好已。民國二十四年乙亥，故宮博物院古物南遷，余參與審查之役，眞僞兩本，同獲寓目。眞本大氣磅礴，神采奕奕，而僞本則筆墨粗獷，無論神韻，且紙爲染色，絕少古趣，然一則天語寵褒，身價百倍，而一則如蛾眉見嫉，棄等秋扇，不禁爲癡翁叫屈也。眞本卷中有揚州季因是收藏印，季寓庸印，季氏圓印，王儼齋藏印，紙長約二丈，每節騎縫處有吳之矩白文方印，尤著者第一節之前上角存之矩二字半，印較他節少一吳字，可證其前燬去若干也。丁丑以還，江浙遍遭兵亂，故家文物，散落至夥。戊寅冬，海上汲古閣主曹君友卿，攜宋元明大冊來，發之爲錢舜舉蹴踘圖，趙松雪秋林遠岫及江岸喬柯二圖，趙仲穆江深草閣圖，方方壺坐看雲起圖，杜東原山水又一墨筆山水，審係癡翁眞迹，與在故宮所見之富春山居圖眞本紙幅色澤高度毫無二致，而樹石皴染，筆墨輕重，亦相吻合。紙之左上角，赫然有吳字半印，與故宮藏本第一節上角之矩二字半印適相符，圖中開首峯巒破石證以南田翁畫跋所云，燬去平沙五尺後方起峯巒破石之語，又復相合，則此即富春山居圖之首段也。顧眞本已入故宮，何以又留此鱗爪在外，大奇之，因即以商彝周敦二事，易得全部諸畫，并囑曹君問原主查詢有無題跋，越晚曹君以電話通知，謂題跋已得此無欵，山水確爲大癡富春山居圖眞迹，待明日送閱云。時余適外出未歸，靜淑即囑曹君謂旣有題詞，可即攜來，否則湖帆歸而鬨之，今夕將喜極而不成寐矣。比余歸，曹君亦至，謂題跋一紙，原主已付紙簏，幸而搜得之，出以相示，則廣寧王廷賓

師臣手筆也。其文云，「剩山圖者黃大癡先生所作富春山圖前一段也。自先生富春圖出，膾炙古今天下人口，久推爲名家第一。向爲宜興吳子問卿氏珍藏，順治庚寅間，問卿且死愛不能割直，焚以爲殉，其從子文不忍以名物遽燼之刦灰，遂乘其瞶亂旋投以他冊易出之，而已燬去其十之三四矣。是此圖已不能復爲全璧，題之曰剩山，悲夫，然猶幸其結構完全，儼然富春山在望，其後段所存者亦尙有延袤數紙，然僅屬餘燼，未若此段之偏有鬼神呵護也。子文眞此圖功臣哉。嗣並爲好事者多金購去，其後段久歸之泰興季宦，而此前一段則爲新安吳寄谷先生篋中秘寶，寄谷因爲余購得三朝寶績圖，選汰再四，已略盡古今名人勝事，而尙未得成編。戊申冬，慨然復以此圖見惠，余覽之覺天趣生動，風度超然，曰，是可與三朝寶績諸圖共傳不朽也。因幷出近所得元章先生溪山雨餘圖裝成全冊，計共十四幅。後之君子，其亦覽此圖而悲其所遇之不偶如此。康熙己酉春王二月望日，廣寧王廷賓師臣識。」觀此則知此畫不第即故宮燼餘富春山圖眞本之前段，而余同時所得之趙氏父子及方壺舜舉東原諸畫，亦師臣三朝寶績冊中之珍秘也。欣幸何如。遂更以故宮眞迹印本與此剩圖對照比之， 吳字半印與故宮所存之矩二字半印適相符合，此本存火燒痕二處半而故宮眞本第一節中間亦存火燒痕二處半，此本燒痕之第三處適當兩紙接處，吳字半印之下與故宮本第一處燒痕亦適各得其半，而燒痕在前者又較大於後，蓋手卷密捲投火，火自外及內，起而出之，故着火處在外者愈大在內者愈小，及展之則燒痕大者在前而小者在後也。余爲徵信計，乃將此本攝製珂羅版與故宮眞本印本第一節相接，並裝卷後，庶使後之覽賞者恍然知此富春眞迹之謎，豈獨數百年來未有之大快，亦我華藝林國寶之信史也。又翌年已卯，余又得癡翁山水整軸，乃翁八十一歲作於雲間客舍者，不經年連獲癡翁二墨寶，洵古歡異緣焉。

附宜興吳氏世系表

吳達可（字叔行官至通政使）—正志（字之矩萬曆進士）—洪亮—貞吉（舉人）
　　　　　　　　　　　　　　　　　　　　　　　　　—貞度（字文文號靜庵崇禎進士）
　　　　　　　　　　　　　　　　　—洪裕（字問卿號楓隱萬曆舉人官至參議）

附富春山居圖卷收藏沿革表

元至正七年 黃子久作圖—明成化 沈石田—弘治 樊節推—隆慶四年 談思重—萬歷廿四年 董文敏—萬歷至清順治 吳之矩—問卿

問卿死後卷分爲二

前段（一名剩山圖）—清康熙 吳寄谷—康熙 王師臣—同光間 陳氏—民國二十七年 吳氏梅景書屋

後段—清康熙 季因是—康熙 王儼齋—乾隆初 安儀周—乾隆十一年 清內府—民國十三年 故宮博物院

惲南田與王石谷

鄭秉珊

文人相輕，在漢魏時代，魏文帝已發出「自古而然」的慨歎，可見與「文人無行」一語，同爲千古的名言。然而文人能互相服膺的，也未嘗沒有，最著的如唐之韓孟，宋之歐梅都是，而淸初惲南田和王石谷的友誼敦篤，尤足爲畫苑中的美談。

惲王的相識很早。據南田畫跋云：「春夜與虞山好友石谷，書齋斟茗快談，戲拈柯九思樹石，石谷補竹坡，共爲笑樂。時丙申浴佛前二日記。」查丙申係順治十三年，石谷時年二十五歲，南田則爲二十四歲。那時已稱爲好友，則其訂交還在以前可知。

原來石谷在弱冠時，受婁東二王的薰陶，畫名已鵲起。「淸暉贈言」自序云：「自童子時，即嗜翰墨，得古蹟眞本，輒摹倣數紙，必得其神乃已，每欲出以就正有道而未敢也。會王廉州師自婁至虞，見翬所圖便面小景，把玩贊歎，攜之袖中，是夕方伯孫公，讌師於山堂，賓客數十人，笙歌駢集，師握余扇，注視不釋手。酒半徧示諸客，稱許過當，一座盡驚。隨命其客邀致，翬得以弟子禮見，因出董文敏所圖長卷，指點誘誨，鄭重而別。居久之，師葺染香菴初成，始貽書相招，懸榻以待。遂介謁太常王公，公一見如故，館之幸舍。周臣與端士（煙客之子）諸公，晨夕侍側，語下往往契合。因盡發家藏宋元名蹟，相與披尋議論，指示宗派，悉有依據，翬益快聞所未聞。由是盤礴點染，頗能涉其津涯，與古人參於毫芒之間，會諸意象之表，皆兩公之教也。」這裏所記，可見石谷少年時的穎異，而二王的愛才提攜，爲尤不可及。按王弇州爾雅樓所藏，本多名蹟，所以廉州畫深入董巨三昧。至於王煙客，以宰相世家，生平酷好黃子久，得見其眞蹟二十餘本，並藏有陸壑密林圖砂磧圖諸本，故其落筆一點一拂，俱有師承，時稱「癡翁後身」。又煙客少時受業於董香光，「香光爲畫臨摹粉本，凡輞川洪谷，北苑南宮，華原營邱，樹法石骨，皴擦勾染，皆有一二語拈提，根極理要。」煙客既得力於董氏，後來就將董氏畫的樹石卷贈給石谷。所以石谷在二十餘歲時，畫學便已湛深了。

張浦山畫徵錄，說煙客攜石谷遊，畫得觀撫江南北諸收藏家的秘本，想來是事實。石谷至毘陵，其居停爲唐氏半園的主人，惲王的相識，恐怕就在唐家吧。半園主人爲唐雲客孔明，是毘陵鉅室，著名的收藏家。南田甌香館詩集云：「壬寅秋夜，與王子石谷，同飲唐孔明先生四并堂，次日，余之白門， 歸舟得句寄贈」云云。是石谷三十一歲時，又客半園，得與南田會見。神州國光集印有石谷於是年所繪的冊頁十幀，係爲漢俠作者，對幅俱有唐孔明的題詩。裏面雖然有幾張是仿宋的，但用筆還完全是法元人，富有鬆秀淸雋之趣。其中仿雲林「斷橋無復板，臥柳自生枝」一幀，尤得倪迂神髓，無怪南田十分的傾倒。蓋南田一生

所作的山水，實不出元人一步，與此時石谷的作風，頗有相同的傾向也。

南田傾倒於石谷，可於其自述知之。甌香館集「送王郎還琴川詩」序云：「猶記余從南村走東郭，時已就暝，不得復見。宵分徙倚庭隅，索句既成，明日書扇，舟次誦詩唱別，同人見予與石谷交誼如此，近世所無，莫不歎息。」又有致石谷手札云：「籬豆停筆苦思，終不能知用墨意，至於擲筆歎服，未審王先生宜救之否？否則明日失却一正叔可惜。頃持燈自來，闔人把斷不得出，今取三紙，乞鶴兄攀拓一紙，惟先生念之。扇已盡付來。弟格伏枕白。」伏枕作書，可想見他中夜徬徨，寤不成寐，不得不以寫信自遣。先生者，非泛泛之稱，蓋南田心誠悅服，實願以弟子自處也。

甌香館集還有贈烏目王山人詩四首云：

斷壑崩灘古洞門，誰移石壁種雲根，懸知灑墨如風雨，亂染烟山紫翠痕。竹雨桐風盡入元，阿誰參得巨公禪，看君畫石如雲手，落紙精華已百年。寥落南宗與北宗，天荒今見畫中龍，高雲都入王郎卷，亂覆淸谿八九峯。繪苑誰稱絕代工，興來搖筆撼崆峒，何知我輩千秋業，萬國花花閉戶中。

詩中曰畫中龍，絕代工，推崇備至。按南田嘗寄石谷書札，自云畫山水，不能脫一「窘」字關，因此對於石谷，簡直要當師傅看待。這是什麼緣故呢？據我想，這是有理由的。第一就用筆而論：南田之書法，係仿褚河南，河南書已有「美女嬋娟，不勝羅綺」之評，而惲氏又加之以媚態。這柔媚的筆致，施之於山水——尤其大幅畫，實在是不大對工，但用以作工筆花卉，却極爲適宜。無怪他自量不能勝石谷，又「恥爲天下第二手」，就在花卉畫開闢他的新天地了。第二就眼界而論：石谷交遊廣，閱古多，親見的名蹟，又都留有粉本，所以他的畫，面目最多。南田以本家筆寫小幀山水，其靈秀之氣，固不可及，但講到臨古，便不能和石谷比了。現在我們所見淸宮所藏的南田絹本仿古山水冊，其中多幀，和石谷四十四歲所作的仿古冊，大同小異，其粉本顯係得之於石谷。又南田仿大癡陡壑密林圖，就是借石谷的臨本來摹仿的。又其畫扇面自題云：「此東園生游戲塗抹自取笑樂者也。覽者多以爲似石谷，又謂似子鶴，更指某筆似某，某筆似某，墨花眩惑，不復可辨。豈世無離婁耶！抑宣尼有若，遂竟不可分別耶！」他因爲眼界較窄，遂不得不向石谷低首。所以方蘭士說：「惲南田山水，力量不如石谷大，逸筆高韻，特爲過之，至於工細之作，往往不脫石谷法，豈當時往還討論，染習之深，不能擺落耶！」可謂知言。

惲王兩人，都靠筆墨爲生，時時往來各地，所以相遇的機會很少。據甌香館集觀之，康熙八年九月，石谷以周櫟園之招，赴白門，道經毘陵，得與南田相見，南田贈詩，有「爲爾空庭多種竹，雪中還望刺船來」之句，是希望他歸舟重晤。櫟園的邀石谷，是先請王煙客吳梅邨兩人代爲勸駕，復親自致手札云：「（亮工）恒誇座客道：石谷爲我作畫，行且止，乃寂然。已又詭之曰：中途矣，已乃復寂然。石谷果無意於亮乎，幸勿令老夫慚座客也」。石谷不得已，乃往，那裏知道到南京時，周氏已罷官了。於是寓續燈菴，爲畫山水十六幅以報。同時與金陵畫家龔半千相識。半千嘗致書云：「頃磴仙（汪㮀）使來，手持先生貽贈

半畝畫幅，展之驚魂動魄，不覺五體投地矣，復何言說可盡謝忱耶！」能使半千如此欽佩，可見石谷的本領。無怪周櫟園許為「百年以來第一人」。而吳榮光也說，石谷在寓居續燈菴之後，學古已成。蓋此時石谷雖年僅三十八，而經二十年探求宋元之秘奧　，已達到自成一家的境地了。

石谷自金陵歸，曾經便道訪南田，適南田他出不值。事後南田懊悔不置，又修書致其繾綣之意道：「客冬一札，寄白門相慰勞者，竟浮沉友人手。及石谷至敝邑，則弟又走田間。夢寐之間，若有山靈相告者，比抵郡，而王郎已駕而東，不能追矣。不佞弟與石谷以縞紵之雅，兼之翰墨相慕悅，知知人所不及知，而賞所不能賞，而稱相知。較他相知不啻什倍，宜乎形迹密爾無間隔之恨。而間隔形迹落落，較他相知亦且十倍若此，則相知之心蓋已疏矣。而此心則愈密，每間行遊看，一山一水，一樹一草，一片雲，一卷石，無一不思吾石谷也，即若與石谷子相對。又觀石谷之墨痕筆精，奇理百變也，故雖與石谷形迹闊絕，無時無日不與石谷同室而聚居也，又豈在區區形迹之間哉！弟今春凡三四束裝，俱為事累所束縛。已聞北郭好事者韓氏，致書幣相招，知石谷不可却！此間有正叔在，知石谷定能勿却也。」所以石谷就於康熙九年庚戌五月裏，復從吳門到毘陵，與南田相聚首。六月裏，又邀了南田到他家裏，同遊虞山劍門之勝。南田畫跋曾云：「烏目山人與予論筆墨，數十晝夜不倦，醉舞歌呼，有解衣盤礴，旁若無人之意。」這一次的會晤，日子很久，兩人一定是暢快極了。

他們兩人會合在一起時，往往合作。王畫惲題，時稱雙絕，南田也以此自詡。他曾有書給石谷云：「到虞山縱觀荊董大手筆，一快心目，弟當為作題語，贊歎希有勝事。先生之珍圖，不可無南田生之題跋，敢云合則雙美，庶非糠粃播揚耳。」南田題跋能將石谷經營苦心，標出無遺，所以為難，如清宮所藏石谷仿黃鶴山樵筆，南田題云：「烏目山人為余言，生平所見王叔明真迹，不下廿餘本，而真迹中最奇者有三；吾從秋山草堂一幀悟其法，於毘陵唐氏觀夏山圖會其趣，最後見關山蕭寺本，一洗凡目，煥然神明，吾窮其變焉！大諦秋山天然秀潤，夏山鬱密沉古，關山圖則離披零亂，飄洒盡致，殆不可以經轍求之。而王郎於是乎進矣！因知向者之所為山樵，猶在雲霧中也。石谷沉思既久，暇日戲彙三圖筆意於一幀，滌蕩陳趨，發揮新意，徊翔恣肆，而山樵始無餘蘊。今夏石谷自吳門來，余搜行笈得此幀，驚歎欲絕。石谷亦沾沾自喜，有十五城不易之概。置余案頭，摩挲十餘日，題數語歸之。蓋以西廬老人之矜賞，而石谷尙不能割所愛，矧余輩安能久假，為韞櫝玩邪！」這一幅題於庚戌五月，就是石谷到毘陵的時候所題的。按王畫惲題，流傳尙多，惲畫王題，却極少見，惟故宮有南田山水冊，石谷題云：「余與南田先生為筆墨交，同客婁東，荏苒歲月，已成往事。見行筆破墨，直透紙背，如書家痛快沉着，腕力更不可及。此冊氣韻位置，機趣橫生，得董巨三昧，可謂剗俗入雅。把玩之下，如挹前輩風流，漫綴一言，用志心折。」又題詩云：「書畫堆邊活一生，論渠畫法借書評，請看瘦硬通神處，純用顏筋柳骨成。」此係石谷七十四歲時所題者，蓋南田先卒已十七年矣。

康熙十一年秋十月，石谷同了弟子楊子鶴，再到谷陵，寓於南田家

。楊子鶴督南田父親遜菴寫照，石谷補雲崖松路，遜菴作詩以謝。又同在楊氏水亭觀米海嶽雲山大幀，復遊陽羨，同時笪江上也來會，賦詩作畫爲樂。笪江上題石谷毘陵秋興圖云：「壬子之秋，同年友邀余過毘陵，館於家園。時虞山王子石谷先至，連床夜話，討論今昔，四十餘日，興勃勃未盡。聞主人欲之澄江，遂偕告歸，石谷還虞山，余返棹京口。是時維揚李給諫囑余招石谷，於明春同聚焦巖，期會正遠。因維舟河干，絕賓朋，恣游賞，徘徊於禪房仙觀，不與主人知也。一夕放舟徜徉，見堤上秋林，石谷指謂余曰：此眞畫也。……欣然呼毫，艤舟隔岸，目擊手追者屢日，一片丹楓，竟移奪於縑素間矣」云云。同時南田也在，爲賦詩十二章以志勝事。並和笪氏合作山水，題云：「壬子十月，與江上笪先生烏目山人同聚西郊，泊舟夜談，與江上翁合成此圖，相對笑樂，但石谷子從壁上觀，得毋不戰屈人耶。」又題笪氏仿雲林生畫云：「昔白石翁每作雲林，其師趙同魯見輒呼曰：又過矣，又過矣！董宗伯稱子久畫，未能斷縱橫習氣，惟於迂也無間然。以石田翁之筆力爲雲林，猶不爲同魯所許。癡翁與雲林方駕，尙不免於縱橫，故知胸次習氣未盡。其於幽澹兩言，覷面千里。江上翁抗情絕俗，有雲林之風，與王山人相對忘言，靈襟瀟遠。長宵秉燭，興至抽毫，輒與雲林神合，其天趣飛翔，洗脫畫習，可以睨癡翁而傲白石，無論時史矣。」他們三人，志同道合，興高采烈，在寂寞的河干，暢談暢遊，繼之以弄翰，於是一縑片紙，都成傑作。王夢樓「快雨堂題跋」有笪惲王三家合冊跋云：「書畫家妙境雖自天成，而山水朋友，所助不少。國朝笪江上之書，惲南田之畫，皆臻第一流，石谷每遇此二人，其畫格遂爾超妙。江上之畫，特書之緒餘，而一對惲王，更入作家軌轍，此友朋之益也。是冊三家迭相酬唱，皆極得意筆，使三公再爲之，便不能到，何況餘子，洵人間之至寶也。」想來就是此時的作品了。

盛會不常，良筵難再，然九年後的庚申冬日，他們數人竟又得重聚。據清宮所藏惲王笪楊等合作的歲朝圖，上有南田題云：「虞山石谷子，畫水仙松枝，南田生寫天竹，子鶴補山茶，聖老道兄淸賞。」又題云「時庚申冬日晴和，與江上侍御同客百花里，銅盤燃炬，夜坐合作，壽平記。」此幀笪氏畫梅花一枝，另有江上外史補梅欵。這種合作，原是極爲難得的，何況石谷還是畫的花卉。按石谷本兼工花卉，南田嘗說，石谷終年不作花卉，然偶一涉筆，必有過人處。唐雲客給石谷的信，也有「……所謂別紙者，欲求小桃雙燕圖，亦三四年前舊約也」，及「前吳閶舟次，欲畫小桃初卸尺幅小景，以豁憂襟」之語可證。因爲後來人家請求畫山水者多，所以花卉就不畫了。

庚申係康熙十九年，此一年中，惲王兩人相聚的日子最多，因爲曾同到婁東。原來王烟客先前看見了南田的花卉畫，欽佩得了不得，曾以扇面請他寫生，後又致書石谷，叫他邀南田同到婁東。其信云：「前見正叔所爲沒骨花圖，眞別開生面，令人眼目一新。其隨意點綴，一言半語，往往引人入勝。弟與正叔，有先世之雅，聞其人脫落世俗，無一點塵埃氣息，亟思披對，與之昵好。但屢訂來游，而蹤迹杳然，桑榆隙光，能久待耶！吾兄明春肯相拉偕行，慰我飢渴，寂寞荒齋，得延二妙，若果此緣，一段佳話也。」煙客的第五子懌民，本工於樂府，因令其譜南田幼年六舊事，成「驚峯緣」傳奇，付之家伶，練習纍演。又在十八

年的秋冬間，再致書石谷云：「近第五兒爲正叔兄演鶩峯緣新劇已成，伶人傳習，似亦可觀。但其中情事，略有粉飾，須正叔自來商定，亦慫恿來游之一會也，便羽幸即聞之。」求與南田會見，特製新曲，以爲歡迎，煙客的老興，可謂不淺了。

按南田幼年，實備嘗艱苦。據惲鶴生及惲敬所作的南田先生家傳謂：南田年十三，隨父遜菴先生依王祈（擁護明室者）於建寧，陳錦破建寧，被略。錦無子，其妻子之。後從錦遊杭州之靈隱寺，時遜庵亦以緇衣脫歸，相遇於塗。遜庵因與寺主諦暉謀，俟錦妻入寺，紿言此子宜出家，不然且死。錦妻留之寺中，泣而去，因此始得歸。南田因爲父親爲明代遺老，而伯兄陣亡，仲兄相失，俱忠於明代，所以布衣終身，不應科舉。這「鶩峯緣」就是記他的生平的。南田因此於庚申年的春天，先到常熟，約了石谷預備到太倉謁王烟客，那裏知道烟客即於到日起病，過了三天，纔在病榻前會見一面，猶云前夜夢見兩位過我，可是一病竟不起了。他們十載神交，僅得一面，南田非常悲慟，有哭奉常先生詩十八首，其眞蹟曾印入神州國光集。煙客雖卒，但南田留太倉數月，所以冬天又能與石谷同笪江上會見了。

據甌香館集，康熙二十二年，惲王再得相見。二十三年秋，南田將遊武林，作詩以寄，石谷有「音問懸隔，嗟我懷人，有如飢渴，秋窗夢寐，惝怳晤言」之語，蓋分別又已一年了。明年，石谷應納蘭容若之招，偕楊子鶴於仲夏望前四日到北京，可是納蘭已於數日前逝世。雖有徐健庵等諸大僚之堅留，但石谷僅寢門成禮，即拂衣而歸。翌年丙寅九月，遂又與南田會見於崑山，南田有「九月十四夜與石谷子對月玉峯園池」的詩，其主人大概爲徐樹穀。因爲有訂期中秋之信。其年冬兩人仍在一起，有臘月望後三日，南田寫新篁圖，石谷補溪亭遠山爲證。但至康熙二十九年，南田就病卒了，年五十八。其子念祖，貧不能具喪，石谷爲經紀之，他不忘死友，這一點是值得時人的稱道。

南田詩書畫兼擅，時稱三絕，他嘗勸石谷留意於題欵，便是認其題欵還不大好。然嘉慶間吳德旋「初月樓論書」，却深贊石谷的書法淳古，有似明代的楊忠愍繼盛。石谷的題記，論畫爲多，但也有自作的詩，如爲潛庵仿王蒙薜蘿圖，其上面題云：「潛庵愛畫眞有癖，每向塵埃憶泉石，幾年同客桑乾濱，擬寫溪山供几席。興酣漫作薜蘿圖，香光（王叔明亦號香光）老人留規模，懸之清署發遐想，松風入座青糢糊」。亦尙可誦。又畫前赤壁圖題詞云：「壬戌之秋，是蘇子與客，泛舟赤壁。舉酒屬客，月明風細，光與天相接。扣舷唱月，桂棹蘭槳堪遊逸。又曰客能吹洞簫，和聲嗚咽。追想孟德，困於周郎，到今空有當時跡。論算惟有明月清風，取之無禁用不竭。客喜洗盞還再酌，旣已同醉，相與枕藉舟中，始知東方晃然旣白。」隱括東坡赤壁賦中語爲之，也尙別有趣味，雖然是不能和南田相比。又石谷也不喜南田專事寫生，嘗對孫承公云：「正叔研精卉草，日求其趣，其於烟雲山水之機疏矣！」南田起初不以爲然，後來仔細一想，覺得花卉山水用筆雖一，而蹊逕却不同，久於花葉，手腕必弱，不能通千巖萬壑之趣，遂也深感良友的箴規了。

照上面所記看來，兩人友誼，似乎說是無憾了，然而南田還嘗慨「相見之日稀，終歲離索，於十年間相要同聚山中三日，迄今不可得。」又說：「南田生與石谷子結契且二十年，篋中未嘗蓄盈尺小幅，而尋常面交，長綃巨幀纍纍也。前年曾取藏墨易石谷畫扇一面，又石谷所慨然者」。筆墨不能獨厚於知己，這眞是千古恨事！石谷是屢客於諸大官僚處的，也到處揄揚南田的本領，所以南田寄詩，有「自有雄談傾四座，諸侯席上說南田」之感，然而他遯跡於蒿萊，若忘機者流，無意於世事，所以在杭州的友人，如毛稚黃王丹麓等，揚州的朋友，如程穆倩孫無言輩，都是韋布之士，對於官場人物，是避之若浼的。於此就分出人品的冷熱，而兩人的畫風，後來截然分爲逸品與能品，也恐怕就是這個原故吧！

老友徐一士

謝剛主

有一天的下午，一士給我打電話，因爲好久不見了，約我在一個地方談話，一士住在宣南，我又住在西城，就約會個適中的地方，在琉璃廠來薰閣書店見面。

那天天氣非常的熱，我在來薰閣等了許久，一士穿着白色短袴褂，也未有着長衫，打着一柄洋傘。到來薰閣來找我。說新近古今社替他出一本集子，教我做一篇序。並且說，你如果到上海去的時候，順便問候問候古今社的朋友。一士衣服極爲質樸，言語極爲木訥，老是含着紙煙，談起話來却極爲有趣，不知道他的一定認爲鄉曲老儒，其實是一位博學的君子。那天來薰閣的夥友，就偷偷的問我，這位先生是誰？我說這是鼎鼎有名的徐一士先生。

我和一士神交雖久，但過從最密，却在事變後那一年。那時我剛從香港回來，家居極爲無聊，就常和瞿兌之，徐一士諸兄在一起談天。事變的初起，生活尚不甚貴，就約會每星期三在一塊聚餐，那時在一處聚會的朋友，除了兌之，一士和我以外，還有柯燕舲、孫念希、劉盼遂、孫海波諸兄，共總有七個人，聚會的地點，不是在兌之家，便是在燕舲和我家。我們談話，上下古今，沒有一定範圍，總是在寂寞之中，得到一點朋友晤談的快慰。一士和我都是原籍江南，而寄居在歷下，談話的資料，老是由西山的斜照，談到明湖的秋光；尤其是談到濟南吃的小點心，更津津有味，所以我們二人尤爲談得起勁。不久的時光，就由兌之發起了國學補修社，是每星期的朝晨。約會莘莘學子，在一起講學，很有不少的同學，得了不少的益處。後來兌之又約一士主編中和雜誌，一士所編共出到五卷，常川寫稿的人便是海波和我，在北方刊物中，總算是比較有學術性的雜誌。

民國三十一年的秋天，一士又約在上海古今雜誌上撰稿，在北方爲古今撰稿的朋友，便有兌之，一士，五知，和我這幾個人，無形中又得到談話的一個機會。我是最喜歡跑路的一個人，三十二年的夏天，和三十三年的秋天，我兩次到上海去，認識了朱樸之，周黎庵，文載道諸君，承他們懇切的招待，得瞻樸之的精廬，誠所謂愛好自天然，非是一般俗子所可跂及。而我所深幸的，便是南北的學人，都可以接近；朋友之樂，在這個時光，誠是一個不可多得的機會。

可是一士每天要到中南海去辦公，我也是一天有一定的工作，所以見面的機會，非先約不可，在一兩年前的生活，尚不至於像現在這樣貴，我們所約的地點，總是喜歡在中央公園上林春吃茶，順便吃一點點心，後來上林春是吃不起了，就跑到來薰閣閒坐，有時光請他們老闆買一點燒餅和麵條，就當晚飯，可是不買他們的書，而且討擾他們的夜飯，心中總感覺要招店夥的討厭。

一士兄這部集子，是選近年來所撰，有關掌故的文字，倣俞正燮癸巳類稿的體裁名爲一士類稿，我本意是先要拜讀一過，得以先睹爲快，可惜我到上海，書已付印，不能全讀，深

以引爲憾事，但是一士的學問，我是深感莫及的。一士長於掌古之學，尤其是對於科舉的制度，和清季的遺聞，這是任何人沒有他那樣的熟悉，須知他的堂兄徐仁鑄先生，就是光緒戊戌變政時，革新的新黨，家學既厚，所以濡染自深。我嘗以爲有清的歷史考證家，多偏重在古代，考證不急時務的名物，看歷史成了死板板的東西，縱然把六府三事，考證的明明白白，但於歷史的動態，與現代時事的關係又有何補？要有史學眼光的，我不能不推重全祖望勞格這兩個人。全氏鮚埼亭集眞是把南宋和明季遺民，活活的寫出，叫我們讀了得到不少歷史上的興趣。勞氏讀書雜識，雖然未成完作，但是他能把治考據的方法，移到治唐宋以後的歷史。

復次：清代一般的考據家，却喜歡考證瑣碎無聊的問題，便自以爲賅博。例如明季死難的義士，本是極可敬重的一件事，但治考據的史學家，他必定考據某人死在某處，而某人又以爲死在某處爲非，考來考去，眞是不關痛癢。楊秋室的南疆逸史跋，雖然引證博辯，仍不免犯了瑣碎的毛病，倒不如近人孟心史先生所撰心史叢刊中順治丁酉科場案，董小宛，丁香花諸篇，來得引人娓娓動聽，但是到他老年所撰的明元清系通紀，反倒有江郎才盡之感。所以我對於史學的見解是：治近古代史不如治近代史，而治近代史或以往有趣味的問題，感覺着更爲重要。我很想就這一方面，做一點工作，人們的批評，我們姑且不去管，但恐怕未必能做好，一士知我者，他當必不以我言爲謬也。

關於「一士」

徐一士

余寫稿以「一士」自署，逾三十年，近者輯理舊稿一部，爲單行本之印行，亦即以「一士類稿」標名，是余之爲「一士」，固無疑問矣。（無論取名「一士」者，尚有幾何人，余總爲若干「一士」中之一也。）至余之何以取得此名，其中尚有一段軼事，若不自行說破，誰其知之乎？

當清末宣統三年辛亥民國將建之際，上海等處新出之報紙頗夥，徵求地方通信。余與吾兄凌霄，時均在濟南，遂起而擔任，凡爲之通信者三數報，筆名亦有三數種。其中之一即爲「一士」，用諸上海「民聲報」。爲此報執筆者，非余，實吾兄凌霄，其時「彬彬」「凌霄」等筆名，吾兄尚未用之也。此際若問「誰是一士」，當然吾兄是「一士」而我非「一士」。

民國元年，北京「新中國報」出版，亦日刊之報紙也。出版之前，接其致「徐一士」函，敦約擔任濟南通信事務，蓋以組織此報之人物，內有舊在上海「民聲報」者，主張必須延攬「一士」相助，故有此舉。（吾兄爲「民聲報」通信時，以優美之文詞寫清民遞嬗間之地方社會情狀，雖爲期甚暫，已博讀者歡迎。後來爲上海「時報」等作北京通信，遐邇交稱，實發軔於是。）時吾兄在北京，余乃書告，謂可語以在京，就近改以雜著相助。答書謂不克兼顧，屬余即以「一士」自承，爲作濟南通信，可省周折，好在昔任通信事務時，本含有分

工合作之性質也。經此一番授受，余遂儼然「一一士」矣。

余之於「新中國報」，始而專作濟南通信，繼則因性之相近，或以談掌故之筆記代之，間亦爲寫論評之屬。「新中國報」主者汪君覽而善之，函屬多爲雜著，通信之多寡有無，反若無大關係矣。時通信及雜著均署「一士」也。

翌年春，至北京，（清季兩至北京，此爲第三次。）仍從事新聞事業，惟變通信之役爲編輯之役，發端即由「新中國報」之文字因緣也。北京新聞界相識者，莫不相稱以「一士」，漸且不限於新聞界焉。久假不歸，以至於今。

編輯職務之餘，又每爲上海各報作北京通信，並仍撰筆記之屬，載之雜誌或報紙，惟其間作輟不恒耳。大抵筆記之屬署「一士」者爲多，而通信則另用其他筆名，且常有更易。

余用「一士」之名，始於新聞事業，後乃專屬於筆記類之撰述，而當余從事新聞事業時，亦頗好以研究掌故之態度臨之，對於制度及人物，最爲留意。（惟其時重要人物之言論，每難令人滿意，因其不免隱諱粉飾之習，不易據爲典要也。今若「古今」所載，則異乎是，常可餉吾人以珍貴之現代史料，周佛海先生多所發表，爲益尤宏，蓋光明坦白之態度，濟以暢達諧適之筆調，能使情事昭然，引人入勝，允爲「古今」之特色。朱樸之先生「往矣集序」有云：「他的文字之能博得大衆之熱烈歡迎，依我個人的分析，全在一個『眞』字。」知之深故言之切也。）當時史料，如雜誌報紙之類，存儲頗夥。迨值非常時期，乃蕩然焉。

余性拙滯，實與新聞事業非宜，故由厭倦而脫離，久已不談此道，惟以此與「一士」有關，略言其一番過程而已。

民國十八年間，天津「國聞周報」社特約吾兄暨余爲撰筆記，乃以「凌霄一士隨筆」等稿，用兄弟合作之方式，逐期披露。（其後「隨筆」外之專篇，每僅署「一士」。）稿多由余執筆，吾兄助蒐資料，並酌加指導。此項稿件，常期登載，引起讀者之注意，而發生「凌霄」「一士」爲一人抑爲二人之問題。其誤認「凌霄一士」四字爲一人所用之一個筆名者，殊不乏人，知者或笑之，然推本溯源，二者固先後爲一人之筆名也。

「一士」二字，三畫一豎，共僅四筆，易於書寫，易於記憶，可謂有相當之便利，因此之故，同時用之者往往而有。就近數年間之事言之，其非我而被誤認爲我者，如王小隱君某次由魯來北京，相約小敍，座間有崑劇名伶韓君青（世昌），忽向余詢及常爲「立言畫刊」寫稿，余茫然，答以未曾，後乃知「立言畫刊」屢載有署名「一士」者談詠劇伶之稿，君青誤以爲即余所作也。又「新民報」嘗載某君一稿，談徐季龍（謙）事，引「徐一士」之說而駁之，雙方之是非可不論，而確與我無干，蓋另有一「徐一士」曾發表此項文字，或另一「一士」而被誤認即「徐一士」耳。至「徐一士」，除余而外，據余所知，實更有其人。民國十餘年間，友人薛君在南京，來書道及，於某浴室留言牌上，見「徐一士」云云，以爲余亦至南京矣，亟從事訪問，乃知此「徐一士」爲一素不相識之人也。（此「徐一士」亦未必即是談徐季龍之「徐一士」）同名或姓名均同，亦屬尋常，要均爲關於「一士」之事，故類書之。

秋鐙獨語

何梅岑

前作「史教與詩教」（載古今五十期），說明歷史之美學的價值。頃讀吉辛 G.Gissing 草堂隨筆中「歷史」一篇，他說繙開歷史的書，所見只是黑黑的陰謀，血的屠殺，毒藥似的罪惡，噩夢似的恐怖，使他窒息一般的苦惱，因此常常廢書不觀，（以上撮舉大意，非照原文），這和我所說的似乎恰恰相反，而歷史的醜惡，的確也難於否認。嗚呼！我所謂美，豈必鹽風夢雨，鳥語花香的悠閒縹渺，歷史世界屬於人間，牠兼有天堂的莊嚴，和地獄的悲壯！因憶二十年前在什麼地方看過林風眠君一幅油畫，畫題曰：「人之歷史」。其畫彷彿以一裸女爲中心，上下左右，繪琴一張，開屏孔雀一隻，花一束，還有更惹人注目的血淋淋的人頭一個，象徵人間的諸相；裸女示人之由來，琴爲諧和，孔雀爲驕傲，花束爲美麗，人頭爲殘忍。人之歷史原是這麼一幅矛盾的構圖！罪惡，殘忍……與諧和，美麗……種種襯託起來，自有一種負號的價值，値得我敬虔的正視。通過了這些我們才如實感到命運的深邃，人生的嚴肅；通過了這些我們才眞眞了解聖潔和慈悲的實在。歷史的淨化作用正與亞理士多德所說的悲劇無殊。戰爭，是人間最大的殘酷，戰爭的歷史，戰爭的文學却又是人人喜愛的讀物，就因爲能從這個殘酷裏看見了最大的悲壯和莊嚴！「天地不仁以萬物爲芻狗，聖人不仁以百姓爲芻狗，這簡直是一句沉痛的「詩」，而是由最富於歷史經驗的道家說出來的！（道家和歷史的關係見張爾田史微）。亂世讀來不啻安得列夫一卷「大時代中小人物的懺悔」。

× × ×

因爲一點感觸，近來很留意晚淸啓蒙運動的史料，前在古今發表「過去的光輝」一文，便是對幾位先驅者呈獻的一點敬意！可是日來翻閱報章，知道很有些人還在想望四十年前一文錢兩個燒餅的「盛世」，（這正是志士們痛心疾首，不可終日的時代）嗚呼！這是什麼意義？難道一番出死入生的搏鬥，到頭來只落一個「悔不當初」麼？三十多年來把生命獻給了受難的祖國的「上帝的羔羊」可謂多矣！然而每經一度變革之後，就是最樂觀的進步主義者，回首前塵，也未免有點兒「失掉了好地獄」之感吧？天陰雨濕，冥冥夜空中，眞像聽見了「還我頭來」的叫號！嗚呼！嗚呼！這又是什麼意義？難道一步比一步更深的沉落，竟是這個民族不可免的宿命麼？我以爲這不是政治制度或經濟組織的問題，而是整個民族在肉體和靈魂上的腐蝕現象，牠期待新的食糧，新的血液，亦已亟矣！所要求不是叫囂的激情而是沉默的毅力，而這却正是歷次運動的領袖人物所最缺乏的精神，士大夫的誇誕，空疏，油滑之習，正是各種革新事業鶻起鶻落，迄無成效的原因！任何奇花異卉的種子沒有相當的土壤也是難以萌芽生長的，我們新思想新文化的種子是播撒在什麼樣的地土上呢？不妄想作蒼勁的松柏，嬌麗的桃李，却默默作着培養這些花木的泥土，這正是一種虔誠的殉獻！一種菩薩的發心！也是未來中國的眞實的基礎！我最佩服中國舊時戲曲小說的作者，他們不爲名，也不爲利，「遁世不見知而不悔」，慘淡經營，做成了偉大的製作，以

紅樓夢那樣的傑構，要經過多少人的考證才找出作者的姓名來，水滸傳作者則至今尚不知確實的名氏！這些人的品德，只就此點來說是足足超越了揚子雲韓退之的。章太炎「斯文在茲」的自信，康長素「爲諸天降生」（見不忍雜誌發刊詞）的夸言，多少有點兒戲台上念着長引子出場之慨，五四左右的新文化運動是晚淸啓蒙運動的發展，却不幸也繼承了那個時代的虛憍膚淺之習，以致遺留下頗多的流弊，而且不能在一般社會裏扎下很深的根柢！偶遭急風驟雨就有連根拔去的危險！在紀念先驅者的功烈之餘，不禁對此懷着甚深的惋惜也。

× × ×

過去小說戲曲的收煞處是一例的大團圓，現在電影劇本又相反的是一例不團圓；雖然是前者使庸俗觀者讀者快心，後者却在使他們落淚，其對於實在人生的潦草粗率不忠實處兩者似沒有多少軒輊。人生倘是喜劇，其喜斷不是哈哈大笑；倘是悲劇，其悲也不是號淘大哭。人間最無可奈何的境地還不是生離死別，而是「生非生兮死非死」，所謂「求死不得，欲哭無淚」。左傳寫息嬀，漢書寫李陵，都是這個境地的傳神之筆，而李陵傳描繪心理委曲，尤爲盡致。曹禺先生的「雷雨」在家庭絕頂大慘劇之後繁漪，侍萍都發了瘋，這慘劇最大的責任者周樸園却獨自清醒，永不能逃避良心上的隱刑；「原野」中仇虎對於最大的仇人焦氏，殺了她的兒子，使她親手打死她的愛孫，却留下她的性命，使她慢慢咀嚼這徹地通天的大悲苦，思力透闢，刻入幽微，實在是深心的作品；至於 Bronte 的簡愛自傳，結尾本是這個雪潔冰淸的女子，感激知遇，不惜和那個又瞎又瘸的愛人結婚，情懷何等悲壯！意味何等悠長！某君改譯爲水仙花劇本，却又是男的死在愛人懷抱裏，女的號淘大哭那一套公式了。人之度量相去不亦遠乎！前者作一詩題曰恨篇，有云：「古有抱恨死，今多抱恨生，死者長已矣，生如冥路行，死者有餘哀，生者難爲情，生者有遺響，死者難爲名，吁嗟乎，死死生生不自主，師師白髮猶歌舞，競向香塋弔落花，誰憐秋草吹風雨！嗚呼！生與死，奈何許！恨茫茫，天不語！」世有恨人，當可了解個中滋味也。

× × ×

近世美學上有「投影」之說，以爲客觀景色的慘舒都是心境喜戚的反映，自然雖萬象極美盛，但若無人鑒賞，正與茫茫白地無殊，「藝術」Art 一字，原訓人爲，藝術世界實是人爲的世界。任何自然主義的藝術觀也不悖此，他們所謂自然仍是通過了人的生命的自然，雲烟丘壑都是所以寄託靈魂的奧秘者，中古的田園詩，山林畫與其認爲「自然的發現」不如說是一段新生命的開拓。此種理論未嘗不可應用到歷史上面，宇宙諸相，眞所謂「逝者如斯夫」！不可復返，不可駐留，歷史上多少可歌可泣的大事件，要沒有史家來收拾，渲染，也就隨時間而永逝，無異天空一片雲霞，人間一夕風月的依賴詩人而存在。大時代也需要大史家，才能留下燦爛的痕跡，中國第一個偉大的過渡期，戰國秦漢之間，有司馬遷那樣的雄才出現不能不算是中國民族的幸運。而過去的史蹟，好像王爾德的「道蓮格萊畫像」，永遠保持着青春，並且隨着看牠的人的靈魂而生長，在每一個新的時代裏，表現着一個新的姿態。例如歐洲史上的中古，有時被認爲烏烟瘴氣的黑暗時代，有時被認爲最有完整性全體性的世界主義時代；中國的秦朝，一向被認爲暴虐的專制王朝，

可是由近代眼光看來這未嘗不是由春秋戰國許多民族滙合爲一大民族的時代，爲中華民族構成的第一階段。中國，這個比全歐洲還大的大陸文化圈，由複雜而單純，由分裂而統一，由離心而向心，終於打成一片，實是人類史上的一個奇蹟，這個局面恰好自秦朝開始，而二千年中國政治組織的規模也由秦朝草創（見章太炎秦政記）；還有離我們最近的清朝，在三四十年中評價就有很大的變化，這變化是與現代中國政治意識的變化相隨的，清末一般人士間以排滿爲最時髦的理論，甚至想跳過二百年去做明朝的遺民，八國聯軍的明年辛丑，中國一部分留日學生在東京開中夏亡國二百四十年紀念會，章太炎氏爲撰宣言，沉鬱頓挫，爲章氏名文之一。他們所紀念的乃是一六六一年明永曆帝之亡，對於當前的現實中國的創痛恥辱却置諸不談，可見當時對清的感情惡劣到如何程度了。民國成立，所排的對象已失，而混亂黑暗更沒有止境，漸漸才知道種族與民族有別，種族是血緣的團體，民族却是有自覺性的生活體文化體，其中可以包含若干不同的種族。清朝從整個民族形成史上看來，正是秦朝以來民族組織工作最後一次完成。清康熙帝足以和他同時的彼得第一，路易十四並稱大帝而無愧，就在這一點上。文化，政治上繼續數年的漢胡鬥爭至清而止，不能不歸功於幾個有政治天才的帝王。排滿理論的最大主持者章太炎氏在民國十七年修改的三字經上竟有「至順治乃大同」之語。以上種種可見歷史的意義是動的，隨時代而生長的，不是靜的，在某種規律之下而凝固的。文藝復興時一位大彫塑家，也許是達文西吧？塑了一個人的像，說道：「二百年後這個像就像那個人了」，這句話永是史家所應體味的微言。在今日讀中國史書，有幾個先決條件，民族觀念的改變就是其一，中國文化和民族的多元的統一性是需要良心的歷史家作周詳的證明的。清代學者如顧亭林，王船山等的民族理論自有其主觀價值，這是一種不肯屈於征服者倔強的表示，可是很少客觀的眞實性，因爲純淨的民族，並非事實，乃政治家造成的神話耳。中國史上漢胡民族的鬥爭誠極酷烈也甚長久，秦漢隋唐諸大帝國，實在都是因與北方匈奴，突厥諸大種族對抗而生成的力量，正如黑格爾所說的一「正」「反」，有對立，就有交流，這便是所謂「合」。王國維先生的「胡服考」，證明漢代朝廷七品官服色，就有許多胡服的色彩在，音樂器物乃至一般日常生活所需的食物藥物，以胡字爲號的更多，胡琴，胡餅，胡床，胡荽，胡葱，胡桃，胡栗，胡麻，胡瓜，胡粉……等等數不過來的名字，幾乎包含了生活的全部，由峨冠博帶的古典文明步入胡服騎射的戰鬥文明，實足表示中國人活力的曾强，是一種新血液輸入的結果。十六國雲擾之後，繼之以唐代的「花期」，很像日耳曼蠻族大轉徙後之有歐洲近代文化。桑原隲氏著「隋唐時代移住於中國的西域人」，陳援菴氏著「元西域人華化考」，所處理的雖只是一時期的局部的問題，然而「嘗一臠，知全鼎」，新入民族在對中國文明的支持和灌溉上所盡的力量，是可以推想的，他們地域，血緣，雖甚遼遠，入了中國之後漸和土著民俱化而擔荷着共同的運命，成了這個偉大民族的分子。我們看米元章（宋西域回族）畫，讀薩天錫（元色目人）詩，納蘭容若（清滿洲人）詞，可知中國民族的靈魂是整個的，不管其分子如何的複雜，這種相反相成，乃是十八世紀以前遊牧民族和農村文明間特有的關係，在世界史上幾成了通例，桑戴克世界文化史韋爾士世界史綱隨處有實例可證也。

雅竊禮讚

挹彭

近兩月南方寄來的書，屢次遺失，心裏非常不快，僅『古今』先就遺失了兩次，承黎庵先生補寄兩期，但仍未收到，盛意可感，寫回信祗好說是拜收了。七月號『雜誌』既已遺失，曾寫信去問吳江楓先生，尚未得覆，已到八月號出版之期，計算着日子應該到了，走過東安市場，新刊已竟嶄新的擺在攤上，一直到市上都已售罄，我的一册，仍是音信渺然——當然是又丟了。每月總迎着新書寄來的日子，心裏抱着期待開獎的心理，早晨上班，先看自己桌子上沒來郵件，總要找茶房去問傳達，有我的信沒有，近兩月心情不佳，整個暑假就悠悠忽忽的這樣過去了。託人代訂的『文藝世紀』，昨天也有信來，問是否已收到，才知道又丟了一件，眞是不如意事一齊來，綜計兩月已遺失六次之多，心裏之不快，眞非筆墨所能形容。此外寄給白茆山陳木和尙的書，早已應該有回信來，并應附有交換的舊書，但迄今兩月，恐怕又付之浮沉了！還有在上海大法輪書局託人代請的佛書和訂的刋物數種，也逾期無信，凡此種種，翹首南天，均無時不在系念中，今晚忽然想到，或者是有人故意開玩笑吧？繼而又一想，不會有人這樣玩笑，一定是有殷洪喬其人留下自已看了，記得『隨園詩話』補遺卷六有一則云：

『予在山陰，徐小汀秀才交十五金，買全集三部，余歸，如數寄之，未幾信來，說信面改三作二，有搵補痕，方知寄書人竊去一部矣。林遠峯云：新建吳某，夜被盜，七人明火執仗，捆縛事主甚閙。最後有美少年盛服而至，翻撿架上，見宋板文選，小倉山房詩集各一部，笑曰：此富兒能讀隨園先生文，頗不俗，可釋之，手兩書而去。余按唐人載李涉遇盜一事，仿佛似之，至於竊書者，則又古人所無。』

此徐秀才之丟書，與不佞情形完全相同，以前書籍刋板印刷，不如現在之廣，且流行亦未能如現在之便，此寄書人第一當然是一位讀書人，第二大半是無力購買。現在南方的新書到北方，折合成聯券，實在貴得驚人，正續『孽海花』已售至聯券百七十五元，我如果沒有此書，雖然極喜好他，即使也有錢，但我絕不肯花百七十五元買一部。因爲原板的『靜志居詩話』，重裝襯紙，四布函，才百六十元；美濃紙董刋『梅村家藏藁』，才百四十元，且均爲不經見之書，走遍隆福寺才各訪得一部，後者曾託人到『誦芬室』去打聽，說早已無書，二書雖與『孽海花』不能并論，但在我們窮措大買書時，則不能不有所取捨也。海上刋物，比北方刋物內容充實，印刷也精美，且越辦越有精神，好像久米正雄到北平來說過吧，說在一切物資極度恐慌之下，而上海刋物反到日見增多，實在是一個好現象。這不但在量上是如此，在質上也一樣有生氣，尤其身爲北人，不禁嚮往之至。不過就是價錢貴得要命，且每期必漲，一本刋物，動輒在十五元以上，比北方刋物要貴到六七倍，想起二十元買的明板金鑲玉裝的『東軒筆錄』，即打一布函，亦需二十元以上；一

部陶子麐刻的『淵于集』奏議和詩，才十五元，東安市場夾道的幾個書攤，專賣綫裝書，我和他們閒談，拿一册『古今』，給他們看，聽說薄薄一期，竟售至十四五元，均不勝驚訝，所以自已能有一份按期看，如果缺期，在個人經濟力來說，雖心中總覺歉然，但仍不肯買來補齊。友人每在海上新刊寄來，即紛紛借閱，其中一部份是買不起，一小部份則是雖有力而捨不得，但此又與黃丕烈所說之惜錢癖與惜書癖相交戰而不能決的心理，不可幷論也。我想扣書的此公，一定也是我輩同好，此即是我曾說過的見好書，無力買就想據爲已有的意思，今晚重檢『隨園詩話』竊書一則，讀後不但對此公不快之感全無，且頗對之表同情：叨在趣同，除表無限敬意外，謹爲之禮讚，幷尊之曰『雅竊』，再一深思，想到文人的命運，簡直祗覺可憐了，言念及此，不禁掩卷廢筆，灑一掬同情之淚也。魏泰『東軒筆錄』卷四，亦有一則，記某人竊歐陽文忠之文干祿事，亦可名之曰『雅竊』，筆錄云：

『歐陽文忠公修自言，初移滑州，到任會宋子京，曰：「有某大官，頗愛子文，倩我求之」，文忠遂授以近著十篇，又月餘，子京告曰：「某大官得子文，讀而不甚愛曰，何爲文格之退也」？文忠笑而不答。既而，文忠爲知制誥，人或傳有某大官，極稱一丘良孫之文章，文忠使人訪之，乃前日所投十篇，良孫盜爲已文以贄；而稱美之者，卽昔日子京所示之某大官也。文忠不欲斥其名，但大笑而已。未幾，文忠出爲河北都轉運使，見邸報，丘良孫以獻文字召試拜官，心頗疑之，及得所獻，乃令狐挺平日所著之兵論也，文忠益歎駭。異時爲侍從，因爲仁宗道其事，仁宗駭怒，欲奪良孫之官，文忠曰：「此乃朝廷已行之命，但當日失於詳審，若追奪之，則所失又多也」。仁宗以爲然，但發笑者久之。』

這位丘良孫與竊書諸公的命運一樣使我們悽愴，一般人對於剽竊人文字者，早就加以鄙視，所謂文人無行者是。但是如竊隨園文集之寄書人之流，與郭象，杭大宗之竊書，不可同日語。丘良孫之竊文，也與宋之問之『年年歲歲花相似，歲歲年年人不同』，因不允奉送，而被人壓殺，不可同日語。即盛服之美少年，手兩書而去的行徑，略感尙難盡雅，然亦頗有不傷廉之意焉，似又不無可取也。蓋郭杭一流人，主要的是好名，所以不可恕，丘良孫則質直的說，是要『吃飯』，寄書人則於要吃飯的問題外，還加上一個求知的問題，俗語常說精神的糧食，兩個問題加在一起，則此公的嚴重性更大，所以彌覺可憫也。常言書生無用，其可憫處即在此，宋張元以積忿降元昊爲中原患，這可以說書生中之有作爲者。近世論者，每言八閩人材獨盛，故有人說海藏之渡遼，頗有張元之意，其說法對否及是否，暫可勿論，就詩才言，抱冰所謂『是一把手』實爲確論，但以言『思有新世容吾儕』之才具，尙不够，所以這是眼前書生無用的一齣悲劇，一個例子，也可說爲書生中敢有所作爲的代表。其次，楊雄之『劇秦美新』及陸游之『南園記』元遺山之爲崔立撰碑，雖有出於爲人刼脅，但後世絕無諒其苦衷者，一二人之德行，不僅爲個人令名之玷，且貽千載文人無行之羞。爽召南『野棠軒摭言』雖說放翁『南園記』，寓策勵之意，但也無當清議。全祖望『結埼亭集』外編，論遺山，前面說他志節不可盡沒，但後面又說他『祗成爲文章之士，後世之蒙面異姓，而託於國史以自脫者，皆此等階之厲也』，此即滿清遺老受項城之聘，修清史，在諸公即是『託於國史以自脫』。但已有『既食

周祿，又厠殷臣』之譏，又謂『趙爾巽輩果眞心忠於故君，首陽之山，儘多槁餓餘地，何必受民國豢養，而自陷於進退失據之境乎』，這眞是對諸公，太不客氣了。至於『愧無半策匡時難，惟餘一死報君恩』的書獃子，即使不死也是做不出甚麼有用的事來也。所以於易代擾攘之際，能有以自立，實非易事，若文天祥及方孝孺之一死，豈是盡人皆能哉？

以上所舉，均足以見文人命運之悲哀，於臣朔飢欲死之時，既不能學鮮卑語，服事公卿，或囤積暴利以致富，則竊他人之文，為謀一啜飯之具；復竊他人之書，為學行之養。其取也，以較財貨，可謂不傷廉；其用也，以視聲色，可謂盡雅，雖此風不可長，未便嘉許，實應寄與無限同情，而致無限之敬意也的。

今夜秋聲盈庭，不勝馳想竊書之人，如能以寄書為緣，肯過寒齋一談，當可談無不盡，言無不洽，此君或者也是博涉雜覽，不名一藝，或者還非常健談，或者也是厠身下僚，微廩曾不足以一飽。但蠹魚癖深，結習難除，正好也住在北平是東西兩場的遊客，風度當然也不會壞，一定也有許多朋友，共享辨析圖書之樂，荒城落落，知音幾何，不棄葑菲，惠然肯來，當理書潔案，謀竟夜之快談也。

甲申七月之夜記

年來無事可當心，一把鋤頭斫古今；
翻轉溪雲睡去好，長留明月伴松陰。
——破門石派和尚山居詩

記通州范伯子先生

徐一瓢

後遊冀，值姚慕庭先生方為少女擇壻，摯父乃為之媒，而先生以前壻具在，不欲背言，摯父無如何，而必欲成之，密為書劫蔭堂翁，翁復書權諾，又屬延卿勸喻之，乃延卿陽勸而陰諷之，先生持其說以謝摯父，適以大橋圖乞濂亭書端，即以示摯父，謂濂翁且許其志，他人不能奪之，而摯父媒之益力，先生終迫於父命，允焉，而慕庭忽惑於浮言欲中悔，摯父大窘，乃為書抵慕庭云：「所論范氏姻事，前因執事及仲實果有書託，并言不嫌遠省，但計人才，故敢為之導言，今范公來書，雖立言婉轉，要已允諾，其所以委曲言之者，實緣肯堂故劍情深，誓不更娶，前時范公屢令更娶，肯堂深友（指延卿）從旁諷喻，肯堂堅持初見，仍以不更娶為詞，其父不能奪也，」又云，「范氏本無議昏之心，而某由執事諄囑，馳書勸之，既有諾矣，而尊處又若不甚見信，使某無辭以謝范，殊覺為難，執事前書專以此事見委，肯堂所聞知也，今欲改議，亦若難於置詞，鄙意議昏專以擇壻為主，其他皆其所輕，執事初見極是，若左右顧盼長慮却步，則必至淑女愆期，交臂而失佳士，執事閱人多矣，知人才之難得，尙望採納鄙言，旁人忌才嫉用或多誹議，不足聽也，況范氏但坐一貧字耳，貧非士君子所憂也，」慕庭得書議乃定，此即先生詩「藹藹敎詩媛，持以配當世，當時却不言，咄哉吳刺史，持我烟

霧中，德我亦已詭」也，姚范之姻既成，摯父亦爲文記大橋遺照，備論其事，而以撮合爲樂，頗以傲濂亭，先生以光緒十四年十月就昏慕庭安福署中，到日呈一詩，慕庭大激賞，喜得才壻，昏夕，姚夫人聞有人吭聲誦其詩中庭，使婢偵之，乃先生也，自是閨門之內翁壻之間，倡酬無虛日，慕庭五瑞齋詩集云：「范无錯當世，來安福，出與摯父諸人倡和詩冊示余，且徵和，余不工詩，且吏事縈懷，無以答其意，乃率意口號，眞朴之詞，不復擇韻，無錯喜寫冊子，吾但書紙付之，或當見和，又聞摯父引退，他日千里贈言，亦未可知耳」，詩首章云：「千里結昏姻，擇士在器識，橫目宇宙閒，所得百不一，大江出岷峨，浩浩接溟渤，蒼茫海山際，萬寶藏其窟，咄哉吳冀州，珊瑚密網得，殷勤投贈我，兩扎細如織，譬彼大風生，有翅不容捩，明月海上來，墮我淸宵腋，如見冀州心，委懷乃非率，」此詩坦懷直寫，喜得快壻之情，躍然紙上，固悔昔之執異見矣，又一詩云：「孤城枕山谷，溪水寒逾淸，臘雨迫嫩歲，春至不可晴，閤前胡床客，不絕吟哦聲，詎知庭中雪，已與堦砌平，朝來出琳瑯，副綴皆連城，眼底頫西水，滿紙歐蘇情，皚皚萬峯白，熒熒一燈靑，文章與雪色，放眼皆光精，少壯不如人，垂老復何成，吾衰久矣夫，愧此淚絲纓，」此則推譽甚至，且有自嘆弗如之概，慕庭嘗爲張文襄譽爲名父之子名子之父，曾文正亦以其名父之子而教之，敍其軍勞而與之官，亦同光閒大詩人也，仲實蜺私軒集有題妹夫范肯堂小影，中有句云：「三十二相有如來，何必今無范無錯，」又云：「萬家金碧樓臺際，烏帽靑衫不世才，」又有聞仲妹將至皖作詩寄之云：「遠行惟仲妹，家在琅山址，范君天下才，囊空學則侈，高吟動江海，李杜在尺咫，深閨互唱酬，佳句淸如水，」又云：「再往大范亡，一棺寒雨裏，會葬傾東南，交親爭作誄，庸兒紛滿眼，斯人去何指，」仲實兩至通，第二度蓋會先生之葬，故詩中及之，而云囊空學則侈，即摯父所謂坐一貧字意耳，先生大名自在天壤，藴素軒詩四卷附先生詩後，亦自常照千古也，先生成昏後，摯父已去官，乃荐之李合肥，即在其時，先生遂挈夫人北之天津，至甲午始南歸，而東床西席，狼狽爲奸二語，竟亦登之奏牘，東床指張幼樵，西席即指先生，覘此可知其賓主之水乳，然尚有短先生於李季皋者，遂有絕交不出惡聲，三載從遊，得益良多，何敢妄言譏誹之憤言，摯父聞而與之書，力闢其誣，以爲以先生之風義，平日爲人卜之，恐有傳言過實之處，當今中外貴人，皆以詆排合肥爲事，肯堂或唯唯否否，不欲觸犯時賢，誠或不免，若謂推波助瀾，并欲痛詆季皋以影響之謗，似出情理之外，肯堂不至出此，又以先生曾謁某公，（按觀摯父後書某公或指張文襄）欲圖館地，而有黃某毀之，目爲李黨，若果痛詆合肥，則黃諂必不行矣，況今之貴人，亦具相士之識，若甫離門下，遽反眼罵譏，豈不懼聞者薄其行乎，故疑告者之增益而附會之，以成此謗議也，其後摯父又答季皋云：「近得令師范肯堂來書，於師相及我兄皆甚殷勤，又自言去年見張香帥，一論及師相，彼此即參差不合，肯堂稱師相家資貧薄，香帥吶之，次日一城傳笑此言，以爲阿附云云，憑肯堂來書，似無違言，旁人是非，容恐莫須有之事，人如肯堂，似不宜遺棄也，」旋又一書云，「肯堂拜賜，弟如身受，此君文字在近日名流之上，師相久留賓館，自宜有以始終之，執事親執弟子之禮，尤宜有以振其飢寒，或爲謀道地，鄙言無私，不妨時時達之親舍也，」細味

兩書，似范李之間，曾一度有芥蒂，而摯父爲之辯晰始泯前嫌，亦見摯父於先生始終殷殷，愛才之心，昭然若揭，易世後讀之，猶使人增風義之念，就先生輓李文忠一聯觀之，亦徵其終始無間，聯云，「賤子於人間利鈍得失渺不相關，獨與公情親數年，見爲老書生窮翰林而已，國史遇大臣功罪是非向無論斷，有吾皋褒忠一字，傳俾內諸夏外四夷知之，」感憤之情見乎詞句，輓摯父則云：「君今安往乎，吾末之也已，不無善畫者，莫能圖何哉，」「交誼至深，情無所洩，則渾沌出之，彌見其摯，是無怪今日猶傳誦人口也，蓋無論先生之文之詩之聯語，咸以情致勝，如輓吳夫人一聯云：「又不是新昏垂老無家，如何利重離輕，萬古蒼茫爲此別，且休談過去未來現在，但願魂凝魄固，一朝歡喜博同歸，」此聯他本譌傳訛又爲既，蒼茫爲傷心，歡喜博爲有幸慶，遂大有金鐵之殊，而上聯用杜公，三詩題尤具匠心，且語重情長，豈俗手所能辦耶，先生自北返，再至江西，未久幕庭以忤上官旨罷官，甫一月即歿安福署中，有輓聯云：「我之今日亦何恨能加，惟有牽連並哭耳，公在人間更無緣遭妬，奚爲委曲以死乎，」幕庭事大府多依古典，府，賢人也，父事幕庭，道，絝袴子也，嫉之而遂汚之，總督又不爲辨曲直，幕庭遂鬱鬱以終，聯語雖不及當時事，而於言外已具見曲折矣，旋復至南昌，赴陳右銘中丞之葬，居中丞公崝廬匝月，爲公撰墓志，時公以保奏新黨得罪，罷官家居，立言極不易，而文特奇妙，誠一代大手筆也，散原酬以所影日本遺留之宋刻黃山谷集爲潤筆，先生復酬以詩有「小文云報吾滋愧況以黃生內外篇」之句，既自江西返，便道至揚州，留一月而回里，後一年一至淮安，自是不復遠遊，居州則爲紫琅東漸等書院山長，乃疊遭親喪，哀毀成疾，比以諭旨辦學，已病肺臥，強起爲理，校事甫蕆，病入益深，散原叔節招使就醫於滬，遂歿於滬，未終母喪也，絕筆賦落照詩云：「落照原能媲旭暉，車聲人跡盡稀微，可憐步步爲深黑，始信蒼茫有不歸」，嗇庵爲經紀其喪，喪車度江，會送者極一時賢俊，沈愛蒼俞恪士陳散原師曾喬梓姚叔節仲實昆季皆會其葬，其日大雪初霽，山川一白，天亦若爲斯人一變色也，里人追慕遺行，敬爲易名曰孝通，顧姓谷先生曾烜爲之跋曰：「在家爲孝子，在國爲通人」，誠定論也，又爲之啓云：「范肯堂先生，代席倚德，長都雋聲，翩然盛府之元僚，卓彼羣賢之先覺，豆籩妥侑，副先公孝子之名，（按蔭翁謚曰貞孝）干篇縱橫，擅並世通儒之目，育英才即潁封人之錫類，念舊典如戴侍中之解經，許季長讓弟立名，王福疇譽兒成癖，降緋衣於海上，迎丹旐於江干，引虞歌而歸喪，準周解而製謚，正月十九日，諸生數百人，集於庠門，致之私邸，素車會葬，豈惟門生要經之情，元石勒銘，更有閭史口碑之作，」譽當其實，可謂豪無愧怍者也，先生不甚工書，而下筆有古意，識者頗珍惜之，言謇博在京師，與先生習，過從無虛日，藏先生手簡數十通，隨手塗鴉，而有奇趣，語亦奇妙，中有「豈有堂堂范當世先生而懼一言謇博者乎」，乃爲尋常遊戲事而發者，謇博視如拱璧，哀而影印行世，余從友人王駕吾所一見之，先生少時家綦貧，於所爲先母述略可見其情也，「吾母既不及事吾大母，則獨孝事吾大父，其間有至難者，不孝蓋六七歲時，夜讀於紡車之旁，而吾母泣語之曰，我之初來，汝父一不論是非若何而輕絕我，非汝祖之慈，則不有汝矣，不孝雖無知，亦覺是言之悲，」此所謂輕絕云云，則已不能得其實，詢諸老輩，亦莫

能言其詳，述又有云：「其後吾父因亂思大父，不復肯幕游，又懼居養不贍，則舉所入悉以奉大父，而獨恃吾母紡紗之所得養私家焉，凡吾母旣成紗，則令不孝持至西門市盡處售之，買棉以歸，其日必令不孝覓晨餐歸進大父，日中則爲大父具一肉，如是踰年而不孝年十二，」是先生六七歲，已役役於成人者之所爲，是文集中不載，而能盡記一家友愛誠孝之跡，視熙甫述瑣屑啓性情何多讓也，蔭堂翁有庶弟三人，其母每炊，以麥屑與米置一釜，而不令糅雜，以麥飯食先生兄弟，一日，盎中糅數米粒，先生不識，譁以爲蛆，聞者爲大笑，此余聞之先生從子彥彬，謂先生知麥屑之爲飯，而不知飯之別有米也，先生始出，即有大名，與嗇庵同應試，先生亞於冠軍，而嗇庵見擯，嗇庵之師語嗇庵曰，若千人試，售者九百九十九，其不售者必若也，嗇庵愧憤，乃書九百九十九五字於坐臥行止所經，以自勵，再試上列，而先生落，嗇庵自訂年譜記其事，故老相傳，即學使童公故抑其傲慢，非戰之罪也，同時摯友如泰興朱銘盤曼君如皋顧延卿海門周家祿彥昇同里徐石生麟翔王雲悔尤馬勿庵毓鎏顧裵英曾燦，均深相結納，嘗與曼君嗇庵舟行至儀徵，聯句倒押五物全韻，及諸葛忠武侯畫象全平七古，及哀雙鳳五排，有聯句小序云，雙鳳，不知何縣人，粥爲如皋倡女，（曼君）與許生識，遂訂嫁娶，許旣貧，不能如鴇欲，往來稍稍間，而鳳終不妄接人，（嗇庵）鴇患之，以憂歸，頻危屬曰，收我者許也，吾儕固舊識，聞而哀之，作爲此詩，（肯堂）今三詩朱張二集並載之，惟節去序中舊識一語，此數篇即前所謂一詩落人間者也，是時先生始幕游，客吳武壯浦口軍中，文詩存稿，即始於此，後嗇庵中順天鄉試南元，爲翁文恭所得士，先生客於合肥，以所主政見各異，二公遂亦異趣，中東甲午之衅，翁李和戰之爭，傳二公陰主之，此事知者極少，二公家書曾各露其微指焉，晚年時異境遷，歡洽如初，故先生之歿，嗇庵輓以聯云：「萬方多難，僑扎之分幾人折棟崩榱，今後誰同將壓懼，千載相關，張范之交再見，素車白馬，死生重爲永辭哀，」蓋方同致力於教育，前嫌已盡釋，一生一死，乃見交情，遂不覺辭之悲苦矣，此與先生弔祭嗇庵太翁潤之先生時，誠不可同日而語也，文集卷七祭張封翁潤之先生文有云：「嗟兩家之兄弟，逐風塵之累遷，旣酸鹹之各異，亦升沈之各天」，又云：「昔金恭人之歿也，余不憚百里而星奔，恨公喪之獨否，屬有故而羞陳，殆昔勤而今惰，豈今疏而昔親，自問百不如賢子矣，猶庶幾乎斯言之能誠，」其時爲光緒二十一年正月，在嗇庵大魁之次歲，金太恭人歿於光緒五年，無葬地，蔭堂翁贈以耕陽阡池南田八畝，先生文集卷一有歸田券，則前後才十五年，交之親疏，灼然可見，而祭文所云，殊不能掩其迹也，先生高不逾中人，而特魁偉，面白皙有微髯，吐音弘亮，平居手不釋卷，雖遊宴亦以書秩自隨，恢弘有大量，金錢到手輒盡，喜奬掖後進，從遊之人，收科第者相望，（弟鐘字仲林，進士，爲令河南，鄉諡孝和，鎧拔貢，爲令山東，鄉諡孝毅，皆受業於先生，仲林嘗與易實甫順鼎散原遊廬山，成廬山詩錄合刻，著有蠶腴館詩集，鎧字秋門以生年屬酉，故以爲字，善古文，濂亭嘗贈聯云，此才冠當代，吾道有傳人，愛重極矣，工書，學濂亭得其神似，與二兄並負時名，世所稱爲南通三范者也，）而生平尤篤風義，不以絲毫芥蒂存於胸肊，勿庵雲悔裵英石生均前死，爲經紀其喪，贍其孤稺，無微不至，故叔節墓銘並著之曰：「猗與仁人，世有

范君，大本既立，發爲高文，若最其行，以儒而俠，友死孤穉，娟娟者妾，君引任之，以濡以沫，（指立雲悔之寡妾爲繼室，而督之以門戶者也，文集卷六有立雲悔之寡妾爲繼室之告文，）囊無一錢，求者踵門，計子而貸，汝褌汝飦，胸中恢恢，齊其仇恩，欺不汝疑，背不汝怨，有李生者，嘗爲人言，豈大奸與，不即聖賢，何奸何賢，有蘊弗宣，吾銘求信，曷讀詩篇，」李生或謂爲先生友人李磐石安，先生詩一從令子爲兄弟長使他鄉役夢魂呈草堂先生者，即其人也，（草堂名芸暉安之父）或曰，即李季皋，弗能證焉，沃邱仲子費行簡近代名人傳，列先生於文苑云：「工爲詩，菲薄唐賢，發爲篇章，兀傲健舉，沈鬱悲涼，匪獨超越近時學宋諸家，其精者直掩涪翁，文亦簡奧蒼堅，臺隸桐城，不善治生，終身困匱，錫良端方，交致幣聘，卒不一應，標格淸俊，惟天際孤雲，絕嶺喬松，差足擬之，自其既歿，而浮薄文人競作，肥遯堅貞之誼，遂不復見於國中矣，烏乎，」行簡庶幾眞能知先生者矣，汪辟疆作咸同詩壇點將錄，目先生爲霹靂火，或以先生之詩大氣磅薄，一往無前，差相似耳，余又見李審言懷人詩，有懷先生一絕，尊曰范肯堂師，追先生下世，審言與人書而曰吾友范某，生死易稱，大可哂也，而無錫錢基博子泉，於民國二十三年，撰後東塾讀書雜記，刋諸陳灨一所主辦之青鶴雜志第十四期，其首篇所論，即爲先生文集，其抉要語曰「粗讀一過」，已與其原引「發微抉奧，觀其會通，究其流別，六通四辟，其運無乎不在」之旨，大相逕庭，而論先生之文曰：「議論未能暢茂，敍事亦無神采，獨以瘦硬之筆，作呻吟之語，高天厚地，拘局不舒，胡爲者邪，吾欲謚以文四」，然又引散原序中贊美之詞，以爲知言，是明知其美好矣，而復曲解以詆毀之，無論言之矛盾，亦已流於輕薄矣，又論先生之詩曰：「范氏詩出江西，齊名散原，然散原詩境，晚年變化，辛亥以後，由精能而臻化機，范氏只此番境界，能入而不能出，其能矯平孰以此，而虛能矯平孰亦以此，」其書既出，吾友馮靜伯見之，以子泉所言，近於昏瞀，抵書辯駁，子泉辭窮，復書一斂橫恣之氣，語調亦變爲謙抑，而謂靜伯近於誤會，且謂范先生「風流文采，照映人間」，前後毀譽，判若兩人，而靜伯復集前後書札悉以寄之灨一，並揭於青鶴，子泉不堪，復致長函於灨一，而所以稱譽范先生遂亦不自恤前言，崇揚惟恐不至，同時徐益修先生亦著論以子泉以散原序文控摶盤旋綿邈而往復屬於陽剛，而不知深研細索此正屬於陰柔也，子泉并此而不知，遑論其餘矣，吾師曹君覺先生亦致書靜伯，勸其且已，并云「曰粗讀，曰一過，已與子泉自言發微抉奧者左，錢君負江南重譽二十年，興會所至，不暇細繹而著爲說，蹈近人整理國故者之常失，吾輩當以爲戒，輕薄之言，施諸鄉里先哲，其自損實厚，濂亭先生手批肯堂先生文，及肯堂先生手批古文辭類纂，若早行世，恒人或罕爲相度之言，」此事辯訟，首尾數月，報章亦競相轉載，余時主大江北報筆政，乃彙而印爲單行本，子泉聞之，亦頗減其銳興，而後東塾所謂讀書雜記，遂亦中止，不復見諸青鶴。

三十三年六月於知是誰室

× × ×

清史世家略記（下）

紀果庵

江西

新建裘氏

太子太傅尚書文達公裘曰修（父）

直隸總督恭勤公裘行簡（子）

新建曹氏

太子太傅禮部尚書文恪公曹秀先（父）

兵部侍郎曹師曾（子）

新建胡氏

左都御史胡家玉

廣東布政使護理兩廣總督胡湘林

南昌彭氏

太子太保工部尚書文勤公彭元瑞（父）

侍讀學士彭邦疇（子）

臨川李氏

戶部侍郎李紱（父）

工部侍郎李友棠（孫坐字貫案奪職）

侍講江南學政李泰來（宗人）

工部侍郎浙江學政李宗瀚（宗人）

大庾戴氏

太僕寺少卿戴第元（父）

太子太師大學士工部尚書文端公戴衢亨（子）

知府戴家端（衢亨子）

大學士戴均元（衢亨叔坐事除名）

義寧陳氏

湖南巡撫陳寶箴（父）

主事陳三立（子）

湖南

湘潭陳氏

河道總督恪勤公陳鵬年（父）

平越知府陳樹芝（子）

戶部左侍郎陳樹萱（子）

鴻臚寺卿陳樹著（子）

湘鄉曾氏

太子太傅大學士總督一等侯文正公曾國藩（兄）

太子太傅總督一等伯忠襄公曾國荃（弟）

贈道員愍烈公曾國華（三弟）

贈內閣學士銜按察使靖毅公曾國葆（季弟後易名貞幹）

兵部侍郎惠敏公曾紀澤（子）

編修兵部員外郎曾廣鈞（孫）

副都御史曾廣鑾（孫）

光祿寺卿署侍郎曾廣漢（孫）忠襄子

湘鄉劉氏

太子少保提督忠壯公劉松山（叔）

太子少保新疆巡撫襄勤公劉錦棠（姪）

湘鄉李氏

巡撫銜忠武公李續賓（兄）

安徽巡撫勇毅公李續宜（忠武弟）

浙江按察使李光久（忠武子）

湘鄉王氏

布政使銜壯武公王珍（兄）

道員貞介公王開化（從弟）

兵備道王文瑞（從叔）

湘鄉張氏

贈巡撫忠毅公張運蘭（兄）

總兵張運桂（弟）

湘陰左氏

大學士二等侯總督文襄公左宗棠（父）

主事左孝威（子先卒）

郎中左孝勛（子）

江蘇提法使左孝同

通政司副使左念謙（孫）

諸生左潛（精數學家姪）

湘陰郭氏

兵部侍郎出使英國使臣郭嵩燾（兄）

四品卿郭崑燾（弟）

湘陰李氏

太子太保總督文恭公李星沅（父）

編修李杭（子）

候選道李概（子）

江西布政使李桓（子）

善化楊氏

太子少保總督勇慤公楊岳斌（父）

福建儲糧道楊正儀（子）

善化瞿氏

先世居陽湖文慎公與威壯公皆籍善

化先世均有遷移未知確爲族人否姑
附此
提督威壯公瞿騰龍（父）
知州銜瞿廣善（子）｝幷戰死於
營官瞿廷約（子）｝咸豐八年
太子太保尙書軍機大臣文愼公瞿鴻
禨（族人）
主事瞿宣樸
吏部員外郎瞿宣治（弟宣穎即兌之
先生並文愼子）
新寧劉氏
太子太傅一等男忠誠公劉坤一
四品京堂劉能紀
新寧江氏
贈總督忠烈公江忠源（兄）
布政使壯節公江忠濟（弟）
贈尙書銜誠恪公江忠義（從弟）
記名提督武愍公江忠珀（從弟）
祁陽陳氏
太子太保兩廣總督文肅公陳大受
閩浙總督陳輝祖（子以罪誅）
知縣陳嚴祖（子）
瀏陽譚氏
湖北巡撫譚繼洵（父）
四品卿軍機章京譚嗣同（子）
茶陵譚氏
總督譚鍾麟（父）
譚延闓（子）
巴陵方氏
廣西巡撫方顯（父）
浙江甯紹台道方桂（子）
道州何氏
太子太保尙書文安公何凌漢（父）
編修何紹基（子）
內閣中書何維樸（紹基孫）
衡陽王氏
船山先生王夫之（兄）
石厓先生王介之（弟）
蕉畦先生王敔（子）
湖北
黃梅帥氏
浙江巡撫帥承瀛（兄）
副都御史帥承瀚（弟）
編修文毅公帥遠燡（子）
布政使帥壽九（遠燡兄）
江夏張氏
雲貴總督張凱嵩（父）
通政司參議張仲炘（子）
四川
成都岳氏
（原籍湯陰遷蘭州臨洮）
左都督大同鎭總兵岳鎭邦（父）
四川提督敏肅公岳昇龍（子）
太子少保兵部尙書襄勤公岳鍾琪（昇龍仲子）
兩廣總督岳濬（鍾琪長子）
參將岳瀞（鍾琪六子）
湖廣提督岳超龍（昇龍弟）
四川提督莊恪公岳鍾璜（超龍子鍾琪弟）
兗州總兵岳含奇（鍾琪兄子）
遂寧張氏
太子太傅大學士文端公張鵬翮
通政使張懋誠（文端子）
吏部郎中萊州知府張問陶（文端玄孫）
華陽卓氏
太子太保大學士尙書文端公卓秉恬（父）
吏部侍郎卓橒（子）
貴州
貴陽陳氏
直隸總督北洋大臣陳夔龍（兄）
廣東布政使陳夔麟（弟）
貴筑黃氏
陝西鹽法道黃輔辰（父）
湖北布政使黃彭年（子）
編修黃國瑾（孫）
平越丁氏
太子太保四川總督文誠公丁寶楨（父）
廣西巡撫丁體常（子）
獨山莫氏
進士鹽源知縣莫與儔（父）
徵君莫友芝（子）
雲南
昆明楊氏
湖廣總督楊永斌（祖）
江蘇按察使楊萑（孫）
大理張氏
湖南衡永彬桂兵備道追贈太僕寺卿
張其仁

山西道監察御史張道淵（其仁姪）
安徽巡撫張端卿（兄）
刑部右侍郎張潠卿（弟）｝其仁族姪孫
內閣侍讀張士鐊
工部郎中張士銓｝皆其仁子

蒙自楊氏
湖南巡撫楊文鼎（兄）
福建按察使楊文駿（弟）

兩廣

臨桂陳氏
太子太傅大學士工部尚書文恭公陳宏謀（祖）
刑部主事陳蘭森（孫）
江西布政使陳繼昌（曾孫）

西林岑氏
太子太傅雲貴總督襄勤公岑毓英（父）
貴州布政使岑毓寶（弟）
兩廣總督郵傳部尚書岑春煊（子）
湖南巡撫岑春蓂（子）

番禺許氏
禮部尚書許應騤（兄）
浙江布政使署浙江巡撫許應鑅

直隸

南皮張氏
太子太傅大學士尚書文達公張之萬（兄）
太子太保大學士尚書文襄公張之洞（族弟）
貴州貴東道贈太僕寺卿張鍈（之洞父）
福建古田知縣張廷琛（之洞祖）
浙江山陰知縣張貽熊（之洞曾祖）
工部主事張玉卅（之萬父）
山西巡撫張曾敭（之洞姪孫）
山西道監察御史張瑞蔭（之萬子）
四品京堂禮部郎中張權（之洞子）
郵傳部郎中張仁侃（之洞子）
一品廕生張仁淶（之洞子）
主事張仁實（之洞子其弟張仁蠡）
主事張厚璟（之洞孫其弟厚琬厚瑊厚瑜皆仕於民國按文襄文達雖係族人而血胤甚遠）

高陽李氏
大學士文敏公李國楷（明文勤父）
太子太師大學士尚書文勤公李霨
太常寺少卿李敏啓（文勤子）
巡撫文肅公李殿圖（文勤族孫）
太子太傅大學士尚書文正公李鴻藻（文勤子）
郎中李焜瀛
郎中李煜瀛（皆文正子煜瀛卽石曾先生也）

定興鹿氏
太子太保大學士尚書文端公鹿傳霖
文安教諭鹿泰吉（文端曾祖）
兩淮鹽運使鹿荃（祖）
都勻知府鹿丕宗（父）
四品京堂鹿濤理（文端子）
山東候補道鹿滂理（子）
候選同知鹿漣理（子）
農工商部郎中鹿學檀（孫）
民政部主事鹿學枏（孫）
郎中鹿學槃（孫）
福建按察使鹿學良（文端姪）

豐潤張氏
安徽按察使張印塘（父）
副都御史張佩綸（子）
兩廣兩江總督張人駿（佩綸姪）
大清銀行正監督張允言（人駿子）

寶坻杜氏
太子太師大學士禮部尚書文端公杜立德（父）
廣信知府杜恭俊（子）

寶坻蔣氏
太子太保兩江總督蔣攸銛（父）
貴州巡撫蔣霨遠（子）

靜海勵氏
刑部尚書文恭公勵杜訥（父）
刑部侍郎勵宗萬（子）
編修勵守謙（孫）

宛平王氏
太子少保禮部尚書文貞公王崇簡（父）
太子太傅大學士禮部尚書文靖公王熙（子）
貴州巡撫王燕（子）

宛平陸氏
山西巡撫文烈公陸鍾琦（父鍾琦父春榮績學不遇爲盛伯羲師）侍講三品京堂陸光熙（子）

大興朱氏

太子太傅大學士尚書文正公朱珪（兄）
安徽學政朱錫（弟）
河間紀氏
姚安知府紀容舒（父）
太子少保大學士尚書文達公紀昀
通州白氏
工部尚書白鎔（父）
兵部侍郎白棡（子）
容城孫氏
孫徵君奇峯（兄）
武城知縣孫奇彥（弟）
孫徵君博雅（奇峯先生子）
中書孫淦康（孫）
祁州刁氏
文孝先生刁包（父）
靜之先生刁再濂（子）
江西布政使刁承祖（孫）
天津華氏
侍郎華金壽（華學涑父信拳匪學涑詬之爲渾蛋者也）
石父先生華學涑（子精數理好新學早故）
編修華學瀾（姪精數理）
御史華士奎（金壽叔）
山東
諸城劉氏
四川布政使劉棨（兄）
河間知縣劉果（弟）
太子太傅大學士刑部尚書文正公劉統勳（棨子）
太子太保大學士文清公劉墉（文正子）
吏部尚書文恪公劉鐶之（文清子）
濟甯孫氏
大學士總督孫玉庭（父）
江蘇巡撫孫善寶（子）
戶部尚書文定公孫瑞珍（子）
浙江按察使孫毓溎（孫）
兵部尚書軍機大臣文恪公孫毓汶（孫）
順天府尹孫楫（曾孫）
德州盧氏
兩淮鹽運使盧見曾（父）
漢黃德道盧謙（子）
太子太保大學士尚書文肅公盧蔭溥（孫）
海豐吳氏
尚書銜吏部侍郎恭定公吳紹詩
刑部侍郎巡撫吳壇（子）
吏部侍郎廣西巡撫吳垣（子）
濱州杜氏
太子少傅侍郎文端公杜堮（父）
太子太師大學士文正公杜受田（子）
工部侍郎杜翰（孫）
兵部侍郎杜翻（孫）
新城王氏
左都御史文簡公王士禎（弟）
考功員外郎王士祿（兄）
進士王士祜（兄）
濟南吳氏
戶部右侍郎吳樹梅（兄）
山西道監察御史吳樹棻（弟）
萊陽宋氏
進士清臺令晉贈太僕卿宋應亨（明父）
四川按察使宋琬
莒州管氏
國子監祭酒山西學政管廷鶚（兄）
廣平府知府管廷獻（弟）
度支部郎中管象頤（廷獻子）
聊城楊氏
河道總督端勤公楊以增（父）
楊協卿先生紹和（子）
楊舍人鳳阿（孫）
曲阜孔氏
福建按察使孔恩洪（孔子六十五世孫）
江南河道總督孔毓珣（恩洪子）
刑部郎中孔傳熹（毓珣子）
戶部主事孔繼汾（孔子六十七世孫）
檢討孔廣森（汾子）
按以上皆非襲衍聖公爵或以事功或以著述斐聲者至襲封之姓名此處從略詳見清史稿儒林傳四而四配後裔附見焉
益都趙氏
福建按察使趙進美（從祖）
編修趙執信（從孫）
山西
陽城田氏
太子太師大學士吏部尚書文端公田

從典（父）
吏部侍郎田懋（子）

壽陽祁氏
太子太保大學士文端公祁寯藻（父）
工部尚書文恪公祁世長（子）
江寧布政使文節公祁宿藻（弟）
戶部郎中祁韻士（族人）

曲沃裴氏
江西巡撫裴倖度（父）
貴州巡撫裴宗錫（子）

渾源栗氏
東河總督栗毓美（父）
湖北布政使栗燿（子）

代州馮氏
湖南巡撫馮光裕（父）
編修馮祁（子）
湖北布政使馮廷丞（孫）

靈石何氏
甘肅布政使何福堃（兄）
都察院副都御史何乃瑩（弟）
陸軍部郎中何浙生（乃瑩子）

永寧于氏
總督清端公于成龍（祖）
巡撫于準（孫）

河南

商邱宋氏
大學士文康公宋權（明）
吏部尚書宋犖（權子）
浙江提學道宋至（犖子）

商邱侯氏
戶部尚書侯恂（明、父）
副榜舉人侯方域（子）
祭酒侯恪（方域叔）

儀封張氏
太子太保禮部尚書淸恪公張伯行（父）
太子太保河道總督懿敬公張師載（子）

睢州湯氏
工部尚書巡撫文正公湯斌（祖）
御史霸昌道湯之旭（孫）

項城袁氏
漕運總督端敏公袁甲三（父）
兵部侍郎文誠公袁葆恆（子）
外務部尚書軍機大臣袁世凱（姪）

光山胡氏
禮部侍郎文良公胡煦（父）
太子太傅直隸總督胡季堂（子）
淸河道胡鈺（季堂子）
湖南鹽法道胡鏻（季堂子）

武陟毛氏
戶部侍郎毛樹棠（父）
太子少保兵部尚書文達公毛昶熙（子）

固始吳氏
兵部右侍郎吳其彥（兄）
山西巡撫吳其濬（弟）
安徽巡撫吳元炳（族人）

安陽馬氏
廣西巡撫馬應瑤（父）
湖北布政使馬吉樟（子）

寧都魏氏
徵君魏禧
貢生魏際瑞（原名祥，禧兄有文集十卷）
和公先生魏禮（禧弟有詩文集十六卷）
昭士先生世傚（禮子，有耕廡文稿十卷）
敬士先生世儼（禮子著有爲谷文稿八卷）
魏士傑（際瑞先生子殉寧都之亂）
易堂先生魏兆鳳（禧父明亡不仕）

偃師武氏
吏部郎中武紹周（父）
博山知縣武億（子即虛谷先生）

陝西

韓城王氏
太子太師尚書文端公王杰
山東布政使署巡撫王篤道

長安梁氏
江南提督敏壯公梁化鳳（父）
閩浙總督梁鼐（子）

甘肅

甯夏趙氏
總督一等伯襄忠公趙良棟（父）
總督兵部尚書敏恪公趙宏燦（子）
總督衛直隸巡撫恪敏公趙宏燮（子）
兩淮鹽運使趙之桓（宏燦子）

寧夏馬氏
兵部尚書總兵馬會伯（弟）
提督襄毅公馬際伯（從兄）
固原提督馬見伯（際伯弟）
大同總兵馬觀伯（見伯弟）

靖遠王氏
太子太保雲貴總督忠勇公王進寶（父）
甘肅總兵王用予（子）

古今半月刊休刊啓事

『古今半月刊』出版以來，已達五十七期，歷時二年又七個月，備蒙海內作者培掖，讀者愛護，聲譽得以蒸蒸日上，敝社仝人衷心感銘，所不待言。茲擬小作休憩，決於五十七期起暫時休刊。於此休刊期中，敝社仍保留『古今出版社』及『古今半月刊』之名義，今後任何人不得假借此名義出版雜誌刊物，特此鄭重聲明。此希公鑒。

古今出版社謹啓

袁樹珊校勘

中華民國三十四年標準農曆通書

特載　五福法言　擇吉說明　農事占候

先述擇吉要訣。陰陽二曆合篇。後論人生事業。指明五福源泉。欲使農加產量。預測水旱歲年。編次不同俗本。開卷一目了然。多購用作贈品。受者勝得萬錢。洪範五福。一曰壽、二曰富、三曰康寧、四曰攸好德、五曰考終命。究竟如何享大壽、如何成鉅富、如何保康寧、如何始爲攸好德、如何纔可考終命。尙書古奧，註譯未詳。珊不揣固陋，謹採經史子集，古今中外之法言，聯綴成篇，分類說明，冠諸新曆編首。俾讀者立得五福咸備之方針，而收千祥雲集之特效。說者謂，果能人手一編，遵而行之，直可使亂者治、貧者富、賤者貴、窮者通，夭者壽。珊不敢自信，願質之 海內高明。至農事占候，乃輯錄圖書集成歲功典，及授時通考天時門。預測天時，俾盡地利。孔子有云，凡事豫則立，不豫則廢。又豈止農家所當知也。

每册實價八十元

發行所　上海潤德書局

靜安寺路二七〇衖十二號電話三八七六六號

徐一士先生三十年著述第一次結集

一士類稿

古今叢書之三（每册實價貳百伍拾元）

掌故・史料・詩文・人物

宜興徐一士先生，與兄凌霄先生齊名，所撰散文筆記，自『國聞周報』『逸經』『中和』以迄『古今』垂三十年，凡談晚近掌故史料者，無不推爲巨擘，蓋其久居日下，見聞自廣，初非後生小子所能望其項背。然先生于其文，深自珍祕，積稿雖多，從不肯輕付剞劂，是故海內欲暢讀先生之文者，除另星剪積外竟不可得，此次經本社之力請，始允以歷年菁華三十篇見惠，名曰『一士類稿』，都二十萬言，作爲古今叢書第三種，即將出版，凡愛讀徐先生文字者，幸注意焉。

一士類稿目錄

瞿兌之謝剛主孫思昉序

王闓運與湘軍志，王闓運與肅順，湘綺樓之今昔，李慈銘與王闓運，李慈銘與周祖培，談章炳麟，章炳麟被羈北京軼事，太炎瑣話，太炎弟子論述師說，左宗棠與梁啓超，談柯劭忞，談陳三立，談廖樹蘅，談隆觀易，談吳士鑑，談陳夔龍，談段祺瑞，談徐樹錚，談孫傳芳，談胡雪岩，壬午二名醫，吳汝綸論醫，杭州旗營掌故，閩人掘藏事述。

文載道主編

・集南北作家之大成・

・古今名著之菁粹・

文史

半月刊

（每逢月之一日及十六日出版）

・有雋永獨特之格調・

・文學史料之綜合・

內容一斑

文史隨感　古今人物　海外見聞　掌故問答　讀者劄記　文獻鈎稽　考據小品　風土人情

名勝散策　地方素描　古今書牘　學術論著　圖書報導　名家遺墨　美術評介　文史通訊

檔案剪輯　詩詞札抄　歷代故實　舊劇叢談　說部考訂　語文研討　西洋文史　文苑祕辛

歡迎各地來稿

徵求名家遺著

南北名家 特約撰述

冒鶴亭・朱樸之・瞿兌之・何梅岑・周黎庵・何挹彭

周作人・謝剛主・徐一士・紀果庵・傅芸子・紀龢宣

日記特輯

讀書專號

徵文：

（一）凡有關於名家日記之鈎稽評述，或暢談中西文士日記之內容價值，或以前人遺著而未經刊行之稿本抄本相投，或以作者自身所作日記而有文學性者無不歡迎。

（二）凡有關於讀書之理論心得，或作者年來所得所閱之古今著述，或包括作者自身讀書訪書及著書之記略，俾可供學子之指南者，或摘述中外學人讀書之趣味方法，藉以引起「好讀書」的風氣者，則不但本刊極所企盼，且亦有助於文化至深且大也。惟以篇幅甚薄，每篇勿超過四千字，俟稿足當次第印行。

通訊處：上海咸陽（亞爾培）路二號

准十一月中旬出版

上海郵政管理局暫准登記證第四〇〇〇號

本期特大號每冊實價壹百元

古今文史半月刊第一期至第五十七期

總目

目錄通檢

古今文史半月刊第一期至第五十七期

總　目

創刊號　（月刊）　中華民國三十一年（一九四二）三月

第二期　民國三十一年四月

第三期 民國三十一年五月

第四期 民國三十一年六月

第五期 民國三十一年七月

第六期 民國三十一年八月

第七期 民國三十一年九月

第八期 民國三十一年十月一日

第九期（半月刊）民國三十一年十月十六日

第十期 民國三十一年十一月一日

第十一期 民國三十一年十一月十六日

第十二期 民國三十一年十二月一日

第十三期 民國三十一年十二月十六日

第十四期 民國三十二年一月一日

第十五期　民國三十二年一月十六日

第十六期　民國三十二年二月一日

第十七期　民國三十二年二月十六日

第十八期 民國三十二年三月一日

第十九期 民國三十二年三月十六日 周年紀念特大號

第二十、二十一期　民國三十二年四月十六日

第二十二期　民國三十二年五月一日

第二十三期 民國三十二年五月十六日

第二十四期 民國三十二年六月一日

第二十五期 民國三十二年六月十六日

第二十六期　民國三十二年七月一日

第二十七、二十八期　民國三十二年八月一日

第二十九期　民國三十二年八月十六日

第三十期　民國三十二年九月一日

第三十一期　民國三十二年九月十六日

第三十二期　民國三十二年十月一日

第三十三期　民國三十二年十月十六日

第三十四期　民國三十二年十一月一日

第三十五期　民國三十二年十一月十六日

第三十六期 民國三十二年十二月一日

第三十七期 民國三十二年十二月十六日

第三十八期 民國三十三年一月一日

第三十九期 民國三十三年一月十六日

第四十期 民國三十三年二月一日

第四十一期 民國三十三年二月十六日

第四十二期 民國三十三年三月一日

第四十三、四十四期 民國三十三年四月一日

第四十五期 民國三十三年四月十六日

第四十六期　民國三十三年五月一日

第四十七期　民國三十三年六月十六日

第四十八期　民國三十三年六月一日

第四十九期　民國三十三年六月十五日

第五十期　民國三十三年七月一日

第五十一期　民國三十三年七月十六日

第五十二期 民國三十三年八月一日

第五十三期 民國三十三年八月十六日

第五十四期 民國三十三年九月一日

第五十五期 民國三十三年九月十六日

第五十六期 民國三十三年十月一日

第五十七期 民國三十三年十月十六日

古今合訂本第一冊（第一期至第六期）每冊實價十五元

目錄通檢

古今合訂本第二冊（第七期至第十二期）每冊實價二十元

目錄通檢

古今合訂本第三冊 （第十三期至第十八期） 每冊實價三十元

目錄通檢

古今合訂本第四冊（第十九期至第二十四期） 每冊實價五十元

目錄通檢

古今合訂本第五冊

（第二五期至三〇期）　每冊實價六十元

目錄通檢

古今合訂本第六冊

（第三一期至三六期）每冊實價

目錄通檢

古今合訂本第七冊（第三七期至四二期）

每冊實價　元

目錄通檢

古今合訂本第八冊

（第四三期至四八期）　每冊實價二百元

目錄通檢

古今合訂本第九冊（第四十九期至五十四期）

目錄通檢

古今合訂本第十冊（第五十五期至五十七期）

目錄通檢

秀威經典　　人文史地類　PC0458

古今（五）

原發行者 / 古今出版社
主　　編 / 蔡登山

數位重製・印刷 / 秀威經典
http://www.showwe.com.tw
114台北市內湖區瑞光路76巷65號1樓
電話：+886-2-2796-3638
傳真：+886-2-2796-1377
劃撥帳號 / 19563868　戶名：秀威資訊科技股份有限公司
讀者服務信箱：service@showwe.com.tw
網路訂購 / 秀威網路書店：https://store.showwe.tw
網路訂購：order@showwe.com.tw

2015年3月
精裝印製工本費：2500元

Printed in Taiwan

國家圖書館出版品預行編目

古今 / 蔡登山主編. -- 一版. -- 臺北市 : 秀威資訊科技,
2015.03-
冊； 公分. -- (人文史地類)
BOD版
ISBN 978-986-326-299-2(第1冊 : 精裝). --
ISBN 978-986-326-326-5(第2冊 : 精裝). --
ISBN 978-986-326-327-2(第3冊 : 精裝). --
ISBN 978-986-326-328-9(第4冊 : 精裝). --
ISBN 978-986-326-329-6(第5冊 : 精裝)

1. 言論集

078 104002194

讀者回函卡

感謝您購買本書，為提升服務品質，請填妥以下資料，將讀者回函卡直接寄回或傳真本公司，收到您的寶貴意見後，我們會收藏記錄及檢討，謝謝！

如您需要了解本公司最新出版書目、購書優惠或企劃活動，歡迎您上網查詢或下載相關資料：http:// www.showwe.com.tw

您購買的書名：______________________________

出生日期：________年________月________日

學歷：□高中（含）以下　□大專　□研究所（含）以上

職業：□製造業　□金融業　□資訊業　□軍警　□傳播業　□自由業

□服務業　□公務員　□教職　□學生　□家管　□其它_____

購書地點：□網路書店　□實體書店　□書展　□郵購　□贈閱　□其他

您從何得知本書的消息？

□網路書店　□實體書店　□網路搜尋　□電子報　□書訊　□雜誌

□傳播媒體　□親友推薦　□網站推薦　□部落格　□其他__________

您對本書的評價：（請填代號　1.非常滿意　2.滿意　3.尚可　4.再改進）

封面設計____　版面編排____　內容____　文／譯筆____　價格____

讀完書後您覺得：

□很有收穫　□有收穫　□收穫不多　□沒收穫

對我們的建議：______________________________

____

____

____

請貼
郵票

11466
台北市內湖區瑞光路 76 巷 65 號 1 樓

秀威資訊科技股份有限公司　　收

BOD 數位出版事業部

（請沿線對折寄回，謝謝！）

姓　　名：＿＿＿＿＿＿＿＿＿＿　年齡：＿＿＿＿　性別：□女　□男

郵遞區號：□□□□□

地　　址：＿＿＿＿＿＿＿＿＿＿＿＿＿＿＿＿＿＿＿＿＿＿＿＿＿

聯絡電話：(日) ＿＿＿＿＿＿＿＿＿＿＿＿ (夜) ＿＿＿＿＿＿＿＿＿＿＿＿

E-mail：＿＿＿＿＿＿＿＿＿＿＿＿＿＿＿＿＿＿＿＿＿＿＿＿＿